宿白纪念文集

北京大学考古文博学院　编

文物出版社

图书在版编目（CIP）数据

宿白纪念文集 / 北京大学考古文博学院编． —— 北京：
文物出版社，2022.1
ISBN 978-7-5010-7308-5

Ⅰ．①宿… Ⅱ．①北… Ⅲ．①考古学－中国－文集
Ⅳ．①K870.4-53

中国版本图书馆CIP数据核字(2021)第244284号

宿白纪念文集

编　　者：北京大学考古文博学院

责任编辑：王　伟
助理编辑：卢可可
责任印制：张　丽

出版发行：文物出版社
地　　址：北京市东城区东直门内北小街2号楼
邮　　编：100007
网　　址：http://www.wenwu.com
印　　刷：北京荣宝艺品印刷有限公司
经　　销：新华书店
开　　本：787mm×1092mm　1/16
印　　张：32.75
版　　次：2022年1月第1版
印　　次：2022年1月第1次印刷
书　　号：ISBN 978-7-5010-7308-5
定　　价：628.00元

目　录

上编

佛教初传中国的考古学证据

林梅村（北京大学考古文博学院）

春秋战国至汉代初年，可谓中国思想史的黄金时代，以稷下学宫为代表的中国学术呈现一派"百家争鸣，百花齐放"的繁荣景象。1949 年，德国哲学家雅斯贝尔斯（Karl Jaspers）在《论历史的起源与目标》一书将这个哲人辈出的时代称作"轴心时代"。他在书中写道：

看来要在公元前 500 年左右的时期内和在公元前 800 年至公元 [前]200 年的精神过程中，找到这个历史轴心。正是在那里，我们同最深刻的历史分界线相遇，我们今天所了解的人开始出现。我们可以把它简称为"轴心期"（Axial Period）……最不平常的事件集中在这一时期。在中国，孔子和老子非常活跃，中国所有的哲学流派，包括墨子、庄子、列子和诸子百家，都出现了。象中国一样，印度出现了《奥义书》和佛陀，探究了一直到怀疑主义、唯物主义、诡辩派和虚无主义的全部范围的哲学可能性。伊朗的琐罗亚斯德传授一种挑战性的观点，认为人世生活就是一场善与恶的斗争。在巴勒斯坦，从以利亚经由以赛亚和耶利米到以赛亚第二，先知们纷纷涌现。希腊贤哲如云，其中有荷马，哲学家巴门尼德、赫拉克利特和柏拉图，许多悲剧作者，以及修昔底德和阿基米德。在这数世纪内，这些名字所包含的一切，几乎同时在中国、印度和西方这三个互不知晓的地区发展。[1]

公元前 2 世纪中叶，张骞第两次出使西域，开启了丝绸之路。尽管他没能说服大月氏王与中国结盟，但是取得许多意外收获。中国人第一次了解到葱岭（今帕米尔）以西还有一个广大的西方世界。百年之后，大月氏人将佛教传入洛阳，成为中国后来两千年文明史的精神食粮。近年考古发现为探讨佛教初传中国提供了许多实物资料，草拟此文，以就教于海内外研究者。

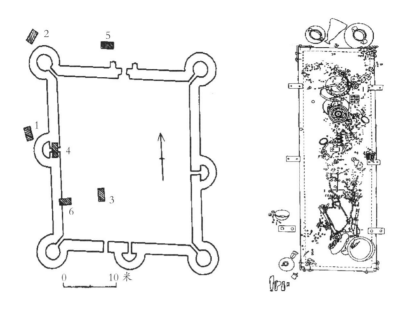

图一 黄金之丘墓地分布图与箱式木棺

一 大月氏人与佛教东传

1979 年，阿富汗西北席巴尔干附近黄金之丘（Tilly Tepe）墓地发现大批黄金艺术品。沙林尼迪（Viktor Sarianidi）为首的苏联—阿富汗联合考古队随即赶赴现场发掘。该墓地建于一座史前神庙遗址上，共有 9 座墓葬，目前只发掘了 6 座墓（墓主一男五女），皆为箱式木棺葬（图一右）。令人震惊的是，区区 6 座小墓竟然发掘出两万余件黄金艺术品，年代大致在公元前后，今称"大夏黄金宝藏"[2]。

公元前 128 年张骞出使大夏时，大月氏王统治中心仍在阿姆河北岸，"都妫水北为王庭……臣畜大夏"[3]。《后汉书·西域传》记载："后百余岁，贵霜翕侯丘就却攻灭四翕侯，自立为王，国号贵霜。侵安息，取高附地。又灭濮达、罽宾，悉有其国。丘就却年八十余死，子阎膏珍代为王。复灭天竺，置将一人监领之。月氏自此之后，最为富盛，诸国称之皆曰贵霜王。汉本其故号，言大月氏云"[4]。这条史料记载了丘就却统一大月氏五翕侯，建贵霜王国，并向南扩张，攻灭安息（印度—帕提亚王国，首府在今巴基斯坦塔克西拉）等一系列历史事件。

学界主流意见认为，黄金之丘墓地即大月氏王族墓地。黄金之丘 4 号墓主是六座墓中唯一的男性。他佩戴了一条镶嵌宝石的金项链，宝石上有俏色技术雕刻的国王头像（图二：3），与大月氏王沙帕德比茨（Sapadbizes）钱币头像（图二：4）相似[5]。《魏略·西戎传》记载："昔汉哀帝元寿元年（公元前 2 年），博士弟子景卢受大月氏王使伊存口受（授）

图二 黄金之丘 4 号墓出土俏色宝石金项链及钱币

《浮屠经》。"[6]故知大月氏末代君主公元前 2 年仍在位。

贵霜王国往往把罗马金币改制为贵霜金币，因此中亚地区几乎不见罗马金币。黄金之丘 3 号墓出土罗马金币相当重要，为判断黄金之丘墓地的年代下限提供了考古学依据。这枚金币是罗马皇帝提比略于公元 16 年至 21 年间在高卢卢格都诺姆造币厂锻造的，正面图案为罗马君主提比略月桂冠头像，拉丁文币文读作：TI CAESAR DIVIAVGF AVGVSTVS（提比略 凯撒 圣父奥古斯都之子 奥古斯都）；钱币背面为提比略之母扮作和平女神手持橄榄枝及权杖坐像，拉丁文币文读作：PONTIF MAXIM（大祭司）[7]。可知，丘就却创建贵霜王朝不早于公元 16 至 21 年。英国学者辛姆斯席威廉（Nicholas Sims-Williams）与克力勃（Joe Cribb）根据阿富汗罗巴塔克出土大夏语碑铭，认为迦腻色伽一世之前共有三位贵霜王，分别为曾祖父丘就却（Kujula Kadphises）、祖父阎膏珍（Vima Taktu）和父亲阎珍（Vima Kadphises）[8]。从时间推算，黄金之丘 4 号墓主很可能是贵霜王朝缔造者丘就却（公元 30 至 80 年在位）的父亲。

大月氏人对中国文明的重要贡献，莫过于最先将佛教传入中国。据北京大学汤用彤教授考证："最初佛教传入中国之记载，其无可疑者，即为大月氏王使伊存授《浮屠经》事。此事见于《魏略·西戎传》，《三国志》裴注引之。"[9]黄金之丘 3 号墓出土了一个安达罗王朝的象牙梳子，碎成 5 个残片，其一雕有剃发沙门像，脖子上戴有项饰，裸露上身，着菱格纹下装，右手向前伸，左手托一佛钵（图四左）。安达罗王朝兴起于印度半岛南部，阿育王死后不久独立，公元 1 世纪为贵霜王朝兼并。安达罗王朝的阿玛拉瓦提（Amaravati）

雕刻自成体系，与犍陀罗、秣菟罗三足鼎立，堪称公元 1 至 3 世纪佛教艺术三大中心。

关于佛教初传中国，史籍有两个传说。第一，鱼豢《魏略·西戎传》记载："此国在天竺城中。天竺又有神人，名沙律。昔汉哀帝元寿元年，博士弟子景卢受大月氏王使伊存口受（授）《浮屠经》。曰：'复立者，其人也。'《浮屠》所载临蒲塞、桑门、伯闻、疏问、白疏间、比丘、晨门，皆弟子号也。"[10] 佛教在印度和中亚传播之初，本无经书，口口相传，亦无统一的经堂用语。公元前 3 世纪，阿育王在印度和中亚各地刻写了许多宣扬佛教的法敕。这些碑铭在印度本土用婆罗谜文刻写，在犍陀罗（今巴基斯坦白沙瓦）用佉卢文和阿拉美刻写，在大夏（今阿富汗坎大哈、拉格曼等地）则用希腊文和阿拉美文刻写[11]。

公元 1 世纪，佛门弟子才编写佛经，而世界上最早的佛经是用佉卢文书写的。19 世纪，于阗（今新疆和田）佛教圣地牛角山发现一部佉卢文《法句经》（Dharmapada）桦树皮写卷。发现者将其五马分尸，一部分售予俄国驻喀什总领事彼得罗夫斯基（Nikolai F. Petrovsky），现藏俄罗斯科学院东方研究所圣彼得堡分所图书馆（图三左）；一部分卖给了正在和田考察的法国探险家杜特雷依·德兰斯（Jules-Léon Dutreuil de Rhins），现藏法国国家图书馆；另一部分至今下落不明。据伦敦大学教授布腊夫研究，这个佉卢文桦树皮写卷原来长达 5 米[12]。

第二，汉末牟子《理惑论》记载："问曰：'汉地始闻佛道，其所从出耶？'牟子曰：'昔孝明皇帝（公元 58 至 75 年在位），梦见神人，身有日光，飞在殿前。欣然悦之。明日，博问群臣："此为何神？"有通人傅毅曰："臣闻天竺有得道者，号之曰佛。飞行虚空，身有日光，殆将其神也。"于是上悟，遣使者张骞（后人改为'中郎蔡愔'）、羽林郎中秦景、博士弟子王遵等十二人，于大月支写佛经《四十二章》。藏在兰台石室第十四间。时于洛阳城西雍门外起佛寺，于其壁画，千乘万骑，绕塔三匝。又于南宫清凉台及开阳城门上作佛像。'"[13]

据现代佛学家吕澂先生考证，最早传入中国的佛经《四十二章经》实乃佛教入门书《法句经》[14]。这个推论无疑是正确的，并为考古发现不断证实。1996 年 7 月 7 日，《纽约时报》国际版报道了一则震惊世界的消息。阿富汗东境大夏佛寺遗址发现 13 捆抄写在桦树皮上的古代手稿，如今已流入欧洲，入藏大英图书馆。据美国华盛顿大学教授邵瑞祺（Richard Salomon）鉴定，它们是用佉卢文犍陀罗语书写的佛教三藏，包括 20 多种不同内容的佛教文献，如《犀角经》（Khadga-sūtra）、《集众经》（Saṃgīti sūtra）、《法句经》、《阿毗达磨论》（Abhidharma）等（图三右）。这批佉卢文桦树皮写卷抄于公元 1 至 2 世纪，相当于东汉初年[15]。

英国考古学家斯坦因（Mark Aurel Stein）第四次中亚考察期间（1930 至 1931 年），在塔克拉玛干沙漠尼雅遗址发掘出大批汉代简牍。其中一枚大宛王使简（编号 N.XIV. ii.1）读作："1 大宛王使羡左大月氏（使）及上所 [书]……/// 2 所寇。愿得汉使者，（进

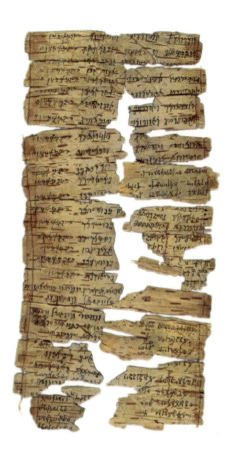

图三　中国和田和阿富汗出土佉卢文桦树皮写卷

奉），故及言……///"[16]尼雅汉简中有许多新莽简，而东汉简一般称大月氏为"大月支"，那么，尼雅汉简所言大月氏使者或为元寿元年（公元前2年）来华的大月氏王使者。

1924年，北京大学马衡教授在洛阳古物市场发现几块刻有西域文字的井阑残石，并收购回北大（图四：右）。法国传教士步履仁（Gustave Prévost）在北大见到这件文物，他以为是希伯来文石刻，并当作犹太入华的早期证据。1961年，英国伊朗学家亨宁（Walter B. Henning）发现步履仁之说有误，并转告伦敦大学教授布腊夫（John Brough）。他随即撰文《一件出自中国的佉卢文碑铭》，纠正了步履仁的错误。1989年，我们在布腊夫研究基础上对这些佉卢文残石做了进一步研究，认为它们原来属于东汉洛阳某佛寺一个石井阑[17]。由此可证，史书所载大月氏人最先将佛教传入中国内地必为信史无疑。

佛教传播之初，本无佛像，只有象征符号，如佛足迹、菩提树、法轮、莲花、佛冠等。黄金之丘墓地出土两万多件黄金艺术品，既有希腊神话人物、大月氏双马神，

图四　黄金之丘 3 号墓出土南印度象牙梳子与洛阳出土佉卢文井阑残石

匈奴人的月神，亦有火祆教娜娜女神像，唯独没有佛像，只有一枚佉卢文金币有个佛教法轮（图二：2）。这枚金币双面打印佉卢文，或为印度—希腊王国发行的金币。汉译佛经《那先比丘经》（Minlindapanha）记录了印度—希腊国王弥南德（Menander I，公元前 155 至前 130 年在位）在舍竭城（今巴基斯坦东北境 Sialkot）向那先比丘问学的故事[18]。黄金之丘 2 号墓出土法轮金饰件也和佛教密切相关（图五上）。凡此表明，公元 1 世纪以前佛教艺术尚无佛像。

图五　黄金之丘 4 号墓法轮金饰件与贝格拉姆 13 号房址佛本生故事象牙雕板

释迦牟尼最早的艺术形象见于《本生经》（Jātaka）故事画，如印度博帕尔附近阿育王时期桑奇大塔石门上就雕刻有佛本生故事。20 世纪 60 年代，法国阿富汗考古团在贝格拉姆 13 号房址发掘出一件印度象牙雕板，通高 5.8 厘米，宽 11 厘米。这件象牙雕板描绘净饭王太子乔达摩·悉达多成佛前的故事，右边是净饭王、摩耶王后和侍从，中间是手持油灯的商人；左边是商人的奴仆，牵着一匹白马。商人正向国王兜售这匹马（图五下）。因此，牟子《理惑论》说东汉明帝"又于南宫清凉台及开阳城门上作佛像"不足为信。

二　楚王英与徐州汉墓出土青金石

楚王英在中国佛教史上颇富盛名，堪称中国皈依佛教第一人。遭人诬告，杀身成仁。1970年徐州土山汉墓（M1）出土了一个镶嵌宝石的鎏金铜砚盒，长25.5厘米，宽14.8厘米，高10厘米。盒上镶嵌红珊瑚、珍珠、波斯松石、青金石等外来宝石（图六左上）。

图六　东汉楚王英墓出土镶嵌青金石铜砚盒与黄金之丘2号墓出土青金石足形金吊坠

这座汉墓非同寻常，出土了一件蕃王级别的银缕玉衣，黄肠石刻有"官十四年"纪年，而封土中有"楚内官丞""楚中尉印"等封泥。发掘者认为墓主即东汉彭城王刘恭[19]。不过，徐州汉兵马俑博物馆前馆长王恺先生最近提出，墓主并非彭城王刘恭而是永平十四年在丹阳自杀的楚王刘英[20]。

青金石是一种在极特殊的地质条件下产生的矿石。伊朗高原和亚洲其他地方也有少数形成这种矿石的地质条件，但古代得以开采的青金石矿，只有阿富汗的巴达赫尚，尤以萨雷散格矿床（Sar-i Sang mines）最为著名[21]。质量上乘的青金石，颜色深蓝纯正，无裂纹、质地细腻，无方解石杂质。不含金星（黄铁矿）者为上品。黄金之丘2号墓出土了一对青金石足形金吊坠，一件呈深蓝色，另一件呈黄褐色，长0.6厘米，宽0.4厘米。造型为人足形状，吊扣由黄金打制，其功能可能相当于护身符（图六右下）。青金石被认为具有巫术功能而行销古代东方各地，徐州东汉墓出土青金石当来自中亚大商人。《后汉书·楚王英传》记载：

英少时好游侠，交通宾客，晚节更喜黄老，学为浮屠斋戒祭祀。八年（公元65年），诏令天下死罪入缣赎。英遣郎中令奉黄缣白纨三十四诣国相曰："托在蕃辅，过恶累积，欢喜大恩，奉送缣帛，以赎愆罪。"国相以闻。诏报曰："楚王诵黄老之微言，尚浮屠之仁祠，洁斋三月，与神为誓，何嫌疑，当有悔吝？其还赎，以助伊蒲塞（优婆塞，在家居士）、桑门（沙门，出家和尚）之盛馔。"因以班示诸国中傅。[22]

所谓"尚浮屠之仁祠"，就是建佛塔（浮屠）拜佛。据敦煌悬泉汉简披露，东汉年间敦煌也建有佛塔。其文曰："少酒薄乐，弟子谭堂再拜请。会月廿三日，小浮屠里七门西入。"此简与128枚汉简同出，年代在公元51至108年之间[23]。汉代不允许汉族人出家当和尚[24]。因此，楚王英捐缣赎罪。永平十三年，有人告发楚王英谋反，朝廷核实后，国除，楚国更为楚郡。翌年，刘英在流放地丹阳（今安徽宣城）泾县自杀，永平十五年葬于泾县。汉章帝元和三年（公元86年），"许太后（楚王英的母亲）薨，复遣光禄大夫持节吊祠，因留护丧事，赙钱五百万。又遣谒者备王官属迎英丧，改葬彭城（今徐州）"[25]。楚王英广交天下，身边宾客多为西域沙门和居士，而佛家崇尚金银、琉璃（玻璃）、玻璃（水晶）、砗磲、赤珠（珊瑚）、玛瑙七宝，故楚王英墓出土镶嵌域外宝石的铜砚盒。

三　汉代海上丝绸之路的西域海商

人们不禁要问：楚王英墓出土青金石又是如何传入彭城的呢？公元45年左右，埃及亚历山大城的一位希腊商人写了一本印度洋航海与商业指南，题为《红海航行记》。据该书介绍，埃及亚历山大城的罗马商人开辟了红海到印度洋的航线，他们在蛮族之地（Barbaricum）卖"质地轻薄的服装、提花的亚麻布、黄玉、珊瑚、苏合香脂、乳香、玻璃器皿、金、银盘子以及少量的酒"，用来交换"木香、芳香树胶、枸杞、甘松香、绿松石、青金石、棉布、绢丝和靛青。"[26]这个蛮族之地贸易青金石，应当在印度河口。英国考古学家马歇尔（John Marshall）在巴基斯坦塔克西拉遗址发掘出许多罗马玻璃器[27]，阿富汗黄金之丘墓地和贝格拉姆遗址也发现罗马玻璃器，说明公元1世纪罗马方物就从埃及输入到犍陀罗地区，乃至中亚罽宾。

关于汉武帝时期的海上丝绸之路，《汉书·地理志》记载："自日南障塞、徐闻（今广东徐闻县）、合浦（今广西合浦县）船行可五月，有都元国；又船行可四月，有邑卢没国；又船行可二十余日，有谌离国（今马来半岛克拉地峡）；步行可十余日，自夫甘都卢国船行可二月余，有黄支国（今南印度东海岸本地治理）；民俗略与珠崖（今海南岛）相类。其州广大，户口多，多异物。自武帝以来皆献见。有译长，属黄门（汉长安城未央宫北门），与应募者俱入海市明珠、壁流离、奇石异物，赍黄金杂缯而往。所至国皆禀食为耦，蛮夷贾船，转送致之，亦利交易，剽杀人。又苦逢风波溺死，不者数年来还。大珠至围二寸以下。"[28]黄支国在南印度东海岸本地治理一带，当地人讲泰米尔语，可知黄门译长通晓泰米尔语。他们携带的"杂缯"，即彩色丝绸。凡此表明，早在汉武帝时期，中国与南印度东海岸之间的海上丝绸之路业已开通。2009 年，江苏大云山江都王刘非墓出土了波斯风格的列瓣纹银盒和银盘，以及金铜犀牛、金铜大象和驯兽奴（昆仑奴）俑。刘非（公元前 168 年至前 128 年）乃汉景帝之子，汉武帝异母兄长，波斯风格的列瓣纹银盒和银盘当即汉武帝时期海外贸易的舶来品（图七）[29]。

图七　江苏大云山江都王刘非墓出土文物

《汉书·地理志》又载："平帝元始（公元 1 至 5 年）中，王莽辅政，欲耀威德，厚遗黄支王，令遣使献生犀牛……黄支之南，有已程不国，汉之译使自此还矣。"[30]已程不国源于波斯语 Serendiva，意为"僧伽罗岛"（今斯里兰卡）。《红海航行记》记载："在那些利穆利（Limurie）或北方人登陆的当地市场和港口中，最重要的是吉蔑（Kamara）、波杜克（Poduke，汉史称"黄支国"）、索巴杜马（Soptma）等著名市场，这几个地方互为毗邻。人们在那里可以发现土著人的船舶，它们沿着海岸前驶，就可以直抵利穆利地区。还有另一些由单一的横梁装配而成的很大的船只所组成的船队，人称这种船为'桑珈拉'（僧伽罗），至于那些驶往金洲（Cherye，马来半岛）或恒河河口的帆船，十分庞大，人称为'科兰迪亚'（Kolandia）。"[31]《汉书·地理志》说汉朝使者下西洋，由"蛮夷贾船，转送致之"[32]，就是乘坐僧伽罗水手驾驶的 Kolandia 大帆船。

1980 年，南京博物院考古队在江苏扬州市邗江区甘泉东汉墓（M2）发掘出三片瓜棱纹绞胎玻璃残片（图八：1）[33]。据考证，墓主当为东汉广陵王刘荆与王后[34]。这些瓜棱绞胎玻璃残片采用罗马工艺，其中两个残片与法国阿富汗考古团在贝格拉姆 13 号房址发现的罗马瓜棱纹绞胎玻璃碗（图八：2）如出一辙。据化学成分检测，扬州东汉墓三个玻璃残片是以泡碱和石灰石为助溶剂烧造的钙钠玻璃，钾、镁含量低，与罗马玻璃器成分完全相同[35]。

　　另一方面，法国阿富汗考古团在贝格拉姆 13 号房址发现许多汉代漆器残片，包括两件铜扣盂，一件银扣云纹盘，一件三熊纹盘和一件对鸟纹耳杯。2011 年，张良仁撰文讨论这批汉代漆器，认为它们制作于汉代广陵郡工官，专供皇家使用，年代在公元前 74 至公元 23 年[36]。贝格拉姆汉代三熊纹漆盘只剩残片（图九右），完整器当如南京博物院藏汉三熊纹漆盘（图九左）。扬州宝女墩广陵王陪葬墓出土元延三年（公元前 10 年）三熊纹漆盘与之相似[37]。

　　无独有偶，东汉广陵王刘荆墓还出土了许多异国风情的焊金珠饰件（图一〇：1—3）和琥珀狮子挂件（图一〇：4）[38]，与黄金之丘墓地出土镶嵌宝石焊金珠饰件（图一〇：5—7）和琥珀狮子挂件（图一〇：8）如出一辙。

　　罗马作家老普利尼《自然史》（VI.20）记载："在喀劳狄执政年间（Julio Claudius，公元 41 至 54 年在位），由锡兰（Taprobane，斯里兰卡的别称）前往罗马的使节们介绍说，锡兰岛的一侧朝向东南方向沿着印度延伸，有一万节之遥。这些使节们曾在赫摩迪山（今喜马拉雅山）以外地区见过赛里斯人（Seres，中国人），并与他们保持

图八　扬州汉墓出土瓜棱纹绞胎玻璃残片与贝格拉姆遗址出土罗马玻璃碗

图九　南京博物院藏汉代三熊纹漆盘与贝格拉姆出土汉代漆器残片

图一〇　扬州广陵王刘荆墓与黄金之丘大月氏王墓出
土镶嵌宝石焊金珠饰件

着贸易关系，使团长拉西亚斯（Rachias）的父亲曾到过赛里斯国。赛里斯人欢迎旅客们……
商品只堆放在赛里斯人一侧的江岸上，如果商人们感到价格物品合适的话，就携走货物而
留下货款。"[39] 僧伽罗水手拉西亚斯的父亲与中国人从事贸易活动的"江岸"，当即长
江流域的广陵（今扬州）。

东汉广陵王刘荆墓出土罗马方物应该从埃及亚历山大城发货。一部分货物在印度河
口分发给犍陀罗和罽宾商人；另一部分则从印度河口，与中亚货物一起运往斯里兰卡或
南印度，然后远渡重洋，运抵长江流域。阿富汗贝格拉姆遗址出土三熊纹漆盘当即王莽
所遣汉使从广陵运抵南印度，然后转运中亚罽宾王国的。楚王刘英是东汉开国皇帝光武
帝的庶子，汉明帝异母弟，卒于永平十四年（公元 71 年）；广陵王刘荆是光武帝第九子，
卒于永平十年（公元 67 年），两人实乃同时代人，那么，刘荆墓和楚王英墓出土外来方
物皆为王莽时期海外贸易的舶来品。

公元 102 年，希腊作家克里索斯托姆（Dio Chrysostom）在埃及亚历山大城演讲时，
提到现场有大夏、斯基泰和印度人。他说：

我刚才关于这座城市的言论是想要说明，你的任何不当行为都需要承担责任，要知
道，你的言行并不隐秘或只是展示在少数人面前，而是展现在全人类面前。因为我发现

在你们中间，不仅有希腊人和意大利人，以及邻近的叙利亚人、利比亚人和西里西亚人，也有来自更遥远地区的埃塞俄比亚人和阿拉伯人，甚至还包括大夏人、斯基泰人、波斯人以及一些印度人，所有这些人都是你们剧院观众的一部分，每场都坐在你们身旁。因此，也许当你聆听一位熟知的竖琴师的演奏时，你自己也被无数不认识你的人所倾听；当你观看战车御者的表演时，你本人也被无数希腊人和蛮族人所观察。[40]

　　汉代粟特在锡尔河北岸康居统治之下，而康居是斯基泰系统民族，故希腊 - 罗马作家往往将粟特人称作"斯基泰人"，而汉文史料则将粟特人称为"康居人"。《高僧传·康僧会传》记载："其先康居人。世居天竺，其父因商贾移于交趾（今越南北部红河流域）。会年十余岁。二亲并终。至孝服毕出家。励行甚峻。为人弘雅，有识量，笃至好学。明解三藏，博览六经……汉献末乱，避地于吴。"[41] 看来，公元 1 世纪粟特商人就活跃于海上丝绸之路，而佛教亦随之传入交趾。《理惑论》作者牟子避中原之乱，"将母避世交趾"，成为最早接触佛教的中国学者之一[42]。

　　老普利尼《自然史》（XII.84）记载："珍珠是由阿拉伯海提供的。我国每年至少有一亿枚罗马银币被印度、赛里斯国以及阿拉伯半岛夺走。"[43]《汉书·平帝纪》记载："（元始）二年（公元 2 年）春，黄支国献犀牛"[44]。楚王英墓出土青金石当即新莽时期海外贸易的舶来品。楚王英身边的沙门和居士皆为西域人士，也即大夏、粟特、大月氏或印度佛教徒。他们可能是公元 1 世纪初在锡兰岛搭乘 Kolandia 大帆船到广陵（今扬州）的西域海商，其中一部分人北上彭城（今徐州），与楚王英谈经论道，佛教从海路初传中国之路线由此而明矣。

2019 年 10 月 30 日于京城蓝旗营寓所

注　释

［1］（德）卡尔·雅斯贝尔斯著、魏楚雄等译：《论历史的起源与目标》，华夏出版社，1989 年，第 7—8 页。

［2］Viktor Sarianidi, The Golden Hoard of Bactria, New York/ Leningrad, 1985.

［3］（汉）司马迁：《史记·大宛列传》，中华书局，1975 年，第 3162 页。

［4］（刘宋）范晔：《后汉书·西域传》，中华书局，1965 年，第 2921 页。

［5］林梅村：《中亚民族与宗教》，江西人民出版社，2012 年，第 167—168 页

［6］（晋）陈寿：《三国志·魏书·乌丸鲜卑东夷传》裴松之注引，中华书局，1959 年，第 859 页。

［7］袁炜：《黄金之丘 Tillay Tepe 出土钱币研究——兼论大月氏钱币史》，《中国钱币》2018 年第 6 期，第 62—63 页。作者说这枚金币是"铸造的"，实际上罗马金币全是锻造的。

［8］Nicholas Sims-Williams and Joe Cribb, "A New Bactrian Inscription of Kanishka the Great", *Silk Road Art and Archaeology*, Vol. 4, 1995/1996, p. 80; Nicholas Sims-Williams, "The

Bactrian Inscription of Rabatak: A New Reading", *Bulletin of the Asia Institute,* new series, Vol. 18, 2004 (2006), p. 53.

［9］汤用彤：《汉魏两晋南北朝佛教史》上册，中华书局，1983 年，第 34 页。

［10］（晋）陈寿：《三国志·魏书·乌丸鲜卑东夷传》裴松之注引，中华书局，1959 年，第 859 页。

［11］（匈）哈尔马塔等主编、徐文堪、芮传明译：《中亚文明史（第一卷）》，中国对外翻译出版公司，2002 年，第 316—335 页。

［12］John Brough, *The Gandhar ī Dharmapada,* London: Oxford University Press, 1962.

［13］汤用彤先生对这段文字做了详细校勘，参见《汉魏两晋南北朝佛教史》上册，中华书局，1983 年，第 11—14 页。

［14］吕澂：《四十二章经抄出的年代》，《印度佛学源流略讲》附录，上海人民出版社，1979 年。

［15］Richard Salomon，*Ancient Buddhist Scrolls from Gandhāra*，University of Washington Press, 1999.

［16］林梅村：《尼雅汉简中有关西汉与大月氏关系的重要史料》，《汉唐西域与中国文明》，文物出版社，1998 年，第 256—264 页。

［17］林梅村：《洛阳所出东汉佉卢文井阑题记——兼论东汉洛阳的僧团与佛教》，《中国历史博物馆馆刊》1989 年第 13、14 期合刊，第 240—249 页。

［18］杨巨平：《弥兰王还是米南德？——〈那先比丘经〉中的希腊化历史信息考》，《世界历史》2016 年第 5 期，第 111—122 页。

［19］南京博物院：《徐州土山东汉墓清理简报》，《文博通讯》1977 年第 15 期，第 18—23 页。

［20］张瑾：《卅载苦思甫得新证，考古专家王恺："土山汉墓主人并非彭城王"》，《彭城周末》2014 年 6 月 12 日（网络版 http://js.ifeng.com/xz/humanity/detail_2015_04/24/3824303_0.shtml）。这件文物的彩色照片，参见（日）曾布宽川、谷丰信编《世界美术大全集·东洋编第 2 卷秦·汉》，小学馆，1998 年，第 240 页，图 133。

［21］David Bomford et al, *A Closer Look- Colour*. London: National Gallery Company, 2009.

［22］任继愈主编：《中国佛教史（第 1 卷）》，中国社会科学出版社，1981 年，第 92—93 页。

［23］张德芳、郝树声：《悬泉汉简研究》，甘肃文化出版社，2009 年，第 186—188 页。

［24］《高僧传·佛图澄传》记载："往汉明感梦，初传其道。唯听西域人得立寺都邑，以奉其神，其汉人皆不得出家。魏承汉制，亦修前轨"。（梁）慧皎撰、汤用彤校注：《高僧传（卷九）》，中华书局，1992 年，第 352 页。

［25］（刘宋）范晔：《后汉书·楚王英传》，中华书局，1965 年，第 1428 页。

［26］Lionel Casson, *The Periplus Maris Erythraei Text with Introduction, Translation, and Commentary,* Princeton University Press, 1989, pp. 7-10.

［27］（英）约翰·休伯特·马歇尔著、秦立彦译：《塔克西拉（第 3 卷）》，云南人民出版社，2002 年，图版 210 上。

［28］（汉）班固：《汉书·地理志》，中华书局，1964 年，第 1671 页。

［29］李则斌：《江苏盱眙县大云山西汉江都王陵一号墓》，《考古》2013 年第 10 期，第

37—44 页，图 57、72。

［30］（汉）班固：《汉书·地理志》，中华书局，1964 年，第 1671 页。

［31］（法）戈岱司编、耿昇译：《希腊拉丁作家远东古文献辑录》，中华书局，1987 年，第 17 页。

［32］（汉）班固：《汉书·地理志》，中华书局，1964 年，第 1671 页。

［33］南京博物院：《江苏邗江甘泉二号汉墓》，《文物》1981 年第 11 期，第 8 页，图 21。

［34］余国江：《江苏扬州双山汉墓墓主身份探讨》，《东南文化》2018 年第 6 期，第 64—68 页。

［35］干福熹等著：《中国古代玻璃技术的发展》，上海科学技术出版社，2005 年，第 247 页。

［36］Liangren Zhang, "Chinese lacquerwares from Begram: Date and Provenance", *International Journal of Asian Studies*, 8, 1 (Cambridge University Press, 2011), pp. 1-24.

［37］李则斌：《江苏邗江县杨寿乡宝女墩新莽墓》，《文物》1991 年 10 期，第 51—52 页。

［38］南京博物院：《江苏邗江甘泉二号汉墓》，《文物》1981 年第 11 期，第 7—8 页，图版叁: 5。彩色照片，引自徐良玉主编《扬州馆藏文物精华》，江苏古籍出版社，2001 年，第 15 页。

［39］（法）戈岱司编、耿昇译：《希腊拉丁作家远东古文献辑录》，中华书局，1987 年，第 11—12 页。

［40］本文汉译引自罗帅：《贵霜帝国的贸易扩张及其三系国际贸易网络》，《北京大学学报》2016 年第 1 期，第 116—117 页。

［41］（梁）慧皎撰、汤用彤校注：《高僧传》，中华书局，1992 年，第 14—15 页。

［42］任继愈主编：《中国佛教史（第 1 卷）》，中国社会科学出版社，1981 年，第 194 页。

［43］（法）戈岱司编、耿昇译：《希腊拉丁作家远东古文献辑录》，中华书局，1987 年，第 12 页。

［44］（汉）班固：《汉书·平帝纪》，中华书局，1962 年，第 352 页。

宿白先生与瓜州榆林窟第 29 窟研究 *

杨冰华（内蒙古师范大学民族学人类学学院）

宿白先生是我国著名的考古学家，研究领域涉及墓葬考古、都城考古、佛教石窟考古、古籍版本等不同的领域。除个人研究外，宿白先生还花费很大的精力用于培养地方院校、文博机构等地方单位的专业考古人才队伍，为我国考古与文物保护事业做出了突出贡献。宿白先生因卓越贡献与人格魅力，于 2016 年 5 月第一届中国考古学大会上被推选为"中国考古学会终身成就奖"获得者。在宿白先生众多成就之中，推动敦煌石窟的研究与保护工作成为佛教石窟艺术领域的经典回响。2018 年 2 月 1 日早晨，宿白先生不幸离世，享年 96 岁。

2020 年 5 月，当全世界还笼罩在突发新冠肺炎疫情肆虐阴影之下时，北京大学考古文博学院悄然在官网上发出纪念宿白先生逝世三周年的征稿启事。作为一名宿白先生的仰慕者和追随者，笔者因研究需要曾先后拜读其《中国石窟寺研究》[1]、《藏传佛教寺院考古》[2] 等论著，深为先生的开阔眼界和缜密思维所折服。故而，特以瓜州榆林窟第 29 窟为例，揭示宿白先生对敦煌石窟研究工作的突出贡献。

一　宿白先生与敦煌石窟

1951 年夏，受文化部委托，宿白先生与赵正之、莫宗江、余鸣谦三位学者组成专家组远赴敦煌进行为期四个月的莫高窟勘察，为石窟崖面加固工程做前期工作。四位学者的研究领域各不相同，各有所长，均为行业翘楚。赵正之先生系清华大学建筑系教授，对元大都的考古与复原研究颇具匠心，提出元大都中轴线及重要街道直接被明清北京城所沿用的重要论断。1961 年，赵正之先生病重住院后，宿白先生建议由赵先生助手考古学家徐苹芳先生口述记录其有关元大都的观点，先后进行了十次，最终完成赵先生遗作《元大都平面规划复原的研究》[3]。莫宗江先生长期担任清华大学建筑系梁思成、林徽因夫妇的

* 基金项目：国家社科基金重大项目"敦煌西夏石窟研究"（16ZDA116）；内蒙古师范大学高层次人才引进科研启动基金项目"内蒙古盛乐古城出土文物研究"（2019YJRC037）。

助手，尤其擅长古建筑绘图，曾参与中华人民共和国国徽和人民英雄纪念碑的设计工作。余鸣谦先生是石窟保护专家，主持完成敦煌莫高窟石窟崖面加固工程。从中央委派的四人考察组就能发现，本次敦煌石窟勘察是精心挑选的专家队伍，也体现出国家对莫高窟保护的用心。

后来，由著名建筑学家陈明达先生根据考察小组的现场记录笔记整理成《敦煌石窟勘察报告》[4]。报告全面叙述了莫高窟当地的气象、岩层、风沙等自然条件，洞窟壁画、塑像等损毁情况，崖面原状的研究资料、洞窟建造年代、古代窟檐保存状况等情况，并最后提出了莫高窟崖体加固和洞窟壁画、塑像等保护方案。这次考察活动是中华人民共和国成立后组织的第一次有关莫高窟的科学考察活动，为随后实施莫高窟崖体加固工程奠定了基础。

1962 年 10 月，宿白先生带领北京大学考古学专业的樊锦诗、马世长、段鹏琦、谢德根四名学生到敦煌实习[5]。宿白先生把传统考古类型学、地层学的方法用于佛教石窟的研究中，开创了佛教石窟考古的新领域。在莫高窟实习中，宿白先生指导学生将理论与实践相结合，选择典型洞窟做考古记录，通过石窟的形制、造像的组合、壁画的布局、人物形象变化等问题进行分期排年，进而确定各个洞窟的年代顺序。同时，在宿白先生的指导下，敦煌文物研究所也成立了专门的考古部门。同时，他还为敦煌文物研究所做了"敦煌两千年""石窟寺考古学简介""敦煌研究简介""石窟寺研究的业务基础知识""有关敦煌石窟的几个问题""石窟记录与排年""佛像的实测与《造像量度经》"等七个不同主题的系列讲座[6]。这就是佛教石窟考古领域著名的"敦煌七讲"，被誉为敦煌石窟乃至全国范围内石窟寺科学考古工作的指导手册。

为了充实敦煌文物研究所的专业考古人员队伍，1963 年应常书鸿先生请求，宿白先生从敦煌莫高窟实习队挑选樊锦诗、马世长两名学生到敦煌工作。这也是敦煌文物研究所第一批专业考古人员。1964 年中国科学院民族研究所王静茹先生主持与敦煌文物研究所组成"敦煌西夏资料工作组"，合作开展敦煌石窟中西夏文和图像资料的调查研究，其中有关敦煌石窟中西夏洞窟的排年工作，由敦煌文物研究所刘玉权先生在宿白先生指导下完成。令人遗憾的是，由于随后爆发的十年"文化大革命"，有关西夏洞窟的调查活动被迫中断，相关调查成果一直到改革开放后才得以陆续发表。

二　瓜州榆林窟第 29 窟营建年代新探

瓜州榆林窟第 29 窟是西夏统治时期营建的一所重要洞窟。该窟位于榆林窟东崖上层窟群北端，窟形结构较为复杂，平面近方形，覆斗顶，带有多个侧室，各壁均不开龛，中间塑五层佛坛。该窟壁画内容丰富，包括水月观音、净土变、文殊变与普贤变、密教金刚手菩萨和不动明王等（图一）。壁画绘制精细，题材组合特殊，使该窟成为榆林窟

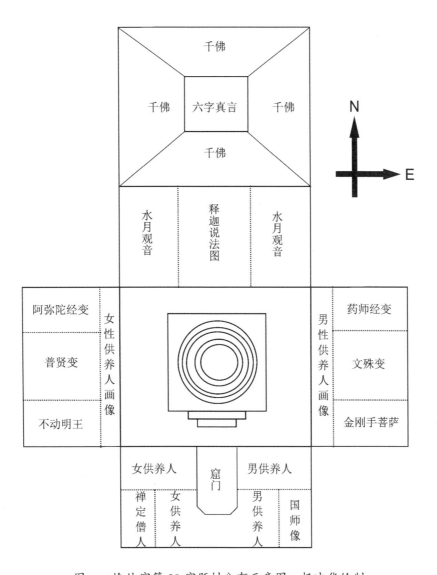

图一　榆林窟第 29 窟题材分布示意图，杨冰华绘制

最具有代表性的洞窟之一。多年来，学界对此洞窟也给予了极大关注，取得了一些成果。综观这些研究成果，主要涉及洞窟营建年代与洞窟功能两个方面[7]。不过，由于缺少可资作为参照的标准窟，长期以来敦煌晚期石窟的分期状况基本处于一片混沌的状态。在前辈已有研究成果基础上，现就该窟营建年代试作探析。

　　榆林窟第 29 窟是敦煌晚期洞窟中少有带有完整供养画像及西夏文题记的洞窟。长期以来，学界都将其作为敦煌晚期石窟划分的标准窟。从这一点上讲，榆林窟第 29 窟的年代问题就超越了该窟自身，成为一个关乎整个敦煌石窟年代划分的宏大问题。因为如果作为参照标准的第 29 窟年代问题都无法准确判定，那么在此基础上形成的敦煌晚期洞窟谱系的可信度可能就会大打折扣。因而，第 29 窟的年代问题可以作为打开敦煌晚期洞窟神秘之门的一把钥匙，意义非凡。

（一）研究史回顾

就该窟的营建年代，宿白先生和刘玉权先生最早做了研究。宿白先生根据榆林窟第 19 年甬道刻划的汉文题记"乾祐廿四年□□日画师甘州住户高崇德小名那征到此画秘密堂记之"和第 29 窟东壁南侧和西壁南侧的两幅藏传佛教金刚手菩萨和不动明王壁画，认为该窟即乾祐二十四年高崇德所绘秘密堂。因而，判定其营建年代为西夏晚期的乾祐廿四年（1193年）[8]。随后在宿白先生指导下，刘玉权先生专门就该窟营建时代做了解读，他另根据该窟中的多条西夏文供养人题记和榆林窟第 25 窟中的大段西夏文题记，对宿白先生的观点做了确认[9]。他们的研究成果自发表以来影响很大，成为有关该窟讨论的不刊之论，得到敦煌研究院官方《敦煌石窟内容总录》[10]、《中国石窟·安西榆林窟》[11]等论著的认可，该窟也因此被当作敦煌西夏洞窟研究领域中具有分期断代意义的标准窟[12]。

不过，学界对宿白及刘玉权两位先生有关榆林窟第 29 窟营建年代的讨论也并非没有一点疑问。谢继胜先生多年以前已经对此有所质疑："然而，这种说法仍然有很多疑点。第 29 窟完全的藏式作品只是窟顶坛城和东西壁南侧的两尊明王像，其余完全是汉式作品，反而没有第 3 窟的藏密色彩浓郁，所以秘密堂也有可能是指第三窟。"[13]此外，最近公维章先生也从西夏统治瓜沙二州的社会历史背景出发，结合洞窟内的西夏文题记等材料对第 29 窟营建年代重新作了讨论，他认为赵氏家族是夏仁宗时期的后族豪族，为应对权臣任得敬的逼宫，夏仁宗派遣亲信赵氏家族到河西任职，赵祖玉家族营建该窟以庆贺家族升迁。因而，该窟营建于任得敬逼宫（1165年）及仁宗诛杀任得敬集团（1170年）这一阶段中。另外，第 25 窟赵氏家族发愿文题记落款时间中出现"丑年正月二"字样，这一阶段中的丑年只有 1169 年，因而，第 29 窟营建于 1168 年[14]。从一定程度上讲，笔者倾向公维章先生从西夏历史背景出发而得出的观点。不过，由于公先生论述过程中并未涉及榆林窟第 29 窟的洞窟壁画，现笔者从壁画角度入手对该窟年代的讨论略作补充。

（二）赵麻玉家族供养人画像的武官身份

榆林窟第 29 窟主室窟门东侧为鲜卑国师及赵氏家族供养人画像（图二）。赵氏男性供养人画像分为两排，第一排三身位于上部，身形高大魁梧；第二排八身，身形略小。这些供养人皆着武官服饰，头戴金帖起云镂冠，身着窄袖长袍，腰间系带子，扎护腰抱肚，手持花束，恭敬地朝向前面国师像。在窟门西侧为赵氏家族女眷供养人画像（图三），这些妇女皆头戴花钗，身着大翻领窄袖团花长袍，典型贵族妇女形象。整体而言，这些衣冠服饰基本符合法律条文规定。据《宋史·夏国传上》载：

图二　榆林窟第 29 窟赵麻玉家族男性供养人像，《安西榆林窟》图
版 115

图三　榆林窟第 29 窟赵麻玉家族女性供养人像，《安西榆林窟》
图版 120

文资则幞头、鞸笏、紫衣、绯衣；武职则冠金帖起云镂冠、银帖间金镂冠、黑漆冠，衣紫旋襴，金涂银束带，垂蹀躞，佩解结锥、短刀、弓矢韣，马乘鲵皮鞍，垂红缨，打跨钹拂。便服则紫皂地绣盘球子花旋襴，束带。民庶青绿，以别贵贱。[15]

由这条史料可知，榆林窟第29窟中的这几身赵氏供养人像均着典型武官服饰[16]，也是西夏统治瓜沙时期具有代表性的服饰。除该窟外，瓜州东千佛洞第5窟主室南北两壁下部也绘制供养人画像，所着服饰与该窟非常相似。不过，功德主地位比榆林窟第29窟的赵氏家族地位明显低了很多[17]。

另外，上排的三身男性供养人身后跟随三名侍从（图四），他们身形比前面供养人画像明显小了许多，前面两人弓腰，上身着缺胯衫，下身着裤，打红色绑腿，脚穿带有条纹的麻鞋；后面一人直立，着长袍，脚着黑靴。左起第一人头戴器物，性质不明，双手持长竹竿置于肩上；后面两人皆髡发，这是党项民族的特有发式。中间一人形象较为特殊，左手朝下置于腰间，右手曲肘，上臂绑铙钹，但只见一件。铙钹作为打击乐器是两件一组，且应该手持，不知何因绑于上臂之上。这组侍从像表现的可能是西夏仪仗制度规定武官出行时"打跨钹拂"场景。最后一人双手捧红色包袱。这是陕西关中地区唐代壁画墓中非常普遍的题材，多为侍女捧包袱。这组侍从像更加突出了赵氏男性供养人的武官身份，也与瓜沙二州作为西陲边地的军事重地特点相符。

图四　榆林窟第29窟侍从像，《安西榆林窟》图版118

（三）西夏文供养人题记中的沙州监军司

榆林窟第29窟的这些供养人画像均有榜题框，里面书写西夏文题记。值得注意的是，从画面中可以看出，在最初设计这些榜题框时应该考虑过使用西夏文和汉文双语书写。不过，在洞窟实际营建过程中只使用了西夏文而舍弃了汉文，从画面中我们可以看出榜题框一侧有文字而另外一侧空白。

窟门左侧西夏国师鲜卑智海像身后的三身供养人是第 29 窟的功德主。他们均有榜题框，第一身为："……沙州监军……执赵麻玉一心归依"；第二身："……内宿御史司正统军使向赵一心归依"；第三身："……儿子……军讹玉一心归依"；下排人物题记自东向西依次为："……瓜州监军……""座……臣……语……""施主长子瓜州监军司通判奉纳赵祖玉一心归依"。后面几身题记漫漶严重，基本已经无法释读。由这些西夏文题记可知，第 29 窟的功德主为赵氏家族，该家族以沙州监军司供职的赵麻玉为代表，儿子辈有瓜州监军司通判赵祖玉等人，他们分别在瓜沙二州担任监军司使、通判、奉纳等军政长官。可以说是西夏时期瓜沙二州的第一大家族。通过这些供养人题记，可知该窟营建一定与瓜沙二州监军司的设置有密切关系。

西夏立国之初，在全国设置了十二监军司。据《宋史·夏国传上》载：

> 有左右厢十二监军司：曰左厢神勇、曰石州祥祐、曰宥州嘉宁、曰韦州静塞、曰西寿保寨、曰卓罗和南、曰右厢朝顺、曰甘州甘肃、曰瓜州西平、曰黑水镇燕、曰白马强镇、曰黑山威福。诸军兵总计五十余万。[18]

可知，西夏开始时并未在河西设沙州监军司而只有瓜州监军司。不过，随着西夏疆域变迁与军事发展形势，后期监军司数量有所变化。据夏仁宗天盛年间完成的法律典籍《天盛改旧新定律令》可知，天盛年间存在十七个监军司，在瓜沙地区新增设了沙州监军司。另外，沙州监军司地位比瓜州监军司高，前者设二正、一副、二通判、四习判等九人；后者设一正、一副、二通判、三习判等七人[19]。由于沙州监军司的设立并无史书明文记载，只有《天盛律令》中的这一条记载，因此，其设立时间要早于《天盛律令》的成书年代。张多勇先生认为"当在北宋灭亡以后增置"[20]，但并未对此进行论述，推测成分较大。另外，在榆林窟第 25 窟前室甬道中出现赵麻玉家族的长段发愿文题记，题记中同时出现了瓜州监军司和弥峨州监军司。陈炳应先生将其作为新出现的监军司[21]，而张先生将其认定为沙州监军司[22]。这种一名两译是相关学者在释读西夏文题记时造成的。因而，弥峨州为沙州应该是没有疑问的。

（四）榆林窟第 25 窟西夏文题记探析

除第 29 窟外，榆林窟第 25 窟中也出现了赵麻玉家族供养人信息。在该窟前室甬道南壁书写长篇墨书西夏文题记，内容为赵麻玉家族做大乘忏悔法会的经过及发愿文。该题记对判定榆林窟第 29 年的营建年代及解读该窟性质十分重要。对此题记，西夏文专家史金波、白滨、陈炳应以及日本学者荒川慎太郎先生均做了详细录文及翻译。不过，令人遗憾的是，三家录文差异很大。为行文方便，今将三家录文制成表格（表一）。详细内容如下。

表一　榆林窟第 25 窟西夏文题记三家录文

出处	史金波、白滨（A）	陈炳应（B）	荒川慎太郎（C）
内容	？子尊谨愿西……释迦佛者二足明毕金……身证得自爱……已……东王座身现法雨意全寻止情……毕以已入涅槃……故……中佛象为以根恼断得寻……身得能谓因此上圣恩念佛……塔亦疾早愿行造玉瑞至胜遣信，佛门共愿同男女一百余时彼岸……证果……故大乘忏悔……因供养……作令以此善根；当今圣帝王座如楼，如当全神寿万岁身……已大……当福广……定……当迁……；法界众生一切善……以菩提等……身灾消绝……恐全受修证得圣果，时佛……菩萨毕因毕……园……；渐菩萨……恼心……方善……时圣帝……大官此……当诸众生翼失？……；丑年中正月二瓜州监军……；子瓜州监军司通判赵祖玉；赵……山；……上孙没力玉	……永等谨愿……释迦佛者。……子等谨愿西……（毘摩？）释迦佛者，二足□毕全□，证得双身，自□爱□，已治□□；□金座身，□□药法雨，□全□止，有情□□毕以锦（？）已入涅槃，渐渐众生因缘中。佛像已，以此福，可断恼根。闻闻智□，能得身，此之谓。上思圣恩敬佛，永疾速行愿，共造瑞玉，至圣即胜。信母三门共愿，一行男妇一百余，时为（到）彼岸证圣果故，供养大乘忏悔□释义。令做□□□，修此善根。当今圣帝，王座当如桂树，御教普成，万寿无疆。大……当……法界，一切菩萨，□于善□，□以上菩提，因□敬佛。永等□身灾消灾，知□怖骇，修□□□，得证圣果。古佛已饰，菩萨缘毕，缘毕乐集□院后，菩萨宝像，朝夕加礼，□□恼心，以善此方。上圣帝御宫福寿坚锵，大臣善助，干戈永息，众生上彼持善。人□□丑年中正月凉州（？）路瓜州监军通判□官赵嘿□□，你合饿州监军司通判考色赵祖玉，亲友前长军赵果山，子前长军□嘿罿□□，□□没力折	……子等谨愿西……释迦佛者二足明毕金……身证得自……东王座身现法意具寻止识……终……以涅槃入后……；故……中佛象为以根恼断得寻……身得能谓，因此上；圣恩想佛塔亦迅速愿起造玉吉圣到胜遣信，佛门共愿男女一百余时彼岸果证，故大乘忏悔……因供养……作令以此善根；当今圣帝王座桂树具贤寿身……大……得福广……定……遇……；法界菩萨一切善……以菩提……等……身灾消绝……具……受；修圣果圣，时佛菩萨终故终……圈……后菩萨；……恼心……方善……时圣帝……；大官此……诸菩萨羽失？……；丑年中正月二……瓜州监军……；子瓜州监军司赵祖玉；赵……山；……上孙隐修玉

　　材料出处：史金波、白滨：《莫高窟榆林窟西夏文题记研究》，《考古学报》1982 年第 3 期，第 383 页；陈炳应：《西夏文物研究》，宁夏人民出版社，1985 年，第 11 页；松井太、荒川慎太郎编：《敦煌石窟多言語資料集成》，東京外国語大学亞非語言文化研究所，2017 年，第 307—308 頁。

　　从三家录文可知，在人名、地名、官职等诸多内容方面三家译文均不完全一致。译文 A、C 较为接近，而 B 部分内容差异较大，甚至比前者多出不少文字。综合三家录文，可知这段发愿文的记载对象为榆林窟第 29 窟的功德主赵麻玉家族。他们一行男女一百余人在某丑年新年时巡礼榆林窟，修建佛塔，造玉石瑞像，做大乘忏悔法会，最后将发愿文题写在了第 25 窟。在这队香客之中，赵麻玉家族处于领导地位，在第 29 窟供养人画像中他们的体型也绘制得最为高大，其余供养人则绘制在南北两壁的底层，形象矮小，加之底

层壁画受碰撞等人为破坏更加严重，目前已
经漫漶厉害，若非仔细观察，根本无法发现。
不过，虽然体型较小，但他们每人均有自己
的独立西夏文榜题框。可知，以赵麻玉家族
为核心的巡礼香客有非常规范的管理要求，
并非临时聚集的游人散客。令人注意的是，
在这则题记之中同时出现了"圣恩"和"东
王"代表两种不同身份的表述，这在君主专
制的古代社会是非常罕见的现象。对这两种
身份的解读也是探析第 29 窟营建年代的关
键，公维章先生认为它们指代的是夏仁宗和
东王任得敬，对此笔者也表示认同。

　　任得敬是西夏仁宗时期的权臣。其原为
北宋西安州州判，后投降西夏，他将女儿献
给崇宗乾顺，因受宠而册封为皇后。因此，
父以女贵，任得敬也逐渐获得重用，先后任
静州防御使、静州都统军。夏仁宗登基后，
任得敬先后平定了境内萧合达起义等多场反
叛活动，权势越发强大，终于在天盛元年
（1149年）七月进入西夏权力中枢，任尚书令。

图五　榆林窟第 25 窟主尊卢舍那佛，《安
西榆林窟》图版 39

在任得敬举荐下，其弟任得仁、任得聪、任得恭都受到重用，任氏家族遂成为西夏炙手可
热的家族势力。尾大不掉的任得敬越发嚣张跋扈，天盛十二年（1160 年），任得敬进爵
为楚王，意图按照灵州—天都山—河湟一线裂土而治[23]。甚至，还准备将仁宗迁于河西
一带，自己占据灵州、夏州等西夏富庶的王畿之地。因任得敬占据的地域主要位于今陕西、
宁夏一带，位于西夏疆域的东部地区，故也称为东王。任得敬的倒行逆施与僭越擅权引起
夏仁宗的极度不满，最终在金国支持下于天盛二十二年（1170 年）一举铲除任得敬势力。
因此，第 25 窟甬道内西夏文题记中"圣恩"与"东王"并列，可知其年代早于任得敬集
团覆灭的天盛二十二年之前。

　　另外需要注意的是，第 29 窟功德主赵麻玉家族在榆林窟第 25 窟做巡礼活动，并在
该窟前室甬道题写长段发愿文，内容提及曾"做大乘忏悔"法事活动。赵麻玉一行百余人
选择巡礼第 25 窟并在该窟书写发愿文并非一时兴起的随意之举，而是经过了深思熟虑的
考量。第 25 窟距离第 29 窟很近，二者位于同一崖面上，另建有栈道可以直接沟通联系，
往来方便。尤为重要的是，第 25 窟主室正壁为吐蕃统治瓜州时期绘制的一铺卢舍那佛并
八大菩萨曼荼罗，中间主尊为清净法身卢舍那佛（图五），左侧四身菩萨为金刚藏菩萨、

观音菩萨、普贤菩萨和无障碍菩萨，右侧四身为虚空藏菩萨、地藏菩萨、弥勒菩萨和文殊菩萨[24]。在华严经中，释迦佛、卢舍那佛和毗卢遮那佛三位一体，卢舍那佛为法身佛，毗卢遮那佛为报身佛。再加上该窟同时具有吐蕃风格绘画样式的卢舍那佛和汉地唐风的弥勒经变，将藏汉两种完全不同艺术风格的图像完美地融入一座洞窟之中。而西夏佛教恰好也融合了来自藏地、宋、辽、金、回鹘等多种源地的佛教传统，最终得以显密圆融，完美地融合为一个整体，或许这才是第 29 窟功德主赵麻玉一行人醉心于第 25 窟的根本原因。

综上所述，瓜州榆林窟第 29 窟是西夏统治瓜沙时期营建的一所重要洞窟。由于资料的匮乏，有关该窟营建年代长期都处于模糊不清的状态。中华人民共和国成立之后，宿白、王静茹等老一辈学者指导开展敦煌西夏洞窟材料的整理与研究工作，这一问题才逐渐引起学界关注。其中，刘玉权先生在宿白先生指导下完成了对该窟年代讨论的研究工作，为后来相关研究奠定了基础。本文根据洞窟调查资料重新做了讨论，赵麻玉家族及其他信众一行百余人营建第 29 窟，同时巡礼了相隔不远的汉藏风格特征明显的第 25 窟，并在该窟甬道留下了长段发愿文题记。其中提及"圣恩""东王"，可知其营建年代应限定在任得敬进爵为楚王的天盛十二年（1160 年）至势力覆灭的天盛二十二年（1170 年）之间。

后记：感谢业师陕西师范大学沙武田教授的指导和敦煌研究院诸位师友在洞窟考察时提供的帮助。

注　释

[1] 宿白：《中国石窟寺研究》，文物出版社，1996 年。

[2] 宿白：《藏传佛教寺院考古》，文物出版社，1996 年。

[3] 赵正之遗著：《元大都平面规划复原的研究》，《科技史文集（第二辑〔建筑史专辑〕）》，上海科学技术出版社，1979 年，第 14—27 页。

[4] 赵正之、莫宗江、宿白、余鸣谦、陈明达：《敦煌石窟勘察报告》，《文物参考资料》1955 年第 2 期，第 39—70 页。

[5] 樊锦诗口述、顾春芳撰写：《我心归处是敦煌》，译林出版社，2019 年，第 49 页。

[6] 姜伯勤：《宿白先生论敦煌遗书研究开始于中国——读〈敦煌七讲〉》，《中国史研究》2009 年第 3 期，第 95—97 页。

[7] 刘玉权：《榆林窟第 29 窟窟主及其营建年代考论》，敦煌研究院编：《段文杰敦煌研究五十年纪念文集》，世界图书出版公司，1996 年，第 130—138 页；宁强、何卯平：《西夏佛教艺术中的"家窟"与"公共窟"——瓜州榆林窟第 29 窟供养人的构成再探》，《敦煌学辑刊》2017 年第 3 期，第 137—145 页；公维章：《瓜州榆林窟第 29 窟营建年代新探》，敦煌研究院编：《回鹘·西夏·元代敦煌石窟与民族文化学术研讨会会议交流文集（上）》，2017 年 10 月 13—16 日，甘肃敦煌；朱生云：《榆林窟第 29 窟壁画研究》，

陕西师范大学硕士学位论文，2018 年；郭子睿：《一所石窟中的密教灌顶道场——瓜州榆林窟第 29 窟洞窟功能再探》，《西夏研究》2019 年第 2 期，第 57—66 页。

［8］宿白：《榆林、莫高两窟的藏传佛教遗迹》，《藏传佛教寺院考古》，文物出版社，1996 年。

［9］刘玉权：《榆林窟第 29 窟窟主及其营建年代考论》，敦煌研究院编：《段文杰敦煌研究五十年纪念文集》，世界图书出版公司，1996 年，第 130—138 页。

［10］敦煌研究院编：《敦煌石窟内容总录》，文物出版社，1996 年，第 215 页。

［11］敦煌研究院编：《中国石窟·安西榆林窟》，文物出版社、平凡社，第 260 页。

［12］沙武田：《敦煌西夏石窟分期研究之思考》，《西夏研究》2011 年第 2 期，第 30 页。

［13］谢继胜：《西夏藏传绘画——黑水城出土西夏唐卡研究》，河北教育出版社，2002 年，第 260 页，注释 19。

［14］公维章：《瓜州榆林窟第 29 窟营建年代新探》，敦煌研究院主办"敦煌论坛：回鹘·西夏·元代敦煌石窟与民族文化学术研讨会"，2017 年 10 月 13—16 日，第 119—123 页。

［15］（元）脱脱：《宋史》卷四八五《夏国传上》，中华书局，1977 年，第 13993 页。

［16］曲小萌：《榆林窟第 29 窟西夏武官服饰考》，《敦煌研究》2011 年第 3 期，第 56—61 页。

［17］张先堂：《瓜州东千佛洞第 5 窟西夏供养人初探》，《敦煌学辑刊》2011 年第 4 期，第 52—53 页。

［18］《宋史》卷四八五《夏国传上》，中华书局，1977 年，第 13995 页。

［19］史金波、聂鸿音、白滨译注：《天盛改旧新定律令》，法律出版社，2000 年，第 362—369 页。

［20］张多勇：《西夏监军司驻地及边防体系研究》，西北师范大学博士学位论文，2015 年，第 264 页。由于张先生的这篇博士学位论文未收录在中国知网等学术期刊数据库中，因而一直未能有机会拜读。后经多方联系及友人介绍得以获取张先生大作。在此向张先生慷慨赐文及师友热心联络再次致以谢忱。

［21］陈炳应：《西夏监军司的数量和驻地考》，《西北师范大学学报》1986 年增刊，第 90—101 页。

［22］张多勇：《西夏监军司驻地及边防体系研究》，西北师范大学博士学位论文，2015 年，第 264 页。

［23］马旭俊：《"任得敬"史事二则再认识》，《西夏研究》2016 年第 2 期，第 53 页。

［24］沙武田：《吐蕃统治时期敦煌石窟研究》，中国社会科学出版社，2013 年，第 483 页。

云冈石窟第 5 窟的营建

八木春生（筑波大学艺术学系）

引　言

北魏前期营建于首都大同的云冈石窟之中，第 5、6 窟是体现第二期诸窟（470 年代初至 494 年左右）最后辉煌的大型洞窟。其中第 6 窟以较高的完成度被视为云冈石窟的代表性洞窟。该窟虽与相邻的第 5 窟一起，具备了作为第二期诸窟特征之一的、由两个洞窟组成的双窟形式，但它们和其他双窟如第 7、8 窟，第 9、10 窟等不同，第 5 窟雕刻大佛，第 6 窟设有中心柱，两窟的形式和内容均大相异趣。宿白先生揭示出第二期诸窟是以双窟形式营建而成，他认为第 5 窟周壁的配置并非基于统一的规划，是经过补刻的与第 6 窟不同的未完工洞窟，且应与北魏迁都洛阳有关[1]。但是，近年冈村秀典提出第 5 窟和第 13 窟接续昙曜五窟开凿于 470 年代初的观点。认为第 5 窟凿出主尊像后营建工程即告中断，待 480 年代开凿相邻的第 6 窟时，与该窟一起进行了壁面龛像的雕刻。此外，杭侃也认为第 5 窟的营建始于献文帝时期，但在开挖出石窟内部空间、雕饰出主尊像及其背光等内容之后，工程中断，至文明太后去世后再次开工营建[2]。然而正如后文所述，第 5 窟主尊背光中见有汉民族化的飞天，因而冈村氏和杭侃氏的观点不太能令人信服。不过，两窟作为双窟营建的同时，各自采用不同洞窟形制，可以通过右绕中心塔柱来追溯体验释迦一生的第 6 窟，与壁面分层并列雕刻数个佛龛的第 5 窟之间，在内容方面存在很大不同。本稿的主要目的，是通过考察第 5 窟拥有怎样的造窟思想，以及其与第 6 窟之间存在何种联系，弄清第 5 窟是否能像第 6 窟一样作为第二期诸窟的代表性洞窟。由此，以下首先对第 5 窟主尊和壁面进行分析，在综合这些分析的基础上，明确该窟的造窟思想。

一　前室北壁

1. 拱门

拱门为二重拱形，是其他洞窟所未见的形式。外侧拱门左右（东西）侧壁雕刻从莲花中化生出来的合掌童子和胡跪的供养天，其下方雕出力士像（图一：a、b）。胡跪着的

a　　　　　　　　　　　　　　b

图一　第 5 窟窟门
（《雲岡石窟》，京都大学人文科学研究所）

几身供养天均着汉民族化的交领服装。内侧拱门正面拱端变为龙形，龙头回首朝向拱门一侧，两前足上举如凤凰双翼。与此类似的龙形拱端可见于第 7 窟南壁明窗上方（图二），该窟拱端上方所刻胡跪供养天为西方形式（图一），与前述汉民族化的供养天不同，其高髻的形状、头部后方翻飞的天衣呈弧形等，是对昙曜五窟以来的形式的继承。内侧拱门东西侧壁分别雕刻两尊结跏趺坐于树下的如来像（图三）。此图像据王友奎研究或与法华经相关，法华经中有释迦佛坐于多宝佛一侧说法华经时，释迦十方分身诸佛来集，至娑婆世界后各于宝树下结跏趺坐的场景。王氏认为第 5 窟中这种树下并坐的二佛像表现的是释迦、

图二　第 7 窟拱端
（《雲岡石窟》，京都大学人文科学研究所）

图三　第 5 窟窟门东西壁
（《雲岡石窟》，京都大学人文科学研究所）

多宝佛。树下雕刻一尊坐佛像而非二佛的实例，见于第13窟东壁第3列佛龛[3]。第5窟拱门顶部雕刻5朵莲花及4身西方形式的飞天（图四）。此处莲花中也化生出童子，这种形式的拱门顶不见于其他洞窟。飞天身披络腋，双手合掌，并足飞翔。上半身和下半身均表现的是正面，仅脚尖作侧面形式，颇为少见。第7、8窟天井中虽可见到类似的飞天，但大多扭转下半身，大腿形状可辨，与之不同（图五）。树下二佛并坐像的下方刻有复瓣莲瓣纹饰带，再下方为头戴鸟翼冠，身着铠甲，面朝石窟内侧的力士立像，其一手上举，如同托举着上方的莲瓣纹饰带。戴鸟翼冠的力士像虽在第9、10窟和第6窟等存在类似实例，但上举的手中不持武器的形式，未见于除第6窟以外的其他洞窟（图六）。

图四　第5窟窟门顶部
（《雲冈石窟》，京都大学人文科学研究所）

图五　第8窟窟顶
（《雲冈石窟》，京都大学人文科学研究所）

图六　第6窟中心塔
柱力士像（笔者摄影）

2. 明窗

明窗东西侧壁均雕刻二佛并坐龛及围绕于龛外的千佛像（图七：a、b）。同样的形式也存在于第6窟东壁下层中央，但在明窗表现千佛并在千佛中央雕刻尖拱龛的形式，可在第10窟明窗找到雏形[4]。虽不见常雕刻于第10窟等二期诸窟明窗下部的山岳纹样，但亦可知其并未完全乖离第二期一般形式。明窗西壁部分龛像与东壁有所差异（图七：a），但两者大体应雕凿于同一时期[5]。第5窟主室内部仅有少量小龛中见有确为补刻的供养人像。因此，明窗西壁所见，是本窟中例外的由个人营建的规模相对较大的龛像。不过，同样雕刻二佛并坐及千佛像的东壁下方，排列着似为补刻的大小各异的小龛而非供养人像。所以，或可认为虽按最初的计划雕刻了千佛围绕的二佛并坐龛，但资金出现缺口，从而允许个人出资参与营建。

明窗西壁大体按原初计划雕凿，其最上部刻有见于主室的复莲瓣纹饰带，纹饰带下方雕刻四个佛龛，龛内各有一尊汉民族化的

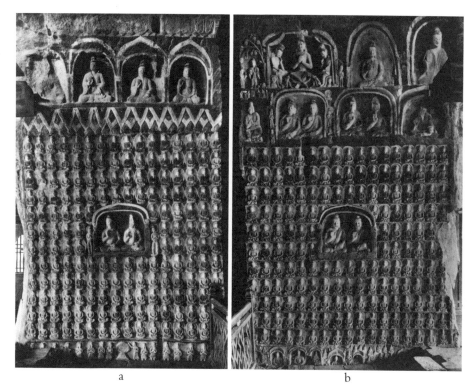

图七　第 5 窟明窗西、东壁
（《雲岡石窟》，京都大学人文科学研究所）

如来坐像（最南侧龛内佛像破损）。不过其中最北侧佛像右手腕处袈裟和看似交领的袈裟之间的联系显得不自然，由此看来，工匠对于造像汉民族化的理解并不充分。这些佛龛以下，雕刻有位于千佛上方的三角形垂饰华盖，其尖端装饰珠状物，与之相似的例子见于第 12 窟，第 1、2 窟和第 6 窟[6]。千佛像均着通肩袈裟，千佛中央的二佛并坐像刻于尖拱龛内，其龙头形拱端由初期型式的藤座式柱头承托。并坐二佛像均着凉州式偏袒右肩袈裟，置于胸前的右手作施无畏印，左手手背向外置于左脚之上。龛外左右两侧各有合掌站立的、半裸上身的西方式胁侍菩萨像。

　　另一边的东侧壁最上部未刻华盖，千佛像纵向排列 11 行，较西壁少 1 行（东壁各行横列 17 尊，西壁为 16 尊），最下部不设供养人像，而凿有几个小型补刻龛，多有不同之处（图七：b）。不过，千佛及在尖拱龛内所刻二佛并坐像的形式则与西壁大体相同。只是，未见承托狮子头形拱端的藤座式柱头和尖拱额龛外侧的菩萨像。上部所刻小龛之中，造像多为西方形式，但也见有汉民族形式者。横向并列的两个二佛并坐龛，主尊像均作西方形式。虽未刻狮子头形拱端和藤座式柱头，但其与前述千佛围绕的二佛并坐像在形式上多有相同之处，且南侧龛像与西壁一样在尖拱额龛左右外侧配置菩萨像。此二佛并坐龛上方，为刻有西方式交脚菩萨像及左右半跏思惟像的楣拱额龛。在楣拱额下部雕刻三角垂饰的实

a   b

图八　第5窟明窗东壁部分（熊坂聪美氏提供）

（《云冈石窟》，京都大学人文科学研究所）

例（图八：a、b），出现于第10窟主室，也可见于第11、6、2等窟[7]。楣拱额中雕刻莲花化生像的表现，在第18窟左侧如来立像头顶华盖中也有类似实例。半跏思惟像所坐藤座之上，有形如垫子的表现，这在第18窟和第11窟[8]，以及太和十三年铭的第17窟明窗等处也可见到。楣拱额龛右侧的儒童本生图像作汉民族化形式（图八：a）。与第10窟前室和第12窟前室的儒童本生图不同，故事场景表现于树下。饶有兴味的是，其中树木的表现和第10窟前室儒童所散花（？）枝类似。再者，刻有交脚菩萨像的楣拱额龛右侧局部对树木予以避让，可知东壁上部小龛中的汉民族式造像和西方式造像大体雕刻于同一时期。由于计划变更后补刻的造像中西方形式与汉民族形式并存，可以认为明窗东西侧壁和拱门一样是雕刻于汉民族形式成为主流之前的时期。

二　窟顶及正壁主尊

1. 窟顶

第5窟主室平面为马蹄形，穹窿顶。窟高17.5米，宽21.2米，进深11.5米[9]。天井风化十分严重。不过，"呈不规则椭圆形"的天井内，能看到"飞天列像"和"背光边缘所刻类似龙足的东西"，据此，推测此处大概也有类似第13窟天井所刻的交龙图案（图九）[10]。北壁雕出作为主尊的如来坐像（16.8米），东西壁各有一尊7.5米的如来立像，各像之间配置胁侍菩萨像。再者，主尊如来坐像的背面凿出用以右绕的隧道，这种隧道不见于昙曜五窟，而在第9、10窟中曾予设置。据熊坂聪美氏研究，第5窟内有三条较大

图九　第 5 窟窟顶（笔者摄影）

的裂缝由西壁穿过天井直至东壁，部分造像被其破坏，部分造像的雕刻避开了这些裂缝。熊坂氏认为，"第 5 窟从开窟到造像初期阶段期间，及之后的一段时间内，壁面产生了数条很大的裂缝，其影响不仅在于细部装饰的雕刻，还及于左胁侍如来立像的配置。此外，西壁的完工早于东壁"[11]。在西壁，最上部帷幕之下的千佛像被裂缝二破坏，然而其下方雕刻了避开裂缝的造像，熊坂氏据此认为主室的营建自上而下进行（图二五）。

2. 主尊

占满北壁壁面的主尊如来坐像恐怕在清代已被敷泥重修，因而现在不清楚原始造像尚存几何（图一〇）。不仅是方圆形的面部轮廓，即使被厚厚的敷泥覆盖，其手臂与身体间的间隙、隆起的胸肌、右足在上结跏趺坐施禅定印的形式均反映了造像原来的形象。整体而言，让人联想到第 20 窟主尊像（图一一）。头光分为四层，自外侧开始各层依次为以重复的 U 字形组成的火焰纹、

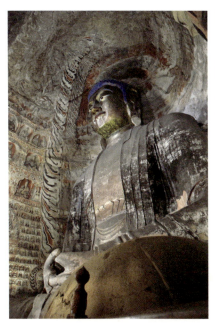

图一〇　第 5 窟主尊（笔者摄影）

图一一　第 20 窟主尊（笔者摄影）

飞天、化佛、化佛，与主尊头部相接的部分雕刻复瓣莲花纹样。身光分两层，外层为与半忍冬融为一体的火焰纹，内层雕刻供养天。水野、长广两氏已指出，此处头光和身光中的两种火焰纹及与之相同的组合可见于第 20 窟主尊背光[12]。在身光内层上部刀尖形部分，刻有被火焰包围的摩尼宝珠纹样，这也与第 20 窟相同。值得注意的是其下方雕刻的供养天及头光第三层的飞天。他们头后方翻飞的天衣尖端呈尖锐的三角形，明显已经汉民族化（图一二）。再者，第二层和第一层的化佛身披双领下垂式袈裟，施禅定印，与周壁最上部所见千佛之形式大体相同。如前文所述，冈村秀典氏认为早期在 470 年代初雕出的只有主尊像，这样的话背光的雕刻就是在营建工程重启之后。但是，若本窟的营建是自明窗开始，自上而下掘进的话，那么仅背光雕凿于复工之后就显得不自然了。主尊及其他壁面龛像大体雕刻于同时期的可能性较高[13]。

图一二　第 20 窟主尊背光局部（笔者摄影）

图一三　第 5 窟胁侍菩萨
（《雲岡石窟》，京都大学人文科学研究所）

北壁左右下部掘有隧道的出入口，并刻有大型菩萨立像。西壁菩萨像仅头部保留了原貌，头戴在三个三角饰之间装饰莲花的宝冠，头光内雕刻半忍冬纹，与已然汉民族化的第 6 窟中心柱上层菩萨像相似（图一三）[14]。东壁菩萨像全身经过了重修，原貌不存。隧道内，北壁上部在分割为长方形的区域中排列着沿着右绕方向飞翔的飞天，其下方的华盖垂下尖端系珠的三角形饰物和纵向折叠起来的帷幕。此外，"自隧道西口的西壁、隧道北壁至东口的东壁，刻有僧形人物行列。合掌朝向东方……如同按照右绕之礼修行"[15]。但是在西壁一侧，有几身像虽风化几尽，但仍能辨识脚尖朝向西壁，所以可能并非所有人都朝向同一方向（图一四）。第 9、10 窟的隧道中所刻僧形人物行列虽亦严重风化，但自隧道北壁中央向左右两边背向而行，第 5 窟很可能与之相同。隧道南壁风化更为严重，内容难辨，虽可见单手上举的人物并立于和北壁一样的华盖之下，但无法判断为力士抑或供养天人。

图一四　第 5 窟隧道

（《雲岡石窟》，京都大学人文科学研究所）

三　南壁

1. 概况

彭明浩氏将窟内除北壁以外的三壁分为上、中、下三层，分别为窟顶至明窗底部，明窗底部至主尊如来坐像两脚表面，主尊两脚表面至地面[16]。但是，除了雕出大佛的北壁，其余壁面由复瓣莲瓣纹饰带分割成了六层（图一五）。南、西、东壁第六、五层的高度均一致，而东西两壁第三、二、一层之间虽存在对应关系，但两壁第四层的高度并不相同。此外，南壁明窗下沿未刻莲瓣纹饰带，因而该壁第四层层高增大且不与东西壁第三层相接续。正如彭明浩氏所说，第 5 窟的营建是自上而下分三个阶段进行的，不过，为了仔细分析各壁面之间的关系，本文将各壁分为六层逐一进行考察。

东西两壁第六层并列交互配置楣拱额龛和尖拱额龛，第五层仅设尖拱额龛，两壁一致。但是，佛龛形式乃至龛内主尊的种类亦相同者，仅为南壁侧二龛（第六层东西壁第 1、2 龛，第五层东西壁第 6、7 龛），此外，主尊的种类除了第 4 龛以外均不一致。再者，第三层东壁第 18 龛和西壁第 14 龛，第二层东壁第 20 龛和西壁第 15 龛，以及第一层东壁第 22、23 龛和西壁第 16、17 龛，虽说在相同形式的龛内雕刻了相同种类的造像，但西壁如来立像与北壁之间雕有千佛，而东壁却不见类似造像，两壁雕刻的内容出现差异（图一五）。

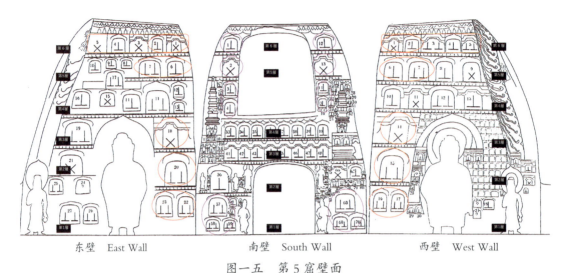

东壁　East Wall　　南壁　South Wall　　西壁　West Wall

图一五　第5窟壁面

（笔者基于《雲冈石窟》京都大学人文科学研究所第2卷图16改绘，京都大学 · 中国社会科学研究所，2017年）

在南壁，第六层、第五层明窗左右以及第一层拱门左右壁面均于基本相同形式的佛龛内雕刻相同种类的主像。南壁第四层由于雕刻有载于象背之上的五重塔，因而层高较东西壁第四层更高。另外，南壁明窗和窟门之间，第四层八个楣拱额龛和第三层八个尖拱额龛虽有复瓣莲瓣带分割，但有观点认为他们共同表现了"十六佛"（后文详述）。再者，刻有这些十六佛的明窗与窟门之间的壁面明显向内部鼓出。这是"云冈石窟所见一般特征"[17]，的确，在第11窟等洞窟内可以看到类似情况。但是，第11窟南壁壁面鼓出的程度不像第5窟那么大。第5窟南壁明窗外两侧壁面似乎是打算与明窗左右壁面削凿成直角（图一六、九）。但明窗左右壁本身呈略向内张口的八字，因此南壁明窗外侧左右壁面的角度便从明窗所在立面倾向前室一侧。前述明窗和窟门之间壁面的转折正是由此而来。第11窟中壁面角度在明窗下方得以修正，而第5窟中，明窗外两侧壁面倾斜的影响则及于窟门左右壁面。不论如何，南壁和东西壁壁面的营建大体是按原来的计划推进，而第四层造像是打乱这一计划的要因所在。

图一六　第5窟南壁

（笔者基于《雲冈石窟》第2卷图23改绘，京都大学人文科学研究所）

2. 第六、五、四层

窟顶下沿雕刻有三角垂饰和帷幕组合而成的纹样（图一七）。此纹样与明窗所见不同，其帷幕被逐段束起而呈连弧状。类似实例可见于第19-1窟窟顶和第11、13等窟[18]。不过，第5窟三角垂饰之间还垂下粒状饰物，有所不同。南壁明窗左右的佛龛纵向排列，且刻有位处南壁而供养西壁佛龛的天人，其下方见有仿木构佛塔等，多有与第11窟南壁

类似的形式（图一八：a）。再者，东壁侧第3龛见有底部颇为宽大的莲花座（图一八：b）。坐佛下方或者佛龛下方雕出一体化的莲花座的实例，仅见于第11窟和第13窟[19]。

南壁明窗左右第四层雕刻有承托于象背上的五重佛塔。东侧佛塔塔刹上方浮雕持杖的供养天像，但意涵不明。背负五重塔的大象，与第6窟承托中心柱上层的大象一样在额头表现了菱形的笼头，耳部形状也十分相似。东侧大象立于山岳纹样之上，而西侧大象下方现为补刻龛像占据，未明是否原本也雕刻了山岳纹样（图一八：b、a）。不过，此处与西壁之间见有胡跪的逆发供养天人，其飘浮在空中，显得不太自然，因而其下方原本计划雕刻山岳的可能性是有的。在这些补刻龛像下方，不自然地仅仅雕刻出一个巨大的须弥座，此座形式和东侧大象所承托的相同。水野清一、长广敏雄氏认为佛座上或许原计划雕刻二佛并坐像。王友奎氏认为此须弥座是原计划在该处雕刻的佛塔基座，但计划后被改变，佛塔移往更高位置，从而形成了这种不自然的现状[20]。若按王氏所说，南壁应是计划在从第三层底部到第四层顶部雕出巨大的佛塔。的确，东壁侧五重塔的塔刹位置，不知为何没有雕刻五层与第四层之间的莲瓣纹饰带。另外，

图一七　第5窟西壁最上部（熊坂聪美氏提供）

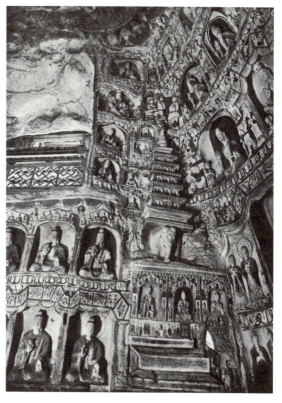

图一八 a　第5窟南壁上层西壁侧
（《雲岡石窟》，京都大学人文科学研究所）

图一八 b　第 5 窟南壁上层东壁侧
（《雲岡石窟》，京都大学人文科学研究所）

东西二塔与明窗之间的壁面各雕刻有纵向排列的两个尖拱额龛（东壁侧第 3、4 龛，西壁侧第 14、15 龛），但其反而比上方第六层、第五层的佛龛更小，可以推测可能是由于原计划要雕刻大型五重塔。但是，东壁侧承托着五重塔下方的大象的山岳，与明窗和拱门之间的两行佛坐像龛，第四、三两层之间的莲瓣纹饰带大体处在同一高度。而且位于西壁侧五重塔之下三个补刻龛下方的大型须弥座与第三层和第二层之间的莲瓣带相接，而这些补刻龛雕刻于倾向前室一侧而并不垂直的壁面上（图一九）。再者，大型须弥座上方壁面向前室一侧倾斜，一般认为是为了让第三层和第二层之间的莲瓣带与西壁相接续。另一方面，背负着东壁侧五重塔的大象及其脚下山岳的下方，在与西壁侧见有大型须弥座相对应的位置，雕刻有补刻的小龛。这些补刻小龛的雕刻深入壁面，因此无疑是破坏了该处已雕出的东西（须弥座？）而新刻上去的（图一九）。不过，从壁面角度来看，很难想象西壁侧须弥座与其上方的大象及佛塔形成组合（图一九）。因此，东西五重塔的雕刻是依据原来的计划，西壁侧的须弥座或者不在原来计划之内，或者仅为失手误刻。

关于东壁侧五重塔与明窗之间所刻第 3、4 龛，水野清一、长广敏雄氏认为，"东部二龛（三、四）颇为气派，恐怕是按最初的计划雕刻的吧。但无法理解的是，此处还有之前雕刻的千佛等造像，该龛是将这些造像破坏之后雕刻的"[21]。的确，在第 4 龛下方隐约可见壁面的凸起，恐怕原刻有具身光的坐佛（图二〇）。但是，这些佛像与雕刻于其下方的尖拱额龛上部的帷幕之间基本不存在高低差异，难以认为帷幕是削去这些坐佛的身体后再雕刻出来的。因此，虽然可以确认因某种原因计划变更，但不过是在仅雕出坐佛的一部分后即按照新的计划继续营建。重要的是，明窗与窟门之间的壁面可能原本并无雕刻 8 个尖拱额龛和 8 个楣拱额龛的计划。或许，南壁在与大象脚下山岳相当的位置雕凿上下两行坐佛龛，并在两行佛龛之间雕出莲瓣饰带，是为了将壁面明确划分为第四层和第三层（图一五）。

再者，东壁侧五重塔除了最下层开三龛外，其余四层均开两龛，与之相对，西壁侧

图一九　第 5 窟南壁下层中央　　　　图二〇　第 5 窟南壁千佛痕迹（笔者摄影）

（笔者基于《雲岡石窟》第 2 卷图 28 改绘，京都大学人文
科学研究所）

佛塔最上层开两龛，但其余各层均开三个佛龛，两者之间有所区别。这与明窗东西壁千佛
数量不同一样，虽然可能是为了使左右有异，但大概单纯只是因为没有充足的空间吧。

3. 第四、三层

正如反复论述的那样，明窗和窟门之间以莲瓣纹饰带划分为两层，上层在连弧形垂
幕之下雕刻尖拱额坐佛龛，下层刻楣拱额坐佛龛，合计 16 个佛龛（图一九）。王友奎氏
认为这些坐佛是《法华经·化城喻品》中所说大通智胜佛出家前的十六王子后来成就的
十六佛，而第 11 窟的十六佛受其影响[22]。第 11 窟的十六佛交错并列配置悬裳座的汉化
佛像和西方式佛像[23]，但是第 5 窟全部为汉民族形式，佛像脚尖隐于袈裟之内，亦无悬
裳座。因此，两者之间是否有直接的影响关系并不明确。上层 8 个佛龛尖拱额内均雕饰数
量不一的化佛，下层佛龛楣拱额内雕刻见于第 10 窟的莲花纹样，不过，第 5 窟中还包含
侧面观的莲花纹。另外，上层佛像多数左手掌向下握住袈裟一端，只伸出食指，与之相对，
下层正如王友奎氏指出的，有的佛像胸束垂下式带结，多数以掌心向外的左手握住袈裟一
端，并伸出第二指和第五指[24]。

不过，上层西端佛像也是束垂下式带结、伸出第二指和第五指的形式。推测承担下
层雕刻工作的工匠，在上层只雕刻了这一身佛像。若此，被莲瓣带区隔开的这些佛像应是
在同一时期同一计划之下营建的。以莲瓣带将其区隔开来，是为了配合东西壁的壁面分割
将南壁划分为六层，同时正如前文所述，也与左右两座五重佛塔底部的高度和南壁第四层
最下部的高度相合。但是，本可并列雕刻两行七佛，却刻意雕刻出两行八佛，推测是由于
试图表现十六佛。

4. 第二、一层

第二层于窟门左右各雕刻一身较大的菩萨像，二菩萨均将窟门一侧手臂上举至胸前，

图二一　第 5 窟南壁下层西壁侧
（《雲岡石窟》，京都大学人文科学研究所）

手持香炉。西侧菩萨像立于裁去一半的复瓣莲花座上（图二一），这种表现与第 7 窟主室南壁佛坐像的莲座相似[25]。此二菩萨像与北壁胁侍菩萨像一样头戴三面装饰三角形头饰的宝冠，各个三角形之间刻有小圆花纹。西侧菩萨像与西壁之间雕凿楣拱额龛和尖拱额龛各一，两者高度一致，因而可以认为是作为一组佛龛营造的。楣拱额内刻莲花，尖拱额内刻坐佛。楣拱额龛主尊为交脚菩萨像，两侧配置作为其胁侍的半跏思惟像（图二一）。这一点与明窗东壁上层相同。半跏思惟像脚踏小型藤座。其天衣自肩部搭于手臂后垂下。由于汉民族化，菩萨像的天衣逐渐表现为 X 字状交叉形式。但此处半跏思惟像身着上衣之外，还像西方式飞天一样表现天衣自肩部沿着手臂垂下。大概工匠对造像的汉民族

图二二　第 5 窟南壁第 56 龛（笔者摄影）

化尚未充分理解吧。另一方面，窟门东侧菩萨像与东壁之间雕凿尖拱额龛，内刻右手作施无畏印、左手伸出第二指和第五指、着汉民族式袈裟的如来坐像（图二二）。其不设悬裳座，束垂下式带结，与第三层楣拱额龛内佛像类似。佛龛左右见有汉民族式衣着的弟子像。其中东侧弟子像风化严重，西侧像保存较好，双手于胸前重叠，握住一供养物。

　　壁面第一层，窟门左右各雕刻一门神（图二三）。第 6 窟中这一位置没有雕刻什么造像，

图二三　第 5 窟南壁窟门左右力士像
（《雲岡石窟》，京都大学人文科学研究所）

但其窟门左右的门神像并非仅能在第 5 窟中见到的特殊形式，在第 9、10 窟等窟也有类似造像[26]。不过，本窟的门神像与这些洞窟中的力士像有所不同，不作单手上举姿势，且手持莲蕾。二门神像的身后，各开三个二佛并坐龛，但均经过了重修，难觅原貌（图二一）。

四　西壁

1. 第六、五、四层

　　西壁上沿为三角饰与连弧状帷幕组合而成的装饰纹样，此纹样自南壁延续而来，帷幕之间垂下珠形饰物。下方刻有并列坐佛像。壁面整体分为六层，最上层的第六层以及第四层交替配置楣拱额龛与尖拱龛，第五层仅设尖拱龛（图二四）。西壁壁面见有两条裂缝，其中一条斜穿过最上部自北壁主尊身光起第三尊坐佛像，破坏了第六层第 4 龛如来坐像的左膝，第五层第 8 龛的尖拱额内所刻化佛避开了穿行而过的裂缝。此外，有观点认为第四层的第 12 龛是为了避开从佛龛中央穿过的裂缝（图二五），而选择了雕刻二佛并坐像[27]。

　　第六层第 1、2 龛与第 3、4、5 龛壁面的角度有异（图二四）。与第 1、2、3 龛不同，第 4 龛的尖拱额和第 5 龛的楣拱额上方刻出供养天头部，这是由于越靠近主尊一侧，层高逐渐增加。第 1 龛设交脚菩萨像，第 2、4 龛为如来坐像，第 3、5 龛为二佛并坐像。包括第 6 层造像在内，西壁龛像均为汉民族化形式。且其中的如来坐像多数与前述几尊像一样，不设悬裳座，束下垂式带结。右手作施无畏印，左手掌心向外握住袈裟一端。颇有兴味的是，第 3、5 龛为楣拱额龛，龛内刻有在其他洞窟中一般配置尖拱龛的二佛并坐像，第 5 龛的楣拱额方形区域内仅雕刻出逆发供养天，亦属少见。可见在第 5 窟中，以往确立起来的

图二四　第5窟西壁第六、五、四层（笔者摄影并改绘）

图二五　第5窟西壁

（笔者基于《云冈石窟》第2卷 PLAN6 改绘，京都大学人文科学研究所）

规范渐趋崩坏。再者，第五层第9龛配置交脚佛像。最上层设交脚菩萨像，其下见有交脚佛像的配置方式，和第7、8窟是一样的。第9龛的拱端变为狮子形，前脚作奋迅之姿，但脚下却未雕出承托的柱头（图二六）。尖拱龛之间配置胁侍菩萨像，其中只有第7龛两身菩萨像均朝向龛内主尊，第6、8龛则只有一身菩萨朝向佛龛主尊。第9龛因与北壁主尊背光相邻，龛左无雕刻菩萨像的空间，遂不设供养龛内交脚佛的菩萨像[28]。

与之相对，第四层中除第12龛以外均于龛外左右配置面向龛内主尊的供养菩萨像。内设二佛并坐像的第12龛刻龙形拱端，其前脚抬起，与前室窟门左右所见为相同形式。拱端下方承托龙形的藤座式柱头为后期型式，但与第11、13窟的藤座式柱头细部表现有所不同。第16窟南壁补刻龛像中，见有大体相同形式的柱头[29]。另一个尖拱额龛即第10龛中，由逆发供养天支撑狮子形的拱端。类似形式可见于第16窟南壁及明窗的补刻龛等处，但其上半身均作裸体形式，与本窟有异。第11、13龛均为楣拱额龛，并于楣拱额方格内交替表现束高髻的飞天和逆发飞天。另外，第11龛主尊交脚菩萨像的脚下，见有两身跪着的小型剃发人物像。这一形式在第11、12、13窟中首次出现，在第6窟中亦可见到。

2. 第三、二、一层

西壁中央雕刻大型如来立像，其身光的尖端与第四层和第三层之间的莲瓣纹饰带相接（图二七）。立像头光分两层，外层为并列的 U 字形火焰纹，内层为化佛，与头后部

相连的部分装饰有复瓣莲瓣。身光
也分为两层，外层表现尖端一分为
三、内部填充岩石状物的火焰纹样。
内层刻飞天。外层的火焰纹样曾
在第 9 窟中出现，在第 6 窟中也能
见到[30]。如来立像作素发形式，
头部为椭圆形。耳垂很长，其尖端
垂至肩膀，与第 6 窟中心塔柱上层
等佛像相似。身着汉民族式袈裟，
垂下束内衣的带结，从袈裟衣领部
分可窥见内衣呈 U 字形，与第 6 窟
中心塔柱北面上层佛像相同。但是，
袈裟自抬起的右臂垂下的部分，以
及搭于左手的袈裟的形式有所不
同，另外，还有左手握住垂下的袈
裟一端等较多不同点。

图二六　西壁第五、四层（笔者摄影并改绘）

图二七　第 5 窟西壁如来立像（笔者摄影）

　　南壁侧除第三层第 14 龛、第二
层第 15 龛外，其余壁面基本雕刻千
佛。穿过第四层第 12 龛中央的裂缝，
大体上垂直而下，止于如来立像肩
膀附近。第三层第 14 龛交脚菩萨像
虽与第四层第 11 龛极为相似，不过，
其左右两侧各组合表现两身合掌剃
发人物像，此形式不见于其他实例。
该龛交脚菩萨像与下方尖拱龛内的
二佛并坐像（第 15 龛）组合表现三
世佛。由平面图可知，西壁如来立
像深入本窟与第 6 窟之间的壁面。
因此，其与隧道旁菩萨像之间的壁
面无法深掘开龛，这很可能是该处
雕刻千佛的原因（图二八）。另外，在第 6 窟东壁下层，南、北两龛分别雕刻“初转法轮”
与“降服火龙”图像，而中龛却为 160 身千佛像环绕的楣拱额龛，龛内刻小型如来坐像及
两身胁侍菩萨像。仅中龛不刻佛传，而采用了不需要深挖壁面的千佛题材，其原因应是第 5
窟壁面较原计划外张而使两窟之间壁面变薄，而第 6 窟必须避免打穿该处已经变薄的壁面。

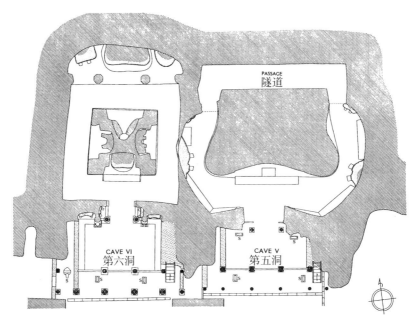

图二八　第 5、6 窟平面图

(《雲冈石窟》，京都大学人文科学研究所)

五　东壁

　　东壁风化严重，而且还进行了重修，因此已经没有完全保留原貌的龛像。划分第五层和第四层的莲瓣纹饰带被纵跨两层开凿的第 17 龛中途打断，这些佛龛使得东壁不像西壁那样整齐地分层（图二九）。能体现其与其他壁面关联的，是东壁第四层第 12 龛和南壁第四层第 3 龛一样，在佛龛下部雕刻出一体化的莲花台座，以及其相邻的第 11 龛中，见有后期型式的藤座式柱头等。另外，第三层的楣拱额龛（第 18 龛）刻意与西壁第三层第 14 龛（楣拱额龛）相对应。但是，在龛内立柱划分的空间里，第 18 龛表现的是两尊菩萨像而不是两尊弟子像。更重要的是，西壁所见裂缝在东壁也能看到，不仅第二层以下的佛龛配置避开了裂缝，"胁侍如来立像也雕刻于该裂缝以南的壁面。特别东壁胁侍如来立像与胁侍菩萨立像之间的距离比西壁二像之间的间隔明显更宽，这一点需要注意"，熊坂聪美氏如是指出（图二八）[31]。若此，由于如来立像的位置曾发生变更移往南壁一侧，那么第三层以下壁面的营建就有可能与原初设计有所差异。

　　第三层以上，东壁和西壁在第四层产生了很大差异。东壁第四层不仅层高更高，而且不是尖拱额龛和楣拱额龛交替配置。仔细观察跨入第五层的第 17 龛，可知其破坏了原已刻出的第四、五层之间的莲瓣带，并于龛左右雕刻出供养人像。其下部的第 14、15、16 龛明显偏小，是在第 17 龛之后雕凿的，对个人营造活动的许可及这些活动打乱了原先计划等现象，说明在东壁北侧第四层，国家对营建工程的控制趋弱。在西壁，与北壁主尊

图二九　第 5 窟东壁第六、五、四层（笔者摄影）

背光相接各层佛龛均配合背光的轮廓雕凿，而在东壁，佛龛与背光之间多有间隙，也正与此有关。由此可知，东壁的营建晚于西壁。到底此处紊乱是受迁都洛阳的影响，还是因为在营建过程中裂缝逐渐扩大，不得不放弃原来的规划，尚无法判断。但是，由南壁明窗和窟门之间壁面明显向窟内凸出等现象可知，在第 6 窟规整的壁面上所看到的高超技术及完成度，是原本第 5 窟的工匠所不具备的。

六　造窟思想与目的

1. 壁面营建过程

从以上对壁面的分析可知，第 5 窟基本计划是将南、东、西壁分为六层，在南壁明窗及窟门左右壁面、东西壁各层之间左右对称配置佛龛。然而，各壁面只有第六层和第五层维持了连续性，这是由于南壁第四层首先规划了载于象背上的仿木构佛塔，此时，南壁便放弃了与东西壁相一致的壁面分层计划。以下试详述之。

由东西壁如来立像身光顶端与第四、三层之间的莲瓣带大体处于同一高度可知，第一阶段的营建工程大概挖掘出了从窟顶到明窗底部的空间。但是南壁改变了原定计划，将雕刻于东西两侧的佛塔延伸到了比明窗更低的位置，由此南壁壁面的分层方式与东西壁出现差异。在雕刻这两座佛塔期间，南壁明窗下方亦掘进至窟门顶部。这一时期的混乱状态可由南壁第四层底部的 8 个尖拱额龛上所见坐佛像痕迹推而知之。另外，南壁明窗左右壁面也保持着第四层以上的倾斜状态，并延续至窟门顶部（第 48、41 龛位置）（图一九）。另一方面，在因雕刻佛塔细部而导致工程有所延迟的南壁东西两侧，塔的基座和山岳纹样被置于第四层和第三层之间莲瓣带的高度。随后为了在佛塔下方壁面也雕刻莲瓣带，使窟门上沿第三层和第二层之间的莲瓣带连续完整，大象下方的壁面便向内挖掘从而倾向前室一侧。

此外，在东西壁，西壁第四层的营建尤为规整，而东壁第四层略无与之对称配置的意图。由于东壁需要避开几条穿行而过的裂缝，如来立像的位置不得不变更，但这也表明第三层以下龛像的雕凿晚于第四层以上壁面。东壁第三层南侧与西壁南侧佛龛对称配置，可知其试图基于原初计划进行营建，然而，西壁也必须避免打破与第六窟之间的壁面，其结果，东西壁壁面的左右对称性被严重破坏了。本窟窟门不在明窗的正下方，而是靠近西壁一侧，当与后者不无关系（图一五）。

但是，很明显，即使按照原来计划进行了营建，第5窟的构成也不会像第6窟那样复杂。而且，这并非营建准备不充分的问题，而是本窟的营造计划或营造思想本身与第6窟有很大不同。

2. 与其他洞窟的关系

既然是大佛窟，那么第5窟的营建思想应该与昙曜五窟存在某种联系。然而，在第20至16窟中，不存在窟内壁面分层、刻意左右对称配置佛龛的洞窟。笔者之前在考察第5、6窟的营建时，明确了在第二期诸窟中存在与第7、8、9、10、12窟及第6窟营造工程关联的工人系统，以及与第11、13窟到第5窟工程有关的两个工人系统。并将前者称为主流派，后者称为非主流派，加以区分[32]。然而，东西壁各层所见的对应关系是第7、8窟的显著特征，在这一点上，第5窟也与和第7、8窟同系统的第9、10窟、第12窟前室、主室和第6窟主室之间有所关联。此外，与第7、8窟在壁面最上层刻交脚菩萨像、在其下方刻交脚如来像这一特点也很接近[33]。内侧窟门正面拱端上两前脚抬起的龙、窟门顶部的飞天也和第7窟相关造像有关联。再者，明窗和窟门之间刻并列坐佛的先例，在第10窟中可以见到，该窟在华盖下方雕刻七佛[34]。但是，在这些第二期主流洞窟中，同壁一层只开二龛，没有像第5窟一样一层内开并列5个或6个佛龛的。大佛窟第13窟和中心塔柱窟第11窟（都是非主流派）虽然具备这种形式，但两窟佛龛的配置并未左右对称。值得注意的是，在第7、8窟，第9、10窟，第12窟及第6窟中大量表现的佛传和本生几乎不见于第13窟、第11窟和第5窟[35]。就这一点而言，尽管两窟佛龛并非左右对称配置，但第5窟与第13窟和第11窟之间的联系显然是紧密的。

结　语

大佛窟第5窟和中心塔柱窟第6窟同期营建，两窟不仅大部分造像处于汉民族化过程之中，且在营建时相互影响，使得壁面雕刻计划发生了改变。另外，两窟窟门、明窗以及南壁上，雕刻有西方式造像和形式混乱的汉民族式造像，也可作为这一观点的旁证。第 6 窟不仅北壁主尊，周壁亦雕刻三尊如来像，第 5 窟也在北壁、东西壁雕刻三尊如来像，因此可以认为两窟均选择了三世佛作为主题[36]。第 6 窟中，成道后的释迦（皇帝）所在的世界，亦即北魏世界才是净土，相比此前诸窟，兜率天往生的重要性减少了。而且在第 5 窟中，计划打造一个以北壁释迦为主尊、东西壁佛龛左右对称排列、秩序井然的窟内空间。意在表现释迦如来主宰的广阔空间而非强调上方净土世界的存在。本窟东西壁最上层虽雕刻交脚菩萨像，但南壁最上层也雕刻有如来坐像，也能很好地说明这一点。在窟门雕刻出象征释迦净土的树下二佛并坐像和从莲花中化生出来的合掌童子，也正与此有关[37]。由此得出的结论是，第 5 窟和第 6 窟作为一对洞窟被营建出来，最主要目的是表现释迦（皇帝）所存在的世界才是净土。

　　第 6 窟采用中心塔柱形制，与建立佛塔积累功德有关。而正如宿白先生所说，第 5 窟采用大佛窟形制，并不是对昙曜五窟的复制，而是因为佛塔和大佛（主尊）对寺院而言是不可缺少的两个要素[38]。第 6 窟北壁的三尊如来像与中心塔柱相对，与第 5 窟在北、东、西壁上刻三世佛、南壁上刻五层仿木佛塔有所关联。第 11、12、13 窟的营建中途停工后，重新分工并着手的是第 5、6 窟。此时，第 7、8 窟以来的开窟形式被放弃，而由两窟采用大佛窟和中心塔柱窟形制可知，为二圣开凿完全相同的并列两洞窟的必然性已经消失。

　　第 5 窟重视洞窟的设计感，排除了佛传和因缘图像所具有的故事性，应该是第 13 窟和第 11 窟的延续。再者，还能见到来自第二期第 7、8 窟和第 9、10 窟的影响，但此外也融入了昙曜五窟的要素。冈村秀典氏指出，第 5 窟虽然与昙曜五窟不同在主尊后方建有隧道，但石窟的形状和大小、窟顶与壁面交界处的华盖装饰和第 19 窟几乎相同，以如来坐像为主尊，左右配置如来立像，并且主尊头光与身光的组合也和第 20 窟相同[39]。

　　虽然达不到第 6 窟卓越的壁面龛像组织和雕刻技术水平，但第 5 窟的工人们仍竭尽全力制造出了与第 6 窟不同的空间。本窟与第 6 窟一样大部分造像已汉民族化，不过，汉民族化的如来像却都没有表现悬裳座。再者，不只是龛内的主尊头光和身光基本不刻火焰纹等，甚至也有不刻头光和身光者，这与第 6 窟的情况大相异趣。由此亦可推知，第 5 窟和第 6 窟拥有不同的信息来源，其在营建过程中作为图像源泉的无疑是第 11、13 窟及昙曜五窟。总而言之，第 5 窟不仅采用了与第 6 窟同样的汉民族化造像，同时在窟内营造出由释迦所主导的空间，并以三世佛和佛塔为主题。然而，第 5 窟均以不同于第 6 窟的具体形式表现，可以认为，本窟试图以独特的方式营建出云冈石窟的代表性洞窟。

（王友奎　译）

注　释

[1] 宿白：《云冈石窟分期试论》，《考古学报》1978 年第 1 期，收入《宿白集：中国石窟寺研究》，生活·读书·新知三联书店，2019 年，第 83 页。

[2] 冈村秀典：《雲岡石窟の考古学》，临川书店，2017 年，第 46—47 页；杭侃：《云冈石窟第五窟刍议》，《石窟寺研究（第 8 辑）》，科学出版社，2018 年。

[3] 王友奎：《大同云冈第 5、6 窟图像构成分析》，《敦煌研究》2019 年第 3 期，第 22—23 页。

[4] 水野清一、長廣敏雄：《雲岡石窟（第三卷）》，京都大学人文科学研究所，1955 年，图版 54；水野清一、長廣敏雄：《雲岡石窟（第七卷）》，京都大学人文科学研究所，1952 年，图版 33。

[5] 水野清一、長廣敏雄：《雲岡石窟（第二卷）》，京都大学人文科学研究所，1955 年，第 13 页。此外，熊坂聪美氏指出，"不仅供养人像的间隔不统一，外形也优劣不一。这种参差不齐的供养人列像不仅见于此龛，同窟北壁隧道和第 13 窟腰壁的供养人列像也表现出相同特征"。熊坂聪美：《雲岡石窟第五窟と民間造像》，《仏教芸術》第 4 号，中央公論美術出版，2020 年，第 15 页。

[6] 水野清一、長廣敏雄：《雲岡石窟（第八、九卷）》，京都大学人文科学研究所，1953 年，图版 52；水野清一、長廣敏雄：《雲岡石窟（第一卷）》，京都大学人文科学研究所，1952 年，图版 30、43；水野清一、長廣敏雄：《雲岡石窟（第三卷）》，京都大学人文科学研究所，1955 年，图版 12。

[7] 熊坂聪美：《雲岡石窟第五窟と民間造像》，《仏教芸術》第 4 号，中央公論美術出版，2020 年，第 15 页。

[8] 水野清一、長廣敏雄：《雲岡石窟（第十二卷）》，京都大学人文科学研究所，1954 年，图版 99；水野清一、長廣敏雄：《雲岡石窟（第八、九卷）》，京都大学人文科学研究所，1953 年，图版 46。

[9] 彭明浩：《云冈石窟的营造工程》，文物出版社，2017 年，第 157 页。

[10] 水野清一、長廣敏雄：《雲岡石窟（第二卷）》，京都大学人文科学研究所，1955 年，第 18 页。

[11] 熊坂聪美：《雲岡石窟第五窟と民間造像》，《仏教芸術》第 4 号，中央公論美術出版，2020 年，第 20 页。

[12] 水野清一、長廣敏雄：《雲岡石窟（第二卷）》，京都大学人文科学研究所，1955 年，第 18 页。此外，杭侃氏也提出了相同的观点。杭侃：《云冈第 20 窟西壁坍塌的时间与昙曜五窟最初布局设计》，《文物》1994 年第 10 期。

[13] 冈村秀典氏在《雲岡石窟》第十七卷中认为，"飞天的像容与第 6 窟实例接近，但两种火焰纹的形状和构成与第 20 窟主尊的背光相同"，对飞天并未详细展开论述。但是，既然把这两种火焰纹作为第 5 窟的营建时间接近昙曜五窟的依据，然其身光内却雕刻出汉民族式飞天，可以说存在较大的矛盾。冈村秀典：《雲岡石窟（第十七卷）》第一窟—第六窟，科学出版社，2017 年，图版 122 解说，第 124、119 页。彭明浩氏认为此窟混有新旧两种形式，但两者大体在同一时期雕出，即该窟的营建并不存在所谓中段时期。彭明浩：《云冈石窟的营造工程》，文物出版社，2017 年，第 162—163 页。

[14] 熊坂聪美：《雲岡石窟第五窟と民間造像》，《仏教芸術》第 4 号，中央公論美術出版，2020 年，第 21 页。

[15] 水野清一、長廣敏雄：《雲岡石窟（第二卷）》，京都大学人文科学研究所，1955 年，第 18 页。

[16] 彭明浩：《云冈石窟的营造工程》，文物出版社，2017 年，第 157、158 页。

[17] 水野清一、長廣敏雄：《雲岡石窟（第二卷）》，京都大学人文科学研究所，1955 年，第 13 页。

[18] 水野清一、長廣敏雄：《雲岡石窟（第十三、十四卷）》，京都大学人文科学研究所，1955 年，图版 104；水野清一、長廣敏雄：《雲岡石窟（第八、九卷）》，京都大学人文科学研究所，1953 年，图版 51。

[19] 水野清一、長廣敏雄：《雲岡石窟（第十卷）》，京都大学人文科学研究所，1953 年，图版 30；水野清一、長廣敏雄：《雲岡石窟（第八、九卷）》，京都大学人文科学研究所，1953 年，图版 42。

[20] 水野清一、長廣敏雄：《雲岡石窟（第二卷）》，京都大学人文科学研究所，1955 年，第 15 页；王友奎：《大同云冈第 5、6 窟图像构成分析》，《敦煌研究》2019 年第 3 期，第 20 页。彭明浩氏也认为，此塔虽是南壁最早雕刻的内容，但原计划中佛塔的体量应更大一些。彭明浩：《云冈石窟的营造工程》，文物出版社，2017 年，第 159 页。

[21] 水野清一、長廣敏雄：《雲岡石窟（第二卷）》，京都大学人文科学研究所，1955 年，第 36 页。

[22] 王友奎：《大同云冈第 5、6 窟图像构成分析》，《敦煌研究》2019 年第 3 期，第 22 页。

[23] 水野清一、長廣敏雄：《雲岡石窟（第八、九卷）》，京都大学人文科学研究所，1953 年，图版 15。

[24] 水野清一、長廣敏雄：《雲岡石窟（第七卷）》，京都大学人文科学研究所，1952 年，图版 54；王友奎：《大同云冈第 5、6 窟图像构成分析》，《敦煌研究》2019 年第 3 期，第 22 页。

[25] 水野清一、長廣敏雄：《雲岡石窟（第四卷）》，京都大学人文科学研究所，1952 年，图版 101。

[26] 水野清一、長廣敏雄：《雲岡石窟（第六卷）》，京都大学人文科学研究所，1951 年，图版 60；水野清一、長廣敏雄：《雲岡石窟（第七卷）》，京都大学人文科学研究所，1952 年，图版 44。

[27] 熊坂聪美：《雲岡石窟第五窟と民間造像》，《仏教芸術》第 4 号，中央公論美術出版，2020 年，第 18 页。

[28] 不过，龛内雕刻了胁侍菩萨像。

[29] 水野清一、長廣敏雄：《雲岡石窟（第十一卷）》，京都大学人文科学研究所，1953 年，图版 84。

[30] 水野清一、長廣敏雄：《雲岡石窟（第六卷）》，京都大学人文科学研究所，1951 年，图版 15；水野清一、長廣敏雄：《雲岡石窟（第三卷）》，京都大学人文科学研究所，1955 年，图版 41。

［31］熊坂聪美：《雲岡石窟第五窟と民間造像》，《仏教芸術》第 4 号，中央公論美術出版，2020 年，第 19 页。彭明浩氏也认为此裂缝扰乱了东壁龛像的排列。彭明浩：《云冈石窟的营造工程》，文物出版社，2017 年，第 160 页。

［32］八木春生：《雲岡石窟文様論》，法蔵館，2000 年。

［33］水野清一、長廣敏雄：《雲岡石窟（第四卷）》，京都大学人文科学研究所，1952 年，图版 65；水野清一、長廣敏雄：《雲岡石窟（第五卷）》，京都大学人文科学研究所，1951 年，图版 75。

［34］水野清一、長廣敏雄：《雲岡石窟（第七卷）》，京都大学人文科学研究所，1952 年，图版 41。此外，第 13 窟中七尊如来立像雕刻于明窗和窟门之间壁面，亦应与此有所关联。

［35］第 5 窟中，明窗西壁所见儒童本生图像为例外，但应该不在原来的计划之中。

［36］宿白：《云冈石窟分期试论》，《考古学报》1978 年第 1 期，收入《宿白集：中国石窟寺研究》，生活·读书·新知三联书店，2019 年，第 83 页。

［37］三友量顺氏认为，"法华经第七章中所述的十六王子和十方诸佛，含有统合于释迦如来的意图"。因此，明窗和拱门之间的十六佛也表现了释迦如来所主宰的空间在窟内的延伸。三友量顺：《"十方諸仏"と十六王子》，《印度学仏教学研究》第三十六卷第二号，1988 年。

［38］宿白：《东汉魏晋南北朝佛寺布局初探》，《庆祝邓广铭教授九十华诞论文集》，河北教育出版社，1997 年。此外，小泽正人氏也持同样观点。小沢正人：《雲岡石窟第六窟上層龕：如来立像の製作についての一考察》，《美学美術史論集》，成城大学，2003 年。

［39］岡村秀典：《雲岡石窟の考古学》，臨川書店，2017 年，第 76—77 页。

敦煌莫高窟北朝洞窟营建与供养人[*]

陈悦新（首都师范大学历史学院、北京联合大学考古研究院）

  莫高窟位于甘肃河西走廊西端戈壁中，在敦煌市东南 25 千米处的鸣沙山东麓、大泉河西岸。崖体地质构造为团沙凝结的砾石体，不宜雕刻，现存造像洞窟编号 492 个[1]。洞窟所在断崖高 15 至 20 米，南北绵延约 1700 余米，分南北两区，南区长 1000 余米，北区长 700 余米。绘塑洞窟集中在南区，洞窟上下相接，左右比邻，最密集处可达四层或五层。隋代以前的早期洞窟有 36 个，除第 461 窟在北区外，都分布在南区。本文在考古学分期基础上，结合碑刻、造像题记和史籍记载等文献资料，探讨每期中不同等级洞窟的供养人问题。

一　北朝洞窟的考古学分期

（一）20 世纪 50 年代以来的考古学分期

1.　宿白分期

  1956 年宿白首次运用考古类型学方法对敦煌最早的纪年洞窟第 285 窟壁画作了分类排比，并以此为标尺,将北朝洞窟分为三期，早于第 285 窟的如第 259、275、272、257 窟等共约六七个洞窟，属于早期，上限大约和云冈石窟一期接近；与第 285 窟相近的如第 263、249、248、288、431 窟等共约十一二个窟，属于中期，上限在孝文帝太和十年（486 年）左右，下限在大统十二年（546 年）前后；晚于第 285 窟的如第 432、428、296 窟等共约十个窟，属于晚期，下限是隋初[2]。

  1978 年又根据莫高窟新出土太和十一年（487 年）绣佛的造型与纹饰，进一步推定早期洞窟第 275、272、268、251、259、257、254 等窟的年代，不早于云冈一期，而是接近二期之初，即太和初年（477 年）前后[3]。

  1989 年再次对第 268、272、275 窟现存最早的一组洞窟，从窟室形制、造像题材和壁

---

[*]基金项目：2019 年度国家社会科学基金一般项目《甘宁北朝石窟寺的营建与供养人研究》（项目批准号：19BKG024）。

面布局三方面与云冈石窟进行类型对比，拟定其上下限为：从接近太和八年（484年）与太和十一年（487年）起，至太和十八年（494年）迁洛以后不久[4]。

2. 敦煌研究院分期

1982年敦煌文物研究所樊锦诗等对隋以前洞窟进行了全面分析，通过对洞窟的形制、塑像、壁画及装饰图案等项的考古类型学排比，探求发展和演变的规律，将洞窟分为四期。第一期，约北凉统治敦煌时期（约420年至442年），包括第268、272、275窟，计3个洞窟；第二期，约北魏中期（约465年至500年），包括第259、254、251、257、263、260、487、265窟，计8个洞窟；第三期，约东阳王元荣一家统治敦煌时期（约525年至545年），包括第437、435、431、248、249、288、285、286、247、246窟，计10个洞窟；第四期，约西魏大统十一年至隋开皇四年（约545年至584年），包括第432、461、438、439、440、441、428、430、290、442、294、296、297、299、301窟，计15个洞窟[5]。

3. 其他分期

1989年李崇峰将西魏末至隋初15个洞窟进行考古类型学分析，细化为三期[6]。2003年李裕群对北朝22个洞窟进行考古类型学排比，分作两期。一期上限约北魏晚期，也可能到西魏初年，下限到西魏末年（约525或535年至551年），包括第249、248、247、246、288、285、286、432窟，计8个洞窟；二期约西魏末年至北周末年（约551年至581年），包括第461、438、439、440、441、430、442、428、290、294、296、297、299、301窟，计14个洞窟[7]。

（二）本文考古学分期

以上对莫高窟隋以前洞窟进行的考古学分期，基本厘清了时代面貌，但具体分期及个别洞窟归属，还可以做进一步探讨。本文通过对洞窟形制、题材布局、造像样式三项标志的类型学分析，将隋以前36个洞窟在前人分期研究的基础上略作调整（表一）。

表一　北朝洞窟特点与分期

特点 窟号	洞窟形制	题材布局	造像样式	分期
268、272、275、259、254、257、251、263、260、487、265窟、435、437、431窟，补入246、432窟，计16个窟。洞窟位于南区崖面的中间	无龛窟、一龛窟、一龛窟与中心柱结合式窟、中心柱窟。中心柱分多层（图一）	一主尊。单尊或一铺三身组合。壁面分栏，个别分栏不明显，有的壁面列龛	佛衣覆肩袒右式[8]为主，多装饰勾联纹（图二），也有通肩式（图三）和搭肘式。菩萨衣下裙式，个别饰勾联纹，有的上身斜披衣（图四）	第一期

续表一

特点 窟号	洞窟形制	题材布局	造像样式	分期
248、249、288、285、286、247窟，计6个窟。洞窟位于第一期洞窟南北两侧	中心柱窟和一龛窟。中心柱出现单层（图五）	一主尊为主，个别四主尊。一铺三身组合为主。壁面分三栏布局	佛衣流行露胸通肩式（图六），少量通肩式和搭肘式。菩萨衣下裙式为主，上身斜披衣，出现交领大袖式（图七）	第二期
461、438、439、440、441、430、442、428、290、294、296、297、299、301窟，计14个窟。洞窟位于第一期洞窟北侧	一龛窟为主，少量中心柱窟。中心柱单层（图八）	一主尊为主，少量四主尊。一铺五身组合为主。壁面分三栏或二栏布局	佛衣上衣搭肘式为主（图九），少量通肩式和露胸通肩式。菩萨衣下裙式（图十），个别交领大袖式	第三期

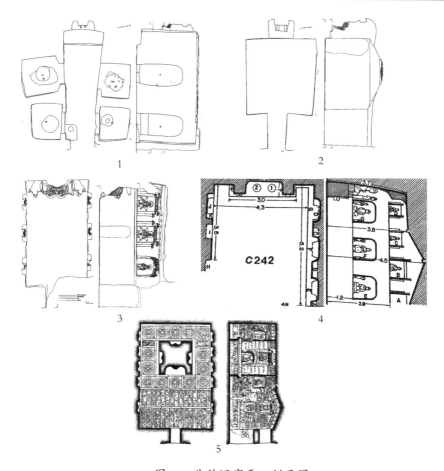

图一　北魏洞窟平、剖面图

1. 268窟平、剖面　2. 272窟平、剖面　3. 275窟平、剖面（1—3采自《莫高窟第2661—275窟考古报告（第二分册）》，文物出版社，2011年，第383、385、419、421、451、453页）　4. 259窟平、剖图（采自石璋如《莫高窟形》，"中央研究院"历史语言研究所，1996年，第157页）　5. 254窟平、剖面（采自《中国石窟·敦煌莫高窟（一）》，文物出版社，1982年，第224页）

图二　北魏覆肩袒右式佛衣

1. 268 窟正壁龛佛像　　　　　　2. 272 窟正壁龛佛像及两腿之间衣纹
3. 259 窟正壁龛左侧佛像及腹部衣纹　4. 254 窟中心柱正壁龛佛像及腹部衣纹
5. 257 窟中心柱正壁龛佛像及胸腹部衣纹　6. 251 窟中心柱正壁龛佛像及两腿之间衣纹
7. 260 窟中心柱正壁龛佛像　　　　8. 435 窟中心柱正壁龛佛像及肩腹部衣纹
9. 437 窟中心柱正壁龛佛像　　　　10. 431 窟中心柱正壁龛佛像

图三　北魏通肩式佛衣

1. 259 窟左壁由里向外第三龛佛像　2. 254 窟中心柱右壁下龛佛像　3. 257 窟中心柱左壁下龛佛像
4. 251 窟中心柱左壁下龛佛像　5. 260 窟中心柱后壁下龛佛像　6. 263 窟右壁龛佛像
7. 435 窟中心柱后壁上龛佛像　8. 437 窟中心柱后壁下龛佛像　9. 431 窟中心柱后壁下龛佛像

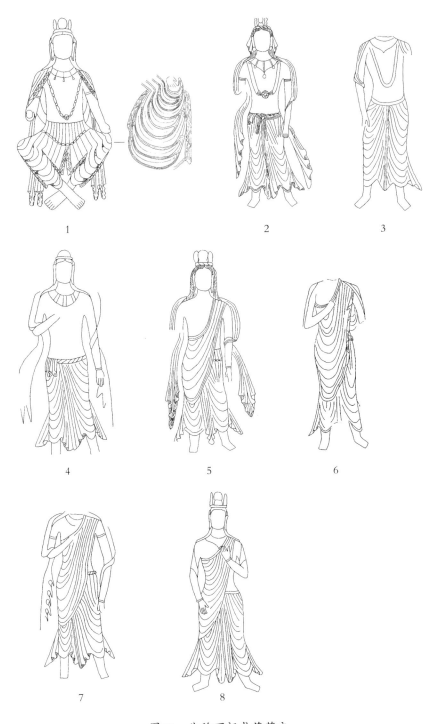

图四　北魏下裙式菩萨衣

1. 275 窟正壁菩萨像及左腿部展开衣纹　2. 259 窟正壁左侧菩萨像
3. 254 窟中心柱左壁右侧菩萨像　　　　4. 257 窟中心柱右壁左组右侧菩萨像
5. 259 窟凸面左侧菩萨像　　　　　　　6. 254 窟中心柱正壁左侧菩萨像
7. 257 窟中心柱右壁左组左侧菩萨像　　8. 251 窟中心柱正壁左侧菩萨像

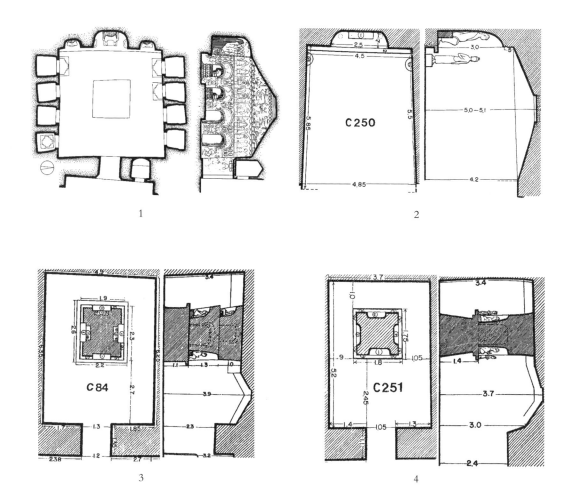

图五　西魏洞窟平、剖面图

1. 285 窟平、剖面（采自《中国石窟·敦煌莫高窟（一）》，文物出版社，1982 年，第 225 页）
2. 249 窟平、剖面　3. 288 窟平、剖面　4. 248 窟平、剖面（2—4 采自石璋如《莫高窟形》，"中央研究院"历史语言研究所，1996 年，第 165、72、165 页）

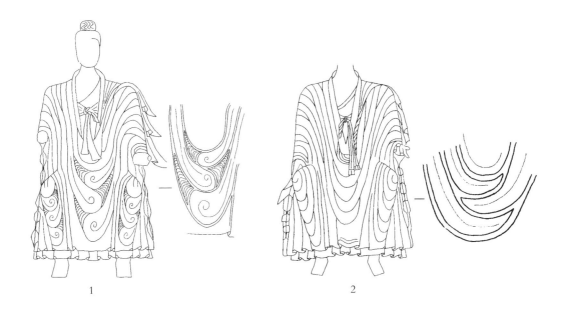

1   2

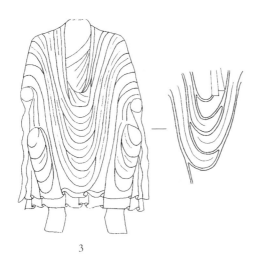

3

图六　西魏露胸通肩式佛衣

1. 285 窟正壁龛佛像及两腿之间衣纹　　　2. 288 窟中心柱正壁龛佛像及两腿之间衣纹
3. 249 窟正壁龛佛像左身及两腿之间衣纹

图七　西魏下裙式、交领大袖式菩萨衣

1. 288 窟中心柱左壁右侧菩萨像　　　　2. 248 窟中心柱正壁右侧菩萨像
3. 249 窟左壁菩萨像及左腿部衣纹（1—3 下裙式）　　4. 285 窟正壁左侧菩萨像
5. 288 窟中心柱正壁左侧菩萨像（4—5 交领大袖式）

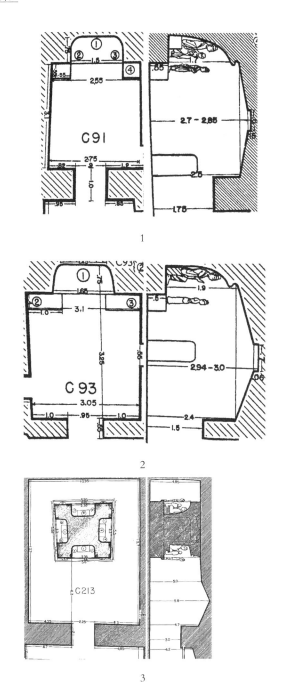

图八　北周洞窟平、剖面图

1. 297窟平、剖面　2. 301窟平、剖面　3. 428窟平、剖面（1—3采自石璋如《莫高窟形》，"中央研究院"历史语言研究所，1996年，第75、138页）

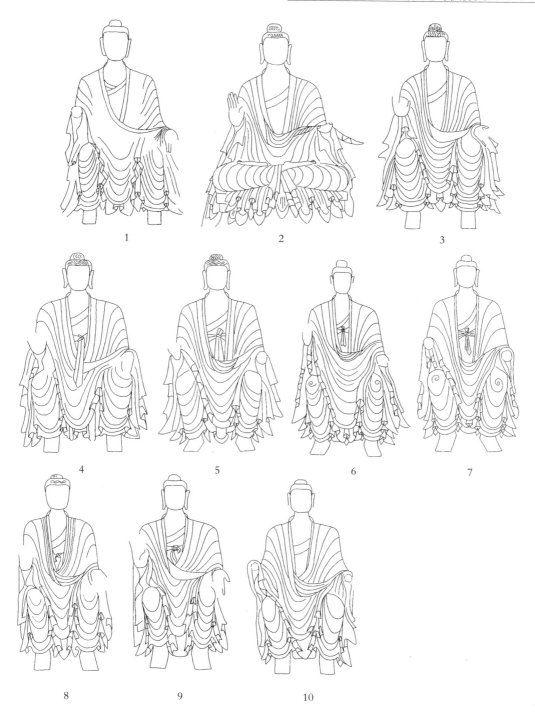

图九 北周上衣搭肘式佛衣

1. 439 窟正壁龛佛像　　　2. 428 窟中心柱正壁龛佛像　　3. 430 窟正壁龛佛像
4. 442 窟中心柱正壁龛佛像　5. 290 窟中心柱正壁龛佛像　6. 294 窟正壁龛佛像
7. 296 窟正壁龛佛像　　　　8. 297 窟正壁龛佛像　　　　9. 299 窟正壁龛佛像
10. 301 窟正壁龛佛像

图一〇　北周下裙式菩萨衣

1. 260 窟中心柱后壁左组右侧菩萨像　2. 437 窟中心柱右壁左侧菩萨像　3. 431 窟中心柱正壁左侧菩萨像
4. 432 窟中心柱正壁右侧菩萨像　5. 428 窟中心柱正壁左侧菩萨像　6. 430 窟正壁右侧菩萨像
7. 290 窟中心柱正壁右侧菩萨像　8. 296 窟正壁左侧菩萨像　9. 297 窟正壁左侧菩萨像

1. 分期与年代

隋以前洞窟分为三期。第一期，北魏太和中期从接近太和八年（484年）与太和十一年（487年）起至北魏末或西魏初（约484或487年至525或535年），主要在北魏时期；第二期，北魏末或西魏初至西魏末期（525或535年至551年），主要在西魏时期；第三期，西魏末至北周末（551至581年），主要在北周时期。

第一期洞窟的始凿上限采用宿白《莫高窟现存早期洞窟的年代问题》的观点，为从接近太和八年（484年）与太和十一年（487年）起，第二期西魏和第三期北周时期采用李裕群《北朝晚期石窟寺研究》的观点。

其中，北魏时期的覆肩袒右式佛衣多装饰勾联纹，这与云冈石窟"昙曜五窟"中第19、20窟及第7、8窟[9]的佛衣特点相似。但云冈第19、20窟的勾联纹在交合处内边线相互咬合，每股上的阴线也随形咬合（图一一：1），而莫高窟勾联纹（图二）细节与其有所差异，其与云冈第7窟的勾联纹表现形式接近，第7窟勾联纹在交合处内边线闭合、阴刻短弧线（图一一：2）。此条资料或可为第一期洞窟开凿于北魏时期提供进一步证据。

      1   2

图一一　云冈石窟覆肩袒右式佛衣及勾联纹

1. 云冈20窟正壁佛像及胸腹部衣纹　2. 云冈7窟主室正壁上龛左侧佛像及右腿部衣纹

2. 第246、432窟归属

将前人置入西魏北周的第246、432窟调整到北魏时期。第246、432窟后代重修，中心柱左右后三面上下分层，为北魏洞窟特点，第246窟空间较大，与第254、257、251、260等窟相当，第432窟位于435、431窟之间，窟室空间与其相当。此外，第432窟主尊佛衣上衣搭肘式，中心柱左壁胁侍菩萨衣为交领大袖式，则属西魏、北周时期特点，这些变化表明第432窟延续的时间较长。

二　北朝洞窟与供养人

根据洞窟进深、面阔、通高尺寸[10]，对洞窟规模分类，再结合碑刻、造像题记和史籍记载等资料，可探讨出资营建洞窟的供养人阶层问题。其中，西魏和北周时期文献资料较为丰富，特别是文献中提及的供养人，前人已有充分研究，具备较好基础，以下即按西魏、北周和北魏的顺序，讨论洞窟开凿与供养人问题。

（一）西魏洞窟与供养人

西魏洞窟开凿约在北魏末或西魏初至西魏末期（525或535年至551年），首先将西魏7个洞窟的尺寸列如表二。

表二　西魏洞窟尺寸表

窟号	进深（米）	面阔（米）	通高（米）	洞窟规模
248	5.20	3.75	3.70	进深、面阔、通高约4至7米
249	5.85	4.85	5.1	
285	6.40	6.60	5.00	
288	6.35	4.90	3.90	
247	1.30	1.25	1.70	进深、面阔、通高2米以下
286	1.10	1.10	1.50	
287	0.90	1.10	1.60	

据上表，可将西魏洞窟规模分为两类。第一类洞窟进深、面阔、通高约4至7米，第二类洞窟进深、面阔、通高在2米以下。第二类洞窟中，第286窟位于第285窟前室正

壁门上方，第 287 窟位于第 285 窟前室正壁左侧，两窟可能附属于第 285 窟；第 247 窟主尊施定印，可能属禅窟性质。以下主要讨论第一类洞窟的情况。

1. 东阳王元荣所修窟

道光十八年（1838 年）前后刻印出版的徐松《西域水道记》[11] 卷三《哈喇淖尔所受水》中，首次全文录入《李君莫高窟佛龛碑》[12]，其后逐渐引起世人注意。碑中所记北朝时期在莫高窟修建洞窟的两位著名人物东阳王与建平公的情况，大约又经历一个至一个半世纪的时间，才逐步考察清楚[13]。

东阳王元荣系北魏宗室，据出土墓志及《元和姓纂》考证，元荣是北魏明元帝四世孙，他出任瓜州刺史的时间，据元荣妹《魏故金城郡君墓志铭》和《摩诃衍经》第八卷尾题推之，在孝明帝孝昌元年（525 年）九月十六日之前至西魏文帝大统八年（542 年）十一月十五日以前[14]，永安二年（529 年）元荣被封"东阳王"[15]。

敦煌写经中已知的尾题东阳王写经有十二卷[16]，分别为普泰二年（532 年）《律藏初分》卷一四、孝昌三年（527 年）《观世音经》、孝昌三年（527 年）《妙法莲华观世音经》、普泰二年（532 年）《大智度论》残卷、建明二年（531 年）《佛说仁王般若波罗蜜经》（"斯"4528）、永熙二年（533 年）《大般涅槃经》（"斯"4415）卷三一、普泰二年（532 年）《大智第廿六卷释论》（"伯"2143）、普泰二年（532 年）《维摩经疏》卷一、《无量寿经》卷下、普泰二年（532 年）《摩诃衍经》卷二六、普泰二年（532 年）《大智度论》卷七十、永安三年（529 年）《佛说仁王般若经》上卷。

东阳王写经的时间集中在孝昌三年（527 年）至永熙二年（533 年）的北魏末期，其开凿洞窟大约也在同时，但主体工程应是进入西魏时期完成的。关于东阳王"修一大窟"，目前有两种推测，一种意见认为第 285 窟的可能性较大[17]，一种意见推定第 249 窟为元荣修窟[18]。

以上第一类洞窟第 248、249、285、288 四窟中，论题材内容之丰富和绘塑工艺之精丽，当推第 249、285 两窟，但元荣所修何窟，在没有进一步的发现和更深入的研究之前，实难有确切答案。不过，若仅仅从造像样式方面分析，似以第 285 窟较适合。第 285 窟壁画的绘制工作并非一次完成，通过对全窟壁画的布局、风格、服饰等方面的观察，正（西）壁最先绘制，次为窟顶和南壁，东（前）壁和北壁又略晚[19]，造像样式反映的情况与此相似。

正（西）壁龛内雕塑主尊佛衣为露胸通肩式（图六：1），东（前）壁壁画佛衣为上衣搭肘式（图一二：1），北壁七铺说法图，五身佛衣为上衣搭肘式（图一二：2），两身佛衣为中衣搭肘式（图一二：3），中衣搭肘式佛衣的披覆形式为，中衣自身后通覆两肩，右衣角垂搭右肘，上衣自身后仅覆左肩，右衣角自右腋下绕过搭左肩。中衣搭肘式佛衣与最早出现于栖霞山石窟齐梁之际的第 18 窟佛衣（图一二：4）相似。

莫高窟上述三种佛衣，露胸通肩式佛衣流行于西魏时期，上衣搭肘式和中衣搭肘式

1

2

3

4

图一二 285 窟和栖霞山 18 窟佛衣

1. 285 窟东壁右侧上衣搭肘式佛衣　　2. 285 窟北壁东数第一身大统五年（539 年）上衣搭肘式佛衣
3. 285 窟北壁东数第二身中衣搭肘式佛衣　4. 栖霞山 18 窟正壁右侧中衣搭肘式佛衣

佛衣则在西魏其他洞窟鲜见。上衣搭肘式佛衣主要为北周时期的样式，而中衣搭肘式佛衣则到隋代始多见，如第303窟北壁说法图、305窟西壁北侧说法图、407窟东壁门上说法图、405窟北壁中央说法图、298窟西壁、401窟正壁大龛内塑像、394窟南壁西侧说法图等[20]。这三种佛衣样式，追根溯源，都与南朝有着密切联系[21]，它们集中出现在第285窟，或表现了东阳王自洛阳带来南朝新风尚的背景。

2. 世家大族所开窟

从第285窟北壁和东壁供养人题记看，北壁和东壁是由阴氏、滑氏、林氏等家族参与完成的[22]，如北壁西数第二铺（迦叶佛）下题铭"清信士阴安归所供养时""信士阴苟生供养""信士阴无忌供养""信士阴胡仁供养""信士阴普仁供养"。

第248窟中心柱南面座身供养人题记，有索氏、王氏家族的信女[23]，如"信女索金一心供养""信女王……一心供养"。

敦煌的豪门世族，代代造窟，历久不衰，文献资料最丰富的时代是在唐代以后[24]。如敦煌阴氏，原籍是河南新野人，"野战十年，流连已此，至今为敦煌人矣"[25]，"隋唐以来尤为望族"[26]。阴氏所造第217、231、138窟[27]，均是莫高窟的大窟和名窟，其中，第138窟进深、面阔均在10米以上，第217和231窟进深、面阔5至7米[28]。敦煌索氏中的索靖，"才艺绝人"，"以善草书知名"[29]，莫高窟第156窟前室北壁唐咸通六年（865年）墨书《莫高窟记》[30]，记"晋司空索靖题壁号仙岩"，是有关莫高窟最早的一件记事。索氏在莫高窟崖面上留下的唐代大窟如第144窟和12窟，进深、面阔约5至7米[31]。

晚唐五代张氏建第94、156、108窟，进深、面阔均在6米以上[32]；五代宋曹氏建第98、100、108、61、454、55窟，都是进深、面阔10米以上的巨型洞窟[33]；唐初翟氏所建进深、面阔在5米以上的第220窟，五代重修时补写在甬道的墨书题记，记录了这个家族238年间的凿窟功德，翟氏家族还出了一位大德高僧河西都僧统翟法荣，唐咸通八年（867年）建造著名的第85窟，其进深、面阔都在10米以上[34]。

以上说明，莫高窟西魏时期洞窟，主要是由敦煌权贵与世家两大集团供养人所做的功德。

（二）北周洞窟与供养人

北周洞窟开凿约在西魏末至北周末（551年至581年），首先将北周14个洞窟的尺寸列如表三。

表三 北周洞窟尺寸表

窟号	进深（米）	面阔（米）	通高（米）	洞窟规模
428	13.70	10.95	5.80	进深、面阔 10 米以上，通高 5.8 米
290	5.50	5.55	3.40	进深、面阔、通高 3 至 5 米
296	4.35	4.20	3.60	
294	4.15	3.95	3.80	
442	3.90	4.60	3.40	
440	1.50（残）	3.10	3.30	
441	1.27（残）	3.10	3.30	
301	3.25	3.10	3.00	
297	3.10	2.75	2.85	进深、面阔、通高 3 米以下
299	2.60	2.60	2.65	
438	2.50（残）	3.00	3.10	
439	1.20（残）	2.00	1.90（残）	
430	2.10	1.90	2.30	
461	2.90	2.90	3.00	

据上表，可将北周时期洞窟规模分为三类。第一类洞窟进深和面阔在 10 米以上，通高 5.8 米，第二类洞窟进深、面阔、通高 3 至 5 米，第三类洞窟进深、面阔、通高 3 米以下。

1. 建平公于义所修窟

《李君莫高窟佛龛碑》记载刺史建平公"修一大窟"。建平公于义，《隋书》有传[35]。于氏乃代北旧族，太和间迁洛，于义周世"进封建平郡公"。于义父于谨从魏武西徙。于谨和其子辈俱有功于周室，贵盛于周隋间。本传记载于义"明武世，历西兖、瓜、邵三州刺史"，推测北周明帝、武帝时期于义任瓜州刺史的时间，可能在 558 至 560 年之间，或在 564 至 574 年之间，具体更倾向于 564 至 574 年之间[36]。

第 428 窟是北周时期最大的洞窟，面积达 178.38 平方米。窟室壁画内容复杂，有不少题材是在莫高窟最早出现的，如南壁的毗卢舍那佛、西壁的金刚宝座塔、涅槃像和东壁的须大拏太子本生等。窟内供养人多至 1200 余身。从财力、物力、人力上看，似最接近建平公所开大窟[37]。

2. 其他官吏所开窟

敦煌遗书 S.2732 号卷子《维摩经义记》卷四尾题中记"保定二年（562 年）……于尔绵公斋上榆树下大听僧稚讲维摩经一遍"[38]。尔绵公"讳永……本姓段"，西魏大统年间（535 年至 551 年）"赐姓尔绵氏"[39]，尔绵永出任瓜州刺史的时间在北周武成二年至保定二年之间（560 年至 563 年）[40]。曾修造过"尔绵寺"[41]。从尔绵永修寺经历与延请高僧于府邸讲经行为，推测任瓜州刺史的尔绵永很可能也在莫高窟有开窟造像的举动。

第 442 窟北壁供养人自东至西第七、八身题名有"鸣沙县丞张㧾""敦煌郡主薄张□"[42]。关于鸣沙县和敦煌郡，《元和郡县图志》卷四十"沙州"条记载"敦煌县，本汉旧县，属敦煌郡。周武帝改为鸣沙县，以界有鸣沙山为名，隋帝初复为敦煌"[43]。敦煌张氏是著称于河西的望族[44]，不过此处题铭的供养人属郡县机构的中级官吏。

以上规模较大的第二类洞窟大约即是由中级以上官吏所开[45]。

3. 庶民所开窟

《李君莫高窟佛龛碑》在叙述莫高窟营造的历史人物后，又云"而后合州黎庶造作相仍"，说明广大庶民百姓的营造在莫高窟兴建历史上，占有一席之地，甚至数量更多。庶民从事造窟活动大约有三种形式：社团和僧团为单位的营造、家族为单位的营造、个体供养人的营造[46]。唐代第 192 窟东壁门口上方唐咸通八年（867 年）发愿文[47]，记录由敦煌清河社社长张大朝、社官朱再靖、录事曹善僧等人组织该社 30 余人联合建成 192 窟；隋代第 305 窟有敦煌某氏家族僧俗共同营造的题铭，如"息世柱""息女隋摩""息女阿晕""比丘月知""比丘尼□□""世父母……见在家眷□（等）同□（甘）"等[48]；隋代第 302 窟如"比丘尼妙□□割资财敬造释迦像一区"[49]等单独造像的发愿文及其供养像，表明供养人是以个人身份参与营造的。

虽然北周时期洞窟中庶民开窟的题记少有保存，但参照上述情况，也可推知，第三类洞窟大约即是由庶民阶层所开。

（三）北魏洞窟与供养人

北魏洞窟开凿约在北魏太和中期从接近太和八年（484 年）与太和十一年（487 年）起至北魏末或西魏初（约 484 或 487 年至 525 或 535 年），首先将北魏 16 个洞窟的尺寸列如表四。

表四　北魏洞窟尺寸表

窟号	进深（米）	面阔（米）	通高（米）	洞窟规模
254	9.60	6.80	4.70	进深约 8 至 10 米、面阔约 5 至 7 米、通高约 4 至 5 米
251	9.80	6.70	5.00	
257	9.90	6.10	5.30	
260	9.80	6.40	5.00	
263	9.30	5.80	4.65	
265	7.85	5.55	3.75	
246	10.05	7.45	4.95	
487[50]	8	6-6.6	?	
275[51]	5.60	3.55	3.58	进深、面阔 4 至 6 米，通高约 4 米
259	5.20（残）	4.30	4.50	
435	4.40	4.40	3.80	
431	6.00	4.60	4.50	
437	4.70	4.45	3.50	
432	5.30	4.60	3.90	
268	3.23	1.20	1.83	进深约 3 米，面阔 3 米以下，通高约 2 米
272	2.74	3.13	2.30	

据上表，可将北魏时期洞窟规模分为三类。第一类洞窟进深 8 至 10 米、面阔 5 至 7 米、通高 4 至 5 米；第二类洞窟进深 4 至 6 米，面阔、通高约 4 米；第三类洞窟进深约 3 米，面阔 3 米以下，通高约 2 米。第一期洞窟中题记少有保存，以下三类洞窟供养人的情况，主要通过其他材料对比推知。

太和九年（485 年）以前文成帝婿长乐王秦州刺史穆亮任敦煌镇都大将[52]，穆氏原作丘穆陵氏，位列代北"勋臣八姓"之首[53]。穆亮任职敦煌，"政尚宽简，赈恤穷乏，被征还朝，百姓追思之"。穆氏敬佛，孝文帝迁洛之初，穆亮夫人即参加了洛阳龙门石窟最早一批造像功德，古阳洞北壁上方龛题记"太和十九年（495 年）十一月使持节司空公长乐王丘穆陵亮夫人尉迟为亡息牛橛请工镂石造此弥勒像一区"[54]。

1965 年莫高窟第 125、126 窟前裂缝中出土绣出太和十一年（487 年）广阳王慧安发愿文的残绣佛一件，推测施主广阳王慧安为元嘉，刺绣应该是从平城一带被人带到敦煌来的[55]。广阳王慧安系北魏宗室，太武帝孙[56]。元嘉崇信佛教，最为笃诚。《辩正论》卷四《十代奉佛篇》说他"读一切经凡得三遍，造爱敬寺以答二皇。为众经抄一十五卷。归心委命，志在法城。"[57]

以上两例虽不能直接说明穆亮和广阳王在莫高窟有造窟行为，但第一类洞窟的规模反映出其供养人应与穆亮和广阳王的身份地位相当，可能也有世家大族的开凿活动。

第二、三类洞窟大约与次一级的官吏和庶民有关。第 268、272、275 三窟，是学界公认的莫高窟现存最早的一组洞窟[58]，第 259 窟在类型排比中也属北魏时期较早的洞窟，规模都不是很大，或表明莫高窟现存北魏时期洞窟最早开凿时，高等级身份的供养人尚参与无多。

附记：宿白先生 20 世纪 50 年代始即关心敦煌石窟研究，在先生《中国石窟寺研究》中，关于敦煌的研究最多，有 9 篇文章。谨以此文怀念先生！

注　释

［1］敦煌文物研究所：《敦煌莫高窟内容总录》，文物出版社，1982 年。
［2］宿白：《参观敦煌第 285 窟札记》，《文物参考资料》1956 年第 2 期，收入宿白：《中国石窟寺研究》，文物出版社，1996 年，第 206—213 页。
［3］宿白：《敦煌莫高窟早期洞窟杂考》，《大公报在港复刊三十周年纪念文集》卷上（1978 年）》，收入宿白：《中国石窟寺研究》，文物出版社，1996 年，第 220、221 页。
［4］宿白：《莫高窟现存早期洞窟的年代问题》，《中国文化研究所学报》第 20 卷（1989 年），收入宿白：《中国石窟寺研究》，文物出版社，1996 年，第 270—278 页。
［5］樊锦诗、马世长、关友惠：《敦煌莫高窟北朝洞窟的分期》，敦煌文物研究所：《中国石窟·敦煌莫高窟（一）》，文物出版社，1982 年，第 185—206 页。
［6］李崇峰：《敦煌莫高窟北朝晚期洞窟的分期与研究》，敦煌研究院：《敦煌研究文集——敦煌石窟考古篇》，甘肃民族出版社，2000 年，第 29—111 页。
［7］李裕群：《北朝晚期石窟寺研究》，文物出版社，2003 年，第 141—176 页。
［8］关于佛衣、菩萨衣命名的情况，参见陈悦新：《5—8 世纪汉地佛像着衣法式》，社会科学文献出版社，2014 年，第 244—258 页。

[9] 云冈"昙曜五窟"为第一期（约460至470年）洞窟，7、8窟为第二期（约470至494年）洞窟中最早的。分期参见宿白《云冈石窟分期试论》，《考古学报》1978年第3期；《平城实力的集聚和"云冈模式"的形成与发展》，云冈石窟文物保管所：《中国石窟·云冈石窟（一）》，1991年。均收入宿白：《中国石窟寺研究》，文物出版社，1996年，第76—88、114—144页。

[10] 洞窟尺寸未加说明者，均采自石璋如《莫高窟形（一）》，"中央研究院"历史语言研究所，1996年。洞窟一概取主室尺寸，东西为进深尺寸，南北为面阔尺寸，窟高取井（脊）顶高。数据均取最大值。

[11] 朱玉麒：《〈西域水道记〉：稿本、刻本、校补本》，荣新江、李孝聪：《中外关系史：新史料与新问题》，科学出版社，2004年，第383—404页。

[12] （清）徐松著、朱玉麒整理：《西域水道记（外二种）》，中华书局，2005年，第148—152页。《李君莫高窟佛龛碑》现存敦煌莫高窟院史陈列馆。

[13] 参见贺昌群：《敦煌佛教艺术的系统》，《东方杂志》二八卷一七号（1931年），收入贺昌群《贺昌群文集》第一卷，商务印书馆，2003年，第189—192页；赵万里：《魏宗室东阳王元荣与敦煌写经》，《中德学志》第五卷第三期（1943年9月）；向达：《莫高、榆林二窟杂考》，《文物参考资料》第二卷第五期，收入向达：《唐代长安与西域文明》，河北教育出版社，2001年，第384—390页；宿白：《东阳王与建平公（二稿）》，《敦煌吐鲁番文献研究论集（第四辑）》（1988年），收入宿白：《中国石窟寺研究》，文物出版社，1996年，第244—255页。该文对长时期以来关于东阳王和建平公研究成果予以整理，并在此基础上做了补充和推测，本文记述主要来自该文。

[14] 宿白：《东阳王与建平公（二稿）》，《敦煌吐鲁番文献研究论集（第四辑）》（1988年），收入宿白《中国石窟寺研究》，文物出版社，1996年，第246页。西安地区新出元荣子元康墓志，西安市文物保护考古研究院发掘，资料待刊发。元康"至永熙三年（534年）……寻除使持节瓜州诸军事、卫将军、瓜州刺史，袭爵东阳王……大统二年（536年）八月薨于州"。据此记载，东阳王元荣卒年约在永熙三年（534年）或之后不久。

[15] 《魏书》卷一〇《敬宗孝庄帝纪》，中华书局，1974年，第263页。

[16] 宿白《东阳王与建平公（二稿）》文中记"以上已知的东阳王写经十一卷，与东阳王有关人的写经四卷"。统计应为东阳王写经十二卷，与东阳王有关人的写经三卷。

[17] 贺世哲：《从供养人题记看莫高窟部分洞窟的营建年代》，敦煌研究院：《敦煌莫高窟供养人题记》，文物出版社，1986年，第197—198页。

[18] 宿白：《东阳王与建平公（二稿）》，《敦煌吐鲁番文献研究论集（第四辑）》（1988年），收入宿白：《中国石窟寺研究》，文物出版社，1996年，第249—251页。

[19] 宿白：《参观敦煌莫高窟第285窟札记》，《文物参考资料丛刊》1956年第2期，收入宿白：《中国石窟寺研究》，文物出版社，1996年，第209—211页。

[20] 敦煌文物研究所：《中国石窟·敦煌莫高窟（二）》，文物出版社，1984年，图版14、27、92、97、130、139、156。

[21] 陈悦新：《5—8世纪汉地佛像着衣法式》，社会科学文献出版社，2014年，第318—320页。

［22］敦煌研究院：《敦煌莫高窟供养人题记》，文物出版社，1986年，第114—19页；石松日奈子：《敦煌莫高窟第285窟北壁供养人像和供养人题记》，《敦煌研究》2016年第1期，分析北壁七幅说法图的供养人是汉族和多种胡族的混合集团。

［23］敦煌研究院：《敦煌莫高窟供养人题记》，文物出版社，1986年，第108、109页。

［24］史苇湘：《世族与石窟》，《敦煌研究文集》，甘肃人民出版社，1982年，第151—164页。

［25］《大蕃故敦煌郡莫高窟阴处士修功德记》，马德：《敦煌莫高窟史研究》附录4，甘肃教育出版社，1996年，第291页。

［26］黄永武：《敦煌宝藏》第122册伯二六二五号《敦煌名族志》，新文丰出版公司，1981年，第593页下栏。

［27］史苇湘：《世族与石窟》，《敦煌研究文集》，甘肃人民出版社，1982年，第152、153页。

［28］石璋如：《莫高窟形（一）》，"中央研究院"历史语言研究所，1996年，第11、523、83页。

［29］《晋书》卷五九《索靖传》，中华书局，1974年，第1648页。

［30］敦煌研究院：《敦煌莫高窟供养人题记》，文物出版社，1986年，第72页。

［31］敦煌研究院：《敦煌莫高窟供养人题记》，文物出版社，1986年，第65、67、7页；石璋如：《莫高窟形（一）》，"中央研究院"历史语言研究所，1996年，第19、291页。

［32］史苇湘：《世族与石窟》，《敦煌研究文集》，甘肃人民出版社，1982年，第153页；石璋如：《莫高窟形（一）》，"中央研究院"历史语言研究所，1996年，第81、602、69页。

［33］史苇湘：《世族与石窟》，《敦煌研究文集》，甘肃人民出版社，1982年，第154页；石璋如：《莫高窟形（一）》，"中央研究院"历史语言研究所，1996年，第75、71、69、131、442、141页。

［34］史苇湘：《世族与石窟》，《敦煌研究文集》，甘肃人民出版社，1982年，第154—156页；石璋如：《莫高窟形（一）》，"中央研究院"历史语言研究所，1996年，第528、105页。

［35］《隋书》卷三九《于义传》，中华书局，1973年，第1145、1146页。

［36］宿白：《东阳王与建平公（二稿）》，《敦煌吐鲁番文献研究论集（第四辑）》（1988年），收入宿白：《中国石窟寺研究》，文物出版社，1996年，第251—258页。

［37］宿白：《敦煌莫高窟早期洞窟杂考》，《大公报在港复刊三十周年纪念文集》卷上（1978年），收入宿白：《中国石窟寺研究》，文物出版社，1996年，第223、224页；施萍亭：《建平公与莫高窟》，《敦煌研究文集》，甘肃人民出版社，1982年，第149—150页；贺世哲：《从供养人题记看莫高窟部分洞窟的营建年代》，敦煌研究院：《敦煌莫高窟供养人题记》，文物出版社，1986年，第198、199页。

［38］李崇峰：《敦煌莫高窟北朝晚期洞窟的分期》附录一，敦煌研究院：《敦煌研究文集·敦煌石窟考古篇》，甘肃民族出版社，第76—79页。

［39］《北史》卷六七《段永传》，中华书局，第2348页。

［40］《文苑英华》卷九〇五《周柱国大将军大都督同州刺史尔绵永神道碑》，中华书局，1982年，第4764页上栏，"武成二年（560年）有诏进公都督瓜州诸军事瓜州刺史……

保定二年（563年）还朝"。

[41]《辩正论》卷四《十代奉佛篇》下"周大将军尔绵永（造尔绵寺）"，《大正藏》第五二册，第518页下栏。

[42] 敦煌研究院：《敦煌莫高窟供养人题记》，文物出版社，1986年，第166页。

[43]（唐）李吉甫：《元和郡县图志》，中华书局，1983年，第1026页。

[44] 史苇湘：《世族与石窟》，《敦煌研究文集》，甘肃人民出版社，1982年，第153页。

[45] 贺世哲：《石室札记》，《敦煌研究》1999年第4期，第50—52页。文中推测第290窟为保定二年至四年（562至564年）任瓜州刺史的李贤所开凿。

[46] 马德：《敦煌莫高窟史研究》，甘肃教育出版社，1996年，第255—269页。

[47] 敦煌研究院：《敦煌莫高窟供养人题记》，文物出版社，1986年，第81、85页；贺世哲：《莫高窟第192窟〈发愿功德赞文〉重录及有关问题》，《敦煌研究》1993年第2期。

[48] 敦煌研究院：《敦煌莫高窟供养人题记》，文物出版社，1986年，第126、127页。

[49] 敦煌研究院：《敦煌莫高窟供养人题记》，文物出版社，1986年，第125页。

[50] 敦煌文物研究所：《敦煌莫高窟窟前建筑遗址发掘简记》，《文物》1978年第12期，文章记录了第487窟进深和宽，未给出高度。

[51] 以下第275、268、272窟尺寸采自《莫高窟第266～275窟考古报告（第一分册）》，文物出版社，2011年，第152、49、97页。依前例，数据取最大值。

[52]《魏书》卷二七《穆崇传附四世孙亮传》记穆亮自敦煌被征还朝后"除都督秦梁益三州诸军事、征南大将军、领护西戎校尉、仇池镇将。时宕昌王梁弥机死……弥机兄子弥承，戎民归乐，表请纳之。高祖从焉"，中华书局，1974年，第667页。《魏书》卷七《高祖纪上》记"（太和）九年（485年）……遣使拜宕昌王梁弥机兄子弥承为其国王"，第155页。由此知，穆亮出镇敦煌在太和九年（485年）以前。

[53]《魏书》卷一一三《官氏志》"神元皇帝时，余部诸姓内入者：丘穆陵氏，后改为穆氏……太和十九年，诏曰……其穆、陆、贺、刘、楼、于、嵇、尉八姓，皆太祖已降，勋著当世，位尽王公"。中华书局，1974年，第3006、3014页。

[54] 龙门石窟研究所：《龙门石窟碑刻题记汇录》下卷，中国大百科全书出版社，1998年，第430、431页。

[55] 马世长：《新发现的北魏刺绣》，《文物》1972年第2期，收入马世长：《中国佛教石窟考古文集》，财团法人觉风佛教艺术文化基金会，2001年，第231—239页。

[56]《北史》卷一六《广阳王建传附子嘉传》，中华书局，1974年，第615、616页；《魏书》卷十八《广阳王建传附子嘉传》，中华书局，1974年，第428、429页。

[57]《辩正论》卷四《十代奉佛篇》下"魏尚书令广阳王嘉"，《大正藏》第五二册，第515页上栏。

[58] 樊锦诗、马世长、关友惠：《敦煌莫高窟北朝洞窟的分期》，敦煌文物研究所：《中国石窟·敦煌莫高窟（一）》，文物出版社，1982年，第186—188页，将这组洞窟定为北凉统治敦煌时期。宿白：《莫高窟现存早期洞窟的年代问题》，《中国文化研究所学报》第20卷（1989年），收入宿白：《中国石窟寺研究》，文物出版社，1996年，第270—278页，将三窟的时间推定在从接近太和八年（484年）和太和十一年（487年）起，至太和十八年（494年）迁洛阳以后不久。

唐代龙门模式试析

常　青（四川大学艺术学院）

中国佛教艺术的高峰是唐代，而唐代的这个高峰期实际上只是高宗（649 至 683 年在位）与武则天时期（683 至 705 年），现存全国各地的大部分唐代佛教艺术遗存都是在这个时期里制作出来的。由于历史的原因与武则天对洛阳的偏爱，在这个高峰期中，东都洛阳曾经扮演过重要的角色。特别是在武周时期，洛阳成为神都，是全国的政治与宗教中心，地位一度胜过了长安。龙门石窟是表现东都洛阳唐代佛教艺术的主要地点，那里约有三分之二的洞窟与造像属于高宗与武周时期，潜溪寺洞、宾阳南北洞、敬善寺洞、双窑、万佛洞、惠简洞、奉先寺大卢舍那像龛、龙华寺洞、八作司洞、极南洞、擂鼓台三洞、高平郡王洞、看经寺洞等，都是这个时期开凿的大、中型洞窟，是学术界研究龙门唐窟的主要对象。

关于龙门唐代石窟造像的考古学研究，半个多世纪以来较为集中讨论的主要是对日本学者《龍門石窟の研究》的修正、考古调查与分期排年、龙门唐代石窟造像艺术样式来源的探讨[1]。1936 年，日本学者水野清一、长广敏雄在结束响堂山石窟的调查后，对龙门进行了短短六天的实地调查，于 1941 年出版了《龍門石窟の研究》（以下简称《龙门》）一书。这本书的出版对当时的龙门研究具有划时代的意义，但观点明显带有那个时代的局限性。1955 至 1956 年间，中国学者王去非开始对《龙门》中的某些观点提出质疑，主张所谓太宗（626 至 649 年在位）朝贞观十五年（641 年）营造的潜溪寺洞，应为高宗朝早期的作品[2]。1980 年以后，伴随着一系列实地调查与新发现，以龙门文物保管所为中心的研究成果不断地修正着《龙门》的说法。如张若愚于 1980 年反驳《龙门》一书以贞观十五年的"伊阙佛龛之碑"对应龙门潜溪寺洞的观点，并主张该碑对应的应是宾阳南洞[3]。1979 年，丁明夷发表《龙门石窟唐代造像的分期与类型》，对龙门唐代部分造像进行了考古学类型排比，将唐代造像分为高宗、武则天、玄宗（712 至 756 年在位）三期，还论述了龙门唐代造像与唐代各宗派的关系[4]。在日本学术界，对《龙门》的批评要晚于中国，直到 1984 年才出现了冈田健重新研究龙门唐窟的论文[5]。1988 年，日本学者曾布川宽发表长篇论文《唐代龙门石窟造像的研究》，对《龙门》一书做出了全面的评论，并提出了自己新的立论与观点，是迄今为止研究龙门唐窟遗存的年代、渊源、题材、历史背景等方面最为详尽的一篇论文[6]。龙门石窟的研究就此揭开了新的一页。1987 至 1991 年，日本学者冈田健连续发表了三篇文章，论述龙门唐代太宗贞观期、高宗前期、高宗后期造像[7]。1988年，温玉成发表了《龙门唐窟排年》一文，更为细致地把龙门隋唐窟龛划分为四期，即太宗晚期、高宗前期、高宗晚期至武则天时期、中宗至玄宗时期，并对重要的唐窟年代作了分述[8]。这些考古学研究较过去的成果前进了一大步，基本建立了唐窟编年的基础。2012至2016年，日本学者八木春生连续发表四篇文章，逐区评述了宾阳南洞、敬善寺区、奉先寺、西山南部地区诸窟的编年与艺术风格[9]。2013年，李崇峰将龙门唐代的一些大型窟龛分为四期：唐太宗后期、高宗时期、武则天时期、中宗至玄宗初期（705至714年）[10]。近期还有一些关于龙门唐窟个案的研究论文，不再赘述。

通过学者们的上述研究成果，对龙门唐代窟龛造像的分期已趋于大同小异，对无纪年窟龛年代的推测已无大的出入。笔者在此无意再做分期研究，只想以笔者的看法来总结各期的特点，以期归纳出作为唐代洛阳佛教艺术代表的龙门石窟是否在某些方面有能力影响全国其他地区窟龛造像的制作。因为龙门位于大唐东都近郊，又是唐代佛教艺术高峰期的一个发展中心，自然会成为指导全国佛教艺术界的一个样板。但并不是所有的龙门唐代窟龛造像都可以称得上全国的样板，这是因为洛阳在唐代佛教艺术发展中的地位远非长安可比，而真正的唐风佛教艺术样式是在长安形成的，并由长安波及全国各地，包括龙门石窟。日本学者冈田健在1987年发表的论文中最先提出了龙门唐代造像源于长安的观点[11]，笔者在1995年的出版物中也作了一些探讨[12]，并在1998年又发文论述了以龙门为代表的唐代东都佛教艺术是怎样接受西京长安影响而形成的[13]。但是，龙门造像艺术绝非长安样式的简单再现，而是在长安样式影响下在东都洛阳重新组合与创新的结果。因此，龙门唐代艺术实际上是既包含着普遍的时代风彩，又透露着长安造像的固有风尚，还具有东都洛阳特色的雕刻艺术宝库，并在高宗与武则天时期以其重要的政治与宗教地位而影响到了其他地区石窟造像的制作。由于洛阳与龙门的崇高地位，在长安影响下形成的龙门唐代艺术，完全可以形成一定的样式再去影响全国其他地区[14]。在总结这种龙门在唐代具有影响力的样式时，应该排除唐代长安流行并在龙门也有的样式，才能将长安与洛阳的具有影响力的样式区别开来。只有这样，才能看到真正的唐代龙门模式。

在前述学者们研究的基础上，笔者将龙门唐代窟龛造像分为四期：唐太宗、唐高宗、武则天至睿宗（710至712年在位）、玄宗及其以后。唐太宗时期的龙门窟像笔者已在另文论述[15]，本文只总结后三期的样式。一种特定时代的佛教艺术内容，只有当它对其他地区具有影响力时，才能被称为"某某模式"。例如，北魏中期的云冈石窟艺术曾对同时代的其他地区产生过影响，就可以称为"云冈模式"[16]。北魏晚期的龙门、巩县窟龛造像，以及在唐代长安产生的造像艺术，则可以分别称作"北魏洛阳模式"与"唐代长安模式"[17]。在唐代龙门四期中，只有中间的唐高宗、武则天至睿宗两期中的一些内容可称得上是唐代龙门模式，因为在这两期间洛阳及龙门对其他地区应该具有影响力，这也是本文要论述的话题。此外，本文还将从唐人的审美时尚来讨论龙门唐代造像风格形成的社会与艺术背景。

对于一些大型洞窟，笔者将使用学者们约定俗成的名称。对不常被提及的中小型洞窟将注明编号[18]。

一　唐高宗时期的龙门石窟

在唐高宗执政期间（649 至 683 年），唐代佛教进入了极盛期，也迎来了洛阳佛教的极盛期与龙门石窟自北魏晚期开凿以来的第二个高峰期。高宗时期的李唐皇室很重视对佛教的整顿与利用，使佛教愈加从属于政治，并与中国儒家思想相结合。657 年，高宗首次到洛阳，十月，诏改"洛阳宫为东都，洛州官吏员品并如雍州"[19]，使洛阳在政治上日渐显现其重要地位。自显庆（656 至 661 年）以后的二十六年间，高宗曾九次来往于东西两京，寓居洛阳十一年三个月。李治崇信佛法，特别敬重高僧玄奘（602 至 664 年）。显庆四年（659 年），诏迎岐州法门寺护国真身释迦佛指骨，至洛阳大内供养，武则天为舍利造金棺银椁。685 年，关中饥馑，高宗亲率百官尽迁洛阳，翌年病逝于贞观殿。

在龙门石窟，高宗时期开凿的洞窟主要集中在西山中段与北段，即自北部的潜溪寺洞到中部的奉先寺大卢舍那像龛之间的山崖间。这一期有纪年的大中型窟龛有咸亨四年（673 年）完工的惠简洞、上元二年（675 年）完工的奉先寺大卢舍那像龛、永隆元年（680 年）完工的万佛洞等。还有无纪年的潜溪寺洞、敬善寺洞、双窑、清明寺洞，利用北魏晚期开凿的洞窟而续凿的宾阳南洞、宾阳北洞、赵客师洞、唐字洞等，以及利用自然溶洞雕凿龛像的破窑与老龙洞等。下面就洞窟形制（含造像组合）、造像题材、造像样式三方面来探讨这期窟像的特点。

（一）洞窟形制
高宗期的龙门石窟新开凿的洞窟形制大体可分二类：三壁环坛列像窟与正壁设坛列像窟。

第一类：三壁环坛列像窟

起源于龙门宾阳中洞三壁设倒凹字坛的设计，但将此类基坛的高度提高了。这类洞窟有的分前后室，前室平顶；后室呈正壁抹角的马蹄形平面，穹窿顶，有莲花藻井，环正、左、右三壁凿出倒凹字形基坛，坛上布置列像。位于龙门西山北部的潜溪寺洞后室平面即为这种形制，也是高宗初年的代表性洞窟之一。在基坛上部的西壁雕出一尊主佛坐像，在南、北两侧壁坛上则雕造二弟子、二菩萨、二天王像（图一）。该窟的特点是各像形体高大，使得列像中间可供信徒们活动的空间相对较小[20]。

敬善寺洞与潜溪寺洞的布局稍有不同，但仍可归入此类。该窟由前、后两室组成，在前室的北、南二壁下部分别凿出一半月形的矮台，台上各雕一身立菩萨像。在前室西壁门两侧各雕出一身力士像。后室平面近马蹄形，穹窿形顶，但环正、左、右三壁下部不设坛，

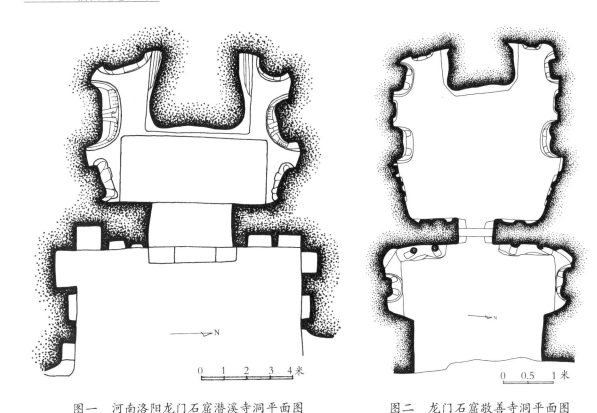

图一　河南洛阳龙门石窟潜溪寺洞平面图
（唐，作者自绘）

图二　龙门石窟敬善寺洞平面图
（唐，作者自绘）

却直接依三壁雕出了结跏趺坐佛像并二弟子、二菩萨像（图二）。另外，在二弟子与二菩萨之间各浮雕一身比丘像，立于一短茎莲花之上。敬善寺洞的造像配置虽较特别，但基本排列方式仍属环坛列像窟一类。在窟内正、左、右三壁上部以及弟子、菩萨、天王像之间，均浮雕出姿态各异的菩萨，每身坐于一仰莲花之上，莲下的长梗由下向上伸出，分叉相连（图三）。在该窟顶部正中浮雕一双层瓣大莲花，莲花四周雕出八身凌空飞舞的供养天人，其飞舞方向基本朝向正壁主尊一方。据该窟前室门北侧力士左上方的《敬善寺石像铭》，证明敬善寺洞为纪国太妃韦氏资助的功德窟。据阎文儒先生考证，该窟开凿于麟德二年（665年）前后，时值韦太妃居于洛阳之时[21]。

唐代三壁环坛列像窟的登峰造极之作是规模宏大的奉先寺大卢舍那像龛，它是专门为唐高宗与武则天造功德的皇家石窟工程，毕工于上元二年（675年）。这铺龙门最高大的一组造像，据卢舍那佛座北侧刻的唐开元十年（722年）《大卢舍那像龛记》载，此大龛为"大唐高宗天皇大帝之所建也"，至"咸亨三年（672年）壬申之岁四月一日，皇后武氏助脂粉钱二万贯"。可见其级别之高。大像龛平面近一马蹄形，环正、左、右三壁下部凿有倒凹字形基坛，坛上置一佛、二弟子、二菩萨、二天王、二力士共九身大像，南北

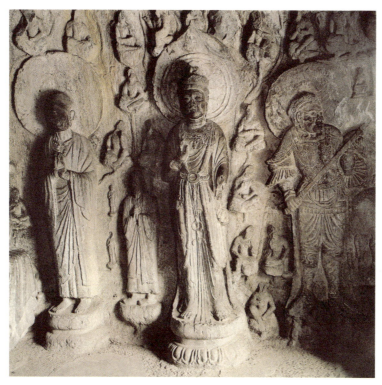

图三　龙门石窟敬善寺北壁

（唐，采自《中国石窟·龙门石窟》第 2 卷图版 41）

宽约 33 米，东西进深约 27 米。

第二类：正壁设坛列像窟

此类洞窟的共同点是只在正壁下方凿一坛，在坛上雕出一铺主像。这类洞窟应起源于北魏晚期在正壁设高坛造像的洞窟，如普泰洞、魏字洞、路洞等，不同之处在于将坛的高度降低了。在敬善寺区，高宗前期开凿的一些小洞窟可作为此类窟型在龙门的较早之例。梁文雄洞在敬善寺北邻，正壁起低坛，坛上雕倚坐弥勒佛像并二弟子、二菩萨像，在前壁窟口两侧还有浮雕二天王像，门外两侧各雕一力士像。袁弘勣洞在梁文雄洞北邻，窟门上方有一麟德二年（665 年）纪年小龛，可知该窟应开凿于麟德二年以前的高宗前期。此窟也是正壁起低坛，坛上雕结跏趺坐佛并二菩萨像，在左右侧壁的外侧各有浮雕天王像一身，窟门外两侧雕力士。此窟造像配置似有将三壁环坛列像窟与正壁设坛列像窟相结合的特点。沈鸾洞位于敬善寺南侧下部，开凿于显庆五年至龙朔元年间（660 至 661 年）[22]，正壁起低坛，主像为优填王像，左右侧壁外侧各刻一身菩萨像。

龙门唐代最具代表性的此类洞窟是万佛洞，由前后两室组成。在前室门的南、北两侧各雕一身力士，在前室南、北两侧壁的西部又各开龛雕一狮子。在主室东壁门两侧各

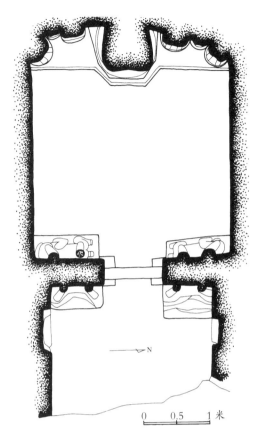

图四　龙门石窟万佛洞平面图

（唐永隆元年，680年，作者自绘）

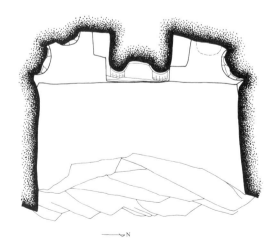

图五　龙门石窟惠简洞平面图

（唐咸亨四年，673年，作者自绘）

雕一身天王，在正壁下方凿有一坛，坛上雕一佛、二弟子、二菩萨像（图四）。在南北两侧壁雕满小佛像，下部雕刻舞乐图。与敬善寺洞类似，在正壁一铺大像上部有高浮雕由下上升的连梗莲花承托的众小菩萨像，姿态各异。窟顶为平顶，正中雕一大莲花，周有八身飞天环绕，在莲花周边有阴刻大字题记曰：“大监姚神表内道场运禅师一万五千尊像龛大唐永隆元年（680年）十一月卅日成”[23]。该题记表明了窟内两侧壁众多小佛像的题材与洞窟完工时间。

惠简洞位于万佛洞南侧，是一敞口中型洞窟，正壁及窟门已塌毁不清，窟内平面近马蹄形，在正壁下部凿有基坛，坛上雕倚坐佛像并二弟子、二菩萨像（图五）。在窟内南、北两侧壁原雕有二天王、二力士，今像已不存，仅剩其火焰头光部分。据南壁近洞口处的题记，该窟为咸亨四年（673年）西京法海寺僧惠简奉为皇帝李治、皇后武则天、太子李弘、周王李显敬造的弥勒像一龛并二菩萨、神王等[24]。该窟的造像布局实际上结合了三壁环坛列像窟与正壁设坛列像窟的特点。

双窑，为一组并列的双窟，唐麟德、乾封年间（664至668年）完工[25]。其中双窑的南洞主室靠内壁处凿成马蹄形平面，略宽于左、右两壁。在正壁前凿一低坛，在坛上雕出倚坐弥勒佛与二弟子、二菩萨像。在左、右两侧壁分层雕出千佛像（图六）。与南洞不同，北洞实为三壁环坛列像窟的变型，环马蹄形平面的主室三壁雕出三世佛并胁侍弟子与菩萨像，但诸像身下却没有基坛。可见这两种窟形在龙门的同期发展状况。

也有在正壁前不凿坛而雕像者，也可归入此类。清明寺洞在万佛洞下方，为马蹄形平面的小型窟，下部不凿坛，在正壁前雕结跏趺坐佛并二立菩萨像，约完工于高宗咸亨年间（670至674年）。蔡大娘洞也位于万佛洞下方，与清明寺洞相邻，平面也呈马蹄形，下部不凿坛，在正壁前雕结跏趺坐佛并二弟子、二菩萨像。开凿年代可能略早于清明寺，约在高宗总章年间（668至670年）[26]。

另外，在唐高宗时期还续凿了前朝的一些洞窟，并在一些自然溶洞中雕凿龛像。宾阳北洞为北魏晚期开凿的三窟之一，没有按期完工。窟内南壁有咸亨四年（673年）将作监牛懿德造阿弥陀佛像记，东壁南侧有显庆元年（656年）□武都造阿弥陀像记，可知该窟应在显庆元年以前开始续凿[27]。再结合窟内造像普遍含有的高宗期时代风格，窟内正壁的一铺主像与侧壁的多数龛

图六　龙门石窟双窑南洞内景
（唐，采自《中国石窟·龙门石窟》第2卷图版58）

像应是在高宗时期续凿完成的。该窟现存窟形与造像配置居于三壁环坛列像窟与正壁设坛列像窟之间。在窟内西半部，环正壁与南、北两壁的西半部雕出一铺大像，为一佛二弟子二菩萨。窟内南、北壁的东半部由不同的信徒开龛造像。该窟穹窿顶还保留着北魏晚期设计的莲花与飞天伎乐，南、北两壁下部雕有十神王，每壁五身，也是延续北魏晚期的设计而在布局上有所不同。赵客师洞在普泰洞之南，二者似为互相连接的一组双窟。普泰洞完工于北魏晚期，而赵客师洞的最初设计也应是类似于普泰洞那样的马蹄形平面、穹窿顶、正壁设坛、两侧壁各开一大龛的洞窟（图七）。现正壁之坛与南壁大龛应为原来的设计。据门壁北侧显庆五年（660年）刘某于赵客师龛内敬造阿弥陀佛像一躯并二菩萨二圣僧师子香炉之题记，以及窟内东壁的显庆五年赵玄庆造像记、南壁显庆五年纪王典卫王行宝造观世音菩萨像记、北壁的杨君□造阿弥陀像记，西壁的一铺大像应被雕于高宗显庆五年之前不久[28]。窟内南、北壁各造像龛均为高宗或武则天时期的风格。唐字洞位于魏字洞之南，原似与之为一组双窟。魏字洞的形制与普泰洞相似，也为一坛二龛窟。唐字洞的平面现为椭圆形（图八），顶部近平，周壁小龛大像不规整，南北两壁似有原大龛的迹象。除东壁的两个帐型龛外，余龛均为唐代作品，在唐代的补凿始于贞观年间，盛于高宗年间[29]。

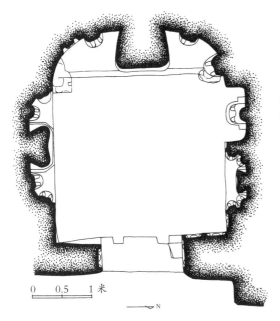

图七　龙门石窟赵客师洞平面图
（北魏至唐，作者自绘）

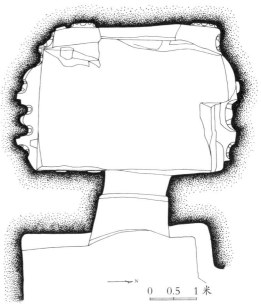

图八　龙门石窟唐字洞平面图
（北魏至唐，作者自绘）

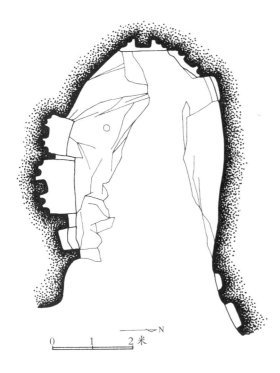

图九　龙门石窟破洞平面图
（唐，作者自绘）

老龙洞为一所自然溶洞，据窟内南壁的贞观十二年（638年）清信女某造像记、北壁的贞观二十一年（647年）新息县令田弘道等造菩萨像记可知，在唐太宗贞观年间开始雕造龛像。但窟内绝大多数造像龛雕于高宗与武则天时期，其中高宗期的纪年龛像从永徽元年（650年）到上元三年（676年）[30]。破窑也为自然溶洞（图九），窟内最早的纪年龛为位于窟内西壁的贞观十一年（637年）道国王母（高祖刘婕妤）为道王元庆造弥陀像龛，但仅此一所贞观纪年像龛。另有许多自永徽五年（654年）到总章二年（669年）的纪年造像龛[31]。可知破窑诸龛像主要雕刻于唐高宗时期。

综上可知，高宗时期的洞窟形制是三壁环坛列像窟与正壁设坛列像窟基本并重，但两种窟型没有各自统一，而是表现为多样性。相比之下，奉先寺卢舍那大像龛似乎为三壁环坛列像窟树立了范本。就造像配置来看，窟顶一般雕莲花与飞天，没有形成统一的规制。有的窟内壁基部位雕舞乐伎，也没有在高宗期成为多数洞窟的定制。有的洞窟内壁雕出从下部升出的连梗莲花承托的姿态各异的菩萨像，但没有在多数窟中流行。就造像组合而言，一佛二弟子二菩萨二天王的一铺七尊式组合较多，主像占据的窟内空间在逐渐缩小，窟门外两侧雕二力士像。

（二）造像题材

龙门石窟保存有众多的发愿题记，明确记载着造像题材。据李玉昆统计，在所有高宗期现存铭文题记中，造阿弥陀佛像者数量最多，观音其次[32]。观音本为阿弥陀佛的胁侍之一。这两个题材的高比例，说明了高宗时期对阿弥陀佛及其西方极乐世界的信仰与向往。第三应为弥勒题材，如万佛洞窟门南侧壁雕有五百身倚坐佛像，据其题记可知为永隆元年（680年）处贞造弥勒像五百区[33]。惠简洞主佛为咸亨四年完成的倚坐弥勒佛像。另有药师佛、三佛、七佛、千佛、一万五千佛、地藏[34]、优填王像、卢舍那佛像等题材。优填王即优填王所造佛像，主要分布在敬善寺区，如该区的显庆二年洛阳县武骑尉文林郎爨君协造优填王像[35]。一万五千佛像位于万佛洞。上元二年完工的奉先寺大像龛主尊为卢舍那佛。从高宗期的造像内容还能看到天王、力士、飞天伎乐、狮子、供养人等题材。

（三）造像样式

唐高宗的窟龛造像艺术进入了唐代造像样式的成熟期，写实性强，表现健康的体魄与优美的造型，是其总体时代风格。现就佛、弟子、菩萨、天王、力士、飞天伎乐等依次叙其样式与风格。

1. 佛像

佛装主要是双领下垂式大衣，即为简化了的汉式褒衣博带大衣，但在胸前不束带，如宾阳北洞（图一〇：1）、敬善寺洞（图一〇：2）、梁文雄洞、韩氏洞、惠简洞、双窑北洞、双窑南洞、蔡大娘洞、赵客师洞南龛、唐字洞主佛。其次是胸前束带的正式的褒衣博带大衣，如宾阳北洞外北壁的永徽元年（650年）王师德等卅人龛（第101号）、宾阳南洞东壁永徽元年刘玄意龛、潜溪寺洞（图一一）、清明寺洞（图一〇：3）、弥勒北三洞、万佛洞、王元轨洞、赵客师洞主佛。再次为通肩式大衣，如袁弘勋洞主佛（图一〇：4）、双窑北洞南北壁立佛、药师洞主尊立佛、奉先寺的大卢舍那像等，在高宗时期不流行。

在造像风格方面，宾阳北洞的主佛像风格过于雄健有力，大有北齐遗风（图一〇：1），约造于唐太宗贞观末年至永徽初年[36]，展示了贞观期佛像向高宗期的过渡。宾阳北洞外北壁的永徽元年（650年）王师德等卅人龛（第101号）主佛，是高宗初年佛像的代表作（图一二）。就总体而言它已完全脱离了北齐、北周、隋的固有样式，丰满的身躯已注重于身段的刻划。与此类似的佛像还见于宾阳南洞北壁上方、东壁北侧下方、老龙洞北壁大

图一〇

1. 宾阳北洞主佛； 2. 敬善寺主佛； 3. 清明寺主佛； 4. 袁弘勖洞主佛（作者自绘）

龛等。龙朔元年（661年）完工的韩氏洞主像阿弥陀佛较王师德龛更显成熟，该佛头部虽残，但身体的比例匀称谐调，胖瘦适中，双肩平衡，挺胸收腹，加之袈裟衣纹的写实性，使佛的形象更亲切感人。相近的造型还可见于敬善寺洞主佛（图一〇：3）、双窑北洞主佛、清明寺洞与蔡大娘洞主佛等。而永隆元年（680年）完工的万佛洞主尊头部显大，做了一定的夸张处理，较为特殊，但仍不失为精美的艺术佳作。龙门唐代的倚坐佛像表现弥勒佛，在高宗期以惠简洞主佛为代表（图一三）。该佛完工于咸亨四年（673年），头顶高耸的肉髻表面雕着涡状发纹，半闭的细目饱含慈祥，丰满健美的身躯稍显肥胖。双窑南洞主佛（图六）、万佛洞北侧上方小窟主佛、唐字洞南大龛主佛也有相似的特征。但梁文雄洞主尊在丰满健康的同时，又不失窈窕的体态。最值得一提的是毕工于上元二年（675年）的奉先寺大卢舍那佛（图一四）。这尊龙门最高大的佛像结跏趺坐于八角形台座上，身体比例协调，极具写实感。它身着通肩大衣，下身的部分残缺常使艺术家们联想到雕刻艺术的"残缺美"[37]。身体躯干刻划简洁，薄衣透体，面颐丰满，神态庄严典雅，秀美的双眼俯视众生，集温厚、慈祥、亲切于一体，表现出了精湛的艺术造诣。唐高宗期的立佛像多着通肩式大衣，如双窑北洞、药师洞等窟立佛。溜肩、挺胸、细腰、宽胯、长腿，这些优美的体型特征在药师洞主佛身上表现得更加充分。

　　高宗期的佛座有方形束腰座，如宾阳北洞（图一〇：1）、潜溪寺洞（图一一）、腾兰洞主佛座；八角形束腰座，如宾阳北洞外北壁的永徽元年王师德等卅人龛（图一二）、敬善寺洞、韩氏洞、双窑北洞、万佛洞、清明寺洞、蔡大娘洞、王元轨洞、赵客师洞南龛、奉先寺主佛座，为该期的主要流行佛座形制。这两种座均承自唐贞观年间，见于宾阳南洞的贞观纪年龛像[38]，只供结跏趺坐佛使用，且多有大衣披覆座前，但一般披覆至座的束腰中部，与北魏晚期的佛像衣裾披覆宝座的三分之二稍异。宾阳北洞主佛宝座前没有披覆

图一一　龙门石窟潜溪寺洞正壁实测图
（唐，采自《龙门石窟雕刻粹编——佛》图 82）

图一二　龙门石窟宾阳洞外王师德造像龛
（唐永徽元年，650 年，王振国拍摄）

衣裙，为特例。结跏趺坐佛使用圆形束腰座出现于高宗时期的一些小龛或小窟中，如第 1034 窟前庭 W4 龛上元二年（675 年）雕刻的阿弥陀佛像、仪凤元年（676 年）完工的第 957 窟主佛、永淳元年（682 年）雕刻的第 501 龛主佛，但此类佛座尚不流行。梁文雄洞与双窑南洞主尊倚坐佛下座没有靠背，惠简洞主尊倚坐佛坐在平面呈长方形的高座之上，座有靠背，表面刻六挐具形象（图一三）。另外，敬善寺区众多的倚坐优填王像也有类似的座椅与靠背。

2. 弟子

在主佛身旁配置的二弟子，左为老僧迦叶，右为少年僧阿难，

图一三　龙门石窟惠简洞内景
（唐咸亨四年，673 年，采自《中国石窟·龙门石窟》第 2 卷图版 87）

图一四　龙门石窟奉先寺大卢舍那
像龛主佛

（唐上元二年，675年，采自《龙门石窟
雕刻粹编——佛》图113）

图一五

1. 宾阳南洞左弟子；2. 宾阳北洞左弟子；3. 潜溪寺左弟子（作者自绘）

年龄不同，但均身躯直立，身着双领下垂式僧衣，内有交领式内衣。迦叶一般双手合十于胸前，显瘦，如宾阳南北洞、潜溪寺洞的左胁侍弟子（图一五）。阿难一般双手相握于胸前，胖瘦适中，如惠简洞右胁侍弟子。

3. 菩萨

菩萨像的一般服饰为头戴宝冠、上半身袒裸或部分袒裸，下身着长裙，有项圈、腕钏等饰物。但在一些细部的装饰上，各菩萨有所不同。宾阳北洞的左胁侍菩萨有璎珞在腹前穿一方形饰物，并有帔帛在腹下绕作两道圆环，都是北周、隋代的旧样式。特别是上身有右袒式内衣，见于龙门药方洞北齐雕造的菩萨像与宾阳南洞唐太宗期雕造像的正壁二胁侍菩萨像（图一六：1、2）。潜溪寺的立菩萨像也有类似的服饰，右袒式内衣在胸前束一带，璎珞在腹前交叉穿一圆形饰物，帔帛自双肩处直接分垂于身体两侧，则是北齐与隋代流行样式（图一六：3）。与潜溪寺菩萨类似的还有惠简洞的立菩萨像。奉先寺的立菩萨像上身虽不着右袒式内衣，而在胸前披一斜向胸巾，有长帔帛在腹下绕两周，但仍有长璎珞在腹前交叉。可以看出，龙门高宗期的菩萨像一般保持着自北魏晚期以来流行的长璎珞在腹前交叉穿一饰物的传统。龙门高宗期也有服饰简单的菩萨像，如清明寺洞左胁侍菩萨没有璎珞，胸前有斜向胸巾，帔帛在腹下绕作两周（图一六：4）。一些菩萨像袒裸上身或着内衣，在胸前束带，帔帛横过胸腹下部两道。

表现肌体丰腴、身姿婀娜，颇具曲线美，是高宗期菩萨像的一般特点。高宗时期的

图一六

1. 宾阳南洞右菩萨；2. 宾阳南洞左菩萨；3. 潜溪寺左菩萨；4. 清明寺左菩萨；5. 宾阳北洞左菩萨（作者自绘）

菩萨像直立者居多。宾阳北洞、潜溪寺、清明寺的胁侍菩萨只作微微扭动（图一七：5），几乎为直立之姿。惠简洞的胁侍菩萨胯部有明显的扭动，但扭动幅度不大。但也有胯部扭动幅度较大者，如清明寺窟口通道南侧的仪凤三年（678年）比丘尼八正造二立菩萨像龛，身上不挂璎珞，应该是长安的影响因素[39]。与宾阳北洞、潜溪寺胁侍菩萨像相比，清明寺、惠简洞的菩萨像突出表现了丰胸、细腰、鼓腹、宽胯的女性身躯的优美曲线，且在身体各部分比例上趋向于写实。这些都比高宗以前的菩萨像在对人体刻划准确程度上前行了一大步。

4. 天王

天王像的一般样式是头上束发髻，身披铠甲，双足着靴，足踏夜叉鬼，方面，身材魁梧有力。在高宗早期，天王一般为直立之姿，如潜溪寺左胁侍天王像（图一七：1）。到了高宗晚期则流行一腿直立、一腿弯曲弓起，如万佛洞左胁侍天王像（图一七：2）、奉先寺的左胁侍天王等。高宗期的天王在身体各部分比例上尚不注重写实性，而是注重身体力度的刻划，于是将上半身表现得过于宽大、厚重。

5. 力士

高宗期的力士像服饰与菩萨像类似，一般头戴单瓣宝冠，上身袒裸，下身着齐膝短裙，饰有项圈，有长璎珞在腹前交叉穿圆环，如敬善寺门外力士（图一八：1）。有的身披帔帛，如万佛洞门外北侧力士像（图一八：2）。一般将胯部扭向窟门一侧，双足呈八字形分开，下踏山形矮台。力士的面部为忿怒相，双目圆睁，胸、腹、臂处均刻划出发达的肌肉，两小腿也粗壮有力。

6. 飞天伎乐

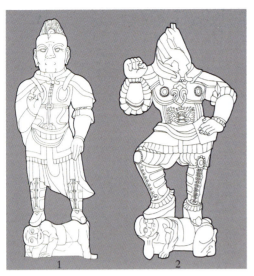 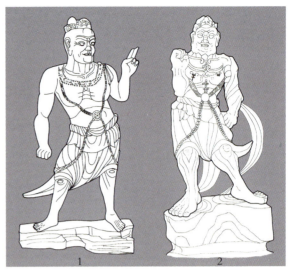

图一七

1. 潜溪寺左天王; 2. 万佛洞左天王（作者自绘）

图一八

1. 敬善寺洞外南侧力士; 2. 万佛洞外北侧力士（作者自绘）

　　以万佛洞左、右壁下部伎乐为例。乐伎身着菩萨装，头顶束一高发髻，上身袒裸，饰有项圈、手镯、斜向胸巾、帔帛，帔帛在身后绕作一个或三个圆环，以浅浮雕的技法刻于壁面，下身着长裙。有的为正面向，或双腿盘坐，或一腿斜向下舒、一腿盘起。有的为侧向蹲跪之姿，向着窟内正壁。乐伎身下有覆莲台，并有女性般的窈窕丰满体态，写实性较强，只是头部略显大。二舞伎服饰同于乐伎，身体也为正面相，但将头部扭向窟内正壁一铺主像（图一九）。

　　高宗期的造像风格源于前朝。以佛像为例。高宗期佛像与太宗贞观期风格迥异，重在表现人体自然之美。而隋唐京城长安早在隋代建国之初，就开始探索将人体美的造型附于佛教艺术之中了。西安南郊出土的开皇四年（584年）董钦造鎏金铜弥陀像，结跏趺坐于束腰莲花高座之上，着右袒袈裟，体型胖瘦适度，长颈、胸微鼓、细腰，具女性特有的窈窕优美体态。河北赵县出土的隋开皇十三年（593年）金铜阿弥陀佛坐像，曲阳修德寺遗址出土的开皇十一年（591年）张茂仁造白玉弥

图一九 龙门石窟万佛洞北壁壁基舞伎

（唐永隆元年，680年，采自《中国石窟·龙门石窟》第2卷图版87）

陀像[40]，陕西岐山五丈原出土的开皇十二年王贤良造释迦立像[41]，以及敦煌莫高窟隋代开凿的 427 窟立佛像[42]，都有明显的身段刻划，无疑是隋代长安新的佛像风格对东西方的影响所致。日本有邻馆藏唐贞观十三年（639 年）中书舍人马周造坐佛像，已同龙门韩氏洞、潜溪寺、清明寺洞主佛特征接近，完全摆脱了前代的丰硕体态特点。据此，我们有理由推测：在唐贞观年间长安继承发展了佛像的优美造型，成熟的唐代佛像样式已基本形成。其后，随着政治、佛教中心的东移而出现在洛阳伊阙。新型唐代佛像在龙门蓬勃发展的同时，也有个别佛像仍保留着某些旧风格，如宾阳北洞主佛（图一〇）等。

二 武则天、中宗、睿宗时期的龙门石窟

公元 684 年，武则天执政，改东都为"神都"。688 年，于神都立高祖、太宗、高宗三庙，四时享祀，如西庙之仪。690 年又立武氏七庙。实际上洛阳已成为全国的政治中心，同时也是佛教中心。武则天共寓居洛阳四十九年，其间，朝廷特重佛法，当时的佛教大师义净、神秀、实叉难陀、菩提流志等均受到则天优礼[43]，他们也多活动于洛阳。麟德元年（664 年），沙门静泰奉敕撰写《大唐东京大敬爱寺一切经论目录》五卷。洛阳佛授记寺已成为当时的一个译经中心，华严宗法藏、印度僧慧智，以及义净等均活动于该寺，奉敕编撰《大周刊定众经目录》十五卷的明佺，即为该寺沙门。一时洛阳佛法之盛为全国之冠。天授二年（691 年），命释教在道法之上，僧尼处道士、女冠之前[44]。这样，将宗教信仰与政治上的神学预言相结合，在全国范围内掀起了自北魏以来的建寺、立塔、造像的新高潮[45]。从龙门唐代石窟保存下来的众多有关皇帝、皇后、太子、亲王、公主以及朝廷显贵的碑刻题记来看，龙门已成为唐王朝皇家开窟造像的中心区域。

载初二年（690 年），武则天为给自己登极坐殿制造神学预言，指使佛教徒薛怀义和法朗等伪造《大云经》，"言则天是弥勒下生，当作阎浮提（人世间）主，唐氏合微"[46]（《旧唐书·薛怀义传》）。将武则天夺取李唐政权说成是符合弥勒的授记。同年九月则天称帝，改国号为周，颁制《大云经》于天下，令两京诸州各置大云寺。现存全国各地，如敦煌莫高窟、固原须弥山等地的倚坐弥勒大佛像，或许均与这种形势有关。与此同时，他们也在龙门石窟广造倚坐弥勒像，如龙华寺洞、极南洞、擂鼓台中洞（大万伍佛洞）等窟中的倚坐弥勒佛像。有的还把倚坐弥勒置于三佛之首，以过去佛和现在佛释迦牟尼为胁侍，如摩崖三佛龛。在这种以佛教"助王政之禁律，益仁智之善性"（《魏书·释老志》）的作用下，龙门造像迎来了唐代的第二个高潮。705 年，唐中宗复位，去周复唐，"复神都为东都"[47]，于是，唐朝的政治中心西返长安。从此，龙门开窟造像活动渐趋衰落，但仍然保存了不少中宗、睿宗朝及其以后的窟龛造像，基本遵循武周时期的规制，故将此二帝时期的窟龛也归入此期。

这一时期的窟龛主要分布在龙门西山奉先寺以南，以及东山的擂鼓台区与万佛沟等

地。主要洞窟有西山南部的八作司洞、龙华寺洞、北市丝行像龛、北市彩帛行净土堂、极南洞、五佛洞，东山的擂鼓台三洞、高平郡王洞、看经寺、二莲花南北洞、四雁洞等，以及含有密教题材内容的西山多臂观音小窟、万佛沟的千手观音洞、千手千眼观音龛等。下面从洞窟形制与造像组合、造像题材、造像样式三方面来叙述本期内容。

（一）洞窟形制

武则天至睿宗时期的龙门石窟新开凿的洞窟形制以三壁环坛列像窟为主，以正壁设坛列像窟为辅，外加一些特殊的窟型。

第一类：三壁环坛列像窟

奉南洞位于奉先寺南壁外侧，环正、左、右三壁下部凿坛，坛上雕结跏趺坐佛与二弟子、二菩萨、二天王、二狮子，窟门外两侧雕二力士像。倒凹字形基坛侧面刻有长圆形壶门，内刻伎乐人物，其中正壁伎乐二身为舞者，两侧各有四身伎乐，为奏乐者。窟顶中心雕出大莲花，外围绕以四身飞天，再外为四只飞鹤。该窟大约完成于武周初年[48]。

八作司洞窟内平面呈马蹄形，穹窿顶，环正、左、右三壁下部凿出一倒凹字形基坛（图二〇）。在正壁正中的基坛上部雕出主尊结跏趺坐佛，自主尊两侧向左、右两壁延伸雕出二弟子、二菩萨、二天王、二护法狮子。在窟门外南北两侧雕出二力士。在窟顶正中有莲花残迹，在倒凹字形基坛表面刻出壶门，壶门内刻有起舞奏乐的伎乐人物，构成了一幅"舞乐图"。八作司洞可作为龙门西山南部的标形洞窟之一，因为在这一带分布了众多的同期开凿的中小型洞窟，窟形与窟内外造像布局大体与该窟相同或相近，一般都是二力士守门，窟内造一佛二弟子二菩萨二天王像。关于该窟的年代，学者们有不同看法，但多数倾向于武则天执政时期，笔者赞同此观点[49]。

龙华寺洞的窟形与造像布局基本与八作司洞相同，但造像题材不同。龙华寺洞的平面约呈椭圆形，环正、左、右三壁下部凿有倒凹字形基坛，在坛上造像（图二一）。正壁中部雕出主尊结跏趺坐佛，两侧夹侍二弟子、二立佛、二立菩萨。在左、右壁中部各雕一身坐佛，其中右壁（南壁）佛结跏趺坐，左壁佛倚坐。在两侧壁的

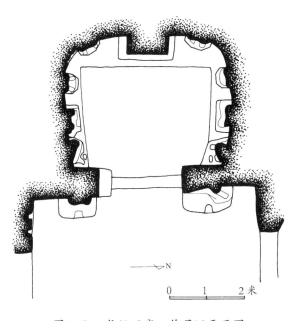

图二〇　龙门石窟八作司洞平面图
（武周时期，690 至 705 年，作者自绘）

东部（即前壁）门两侧各雕一身天王像。按龙门唐代倚坐佛均表现弥勒佛，如惠简洞主佛等，该窟的主要题材应为三世佛，即正壁的释迦、右壁的过去佛、左壁的弥勒佛。但复杂性在于正壁主佛的两侧还各有一身立佛，构成了窟内的五佛题材。倚坐佛弥勒的身份是明确的，应该与密教供奉的五方佛无关。因此，该题材值得进一步研究。与八作司洞相似，该窟基坛表面也刻有舞乐图，但没有刻出壸门。窟顶为穹窿顶，中部有莲花残迹，在顶部东侧保存有两身飞天。窟门外两侧各雕一身力士，在前庭南北两壁下部各开一圆拱形龛，龛内各雕一蹲狮，与万佛洞窟外二狮子布局有继承性。在龙华寺窟外南侧壁有一些武周纪年小龛，其中年代最早者为"□□□/□佛兹/恩长安/三年（703年）十/二月十/二日功讫"的造像题记[50]。因此，长安三年应为龙华寺洞开凿的下限，上限可能在武则天执政之初[51]。

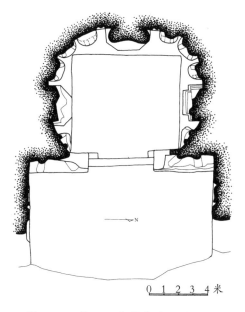

图二一　龙门石窟龙华寺洞平面图
（武周时期，690 至 705 年，作者自绘）

　　极南洞是龙门西山最南端的一所大型洞窟。窟内平面约呈方形，环正、左、右壁凿有倒凹字形基坛，正壁主尊为倚坐弥勒佛，两侧环列二弟子、二菩萨、二天王、二夜叉（图二二）。基坛表面雕刻对舞者与奏乐者组成的舞乐图。窟顶为穹窿形，中央雕出一朵大莲花，莲花周围浮雕七身供养天人，呈逆时针方向飞转。窟门外两侧各雕一身力士。窟外南壁东侧下部有一通碑，碑文多已模糊不清，其中有"长沙县公姚意之妻，龙朔年中□□□河南之别业也。夫人时入洛城，路由此地，□□男女长大，皆予班秩，因于山壁□□敬造一□□。二尚书、同鸾台凤阁三品、上柱国、梁县□"[52]。碑文纪年不清，但有武则天

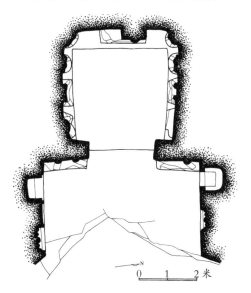

图二二　龙门石窟极南洞平面图
（武周至睿宗时期，690 至 712 年，作者自绘）

时改官制凤阁三品之中书侍郎，却无武周新创之异体字。凤阁在神龙年间（705 至 707 年）复为中书省。姚意为开元名相姚崇（651 至 721 年）之父。据《新唐书》记载，姚崇曾为夏官尚书、同凤阁鸾台三品、梁县侯。关于此窟年代，温玉成认为是姚崇等为亡母刘氏造

功德所开，年代约在神龙二年到景龙四年（706至710年）[53]。多数学者的意见与此相仿，主张造于武周至睿宗时期，只是具体年代观点略有不同[54]。

在龙门东山，与上述三窟窟形相似的有二莲花南、北洞（第2211、2214号），位于看经寺北部，是一组经过统一规划的双窟。二窟平面近于马蹄形，环正、左、右三壁下部凿出了倒凹字形基坛，坛上造出结跏趺坐佛并二弟子、二菩萨、二天王像（图二三）。窟顶为穹窿形，正中雕出一朵大莲花，四周环绕四身供养天人。基坛表面刻壶门，原内各雕一身舞伎或乐伎。窟门外两侧各雕一身力士。在北洞门外北侧壁有一小龛，题为"先天二年（713年）七月十五日张庭之为父母造佛一区"[55]，应为北洞的年代下限。两窟年代上限可至武周时期。

东山擂鼓台北洞平面略呈五边形，地面中部向下凿出一方形凹陷平面，使环正、左、右三壁形成一倒凹字形的基坛。在正、左、右三壁正中各雕一身结跏趺坐佛像，其中主尊为宝冠佛像。在三像之间的侧壁上还分布了一些高浮雕仰莲座菩萨。在前壁门两侧各凿一长尖拱形龛，南龛中雕一身八臂观音像，北龛中雕一四臂观音像。前壁的其他空间雕有排列密集的小千佛像。窟顶近平，中央雕出一大莲花，莲花四角各雕一身飞天。窟门外北侧浮雕一身老年弟子，面向窟门。推想原门外两侧应各有一身弟子像。窟门中楣北上角一立菩萨龛有题记，纪年为"开元六年（718年）"，可作为该窟的年代下限，上限可至武则天执政时期[56]。

第二类：正壁设坛列像窟

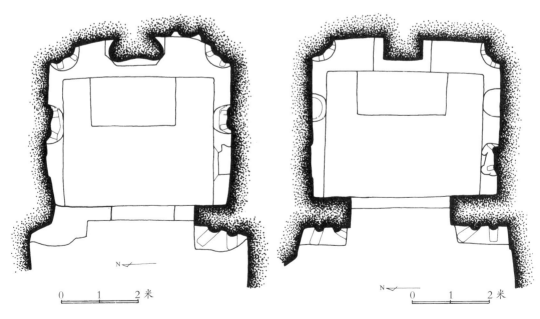

图二三　龙门石窟二莲花南（左）、北（右）洞平面图

(武周时期，690至705年，作者自绘)

东山擂鼓台中洞窟外门楣上方刻有"大万伍仟佛龛"题额，指明了窟内四壁布满的小佛像题材——15000 佛。该窟内部平面近似于马蹄形，窟内正、左、右三壁均可分为上下两段，在正壁（东壁）上段向内呈弧形凹入，使下部形成一半月形高坛，坛上雕出倚坐佛并二胁侍立菩萨像，为窟内的一铺主像（图二四）。在正、左、右三壁上段，前壁（西壁）窟门两侧以及窟顶四周布满小佛像。窟顶呈穹窿形，中央雕一朵大莲花，莲花周围刻有坐佛、飞舞的紧那罗、金翅鸟以及琵琶等乐器。在窟顶、左右侧壁、四隅分别刻有榜题，分别标示上方、南方、北方、东北方、东南方、西南方、西北方壹切佛，说明了窟内壁面、顶部的众小佛像分别来自上述七个方向。对于缺少的"下方壹切佛"，在窟内地面中心凿出一方形基坛，或许是为了安置下方诸佛。因此，窟内的一万五千佛实际是来自不同方向的众佛。类似的小佛像还延伸到了窟门外壁面。此外，环正、左、右三壁下段，雕有二十五躯传法正宗之比丘像，从迦叶开始，到师子结束，是依据北魏昙曜译的《付法藏因缘传》刻出的，并且在每一像旁刻出该书中所记的关于该比丘的一段文字。在这些题记中有武则天执政时期创造的新体字，说明了开窟应在武则天执政时期。在窟门外两侧原各雕有一身力士，现仅存南侧一身。

与上述正规的正壁设坛列像窟相比，东山的四雁洞显得特别一些，但仍可归入此类。该窟平面呈马蹄形，四壁向上卷入顶部，窟顶向西下斜至窟门口上方，门为圆拱形。窟内下部靠正壁处凿有一半圆形基坛，在基坛的西部沿下有三层叠涩，向上又有两级（图

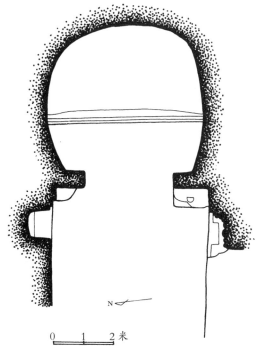

图二四　龙门石窟擂鼓台中洞平面图
（武周时期，690 至 705 年，作者自绘）

图二五　龙门石窟四雁洞平面图
（武周时期，690 至 705 年，作者自绘）

二五）。在原坛上应安置过一铺主像。窟顶正中雕出一朵大莲花，莲花外围分两圈，内圈雕出四只飞禽，为尖嘴、长颈、长腿，似为鹤，南侧两只向东飞舞，北侧两只相对飞动。因前人误将其认作雁，故将该窟称作"四雁洞"。在窟顶刻鹤，应表示天空境界[57]。在飞鹤的外圈雕出四身供养天人，均手托花盘（图二六）。在窟门外两侧原各雕一身力士。该窟顶部的莲花、鹤、飞天组合与奉南洞相同，只是鹤与飞天的位置不同，应为同一时期的造像思想所致，故年代也应相当，即开凿于武周时期[58]。

此外，武则天时期在龙门东山还开凿了一些不流行的洞窟，现简述如下。

图二六　龙门石窟四雁洞窟顶浮雕鹤与飞天
（武周时期，690 至 705 年，作者自绘）

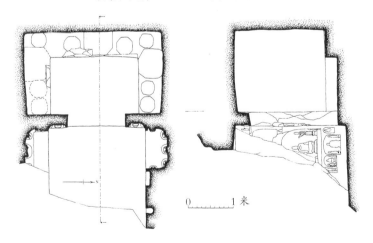

图二七　龙门石窟北市彩帛行净土堂平剖面图
（武周延载元年，694 年，作者自绘）

1. 长方形三壁环坛列像窟

北市彩帛行净土堂位于西山南部崖面，实为马蹄形平面三壁环坛列像窟的变型。它的结构可分为主室与前庭两部分。主室平面呈横长方形，平顶素面，四壁直立，地面平整，环正、左、右三壁下部凿一倒凹字形基坛，坛侧素面无饰。在基坛上有凹槽，可知原在正、左、右三壁前分别安置一身主像，每像两侧还有胁侍，在靠近窟门处各有一身护法像，共十一身圆雕像（图二七）。主室西壁有《主宝泰赵玄勖等造西方净土佛龛记》，提到了造阿弥陀佛像三铺并侍卫共十一身，纪年为延载元年（694年）。前庭的东沿已残，平面近方形，地面无饰，窟额处刻有"北市彩帛行净土堂"，表明功德主是来自东都洛阳城北市彩帛行的商人。前庭三壁现有众多小龛，北壁刻有九品往生题材，为龙门独有，以配合窟内的西方净土题材造像[59]。

2. 方形中心设坛窟

擂鼓台南洞平面近似方形，在地面中心微向下凿入，使环四壁之地面形成一圈矮坛。在下凹地面的中部，又凿出一方形矮坛，原应为安置窟内主尊之用。现窟内坛上所安置的宝冠佛像为后来移入。窟顶近穹窿形，中央有残存的大型莲花浮雕。环四壁下部有一段没有进行雕刻。此外，在窟内其他壁面布满了宝冠小坐佛像，左右横排整齐，上下排呈菱格状交错相对。该窟的年代可据擂鼓台北洞北侧的小窟题记获得旁证，下限当不晚于武周天授年间[60]。

3. 长方形分层列像窟

高平郡王洞是东山万佛沟中规模最大的一所洞窟，平面呈横长方形，窟顶似盝顶，但没有完工，现东壁与南壁北侧没有造像，同样没有完工（图二八）。在北壁（正壁）正中靠上雕出结跏趺坐佛并二弟子、菩萨，均位于连梗仰莲之上（图二九）。此外，在正壁主像下方与两侧、西壁、南壁西侧雕出三排基本等身的结跏趺坐佛像。窟内地面还有六列置莲座的圆形凹槽，这些圆孔应为安置圆雕造像之用。此窟造像配置特殊，在全国其他地区尚无相似之例。窟内地面有一些残损的造像与莲花座，在地面莲花座上发现有十则造像记，其中一则"香山寺上座惠澄造像记"，提到"□周之代，高平郡王图像尊仪，躯有数十，厥功未就"句，另一则惠澄造像记纪年为"开元十六年（728年）"，还有另外两人在同一年的造像记。可知惠澄等人于开元十六年在高平郡王未竟的窟内地面安置了一些圆雕石像。而洞窟的开创者当为武周时期的高平郡王武重规，上限为天授元年（690年）武重规

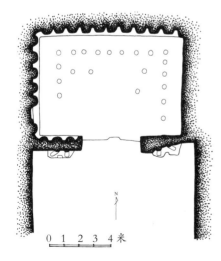

图二八　龙门石窟高平郡王洞平面图
（武周时期，690至705年，作者自绘）

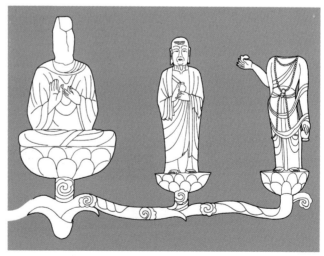

图二九　龙门石窟高平郡王洞正壁部分主像线图
（武周时期，690至705年，作者自绘）

封高平郡王之后[61]。

4. 方形罗汉列像窟

东山的看经寺是一所十分特殊的洞窟，在全国还没有第二例。窟内平面呈方形（图三〇），平顶，顶部中心略向上凹入，正中雕出一朵大莲花，在莲花四周雕有六身供养天人，呈逆时针方向飞转。窟门外两侧各雕一身力士。这些造像的布局是唐高宗与武则天时期龙门洞窟的一般规律。它的特殊之处在于：在窟内北、东、南三壁下部高浮雕出罗汉群像，其中南、北壁各刻九身，东壁刻十一身，共计二十九身，均呈顺时针方向排列（图三一）。此题材当为天竺传法二十九祖像，开窟时代当在武周时期[62]。

5. 尊像小窟

在龙门唐窟中，有些小窟只为表现一尊或数尊像之用，现仅述一例。东山万佛沟高平郡王洞的东侧下部，有一方形平顶小窟，窟内顶部与北壁均无雕饰，在西壁表面刻出十排莲花小坐佛，每排约十身。东壁下部向外突出一矮台，台上壁面雕有千手观音像[63]。

武则天时期的洞窟形制，从高宗期传下的三壁环坛列像窟居于主导地位，且规制基本确定：在倒凹字形坛上雕列像，基坛表面刻舞乐图，窟顶中央雕大莲花，莲花周围浮雕一周飞天。门外两侧仍各雕一身力士像。在西山南部还分布着众多的中小型洞窟，有的仅一米左右见方，多数呈现这类窟型。正壁设坛列像窟退于次要地位，仅发现个例，如擂鼓台中洞、四雁洞等。此外，武则天时期还在东山开凿了一些形制特殊的洞窟，如看经寺、擂鼓台南洞、高平郡王洞、千手观音窟等，且在全国范围内找不到相似之例，应与特殊的

图三〇 龙门石窟看经寺洞平面图
（武周时期，690至705年，作者自绘）

图三一 龙门石窟看经寺部分罗汉
（武周时期，690至705年，采自《中国石窟雕塑全集4·龙门》图版194）

尊像供养有关。在造像组合方面，一佛二弟子二菩萨二天王为主的一铺七尊式组合最为流行，兼有一些三佛组合。

（二）造像题材

据李玉昆统计，在这一时期的龙门题记中，阿弥陀佛仍高居第一，弥勒第二，观音第三[64]。说明了阿弥陀佛及其西方极乐净土的信仰仍是当时佛教信仰的主流。但不可忽视的是倚坐弥勒佛像的比例明显较前一期上升，且成为很多窟的主尊，如极南洞、擂鼓台中洞等。此外，还有药师佛、三世佛、千佛、二十五佛、地藏、业道等题材，多为前一期曾经在龙门雕刻过的题材。擂鼓台中洞的西土传法二十五祖与看经寺的二十九祖为特殊之例。北市彩帛行净土堂的《九品往生图》与东山的《西方净土变》龛均表现阿弥陀佛极乐世界。擂鼓台北洞、万佛沟的千手观音洞、千手千眼观音龛等密教题材则为本期出现的新内容[65]。敬善寺洞窟门两侧壁的垂拱二年（686年）夏侯造业道像五十区，也是很特别的题材。此外，高宗期的天王、力士、飞天伎乐、狮子、供养人等附属造像题材在本期仍有雕造。

（三）造像样式
1. 佛像

这期的佛像主要着通肩式大衣，如万岁通天元年（696年）第1674窟、长寿三年（694年）第1063窟、极南洞（图三二：1）、丝南洞（第1506窟）、奉南洞（第1282窟）、五佛洞（第1954窟）、徐恽洞（第1950窟）、空寂洞、擂鼓台中洞、高平郡王洞、二莲花南洞主佛，以及景云元年（710年）吐火罗僧宝隆像龛（第2232号）主尊立佛、龙华寺洞侧壁二立佛等。其次是双领下垂式大衣，如北市丝行龛（第1410窟）、永昌元年（689年）北市香行龛（第1410窟）主佛（图三二：2）等。正式的褒衣博带装佛像仍有雕刻，如垂拱三年（687年）第559窟主佛、龙华寺洞北壁倚坐佛、摩崖三佛龛主佛（图三二：3）等。

该期龙门佛像在继承高宗时期风格的同时，更加重视躯体的丰腴。北市香行社龛主佛雕凿于永昌元年（689年），在袒裸的胸口处刻有乳线，以示体态之丰腴；龙华寺洞北壁倚坐佛像肩宽、胸阔、收腹，胸部也刻有乳线，较香行社龛主佛更显丰腴与健壮。此外，龙华寺洞、八作司洞、二莲花南洞、擂鼓台中洞、高平郡王洞主佛，均以通肩大衣贴身如出水式，衬托出了佛像身体的曲线美。极南洞主佛为倚坐弥勒，面部略长，神情滞重，大衣贴体，衬托出了健美的身段。东山看经寺洞上方的景云元年（710年）吐火罗僧宝隆龛（第2232号）立佛，面部特征与极南洞主佛类似，体型丰满颇显身段。极南洞周围的小窟，其中南侧五佛洞四身立佛衣纹的刻划方式，与宝隆龛完全相同，身躯更显窈窕；五佛洞主尊坐佛胖瘦适中，施降魔印，下坐圆形束腰仰覆莲台，与极南洞上、下小窟主佛特征类似。这期佛像比高宗期更显人体写实的比例与健美的风尚。

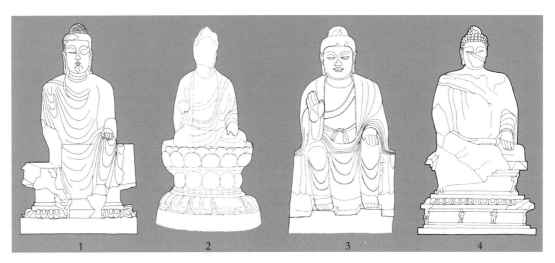

图三二

1. 极南洞主佛；2. 北市香行龛（第 1410 窟）主佛；3. 摩崖三佛龛主佛；4. 八作司洞主佛（作者自绘）

　　武则天至睿宗时期的结跏趺坐佛座仍有方形束腰座，如八作司洞正壁主佛（图三二：4）、第 1517 窟正壁主佛、空寂洞主佛等，没有衣裾垂覆座前，但这种佛座已不流行了。八角形束腰座仍被一些主要洞窟中的结跏趺坐佛使用，以作为主尊之座，如有载初元年（689 年）铭的浑元庆洞（第 1817 窟）主佛、龙华寺洞正壁与南壁坐佛、奉南洞（第 1282 窟）主佛、二莲花南洞主佛等，一般有衣裾披覆于座前上部。武则天执政以后，很多结跏趺坐佛开始流行圆形束腰座，特别盛行于龙门西山南段与东山的中小型窟中，如垂拱三年（687 年）第 559 窟、永昌元年（689 年）第 1410 窟、长寿二年（693 年）第 526 窟、长寿三年（694 年）第 1063 窟、万岁通天元年（696 年）第 1674 窟、永昌元年（689 年）北市香行龛（第 1410 窟）、五佛洞（第 1954 窟）、天宝洞（第 1940 窟）、徐恽洞（第 1950 窟）主佛等，以及丝南洞（第 1506 窟）左壁坐佛[66]。圆形莲座的束腰部位刻有鼓出的球形装饰一周，如永昌元年（689 年）第 1410 窟北市香行龛主佛座（图三二：2）、万岁通天元年（696 年）第 1674 窟主佛座，是受长安样式的影响所致[67]。坐圆形束腰座的结跏趺坐佛像一般没有衣裾垂覆座前，但也有例外者，如丝南洞（第 1506 窟）左壁坐佛。倚坐佛一般仍坐于方形束腰座之上，如极南洞、丝南洞（第 1506 窟）主佛等。有的倚坐佛有靠背，如龙华寺洞北壁倚坐佛，有的在靠背上仍表现六挚具形象，如擂鼓台中洞主佛。

　　2. 弟子

　　仍是左迦叶、右阿难的配置。左弟子多身躯直立，着双领下垂式僧衣，内有交领式的内衣，身体比例较高宗时期显得高挑一些。双手一般放于胸前，如极南洞迦叶双手相握于胸前（图三三右）、高平郡王洞迦叶双手执一物于胸前。但也有例外者，如八作司洞的左弟子像以左手横置于腹前，右臂下伸于身体右侧（图三三左）。

3. 菩萨

该期菩萨像的流行服饰是袒裸上身、着斜向胸巾、下身着长裙，饰有项圈、腕钏、璎珞、帔帛，承自高宗时期。璎珞一般在腹前交叉穿环。帔帛或自双肩分垂于身体两侧，如八作司洞左胁侍菩萨（图三四：1）；或在腹下绕两周，如极南洞左菩萨（图三四：2）、擂鼓台中洞左菩萨（图三四：3）、高平郡王洞左菩萨等。也有不饰璎珞与胸巾者，如景云元年吐火罗僧宝隆龛（第2232号）左菩萨等（图三四：4）。大部分菩萨的胯部略微向主尊一侧扭动，但扭动幅度不大，这是高宗与武则天时期菩萨像的普遍风格。凡胯部扭动幅度较大的菩萨像应是长安风格影响所致[68]。与高宗期不同的是，该期菩萨造像一般集肌体丰腴、身姿婀娜于一身，颇具曲线美，且身材高挑，身体各部分比例更加接近女性人体的自然美。

图三三　龙门石窟极南洞（右）与八作司洞（左）左胁侍弟子像（作者自绘）

图三四

1. 八作司洞左胁侍菩萨；2. 极南洞左胁侍菩萨；3. 擂鼓台中洞左胁侍菩萨；4. 宝隆龛左胁侍菩萨（作者自绘）

４．天王与力士

该期天王的服饰承自高宗期，一般为双腿分立于夜叉鬼身上。但较高宗时期天王像的头身比例更符合中年男子的自然身体比例，更加具有写实性（图三五）。力士一般在头上束发髻，不戴冠。但有的力士像仍上承高宗期力士服饰，似菩萨装，如龙华寺洞门外北侧力士（图三六：１）。有的力士服饰则趋于简化，不着璎珞与帔帛，仅着齐膝短裙，并有短小的裙腰，如八作司洞门外南侧力士（图三六：２）。力士像均透露着孔武有力的身躯与结实发达的肌肉，身体比例较高宗期的力士更加合理。极南洞外北侧力士是龙门唐代力士像的代表作，其写实的身体、发达的胸大肌与梅花肚，无不透露出工匠高超的写实性雕刻技艺（图三六：３）。

５．飞天伎乐

八作司洞的伎乐头顶束丫形发髻，上身袒裸，下身着长裙，有着女性般的丰满窈窕体态，有的还突出地表现丰满的胸、腹、臀部，但写实感不强，头部在比例上显大。乐伎

图三五　极南洞南壁天王、夜叉

（武周至睿宗时期，690 至 712 年，采自《中国石窟雕塑全集４·龙门》图版 196）

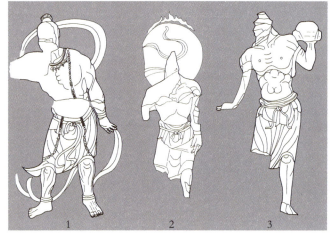

图三六

1．龙华寺洞门外北侧力士；2．八作司洞门外南侧力士；3．极南洞外北侧力士（作者自绘）

有的为正面相，有的为侧面相，一般为随意的坐姿与跪姿（图三七）。舞伎为二人对舞，下身为侧相，一腿为跪姿，上半身扭作正面相。极南洞的二舞伎也为一腿跪姿，身姿也同于八作司洞舞者。

武则天至睿宗朝的佛教造像有了更多的人情味与亲切感，较高宗时期更加接近人体自然的写实之美。佛陀形象的慈祥和蔼，阿难的朴实温顺、天真无邪，迦叶的老成持重、沉着认真，菩萨的文静贤淑，秀丽多姿，以及天王的威武强壮与力士的凶猛暴烈等等，这些圣像均各司其职，井然有序，形成了统一的规制。

三　玄宗及其以后的龙门石窟

唐玄宗时期的"开元盛世"（713至741年），政局稳定，经济发展，文化繁荣。在此期间，李隆基在十年中先后五次巡居洛阳，处理政务，于是东都洛阳的地位又有回升。刊刻于开元十年（722年）的奉先寺《大卢舍那像龛记》载有"实赖我皇，图兹丽质；相好希有，鸿颜无匹"句。再结合开元十年正月到十一年正月玄宗在洛阳行幸的史实[69]，推想约在开元十年间，曾按玄宗的意图庄严了大卢舍那像龛。奉先寺大龛北壁外侧还有《大唐内侍省功德之碑》

图三七　龙门石窟八作司洞北壁东起第 1 身伎乐
（武周时期，690 至 705 年，作者自绘）

（开元十八年二月），述及内供奉高力士等一百六名官吏为玄宗皇帝造"西方无量寿佛一铺，一十九事"。碑旁有《虢国公杨思勖造像记》（开元十三年至廿八年间）、《唐赠陇西郡牛氏像龛碑》（约在开元八年以前）[70]，表明开元年间，玄宗及显贵们曾在奉先寺大造功德。

在奉先寺一铺九像间存有许多造像龛，龛内佛像一至五尊不等，以立佛为主，共雕佛像四十九身。这些佛像高近 1.90 米，基本等身。面相胖圆，双目俯视，头似球状，身躯肥胖臃肿，已毫无初唐时期的窈窕之美，有着鲜明的盛唐特征。五台山佛光寺东大殿藏天宝十一载（752年）坐佛，面相与体型均肥胖特甚[71]。河北肥乡县发现的天宝元年（742年）坐佛像，面相圆胖，两腮肥大，体态臃肿[72]。这两例与奉先寺壁间补刻的立佛像总体特征很相似。山东阳谷县天宝十三载（754年）造的七级石塔塔心室后壁龛内坐佛身躯也显短胖。这些佛像似乎表明，肥胖臃肿的造型，在天宝（或自开元中起）间的佛像上已有显著的体现。《大卢舍那像龛记》之颂文仅言修饰一事，并没有提到造新像。这样大规模的工程，又打破了先皇功德龛壁，此立佛群体也只有推测为依玄宗皇帝敕愿所造才近情理。再考虑到天宝（742 至 756 年）以后，玄宗即不再来洛，以及肃宗（756 至 762 年在位）、代宗（762 至 779 年在位）等帝均不曾居洛阳，推测奉先寺立佛群像的雕造约在开元十年至二十九年间（722 至 741 年）。奉先寺正壁一小龛主佛面相与众立佛相近，年代也应相仿。肥胖型造像也是盛唐菩萨像的基本风格，见于约造于开元、天宝之际的西安东关景龙池庙出土的菩萨石雕坐像、安国寺遗址出土的石雕菩萨头像等[73]。因此，我们有理由认为这种肥胖型佛像样式发源于长安。

然而，玄宗执政以后，龙门石窟急剧衰落。开元以后，除了在奉先寺壁间雕刻众立佛像外，龙门不再有大规模造像工程了，仅存极少量的窟龛。前期流行的三壁环坛列像窟窟形在这段时期也有续凿，如杨思勖洞在奉先寺北壁，平面近方形，三壁下部有倒凹字形坛，坛上造像已无存，窟门外两侧仍有二力士像，在窟门上方刻有造像记曰："唐上柱国虢国公杨思勖造像记"，时间当在开元年间[74]。开元二十一年（733年）第1950窟即为环三壁凿有倒凹字形基坛的洞窟，在坛上雕有一组列像，制同前期。天宝十年（751年）第1940窟，环正、左、右三壁下部虽凿有倒凹字形基坛，但在正壁坛上雕一身结跏趺坐佛作为主尊，坛上周壁刻有千佛，应为这类窟型的变形之作。党晔洞（第2125窟）在万佛沟西口南崖，平面近方形，三壁环坛，坛上造结跏趺坐佛并二弟子、二菩萨（已佚）、二天王像，窟门外两侧为二力士像。在该洞窟门上方有大历七年（772年）党晔等人题记[75]，当为该窟时代下限，其完工年代可在玄宗以后的肃宗与代宗时期[76]。奉先寺南侧壁的少许小窟时代也可能在开元年间。此外，据调查，有四十六处开元纪年的题记与龛像散布在龙门东西两山崖面，擂鼓台院还存有开元十三年经幢。天宝纪年龛像约有五处[77]。二莲花南洞的河南府兵曹参军王良辅及妻韦造的释迦与药师线刻立像，时代也属开元、天宝时

图三八

1. 党晔洞主佛；2. 擂鼓台院唐大中四年（850年）经幢正面主佛（采自《龙门石窟雕刻粹编——佛》图193、194）；3. 万佛沟口贞元七年（791年）卢征造救苦观世音菩萨（作者自绘）

期。玄宗以后，有万佛沟口的户部侍郎卢征在贞元七年（791年）造的"救苦观世音菩萨石像"龛（第2169号）等。

玄宗执政以后，龙门佛像延续着武周时期风格，结跏趺坐佛主要着通肩式大衣，使用圆形束腰座，如开元年二年（714年）第844窟主佛、开元三年（715年）第670窟主佛、开元二十一年（733年）第1950窟主佛、天宝十年（751年）第1940窟主佛等。党晔洞（第2125窟）主佛约雕于大历七年（772年）以前的肃、代两朝之际，基本承袭了开元时期风格，但较呆板（图三八：1）。擂鼓台院保存有一唐宣宗大中四年（850年）经幢，表面的四龛主佛除了刻划出丰面胖体之外，已不表现任何体型优美的特征了（图三八：2）[78]。贞元七年卢征造救苦观世音菩萨像仍继承盛唐的肥胖造型，并且继承着高宗期流行的长璎珞与帔帛在腹下绕两周的作法（图三九：3）。与此相反，在中晚唐时期，全国营造佛寺之风日盛，佛教随着政治的动荡反而愈演愈烈[79]。石窟造像在四川、敦煌等地仍在发展着。

龙门石窟没有发现五代纪年佛像。北宋纪年像龛仅见四处，以奉先寺下方北宋开宝元年（968年）双龛（第1220窟）为代表（图三九）。双龛主佛分别呈结跏趺坐与倚坐，这种组合还见于初唐时期的莲花洞外贞观二十年（646年）张世祖龛（第739号）与药方洞北壁小龛，应代表释迦与弥勒。双龛佛像造型臃肿，面相丰肥，表情滞重，衣纹刻划简单。奉先寺下台阶中部一小窟主佛与之接近。这些佛像仍是承自唐代的传统样式，然而其制作者们已无法领略大唐的气魄与精神了，工艺水平也远不如前。另外，擂鼓台南洞外还有河中常景等于元丰二年（1079年）造的阿弥陀像一铺。到了北宋中叶，以现存陕西、四川、大同等地石窟及寺院造像为代表的佛像艺术，展示了宋、辽的全新风貌。如治平四年（1067年）的子长县钟山石窟主窟佛像[80]，大衣厚重，胸部袒裸，微显双乳，面如卵形，眉目细长，神态已如同雍容华贵的贵妇人了。

宋以后龙门不再有佛像雕刻。虽在旧金石录中载有金代明昌三年（1190年）杨言造像记[81]，但我们在调查

图三九　龙门石窟奉先寺下方双龛（第1220窟）左龛主佛（左）与右龛主佛

（北宋开宝元年，968年，采自《龙门石窟雕刻粹编——佛》图196、197）

中还没有发现。

由于历史的原因，龙门石窟展现在人们面前的多是无头的造像，就连几厘米的小佛像头部也不能幸免。郭玉堂《洛阳古物记》（手抄稿本）曰："洛阳传曰，初生宋赵太祖（927至976年），天红三日，今曰火烧街。当时人曰龙门石佛成精，去打石佛，残去多数。"元人萨都剌（约1272至1355年）《龙门记》云："诸石像旧有破衅及为人所击，或碎首或捐躯，其鼻耳其手足或缺焉，或半缺全缺，金碧装饰悉剥落，鲜有完者。"可见在龙门一带很早就有因某种迷信思想而毁坏造像的传统。特别是到了20世纪30年代，西方文物盗窃分子与中国文物奸商相勾结，对龙门进行了有目的地盗凿，使龙门造像毁坏多处，包括精美的宾阳中洞《帝后礼佛图》[82]。1950年以后，龙门杜绝了破坏现象，即使在十年"文化大革命"期间，经过文物工作者们的共同努力，使龙门石窟保存了旧有的原貌，为国家的文物事业作出了贡献。

四　唐代龙门模式的流布

从现存全国佛教石窟造像来看，高宗、武则天时期是当之无愧的最高峰。这个时期的洛阳地位又十分重要，龙门石窟就对全国其他地区的开窟造像工程具有一定的影响力。也就是说，全国其他地区在开窟造像时，很有可能会参照龙门样式，而此时的龙门样式就可以称为模式，这是由龙门石窟的重要地位所决定的。唐代龙门模式主要创作于唐高宗与武则天时期，这也是唐代佛教艺术的高峰期。洛阳作为高宗时期的东都、武周时期的神都，地位十分重要。特别是在武周时期，洛阳实际上已成为全国政治与宗教中心，地位高过了长安。那么，一向为皇室与显贵们的心灵寄托服务的龙门石窟，在这个特殊时期也必然跃居全国石窟造像的中心，对其他地区产生一定的影响。问题的复杂性在于：全国各地在接受洛阳影响时，也可能会同时接受来自长安的影响。因此，笔者以目前在长安地区发现的像例为线索，来排列几项不在长安流行的龙门特有的唐代石窟造像内容，作为唐代龙门模式，去与别的地区石窟造像比较，以期发现龙门对其他地区的影响力。

比较而言，不在长安流行的龙门石窟内容有以下几项。(1)窟形。三壁环坛列像窟，是龙门高宗至睿宗朝最为流行的窟形。这种洞窟虽在长安周围地区也有所发现，可以看成是在长安地区影响下形成的。但若与长安地区相比，龙门此类洞窟在数量与规模上均远胜于长安地区。最为显著的是奉先寺大卢舍那像龛，在长安也找不到与之匹配的高宗与武则天期的皇家工程，可以看作是皇家资助的样板洞窟。因此，三壁环坛列像窟可作为龙门的唐代标型洞窟。此外，正壁设坛列像窟也与上述窟型相似，也在龙门有一定的特色。此外，一些在龙门特殊的窟形或造像配置，如摩崖三佛龛、北市彩帛行净土堂、万佛洞、五佛洞、擂鼓台三洞、高平郡王洞、看经寺洞等均没有在长安发现。(2)造像组合。龙门唐窟的典型造像组合是一佛二弟子二菩萨二天王二力士，一般将力士安置在门两侧。在窟顶雕莲花与飞天，在基坛表面刻舞乐图。这种配置在长安并不流行。(3)造像样式。龙门佛像的三种大衣样式（右袒、通肩、双领下垂或褒衣博带）均在长安地区的唐代造像中发现。但长安与龙门两地佛像在选择佛衣方面各有侧重：长安在高宗期多褒衣博带、双领下垂，在武则天期则多右袒、通肩。龙门在高宗期多双领下垂式、褒衣博带，在武则天期则多通肩式，很少见到右袒式大衣。因此，在佛装上很难找到龙门唐代特色。与长安相比，龙门更加流行倚坐佛像，并多作双腿平行下舒之姿，双腿显得较粗，如惠简洞主佛。长安的倚坐佛像一般双膝部外张，小腿处较细，虽也有双腿平行下舒者，但不在长安流行。在菩萨像方面，长安不流行璎珞装饰，且菩萨像一般胯部扭动幅度较大。因此，龙门菩萨的特色在于长璎珞在腹前交叉穿一饰物，且身体直立或胯部略微扭动。敬善寺洞与万佛洞壁间从下方伸出的以众多的连梗仰莲花承托的姿态各异的菩萨像，迄今没有在长安地区发现。

　　综上，这些不在长安流行的项目暂且可以称为"唐代龙门模式"。因为以龙门为代表的高宗、武则天时代的洛阳造像样式有潜在的对全国其他地区石窟造像影响的可能性。如果在全国其他地区发现了与上述这些龙门唐代特色样式相似的因素，就有可能是受东都洛阳影响的结果。当然，这些龙门特色的总结是以笔者对迄今发现的唐长安地区造像的总结为前提的。随着长安地区新样式在将来的发现，上述龙门特色与模式的内容或将会被改写。下面，笔者以上述唐代龙门模式与其他地区的部分石窟造像略作比较，以观察唐代东都洛阳的影响力。

　　河南浚县千佛洞由两所规模不大的洞窟与一批摩崖造像组成，第 1 窟开凿于唐永隆二年（681 年）以前，第 2 窟约开凿于武则天执政之初的如意元年（692 年）以前[83]。两窟内的造像多可见长安的影响因素，但其中的立菩萨像均饰有长璎珞，这是在初唐龙门石窟中所常见的。沁阳玄谷山摩崖造像第 6 龛倚坐佛虽无纪年，但可在龙门摩崖三佛与惠简洞等窟中找到其形象的来源[84]。邻近洛阳的巩县大力山石窟第 5 窟外东侧龙朔元年（661年）第 219 龛装饰有束莲柱，相同的做法可见于龙门敬善寺区小窟，而不见于长安地区。同时，该龛内的二胁侍菩萨像身躯或直立，或略微扭动，流行于龙门唐窟之中。如果遍观大力山石窟补刻的唐代众小龛，身躯直立或略微扭动是诸菩萨像的显著特征，明显与龙门的关系更加接近。还有第 5 窟外北壁中部的优填王像在服饰与坐姿方面均可在龙门敬善寺区的众多优填王像中找到相似风格，而长安目前还没有发现这类题材造像[85]。

　　长安以西的丝绸之路沿线，散布着大大小小的唐代石窟造像遗迹，我们也可以从中领略到洛阳唐高宗与武则天时期佛像样式西传影响的因素。下面列举几个典型例证。

　　丝绸之路东段北道上的泾州，是唐时西北重镇之一。庆阳北石窟寺现存窟龛总数近三百，其中唐代窟龛约占三分之二。从造像风格来看，唐高宗与武则天时期的作品占有绝大多数，佛像服装以双领下垂式与右袒式为主，如第 222 窟左侧壁龛内的主佛。第 257 窟立佛服装的表现手法又和龙门有相似之处，但更多的则是长安和洛阳的初唐造像所共有的因素，所以不易辨别其中的哪些样式来自洛阳龙门[86]。

　　宁夏南部的固原是唐代的另一丝路重镇原州，著名的须弥山石窟就位于今固原县城西北约 55 千米处。在全部的 132 所洞窟之中，唐代洞窟数量最多，它们在洞窟形制以及造像组合、样式等方面都和长安、洛阳地区的艺术风格存在着诸多相似性[87]。现仅述与龙门的相似性。首先，须弥山的大部分唐窟形制是在倒凹字形基坛上造出一组列像的洞窟，通常是三世佛或一佛二弟子二菩萨二天王二力士像，都是龙门武则天时期所流行的布局形式，在关中一带较少发现。再者，第 105 窟中心柱正壁的倚坐佛身躯丰满、双小腿平行下舒，与龙门石窟高宗时期的双窑南洞主佛、咸亨四年（673 年）完工的惠简洞主佛相同[88]。总之，须弥山石窟中的唐代造像主要以长安因素为主，但也有来自东都洛阳的造型样式，表现出了鲜明的两京地区特有的风尚，它们的制作时间大部分在唐高宗与武则天时期。

　　永靖炳灵寺唐代洞窟的平面布局多为马蹄形平面的三壁环坛列像窟，如第 4、61、68 窟等，与龙门奉先寺、龙华寺、八作司洞的窟形相似（图四〇）。佛与菩萨像多表现为长安因素，特别是菩萨像没有璎珞装饰、身躯扭动幅度较大的特点。但炳灵寺的地方特色也很明鲜，如第 53、54 龛阿弥陀佛坐像完工于永隆二年（681 年）（图四一），在造型上有着强烈的地方特色：头显大，身躯娇小，但又具饱满的肌体，优美的身段；大衣略显厚重，衣纹概括简练[89]。还有一些无纪年佛像也有相同的艺术风格。它们似乎显示了时代艺术共性与地方表现手法的完美结合。

　　敦煌莫高窟初唐洞窟正龛内不设坛或三壁环基坛置一铺七至十余身列像的方式，可看作龙门唐窟的缩小形式（图四二），"大体忠实地反映着在长安和洛阳完成的各时期的样式"[90]。第 332 窟的《李君莫高窟佛龛碑》表明该窟为"圣历元年（698 年）五月

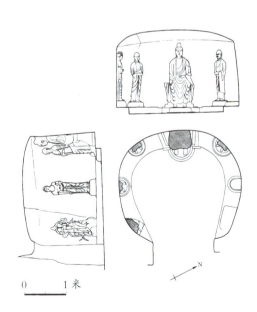

图四〇　甘肃永靖炳灵寺第 4 窟平剖面图
（唐，采自《中国石窟·永靖炳灵寺》第 221 页）

图四一　炳灵寺第 53 龛
（唐永隆二年，681 年，采自《中国石窟·永靖炳灵寺》图版 154）

十四日修葺功毕"[91]。该窟中心柱正面与南北人字披下的三身立佛像体形特征，与龙门双窟、龙华寺等窟立佛接近。其余塑像更多地表现着来自长安的影响，可见敦煌兼具长安与洛阳的因素，但以长安为主。

"天府之国"四川盆地，在隋唐时期开窟造像事业蓬勃兴起，特别是盛唐以后。其中也多有与洛阳关系密切者，如通江千佛崖阿弥陀佛像龛，凿于龙朔三年到麟德二年间（663至665年）。龛中主像为一佛二菩萨，周围分布五十一尊坐于莲花中的菩萨，姿态各异。巴中南龛盛唐第62号阿弥陀净土变窟也有类似的布置，以结跏趺坐佛为中心，两侧自下方升起众多的坐菩萨像，均由连梗的仰莲花承托着（图四三）。这种图像与龙门梁文雄洞、袁弘勣洞侧壁、敬善寺洞很类似。主佛所着通肩大衣、双手叠放胸前的姿态及其体型特征，则与袁弘勣洞主佛基本相同[92]（图一〇：4）。广元皇泽寺初唐第28号窟左侧观音菩萨基本为直立之姿，身挂长璎珞在腹前交叉穿一环，是龙门初唐菩萨像流行的做法（图四四）。广元千佛崖初唐第5号牟尼阁窟、第13号莲花洞右龛、第33号菩提瑞像窟的胁侍

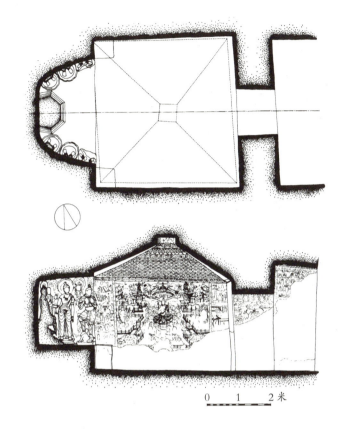

图四二　敦煌莫高窟第45窟平、剖面图
（唐，采自《中国石窟·敦煌莫高窟》第3卷）

图四三　四川巴中南龛第62号阿弥陀净土变窟
（唐，《中国石窟雕塑全集8·四川重庆》图版77）

图四四　四川广元皇泽寺第 28 号窟左侧观音菩萨
（唐，《中国石窟雕塑全集 8·四川重庆》图版 13）

菩萨像等既有帔帛在腹下绕作两道圆环，又有长璎珞在腹前交叉穿环，身躯基本直立，都与龙门奉先寺大卢舍那像龛中的二胁侍菩萨立像特征相同。具有同样服饰特点的立菩萨像还可见于安岳千佛寨唐代第 96 龛，但也颇俱地方特色，如与着通肩衣菩萨相杂的菩萨群像等[93]。蒲江飞仙阁初唐第 60 龛中的胁侍菩萨、巴中南龛盛唐第 86 号中的观音菩萨立像、邛崃石笋山中唐第 6 号西方净土变龛门右侧的菩萨像、夹江千佛崖中唐第 154 号龛中的观音立像也有同样的服饰特点，但也各有地方特色[94]。巴中水宁寺盛唐第 1 号药师佛龛中的胁侍菩萨像虽胯部扭动幅度较大，但仍着龙门流行的于腹下绕两周的帔帛与复杂的长璎珞，可见长安、洛阳的双向影响[95]。总的来看，四川地区唐代窟龛造像接受洛阳龙门的影响主要表现在菩萨像的服饰上，而其他方面则是受长安的影响较大。

　　桂林西山摩崖造像龙头石第 5 号龛内雕有一佛二弟子四菩萨二飞天，大有初唐风格。其中的四菩萨像均为身躯直立之姿，更加接近龙门初唐菩萨像风格（图四五）。此外，桂林还珠洞摩崖造像上层一佛二弟子二菩萨二供养人龛、二菩萨龛、下层右壁西方三圣龛中的唐代立菩萨像也都是身躯基本直立，反映了唐代桂林对菩萨像身姿的审美特征[96]。

　　济南神通寺千佛崖，是山东地区唐代造像的重要区域，其中有武德（618 至 626 年）、贞观（627 至 649 年）、显庆（656 至 661 年）、永淳（682 至 683 年）、文明（684 年）等纪年题记。显庆二年（657 年）齐州刺史上柱国驸马都尉渝国公刘玄意造的倚坐佛像，显庆三年（658 年）行青州刺史赵王福造的阿弥陀佛坐像，自左肩处系带垂下袈裟，衣饰均同于宾阳南洞主佛，唯体形已呈高宗期的宽肩、挺胸、收腹特点[97]。如果说宾阳南洞主佛源自山东，那么这时再反馈于洛阳，并配以优美的身姿，则是有可能的。据《新唐书·诸公主传》载：刘玄意为唐太宗三女、高宗之妹、南平长公主之夫。永徽元年（650 年）任汝州刺史时曾在宾阳南洞雕刻了阿弥陀佛龛与大力士像[98]，而此时正壁主佛早已竣工。以后，刘玄意改任齐州刺史，完全可能将龙门佛像样式带到神通寺。另外，济南历城九塔寺的唐代摩崖造像中，菩萨像多身躯直立；历城大佛洞的唐代胁侍菩萨像身躯基本直立，身挂长璎珞在腹前交叉穿圆形花饰，并有帔帛在腹下绕两周；青州驼山第1窟的唐代二胁侍立菩萨像身躯则略微扭动（图四六），第4窟中的倚坐弥勒佛像双腿基本呈平行下舒[99]。这些都很有可能是来自洛阳的影响。

龙门弥勒佛像的流行，与武则天的神学预言有直接关系。敬西洞、摩崖三佛龛、双窑北洞、惠简洞、擂鼓台中洞等都以倚坐弥勒为主尊，绝非偶然。北宋李昉（925至996年）等撰《太平广记》卷二八八引唐张鷟（约660至740年）《朝野佥载》云："周证圣元年（695年）薛师名怀义（636至694年），造工德堂一千尺于明堂北，其中大像高九百尺，鼻如千斛船，小指中容数十人并坐，夹纻以漆之。"长安四年（704年），武后复税天下僧尼，在洛阳北邙山白马阪制作大像，糜费巨亿。冬，像成，则天率百僚礼祀。史书

图四五　广西桂林西山摩崖造像龙头石第5号龛
（唐，采自《中国石窟雕塑全集9·云南贵州广西西藏》图版109）

图四六　山东青州驼山第1窟右胁侍立菩萨像
（唐，采自《支那文化史蹟》图版Ⅶ-85-1）

虽没有记载大像的名目，但可以想象，它们很可能是风行当时的弥勒像。由于皇室的大力提倡与政府的强令措施，弥勒下生的信仰流行起来了，制作倚坐大像的风气也由洛阳波及全国。现存大倚坐佛像著名的有：

山西太原天龙山第 9 窟主佛，高约 5 米[100]，双腿基本平行下舒。

宁夏固原须弥山第 5 窟倚坐佛，高 20.6 米，双腿平行下舒[101]。

甘肃庆阳北石窟寺第 222 窟正壁佛，高 4.5 米，双腿平行下舒[102]。

甘肃甘谷大像山第 6 窟倚坐佛，高 23.3 米[103]，双腿平行下舒。

永靖炳灵寺第 170 龛倚坐佛，为凉州观察使薄承祚建于唐开元十九年（731 年），高约 30 米[104]，双腿平行下舒。

甘肃武威天梯山石窟共有洞窟 17 所，其中的第 13 窟系唐代开凿，内有造像一铺七躯。本尊为倚坐弥勒佛像，高约 26 米，两侧胁侍二弟子、二菩萨、二天王，虽经历代重修，仍然保留着唐代风貌。主尊弥勒双腿平行下舒（图四七）。

敦煌莫高窟第 96 窟北大像，为禅师灵隐与居士阴祖等建于唐延载二年（证圣元年，695 年），高 33 米，双腿平行下舒。

莫高窟第 130 窟南大像，为僧处谚与乡人马思忠造于唐开元中（713 至 741 年）[105]，高 26 米，双腿平行下舒。

四川内江翔龙山倚坐佛，雕于唐广明元年（880 年），高 3.90 米[106]，双腿基本平行下舒。

四川仁寿县牛角寨第 30 号摩崖弥勒半身大像，造于唐天宝年间（742 至 756 年），高约 16 米[107]。此像样式不见于龙门与长安，但弥勒题材似与洛阳有一定的关系。

四川乐山凌云山大佛，雕于唐开元初至贞元十九年（713 至 803 年），高 71 米，双腿平行下舒。

可以看出，这些大型弥勒佛像基本表现为双腿平行下舒，是典型的洛阳龙门唐代倚坐弥勒佛的特点，应该与唐代龙门模式的传播有关。

唐高宗与武则天时代掀起的自元魏以来的第二次开窟造像热潮，

图四七　甘肃武威天梯山石窟第 13 窟（唐）

当与西京长安与东都洛阳的佛教事业向外传播关系密切。其中，武则天时期的洛阳号称"神都"，政治地位超过了长安，其地的弘扬佛法及龙门石窟的佛事应与全国各地同时期发展起来的佛教窟像艺术有着直接或间接的关系。和北魏晚期不同的是，造像艺术鲜明的地方特色较少，这也许与初盛唐时期的大一统政局有关。

五 唐代社会的审美时尚

龙门唐高宗与武则天时期造像，已不再致力于那种超凡脱俗的神貌，而代之以更多的人情味与亲切感，是以健康丰满的姿态出现的。那种面相丰腴、形貌秀丽、含睇若笑、温雅敦厚、富于人情味、身躯比例适度、体态健美颀长而丰满的作风，是与当时的时代风尚密切关联的。在造型上更加接近人的自然形体美，在精神气魄上远胜于前代，并给人以向上的动力。初唐时期无畏惧无顾忌地对外来文化的兼收并蓄，以及敢于创造、革新的精神，是这种风格形成的社会基础[108]。佛教信仰的深入民间及其进一步的世俗化，也促使着佛陀形象充满清新与活力。

以丰满健康为美的艺术特色，与前代有一定的承袭发展关系。这种风格起源于南朝萧梁的张僧繇（479至？）。张僧繇是六朝最有影响的大画家之一，他在人物画的造型上与陆探微（？至485年）不同。陆是"秀骨清像"，张则画天女、宫女"面短而艳"。北宋书画家米芾（1051至1107年）在其《画史》中称张僧繇画的佛像为"张样"。唐张怀瓘在《画断》中提到东晋顾恺之（约348至405年）、陆探微、张僧繇的创作时说："张得其肉，陆得其骨，顾得其神"。这种以胖为美的艺术风格影响到了整个梁朝的绘画与雕塑，不久即传入北方地区，又影响到了东魏、北齐、西魏、北周佛教造像的制作。敦煌莫高窟北周时期的彩塑像，与前代的清秀型已截然不同，多为低平肉髻，面相丰圆、方颐，头大而下身略短[109]。这种略显肥胖的造型风格，也出现在麦积山、炳灵寺石窟北周塑像[110]，天龙山、响堂山石窟北齐雕像之上[111]。同样，龙门药方洞北齐开凿的一铺主像也具有这种风格。这种在中国北方北齐、北周石窟中所出现的共性，正与萧梁张僧繇的画风近似，应是受这一派的艺术作风影响而形成的，并且对以后的隋唐画风也产生了深远的影响。

唐代李嗣真（？至696年）对张僧繇推崇备至，认为他的绘画"骨气奇伟，师模宏远，岂惟六法精备，实亦万类皆妙"[112]。张僧繇画风深为唐代美术家推崇，并由此创立了初唐颇具特色的丰满、健康的人物形象。唐张彦远（815至907年）《历代名画记》卷七引唐李嗣真的话说："顾、陆已往，郁为冠冕；盛称后叶，独有僧繇！今之学者，望其尘躅，如周、孔焉。"初唐的阎立德（596至656年）、阎立本（601至673年）绘画师法"郑（法士）、张（僧繇）、杨（子华）、展（子虔）"，以为"自像入已来，曲尽其妙，简易标美，多不可减，少不可逾，其唯子华"[113]。现藏于美国波士顿美术馆的《北齐校书图》残卷（宋人摹本），其中的男女人物就可见到造型丰腴的艺术特色，与北齐武平元年（570年）娄睿墓壁画风格相近[114]。张僧繇的笔法被称为"疏体"，张彦远曾说"张（僧繇）、吴（道子）之妙，笔才一二，象已应焉"[115]。显然盛唐吴道子（680至759年）在绘画上也是一种"疏体"的表现形式，并直接承袭于张僧繇。吴道子一生曾在寺院中广作佛画，多载于《历代名画记》与北宋《宣和画谱》，从其传世品《送子天王图》等画中，可以看到人物面相丰满适度的艺术特色，并影响到了同时代的画家。不仅画界如此，当时的雕塑家杨惠之等的塑像风格也深受张派丰腴形象的影响，充分反映了唐时绘、塑风格的一体性。"（吴）道子画，（杨）惠之塑，夺得僧繇神笔路"[116]。北宋董逌《广川画跋》中说："吴生之画如塑然……正使塑者如画……旁见周视，盖四面可意会。"可见绘塑间的相互影响、相得益彰的关系。"曹吴二体，学者所宗"，"雕塑铸像，亦本曹吴"[117]。

但初唐人物造型面部虽然丰满圆润，而身体一般属窈窕型，保持了优美适度的身段，从阎立本《步辇图》中的宫女，到唐墓出土的女俑，以及懿德太子李重润（682至701年）、章怀太子李贤（654至684年）、永泰公主李仙蕙（685至701年）等墓室石椁线刻与壁画中的妇女形象均可看到这一点（图四八）[118]。《步辇图》中李世民乘坐的步辇由宫女抬持，正是这种崇尚健康的社会审美情趣，才影响到了世俗的乃至出世的艺术创作。

盛唐以后的佛菩萨像造型追求丰满、肥胖甚至臃肿，是与当时的画风及世俗雕塑形象同步发展的，反映了社会的审美时尚。唐代绘画人物形象趋于肥胖，约始于武则天时期。新疆阿斯塔那第187号墓出土的《弈棋仕女图》中妇女体态几近臃肿，与盛唐佛教人物造型无二[119]。新疆吐鲁番阿斯塔那第206号张雄夫妇墓出土的骑马女俑，作于垂拱四年（688年），身体已显肥胖[120]。人物画到了盛唐以后，出现了一种新的画题，即所谓的"绮罗人物"。它的造型特点，不论是绘画或雕塑，最明显的是曲眉丰颊，体态肥胖，即是贵族妇女的实际写照，张萱、周昉为这种画派的代表人物。张萱的《虢国夫人游春图》与《捣练图》，其中人物具备着"态浓意远淑且真，肌理细腻骨肉匀"[121]的特色。她们丰姿绰约，衣着格外豪华，属贵族妇女优静闲散生活的艺术再现。周昉"初效张萱，后则小异，颇极风姿"[122]。《宣和画谱》评论他善画"贵游人物"，

图四八　陕西乾县唐永泰公主李仙蕙（685至701年）墓墓室壁画（唐神龙二年，706年）

且作"浓丽丰肥之态"。他笔下的仕女"浓丽丰肥，有富贵气"[123]，如《挥扇仕女图》《簪花仕女图》《调琴啜茗图》等，无不"以丰厚为体"[124]，使这种肥胖画风得到了更好的发扬，并为中、晚唐画家们所尊崇（图四九）。不仅绘画如此，从墓葬中出土的女俑也可证明这一点。西安地区出土的唐开元、天宝年间的女立俑，面部丰腴肥胖，衣裙宽松，身体臃肿，呈胖姑娘形态，有的鼓腹如怀孕之态。类似形象的女俑在河南、辽宁等地均有发现，反映了唐代上层的审美情趣，这种风格一直延续到晚唐时期[125]。

唐代造型艺术中女子体格的所谓"丰颐典丽，雍容自若"风格，不但是唐代贵族妇女的写照，也是唐代上层社会审美情趣的反映。周昉"作仕女多为浓丽丰肥之态，盖其所见然也"[126]。元汤垕《画鉴》上也说周昉笔下的仕女"浓丽丰肥，有富贵气"。这都是当时上层社会的审美时尚在绘画艺术中的反映。换句话说，也正是这种审美情趣，才影响到了绘画的创作。宋人董逌在谈到唐代绘画时说："人物丰浓，肌胜于骨……此固唐世所尚。尝见诸说太真妃（杨玉环，719 至 756 年）丰肌秀骨，今见于画亦肌胜于骨，昔韩公言曲眉丰颊，便知唐人所尚以丰肥为美"[127]。与初唐的雕塑和画像均趋于写实不同，这种肥胖形像（有人称之为"胖胖型"）到盛唐时乃蔚然成风，也是出于现实生活，代表了宫廷贵族和上层社会的审美观。唐女子习于西北的胡俗，多能骑马，仕女游春与男子同样骑乘，如唐张萱《虢国夫人游春图》。因此，唐女俑中也多有骑马女俑，与宋明以后的女子不出闺阁，弱不禁风者大不相同。"平明骑马入宫门"[128]，已成为宫廷女子日常生活的习惯了[129]。

任何虚幻世界中的人物必以现实生活为其范体。反映在唐代生活、绘画中的情趣与风尚，必然反过来影响佛教石窟造像的制作。在龙门唐代石窟中，佛、罗汉、菩萨、诸天、力士等，是美丽、健康、力量的化身。这些从现实世界中选取的美与健康的典型，反映在了出世间的雕刻作品上，使人们

图四九　周昉（约八世纪）《簪花仕女图》局部
（唐，辽宁省博物馆藏）

能透过艺术的感染力，去赞赏信服佛陀的伟大。龙门唐代菩萨形象也开始世俗化和女性化，它们丰腴健美，意态温婉，头束唐人流行的高发髻，佩戴宫嫔喜欢的钏镯饰，身穿薄纱透体的罗裙和锦帔，"慈眼视物，无可畏之色"[130]，给人一种亲切感。它们多是以唐代贵族妇女，特别是家伎等女艺术家为模特儿而雕刻成的。所以北宋释道诚说："造像梵相，宋齐间皆唇厚鼻隆，目长颐丰，挺然丈夫之相。自唐来，笔工皆端严，柔弱似妓女之貌，故今人夸宫娃如菩萨也"[131]。韩干（约706至783年）在宝应寺所画释梵天女，"悉齐公妓小小等写真也"[132]。可见唐代佛教人物形象，已普遍采用世俗生活中的人物作为蓝本。关于这一点，北宋郭若虚说："今之画者，但贵其丽之容，是取悦于众目，不达画之理趣也"[133]。说明菩萨像的女性化为群众所喜闻乐见，因而得到了广泛的认可。可见，这种将佛国世界世俗化的表现手法，是朝野喜闻乐见的一种艺术形式，也就具备了较强的生命力。它不但有利于使佛法深入人心，也可以起到教化众生的作用。

结束语

　　笔者将龙门唐代窟龛造像分为四期：太宗、高宗、武则天至睿宗、玄宗及其以后。本文论述龙门典型唐代风格的窟龛造像，即后三期。但本文的宗旨是总结高宗、武则天至睿宗期的龙门唐代窟龛内容，以期找出龙门唐代内容能够影响其他地区开窟造像的因素。这是因为唐高宗与武则天时期不仅是全国开窟造像的高峰期，也是龙门唐代窟龛的高峰期，而龙门所在的洛阳地区又恰恰在那个时期拥有极其重要的政治与宗教地位。甚至在武周时期，洛阳的地位超过了西京长安，成为全国的政治与佛教中心。那么，作为洛阳地区开窟造像中心的龙门石窟必然会对别的地区的佛教艺术活动有指导作用。由于同时期的长安也会对其他地区产生影响，因此，为了合理地解释龙门的影响力，就要总结出没有在长安流行过的这两期龙门窟龛造像的一些内容，这些内容可称为"唐代龙门模式"，并以此与别的地区的佛教艺术进行比较。对于别的地区石窟造像艺术而言，又不仅仅是照搬长安、洛阳的模式，而是在中央模式影响下的带有地方风格的再创作。研究唐代龙门造像样式的形成，还要了解传统的造型艺术与唐代社会背景的因素。

　　笔者需要强调的是，包括此文，目前所见的所有分期与排年的研究成果都不是以完备的考古学报告为基点的，在做类型学排比时，所用的材料并不是建立在掌握所有材料基础上的。因此，迄今所有的分期与排年成果都不能展现所有龙门唐代窟龛内容，都不能称之为完备的分期与排年。这种工作在龙门编号完成之前是不可能做到与完成的。1988至1991年间，中央美术学院美术史系与龙门石窟研究所合作，经过数年的艰苦工作，终于完成了龙门石窟东西两山2345个窟龛的编号工作，出版了《龙门石窟窟龛编号图册》[134]。编号工作的完成，也使系统地整理、出版龙门碑刻题记成为可能。水野、长广的《龍門石窟の研究》记录了龙门碑刻目录和部分碑刻文字，共有2429品。半个多世纪以来，虽然书中著录的碑刻题记有明显的这样或那样的错误，特别是具体地点不明确，但却长期是我们研究龙门必须要借助的著作。1998 年，刘景龙、李玉昆编著的《龙门石窟碑刻题记汇录》出版[135]，共收集了 2840 品碑刻题记。其中纪年明确的造像题记有 733 品，在资料全面与用新编窟龛号确定具体位置方面，都较《龍門石窟の研究》大为改观，为进一步的考古学研究打下了坚实的基础。在 21 世纪即将到来之际，龙门石窟研究所的刘景龙与杨超杰在上述编号与著录工作的基础上编辑出版了《龙门石窟内容总录》十二卷（36 册，每卷 3 册：文字、图录、实测图各一册）[136]。这部巨著综合记录了龙门石窟 2345 个窟龛内容，共录入图版 7608 幅，实测图 5762 张，文字著录约 126 万余字。这三项工作的完成，给我们提供了龙门所有窟龛造像的全景图画，也使对龙门石窟进行全面分期成为可能。笔者期待着对龙门窟龛造像全面的排年、分期工作的完成，只有这样，才能切实地将龙门每一窟、每一龛、每一像的年代与题材搞清楚，为学术界提供完整的龙门分期与排年资料。再以此成果与长安现存资料进行对比，总结出更加完备的唐代龙门模式内容。龙门唐代所有窟龛的分期与排年可以做成一博士论文，希望有志者承担此重任。

此文的少部分内容曾发表在《龙门石窟佛像艺术源流探微》，刊于龙门石窟研究所编《龙门石窟雕刻萃编——佛》（文物出版社，1995 年）。另有小部分内容来自笔者在1990 年代撰写的《漫谈龙门石窟雕刻艺术》，但该文没有正式发表，只见于网络。重新构思、组合、撰写完成于 2016 年 7 月，于美国德州达拉斯市。

注　释

［1］（日）水野清一、长廣敏雄：《龍門石窟の研究》，座右寶刊行會，1941 年。关于 20世纪龙门石窟研究，参见拙文《二十世纪隋唐佛教考古研究》，《艺术史研究》2014 年第 16 辑，第 69—96 页。

［2］王去非：《关于龙门石窟的几种新发现及其有关问题》，《文物参考资料》1955 年第 2 期，第 120—124 页；《参观三处石窟笔记》，《文物参考资料》1956 年第 10 期，第 52—55 页。

［3］张若愚：《伊阙佛龛之碑和潜溪寺、宾阳洞》，《文物》1980 年第 1 期，第 19—24 页。

［4］丁明夷：《龙门石窟唐代造像的分期与类型》，《考古学报》，1979 年第 4 期，第519—546、561—572 页。

［5］（日）冈田健：《龙门奉先寺的开凿年代》，《美术研究》1984 年第 2 期。

［6］（日）曾布川寛：《龍門石窟における唐代造像の研究》，《東方學報（京都）》第 60册，1988 年，第 199—397 页。中译本见颜娟英译：《唐代龙门石窟造像的研究》，《艺术学》（台北）1992 年第 7、8 期。

［7］（日）冈田健：《龍門石窟初唐造像論―その一 太宗貞観期での道のり》，《仏教芸術》1987 年 171 号；《龍門石窟初唐造像論―その二 高宗前期》，《仏教芸術》1989 年 186号；《龍門石窟初唐造像論―その三 高宗後期》，《仏教芸術》1991 年 196 号。

[8] 刊于龙门石窟研究所等编:《中国石窟·龙门石窟(第2卷)》,文物出版社、平凡社,1992年,第172—216页。

[9](日)八木春生:《龍門石窟賓陽南洞の初唐造像に関する一考察》,《芸術研究報》2012年第33期;(日)八木春生:《龍門石窟敬善寺洞地區造像に関する一考察》,《泉屋博古館紀要》2014年第30期;《龍門石窟第1280窟(奉先寺)の再評価について》,《中國考古學》2014年第14期;(日)八木春生著、姚瑶译:《关于龙门石窟西山南部地区诸窟的编年》,《石窟寺研究(第6辑)》,2016年,第325—347页。

[10]李崇峰:《龙门石窟唐代窟龛分期试论——以大型窟龛为例》,《石窟寺研究(第4辑)》,2013年,第58—150页。

[11](日)冈田健:《龍門石窟初唐造像論(一)》,《仏教芸術》1987年第171号,第81—104页;《龍門石窟初唐造像論(二)》,《仏教芸術》1989年第186号,第83—112页。

[12]拙文《龙门石窟佛像艺术源流探微》,龙门石窟研究所编:《龙门石窟雕刻萃编——佛》,文物出版社,1995年,第2—57页。

[13]常青:《彬县大佛寺造像艺术》第四章第三节《洛阳龙门唐代造像艺术的形成》,现代出版社,1998年,第258—267页;常青:《洛阳龙门石窟与长安佛教的关系》,《佛学研究》1998年第7期。

[14]八木春生也认为:"吸收了西安最尖端情报的龙门石窟中,应该会形成可以成为其他地区效仿典型的统一样式。"见(日)八木春生著、姚瑶译:《关于龙门石窟西山南部地区诸窟的编年》,《石窟寺研究(第6辑)》,2016年,第326页。

[15]参见拙文《龙门隋代和唐代贞观期龛像及其保守与多样风格》,《石窟寺研究(第8辑)》,2018年,第130—165页。

[16]宿白:《平城实力的集聚和"云冈模式"的形成与发展》,宿白:《中国石窟寺研究》,文物出版社,1996年,第122、125页。

[17]参见拙文《唐代长安佛教艺术样式及其渊源》,常越编:《宝相庄严》,文物出版社,2003年,第129—145页;拙文《洛阳北魏晚期窟龛艺术模式其流布》,刊于常青:《长安与洛阳:五至九世纪两京佛教艺术研究》,文物出版社,2020年。

[18]关于龙门石窟的编号,参见龙门石窟研究所、中央美术学院美术史系编:《龙门石窟窟龛编号图册》,人民美术出版社,1994年。

[19]《资治通鉴》卷二百《唐纪》十六。

[20]关于潜溪寺洞的年代,参见张若愚:《伊阙佛龛之碑和潜溪寺、宾阳洞》,《文物》1980年第1期,第19—24页。温玉成认为该窟造于永徽末至显庆年间(655至661年),见《龙门唐窟排年》,龙门石窟研究所等编:《中国石窟·龙门石窟(第2卷)》,文物出版社、平凡社,1992年,第182页。

[21]阎文儒、常青:《龙门石窟研究》,书目文献出版社,1995年,第59、60页。李玉昆认为敬善寺洞开凿于麟德二年。见刘景龙、李玉昆主编:《龙门石窟碑刻题记汇录》,中国大百科全书出版社,1998年,第27页。

[22]温玉成:《龙门唐窟排年》,龙门石窟研究所等编:《中国石窟·龙门石窟(第2卷)》,

文物出版社、平凡社，1992 年，第 184 页。

[23] 刘景龙、李玉昆主编：《龙门石窟碑刻题记汇录》，中国大百科全书出版社，1998 年，第 138—139 页。

[24] 阎文儒先生对此题记中的太子与周王的考证，参见阎文儒、常青：《龙门石窟研究》第 65、66 页。

[25] 温玉成：《洛阳龙门双窟》，《考古学报》1988 年第 1 期，第 101—131、149—152 页；《龙门唐窟排年》，龙门石窟研究所等编：《中国石窟·龙门石窟（第 2 卷）》，文物出版社、平凡社，1992 年，第 189 页。

[26] 清明寺与蔡大娘洞年开凿时间，参见温玉成《龙门唐窟排年》，龙门石窟研究所等编：《中国石窟·龙门石窟（第 2 卷）》，文物出版社、平凡社，1992 年，第 186 页。

[27] 参见刘景龙：《宾阳洞》，文物出版社，2010 年，第 243 页。

[28] 刘景龙、李玉昆主编：《龙门石窟碑刻题记汇录》，中国大百科全书出版社，1998 年，第 146 页。

[29] 唐字洞的唐代纪年题记最早者为贞观二十年比丘尼洪季造像记，也仅此一条贞观题记。其余的唐代纪年题记均刻于高宗年间，以南壁的永徽二年（651 年）郭孝阵男大亮入辽造观世音像记为最早，最晚者为西壁的清信女张婆造像记。见刘景龙、李玉昆主编《龙门石窟碑刻题记汇录》第 151—154 页。

[30] 刘景龙、李玉昆主编：《龙门石窟碑刻题记汇录》，中国大百科全书出版社，1998 年，第 126—130 页。

[31] 刘景龙、李玉昆主编：《龙门石窟碑刻题记汇录》，中国大百科全书出版社，1998 年，第 147—148 页。

[32] 刘景龙、李玉昆主编：《龙门石窟碑刻题记汇录》，中国大百科全书出版社，1998 年，第 69 页。

[33] 刘景龙、李玉昆主编：《龙门石窟碑刻题记汇录》，中国大百科全书出版社，1998 年，第 139 页。

[34] 参见常青：《龙门石窟地藏菩萨及其有关问题》，《中原文物》1993 年第 4 期，第 27—34 页。

[35] 关于龙门敬善寺区与其他地区的优填王像，参见李文生：《我国石窟中的优填王造像》，《中原文物》1985 年第 4 期；宫大中认为：龙门石窟的优填王像，估计与玄奘去印度带回来的佛像粉本有关，流行于高宗永徽六年至调露二年间，见《龙门石窟艺术》，上海人民出版社，1981 年，第 52 页。

[36] 刘景龙、李玉昆主编：《龙门石窟碑刻题记汇录》，中国大百科全书出版社，1998 年，第 71 页。

[37] 参见宫大中：《龙门石窟艺术》第九章，上海人民出版社，1981 年。

[38] 参见拙文《龙门隋代和唐代贞观期龛像及其保守与多样风格》，《石窟寺研究（第 8 辑）》，2018 年。

[39] 龙门文物保管所等：《中国石窟·龙门石窟（第 2 卷）》，文物出版社，1991 年，图版 85。

[40] 参见中国美术全集编辑委员会：《中国美术全集·雕塑编 4·隋唐雕塑》，人民美术出

版社，1988 年，图版 5。

［41］庞文龙：《岐山县博物馆隋代石造像》，《文物》1991 年第 4 期。

［42］敦煌文物研究所：《中国石窟·敦煌莫高窟（第 2 卷）》，文物出版社，1984 年。

［43］参见《宋高僧传》本传。

［44］《旧唐书·则天本纪》。

［45］有关武则天时期大力扶植佛教，并利用佛教直接为政治服务的史实，参见张乃翥：《从
　　　龙门造像史迹看武则天与唐代佛教之关系》，《世界宗教研究》1989 年第 1 期。

［46］《旧唐书·薛怀义传》。

［47］（北宋）司马光（1019 至 1086 年）等撰：《资治通鉴》卷 208《唐纪》卷二四。

［48］温玉成认为此窟可能完工于天授初年（690 年），并认为窟顶的四鹤为四雁，见《龙门
　　　唐窟排年》，龙门石窟研究所等编：《中国石窟·龙门石窟（第 2 卷）》，文物出版社、
　　　平凡社，1992 年，第 196、197 页。

［49］日本学者曾布川宽认为是典型的武周窟，见《龍門石窟における唐代造像の研究》，
　　　《中國美術の圖像と樣式》，中央公論美術出版社，2006 年，第 390 页；丁明夷认为
　　　是万岁通天元年（696 年）开凿的，见《龙门石窟唐代造像的分期与类型》，《考古学
　　　报》1979 年第 4 期，第 539 页；李玉昆的观点与丁明夷相同，见《龙门碑刻的研究》
　　　"隋唐有纪年题记分布表（一）"，刊于龙门石窟研究所《龙门石窟研究论文选》，
　　　上海人民美术出版社，1993 年，第 237 页；李崇峰认为属武则天执政时期，见《龙门
　　　石窟唐代窟龛分期试论》，《石窟寺研究（第四辑）》，2013 年，第 140 页；但也有
　　　学者认为是唐玄宗（712 至 756 年）执政前期开凿的。温玉成认为八作司洞约完工于开
　　　元十八年（730 年）前后，见《龙门唐窟排年》，《中国石窟·龙门石窟（第 2 卷）》，
　　　平凡社、文物出版社，1992 年，第 201 页；八木春生认为营造时间或许可以到 8 世纪
　　　10 年代后半至 8 世纪 20 年代。（日）八木春生著、姚瑶译：《关于龙门石窟西山南部
　　　地区诸窟的编年》，《石窟寺研究（第 6 辑）》，2016 年，第 342 页。

［50］刘景龙、李玉昆主编：《龙门石窟碑刻题记汇录》，中国大百科全书出版社，1998 年，
　　　第 604 页。

［51］关于龙华寺洞的开凿年代有多种说法。温玉成认为大致在垂拱元年（685 年）以前，见《龙
　　　门唐窟排年》，龙门石窟研究所等编：《中国石窟·龙门石窟（第 2 卷）》，文物出版社、
　　　平凡社，1992 年，第 196 页；曾布川宽认为在长安四年（704 年）左右，见《龙门石
　　　窟における唐代造像の研究》，第 392 页；八木春生认为其营造时间应略早于 689 年。（日）
　　　八木春生著、姚瑶译：《关于龙门石窟西山南部地区诸窟的编年》，《石窟寺研究（第
　　　6 辑）》，2016 年，第 332 页。

［52］刘景龙、李玉昆主编：《龙门石窟碑刻题记汇录》，中国大百科全书出版社，1998 年，
　　　第 610 页。

［53］温玉成：《龙门唐窟排年》，龙门石窟研究所等编：《中国石窟·龙门石窟》第 2 卷，
　　　文物出版社、平凡社，1992 年，第 200 页。

［54］曾布川宽认为极南洞是在公元 710 年左右开凿的，见《龍門石窟における唐代造像の研
　　　究》，第 399 页；姚学谋、杨超杰认为完工于神龙元年（705 年）或此之前，见《龙门

石窟极南洞新考》，《石窟寺研究（第一辑）》，2010年，第74—81页；李崇峰认为开工时间在705年左右，见《龙门石窟唐代窟龛分期试论》，《石窟寺研究（第四辑）》，2013年，第136页；八木春生认为开工时间在710年以后。（日）八木春生著、姚瑶译：《关于龙门石窟西山南部地区诸窟的编年》，《石窟寺研究（第6辑）》，2016年，第338页。

［55］刘景龙、李玉昆主编：《龙门石窟碑刻题记汇录》，中国大百科全书出版社，1998年，第647页。

［56］关于擂鼓台北洞的年代，参见常青《试论龙门初唐密教雕刻》，《考古学报》2001年第3期，第335—360页。

［57］宫大中将该窟四禽浮雕解释为四雁，认为它们代表五百雁，也就是代表五百罗汉。故这幅雕刻代表五百罗汉成佛故事。似不确。见其著《龙门石窟艺术》。温玉成也认为这四只飞禽为大雁，见《龙门唐窟排年》，龙门石窟研究所等编：《中国石窟·龙门石窟（第2卷）》，文物出版社、平凡社，1992年，第213页。

［58］温玉成认为四雁洞在唐玄宗天宝年间（742至755年）完工，见《龙门唐窟排年》，龙门石窟研究所等编：《中国石窟·龙门石窟》第2卷，文物出版社、平凡社，1992年，第213页。

［59］该窟的客观情况参见拙文《龙门石窟"北市彩帛行净土堂"》，《文物》1991年第8期，第66—73页。但笔者考证该窟部分雕刻题材有误，感谢李淞先生为之校正。参见李淞：《论龙门石窟唐代净土堂的图像》，《新美术》1996年第4期，第21—25页。

［60］关于擂鼓台南洞的年代，参见常青《试论龙门初唐密教雕刻》，《考古学报》2001年第3期。

［61］李玉昆：《龙门杂考》，《文物》1980年第1期，第25—33页；刘景龙、李玉昆主编：《龙门石窟碑刻题记汇录》，第638—639页。

［62］参见阎文儒、常青：《龙门石窟研究》，第127—128页。温玉成认为看经寺洞在唐开元十年至十五年（722至727年）完工，见《龙门唐窟排年》，龙门石窟研究所等编：《中国石窟·龙门石窟（第2卷）》，文物出版社、平凡社，1992年，第211页。

［63］参见常青：《试论龙门初唐密教雕刻》，《考古学报》2001年第3期。

［64］刘景龙、李玉昆主编：《龙门石窟碑刻题记汇录》，中国大百科全书出版社，1998年，第69页。

［65］关于龙门密教窟龛造像，参见拙文《试论龙门初唐密教雕刻》，《考古学报》2001年第3期。

［66］关于圆形束腰座在龙门石窟的流行情况，参见（日）八木春生著、姚瑶译：《关于龙门石窟西山南部地区诸窟的编年》，《石窟寺研究（第6辑）》，2016年，第343—346页；姚瑶：《关于唐代龙门石窟中圆形束腰台座坐佛像的研究》，《石窟寺研究（第六辑）》，2016年，第300—324页。

［67］关于唐长安造像影响其他地区的一些特点，参见拙著《彬县大佛寺造像艺术》，现代出版社，1998年，第268—277页。

［68］参见拙著《彬县大佛寺造像艺术》，现代出版社，1998年，第268—277页。

［69］《新唐书·玄宗本纪》。

［70］阎文儒：《龙门奉先寺三造像碑铭考释》，《中原文物》1985年特刊。

［71］中国美术全集编辑委员会：《中国美术全集·雕塑编4·隋唐雕塑》，人民美术出版社，

1988 年，图版 47。

［72］程蓉生：《河北肥乡发现唐代石佛造像》，《文物》1988 年第 2 期，第 43 页。

［73］程学华：《唐贴金画彩石刻造像》，《文物》1961 年第 7 期。

［74］阎文儒先生认为此造像记年代应为开元十三年至廿三年间（725 至 735 年），见《龙门奉先寺三造像碑铭考释》，《中原文物》1985 年特刊。

［75］该洞门额处刻有大历七年一月十二日党晔等人的题刻。刘景龙、李玉昆主编：《龙门石窟碑刻题记汇录》，中国大百科全书出版社，1998 年，第 634 页。

［76］温玉成认为党晔洞的完工约在开元末年。《龙门唐窟排年》，龙门石窟研究所等编：《中国石窟·龙门石窟（第 2 卷）》，文物出版社、平凡社，1992 年，第 210 页。

［77］刘景龙、李玉昆主编：《龙门石窟碑刻题记汇录》，中国大百科全书出版社，1998 年，第 67 页。

［78］参见龙门石窟研究所：《龙门石窟雕刻萃编——佛》，文物出版社，1995 年，图版 194、195。

［79］唐道世《法苑珠林》卷 100 载：唐高宗时期有寺 4000，僧人 60000 余人。据后晋刘昫（888 至 947 年）等撰《旧唐书》记：到武宗时期（841 至 846 年）有大寺 4600，兰若 40000，僧数增到 260500。

［80］参见延安地区群众艺术馆编：《延安宋代石窟艺术》，陕西人民美术出版社，1983 年。

［81］参见（日）水野清一、长广敏雄《龍門石窟の研究》中的《龍門石刻錄目錄》，同朋舍，昭和五十五年（1980 年）覆刻版。

［82］参见龙门石窟研究所：《龙门流散雕像集》，上海人民美术出版社，1993 年。

［83］河南省古代建筑保护研究所：《浚县千佛洞石窟调查》，《文物》1992 年第 1 期，第 31—39、104 页。

［84］古代建筑修整所：《河南省几处石窟简介》，《文物》1961 年第 2 期，第 31—34、67 页。

［85］河南省文物研究所：《中国石窟·巩县石窟寺》，文物出版社，1989 年，图版 200—203、212、215、221—234、242、251、252、255。

［86］参见甘肃省文物工作队、庆阳北石窟文物保管所编：《陇东石窟》，文物出版社，1987 年。

［87］下面所用的须弥山石窟资料，均引自宁夏回族自治区文物管理委员会《须弥山石窟》，文物出版社，1988 年。

［88］龙门石窟研究所编：《龙门石窟雕刻萃编——佛》，文物出版社，1995 年，图版 110、112。

［89］参见甘肃省文物工作队、炳灵寺石窟文物保管所：《中国石窟·永靖炳灵寺》，文物出版社，1989 年。

［90］邓健吾：《敦煌莫高窟彩塑的发展》，敦煌文物研究所：《中国石窟·敦煌莫高窟（第 3 卷）》，文物出版社，1987 年。

［91］参见敦煌研究院编：《敦煌莫高窟供养人题记》，文物出版社，1986 年。

［92］中国美术全集编辑委员会：《中国美术全集·雕塑编 12·四川石窟雕塑》，人民美术出版社，1988 年，图版 16。

［93］刘长久：《安岳石窟艺术》，四川人民出版社，1997 年，图版 35。

［94］中国石窟雕塑全集编辑委员会:《中国石窟雕塑全集8·四川重庆》,重庆出版社,2000年,图版83、157、176、185。

［95］中国石窟雕塑全集编辑委员会:《中国石窟雕塑全集8·四川重庆》,重庆出版社,2000年,图版54。

［96］中国石窟雕塑全集编辑委员会:《中国石窟雕塑全集9·云南贵州广西西藏》,重庆出版社,2000年,图版112、113、115、116。

［97］关于神通寺千佛崖,参见（日）阪井卓《神通寺千仏崖の唐代初期造像について》,《仏教芸術》159增大號,昭和六十年（1985年）三月。

［98］宾阳南洞门券北侧力士头顶有造像记曰:"永徽元年十月五日汝州刺史驸马都尉刘玄意敬造金刚力士"。

［99］（日）常盤大定、關野貞:《支那文化史蹟》,法藏館,昭和十六年（1941年）,图版VII-36（1）、37、42（1）、85、98。

［100］中国美术全集编辑委员会:《中国美术全集·雕塑编13·巩县天龙山响堂山安阳石窟雕刻》,文物出版社,1989年,图版98。

［101］宁夏回族自治区文物管理委员会、中央美术学院美术史系编:《须弥山石窟》文物出版社,1988年,图版22、23。

［102］甘肃省文物工作队、庆阳北石窟寺文物保管所编:《陇东石窟》,图版74。

［103］李亚太:《甘肃甘谷大像山石窟》,《文物》1991年第1期,第56—60、103页。

［104］甘肃省文物工作队、炳灵寺石窟文物保管所:《中国石窟·永靖炳灵寺》,图版192、193。

［105］据第156窟前室北壁的《莫高窟记》。P·3721号卷子《瓜沙两郡大事记》载南大像建于开元九年（721年）。在敦煌遗书中,S·6502、2658为《大云经疏》残卷,可知敦煌弥勒像的流行,与洛阳方面的弘扬有关。

［106］中国美术全集编辑委员会:《中国美术全集·雕塑编12·四川石窟雕塑》,人民美术出版社,1988年,图版109。

［107］中国美术全集编辑委员会:《中国美术全集·雕塑编12·四川石窟雕塑》,人民美术出版社,1988年,图版96。

［108］参见陕西省博物馆编:《隋唐文化》总论,学林出版社,1990年。

［109］参见敦煌文物研究所:《中国石窟·敦煌莫高窟（第1卷）》,文物出版社、平凡社,1982年。

［110］中国美术全集编辑委员会:《中国美术全集·雕塑编8·麦积山石窟雕塑》,人民美术出版社,1988年。

［111］中国美术全集编辑委员会:《中国美术全集·雕塑编13·巩县天龙山响堂山安阳石窟雕刻》,文物出版社,1989年。

［112］《历代名画记》卷二。

［113］《历代名画记》卷八。

［114］山西省考古研究所、太原市文物管理委员会:《太原市北齐娄睿墓发掘简报》,《文物》1983年第10期,第1—23页。

［115］《历代名画记》卷二。

［116］（北宋）刘道醇：《五代名画补遗》。

［117］（北宋）郭若虚：《图画见闻志》卷一《论曹吴体法》。

［118］参见中国美术全集编辑委员会：《中国美术全集·绘画编 12·墓室壁画》，文物出版
　　　社，1989 年。

［119］Yang Xin and others, *Three Thousand Years of Chinese Painting*. New Haven & London:
　　　Yale University Press, 1997, fig. 71.

［120］中国美术全集编辑委员会：《中国美术全集·雕塑编 4·隋唐雕塑》，人民美术出版社，
　　　1988 年。

［121］（唐）杜甫：《丽人行》。

［122］《历代名画记》卷十。

［123］（元）汤垕：《画鉴》。

［124］《宣和画谱》卷六。

［125］中国美术全集编辑委员会：《中国美术全集·雕塑编 4·隋唐雕塑》，人民美术出版社，
　　　1988 年，图版 144、146、147、148、149、150、151、152。

［126］（元）夏文彦：《图绘宝鉴》。

［127］北宋董逌《广州画跋》书伯时藏周画。

［128］（唐）张祜诗：《集灵台其二》。

［129］常任侠：《唐永泰公主墓的两幅壁画》，香港《大公报》、《文汇报》1978 年 4 月 20 日。

［130］（元）圆至：《牧潜集》卷 4《赠塑者张生序》，（清）丁丙（1832 至 1899 年）编：
　　　《武林往哲遗著》第 76 册，广陵书社，2011 年。

［131］（北宋）释道成：《释氏要览》卷中。

［132］（唐）段成式：《寺塔记》卷上。

［133］（北宋）郭若虚：《图画见闻志》卷一《叙论·论妇人形相》。

［134］龙门石窟研究所等编：《龙门石窟窟龛编号图册》，人民美术出版社，1994 年。

［135］刘景龙、李玉昆：《龙门石窟碑刻题记汇录》，中国大百科全书出版社，1998 年。

［136］刘景龙、杨超杰：《龙门石窟内容总录》十二卷，中国大百科全书出版社，1999 年。

崖面空间与石窟考古分期

——基于吐峪沟东区北部石窟寺的讨论

夏立栋（中国社会科学院考古研究所）

一　序章：方法与材料

石窟研究首先要解决分期与年代问题[1]，整体把控石窟寺遗址中不同建筑群组的营建次第和发展阶段是进行其他专题研究的基础和前提。在进行石窟考古分期时，除注重与开窟活动相关的纪年题铭或文献记载、洞窟形制与造像内容的横向比对、造像所据经本的译出年代及历史背景等，还应充分关注遗址中斩山崖面遗迹、洞窟组合和洞窟类型所呈现出的相对年代关系，通过分析整合各条线索，最终得出对遗址时空框架的总体认识。

营建石窟寺时，首先需要选择合适的山体崖面，然后斩山切壁形成开凿洞窟的峭直崖面和窟前平台空间。因此，斩山崖面遗迹与崖面内开凿营建的洞窟在形成时间上密切关联，不同区段斩山崖面的空间位置指示出崖面内所凿洞窟群之间的年代早晚，斩山崖面的空间关系可以作为石窟遗址考古分期的重要线索。

其次，石窟寺在规划营建时，根据不同功能需求，需要开凿出类型各异、承担不同功用的洞窟群，各窟之间具有相互配合的内在关联，共同维系着寺院的日常运作[2]。同一洞窟组合一般经过精心规划设计，位置毗邻，功能联属互补。同时，因为斩山活动工程浩大，费功颇巨，故而斩山崖面的纵横延伸范围是根据其内计划开凿洞窟组合的实际需要决定的，一般而言，同一区段斩山崖面对应一处洞窟组合。

最后，具体到洞窟组合内的单体洞窟。根据习定、读诵等教义、戒律的规定及流行建筑样式，相同功能的洞窟在同一时期内一般呈现出相同或相近的洞窟特征，无需绘制壁画的僧房窟、储藏窟等僧众日常生活用窟尤其如此。因而，同一处石窟寺遗址中，形制相同的同类洞窟具备很强的共时性，为从洞窟群中辨识洞窟组合，串联、比较不同斩山崖面内后期增建洞窟的相对年代提供了重要依据，同时也为不具备打破关系的洞窟组合提供了年代线索。

吐峪沟石窟位于新疆维吾尔自治区吐鲁番市鄯善县吐峪沟村，石窟所在的吐峪沟峡谷地处火焰山山脉东段（图一）。该遗址是高昌石窟寺群中开凿时代最早、年代跨度涵盖整个高昌佛教史、营建规模最大、洞窟类型最为齐全的具有年代标尺意义的佛教石窟寺遗址群。现存遗址由东、西两区多处寺院遗址构成，是一处经过多个时期反复营建、重修的遗址群。经发掘确认，现存遗址群中至少包括东区北部寺院遗址、西区北部寺院遗址、西区中部高台窟院遗址、西区中部临河寺院遗址、西区南部下层寺院遗址、西区南部上层洞窟群与东区南部地面建筑组成的寺院遗址等六处不同时代的独立寺院。其中，东区北部寺院和西区中部高台窟院遗址是吐峪沟规模最大的主体性寺院，可能分别为敦煌文书 P.2009《西州图经》中提及的"寺"与"禅院"所在[3]。

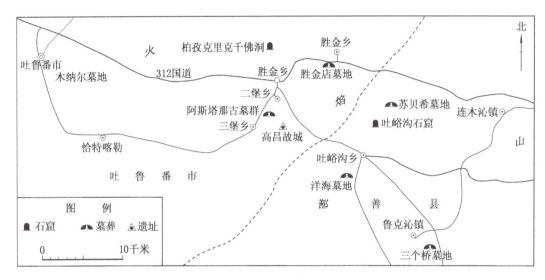

图一 吐峪沟石窟位置图

图二 吐峪沟东区北部石窟寺洞窟编号图

本文重点讨论的东区北部寺院位于吐峪沟峡谷自北向东转折处东侧崖面，由山体上部洞窟群和下部院落组合而成，上部洞窟群中部又以一条早期形成的自然冲沟将窟群分隔为东、西两部分。寺院分多个时期不断扩建而成，于 2010 至 2017 年进行了较为全面的考古发掘，现编洞窟 56 座[4]（图二）。其中，只有两座塔庙窟和四座佛殿窟用于礼忏供养，其余洞窟主要为栖止禅修的僧房窟、禅窟和储藏窟。由于寺院下层院落仅有的两座洞窟发掘尚未结束，故本文只探讨作为东区北部寺院主体部分的上部洞窟群。为便于整体把握吐峪沟东区北部石窟寺上层洞窟群的洞窟类型，现将各窟类型列表如下（表一）。

表一　吐峪沟东区北部石窟寺上层洞窟群洞窟类型

洞窟类型	洞窟编号
塔庙窟	18、27
佛殿窟	25、30、31、50
讲堂窟（？）	28、55
禅窟	1、7、32、54
僧房窟	3、8、10、11、12、14、15、16、19+20、23、29、36、37、38、39、40、42、44、47、48、49、
储藏窟	2、4、5、21、22、24、33、41、43、52
性质不明	6、9、13、17、26、34、35、45、46、51、53、56

二　相关洞窟类型划分

为从洞窟群中辨识出洞窟组合关系，并确定部分零散分布洞窟的时代先后，需要对相关洞窟进行类型划分。僧房窟是东区北部石窟寺数量最多、贯穿于遗址整体的洞窟类型。部分佛殿窟和禅窟营造规制高度程式化，分布于不同洞窟群组中。对此三种洞窟的类型划分如下。

僧房窟

僧房窟形制差异较大，以下对数量最多、最为流行的几种僧房窟进行类型划分。

A 型：龟兹式僧房窟。由甬道、小室、主室三部分组成。甬道平面呈纵长方形，平顶或纵券顶。小室位于甬道后端，平面近方形，平顶。主室平面呈纵长方形，纵券顶，前壁中央开窗，其内凿砌火塘、土床、小龛等生活设施，少数洞窟壁面相接处涂红色条纹带，壁面中下部涂红色连续横长方形纹带。包括第 15、19+20、23 窟（图三：1、2）。

B型: 主室与禅室组合而成的套合式僧房窟。由主室、禅室两部分组成。主室面积较大，平面呈纵长方形，纵券顶，前壁中央开明窗。禅室一般位于主室前方或侧面，面积较小，平面呈方形，平顶。主室、禅室各壁面相接处涂红色条纹带，壁面中下部涂红色连续横长方形纹带。包括第3、8、12、36、38、42、44、49窟（图四：1、2、3）。

C型: 纵长方形、纵券顶僧房窟。窟内开凿或以土坯垒砌土床、火塘、小龛等生活设施。包括第14、16、39、40窟（图五：1、2）。

佛殿窟

佛殿窟洞窟形制和造像题材布局高度程式化，包括第30、50窟。

第50窟保存较好，平面方形，窟顶中央为穹窿顶，周围为平顶。窟室中央设方形立柱，不与窟顶相接，立柱正面开横长方形浅龛，龛内原塑一身立佛，其余三面不开龛，各绘一身立佛[5]（图六）。左、右、后壁中央各绘一铺一坐佛二立姿胁侍菩萨说法图，周围环绕禅定千佛。其下绘一周带汉文榜题的本生、因缘故事[6]。壁面下方绘连续几何纹和三角垂帐纹壁带。后壁与左、右壁相接转角处上部各绘一座汉式方形三级佛塔。前壁中央开门道，门道内侧上方绘一铺弥勒菩萨兜率天宫说法图。壁面门道两侧上部绘禅定千佛，其下绘供养人列像，壁面下部绘一列分界格的本生、因缘故事，其下为与左、右壁相接的几何纹、三角垂帐纹壁带。穹窿顶中心原绘大朵莲花，其下为成层分布的小型立佛。平顶部分绘禅定千佛，平顶与各壁相接四角各绘一身胡跪神王。第30窟与第50窟洞窟形制形同，壁画大部残毁，后壁和左壁下部绘成列分布的本生故事，皆带汉文榜题[7]，其下为枋头

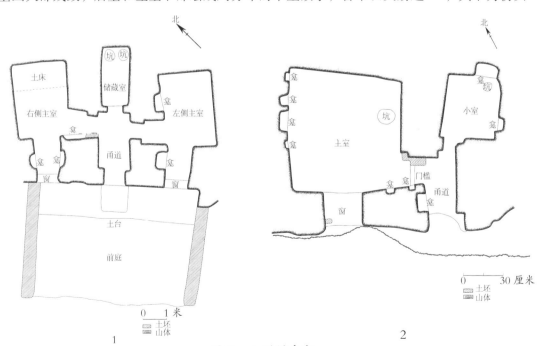

图三　A型僧房窟

1. 第15窟平面图　2. 第23窟平面图

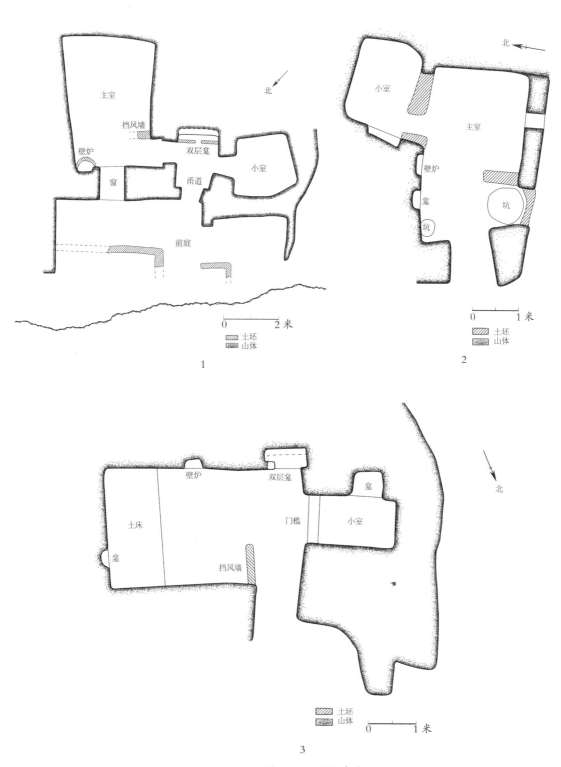

图四 B型僧房窟

1.第3窟平面图 2.第42窟平面图 3.第44窟平面图

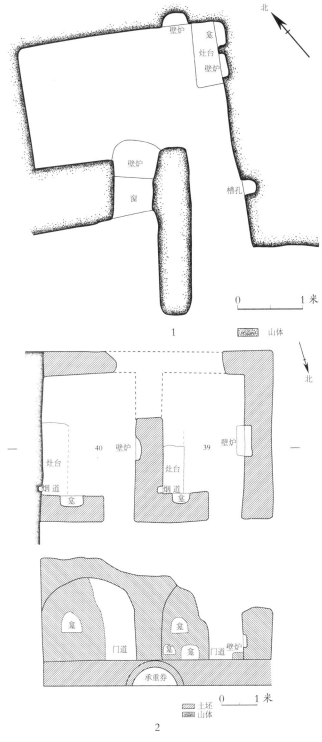

图五 C型僧房窟

1. 第 14 窟平面图　2. 第 39、40 窟联合平、剖面图

纹和三角垂帐纹壁带。窟顶中心绘莲花,周绕三角帷帐纹,底缘周边原绘一圈小型立佛。

禅窟

独立开凿的禅窟形制差异较大,可以分为以下两种类型。

A型:规模极小,平面近方形,圆拱顶或平顶,为仅可容纳一人坐于其中的小龛。包括第1、7窟。

B型:规模较大,由主室和各壁开凿的小室组成。主室平面呈纵长方形、纵券顶,正壁及左、右侧壁对称开凿小室。小室平面呈纵长方形,纵券顶。部分禅窟主室正壁绘七重行树禅观图像,左、右侧壁绘僧人禅观图像和本生故事,壁面底端绘联珠莲花和三角垂帐纹壁带。包括第32、54窟(图七)。

三　斩山崖面与洞窟组合

东区北部石窟寺大型自然冲沟两侧的地形差异较大,形成两种不同的洞窟营建模式。冲沟以西为吐峪沟河谷下切形成的上、下四级自然阶地,从下至上坡度逐次陡峭,各级阶地前的空间面积也逐渐变小。开凿洞窟时只需对缓坡山体进行简单斩切修整,即可形成开凿洞窟的垂直崖面和窟前平台

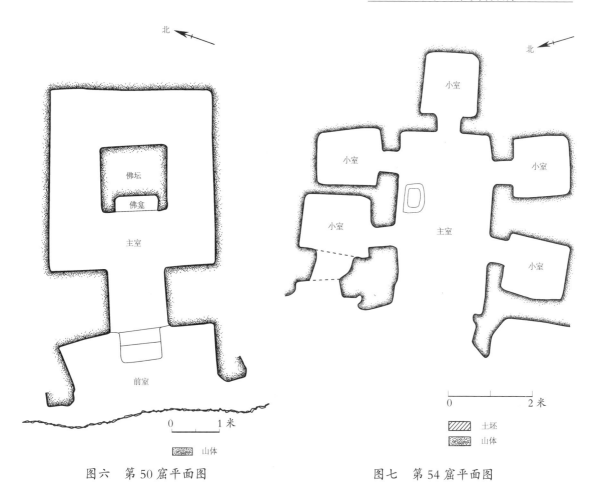

图六　第 50 窟平面图　　　　　　　图七　第 54 窟平面图

空间，因此洞窟依附山势逐层开凿营建。冲沟以东的山势地形与冲沟西侧差异明显，为由小型冲沟相互区隔的突出陡峭山梁，山梁下部被河流长期冲刷，形成斜坡山体。开凿洞窟时，依据山势特征，首先需要大规模斩切山梁，形成峭直、高大的垂直崖面和窟前活动平台，再于斩山崖面上开凿洞窟。根据吐峪沟东区北部石窟寺斩山崖面的遗址特征，可以下面四点作为辨识和判定同一区段斩山崖面的标准：

1. 崖面平滑，人工铲削遗迹明显，形成同一规整切面；

2. 切面两侧和上方存在明显边界；

3. 各切面之间存在打破关系或以自然山体作为区分界限；

4. 各斩山崖面内同一种洞窟类型相同。

斩切出垂直崖面和窟前平台后，开始按照既定的洞窟组合规划设计方案开凿洞窟。吐峪沟东区北部石窟寺的洞窟组合具有如下特征：

1. 洞窟相互毗邻，营建于同一区段斩山崖面内；

2.由具备不同功能的洞窟搭配组合,功能相互联属;

3.组合内同一种洞窟的类型相同。

按照上述判断标准,综合考虑东区北部石窟寺大型冲沟两侧洞窟群的不同营建模式和前文第二部分洞窟类型的研究结论,下文开始分析冲沟以西和冲沟以东的斩山崖面与洞窟组合情况。

（一）冲沟以西洞窟群

1. 同类型洞窟群组

首先,将不同类型的僧房窟还原至各自所处的各级阶地,其空间分布情况如下(表二)。

表二　冲沟以西僧房窟空间分布表

所在阶地	洞窟类型	洞窟编号
一	B	8
二	A、B、C	15；3、12；16
三	A	19+20
四	A	23

由上表可以看出,冲沟以西不同类型僧房窟在各级阶地的空间分布规律。其中,A型僧房窟分布于第二、三、四级阶地,B型僧房窟分布于第一、二级阶地,C型僧房窟仅分布于第二级阶地。

2. 各类型洞窟的空间关系

冲沟以西只有塔庙窟第18窟一处供养礼忏窟（图八）,是该区段的中心性洞窟。A型僧房窟第15、19+20、23窟以第三级阶地的塔庙窟第18窟为中心,环绕分布于第二、三、四级阶地。各座僧房窟皆于洞窟旁侧配置一座附属性储藏窟,如储藏窟第22窟附属于第15窟,第21窟附属于第19+20窟,第24窟附属于第23窟。第四级阶地的佛殿窟第25窟中轴线与第18窟前室、主室中轴线基本重合,可能形成前殿后塔的建筑格局。B型僧房窟与第18窟及A型僧房窟群距离较远,位于以第18窟为中心的洞窟群组西侧和较高阶地,不属于以第18窟为中心的原初洞窟组合。C型僧房窟第16窟营建时有意避让A型僧房窟第15窟,因此,C型僧房窟第14、16窟也不属于以第18窟为中心的洞窟群组（图九）。

通过上文分析,可将冲沟以西洞窟分为三个群组。

第一群组:以塔庙窟第18窟为中心的洞窟组合。包括第15、18、19+20、21、22、

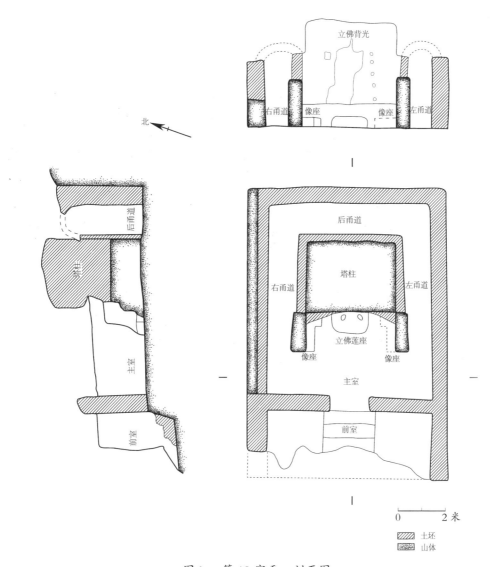

图八　第18窟平、剖面图

23、24、25窟。

第二群组：B型僧房窟第3、8、12窟；A型禅窟第1、7窟。

第三群组：C型僧房窟第14、16窟。

（二）冲沟以东洞窟群

冲沟以东共有三大区段斩山崖面，各段崖面斩切遗迹明显，崖面分布范围和边界清晰，有的崖面之间存在打破关系。各段崖面范围内只开凿一处完整的洞窟组合，一段斩山崖面对应一处洞窟组合。以下自西向东依次论述。

图九　吐峪沟东区北部石窟寺冲沟以西洞窟分布图

1. 第 27、28、36、38 窟洞窟组合

　　该洞窟组合所在斩山崖面区段位于东区北部冲沟以东最西段，西临大型冲沟，东与第 29-33、41-44 窟组合所处的斩山崖面相接。该组合集中斩切大型冲沟东侧的两道相邻山梁，根据洞窟组合布局形式的需要，斩切出规整峭直的"Z"形崖面和宽敞的崖前平台。第 27 窟主室开凿于斩山崖面内，前室位于第 36、38 窟窟顶之上。第 36、38 窟于斩山崖面前以土坯垒砌，三窟排布规律，立面呈中轴对称布局。第 28 窟位于上述三窟东侧，于斩山崖面内开凿，甬道与第 38 窟相连通（图一〇）。崖前平台面积较大，是窟院的公共活动空间。平台上正对第 27 窟主室门道的位置垒砌通往此窟的阶梯踏步。平台右侧下部开凿铺砌出登临此处窟院的登山阶梯踏道，并与下部规模较大的登山阶梯踏道相连接。四座洞窟以塔庙窟第 27 窟为礼忏中心（图一一），周围环绕僧房窟第 36、38 窟和讲堂窟第 28 窟，各窟开凿营建时，统一规划斩切崖面，位置毗邻，互为倚靠，相互连通，功能联属，是一处典型的洞窟组合（图一二）。

2. 第 29—33、41—44 窟洞窟组合

　　该洞窟组合位于东区大型冲沟东侧，第 27、28、36、38 窟与第 49-55 窟洞窟组合所在的两段斩山崖面之间转折处，为独立斩切的一处斩山崖面区段。该斩山崖面遗迹分为上、

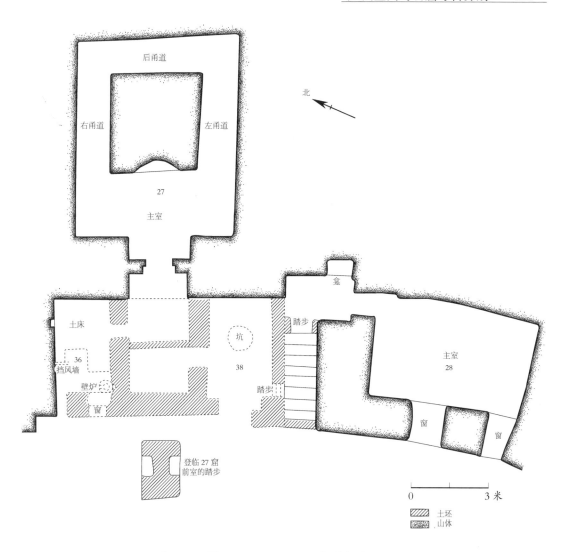

图一〇　第 27、28、36、38 窟联合平面图

下两层。上层最初计划向山体内大规模斩山切壁形成宽敞的窟前平台，先于自然山梁中斩切出一处"凹"字形崖面轮廓。但可能因斩山规模太大，费功难就，山体下半部未经斩切，而是在简单修整后开凿出第 29-33 窟。洞窟群以佛殿窟第 30、31 窟与禅窟第 32 窟为中心，两侧分布僧房窟第 29 窟和储藏窟第 33 窟。第 30、31、32 窟呈"品"字形分布，第 31 窟位于正中位置，第 30、32 窟对称分布于前方两侧，三窟共用同一前室，各窟壁画题材相互关联，与禅观活动关系密切（图一三）。下层为预留的山体，突出于上层山体之前，顶端为上层洞窟窟前平台。山体经简单修整后，开凿出第 41—44 窟，四座洞窟依附关系明显。其中，储藏窟第 41 窟是僧房窟第 42 窟的附属性洞窟，储藏窟第 43 窟是僧房窟第 44 窟的附属性洞窟，储藏窟皆位于僧房窟右侧。上、下两层洞窟布局规整，位置毗邻，功能相互

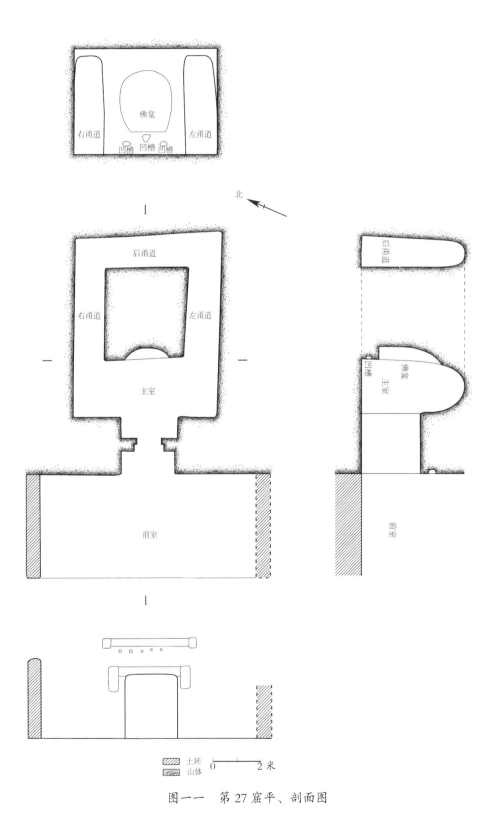

图一一 第 27 窟平、剖面图

图一二　第 27、28、36、38 窟斩山崖面与洞窟组合

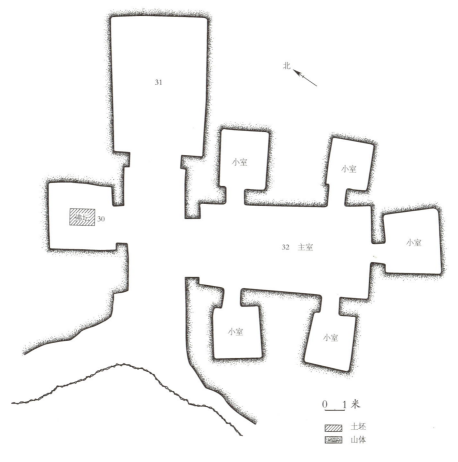

图一三　第 30—32 窟联合平面图

图一四　第 29—33、41—44 窟洞窟组合

联属，是一处规模较大的洞窟组合（图一四）。

3. 第 49—55 窟洞窟组合

该洞窟组合位于东区大型冲沟以东最东端崖面。洞窟群所处山体已偏离南向位置较好的崖面，开向西南，与临近洞窟组合层位高度不同。该崖面曾进行过大规模的斩山活动，但后期发生大面积坍塌，只于第 55 窟外壁残存斩山左侧边缘遗迹。崖面坍塌同时致使洞窟群前半部发生不同程度的崩毁。窟前为修整山体形成的狭窄平台，将各座洞窟相互连通。平台东端残存一处登山踏道，规模较小，以土坯垒砌，是出入此组洞窟的唯一通道。洞窟群以佛殿窟第 50 窟为中心，周围环绕僧房窟第 49 窟，储藏窟第 52 窟，禅窟第 54 窟，讲堂窟第 55 窟及性质不明的第 51、53 窟。洞窟群共用同一斩山崖面，成排分布，位置毗邻，共用同一窟前平台和独立的登山踏道，功能相互联属，是一处关系明确的洞窟组合（图一五）。

除上述洞窟组合外，第 27、28、36、38 窟洞窟组合所处崖面前的窟前平台上，另以土坯垒砌 C 型僧房窟第 39、40 窟。

四　遗址营建次第与考古分期

利用不同类型洞窟之间的打破关系和洞窟所处斩山崖面的空间相对位置可以判识洞窟组合和不同类型洞窟群组之间的营建次第。再通过分析、归纳不同阶段寺院主要特征的演变，即可得出石窟寺遗址总体的分期结论。

图一五　第 49—55 窟斩山崖面与洞窟组合

（一）洞窟群组的营建次第

1. 洞窟或斩山崖面之间的打破关系

遗址单体洞窟之间和斩山崖面之间皆残存数处明显的打破关系，可以此作为判识不同类型洞窟相对年代的重要依据。

（1）第 41 窟右壁中部原凿有一方形窗户，后在营建第 40 窟时，以土坯封堵。因此，第 41 窟开凿时间早于第 40 窟。又第 41 窟属于 B 型僧房窟，第 40 窟属于 C 型僧房窟，故 B 型僧房窟早于 C 型僧房窟。

（2）第 29—33、41—44 窟洞窟组合所在崖面上部斩山左侧壁打破第 27、28、36、38窟洞窟组合中第 28 窟外侧的斩山崖面。因此，第 27、28、36、38 窟洞窟组合营建年代早于第 29—33、41—44 窟洞窟组合。

（3）第 16 窟利用冲沟以西第二级阶地、第 15 窟东侧狭窄的崖面空间开凿，洞窟门道与第 15 窟大致平行，但窟室却明显向东偏斜，特意避让第 15 窟左侧主室，以免打破该窟主室左壁。因此，第 16 窟开凿年代晚于第 15 窟。第 16 窟属于 C 型僧房窟，第 15 窟属于 A 型僧房窟，因而 A 型僧房窟早于 C 型僧房窟。

2. 斩山崖面空间位置关系

冲沟以西山体是吐峪沟东区北部最好的崖面位置，该崖面正对吐峪沟河谷入口，突出显赫，视域开阔。河谷阶地高度适中，坡度平缓，阶地前坡面空间较大。营造洞窟时不必大规模地斩切山体，只需对自然阶地进行小规模斩切修整，即可形成理想的斩山崖面和宽敞的窟前平台，节省功限。同时，在此段河谷阶地中，从第一级阶地到第四级阶地，各层崖面逐次平缓，崖面前的活动空间面积也逐次宽敞。因此，应最早利用地形条件最好的第三、四级阶地营建洞窟，之后再大面积利用第一、二级阶地。第15、18、19+20、21、22、23、24、25窟洞窟组合应为最早营建的寺院，第一、二级阶地的B型及C型僧房窟皆是寺院后期不断扩建的结果。

冲沟以东山体为峭直陡立的山梁沟壑。营造洞窟时，首先需要进行工程浩大的斩山切壁活动，形成可供开凿洞窟的规整崖面和窟前平台。同时，冲沟以东的斩山崖面越靠近冲沟方向越正对沟口，位置越突出显眼。越向东侧转移，越偏离出吐峪沟河谷内的视域范围，开窟崖面便越不理想。据此，冲沟以东山体崖面的斩切次第应为从西向东逐渐形成，西侧崖面的斩切时间早于东侧崖面。因而，第27、28、36、38窟洞窟组合早于第29—33、41—44窟洞窟组合，第29—33、41—44窟洞窟组合又早于第49-55窟洞窟组合。

综合上述洞窟或斩山崖面之间的打破关系、崖面空间位置关系的分析结论，可以明确吐峪沟东区北部石窟寺的洞窟组合或群组的营建次第和遗址整体的分期结论。该石窟寺遗址主要经历了六次营建工程（图一六），具体的营建次第如下。

东区北部石窟寺[1]：该石窟寺最早营造的洞窟组合为第15、18、19+20、21、22、23、24、25窟。洞窟群分别开凿于第二、三、四级阶地，形成上、中、下三层的寺院布局。塔庙窟第18窟营建于第三级阶地中央，是寺院的中心性供养礼忏窟，其他洞窟环绕于此窟周围。该窟上层为僧房窟第15窟及其附属储藏窟第22窟，东侧为僧房窟第19+20窟及其附属储藏窟第21窟，下层为僧房窟第23窟及其附属储藏窟第24窟及可能作为塔庙窟第18窟前殿的佛殿窟第25窟。从而形成一处以塔庙窟为中心、僧房窟及附属储藏窟环绕周围、分层排布的小型石窟寺。

东区北部石窟寺[2]：该石窟寺第二次营建工程是开始较大规模地扩建寺院。在第二

图一六　吐峪沟东区北部石窟寺营建次第示意图

级阶地僧房窟第 15 窟西侧和第一级阶地营建出僧房窟。此时简单修整第 15 窟西侧第二级阶地缓坡山体，形成窟前窄小平台和窟前小径，开凿出僧房窟第 12 窟及其附属储藏窟第 4、5 窟。斩切第二级阶地最西端崖面，形成面积较大的窟前庭院，开凿出僧房窟第 3 窟、储藏窟第 2 窟和禅窟第 1 窟等一组洞窟。其后，寺院规模继续扩大，不得不利用不太适宜开凿洞窟的第一级阶地增建洞窟。此级阶地陡直，崖面前可供利用的平台空间颇为有限，于是在自然崖面上斩切出一段内凹面，以扩大窟前活动空间，再开凿出僧房窟第 8 窟、禅窟第 7 窟等一组洞窟及第 6、9 窟。最后，寺院继续向东扩建，简单修整第一级阶地第 9 窟东侧自然山体，开凿出僧房窟第 10 窟，窟前以狭窄小径与其西侧先前开凿的洞窟连通。

东区北部石窟寺[3]：该石窟寺第三次营建工程由于冲沟以西的河谷下切阶地已被大面积使用，难以再进行大规模的营造活动。于是被迫开始在冲沟以东重新选址，大规模斩切山梁，营建洞窟，工程浩大，耗资费功。此次斩切冲沟东岸的两处突出山梁，形成一处连续相接的"Z"字形斩山崖面和较为宽敞的窟前平台，营建出洞窟组合第 27、28、36、38 窟。其中，塔庙窟第 27 窟为中心性礼忏窟，讲堂窟第 28 窟和僧房窟第 36、38 窟环绕于塔庙窟东侧和下方。

东区北部石窟寺[4]：该石窟寺第四次营建工程，继续大规模斩切第三次崖面区段东侧的自然山体。斩山崖面分为上、下两层，上层崖面原计划在山体内凿出深入宽敞的内凹面，但斩切工程开始后不久，即改变施工计划。在简单修整还未斩切的自然山体后，便直接开凿洞窟。下层山体被整齐斩切，形成一处凸出的台体，并在其内开凿洞窟。此大型斩山崖面内营建的洞窟组合为第 29—33、41—44 窟。此组洞窟以上层佛殿窟第 30、31 窟、禅窟第 32 窟为中心，周边环绕僧房窟第 29 窟及其附属储藏窟第 33 窟，下层为僧房窟第 42 窟及其附属储藏窟第 41 窟、僧房窟第 44 窟及其附属储藏窟第 43 窟。

东区北部石窟寺[5]：该石窟寺第五次营建工程是寺院最后一次的大规模扩建，继续斩切第四次崖面东侧自然山体。崖面内开凿出第 49—55 窟等成排分布的洞窟组合。此组洞窟以佛殿窟第 50 窟为中心，僧房窟第 49 窟及其附属储藏窟第 52 窟及性质不明的第 51、53 窟、禅窟第 54 窟、讲堂窟第 55 窟环绕于佛殿窟周围。

东区北部石窟寺[6]：该石窟寺在第三次营建工程斩切出的窟前平台上，以土坯增建僧房窟第 39、40 窟，并于该平台前端依山垒砌出宽敞平台，增建僧房窟第 47、48 窟。同时，利用第一次营建工程中第 15 窟东侧狭小的山体空间，增建僧房窟第 16 窟及性质不明的第 17 窟。另外，还可能利用第一次营建工程中第 25 窟东侧山体，增建性质不明的第 26 窟。

（二）遗址主要特征

东区北部石窟寺[1] 中的洞窟组合由塔庙窟及其附属佛殿窟、僧房窟及其附属储藏窟构成。塔庙窟中心塔柱主体呈汉式方形三级佛塔，顶部为西域式圆柱形佛塔塔身，其上原应安插塔刹，塔柱高于主室顶部，矗立于窟顶之外。左、右、后三侧甬道皆为较低矮的纵券顶。主室造像组合原来可能为七佛与十方禅定诸佛组合，单铺造像皆为大型一佛二菩萨立像，主室正壁主尊原为高约四米的大型立佛。僧房窟为典型的龟兹式样，由甬道、小室、主室构成，且每座僧房窟配置一座储藏窟。

东区北部石窟寺[2]、[3]中的洞窟组合包括塔庙窟、僧房窟及其附属储藏窟，新出现讲堂窟和小型禅龛。塔庙窟中心塔柱变为方形柱体，正面开浅龛，其余三面不开龛，甬道为高大的纵券顶。主室造像组合延续了第一期七佛与十方佛组合，但除主室正壁外，其余壁面单铺造像体量明显变小，以说法图的形式出现，周围环绕十方禅定诸佛。主室两侧壁、前壁新出现多幅因缘题材。僧房窟将旧有的龟兹传统式样变为附带禅室的复合式僧房窟，但每座僧房窟仍配置一座储藏窟。讲堂窟规模较大，开有大型明窗，可同时容纳多人集会、听法或布萨。同时，开始出现少量小型禅龛，只可容纳一人于其中入定修禅。

东区北部石窟寺[4]、[5]中的洞窟组合由佛殿窟、僧房窟及其附属储藏窟、禅窟组合而成。不再营建塔庙窟，但出现了形制独特的方形穹窿顶、中央带立柱的佛殿窟，原绘制于东区北部石窟寺[1]、[2]、[3]塔庙窟中的七佛与十方佛组合、因缘故事皆被重修配置到新型佛殿窟中，新出现兜率天宫说法、神王和本生题材。僧房窟延续了东区北部石窟寺[2]、[3]的僧房窟形制，每座僧房窟继续配置一座储藏窟。小型禅龛变为同时供多人禅定并进行相关仪式活动的大型多室禅窟，禅窟主室内绘制按固定秩序排布的、指示禅观次第的本生、不净观想和净观想图像。

东区北部石窟寺[6]继续沿用前期寺院，未进行大规模的营建工程，只利用窟前平台空间或崖面间隙补建少数僧房窟，补绘少量塔庙窟中的禅定千佛。

（三）遗址分期

根据洞窟组合形式和不同类型洞窟主要特征的变化，遗址整体可分为四期。第一期：东区北部石窟寺[1]；第二期：东区北部石窟寺[2]、[3]；第三期：东区北部石窟寺[4]、[5]；第四期：东区北部石窟寺[6]。

关于各期的绝对年代，因遗址中未发现与开窟活动相关的纪年题铭或文献记载，碳十四测年研究尚未完成，现只能根据洞窟形制和造像内容与吐峪沟及其他地区相关遗址进行横向比对，初步推测第一期为五世纪前期，第二、三期为六至七世纪前期的麹氏高昌国时期，第四期为十世纪后半至十四世纪后半的回鹘时期。

五 遗址特征演变与寺院教法律仪

石窟寺中的洞窟类型和洞窟组合是按照佛教的教法仪轨和律藏规制规划设计营造的，隐含着内在的逻辑秩序。因此，不同时期石窟寺遗址洞窟类型、组合及图像系统的变化，皆呈现出寺院教法律仪的变化。吐峪沟东区北部遗址第一期至第四期主要特征的演变，较为明显地反映出石窟寺从第一期到第二、三期僧徒禅修观法和寺院生活的变化。

（一）僧徒禅修观法的变化

第一期石窟寺的塔庙窟第18窟中突出表现大型立佛，同时配以十方禅定诸佛，主要作用是便于禅修者能够清晰谛观诸佛相好，此时观佛是禅修过程中极为重要的步骤。至寺院第二、三期时，本生、因缘故事大量出现于塔庙窟和佛殿窟中，成为供养礼忏窟重要的造像题材。本生相意在表现佛的过去诸世，因缘相突出佛的法力广大，皆属于佛的"生身相"。第三期的多室禅窟中又出现了按固定秩序排列的不净观想和净观想图像。这些转变表明从第一期至第三期，僧人的禅观内容由观佛到观佛与观想"生身相"、不净观、净观并举，并形成系统化的禅观程序。

同时，从第一期塔庙窟到第二期塔庙窟，再到第三期佛殿窟，虽然壁画主体题材并未发生太大变化，但各类题材在窟内的布局形式不断改变。壁画题材布局与僧人在窟内进行的仪式过程密切相关、互为表里，这反映出从第一期到第三期窟内仪轨可能发生相应改变。如第一期塔庙窟主室两侧壁由绘制十方诸佛到第二期塔庙窟主室两侧壁绘制因缘故事，可能反映出禅修者在第18窟和第27窟内的禅观仪式次第有所不同，塔庙窟主室的仪式空间性质也可能发生变化。

最后，第一期并无专门的禅修场所，僧众可能在各自的僧房内坐禅。至第二期时，僧房内出现专供僧徒入定禅修的禅室，并出现少量单人禅龛，表明此时禅修方式为僧众个体独自修习坐禅。但到第三期时，出现了多人共用的大规模多室禅窟，主室内按固定次第有秩序地绘制禅观壁画，暗示禅修者可能会在主室内举行相关的禅观仪式，然后进入主室正壁及左、右侧壁开凿的多间小室入定修禅。多室禅窟的出现，表明禅修僧开始共同集聚于同一处大型禅窟，举行集体性的禅观仪式，集中进行入定禅修活动。

（二）寺院生活的变化

第一期石窟寺中，僧房窟是僧人的个人生活居住之所，寺院的中心建筑塔庙窟第18窟可能是唯一的公共活动空间。但至第二、三期时，除旧有的塔庙窟外，新出现了供多人集会的讲堂窟和大型多室禅窟，成为新的寺院公共活动空间。这些新出现的洞窟类型表明，此时寺院的规模开始逐渐扩大，常住僧徒人数明显增加，并开始在寺院内进行集体的佛教修习活动，吐峪沟东区北部石窟寺由少数僧人生活修行向僧团集中居住、修习转变，或许随之亦可引发出寺院管理模式的变化。

注　释

［1］宿白：《新疆拜城克孜尔石窟部分洞窟的类型与年代》，宿白：《中国石窟寺研究》，文物出版社，1996 年，第 21 页。

［2］宿白、晁华山、魏正中等学者都曾提出从洞窟组合的角度切入，分析石窟寺遗址的年代和运作机理。其中，魏正中对龟兹石窟寺院洞窟组合的论述颇为系统。参看宿白：《新疆拜城克孜尔石窟部分洞窟的类型与年代》，宿白：《中国石窟寺研究》，文物出版社，1996 年，第 32—33 页；晁华山：《克孜尔石窟的洞窟分类与石窟寺院的组成》，新疆龟兹石窟研究所编：《龟兹佛教文化论集》，新疆美术摄影出版社，1993 年，第 161—200 页；魏正中：《区段与组合——龟兹石窟寺院遗址的考古学探索》，上海古籍出版社，2013 年，第 27—30 页。

［3］参看敦煌文书 P. 2009《西州图经》"山窟二院"条记："丁谷窟有寺一所，并有禅院一所。右在柳中县界，至北山廿五里丁谷中，西去州廿里。寺其（基）依山构，搩巇疏阶，雁塔飞空，虹梁饮汉，岩蛮（峦）纷糺，丛薄阡眠，既切烟云，亦亏星月。上则危峰迢遰，下 [则] 清溜潺湲。实仙居之胜地，谅栖灵之秘域。见有名额，僧徒居焉。"参看上海古籍出版社、法国国家图书馆编：《法藏敦煌西域文献（第 1 册）》，上海古籍出版社，1995 年，第 77 页。

［4］吐峪沟石窟东区北部第 18、36、37、38、54 窟已发表考古发掘简报。参看中国社会科学院考古研究所边疆民族考古研究室、吐鲁番学研究院、龟兹研究院：《新疆鄯善县吐峪沟东区北侧石窟发掘简报》，《考古》2012 年第 1 期，第 7—16 页。2012 所发表的吐峪沟东区北部石窟编号图中，第 19、20 窟实际为同一座洞窟，第 19 窟当为第 20 窟甬道部分；第 36、37、38 窟实际只有第 36、38 两座洞窟，第 37 窟分别为前两窟的小室；第 46 窟为承托第 39、40 窟共用土坯墙的拱券部分，不应编号；第 48 窟实际为第 47 窟的储藏室；第 49 窟标注于储藏部分，实际在该储藏室以南另有僧房窟，未予编号；第 56 窟实际为登临第 49—55 窟窟前平台的阶梯踏步，属于寺院连通建筑，不应编号。由于发掘者的疏忽和错误编号，为后续研究使用洞窟编号造成了诸多不便。故本文以遗址的实际情况为准，便宜使用简报中公布的洞窟编号。

［5］Albert Grünwedel, *Altbuddhistische Kultstätten in Chinesisch-Turkistan: Bericht über archäologische Arbeiten von 1906 bis 1907 bei Kuča, Qarašahr und in der Oase Turfan; Königlich Preussische Turfan-Expeditionen*, Berlin: Druck und Verlag von Georg Reimer, 1912: 328-331.

［6］据贾应逸考证，其中包括据慧觉等译《贤愚经》绘制的"忍辱仙人本生""昙摩钳太子本生""慈力王本生""萨埵太子舍身饲虎本生""毗楞竭梨王本生""尸毗王本生"等题材。参看贾应逸：《新疆吐峪沟石窟佛教壁画泛论》，贾应逸：《新疆佛教壁画的历史学研究》，中国人民大学出版社，2010 年，第 377 页。此外，还应包括据吉迦夜、昙曜译《杂宝藏经》绘制的"兔王本生"和"善事太子入海品"。

［7］其中可辨识者包括"快目王施眼本生"和"萨埵太子舍身饲虎本生"。

犍陀罗佛寺布局初探

李崇峰（北京大学考古文博学院）

法国学者沙畹认为，"印度佛教圣地有二：一在辛头河流域，一在恒河流域。中夏巡礼之僧俗多先历辛头，后赴恒河；盖中印通道中，直达中印度之尼泊尔（Népal）一道，在唐代以前似尚不知有之。常循之路，盖为葱岭（Pamirs），南达克什米尔（Cachemire）与乌苌之路。有不少巡礼之人，如宋云、惠生之徒者，且不远赴中印度，而以弗楼沙国或呾叉尸罗（Taksaçila）为终点也。乾陀罗在佛教传播中夏中任务重大之理，盖不难知之矣。"[1]

一 雀离浮图与迦腻色迦僧坊

沙赫·吉·基·代里（Shāh-jī-kī Dhēri 或 Shāh-jī-kī Ḍherī）原是巴基斯坦白沙瓦市根杰门（Ganj gate）外两座巨大的土丘之名，英国坎宁安（A. Cunningham）和法国傅塞（M. Foucher）皆推定为中国高僧玄奘所记雀离浮图之遗址（图一：a）[2]。

公元628年[3]或630年[4]，玄奘游历健驮逻国，详细记载了都城布路沙布逻（Puruṣapura，今白沙瓦）城外东南八、九里的雀离浮图与迦腻色迦所建伽蓝。"（卑钵罗）树南有窣堵波，迦腻色迦王之所建也。迦腻色迦王以如来涅槃之后第四百年，君临膺运，统赡部洲，不信罪福，轻毁佛法。田游草泽，遇见白兔，王亲奔逐，至此忽灭。见有牧牛小竖，于林树间作小窣堵波，其高三尺。王曰：'汝何所为？'牧竖对曰：'昔释迦佛圣智悬记，当有国王于此胜地建窣堵波，吾身舍利多聚其内。大王圣德宿殖，名符昔记，神功胜福，允属斯辰，故我今者先相警发。'说此语已，忽然不现。王闻是说，喜庆增怀，自负其名，大圣先记，因发正信，深敬佛法。周小窣堵波，更建石窣堵波，欲以功力弥覆其上。随其数量，恒出三尺，若是增高，踰四百尺，基址所峙，周一里半，层基五级，高一百五十尺，方乃得覆小窣堵波。王用（因）喜庆，复于其上更起二十五层金铜相轮，即以如来舍利一斛而置其中，式修供养……大窣堵波左右，小窣堵波鱼鳞百数……大窣堵波西有故伽蓝，迦腻色迦王之所建也。重阁累树，层台洞户，旌召高僧，式昭景福。虽则圮毁，尚曰奇工。僧徒减少，并学小乘。自建伽蓝，异人间出，诸作论师及证圣果，清风尚扇，至德无泯。第三重阁，有波栗湿缚（唐言胁）尊者室，久已倾顿，尚立旌表……胁尊者室东有故房，

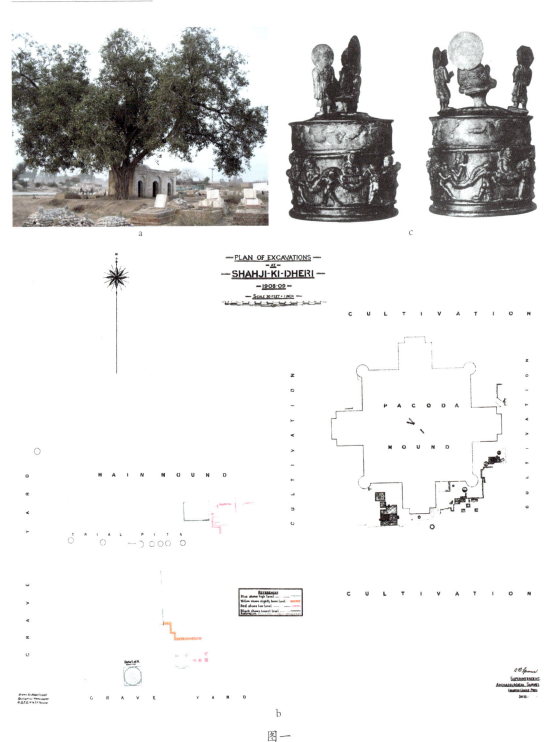

图一

a.雀离浮图与迦腻色迦僧坊遗址现状 b.雀离浮图与迦腻色迦僧坊遗址平面图 c."迦腻色迦"舍利盒

世亲菩萨于此制《阿毗达磨俱舍论》，人而敬之，封以记焉。世亲室南五十余步第二重阁，末笯曷剌他（唐言如意）论师于此制《毗婆沙论》。"[5]

玄奘不但记述了迦腻色迦 (Kaniṣka) 所建大窣堵波，也提及"大窣堵波左右，小窣堵波鱼鳞百数。"尤为重要的是，玄奘特别记录"大窣堵波西有故伽蓝，迦腻色迦王之所建也。"依据玄奘记载，迦腻色迦所建伽蓝规模宏大，其中第三重阁有波栗湿缚（Pārśva，胁）尊者室，尊者室东故房系婆薮盘豆（Vasubandhu，世亲）菩萨于此制《阿毗达磨俱舍论》，世亲室南五十余步第二重阁乃末笯曷剌他（Manoratta，如意）论师于此制《毗婆沙论》。

关于雀离浮图与周边建筑，法显仅记罽腻伽王起塔，"高四十余丈，众宝校饰。"[6]宋云、惠生和道荣记载迦腻色迦起雀离浮图，"塔基三百余步"，"金盘十三重，合去地七百尺。"[7]法显、宋云、惠生及道荣都未提到雀离浮图旁侧是否有僧院，只有玄奘明确记述"大窣堵波"与其西侧"伽蓝"皆为迦腻色迦所建。这表明雀离浮图圣地是由窣堵波与伽蓝构成的一座大型地面佛寺，系迦腻色迦王统一经营而成。佛寺毕功后，曾奉迦腻色迦之命于迦湿弥罗与五百圣贤共同编写《大毗婆沙论》的波栗湿缚（胁尊者）和四、五世纪奠定大乘佛教瑜伽行派基础的婆薮盘豆（世亲）及世亲法嗣末笯葛剌他（如意）都曾在此栖居，即玄奘所谓"旌召高僧，式昭景福。"由此可见，雀离浮图与迦腻色迦伽蓝当为西域重要的佛教中心。经过近两千年的自然或人为破坏，法显、宋云、惠生、道荣和玄奘记载的迦腻色迦营造的窣堵波与伽蓝早已成为废墟。

1908 至 1909 年，印度考古调查局斯普纳（D. B. Spooner）博士对沙赫·吉·基·代里进行了初步的考古调查和发掘。根据玄奘所记"大窣堵波西有故伽蓝，迦腻色迦之所建也"，斯普纳认为白沙瓦城郊沙赫·吉·基·代里的两座土丘与之相合，因而坎宁安与傅塞早年的推断无疑是正确的。东侧土丘具有大窣堵波遗址之外貌，西侧土丘之轮廓表明它是一座规模宏大的方形伽蓝遗址。从 1908 年 1 月 16 日开始，斯普纳首先在东侧土丘上开挖五条探沟，每条探沟宽 6 呎（1.83 米），长 100 呎（30.48 米）。在此基础上对遗址做了初步的考古发掘，基本上搞清了大塔的平面布局（图一：b）。尤为重要的是，在大塔中央地宫（24 呎/7.32 米见方）中出土了著名的"迦腻色迦舍利盒"（图一：c），内置水晶舍利函；发掘出土时，铜质舍利盒尚立于地宫西南角。除了舍利盒，斯普纳还在塔基侧壁清理出土了若干灰泥佛像等。

发掘出土的舍利盒表面有四段题铭，皆以草体佉卢字（cursive Kharōshṭhī）刻写。这一发现使斯普纳断定：沙赫·吉·基·代里东侧土丘，就是贵霜国王迦腻色迦所建雀离浮图的遗址[8]。关于舍利盒上刻划的题铭，斯普纳后来专门撰写了 "The Kanishka Casket Inscriptions（迦腻色迦舍利盒题铭）"：第一段为 Acharyana[ṁ] Sarvastivadina[ṁ] parigrahe; 第二段不可卒读，但 Kanishka 之名可以肯定；第三段是 deyadharmo sarvasatvana[ṁ] hidasuharthaṁ bhavatu; 第四段作 dasa agiśala navakarmi (k)anishkasa vihare mahasenasa saṅgharame[9]。

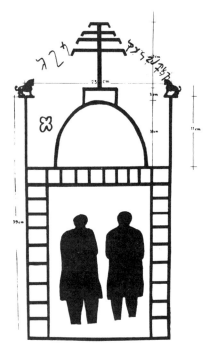

图二　"迦腻色迦大王之僧坊"线描图

依据舍利盒上的铭文，迦腻色迦在雀离浮图西侧营造的"伽蓝"，原始题刻作"迦腻色迦僧坊（Kaneshkasa vihare 或 Kaniṣkasa vihare）"。故而，玄奘所记"伽蓝"，其犍陀罗语佉卢字原名为 vihare，梵语婆罗米字作 vihāra，汉译僧坊或寺[10]。换言之，汉文佛典中伽蓝、寺、僧坊以及僧院，疑皆为犍陀罗语 vihare 或梵语 vihāra 之迻译。又，这通原始铭刻说明迦腻色迦所营造，既有当时信徒供养礼忏活动的中心——浮图（bhuda），也具僧众栖止禅修之处——僧坊（vihare）。据此可知，当时一处大型的地面佛寺，至少迄迦腻色迦时期，主要应由浮图和僧坊构成。

1910 至 1911 年，印度考古调查局哈格里夫斯（H. Hargreaves）对这处遗址又做了进一步调查和发掘，目的是确定整个遗址的外廓，清理大塔周边遗迹及附属建筑，找出连接大塔礼拜道之踏道。如预期所设，东侧土丘完全清理后，证实大塔平面确为十字形（cruciform），方基（square base）边长 180 呎（54.86 米），每面凸出（projections）50 呎（15.24 米）。

至于沙赫·吉·基·代里西侧的土丘，1875 年克朗普顿中尉（Lieutenant Crompton, R.E.）曾做过挖掘，但几乎没有发现任何有价值的遗迹与遗物[11]。从 1911 年 2 月 7 日开始，哈格里夫斯对西侧僧坊址的东南角（South-East Corner）和整个僧坊东面（East Face）做了发掘，清理出不少佛教造像及生活用具[12]。

又，在曼塞赫拉地区（Mansehra）卡拉·塔瑟（Kala Tassa）发现的壁画，画师用红色图画了两幅塔寺及其他形象，绘制年代应为公元 1 世纪。画面中的塔寺可分作上下两部分，上层中央为浮图，覆钵、方龛和轮盖清晰可见，覆钵两侧（应为四角）各立一柱，顶冠狮子；下层绘僧坊，方形或横长方形平面中央绘一禅定佛或二立像，周围环置僧房。其中，绘画二立像那幅，仅在僧坊的左、右、后三面环置僧房；塔上顶轮外侧的佉卢字牓题，以拉丁字母转写为 "kaniṣka maharajasa viharo"，英译作 "Vihāra of the Mahārāja Kaniṣka"[13]，汉语迻译"迦腻色迦大王之僧坊"。这应是浮图 (bhuda，塔) 与僧坊 (vihare，寺) 构成的塔寺（图二）[14]，或许是雀离浮图与迦腻色迦僧坊之图示。

总之，把浮图与僧坊并列经营也许是贵霜帝国迦腻色迦王所创，至少是被迦腻色迦推崇。这种佛寺布局，应该对当时贵霜帝国塔寺的营造，乃至后世各地佛寺的修建产生了相当影响。

二　其他塔寺遗址

除雀离浮图与迦腻色迦僧坊外，罽宾地区保存有丰富的佛教遗迹。这里现存较早的佛寺遗址，著名者应是古代乌苌国（今斯瓦特地区）境内的布特卡拉Ⅰ号（Butkara I）寺址和竺刹尸罗国（今塔克西拉）境内的达摩拉吉卡（Dharmarājikā）遗址。现以法显所记北天竺为纲，次第记述古代乌苌国、犍陀卫国（今白沙瓦和马尔丹）、竺刹尸罗国等境内的佛教遗迹。

1. 布特卡拉Ⅰ号

古代乌苌国境内的布特卡拉Ⅰ号佛寺遗址，是意大利中远东研究所（IsMEO）1956至1962年发掘出土的，主持者是多米尼克·法谦纳 (Domenico Faccenna，一作法切那）。主遗址（Sacred Precinct/ SP）平面略呈不规则的四边形（75×80米），其原始布局可能已被改动（图三：a）。后来经过修补北侧柱廊的后墙，连接西侧建筑的前部，逐渐形成了塔院围墙。大塔（Great Stūpa/ GSt.）居中偏西，基本位于塔院、南门与北侧僧院构成的近南北向的中轴线上（图三：b）。塔院北墙外侧建有规模较大的僧院，其南端设置踏道；北墙之内推测为供养礼忏场所。故而，这处遗址的原始布局为：南侧建置供养礼忏的中心——浮图，北侧营造栖止禅修之处——僧坊。现存大塔曾先后经历过五次扩建（图三：c），其中前三次发掘者分别以GSt.1、GSt.2、GSt.3命名，平面皆圆形，自下而上由塔基、塔身、覆钵构成，再上应为方龛、平头和伞盖。发掘者认为：以GSt.3为代表的第三期遗迹当为公元1至3世纪，其上限是公元前1世纪末至公元1世纪初，F3铺就于公元2世纪初[15]。第三期也是塔院布局的最佳阶段，大塔与僧院对称分布。现存大塔周围被227座大小不一的小塔、佛殿或神龛环绕，显得杂乱无序，且堵塞了北门、南门和西门。由于某些原因，现在发掘出土的区域主要是塔院部分，僧院遗址没有做进一步清理（图三：d）。

据法谦纳撰写的考古报告，这座佛寺始建于公元前3世纪，之后历经多次重修和扩建，最后一次修复大约是公元7世纪末或8世纪初，10世纪时佛寺完全废弃[16]。意大利学者朱塞佩·图齐 (Giuseppe Tucci) 和多米尼克·法谦纳，皆把布特卡拉Ⅰ号遗址推定为《洛阳伽蓝记》卷五所记乌苌国王城北部的陀罗寺[17]。

2. 赛度·谢里夫Ⅰ号

古代乌苌国境内的赛度·谢里夫Ⅰ号 (Saidu Sharīf I，一作塞杜沙里夫一号) 佛寺遗址，占据了小山坡的两级台地，南邻季节性小溪，北依山麓，也是意大利中远东研究所发掘出土的。遗址主要由"塔台 (Stūpa Terrace)"和"寺台 (Monastery Terrace)"构成，分别表示浮图与僧坊[18]。塔台所占一级台地，是1963年和1966年发掘的，揭露出大塔及其周围的建筑遗迹（图四：a）。1977年至1982年，意大利考古队发掘的重点是遗址东侧的另一级台地，因出土一处僧院而被称作寺台 (图四：b)。发掘前，考古专家把遗址划分为16个15米×15米的大探方，并用大写字母从左向右、自上而下编排（A-R）；每一大方内

图三

a. 布特卡拉 I 号遗址大塔　b. 布特卡拉 I 号遗址平面图　c. 布特卡拉 I 号遗址大塔扩建遗迹　d. 布特卡拉 I 号遗址僧院局部

再分作 4 个 7.5 米 × 7.5 米的中方，以阿拉伯数字次第排列（1—4）；每个中方包含 9 个边长 2.5 米的基础探方，且以小写字母从左向右、自上而下标示（a-i，图四：c）。发掘结果显示：虽然僧坊地面较大塔地面略高，但呈现出与其确凿的同步地层及相继地面（a stratigraphy and succession of floors pointing to a certain synchrony with those of ST.），两者以梯道相连，是一组经过统一设计、毗邻营造的塔寺（图四：d）[19]。

据主持遗址发掘工作的多米尼克·法谦纳等人的研究，赛度·谢里夫 I 号遗址的佛教建筑，始建于公元 1 世纪，4 世纪时趋于衰微，5 世纪时废止[20]。其中，塔院布局的演

图四　a.赛度·谢里夫Ⅰ号遗址大塔　　　图四　b.赛度·谢里夫Ⅰ号遗址僧坊

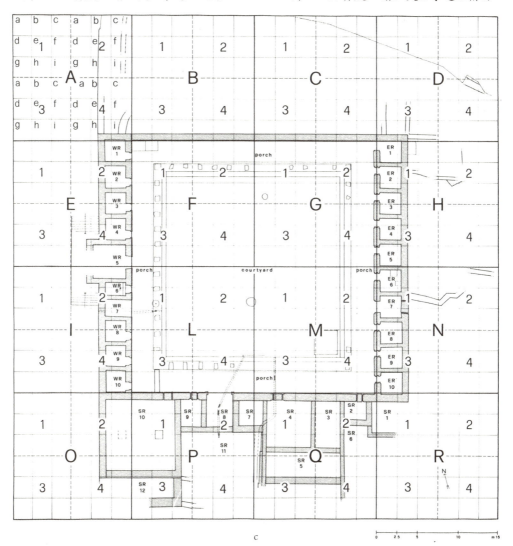

图四　c.赛度·谢里夫Ⅰ号遗址僧坊平面图

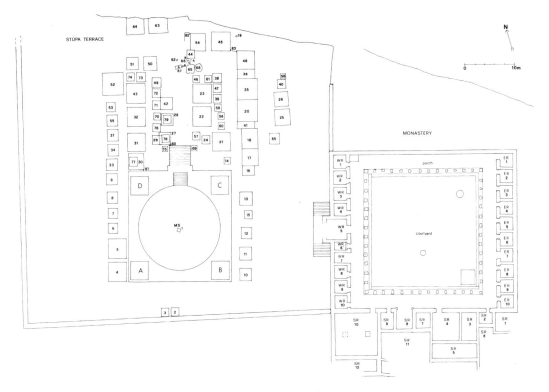

图四　d. 赛度·谢里夫 I 号遗址平面图

变大体可以分作三期：第一期为公元 1 世纪，更确切地说，是公元 25 年至公元 1 世纪末，大塔与踏道两侧及前方的建筑对称布局；第二期相当于 2 至 3 世纪，小型建筑数量骤增，出现了部分晚期建筑包砌早期建筑的现象，即早期建筑的重修和扩建，后来对空间的需求促使台地进一步向北拓展；第三期大约为 4 至 5 世纪，没有大规模的营造活动[21]。依据考古地层与建筑之间彼此的关系，僧坊也可分作三期：第一期约公元 1 世纪，营造东西两侧的小僧房并围砌了长方形院墙，院内空间宽敞，建筑结构规制，这"可能是内有庭院类精舍（僧坊）的最早实例之一"[22]；第二期相当于 2 至 3 世纪，是赛杜·谢里夫 1 号佛寺的扩展期，相继增建了南侧的公共用房；第三期大约为 4 至 5 世纪，雨水等引起僧坊南侧及西侧部分建筑倒塌，导致僧坊缩减至原始规模，佛寺逐渐衰落[23]。

3. 塔赫特巴希及其他

古代犍陀卫国境内的佛教遗迹，以塔赫特巴希（Takht-i-Bāhī）最为重要。这处遗址位于今马尔丹市北大约 13 千米处，即古代犍陀罗的中心。19 世纪中叶以降，欧洲学者一直关注这处遗迹。1875 年，印度考古调查局坎宁安发表了塔赫特巴希遗址最早的调查报告[24]。1907 至 1908 年，印度考古调查局斯普纳对这处遗址进行了大规模的发掘[25]。1910 至 1911 年，印度考古调查局哈格里夫斯对遗址做了进一步清理[26]。一直到前几年，巴基斯坦考古工作者仍在这处遗址周边区域进行系统的考古工作（图五：a）。

　　根据考古发掘报告并参考汉译佛典，塔赫特巴希遗址中的佛寺遗迹主要包括浮图 (bhuda/stūpa)、僧坊 (vihare/vihāra)、中庭 (central court)、布萨处 (uposathāgāra) 或讲堂 (prāsāda) 以及其他附属设施如院、仓、库、廊等（图五：b）。佛寺入口开在西南面，由入口到中庭西端，右转向东即可进入中庭之内。中庭地面小塔密布，三面环建较大佛龛 (chapel)；一条南北向砖铺道，穿过奉献小塔及龛像联通浮图 (bhuda) 与僧坊 (vihare)，即塔院 (stūpa court) 与僧院 (vihāra court)。在遗址北部、紧靠僧坊的西侧，是一座较大的露天方院，边长 15.24 米，围墙高达 9.14 米，仅南壁东侧开一门道。关于这座方院，威尔（F. H. Wilcher）推测为荼毗之所，坎宁安认为是僧伽集聚之处，斯普纳根据傅塞（M. Foucher）之说推想为会堂，我们疑为汉译佛典所记之"布萨处"。塔赫特巴希遗址中的佛教遗迹，堪称犍陀罗地区迄今发掘出土的佛寺遗址之典范，其中浮图和僧坊是其最重要的组成部分[27]。

　　距塔赫特巴希遗址不远的瑟赫里·巴赫洛尔（Sahrī-Bahlol）佛寺遗址，除了贝柳（H.W. Bellew）发现的德马米（Dhamāmi）寺址中央置塔、周匝建僧房外，其余佛教遗址大多属于这种布局，即浮图与僧坊并

a

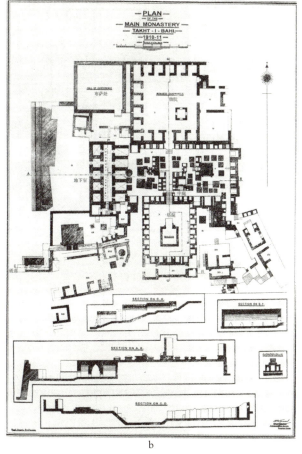

b

图五

a. 塔赫特巴希遗址　　b. 塔赫特巴希遗址平面图

列营造[28]。

4. 达摩拉吉卡

位于今塔克西拉市哈提亚尔山（Hathiāl）与塔姆拉河（Tamrānālā）之间的达摩拉吉卡遗址，是古代竺刹尸罗国境内现存最早的佛寺遗迹，推测为孔雀王朝阿育王始建（图六：a）。1913 年，印度考古调查局马歇尔开始发掘这处遗址，并在 G5 号址出土了一长 6.25 吋（15.88 厘米）、宽 1.35 吋（3.43 厘米）的银卷，上刻犍陀罗语佉卢字铭文五行，内有"dhatuo dhamaraie Tachhaśie（呾叉始罗达摩拉吉塔）"字样，故通称达摩拉吉卡遗址[29]。依据马歇尔考古报告，大塔位于遗址中央，平面圆形，塔基（terrace）略高，四面置踏道，塔基和踏道东西长 150 呎（45.72 米），南北宽 146 呎 6 吋（44.65 米），塔身底径 115 呎（35.1 米），塔残高 45 呎（13.72 米）。大塔内核以毛石垒筑（rough rubble masonry），外用十六道厚 3 呎 2 吋至 4 呎 9 吋（97 至 145 厘米）的石灰岩轮辐加固，从中心向外呈不规则的放射状分布，这可能是大塔成为废墟后扩建的。公元前 1 世纪中叶，在大塔周围增建一圈小塔，如 R4、S8、S9、B6、B3、B7、B17、B20、D10、D1、D2、D3 塔等，其中 R4、S8、S9、B6、B3 等塔址出土有舍利盒。大塔因为公元 1 世纪前半的大地震受损，现存覆钵 (dome/aṇḍa) 和塔身（drum/methī），应为震后，即 1 世纪后半重修。从半琢石型（semi-ashlar type）圬工（masonry，石工技术）推测，塔基与踏道的重修应在贵霜时期，即公元 2 世纪左右。至于塔身底部的装饰带，则是 4 至 5 世纪时对大塔所做的最后重妆。大塔与周匝小塔之间的礼拜道（pradakṣiṇā-patha），有三层相继地面，推测第一层是阿育王时期营造的原始地面，第二层大约是公元 1 世纪扩建大塔时铺就，第三层应是 4 至 5 世纪大规模修复时所为[30]。大塔西侧的一组房址，如 E1、E2、F1 至 F3、T2 至 T7 显然是僧人的居住场所，平面形制与同时期或偏早的比尔丘（Bhir Mound）或锡尔克普（Sirkap）遗址中的民居相似（图六：b）。因此，早在方形僧坊[31]流行之前，这些栖居场所就已经存在了[32]。

马歇尔曾经主持发掘桑吉和竺刹尸罗国境内其他遗址，对于佛教寺院有相当研究。他认为：在佛教的早期阶段，僧伽蓝或僧院（saṅghārāma or monastery）只是一座庭园式的静修场所，内设若干建筑，便于夏居时游方僧（itinerant bhikshus）栖居。这些建筑包括僧舍、食堂、厨房、澡堂、亭子等，它们彼此独立建造，似乎并未按照某种既定布局设计。在古代竺刹尸罗国，现已发掘出土的僧舍遗址，没有任何早期僧舍可以定在公元元年之前。达摩拉吉卡遗址中现存最早的居住址包括三组：大塔西侧的 E1 至 E2、F1 至 F3 和 T2 至 T7，北侧的 V1 至 V5 和第 4 号塔（Stūpa 4）西侧的 W1 至 W5 遗址。所有这些建筑，似乎都是萨卡晚期（later Śaka period）[33]以毛石 (rubble) 砌成，在大地震之后的某个阶段再以菱形圬工法(diaper masonry)修复。此外，马歇尔推测大塔东侧原来可能也有一排僧舍，大塔南侧似乎仅有一道围墙，大塔北部应有聚会厅、亭子和食堂等[34]。

1934 至 1937 年，印度考古调查局汗萨希卜·西迪吉（Khan Sahib A. D. Siddiqi）用

a

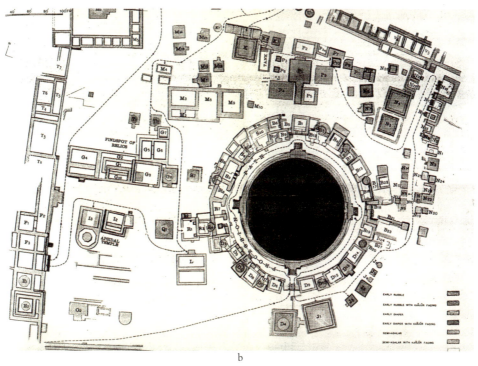

b

图六

a.达摩拉吉卡遗址　b.达摩拉吉卡大塔遗址平面图

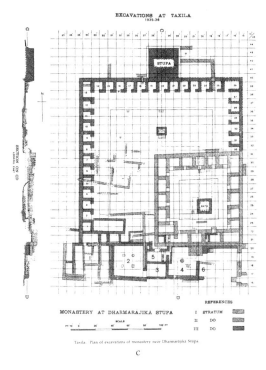

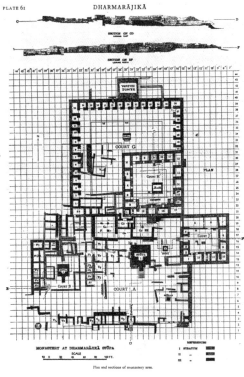

图六

c. 达摩拉吉卡 G 僧院遗址及相关遗迹平面图
d. 达摩拉吉卡僧院遗址平面图

三个发掘季对大塔北部的僧院遗址进行调查和清理，考古发掘范围南北长 450 呎（137.16 米），东西宽 370 呎（112.78 米），发掘结果显示：大塔北侧的遗址地层分为三层，年代可以分作四期[35]。第一期：第 1 号塔、第 4 号塔（Stūpa 1 和 Stūpa 4）及其塔院（stūpa-court）西侧与南侧成排的房间，起始于萨卡晚期，两塔内核皆以毛石垒砌，外表镶嵌肯久尔（kañjūr）石块，房间原以毛石砌筑，后用菱形坏工法修复。第二期：大型僧院 G（large court of cells G）及其南侧的公共场所（Ga-Gd），也包括东侧僧院 J（Court J）的底层（下层）遗迹，以半琢石坏工法的早期类型砌筑，始于公元 2 世纪（大概是 2 世纪后半）。第三期：小型僧院 H（Court H），包括僧院 J 的第二层（中层）遗迹，以半琢石坏工的晚期类型砌筑，始于 4 世纪或 5 世纪。第 2、3 号塔（Stūpa 2 和 Stūpa 3）与之同时营造。第四期：僧院 H 和僧院 J 的最晚地层（上层）遗迹和遗址内其他区域的诸多围墙，以颓废的半琢石坏工或难以归类的坏工技法（nondescript masonry）垒砌，始于 6 世纪或 7 世纪。其中，第 1 号塔所在僧院 A（Court A），南北长约 109 呎（33.2 米），东西宽约 107 呎（32.6 米），包括南侧和西侧的两排房址 Y1—Y5 和 X1—X5，房间用毛石砌筑，后以菱形坏工修复，推测与第 1 号塔同时建造，大概也与主塔（Main Stūpa）西侧的 E1 至 E2、F1 至 F3、T1 至 T7 遗址同时。除第 4 号塔及围绕此塔的小型僧院 B（Court B），僧院 A 中没有其他遗迹早于公元 2 世纪[36]。第 4 号塔建造于大僧院 A 西侧的小僧院 B 中，在年代上与第 1 号塔相距不会太远[37]。

到了公元 2 世纪后半或 3 世纪初，即不晚于波调（Vāsudeva）统治时期，在塔院 A（stūpa-court A）的北部新建了大型僧院 G（Court G）以及新院入口处的聚会厅和三间其他公共房舍（Ga-Gd），后者打破了塔院 A 北侧的部分早期建筑。新建的僧院 G，应是整个遗址中这种类型的第一处，平面近正方形，边长约 203 呎（61.87 米），僧房置于院子四周，皆面向中央庭院，前有廊道。地面一层有 52 间僧房，上层（第二层）大概应建有同样数量，但东南侧的僧房被叠压于晚期修建的僧院 H 之下（图六：c）。僧院 G 以半琢石圬工的早期类型砌筑，从技术角度来讲，半琢石圬工可以上溯到公元 2 世纪中叶。因此，僧院 G 很可能是胡维色迦乃至前王迦腻色迦一世时营造的[38]。

大约在营造僧院 G 及其南侧房舍时，在塔院 A 的东侧增建了小型僧院 J。僧院 H 系在僧院 G 的废墟上重建，故而其地面较僧院 G 的地面高出数呎，也高于塔院 A 的地面；僧院 H 可能在 5 世纪后半叶被白匈奴焚毁。当时不仅达摩拉吉卡，竺刹尸罗国境内的其他佛寺也都被毁；之后的修复乃至重建范围非常有限[39]。此外，主塔区西北角的僧院 M6，以毛石和半琢石圬工建筑，南北长 91 呎（27.74 米），东西宽 105 呎（32 米）；院中央残存的方形塔基，边长 20 呎 6 吋（6.25 米），塔基东侧踏道长 10 呎 6 吋（3.2 米）；佛塔与僧房之间没有廊道，僧房自身体量不一，这些特征表明其营造时间应为公元 2 世纪，与僧院 G 大体同时，或许还要略早一些（图六：d，参见图六：b）[40]。

依据现存遗迹，达摩拉吉卡遗址与布特卡拉 1 号寺址有诸多相似之处，如大塔与僧舍或僧院的原始布局及后来的多次改建，二者应属同一种类型的僧伽蓝。

5. 焦莲及其他

除达摩拉吉卡遗址外，古代竺刹尸罗国境内的焦莲 (Jauliāñ) 佛寺颇为重要。根据马歇尔考古报告，焦莲遗址"包括一座中等规模之寺（a monastery of moderate dimensions）及其旁侧的两座塔院 (two stūpa courts)。二塔院的地面不同，南侧较高，北侧略低。此外，北侧塔院西边尚有一较小的方院与之衔接。主塔置于南侧高院，四周奉献小塔密布；院四面所置佛龛，照例皆面向主塔。北侧低院及另一方院置有同样的小塔及佛龛。至于那座中等规模之寺，与莫赫拉·莫拉杜（Mohrā Morādu）寺址的布局相同，方院周围建置僧房；此外，还有会堂、厨房及其他附属设施。"[41]

实际上，马歇尔所称"中等规模之寺"就是僧坊，至于二塔院，系一座大型塔院的两个组成部分。大塔位于南部中央，周围和踏道两侧及前部密布奉献塔和龛像等；塔院周匝建置高大佛龛。其僧坊，与赛度·谢里夫 I 号和塔赫特巴希遗址中的僧坊相似，为两层结构，水池、排水槽、灯龛、佛龛、经行路及楼梯具备，说戒堂 / 讲堂、食堂、厨、仓、厕等设施完善（图七）。

至于莫赫拉·莫拉杜和珀马拉（Bhamāla）的佛寺遗址，也是大塔与僧坊并列布局，前者大塔居东，僧坊紧邻西侧而建；后者塔院在西，僧坊营造于东侧[42]。其中，马歇尔

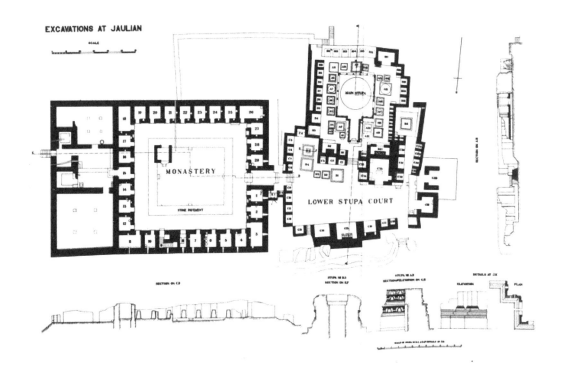

图七　焦莲佛寺遗址平面图

1930 至 1931 年发掘了珀马拉佛寺遗址，出土主塔和东侧僧院。2013 年，巴基斯坦哈扎拉大学（Hazara University）考古队在珀马拉佛寺遗址主塔西侧揭露出土了一身大型涅槃像和另一座佛塔。这处遗址的年代，马歇尔定在 5 世纪后半之前，日本桑山正进依据主塔的十字形平面，推定在 7 至 8 世纪[43]。

6. 金迪亚尔与毕钵罗

古代竺刹尸罗国境内另外两处值得关注的遗址，一处是金迪亚尔（Jaṇḍiāl）B 丘，另一处是毕钵罗（Pippala）废墟。

金迪亚尔 B 丘，亦称巴伯尔·汗纳（Babar-Khäna）遗址，在坎宁安《竺刹尸罗废墟图》上标为第 40 号，是一处塔寺遗址。佛塔置于方院中央，旁侧出土若干房舍。根据马歇尔考古报告，中央佛塔始建于萨卡·帕提亚（Śaka-Parthian）时期[44]，3 或 4 世纪时在原址上进行了重建。这处遗址最重要之处，"是塔院北面和西面地基的特殊布局。佛塔始建时，尚未出现庭院周匝对称设置佛龛之法，后者乃晚期佛寺布局之特征。实际上，我们也不能肯定现存房舍遗址那时曾被僧众居住过。Q、R、S 那组可能用以居住，但东北角的大型建筑 T 显然是一座露天方院，从其北墙中部朝院内伸出的小室可能为佛堂。塔院西侧，似有一组狭长房舍（N、O、P），实际上只是凸起的平台地基。"[45]

毕钵罗废墟亦分属两个时期。东侧部分为塔寺，始建于萨卡·帕提亚晚期或贵霜初，周匝建置僧房，中央方形塔基（Stūpa A）北向。这座早期佛寺"在四、五世纪之前已成废墟，因为那时在其西侧的部分废址之上又起建了另一座僧院，地基完全覆盖了西侧的古老廊房。与此同时，早期塔寺的其余部分被改造，除了方院中央的佛塔及周匝僧房的后墙，其余建筑一律拆除、铲平，僧房的后墙变成了新院的围墙。"（图八）[46]

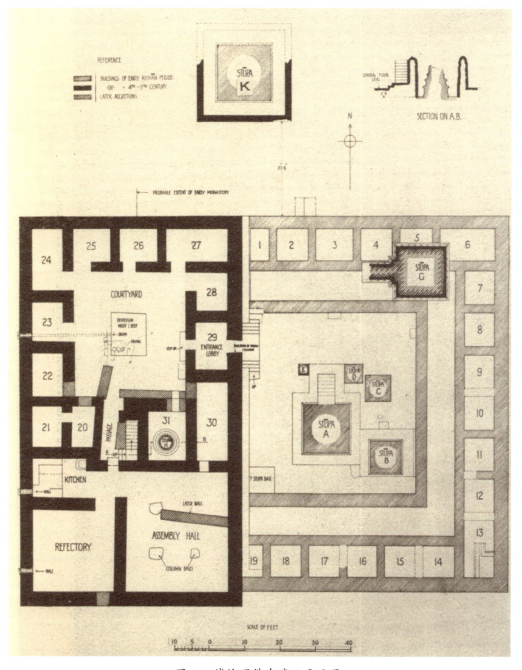

图八　毕钵罗佛寺遗址平面图

三 汉文佛典

上述僧伽蓝，与当时中土西行求法高僧所记和佛典所载罽宾地面佛寺的布局基本相符。如北魏杨衒之《洛阳伽蓝记》卷五征引《宋云家纪》和《惠生行纪》记述乌苌国城北陀罗寺，"浮图高大，僧房逼侧。"唐道宣《四分律删繁补阙行事钞》卷下《主客相待篇》记载："客僧受房已，问主人已，应先礼佛塔。"[47]这说明：佛塔应为地面佛寺的中心，僧房或僧院乃佛寺之必置。"若比丘独阿兰若处十五日，布萨时，应洒扫塔、寺、布萨处及中庭，次第敷座。"[48]因此，浮图、僧坊、中庭及布萨处系一座大型僧伽蓝的基本组合。

唐道世《法苑珠林》卷六十二《祭祠篇·献佛部》曰："初立寺时，佛院、僧院各须位别。如似大寺，别造佛塔。"[49]西晋沙门法立与法炬共译《佛说诸德福田经》云："佛告天帝：复有七法广施，名曰福田，行者得福，即生梵天。何谓为七？一者，兴立佛图、僧房、堂阁；二者……"[50]这里，把兴立佛图、僧房及堂阁置于福田七法之首，可见佛主对其极为重视。北魏吉迦夜与昙曜共译《杂宝藏经》卷五《长者为佛造讲堂获报生天缘》记载："尔时王舍城，频婆娑罗王为佛造作浮图、僧房。有一长者……便于如来经行之处，造一讲堂，堂开四门。后时命终，生于天上……佛言：'本在人中，造佛讲堂，由是善因，命终生天。'"又，同卷《长者见王造塔亦复造塔获报生天缘》记述："尔时耆阇崛山南天竺有一长者，见频婆娑罗王为佛作好浮图、僧坊，亦请如来，为造浮图、僧房（坊）住处。其后命终生于天上……佛言：'……由此善业，得生天上。'"[51]

至于律藏，失译（今附东晋录）《菩萨本行经》[52]卷中曰："正使布施百辟支佛……所得功德，不如起塔、僧房、精舍。"[53]东晋佛陀跋陀罗共法显译《摩诃僧祇律》和前引道宣《四分律删繁补阙行事钞》等皆推崇塔院与僧院。除了修行、供养和礼忏之外，僧众每日"晨起……应当扫塔院、僧坊院"。"晨起，扫塔院、僧院"。"至布萨日，应扫塔及僧院"。"若塔院、僧院内见不净者，应除去。"[54]"若作说戒，常法半月恒遵。每至说晨，令知事者点知僧众，谁在谁无？健病儿人？几可扶来？几可与欲？如是知已，令拂拭塔庙、洒扫寺院。""若布萨日，扫塔、僧院。"[55]

因此，"礼塔即礼佛"之传统思想和佛说兴造浮图与僧坊之善果，辅以严格之戒律，使天竺僧伽蓝中的浮图、僧坊及讲堂等，在四众的心目中占据着崇高地位。

鉴于浮图（塔）与僧坊（寺）系天竺早期辟地新建佛寺的主体，这种僧伽蓝当时也称"塔寺"。北魏吉迦夜与昙曜共译《杂宝藏经》卷五《长者夫妇造作浮图生天缘》曰："舍卫国有一长者，作浮图、僧坊。长者得病，命终生三十三天。妇追忆夫，愁忧苦恼，以追忆故，修治浮图及与僧坊，如夫在时。夫在天上，自观察言：'我以何缘生此天上？'知以造作塔寺功德，是故得来。自见定是天身，心生欢喜，常念塔寺，以天眼观所作塔寺，今谁料理？即见其妇，昼夜忆夫，忧愁苦恼，以其夫故，修治塔寺……供养佛僧，作众功德，发愿生天。其后命终，即生彼天宫。夫妇相将，共至佛边。佛为说法，得须陀洹。诸比丘等惊怪所以，便问：'何业缘故得生此天？'佛言：'昔在人中，作浮图、僧坊，供养佛僧。由是功德，今得生天。'"[56] 据此，浮图、僧坊当时合称"塔寺"，即 bhuda-vihare 或 stūpa-vihāra。又，前引《洛阳伽蓝记》卷五记述乾陀罗国"如来舍头施人处""如来挑眼施人处""如来为尸毗王救鸽之处"皆"起塔寺"[57]，应属这种类型的佛寺。

四　结语

古代天竺辟地新建的僧伽蓝，通常由 bhuda/stūpa（浮图/塔）与 vihare/vihāra（僧坊/寺）构成，只是早期皆以佛塔为中心。

基于发掘出土的重要佛寺遗址，结合巴利语律藏和汉译佛典，我们可以大体推演犍陀罗地面佛寺的发展情况。作为佛世两座著名的僧伽蓝之一，祇洹精舍始建时，主要营造了香殿、芒果殿、僧舍、经行处和其他生活设施。佛涅槃后，精舍内增建了塔殿和诸多僧坊，后来更修筑了许多奉献塔。因此，祇洹精舍可以看作是公元前 5 世纪迄公元 12 世纪天竺僧伽蓝发展演变之缩影。犍陀罗地区营造的僧伽蓝或佛寺，应在祇洹精舍（或许也包含竹林精舍）的基础上演变而成，可以大体分作以下三种类型。

第一种类型：大塔位于僧伽蓝中央，附近或旁边"葺茅为宇"[58]，创始时间应在佛灭后不久，八王分舍利后各自所造佛塔应属此式，如毗舍离王所造佛塔和蓝莫国之蓝莫塔等[59]。这种僧伽蓝在阿育王前后发扬光大，犍陀罗地区布特卡拉 I 号遗址、达摩拉吉卡遗址堪称这种类型僧伽蓝的代表。其中，布特卡拉 I 号遗址的"僧住处"位于大塔北侧，达摩拉吉卡遗址的早期"僧住处"亦置于大塔北侧。这二处遗址中，大塔与"僧住处"彼此有一定距离，"僧住处"平面不规则。

第二种类型：在第一种僧伽蓝的基础上发展而来，浮图与僧坊统一经营，即 bhuda 与 vihare 毗邻建筑。这种僧伽蓝，创始时间大约在公元前 2 世纪或前 1 世纪，盛行于贵霜时期，笈多时仍在使用，后来陆续增设了若干附属设施[60]。第二种僧伽蓝，包括雀离浮图与迦腻色迦僧坊、赛杜·谢里夫 I 号遗址、塔赫特巴希佛寺遗址、瑟赫里·巴赫洛尔寺址、焦莲遗址、莫赫拉·莫拉杜遗址、珀马拉寺址等。

这种类型僧伽蓝的流行，疑受到了雀离浮图与迦腻色迦僧坊的影响。传说迦腻色迦曾召集胁尊者（波栗湿缚）及法救 (Dharmatrāta)、妙音（Ghoṣa）、世友（Vasumitra）、觉天 (Buddhadeva) 等五百圣众结集三藏，其中胁尊者即栖居于"迦腻色迦僧坊"。后来，世亲（婆籔盘豆）及如意（末笯葛刺他）也都在迦腻色迦僧坊有固定房室，即玄奘所谓"旌召高僧，式昭景福"。雀离浮图与迦腻色迦僧坊是当时西域最重要的佛教中心[61]。汉文佛典记载的"塔寺"，可能就是指这种类型的僧伽蓝。

第三种类型：在方形或长方形庭院中央造塔，四周对称设置僧房，即浮图与僧坊合一，创始时间当在公元 2 世纪前后，流行于 3 至 5 世纪，代表遗迹有达摩拉吉卡遗址中的塔院

A、塔院 B 和 M6 遗址、瑟赫里·巴赫洛尔的德马米遗址、金迪亚尔 B 丘、毕钵罗寺址等。这种僧伽蓝或塔寺，疑在第二种类型的基础上发展而来，但具体演变轨迹不清。依据考古发掘，拘睒弥国瞿师罗园中的大塔为阿育王所建，但环绕佛塔的方形僧坊则完成于公元 2 世纪，由此形成这种塔寺布局；大约 3 至 4 世纪，以主塔为中心重新垒砌了围墙。

1991 年 8 月，在宿师季庚先生教导下，我开始学习古代天竺的地面佛寺。2015 年春季，我先梳理出祇洹精舍资料。同年 12 月，因为参加新德里举办的学术会议用英文写就 Jetavanārāma and Early Saṃghārāmas of China。向本师呈递原稿并汇报后，先生让我译成中文发表，同时期望我能扩大研究范围。宿先生对我恩惠深厚，唯有勤奋努力、用自己的学术成果报答本师。为实现先师遗愿，我于 2018 年 11 月草就《天竺僧伽蓝的初步考察》。这次北京大学考古文博学院编辑《宿白先生纪念文集》，先把有关犍陀罗佛寺布局的部分整理出来，以纪念先师培育之恩，同时请同好指正。

注　释

[1]（法）沙畹著、冯承钧译：《宋云行纪笺注》，冯承钧：《西域南海史地考证译丛六编》（第 1—68 页），后收入冯承钧：《西域南海史地考证译丛（第二卷）》，商务印书馆，1995 年，第 7 页。

[2] *Archaeological Survey of India: Four Reports made during the years 1862-63-64-65* by A. Cunningham, Vol. I (1871): 330-348, esp. 89; M. Foucher, "Notes sur la géographie ancienne du Gandhāra", *Bulletin de l'Ecole Française d'Extrême-Orient*, Tome I (1901): 322-329.

[3] 参见杨廷福：《玄奘生平年谱》，杨廷福：《玄奘论集》，齐鲁书社，1986 年，第 110—112 页；章巽：《〈大唐西域记〉校点本前言》，《章巽文集》，海洋出版社，1986 年，第 173、174 页。

[4]（唐）慧立、彦悰撰、孙毓棠、谢方点校：《大慈恩寺三藏法师传》，中华书局，2000 年，第 10—11、123 页；周连宽：《大唐西域记史地研究丛稿》，中华书局，1984 年，第 1—3、319 页。

[5]（唐）玄奘撰、向达辑：《大唐西域记古本三种》，中华书局，1981 年，第 31—40 页。

[6]（东晋）法显撰、章巽校注：《法显传》，上海古籍出版社，1985 年，第 39 页。

[7]（北魏）杨衒之撰、周祖谟校释：《洛阳伽蓝记》，中华书局，1963 年，第 214—220 页。

[8] D. B. Spooner, "Excavations at Shāh-jī-kī Dhēri", *Archaeological Survey of India: Annual Report 1908-9*(1912): 38-59, Pls. X-XIV.

[9] 第一、三、四段铭文，分别英译如下：For the acceptance (or, as the property) of the Doctors of the school of Sarvāstivādins; May this pious gift redound to the welfare and happiness of all creatures; The slave Agisalaos, the Superintendent of Works at the *vihāra* of Kanishka in the monastery of Mahāsēna. D. B. Spooner, "The Kanishka Casket Inscriptions",

Archaeological Survey of India: Annual Report 1909-10 (1914): 135-41, Pls. LII-LIII.

1929 年，奥斯陆大学教授科诺（Sten Konow）依据照片对此四段铭文再做校释：*1. saṁ [I ma][haraja*]sa Kani(ṇi)[skhasa*]. imaṇa(na)g(r)ar[e] [dha]..g(r)aryaka; 2. deyadharme sarvasatvana[ṁ](ṇaṁ) hidasuhartha[ṁ] bhavatu; 3. dasa Agiśala ṇa(na)vakarmia [Ka*]ne(ṇe) shkasa vihare Mahasena(ṇa)sa saṁgharame; 4. acharyana[ṇa] sarvastivatina[ṇa] pratigrahe；* 英 译 为 In the year 1 of (the mahārāja) Kanishka, in the town. ima, connected with the … mansion, this religious gift—may it be for the welfare and happiness of all beings, -- the slave Agiśala was the architect, --in Kanishka's Vihāra, in Mahāsena's Saṁghārāma, in the acceptance of the Sarvāstivādin teacher. Sten Konow, *Kharoshṭhī Inscriptions with the exception of those of Aśoka.* Oxford: Oxford University Press, 1929: 135-37, esp. 137.

2000 年 10 月初，柏林自由大学教授法尔克（H. Falk）在白沙瓦博物馆现场对舍利盒上原始佉卢字铭文仔细观察和分析后重新调整铭文次第并释读如下：*2. kaniṣkapure ṇagare ayaṃ gadhakaraṃde.. tali (mahara)jasa kaṇi 4.ṣkasa vihare mahasenasa saṃgharakṣitasa agiśala-navakarmiana 3.deyadharme(.) sarvasatvana hitasuhartha bhavatu(.) 1. acaryana sarvastivatina pratigrahe；* 英 译 为："In the town Kaniṣkapura this perfume box ... is the pious donation of the architects of the fire-hall, viz. of Mahâsena (and) Saṃgharakṣita, in the monastery (founded by) the (Mahârâ)ja Kaniṣka. May it be for the welfare and happiness of all beings. In the acceptance of the teachers of the Sarvâstivâda school". Harry Falk, "The inscription on the so-called Kaniska casket", *Silk Road Art and Archaeology*, No. VIII (2002): 111-120, esp. 113.

关于这件舍利盒的年代，参见：Elizabeth Errington, "Numismatic evidence for dating the 'Kaniṣka' reliquary", *Silk Road Art and Archaeology*, No. VIII (2002): 101-110.

[10]法显在记述乌苌国佛教时，明确阐释"众僧住止处为僧伽蓝"。(东晋)法显撰、章巽校注：《法显传》，上海古籍出版社，1985 年，第 33 页。

[11] *Punjab Govt. Gazette,* Supplement, 18th November 1875.

[12] H. Hargreaves, "Excavations at Shāh-jī-kī Dhērī", *Archaeological Survey of India: Annual Report 1910-11* (1914): 25-32, Pls. XIII-XVI.

[13] M. Nasim Khan, *Buddhist Paintings in Gandhāra,* Peshawar: Printo Graph/ M. Nasim Khan, 2000: 27-34.

[14] 纳西姆·汗认为：与其说 vihāra 是指佛寺中的其他建筑，不如说就是佛塔。参见：M. Nasim Khan, "Studying Buddhist Sculptures in Context (I): The Case of a Buddha Figure from But Kara III, Gandhāra,"《創価大学国際仏教学高等研究所年報》，第 22 号 (平成 30 年度) / *Annual Report of the International Research Institute for Advanced Buddhology at Soka University* for the Academic Year 2018, Vol. XXII: 347-358.

[15]Domenico Faccenna, *Butkara I (Swāt, Pakistan) 1956-1962,* Text, Rome: IsMEO, 1980, Part 1: 173-74; Part 3, Pl. XVIII; Part 4, Pl. XXIV.

[16] Domenico Faccenna, ibid., Part 1: 167-174; Part 3: 627-636, Pl. XVIII; Part 4: 730-736, Pl. XXIV.

［17］Giuseppe Tucci, "Preliminary Report on an Archaeological Survey in Swāt", *East and West*, Vol. IX (1958), No. 4: 279-348, esp. 280, 288; Domenico Faccenna, ibid., Part 1: 171-172.

［18］Pierfrancesco Callieri, *Saidu Sharif I (Swat, Pakistan) 1, The Buddhist Sacred Area; The Monastery*, Rome: IsMEO, 1989: 3-141, esp. 4; Figs. 2-3.

［19］Domenico Faccenna, *Saidu Sharif I (Swat, Pakistan) 2, The Buddhist Sacred Area; The Stūpa Terrace,* Text, Rome: IsMEO, 1995: 143-163, esp. 145, Figs. 22-23.

［20］Domenico Faccenna, *Saidu Sharif I...*: 143-163, esp. 157-159; Francesco Noci et al, Saidu Sharif I (Swat, Pakistan) 3, The Graveyard, Rome: IsIAO, 1997: 107-111, esp. 111.

［21］Domenico Faccenna, *Saidu Sharif I…*: 143-159.

［22］（意）法切那、卡列宁：《塞杜沙里夫一号佛教寺院》，卡列宁等编著：《犍陀罗艺术探源》，上海古籍出版社，2015 年，第 121 页。

［23］Pierfrancesco Callieri, ibid.,105-111, 117-120.

［24］A. Cunningham, *Archaeological Survey of India: Report for the Year 1872-73* (1875)/ Vol. V: 23-36, Pl. VI-X.

［25］D. B. Spooner, "Excavations at Takht-i-Bāhī", *Archaeological Survey of India: Annual Report 1907-08* (1911): 132-48, Pls. XL-L.

［26］H. Hargreaves, "Excavations at Takht-i-Bāhī", *Archaeological Survey of India: Annual Report 1910-11* (1914): 33-39, Pls. XVII-XXII.

［27］李崇峰：《从犍陀罗到平城：以地面佛寺布局为中心》，李崇峰：《佛教考古从印度到中国》，上海古籍出版社，2014 年，第 267—312 页。

［28］Chongfeng Li, "Site-plan of the Buddhist Saṃghārāma at Sahrī-Bahlol, Gandhāra", in *From Local to Global: Papers in Asian History and Culture,* ed. Kamal Sheel et al, Delhi: Buddhist World Press, 2017: 421-447.

［29］John Marshall, *Taxila: An Illustrated Account of Archaeological Excavations carried out at Taxila under the Orders of the Government of India between the Years 1913 and 1934*, 3 vols., London: Cambridge University Press, 1951, Vol. I: 256-57.

［30］John Marshall, *Taxila*, Vol. I. 236-39.

［31］在犍陀罗，方形僧坊大约公元 1 世纪或 2 世纪才流行，如紧挨这些房址北面的那座 M6 遗址。

［32］John Marshall, ibid.,246-47.

［33］马歇尔推测早期萨卡纪元（Early Śaka era）大约始于公元前 155 年，萨卡纪元始于（Beginning of Śaka era）公元 78 年。参见：John Marshall, ibid., 84-85.

［34］John Marshall, ibid.,274-75.

［35］Khan Sahib A. D. Siddiqi, "Excavations at *Taxila*", *Archaeological Survey of India: Annual Report 1934-35* (1937): 28-31, Pl. V; Khan Sahib A. D. Siddiqi, "Excavations at Taxila,"*Archaeological Survey of India: Annual Report 1935-36* (1938): 33-35, Pl. IX; Khan Sahib A. D. Siddiqi, "Excavations at *Taxila*", *Archaeological Survey of India: Annual Report 1936-37* (1940): 36-39, Pl. V.

［36］僧院 A 原来只在南侧和西侧建有房舍，东侧和北侧似乎没有什么遗迹？若然，它们似为大塔营造初期的僧众栖居之处。

［37］John Marshall, *Taxila*, Vol. I: 275-277.

［38］John Marshall, ibid., 280-282.

［39］John Marshall, ibid., 284-286.

［40］John Marshall, ibid., 290-291.

［41］John Marshall, Excavations at Taxila: *The Stūpas and Monastery at Jauliāñ*, Memoir No. 7 of the Archaeological Survey of India, Calcutta: Archaeological Survey of India, 1921: 3-19, esp. 3; John Marshall, *Taxila,* Vol. I: 368-87, esp. 369.

［42］John Marshall, *Taxila*, Vol. I: 358-364, 391-397, Pls. 93, 114.

［43］John Marshall, *Taxila*, Vol. I: 397;（日）桑山正進「タキシラ仏寺の伽藍構成」，《東方學報》，第 46 冊，京都大學人文科學研究所，1974 年，第 327—354 页；（日）桑山正進：《カービシー＝ガンダーラ史研究》，京都大學人文科學研究所，1990 年，第 1—32 页。

［44］马歇尔所言萨卡·帕提亚（Śaka-Parthian）时期，大约从公元前 90 年到公元 50 年。参见：John Marshall, *Taxila,* Vol. I: 84-85.

［45］John Marshall, ibid.,356.

［46］John Marshall, *Taxila*, Vol. I: 365-67, esp.365; Vol. III: Pls. 98a, 99a-b, 100a.

［47］《大正藏》No.1804，第 40 卷，第 142a 页。

［48］（后秦）弗若多罗、鸠摩罗什译：《十诵律》卷五十六《比丘诵》，《大正藏》No.1435，第 23 卷，第 411a 页。

［49］（唐）道世撰、周叔迦、苏晋仁校注：《法苑珠林》，中华书局，2003 年，第 1831 页。

［50］《大正藏》No.683，第 16 卷，第 777b 页。

［51］《大正藏》No.203，第 4 卷，第 475c 页。

［52］参见吕澂：《新编汉文大藏经目录》，齐鲁书社，1980 年，第 68 页。

［53］《大正藏》No.155，第 3 卷，第 114c 页。

［54］《摩诃僧祇律》，《大正藏》No.1804，第 22 卷，第 429b、第 433a、第 450b、第 504c 页。

［55］（唐）道宣撰：《四分律删繁补阙行事钞》卷上，《大正藏》No.1804，第 40 卷，第 23c、35a 页。

［56］《大正藏》No.203，第 4 卷，第 473b-c 页。

［57］（北魏）杨衒之撰、周祖谟校释：《洛阳伽蓝记》，中华书局，1963 年，第 199—221 页。

［58］玄奘游历蓝摩国（蓝莫国）时，记录了蓝莫塔及其旁侧僧舍，称僧舍"茸茅为宇"，比较形象地阐释了原始僧舍的营造。参见（唐）玄奘撰：《大唐西域记古本三种》，中华书局，1981 年，第 529—530 页。

［59］关于今尼泊尔之蓝莫塔，参见拙作《蓝莫塔遗址札记》（待刊）。

［60］马歇尔认为：在贵霜帝国及晚期营造的僧伽蓝中，如焦莲、莫赫拉·莫拉杜和珀马拉的佛寺遗址，聚会厅与后来出现的餐厅和厨房皆建造于僧院的一侧，远离塔院。参见 John Marshall, *Taxila,* Vol. I: 281.

［61］据杨衒之《洛阳伽蓝记》卷五征引《惠生行纪》《宋云家记》及《道荣传》，北魏"宋云以奴婢二人奉雀离浮图，永充洒扫。惠生遂减割行资，妙简良匠，以铜摹写雀离浮图仪一躯及释迦四塔变"。北魏郦道元《水经注》卷二引释氏《西域记》曰："（龟兹）国北四十里，山上有寺，名雀离大清净"。此雀离大清净亦作雀离大寺，乃鸠摩罗什说法之处，应为今库车苏巴什遗址。北齐在邺城华林园也曾建有"雀离佛院"。此外，宋欧阳棐撰、清缪荃孙校辑《集古录目》卷八有"《龙华寺造浮图记》，武平元年"。宋陈思《宝刻丛编》卷二十记"《龙华寺造浮图碑》，不著书撰人名氏，据碑称维那刘显等于双井村共造龙华浮图一区、爵离一区，碑以北齐武平元年立。释氏谓寺为爵离，今北朝石刻往往见之（《集古录目》）。"古代犍陀罗、龟兹和邺城皆有以雀离／爵离为名的佛寺，或许不是巧合，疑为当时西域与中原佛教文化交流之结果。参见（北魏）杨衒之撰、周祖谟校释：《洛阳伽蓝记》，中华书局，1963年，第214—220页；（北魏）郦道元撰、（民国）杨守敬、熊会贞疏：《水经注疏》，江苏古籍出版社，1989年，第109页；（唐）李百药撰：《北齐书》卷十三《高叡传》，中华书局，1972年，第173页；《石刻史料新编》第一辑第二十四册，新文丰出版公司，1977年，第18934、18384—18385页。

大昭寺吐蕃银壶新探

《西藏发现的两件有关古代中外文化交流的文物》读后札记（一）

霍　巍（四川大学考古文博学院）

1959年，当时的中央文化部西藏文物调查工作组在西藏调查期间，作为调查组成员的宿白先生以其敏锐的眼光注意到了一件大型的银壶，后来曾多次撰文加以记录和研究[1]。这件银壶当时放置在拉萨大昭寺中心佛殿第二层西侧正中的松赞干布殿内，宿白先生观察后做了如下的记录描述：

壶高约70厘米，壶身最大径约为40厘米，上端开圆口，口缘饰八曲，其下饰一空心立体羊首，首后侧竖两耳，首前端上下唇间衔圆形管形小流，羊首下接上敛下侈的喇叭状细颈，颈上端饰弦纹、四瓣毬纹各一匝，颈下部接球形瓶身，自外部观察，遍体银质，纹饰部分有鎏金痕迹，口外壁饰山岳状花瓣一匝，颈身相接处饰联珠纹、叶纹、四瓣毬纹和弦纹组成的纹带一匝，纹带之下为三组大型垂饰，垂饰外绕卷云，中心似作宝珠，垂饰下接由竖叶、联珠、垂叶组成的纹带一匝，其下为该壶的主要图像所在：图像计三组，各位于上述三组大型垂饰之间，中间一组内容为一系有鞶囊的壮胡持革带似拦护一长髯醉胡，另一着高鞠靴的幼胡屈蹲于上述壮胡跨下，并抱持其右足。两侧组为相对的弹琵琶舞胡背手反弹姿态，值得注意。主要图像下方，间饰花簇一列。以上各种形象、纹饰皆以捶鍱技法作出，原并鎏饰金色。壶身下部焊接之流管，系后世所加。[2]

其后，根据新获得的材料，宿白先生对这件银壶又作了一些补充，一是公布了银壶和银壶局部纹饰（即该文所记扶持长髯醉胡一组人物图像的部分）的图片（图一）；二是重新校正了银壶的尺寸：“第一、二次记录只有目测银壶约70厘米的高度和约40厘米的壶身最大径宽。现据实测数据知壶高度为82厘米，最宽的胸径是50厘米（周长153厘米）。此外，实测还补充了银壶口径7.8厘米，颈长23厘米”；三是补充了对壶身中上部三组大型垂饰和由联珠等组成的一匝纹带下人物图像的布局和反弹琵琶者的形象描述，指出银壶腹部中心位置处为扶持长髯醉胡的图像，两侧各为一举起琵琶背手反弹并作舞姿的男胡，“两男舞胡皆发端束冠饰，腰际系鞶囊，偏身面对长髯醉胡，如此布局似

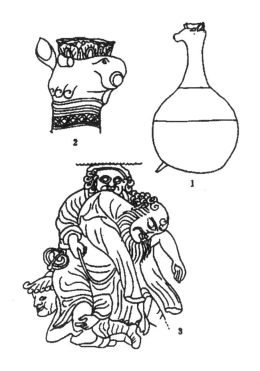

图一　宿白先生手绘的银壶上的纹样

可显示此大型银壶或为盛酒之具。又对舞的男胡双足作舞姿的形象与扬开巾带形成弯曲弧度的动作等颇值得注意，因为这些情况皆与敦煌莫高窟第 112 窟（中唐）南壁观无量寿经变中佛前供养乐舞中背手反弹琵琶舞者的安排甚为类似。琵琶本是西方输入的乐器，演奏者的活动姿态和缠绕巾带的装饰等当存有西方因素；莫高窟中唐时期亦即吐蕃占领阶段的壁画中竟出现了此未曾前见的新式舞姿——高举琵琶背手反弹，其来源参考此拉萨大昭寺银壶上姿态相同的舞胡，或可得到合理的推论"[3]。

宿白先生对于这件银壶的年代、来源等问题，曾经也做出过比较重要的推测性判断，认为此器"多曲圆形口缘和其下作立体禽兽首状的细颈壶，为七至十世纪波斯和粟特地区流行的器物，颈上饰羊首的带柄细颈壶曾见于新疆吐鲁番回鹘时期的壁画中。西亚传统纹饰中四瓣球纹，尤为萨珊金银器所喜用。人物形象、服饰更具中亚、西亚一带特色。故可估计此银壶约是七至九世纪阿姆河流域南迄呼罗珊以西地区所制作。其传入拉萨，或经今新疆、青海区域；或由克什米尔、阿里一线"[4]。

我们注意到，国外学者对于这件大昭寺内收藏的银壶也有所关注，提出过一些可供参考的意见。早年英国人黎吉生（Richardson）曾认为这件银壶"体现出中亚一带萨珊波斯的影响"[5]。瑞士学者冯·施罗德（Ulrich von Schroeder）则主张这件银壶是在中亚塔吉克斯坦制作的，年代为公元 8 世纪[6]。瑞士藏学家阿米·海勒（Amy Heller）也曾对这件吐蕃银壶结合唐代吐蕃历史背景、吐蕃金银器的制作工艺、纹饰特点等方面作过深入分析，她一方面引证瑞士藏学家冯·施罗德先生认为这件银壶有可能是在中亚塔吉克斯坦制作的意见，比定其年代可能为公元 8 世纪，但另一方面她也举出了其他几件可与大昭寺这件银壶相比较的从西藏采集到的银器，认为它们都带有着明显的 7 至 8 世纪粟特工艺的因素，但却是由吐蕃工匠制作的："这件银瓶（笔者按：即指此件银壶）是粟特式和中国汉地图案的变异类型，与粟特冶金工艺的关系更为密切……从工艺以及拉萨大昭寺银瓶与其它吐蕃银器之间具有显著的密切关系这点分析，仍倾向于认为这件银瓶确实为吐蕃制品，制作于吐蕃王朝时期"[7]。

归纳上述中外学者的意见，对其形制有萨珊波斯、粟特、粟特与中国唐代风格混合等三种不同的看法；对其产地则有中亚和吐蕃制作两种意见（以下简称"域外说"与"本土说"）；对其年代则有 8 世纪、7 至 9 世纪等不同的观点。虽然对这件银壶的产地、制造者，以及传入拉萨大昭寺的具体路线等若干问题的认识迄今为止并未形成一致的意见，但中外研究者们都注意到了这件银器中所包含的外来文化因素，并且也推测了从不同的路线与方式传入西藏高原的多种可能性。

　　承蒙北京大学考古文博学院林梅村先生的美意，赠送给笔者一套有关这件银壶的高清晰度照片，使我们能够更好地观察到银壶在造型、人物、服饰、装饰纹样等各个方面的更多细节，有助于讨论的深入。下面，我们借助这批照片，在前人观察记录的基础上再做一些探讨。

　　首先，是从整体器形上看，这件银器究竟应当称作银壶，还是称作银瓶？过去中外学者对此称法不一，两种称法皆有。按照中文的解释，所谓"壶"，是"一种有把有嘴的容器，通常用来盛茶、酒等液体"[8]；所谓"瓶"，则是"口小腹大的器皿，……通常用来盛液体"[9]。所以，从此器的器物形体来看，虽然有嘴，但却无把；但却同时又符合"口小腹大"的标准；其功能显然与装盛液体有关，其腹部下方装有流即可证明。宿白先生结合人物形态考虑其"或为盛酒之具"，所言甚是，我们在后文中还将详论。据宿白先生首次公布的实测数据，此器高 82 厘米，腹部最大径为 50 厘米，无论是壶还是瓶，都堪称迄今为止吐蕃金银器中较为大型的器物（图二）。

图二　大昭寺银壶全貌

　　我们从青海都兰出土的吐蕃时期棺板画上，可以看到多处表现吐蕃人宴饮的场景，其中就有手中执酒器"胡瓶"的人物形象，其手中所执之酒器的大小、尺寸明显要小于大昭寺的这件银器。所以大昭寺这件银器和文献记载以及棺板画上的"胡瓶"有所不同。再从这件银器的器形上观察，通体并没有安装像胡瓶一样的把手可以端持着随人体移动，由此推测其可能作为相对位置较为固定、而非手执的装盛液体用的器物较为合适。瑞士学者阿米·海勒称此银器盛满液体后总重量可达 35 千克[10]，不知其数据来源是否可靠，如是，对比青海都兰棺板画中宴饮场景中出现的另一类置于地下的大口酒坛，大昭寺这件银器的功能，可能与之更为接近。不过，即便是文献中明确记载为"胡瓶"的这种来自西方的器形，在传入中国的过程中，也有将其称为"执壶""带把壶"的[11]，可见两者之间也并无绝对的区别，无论称其为壶还是瓶，都有所本。沿用此例，本文按宿白先生所定名称，仍称大昭寺这件银器为银壶。

　　大昭寺银壶头部是一个兽首状，宿白先生文中认定其为"空心立体羊首，首后侧竖两耳"，但也有外国学者根据后期藏族文学作品中的描述，称其为"马头壶"或者"骆驼首壶"，并举出五世达赖喇嘛《拉萨大昭寺详目》中记载的"马头银圣壶"作为佐证[12]。近世西藏贵族还有称这件银器为"鹿首"者[13]。现在从高清晰度的图像上观察，兽首上并无两角，所以的确不是羊首，也不会是鹿首，而是和后期藏文文献中所称的"马首（马头）壶"更为近似。

　　最可补充的是银壶下腹部所贴附的三组人像。其中两组均为单人舞像，即宿白先生所称之"男舞胡"，除先生已经指出的"皆发端束冠饰，腰际系鞶囊"和"高举琵琶背手反弹"这两个突出的特点之外，还可注意观察以下各项。

　　第一，是这两个"舞胡"的布局完全是左右对称的，围绕中间的一尊主像展开，表现出制作者独具匠心的设计。其舞姿均为一腿曲立，一腿盘绕，呈单腿舞姿，应表现的是所谓"胡旋舞"或者"胡腾舞"，具有非常鲜明的时代与民族风格。

　　第二，是两个舞胡服饰上的特点。两人的冠饰上均有日月形的标识，树立在一条带状头饰的中央位置。而这种带状头带上饰以日月徽记的做法，不禁令人联想到波斯萨珊王朝钱币、银盘上国王王冠的冠饰。但是，如同阿米·海勒正确地认识到的那样："他们发间的日月图案则是一枚发饰——系对萨珊王室徽章的改造、变体，但并非萨珊王冠的完全翻版，仅是对带日月王冠的一种变形。西藏人早就懂得以日月符号作为天体的象征，在 8 世纪至 9 世纪吐蕃藏王墓前以及西藏第一座寺院所立石碑的碑帽上就已雕刻有日月图案"[14]。两位舞胡衣服的式样都是带有三角形大翻领的紧身长袍，上面有细密的花纹，不知是否象征着其系为丝绸质地。这种三角形大翻领紧身长袍是吐蕃时期一种常见的服饰，在中亚和西域各国也很流行，这种三角形的大翻领既是一种独特的装饰式样，也可以在严寒、风沙袭来之时竖立起来，用以防护着衣者的头面部，所以在欧亚草原游牧民族当中十分流行。新疆克孜尔石窟壁画中龟兹国王和贵族的服饰即是这种三角形大翻领的式样，近年来考古发现的青海都兰吐蕃棺板画上出现的吐蕃人形象、藏东地区吐蕃摩崖石刻当中出现的吐蕃供养人以及象征吐蕃赞普的大日如来和八大菩萨像，都以这种带有三角形大翻领的长袍最具时代和地域特征[15]。

第三，是两位舞胡的面相特征。从人物形象上观察，这两位舞胡须发浓密，有长卷发、络腮胡，双目圆大，耳上饰有圆形的耳环，与近年来考古发现的吐蕃美术史材料中吐蕃人的形象区别很大，国外学者认为其具有某些"中亚或地中海沿岸族属特征"[16]。宿白先生也认为"人物形象、服饰更具中亚、西亚一带特色"，这大概已经成为中外学者的共识。很显然，这几位具有胡人面相特征的人物形象，是设计和制作者用心所为，绝非随意之作，是和他们的头饰、服饰相配的，其用意旨在表现其西方色彩（图三、四）。

图三 大昭寺吐蕃银壶上的人物形象——舞胡之一

图四 大昭寺吐蕃银壶上的人物形象——舞胡之二

图五　大昭寺吐蕃银壶上的人物形象——醉胡及扶持人

第四，是三组图像中最中央一组的"醉胡"形象。这组位于银壶腹部中央的图像显然表现了图像的母题，一组共三人，正中一人是一位高大的男性，毛发浓密，长须络腮，唇边留髭，卷发，双目紧闭，已是烂醉如泥状，身体向下倾倒，一只衣袖已经从手臂中脱出，光着膀子，五指张开向下垂伸，衣服的样式也应是三角形大翻领，上面也有细密的花纹，和两位舞男的服饰特点基本相同。他的身后，是一位搀扶着他的男性，也是浓眉大眼，须发齐腮，身体大部被遮掩，只可见伸出的右手紧紧抓握着醉胡的腰带，使其不至前倾；在醉胡的跨下，还有一位从面容上看似为孩童的男子蹲伏于地，穿着靴子（银壶上的人物都穿着这种样式的靴子）的双腿奋力向上支持着醉胡，左手扶持着醉胡的右腿呈托举状。这组图像从美术学的角度而论，人物的造型极富特点，也具有不同的个性，在动静结合当中塑造出一组生动的"醉酒场景"（图五）。

基于上述图像观察，引发出一些新的可供讨论的问题。首先是大昭寺银壶的功能，与盛酒有关是可以确立的了，上述醉酒场景已经生动地诠释了这一点。但是，这是否如同冯·施罗德所说，反映出了源于古希腊的"酒神崇拜（Dionysuecult）"图像呢？阿米·海勒对于这个观点已经提出质疑，认为在这件银器上，我们看到的"是人类的欢庆场景而不是对神祇的崇拜"，上面看不到希腊酒神狄奥尼索斯（Dionysus）或巴克斯（Bacchus）崇拜的痕迹[17]。笔者认为，阿米·海勒的意见可能更符合事实。近年来，在青海都兰吐蕃棺板画上，有若干组吐蕃贵族欢宴的场景，其中二号棺板画上有一幅帐外宴饮的场景，当中一人也是大醉呕吐，长袖迤地欲倒，另一人正尽力将其扶起[18]（图六）。可见这一题材在吐蕃绘画中曾经甚为流行，是当时吐蕃人在婚丧等典礼之中饮酒风俗的真实写照[19]。吐蕃棺板画上的这些醉酒图像，显然与神灵崇拜无关，也和古希腊的酒神信仰之间并无直接的联系。

既然银壶上图像的母题是源于吐蕃本土的宴饮场面，那么这件银壶的产地究竟在哪里？设计和制作这件银器的人究竟是中亚或者西亚的工匠，还是吐蕃人自身？当我们在考虑这件银壶的产地时，一方面固然要考虑到它与中亚、西亚地区可能存在的若干联系，

但另一方面也不能排除它是由吐蕃人
按照自身所习惯的生活方式自行设计、
创作的这种可能性。如果它是从外部
传入西藏本土的，又是通过何种渠道？
虽然前人对这些问题已经有过探讨，
但似乎并未到此中止。在"域外说"
和"本土说"两种推测当中，笔者是
逐渐倾向于"本土说"的。其理由如下。

图六　青海吐蕃木棺板画所绘宴饮场面局部线描图

　　其一，就这件银器的总体造型来
看，与迄今为止在中亚、西亚地区出
土或流传于世的古代金银器明显不同，
目前还找不到同类的器物可与之进行
比较。虽然这件银壶上的一些局部纹
饰可能与域外金银器有相似之处，但
其基本的造型、纹饰风格笔者认为仍
应属于吐蕃地区自身的金银器系统[20]。

　　其二，从人物形象所反映的图像母题上看，是吐蕃时代流行的宴饮歌舞场景，"醉胡"
的形象也并非是古代西方世界中的"酒神"。三组人像虽然从面相上看更似中亚、西亚
胡人的形象，但作为主像的"醉胡"脱去一支衣袖的姿态，也带有藏族服饰的传统特色，
与中亚、西亚地区的衣饰风俗明显不同。

　　其三，吐蕃时代在金银器制作工艺方面已经具有很高的水平，这一点在文献记载中
屡有反映，所以吐蕃是完全具备这种制作、生产能力的。由于吐蕃帝国不断的扩张，在其
势力范围之内，也吸纳了来自大唐、阿拉伯和中亚波斯、粟特等地丰富的文化养分，所以
吐蕃工匠（这里所指的吐蕃工匠不仅限于吐蕃本土工匠，也包括吐蕃统治下的外来工匠）
吸收外来文化因素、将东方大唐王朝、西方中亚和西亚世界以及吐蕃本土的元素融为一炉，
最终完成这件大型银器制作的可能性是不能排除的。关于这一点，阿米·海勒曾经指出：
"这件银瓶呈现出与粟特工艺的显著差异，并非完全模仿萨珊式或粟特式服饰和纹饰……
事实是，吐蕃人兼采中国汉地乐师与粟特舞伎造型而创造出了一种被移位的人物造型，并
将其描绘在吐蕃统治时期的敦煌壁画里，以及雕刻在大昭寺银瓶上"[21]，这不失为一种
较为合理的解释。她所说的"被移位的人物造型"，尤其意味深长，颇具启发意义。

　　如果我们将目光放在中国境内来考虑，这就有可能讨论另一个问题：中外学者都注
意到在敦煌壁画当中出现了和大昭寺银壶姿态相同的高举琵琶反弹起舞的新的舞姿，而这
种舞姿在敦煌出现的年代又正好处在吐蕃占领敦煌时期，如敦煌莫高窟第112窟（中唐）
南壁观无量寿经变中佛前供养乐舞中背手反弹琵琶舞者的形象就是一个例子（图七、八）。

图七　敦煌112窟反弹琵琶图像　　　　图八　敦煌112窟反弹琵琶壁画细部

那么，这种新图像的来源是从吐蕃本土影响到敦煌呢，还是恰好相反，是从敦煌传入到吐蕃本土？

这里，笔者提出一种新的假设，结合敦煌壁画中同类题材的出现来看，应当充分考虑到敦煌地区可能产生的影响，即大昭寺银壶的制作地虽是在中国本土，但最大的可能性是在吐蕃占领下的敦煌，而不是在吐蕃本土西藏高原；银器的设计者和制作者（工匠）或有可能是流寓到敦煌的粟特人，而不是吐蕃人——尽管从政治统治的角度上讲，这些外来匠人也可视为广义上的"吐蕃工匠"。

根据敦煌藏经洞出土的文书记载，在吐蕃占领和统治敦煌时期，有不少来自波斯、粟特的物品作为外来供养之物输入寺院，荣新江先生曾详细列表加以过统计[22]，其中包括织物、金属器皿等物品。他认为这些物品之所以由粟特人供养给吐蕃占领下的佛寺，是由于吐蕃统治敦煌之后，粟特聚落离散，粟特本土早已被阿拉伯人占领，粟特人无法返回家乡而继续留居敦煌，虽然粟特人原本信仰祆教，但由于受到敦煌当地强烈的佛教文化的影响，到了吐蕃统治时期，敦煌的粟特后裔已经大多数皈依佛教，并且成为敦煌佛寺有力的支持者。由此我们可以设想，敦煌粟特人和作为占领者的吐蕃人之间，通过宗教和其他方式发生联系的可能性会是很大的。

正因为如此，不妨进一步推测，流寓敦煌的粟特银匠便可能按照吐蕃本土的饮酒风俗，按照吐蕃统治者所喜好的器形和纹饰（甚至不排除是接受吐蕃王室的特别定制）来制作这件大型的银器。由于吐蕃占领下的粟特人对中亚粟特、波斯系统的金银器纹饰和人物造型都十分熟悉，所以才使得这件银器充满了异域风情，融入了许多西亚、中亚地区所流行的粟特、波斯金银器的因素，甚至将上面的人物形象，也塑造成他们所熟悉的波斯、粟特一带的"胡人"面容，形成阿米·海勒所说的"被移位的人物造型"，但却又同时保留了吐蕃文化的本色，如狂欢畅饮之后烂醉如泥、脱去一支衣袖的醉胡，以及扶持着他的侍从形象，都在同时期的吐蕃棺板画上有所表现，无不渗透着地域和民族的特点。

当然，还有一种可能性也不能排除，即这些作为吐蕃统治者属民的、具有非凡创造能力的粟特或波斯工匠直接进入到吐蕃本土腹心地带，在西藏高原上制作成这件大型的王室银器。不过，由于目前缺乏在西藏本土有关吐蕃时期粟特、波斯商人或工匠活动的文献与考古材料的支持，笔者仍更倾向于是在有着自汉代以来中西方文化交流悠久传统的丝绸之路重镇敦煌，在吐蕃占领者的强有力支持下，由最具国际视野和创造能力的粟特工匠最终完成了这件具有历史意义的吐蕃银器的制作。

通过敦煌与西藏高原之间早已形成的"高原丝绸之路"，这件具有多重文化意义的银壶传入到吐蕃王朝的首府"逻些"（今拉萨），成为吐蕃王室祭祀典礼当中的"国之重器"。公元 10 世纪吐蕃王朝灭亡之后，这件银器又被作为"伏藏"流传、隐藏于西藏民间，最后才又流传到寺院[23]，成为大昭寺内的"镇寺之宝"，经历了极不平凡的过程而保存至今。因此，其历史价值和文物价值都是弥足珍贵的。由于宿白先生的慧眼，它被识别和介绍给国内外学术界，从而引起更为广泛的关注和研究，更是学界的一段佳话。

注 释

［1］关于这件银器的研究首见于宿白：《拉萨地区佛寺调查记》，收入王永兴编《纪念陈寅恪先生百年诞辰学术论文集》，江西教育出版社，1994 年，第 182—236 页。因文中编辑错误甚多，后经宿白先生修订之后收入《藏传佛教寺院考古》论文集，改题为《西藏拉萨地区佛寺调查记》；其后又以《西藏发现的两件有关古代中外文化交流的文物》为题，收入《十世纪前的丝绸之路和东西文化交流》，世界文化出版社，1996 年；最后又以《三记拉萨大昭寺藏鎏金银壶》为题增补了大量新的数据，收入《魏晋南北朝唐宋考古文稿辑丛》，文物出版社，2011 年，第 206—208 页。

［2］宿白：《西藏发现的两件有关古代中外文化交流的重要文物》，《10 世纪之前的陆上丝绸之路与东西方文化交流》，新世纪出版社，1996 年。

［3］宿白：《三记拉萨大昭寺藏鎏金银壶》，收入《魏晋南北朝唐宋考古文稿辑丛》，文物出版社，2011 年，第 206—208 页。

［4］宿白：《西藏发现的两件有关古代中外文化交流的重要文物》，《10 世纪之前的陆上丝绸之路与东西方文化交流》，新世纪出版社，1996 年，第 405—409 页。

［5］Richardson, Hugh E.: Some Monuments of the Yarlung dynasty ,in P.Paled.The Poth to Void,Mumbai,1996,p26-45.

［6］Ulrich von Schroeder: Buddhist Sculptures in Tibet ,2001(2):792.

［7］ Amy Heller: *The Silver Jug of the Lhasa Jokhang: Some Observations on silver objects and costumes from the Tibetan Empire(7th-9fh century).* 英文原稿来源自 http://www.asianart.com/articles/heller/index.html.Published:July18,2002. 中文译文参见杨清凡：《拉萨大昭寺银瓶——吐蕃帝国（7 世纪至 9 世纪）银器与服饰考察》，《藏学学刊》第 3 辑《吐蕃

与丝绸之路研究专辑》，四川大学出版社，2007 年，第 194—223 页。

[8]《新华字典》，商务印书馆，1992 年重排本，第 183 页。

[9]《新华字典》，第 366 页。

[10] Amy Heller: *The Silver Jug of the Lhasa Jokhang: Some Observations on silver objects and costumes from the Tibetan Empire(7th-9fh century)*. 英文原稿来源自 http://www.asianart.com/articles/heller/index.html.Published:July18,2002. 中文译文参见杨清凡：《拉萨大昭寺银瓶——吐蕃帝国（7 世纪至 9 世纪）银器与服饰考察》，《藏学学刊》第 3 辑《吐蕃与丝绸之路研究专辑》，四川大学出版社，2007 年，第 194 页。

[11] 齐东方：《唐代金银器研究》，中国社会科学出版社，1999 年，第 306—308 页。

[12] 转引自恰白·次旦平措著、陶长松译：《大昭寺史事述略》，《西藏研究》1981 年创刊号。

[13] 据阿米·海勒文中所称，20 世纪早期司都班钦大喇嘛在圣地朝圣时，曾见到这件悉补野王朝时期吐蕃赞普传下来的圣物，"过去用来在婚礼或婴儿出生时的庆典上盛青稞酒供品，后来在拉萨附近的扎叶尔巴寺作为伏藏被重新发现，并最终供奉到大昭寺"，其顶饰是"鹿首"。见前引《拉萨大昭寺银瓶——吐蕃帝国（7 世纪至 9 世纪）银器与服饰考察》，第 199 页。

[14]《拉萨大昭寺银瓶——吐蕃帝国（7 世纪至 9 世纪）银器与服饰考察》，第 201 页。

[15] 霍巍：《青海出土吐蕃木棺板画人物服饰的初步研究》，《艺术史研究（第九辑）》，2007 年，第 257—276 页。

[16]《拉萨大昭寺银瓶——吐蕃帝国（7 世纪至 9 世纪）银器与服饰考察》，第 200—201 页。

[17]《拉萨大昭寺银瓶——吐蕃帝国（7 世纪至 9 世纪）银器与服饰考察》，第 201 页。

[18] 此棺板画线描图系许新国先生于 2006 年北京"第二届西藏考古与艺术国际学术讨论会"上公布的材料。承蒙此图作者中国社会科学院考古研究所仝涛先生提供给笔者，在此谨致谢意！

[19] 罗世平：《天堂喜宴——青海海西州郭里木吐蕃棺板画笺证》，《文物》2006 年第 7 期；霍巍：《青海出土吐蕃木棺板画的初步观察与研究》，《西藏研究》2007 年第 2 期。

[20] 霍巍：《吐蕃系统金银器研究》，《考古学报》2009 年第 1 期。

[21]《拉萨大昭寺银瓶——吐蕃帝国（7 世纪至 9 世纪）银器与服饰考察》，第 209 页。

[22] 荣新江：《于阗花毡与粟特银盘——九、十世纪敦煌寺院的外来供养》，收入胡素馨主编《佛教物质文化：寺院财富与世俗供养国际学术研讨会论文集》，上海书画出版社，2003 年。

[23] 恰白·次旦平措著、陶长松译：《大昭寺史事述略》，《西藏研究》1981 年创刊号。

晋都新田的发现、发掘、研究和保护

田建文（山西省考古研究所）

晋国都城，见于记载的有唐、故绛、绛（新绛）三处[1]，"翼"与"曲沃"是"曲沃代翼"时期，史官们对一个国家两个政权的迫不得已的称谓，"翼"和"故绛"为同一个地方，"曲沃"则在闻喜上郭村一带，除此而外的晋国都城统统是历代地方文人，包括现在一些"自以为是"的人，望文生义的结果。

晋侯墓地已发现，"故绛"肯定在其周围不远处，"唐"则没有一点线索，"绛"（新绛）迁都以前称为新田，为了与现在的新绛区别，我称之为"晋都新田"，大部分坐落在今山西侯马即侯马晋国遗址，相邻的曲沃、新绛也各有一小部分，是唯一可以确定的晋国都城，但考证颇费了一番功夫。这个过程对我们认识两周时期列国都城或许有些参考价值，而侯马晋国遗址，在两周时期列国都城中的监督管理和保护的影响力，大家都知道，我尽量少说。

一

晋都新田，1952 年发现侯马晋国遗址之前，见于史籍的有曲沃县西南二里王官城，考古学界称之为"曲沃古城"或"凤城古城"，和清代曲沃县侯马驿。前者最早见于魏郦道元（公元 472 至 527 年）《水经注·浍水》："西过其（绛县）县南，《春秋》成公六年，晋景公谋去故绛，欲居郇瑕。韩献子曰：土薄水浅，不如新田，有汾、浍以流其恶。遂居新田，又谓之绛，即绛阳也，盖在绛、浍之阳……又西南过虒祁宫南，宫在新田绛县故城西四十里，晋平公之所构也。"唐《元和郡县图志》、宋《太平寰宇记》等史书都承袭这一说法，明天顺五年（1461 年）纂修《大明一统志》云："《左传》晋景公谋去故绛，徙居新田，即此。南对紫金山极高处。有中城有外城，其南面为浍水冲没，东西北遗址尚存。东界河底，西界临城，南抵浍水，北包凤城，周围三十余里。规制宏伟，谓之霸都，信然。八景谓晋城春色即此。"明嘉靖三十年（1551 年）《嘉靖曲沃县志》说："王官城，县西南二里又号晋城。《一统志》云《左传》晋景公谋去故绛，徙居新田，即此。"

后者为乾隆年间曲沃县令张坊首倡，他注重实地调查，又不拘泥于古籍，著《新田徵》，其中有："夫韩子曰：不如新田土厚水深，有汾、浍以流其恶。若夫曲沃其去汾水也亦远矣，乌能流其恶耶？必也其在今侯马驿乎？地在二水之交，去曲沃三十余里，土厚水深，背汾面浍，交流其恶，其无疑者一；地去晋平公虒祁宫十里，禾黍高低，为故国离宫，其无疑者二；地去汾水故梁十三里，水柱参差，为游观津梁，其无疑者三；春秋盈夏入于晋，入于曲沃，传齐兵上行，张武军于荧庭，平公蒸于曲沃，警守而下会于梁，道里适便，其无疑者四；水经浍水西南过虒祁宫南，注公在新田，其宫地面背二水，西则两川之交会也，汾水又屈从县西南流注，水经绛县故城北又经虒祁宫北，横水有故梁，盖晋平公之故梁也，其无疑者五……""其无疑者"一共八条（乾隆《续修曲沃县志》卷三一），他还在曲沃八景"新田秋色"一诗中得意地写道，"春秋左传文章在，晋国新田天下推。二百年间垂伯地，十三公尽主盟来。总由汉疏讹闻喜，致使今人失绛台。自我指名侯马是，千年秋色似云开！"

二

1952年发现侯马晋国遗址后，考古工作迅速展开，1956年3到7月，当时的文化部文物局顾铁符先生率队在晋南进行文物普查，他《晋南——文物的宝库》一文中说，"侯马西遗址，东西广约四公里，南北宽约二公里，在断面里到处可以见到有文化层和灰坑。陶片、石器、兽骨等文化遗物之丰富，是这次发现的任何遗址所都望尘莫及的。""曲沃城南的东、西韩村，亦是一个同时代的遗址，东、西、南三面夯土的城基还存在，遗址地面下陶片及建筑遗物非常丰富，看来是另一个都市的遗迹。遗迹遗存之丰富，保存之完整，决非相当时期的临淄、邯郸、郢都……等所可比拟的，所以是中国古代遗留下来有数古城市遗址之一。"[2]侯马西遗址就是"侯马驿"，曲沃城南的东、西韩村就是"曲沃古城"。这是顾先生在太原的汇报发言，对侯马遗址的看法在简报中没有发表，为的是先听听各界专家们的意见。"在北京研究这个遗址问题的专家们，据说在开始时有两种不同意见。一种意见认为，侯马遗址是一个规模较大的'一般战国遗址'；另一种认为，这里有可能是晋景公十五年（前585年）由故绛迁来的晋都新田遗址。后来统一到了后面的一种看法上，认为侯马遗址就是晋都新田遗址。"[3]

1957年杨富斗先生在牛村古城调查简报中说，新田古城究竟在何处？历代学者有过不同的看法，有的说是曲沃西南两千米的古城，有的说是侯马驿（过去的曲沃县侯马镇，今侯马路西老街）一带。哪个说法正确，在没有得到科学资料的证据之前难以肯定。但从侯马新发现的古城位置看，它地处汾、浍之交的平原上，土地平坦肥沃，南面绛山，西南远眺峨嵋岭，东距曲沃约15千米。正如乾隆戊寅年《曲沃县志》与嘉庆二年续修《曲沃县志》中所说："新田古城在今治西南三十里。""其地也，绛山为屏，峨嵋列峙，浍绕于前，汾环于右……"也与《左传》中韩献子所说的"土厚水深，有汾、浍以六其恶"

一致,那么侯马所发现的东周古城很有可能就是晋之新田。[4]

随后几年的工作,古城、古城内的宫殿台基(图一)、铸铜遗址(图二至七)、祭祀遗址、墓地(图八),不断有新发现。1963年,张颔先生发表《几年来侯马晋国遗址考古工作的情况和收获》,回顾了1956年两种意见后,指出:"经过几年来的工作,目前大致趋向于可能是晋国新田的看法。"[5]

图一　牛村古城内宫殿台基

图二　侯马铸铜遗址发掘现场(1963年)

凤纹范

饕餮衔凤范

图三　侯马铸铜遗址出土陶范之一

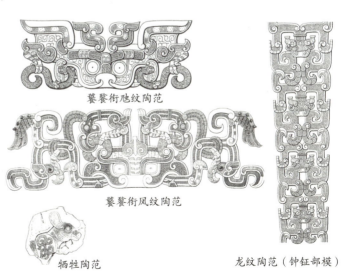

饕餮衔虺纹陶范

饕餮衔凤纹陶范

牺牲陶范

龙纹陶范(钟钲部模)

图四　侯马铸铜遗址出土陶范之二

图五 侯马铸铜遗址出土陶范之三　　　图六 侯马铸铜遗址出土陶范之四

图七 侯马铸铜遗址出土陶范之五　　图八 上马墓地出　图九 侯马盟书
　　　　　　　　　　　　　　　　　土铜方壶

1965 年配合侯马发电厂在秦村西北发掘侯马盟誓遗址，12 月 9 日发现盟书后，张颔先生在 1966 年报道了这一好消息，"这批重要文物的发现，证明这里正是'晋邦'的宗庙'上宫'（《侯马盟书》改为'二宫'）所在。'定宫'一词的出现，也进一步证明侯马东周遗址与晋国晚期都城'新田'有着密切的关系。"[6]

　　当时的考古人甘于寂寞，不善于炒作自己，只是说到与晋都新田肯定有关，再没有往下说；不像现在考古工地还没有发掘完，奇葩的结论就已经铺天盖地了。

　　直到 1979 年以后，才肯定了下来。《商周考古》第四章"春秋中叶至春秋战国之际"第二节"列国城市的兴起"之二"山西侯马晋国都城和盟誓遗址"才说，"牛村古城的东墙被战国遗址破坏，可以确定牛村古城不能晚于战国。牛村古城东南郊出土的盟书，明言这里是'晋邦之地'，说明这一带应该是晋国的政治军事要地，很有可能即《水经注·浍水》所说的'绛阳'，也就是晋国晚期的都城'新田'。"[7]（图九）

张颔先生在《侯马盟书从考续》之"'晋邦之中'试解"中也说，"侯马盟书中，'宗盟类'盟辞中的主要内容是防止赵尼及其子孙和赵尼之党先氏等'复入晋邦之地'。盟书'委质类'也把这项约文作为一个主要内容。所谓'晋邦之地'，殆为泛指晋国境内而言。值得注意的是在'委质类'的'盦章'篇（一五六：二〇）出现了'晋邦之中'一例。这一例的含义和其他'晋邦之地'的含义似有所不同，比起一般称谓之'晋邦之地'重点更为突出了。"侯马盟书中的"晋邦之中"也就是晋之"邦中"，"亦即当时晋国主君的都城所在，那么侯马盟誓遗址这个地方正如前考所说恰相当于公元前五八二年以后的晋国中晚期都城绛——新田的地望。"他考证的结果是，"晋邦之地"指晋国境内的话（图一〇），"晋邦之中"就是晋国当时的都城新田所在（图一一）[8]。

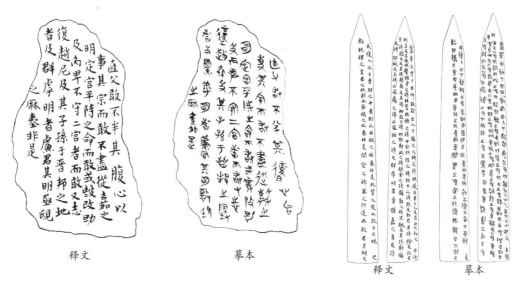

图一〇　侯马盟书"宗盟类"中的"晋邦之地"　　图一一　侯马盟书"委质类"中的"晋邦之中"

晋都新田，既有《左传·成公六年》的文献依据，也有侯马盟书盟辞的记录，在侯马不在曲沃、新绛，至此似乎铁证无疑了。1993年春我写了《新田模式——侯马晋国都城遗址研究》，将1952年以来侯马晋国遗址，从新田作为晋都历经时间，"新田"得名，不存在白店古城，平望、牛村、台神古城组成的"品"字形宫城和"公宫"（图一二），马庄、呈王、北坞古城为"卿城"、七处祭祀遗址性质不同，柳泉墓地为晋国的"公墓"，上马等三处墓地"墓主人身份除上马个别者可考虑为'卿'外，余者不超过'大夫'"，和秦村"排葬墓"是当时的烈士陵园，侯马铸铜遗址生产出"晋式铜器"，和其他制陶、

图一二　"公宫"（平望古城宫殿台基）

制骨、石圭作坊等方面，进行了综述，最后总结为六个特点。

1.无廓城。"品"字形宫城内宫殿台基位居制高点，宫城内为晋公直接控制区；

2.宫城之东有卿营筑的小城，个别小城内有规模小的宫殿台基，小城均由两个更小的城构成；

3.宫城之南、之东是手工业作坊区，不同性质的手工业作坊分区设置，同一性质的手工业作坊依产品种类又有地点之别；

4.牛村、平望古城东北角不作直角，不是地势所限当为刻意成之，与防御有关；

5.有多处祭祀场所，除"左祖右社"外，还有祭"台骀"及郊祀一类场所；

6.宫城之东南、之西发现的"邦墓"规格不高，晋公陵墓位于远离宫城西南的背山面水的墓茔佳地。

以上六点以三点最为突出，即突出防御、突出手工业作坊、突出祭祀，这是侯马晋国都城遗址的特色，并将其称为"新田模式"。这一模式对战国时期列国都城产生了巨大的影响[9]。

三

但是，春秋时期数一数二的大型宫殿晋国的"虒祁宫"并没有确定下来，又是横在人们面前的一道难题。前引文中错误地认为，台神古城外西北三座宫殿台基就是祭祀汾河之神"台神"的场所，"既然台骀为汾河之神也，晋都倚临汾河，断无不祭之理。如果日后在宫殿台基（台神）之南发现祭祀坑一类遗迹，这一问题可望终决。"[10] 现在还有"台骀庙"，在台神宫殿台基之西北有西台神村北，始建年代无考，庙中"台王宫殿"梁上有"大明崇祯八年"（1635 年）题记。

台神宫殿台基有中间大两边小的三座组成，而且中间大的那座是侯马晋国遗址 6 座中最大的一座夯土台基，到底是不是祭祀"台骀"的遗迹？这一疑问在 2008 年春天有了结果。

图一三 "虒祁宫"三座夯土台基

正月初的一天下午，我步行从下平望到东台神，路上想当年晋平公病倒就是因为"台骀为崇"的结果，他为了治病祭祀台骀，不可能立即建成这么大的宫殿。有了这个思想准备，再次实地考察之后结论是，晋平公花了5年时间建成的"虒祁宫"，就是这三座宫殿台基（图一三、一四）。4月6日又调查了一次。

4月21日下午，我持新作《晋国"虒祁宫"再探寻》[11]，请教前来侯马整理晋侯墓地的李伯谦先生。交谈中，他提示我要注意一下侯马晋国遗址中的"凤城古城"，说：西汉的一个县治没有凤城古城那么大的外城圈，东周时候才有如此规模。凤城古城处于侯马晋国遗址中，侯马晋国遗址没有发现之前认为它是晋都新田。现在可以肯定它不是，但与晋都新田是什么关系？

一席话，使我想起1995年整理1976年以前牛村、平望、台神、马庄四座古城的勘探、试掘工作[12]，1957年在牛村古城东城墙南端做过小面积的发掘工作，发现随葬陶鬲、盖豆各一件的M1打破城墙（图一五），M1年代当时定为"铸铜遗址或侯马晋国遗址分期的中期，公元前470年左右。"平望古城大型夯土台基，亦即"公宫"的东南部，1976年还发掘一座没于地下的中型夯土台基，其南不远处清理了两座南北向土圹竖穴墓（图一六），"M1随葬品组合为鬲、盖豆、壶；M2为鼎、盖豆、壶、鉴、盘。从相同器类盖豆、壶看，M2略早于M1，M1中的鬲、豆相同或相类于下平望M13，M13被认为是战国早期阶段，在公元前430年左右当无太大误差，M1可作参考。M2略早些，但时代距离不致太大。M2随葬品中不乏精美者，墓主人生前可能属于'下大夫'

图一四 "虒祁宫"中间夯土台基西侧

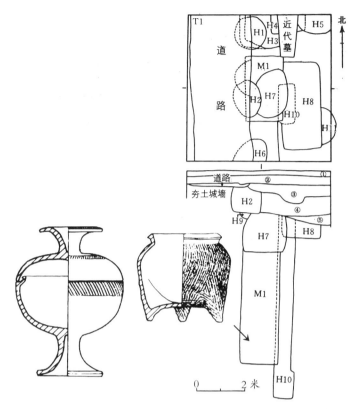

图一五　1957 年牛村古城东城墙南端 T1 中剖图及 M1 随葬陶器

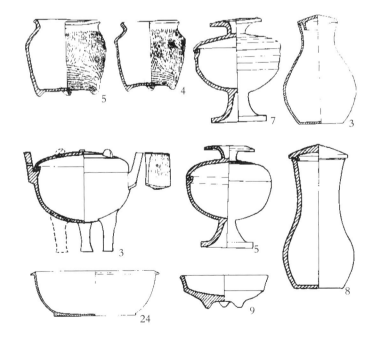

图一六　平望古城夯土台基东南 1976M1、M2 随葬陶器

一级。"当时就意识到部分古城的废弃时间要早于晋国彻底灭亡前的公元前 376 年。所以，2008 年我在《晋都新田的两个问题》中指出，"牛村古城发现的打破城墙的公元前 470 年左右的墓葬和平望古城城内在春秋晚期偏晚阶段已经有墓葬分布了，说明最迟在"三家灭智氏"的公元前 453 年之后，新田作为晋国都城已开始进入衰落甚至废弃阶段了"[13]。也就意味着公元前 453 年之后的柳泉墓地四组大型晋公墓葬不属于由平望、牛村、台神三座古城组成的"品"字形宫城，自然就考虑到侯马晋国遗址中最晚的凤城古城了[14]。"凤城古城外城建筑年代，应始于战国初期或更早些……凤城古城内城，包涵遗物多为西汉时期的瓦类。据调查所知，内城应略晚于外城，似为西汉时期的宫城。"

最迟在公元前 453 年，晋公已经离开了"品"字形宫城搬进了凤城古城，到公元前 376 年。柳泉墓地是这一时期的 4 组晋公墓葬；乔村墓地在凤城古城的西侧，两者相始终，但战国早期的竖穴墓只有 33 座；牛村古城 57M1、平望古城 76M1、M2 规模和年代相同的还有西侯马村南（515 地质队）、北西庄村南、配件厂、侯马火车站南（北区铁路房建段）、侯马生产资料公司、公共汽车公司、木材公司和新田市场南门东侧和其东 300 米的祥和小院住宅楼等零星墓葬，"以陶礼器墓为主，未形成大规模墓地，是延续时间较短的小型或单一家庭墓地。"[15]

还有侯马铸铜遗址[16]，也可以证明。原报告分早、中、晚三期，每期两段，"早期约当公元前 600 年至公元前 530 年前后，中期约当公元前 530 年至公元前 450 年前后，晚期约当公元前 450 年至公元前 380 年前后。"一看就知道是根据晋公在新田的起止年代，即迁都公元前 585 年至"晋绝不祀"的公元前 376 年作为参照的。但在"结语"中说："铸铜遗址早期Ⅰ段遗迹很少，未发现铸铜遗物，Ⅱ段则遗迹较多且发现铸铜遗物，其间的变化可能与迁都有关。中期遗迹、遗物最多，显示出繁荣景象。晚期Ⅵ段呈现突然废弃的迹象，可能正是晋国灭亡的反映。"而《史记·晋世家》"幽公（公元前 433 至前 416 年）之时，晋畏，反朝韩、赵、魏之君。独有绛、曲沃，余皆入三晋"的这条记载，晋国公室已经失去蕴藏有丰富铜矿的中条山了，侯马铸铜遗址如果还属于晋国公室所有，所需要大量铜矿从何而来？现在已知晋公在公元前 453 年离开了"品"字形宫城了，正值侯马铸铜遗址的晚期，晋公还有没有能力管理铸铜作坊？显然是不可能的了。侯马白店铸铜遗址，"结束语"中说"这批陶范的年代相当于春秋晚期后段至战国早中期之际。其中以战国早期和战国早中期之际遗存最为丰富"[17]，大部分时间是侯马铸铜遗址晚期Ⅵ段时代，已经是分晋的三家，魏国的铸铜作坊了。

我在《晋都新田新认识》说[18]，再次着眼侯马晋国遗址，就会发现：

1. 以公元前 453 年为界，晋都新田分"品"字形宫城时期和凤城古城时期；

2. "品"字形宫城时期，1993 年总结的前五条特点没有改变，新田模式的精髓是宫城和卿城；

3. 凤城古城时期的特点是墓地只有"公墓"和零散墓葬，没有传统意义上的"邦墓"；

4. 从"品"字形宫城到凤城古城的变化，反映了晋国在新田时期繁荣和衰落的过程。

凤城古城的性质与虒祁宫的位置一经确定，进而再看侯马晋国遗址，就可以发现这个遗址的重心由东、西两组遗迹组成。

1. 西组

是晋都新田的主要内容，"品"字形宫城、"卿城"、虒祁宫、11 处祭祀地点、侯马铸铜遗址中的晋国公室管理时期和上马、牛村古城南、下平望、东高墓地等墓地中的绝大多数墓葬及秦村排葬等，时间为公元前 453 年以前，主要是公元前 585 年到公元前 453 年共 132 年的遗存。这一期是"品"字形宫城建筑和使用期，晋公活动在"品"字形宫城，其他遗存都是服务于宫城的，我们将其称作"品"字形宫城时期，先后有景公据、厉公寿曼、

图一七　新绛柳泉出土铜蟠蛇纹镂空鼎

悼公周、平公彪、昭公夷、顷公去疾、定公午、出公凿八位晋公在这里活动。

2. 东组

包括凤城古城和柳泉墓地（图一七）、乔村墓地（部分）、曲沃机电厂墓地等，时间为公元前453年到公元前376年，共77年。"品"字形宫城已被废弃，晋公离开了那里搬进凤城古城，我们将其称作凤城古城时期。出公凿、哀公骄、幽公柳、烈公止、孝公颀、静公俱酒六位晋公在这里苟且偷安。

从"新田"的"品"字形宫城迁到凤城古城，算不算迁都？应该不算，都在侯马晋国遗址中，但要说清楚。

四

再说凤城古城，公元前376年三家彻底分晋后，作为县级城市仍然使用着，这就是战国、汉代的"绛县"和"绛邑县"，属于凤城古城的侯马乔村墓地，就出土了不少战国晚期戳印文字"降亭"的陶器，发掘报告说，"'降亭'应是'降县市亭'的省称，说明这批陶器是在绛县手工业管理机构的监管下生产的可以出售的合格商品，'降亭'陶器以往在晋南曾有少量发现，如苇沟——北寿城遗址内采集的一件釜的绛县磨头送交的一件釜，这两件陶釜和陶文的作风与侯马乔村所发现的陶釜和陶文特征颇为一致，从器形可知时代属战国晚期偏早阶段，应该是同地产品。因此推测，以乔村'降亭'为代表的绛县治所应该就在墓地附近，很可能与其东的凤城古城有关。"[19]此外，侯马虒祁墓地也有戳印文字"降亭"的陶器发现（图一八）[20]。

明《嘉靖曲沃县志》记载，曲沃"东汉，为绛邑县，仍属河东。三国魏，如东汉。晋，仍为绛邑，属平阳郡，隶司州。永嘉末，没于刘聪。"永嘉是晋怀帝的年号，从307年到313年，311年永嘉五年匈奴人在刘聪的带领下攻陷洛阳、掳走怀帝，民不聊生，中原人民大量南迁，史称"永嘉之乱"，与这一事件相关联，使用了680多年凤城古城约在311年也废弃了。

这样，就容易理解关于"新田"所在地的前两项史料了。比郦道元早二百多年的西

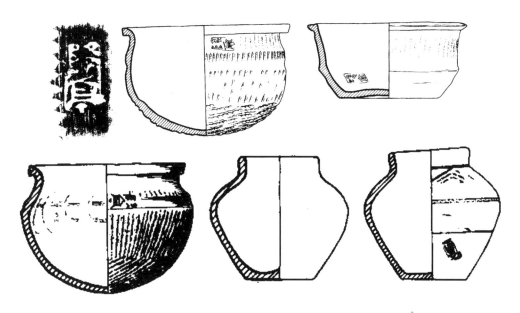

图一八　侯马乔村、虒祁墓地中戳印"降亭"的陶釜

晋杜预（222 至 285 年）为《左传·成公六年》作注"新田，地名。在今平阳绛县。"说得很清楚，"今平阳绛县"并没有说新田在今平阳绛县"县城"，因为作为县城连续使用着。到了郦道元时已经废弃二百多年了，世事多变，他已经得不到真实史料了，从而判断浍水"西过其（绛县）县南……遂居新田，又谓之绛，即绛阳也"，成为绛县故城就是"新田"的始作俑者，但他的"宫在新田绛县故城西四十里"，从而虒祁宫在其西四十里，还是准确的，因为他还看到"横水有故梁，截汾水中，凡有三十柱，柱径五尺，裁与水平，盖晋平公之故梁也。物在水，故能持久而不败也。"以后的地方志关于"新田"照本宣科，只能提供线索而已。

从公元前 585 年到公元前 453 年，八位晋公在"新田"活动了 132 年；从公元前 453 年到公元前 376 年，六位晋公在凤城古城里居住了 77 年；从公元前 376 年到公元 311 年，凤城古城为绛县和绛邑县达 687 年，这是晋都新田和凤城古城的全部历史。

从清代乾隆十九年（1754 年）张坊任职曲沃任县令，提出晋都新田在侯马驿一带，到 1952 年发现侯马晋国遗址，达 198 年；从 1952 年发现侯马晋国遗址，到 1979 年确认侯马晋国遗址就是晋都新田，经 27 年；从 1993 年《新田模式——侯马晋国都城遗址研究》，到 2015 年的《晋都新田新认识》[21]，历 22 年，自以为是的我，才搞清了侯马晋国遗址与晋都新田的关系。人生有涯，史海无涯！

五

1956 年 10 月，成立山西省文物管理委员会侯马工作站，即山西省考古研究所侯马工作站的前身，侯马晋国遗址的调查、发掘、研究、管理、保护，包括"四有档案"，都由侯马工作站负责，取得了丰硕的成果，有目共睹。

1984 年 8 月，成立侯马市博物馆，负责对馆藏文物保管和维护，对全市文物普查、登记和征集，负责本市地上、地下不可移动文物的保护管理。1991 年成立侯马市文物管理站，后属 1995 年 6 月成立的侯马市文物局的内设部门，由于《中华人民共和国文物保护法》第八条规定"地方各级人民政府负责本行政区域内的文物保护工作。县级以上地方人民政府承担文物保护工作的部门对本行政区域内的文物保护实施监督管理"和"县级以上人民政府有关行政部门在各自的职责范围内，负责有关的文物保护工作"，侯马晋国遗址的监督管理和保护便由侯马市文物局负责了。这是大势所趋，当然是件好事。

但在 21 世纪以来，侯马晋国遗址保护区内基本建设项目大面积展开，前期调查、勘探到不了位，便产生不了发掘。凡事多多，我仅举出两个遗址一件事，共有三项。

1. 侯马白店铸铜遗址，侯马市 21 世纪最大的考古发现非其莫属，然而发掘报告第一章"概况"，介绍发现经过时变得很无奈："2003 年侯马市政府修筑大运高速公路到侯马市区的连接线，在文物考古单位尚未介入之前，建筑工程队已经对沿线路基进行了机械化施工作业，得知情况后，山西省考古研究所侯马工作站立即对连接线区域进行了详细的勘探调查，发现连接线区域埋藏有虒祁墓地、虒祁祭祀遗址和白店铸铜遗址等多处遗址或墓地，后经山西省文物局批示，要求认真做好侯马连接线区域文物保护工作。山西省考古研究所侯马工作站在文物埋藏区域进行了抢救性考古发掘，发现了一批重要文物。有关虒祁墓地和虒祁祭祀遗址的发掘材料另文报告。"[22] "由于遗址上部遭到不同程度的破坏，大部分区域直接破坏到生土，因此在连接线路基所在的道址区域我们仅发掘了 6 条探沟，分别编号为 G1 ～ G6，发掘面积 200 余平方米（原报告图二）。为了对发掘区域的地层和遗迹有一个全面的了解，下面我们以探沟为单位分别予以介绍。需要说明的是，G1 ～ G4 位于北部断崖之上，地势较高，地层堆积一致。G5 位于路基中间，地势最低，地层被破坏无遗。G6 位于南部，地势高于 G5，低于 G1 ～ G4，地层堆积与其他探不同，相互之间不具有对应关系。"在第五章"结束语"中，才道出真相："2003 年，也就是'非典'肆虐严重的这一年，侯马市政府要修筑一条连接大运高速公路到市区的引线公路，前期调查和钻探工作是由侯马市文物局来组织实施的。当山西省考古研究所侯马工作站介入工作的时候，公路的轮廓已经推挖而成，我们是在被破坏的遗址上工作的。遗址被破坏的程度和造成的损失我们难以说清，但从这次发掘的 H15 来看，在被破坏剩余的三分之一的灰坑（或房址）内还出土了千余块陶范，而且非常精美，具有不可估量价值。"试想，H15 三分之一的灰坑（或房址）出有千余块陶范（图一九至二四），被推土机推掉的三分

1.H15（南—北）　　　2.H15出土陶范（上—下）　　　3.H15出土陶范（上—下）

图一九　白店铸铜遗址 H15

印章模（H15：109）

印章模（H15：59）

1.云纹模（H15：156）

2.云纹模（H15：214）

图二一　白店铸铜遗址 H15 出土陶范之二

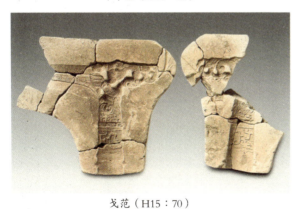

戈范（H15：70）

图二〇　白店铸铜遗址 H15 出土陶范之一

云纹模（H15：27）

图二二　白店铸铜遗址 H15 出土陶范之三

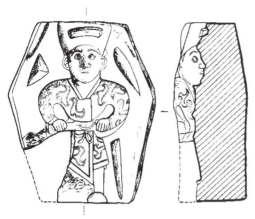

人形模（H15:3）

图二三　白店铸铜遗址 H15 出土陶范之四　　图二四　白店铸铜遗址 H15 出土陶范之五

之二该有两千余块陶范，一座灰坑或房址里出土三千余块陶范，那是什么概念？足够盖一座像样的博物馆了！

2. 侯马市煤灰制品厂[23]，东距侯马盟誓遗址约 0.6 千米，北距呈王路宗庙遗址约 1.0 千米，1971 年侯马工作站在该地点东西长 20、南北宽 19 米的范围内共发现祭祀坑 156 个，墓葬 5 座，当时清理了祭祀坑 57 个，其中 K132:12 玉圭（图二五），"中部阴刻一展翅鹰形图案，其下阴刻两组六道横线，再下有一圆穿。上下两端磨薄出刃"（原报告图七，1），是黄河下游山东龙山文化的玉器，流传到春秋晚期的晋国，并被埋葬与祭祀坑中，重要吧？更重要的是还有 99 座没有清理。如今，没有重新勘探与发掘，高楼大厦拔地而起，这 99 座祭祀坑无影无踪，玉器、石器甚至盟书，都化为乌有……

3. 2009 年修建的大西（大同至西安）高铁从侯马西部穿过，令人奇怪的是 2001 年修建的大运（大同至运城）高速公路在大西高铁西部通行，西高地段清理祭祀坑 733 座[24]，出土了一大批珍贵文物（图二六），如玉龙、玉人等，附近还清理了一批东周墓葬，大西高铁越靠近侯马晋国遗址核心地区了，竟然没有文物现象？

十几年来，除了 2003 年侯马工作站勘探调查发现的连接线的虒祁墓地、虒祁祭祀遗址，和以前勘探调查发现的墓葬外，很少有发掘项目；另外，作为第一批全国重点文物单位的侯马晋国遗址，国家考古遗址公园还停留在设计阶段。二者原因，

图二五　侯马煤灰制品厂祭祀遗址出土玉圭

玉龙

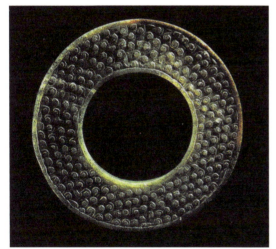

玉璧

图二六 2001年西高祭祀遗址出土玉器

不言自明。

　　侯马晋国遗址在监督管理和保护方面的教训，值得吸取。全国重点文物保护单位，尤其是大遗址，往往涉及几个县和县级市，必须由高于当地级别行政部门管理和保护，才能有效管理好，长期保护下去。

注 释

[1] 田建文：《晋国早期都邑探索》，山西省考古研究所编《三晋考古（一）》，山西人民出版社，1994 年。

[2] 顾铁符：《晋南——文物的宝库》，《文物参考资料》1956 年第 10 期，第 23 页。

[3] 顾铁符：《侯马遗址是晋都新田说的提出》，《文物》1991 年第 7 期，第 65 页。

[4] 杨富斗：《侯马西新发现一座古城遗址》，《文物参考资料》1957 年第 10 期。

[5] 张颔：《几年来侯马晋国遗址考古工作的情况和收获》，《学术通讯》1963 年第 2 期，收入《张颔学术文集》，中华书局，1995 年，第 165 页。

[6] 张颔：《侯马东周遗址发现晋国朱书文字》，《文物》1966 年第 2 期，第 3 页。

[7] 北大历史系考古商周组：《商周考古》，文物出版社，1979 年，第 242—243 页。

[8] 张颔：《侯马盟书丛考续》，中国古文字研究会等编：《古文字研究（第一辑）》，中华书局，1979 年，第 85—86 页。

[9] 山西省考古学会等编：《山西省考古学会论文集（二）》，山西人民出版社，1994 年。

[10] 山西省考古学会等编：《山西省考古学会论文集（二）》，山西人民出版社，1994 年，第 134 页。

[11] 田建文：《晋国"虒祁宫"再探寻》，《晋都新田研究》，临汾·三晋文化系列图书，2011 年；田建文：《春秋晋国虒祁宫》，《山西日报》2008 年 10 月 21 日。

[12] 田建文：《新田晋都古城》，山西省考古研究所侯马工作站编：《晋都新田》，山西人民出版社，1996 年。

[13] 田建文：《晋都新田的两个问题》，《中国文物报》2008 年 9 月 12 日。

[14] 李永敏整理：《1960、1988 年凤城古城遗址、墓葬发掘报告》，收入《晋都新田》，山西人民出版社，1996 年。

[15] 田建文：《新田晋都古城》第三章"墓地"，山西省考古研究所侯马工作站编：《晋都新田》，山西人民出版社，1996 年，第 23 页。

[16] 山西省考古研究所：《侯马铸铜遗址》，文物出版社，1993 年，第 444、446 页。

[17] 山西省考古研究所编著：《侯马白店铸铜遗址》，科学出版社，2012 年。

[18] 田建文：《晋都新田新认识》，《李下蹊华——庆祝李伯谦先生八十华诞论文集》，科学出版社，2017 年，第 715 页。

[19] 山西省考古研究所编：《侯马乔村墓地 1959—1996》，科学出版社，2004 年，第 454—455 页。

[20] 山西省考古研究所侯马工作站：《山西侯马市虒祁墓地的发掘》，《考古》2002 年第 4 期。

[21] 成稿时间，不是出版年月。

[22] 山西省考古研究所编著：《侯马白店铸铜遗址》，科学出版社，2012 年，第 1—3、288 页。

[23] 谢尧亭整理：《侯马晋国祭祀遗址发掘报告》，山西省考古研究所侯马工作站编：《晋都新田》，山西人民出版社，1996 年，第 262 页。

[24] 山西省考古研究所侯马工作站：《山西侯马西高东周祭祀遗址》，《文物》2003 年第 8 期。

殷周史官徽识考

冯　时（中国社会科学院考古研究所）

中国古代之史官制度历史悠久，不仅前朝有史，后宫亦有女史[1]，规范严整。而殷周时代，属于史官制作的青铜器上经常标注有一种特殊的徽识。这类徽识多以"册"明其官氏，成为徽识的核心内容。而前朝史官的徽识则在官氏的基础上更缀以史官私名，或附以史官之氏。史官则以此作为族氏名号，形成宗氏或分族的重要标志。兹聊举数例，就相关制度试为考证。

一　微史徽识

陕西扶风庄白一号西周窖藏出土微史家族折、丰、墙、𤼈四代铜器，且同缀徽识"木羊册"。其例如下。

佳（唯）五月，王才（在）厈。戊子，令（命）乍（作）册折兄（貺）臣（芝）土于相侯，易（锡）金易（锡）臣。扬王休，佳（唯）王十又九祀，用乍（作）父乙𣪘，其永宝。木羊册。　折觥（《集成》9303）

折乍（作）父乙宝障彝。木羊册。　折斝（《集成》9248）

佳（唯）六月既生霸乙卯，王才（在）成周，令（命）丰𡩡（殷）大矩。大矩易（锡）丰金、贝，用乍（作）父辛宝障彝。木羊册。　丰尊（《集成》5996）

丰乍（作）父辛宝。木羊册。　丰爵（《集成》9081）

墙乍（作）父乙宝障彝。　墙爵（《集成》9068）

佳（唯）四年二月既生霸戊戌，王才（在）周师录宫，各（格）大室，即立（位）。翮（司）马支右𤼈，王乎（呼）史年册易（锡）𤼈𢆶（帻）、虢（鞹）韨（市）、攸（鋚）勒，敢对扬天子休，用乍（作）文考宝𣪘，𤼈其万年子子孙孙其永宝。木羊册。　𤼈盨（《集成》4463）

𤼈乍（作）父丁。　𤼈爵（《集成》8916）

"木羊册"的徽识或存或无。史墙盘铭文未缀"木羊册",但至其子微伯瘝则仍有延续,因此,有些铭文未见此徽识并不意味着此徽识的使用曾有中断。

史墙盘系微史家族窖藏铜器中铭文最长的一篇(《集成》10175),其完整记录了自殷王帝乙之后的微史世系。文称:

> 青幽高祖,在微灵处。𩁹武王既戡殷,微史烈祖廼来见武王。武王则命周公舍寓于周俾处。通惠乙祖,逮匹厥辟,远猷腹心子纳。𣁋明亚祖祖辛,𡩋(迁)毓子孙,繁媭多釐,齐角炽光,宜其禋祀。舒遟文考乙公遽丧,㝬屯无责,农穑戉替,唯辟孝友。史墙夙夜不坠,其日蔑历。

又据瘝钟(《集成》251-259)铭云:

> 𩁹武王既戡殷,微史烈祖〔廼〕来见武王,武王则命周公舍寓以五十颂处。

此"五十颂"即五十种威仪[2]。瘝钟(《集成》248)又曰:

> 瘝曰:丕显高祖、亚祖、文考克明厥心,胥尹典厥威仪,用辟先王。瘝不敢井帅祖考秉明德,恪夙夕佐尹氏。

是知微氏入周廷世为史官。而有关微史之世系,可与上两铭对观者尚有另一瘝钟(《集成》246),铭云:

> 瘝桓桓夙夕聽丧,追孝于高祖辛公、文祖乙公、皇考丁公龢林钟。

将诸器铭文对观,可将微史世系序列如下:

```
              ┌ 烈祖微子启 ─ 乙祖 ┬ ?
              │                  └ 亚祖祖辛折 ─ 文考乙公丰 ─ 史墙 ─ 瘝
高祖帝乙 ┴ 帝辛
```

据两瘝钟铭文,又可对微史世系有所补充:

高祖辛公折—文祖(亚祖)乙公丰—皇考(文考)丁公墙—瘝

事实很清楚,史墙盘铭所述墙的亚祖祖辛,在瘝钟铭文中却成了瘝的高祖,故唐兰先生解史墙盘铭之"𡩋育子孙"即别子为祖而立新宗[3],极具卓识。笔者曾经指出,甲骨文、金文之"亚"有卑次之义,其用之官名则为副贰,用为宗族则为小宗[4]。此别子立新宗而称"亚祖",与"亚"字古义甚合,可佐证唐说。至于癭钟又以文祖乙公为亚祖,则是相对于癭之高祖而言亚次,此"亚祖"之称的发展,已与别子无涉。

据此可知,微史世系之折、丰、墙、癭为殷王帝乙庶子微子启之后,但非其大宗,其中作册折即祖辛,其作为别子而立新宗,故为亚祖,并成为新宗的高祖。亚祖、高祖皆为其庙号,其私名曰折,其官为作册,故作册折器当是微史氏铜器中年代最早的一代,而"木羊册"的徽识也正是从这一代开始。

微史之世系背景澄清之后,我们便可知道,从作册折开始使用的徽识"木羊册",其关系实际与作册折的官氏名号非常密切。徽识中的"册"即为作册之官氏,而"木羊"则为其私名"折"之字。

折器之"折"作"斯",从"片"从"斤"会意,字形与通常作断木为两截的写法不同,而作自上破木为两半之形。古文字"折"或作"𣂂"(析君戟)、"𣂆"(上博简《仲弓》),与此相同,字即从"片"。《说文·片部》:"片,判木也。从半木。"表意明白。"折""析"同源,字也释"析"。《说文·艸部》:"折,断也。"又《木部》:"析,破木也。一曰折也。从木从斤。"知"折"的本义即为破木断木。准此,则"木羊"之"羊"或读为"祥"。《说文·羊部》:"羊,祥也。"又《示部》:"祥,福也。一云善。"是"木羊"为"折"之字。"折"为私名,义训破木断木;而"木羊"则谓木之善,木之祥,意为善木完木,名字取义适相反。事实很清楚,史墙之亚祖作册折别立新宗,为新宗高祖,故创官氏"木羊册"为徽识,为后人袭用之,成为此分族之标识。

二　史寅徽识

1929年,河南洛阳邙山北麓的马坡出土一批青铜器,铭多缀以"臣辰册失"徽识。后流散至海内外。加之其他地点所出相同徽识的铜器,总数已有七八十件[5],尽管其中有些仅铭"失"而不具"臣辰"名号的铜器可能非属臣辰家族,但数量仍然相当可观,可见臣辰册失家族时为西周显贵。这组铜器中,最负盛名的当推史寅器,同铭者包括二卣、一盉和一尊,分藏于日本和美国各博物馆。其铭云:

佳(唯)王大龠(禴)于宗周诞饍蒡京年。才(在)五月既望辛酉,王令(命)士上眔(暨)史寅寏(殷)于成周,䀇(飤)百生(姓)豚,眔(暨)赏卣鬯、贝,用乍(作)父癸宝障彝。臣辰册失(佚)。　史寅卣(《集成》5421)

这四件史寅器,旧皆以为士上器,因铭述士上及史寅二人摄王事于成周行殷同之礼,且士上居前,故学者以士上当为器主[6]。然四器之末俱缀以"臣辰册失"徽识,证明这一说法并不正确。"册"为史官之官氏,与士上无关,而两位行殷礼的贵族,以史寅为史官,故"臣辰册失"之徽识当非史寅莫属。显然，四器之器主为史寅毋庸置疑。

史寅在铭文中自居士上之后，或许反映了史寅地位低于士上。作册令方彝器主矢令之叙事，文称："迺命曰：今我唯命汝二人亢暨矢，爽左右于乃寮以乃友事。"其以亢在前而先受，矢令则居后，应该反映了授事的实际次序。而静方鼎之器主静叙事，文称："唯十月甲子，王在宗周命师中暨静省南国。"其以师中在前，静居后，则为地位之不及。㸚匜之器主㸚参与对牧牛之诉讼而听誓，文称："今汝亦既有节誓，尃、趞、嗇、睦、㸚造，亦兹五夫亦既节乃誓。"其以四夫在前，㸚则殿后，亦属此例。尽管金文中不乏器主居前的例证，但不宜以此为定律而确定器主。

铭文"䚔"字又见于辛鼎，并读为"饮"，为立饮之礼[7]。铭述王命士上与史寅于成周行殷同之礼，时以饮礼飨百官族姓。士上或即师尚父，史寅则为史官，地位皆甚尊崇，故史寅家族所作之器既多且精。据此考论，器主史寅或即周初之太史佚。

史佚为太史，故铭末缀以徽识"臣辰册失"之"册"自为其官氏。"失"字旧释纷纭，强运开《说文古籀三补》卷十二释"失"，通作"佚"，其说至确。学者或有补论[8]。准此，则"册失"应该读为"册佚"，其人就是史佚。

史佚之官氏既曰"册佚"，"寅"为其私名，则"臣辰"显系其字。"寅"字本象箭矢，借为十二地支之一用以纪时，体现了古人所认识的时间与箭的密切关系[9]。而"辰"字正合其训。《公羊传·昭公十七年》："大火为大辰。"何休《注》："辰，时也。"《仪礼·士冠礼》："吉月令辰。"郑玄《注》："辰，子丑也。"蔡邕《月令章句》："辰，支也。"古以十二地支又叫十二辰或十二时，寅自在其中。《周礼·秋官·哲蔟氏》："十有二辰之号。"郑玄《注》："辰，谓从子至亥。"《国语·楚语下》："百姓夫妇择其令辰。"韦昭《注》："辰，十二辰也。"《吕氏春秋·孟春纪》："乃择元辰。"高诱《注》："辰，十二辰，从子至亥也。"古又以"辰"为震，位主东方，时主三月。《说文·辰部》："辰，震也。三月阳气动，雷电振，民农时也。物皆生。"此子正三月则为建寅之历的正月孟春，当农事之始。《礼记·月令》："孟春之月。"郑玄《注》："而斗建寅之辰也。"《夏小正》："正月必雷。"《礼记·月令》：孟春之月"东风解冻，蛰虫始振。"此皆合建寅之震，故古以震卦为东方之卦，正合寅卯之位。《楚辞·九歌·东皇太一》："吉日兮辰良。"王逸《章句》："辰，谓寅卯。"即是这种观念的准确体现。当然，如果以"臣辰"之"辰"与"寅"同属地支，亦无不可。《论衡·诇时》："一日之中分为十二时，平旦辰。"很明显，无论以"辰"为十二辰或十二辰之一，都与"寅"字之义相通。故知史寅以"寅"为名，以"臣辰"为字，"史"为其官名，"册"为其官氏，"佚"为其氏，则册佚显即史佚，也就是史寅。史佚作为周初太史，于《尚书·洛诰》作"作册逸"，正合其以"册"为官氏的做法，而"佚""逸"二字古音并属喻纽质部，双声叠韵，唯假借而已。今据彝铭则知，其氏本作"佚"。

以微史家族新宗亚祖创立官氏之制度推考，则史寅也当为该宗之始祖，故其器在同类徽识名号的铜器中，时代应属最早。郭沫若定其为成王世器[10]，当为事实。史寅之后人因袭此徽识，遂使"臣辰册佚"成为史佚宗族的宗氏徽号。而集中出土此徽识铜器的洛阳马坡，自应为史佚宗族之所在。

商代的佚氏徽识尚仅铭"佚"（《集成》9457、10641），未见"臣辰册佚"的徽号。至西周早期，"臣辰册佚"之徽识才开始出现。这与史寅始用"臣辰册佚"之徽识，而史寅实即史佚的论证，在时代上吻合无间。事实上，史佚家族对其徽识的传承渐有变化，在明确属于马坡所出的佚氏宗族铜器中，其所铭徽识互有繁省，比较如下：

臣辰册佚（《集成》10053、3397）
臣辰佚（《集成》2006）
佚（《集成》3306）

完整的"臣辰册佚"徽识铜器，其年代上限可早至西周成王时期，而省略者则相对稍晚，最晚可至昭穆之际甚至穆王初期。如果将出土地点扩大至洛阳及其他地区，则省略的形式更为多变。

臣辰册佚（《集成》3522）
臣辰佚（《集成》7267）
辰佚（《集成》8869）
册佚（《集成》8160）
佚（《集成》8385）

徽识省略者，其时代多在康昭及以后。可知史佚家族之子孙对祖先"臣辰册佚"的徽识已不甚遵奉，这一习俗与微史家族恪守祖先徽号的传统大为不同。盖因微史为殷遗，故重在传承旧俗，而周人似乎更习惯接受自周初整理规范的新的谥法体系，轻视自古传习的族氏徽号系统。

综合分析佚氏祭器，马坡及洛阳所出之佚氏器，其所祭祖先之庙号有父癸、父辛和父乙，其中致祭父癸之器稍早，父辛次之（《集成》924）。四件史寅器即属史佚为其先考父癸所作，时代当在成王或成康之际。但显然并不是所有佚氏所祭之父癸都系同一位祖先，有些器的时代可能可以晚至穆王时期（《集成》3342、5092）。流散的佚氏器中还有祖辛庙号（《集成》5718），时代属昭穆之际。如果其与所祭之父辛为同一位祖先的话，那么致祭父辛与祖辛的铜器显然分属子孙两代。父乙器的时代多属最晚，数量也最多，如果这些器都为同一位器主所作，那么其或与致祭祖辛者为同一人物。据此可以推拟出史佚家族的四代世系，即史佚所祭之父癸，佚子所祭之父辛，佚孙所祭之父乙与祖辛，佚曾孙所祭之父癸。其中史佚之器的时代当属成王，佚子约在康王，佚孙约在昭王至穆王初年，佚曾孙则在穆王。尽管史佚宗氏铜器是否反映了这样连续不断的四代世系尚不敢遽定，但其延续于西周早期至中期则确切无疑，而"臣辰册佚"徽识作为史佚宗氏之徽识，自史佚创制后也袭用了数世。

三　雋册徽识

　　1929年出土于洛阳马坡的具铭铜器，除史佚家族之器外，还有雋册徽识铜器一组八件，包括作册大方鼎四件，作册矢令簋两件，以及作册令方彝、方尊各一件。其中作册大方鼎的时代为康王世，作册矢令所作四器之时代皆属昭王。

　　作册大方鼎铭云：

> 公来铸武王、成王異（翼）鼎。佳（唯）四月既生霸已丑，公赏作册大白马，大扬皇天尹大保盲（谷），用作祖丁宝障彝。雋册。　　《集成》2760

　　鼎铭所言之公即召公奭，时在康王，为二伯之一[11]，其位及皇天尹，已至尊至贵，至康王末年卒[12]。"異"读为"翼"，故翼鼎实即双附耳的鼎器。《史记·楚世家》："居三代之传器，吞三翩六翼以高世主。"司马贞《索隐》："翩亦作瓹，同，音历。"此言夏鼎，鬲为款足，而鼎为实足。《尔雅·释器》："附耳外谓之釴，款足者谓之鬲。"此釴亦即翼，鬲即翩。古音"釴""翼"并在喻纽职部，同音可通。十四年陈侯午敦自铭"釴敦"，其外附耳。近出西周霸伯方簋自铭"鉴"，读为"釴"，器形即作方器高足而两耳附于外（图一）[13]，皆为翼器。

　　召公所作致祭武王、成王之翼鼎，尚有其中之成王翼鼎传世。此器今藏美国纳尔逊美术馆，器高28.5、口长18.1、口宽15.5厘米，鼎口沿两侧有双龙相对立耳，器铭"成王障"三字[14]，显系为成王所作之祭器（图二）。此即作册大方鼎铭文所言召公铸作之器[15]。

　　作册大方鼎铭末缀以徽识"雋册"，"册"显为作册之官氏，而"雋"于文献或作"儁""俊"。《左传·庄公十一年》："得儁曰克。"陆德明《释文》："儁，本或作俊。"《尔雅·释言》郝懿行《义疏》："俊，通作儁。"故器主作册名大，则儁当为其字。

　　《说文·隹部》："雋，鸟肥也。从弓隹，弓所以射隹。"段玉裁《注》："各本作'肥肉也'。今依《广韵》。《广韵》不云《说文》，然必《说文》善本也。不言鸟则字何以从隹。蒯通著书，号曰《雋永》，言其所说味美而长也。惟野鸟味可言雋，故从弓。"《说文》以"雋"字从"弓"之说与本形不合，字盖象鸟栖息不飞之形，似有肥硕难飞之喻。朱骏声《说文通训定声》："雋，段借为俊。"《左传·宣公十五年》："酅舒有三雋才。"

图一　霸伯翼簋

图二　成王翼鼎

杜预《集解》："隽，绝异也。"孔颖达《正义》："十人曰选，倍选曰隽。"李富孙《异文释》："唐石经作儁。"《鹖冠子·博选》："故德万人者谓之隽。"陆佃《注》："隽者，知哲圣人之谓也。"郝懿行《尔雅义疏》引《鹖冠子》作"德万人者谓之俊。"《说文·人部》："俊，材千人也。"《慧琳音义》卷九十一注引《考声》："才出千人之上谓之隽。"《淮南子·泰族》："智过千人者谓之俊。"《法言·孝至》："知哲圣人之谓俊。"知"隽"即"儁""俊"，而"俊"则与"大"互训。《尚书·尧典》："克明俊德。"蔡沈《集传》："俊，大也。"《大戴礼记·夏小正》："俊也者，大也。"《太玄·玄冲》："大，肥也。"义与"隽"相应。《诗·唐风·椒聊》："硕大无朋。"郑玄《笺》："大，谓德美广博也。"义又与"儁"相应。故作册大以"大"为名，"隽"为字，同义互注。知"隽册"之徽识实为作册大始创，其器显为"隽册"徽识铜器中年代最早者。

作册矢令为作册大之子，作册大卒后，其子袭其官为史。作册矢令簋铭详记其事。铭云：

唯王于伐楚，伯在炎。唯九月既死霸丁丑，作册矢令障宜于王姜，姜赏令贝十朋，臣十家，鬲百人。公尹伯丁父䁹于戍，戍翼司讫。令敢扬皇王宦（穀），丁公文报，用稽后人享。唯丁公报，令用慎张于皇王。令敢张皇王宦（穀），用作丁公宝㲃，用障事于皇宗，用相王逆复，用匄寮人，妇子后人永宝。隽册。　《集成》4300

铭文"伯在炎"之伯即为"公尹伯丁父"，其为作册大，亦即下文"丁公文报"及"用作丁公宝㲃"之丁公，作册令方彝铭则称其为"父丁"。"伯"为生称之爵，"公"则为其卒后之尊称，"丁"为庙号，"尹"为史官之长，"父"为亲称，其时已卒。而"公尹伯丁父"义同"丁公"，唯以庙号追述生前事。据"丁父"可知，作册矢令显为作册大之子，时在昭王，铭述作册大生卒前后之事。矢令于作册大卒后袭为作册，故铭末缀以"隽册"徽识。

"公尹伯丁父覜于戍",意即王姜赐公尹伯丁父戍卫之事。《诗·王风·扬之水》："不与我戍申。"毛《传》："戍,守也。"《左传·僖公十三年》："诸侯戍周。"杜预《集解》："戍,守也。"唯据下文"司讫",可知此获赐之戍当为戍事,而非戍地。

"戍翼司讫"本作"戍翼翩气",读为"戍翼司讫"。"司"即指"戍翼"事,"翼"当即作册大方鼎铭文所记召公铸作致祭武王、成王之翼鼎,故"戍翼"则言王覜命作册大守护此二王之翼鼎。"讫"训终止。天亡簋铭:"丕克讫衣王祀。"言武王终止殷王之祭祀。则"司讫"意即司职终讫,此乃故亡之隐语。知自召公铸作武成二王翼鼎之后,作册大作为史官便受命戍护之,直至身故。盖武成二王翼鼎于祭则常设宗庙,作册大成守之;若撤而归藏,则作册大成藏之,职又同《周礼》天府、典庸器等官。或史官保器似为制度,其事见《左传·定公四年》所记封建分器之事。事实上,作册大方鼎与作册矢令簋二铭之事相关联,鼎铭特述召公铸作武王、成王翼鼎,鼎成之后则命作册大成守之,至昭王伐楚时,作册大忠于职守,以护持二王翼鼎之职事而卒,作册矢令簋"戍翼司讫"即言此事,继而颂扬父德父功。

"丁公文报,用稽后人享"。"丁公文报"意即答报丁公之文德。《诗·邶风·日月》:"宁不我报。"朱熹《集传》："报,答也。"《左传·成公三年》："无怨无德,不知所报。"《论衡·祭意》："报功以勉力,修先以崇恩。"祖先有文德,后人则予答报颂扬,故"报"亦可读为"褒"。《礼记·乐记》："故礼有报而乐有反,礼得其报则乐,乐得其反则安。礼之报,乐之反,其义一也。"郑玄《注》："报,读为褒,褒犹进也。"朱骏声《说文通训定声》："褒,叚借为报,实为复。"段玉裁《说文解字注》："褒,引申之为褒美。"《玉篇·衣部》："褒,扬美也。"《文选·潘岳西征赋》："褒夫尹之善行。"李善《注》："褒,犹赞美也。"《慧琳音义》卷九十注："褒言扬其德行。"《广韵·豪韵》："褒,进扬美也。"故"丁公文报"意当为对丁公德行之称颂扬美。《说文·稽部》："稽,留止也。"《史记·平准书》："蓄积余业以稽市物。"司马贞《索隐》引韦昭云："稽,留待也。"《尚书·洛诰》："四方其世享。"孔颖达《正义》:"享,谓荷负之。"故"用稽后人享"即言颂扬丁公美德之事当留待后人承担,世世享献。

"唯丁公报,令用慎张于皇王。令敢张皇王穀。""慎"本作"夰","夰"即"慎"之古文。《说文·心部》："慎,谨也。从心,真声。者,古文。"《尔雅·释诂上》:"慎,静也。"邢昺《疏》:"慎者,谨静也。"郝懿行《义疏》:"慎,犹顺也。"又《释诂下》:"愿,慎也。"邢昺《疏》:"慎,谓谨慎也。"郝懿行《义疏》:"慎,犹驯也,逊也。"故"慎"即谨慎谦逊而不张扬。"张"本作"辰"。《易·睽》:"先张之弧。"焦循《章句》:"张,犹扬也。"《潜夫论·思贤》:"天之张道。"汪继培《笺》:"张,犹张著。"铭言令颂其父之德行为"慎张",意即谨慎谦逊地颂扬,而于王之美休则称"敢张",意有深恐颂扬不足,两相比较,君臣上下之别跃然纸上。

"用相王逆复，用勾寮人"。古以报于王曰"复"，受下书曰"逆"，故"相王逆复"即言辅王而上传下达。"勾寮人"即聚寮人[16]，此寮人即太史寮之属吏。作册令方彝铭言"爽左右于乃寮以乃友事"。时作册大已卒，其子矢令继父职为作册尹，故聚集寮人以辅王用事。

与作册矢令簋同出的还有作册令方彝方尊。今录方彝铭文于下。

佳（唯）八月辰才（在）甲申，王令（命）周公子明保尹三事四方，受（授）卿旟（事）寮。丁亥，令（命）矢告于周公宫，公令（命）诞同卿旟（事）寮。佳（唯）十月月吉癸未，明公朝至于成周诞令（命），舍三事令（命），眔（暨）卿旟（事）寮，眔（暨）者（诸）尹，眔（暨）里君，眔（暨）百工，眔（暨）者（诸）侯侯、田（甸）、男；舍四方令（命）。既咸令（命），甲申，明公用牲于京宫。乙酉，用牲于康宫。咸既用牲，于（谕）王。明公归自王，明公易（锡）亢师鬯、金、小牛，曰："用禘"；易（锡）令鬯、金、小牛，曰："用禘"。迺令（命）曰："今我唯令（命）女（汝）二人亢眔（暨）矢，爽奠（左）右于乃寮以乃友事。"乍（作）册令敢扬明公尹人宦（穀），用乍（作）父丁宝障彝，敢追明公赏于父丁，用光父丁。隹册。　　《集成》9901

据作册大方鼎铭文可知，召公大保在康王时已尊至皇天尹，其殁在康王末年[17]，故至昭王时期，保官已由周公旦次子君陈所继，即为此明保。郭沫若以明保为鲁公伯禽[18]，有明公簋为其反证。唐兰以明保为周公旦孙[19]，以牵就其定器之时代为昭王之说，然于铭文抵牾。陈梦家以明保实即君陈[20]，说最近实，但以器之时代属于成王，又失之过早。笔者以明保为君陈之说为是，其于昭王初年已尊为伯老[21]。准此则知，作册矢令继其父职为太史寮之长，其袭父字徽识，至昭王时依然如此。

四　肯册舟徽识

洛阳马坡铜器群与上述二氏之器同出者尚有作册䌷卣，铭云：

佳（唯）明保殷成周年，公易（锡）乍（作）册䌷鬯、贝，䌷扬公休，用乍（作）父乙宝障彝。肯册舟。　　《集成》5400

器与作册令方彝同时。公即明保，也称明公。器主作册䌷，"䌷"为私名，铭末缀"肯册舟"，依前考之史官徽识体例，则"册"即作册之官氏，"舟"为氏，"䌷"如为第一代定立其宗徽识者，其与"肯"当为名字关系。

"䌷"即"䌷"字[22]，实即"绅"之本字[23]。《说文·糸部》："绅，大带也。"又《冂部》："肯，帱帐之象。"字义正相应。故作册绅以"绅"为其名，"肯"为字，"肯册舟"即作册绅之徽识。

五　夫册徽识

上海博物馆藏兀鼎，其铭云：

乙未，公大保买大珷（椟）于美亚，才（裁）五十朋，公令（命）兀归美亚贝五十朋，以龏蕀邑、䑝、牛一，亚宾兀驿、金二匀（钧），兀对亚宐（毂），用乍（作）父己。夫册。《新收》1439

器主名兀，铭末缀以"夫册"。兀如为第一代作氏者，则依前例，"兀""夫"必构成名、字关系。《说文·夫部》："夫，丈夫也。从大，一以象簪也，周制以八寸为尺，十尺为丈。人长八尺，故曰丈夫。"许慎之说似有不足，据甲骨文、金文"夫"字之形可知，其本象人长而破天之形，以此喻人身材之高大。古文字"亟"本作"亙"，乃喻人之高大如顶天立地，而与"夫"字破天之义相比，犹嫌不足。故知"夫"更高于"亟"。《广雅·释诂四》："兀，高也。"《易·乾》："兀龙有悔。"李鼎祚《集解》引王肃云："穷高曰兀。"陆德明《释文》引子夏《传》："兀，极也。"《素问·六微旨大论》："兀则害。"王冰《注》："兀，过极也。"可明"兀""夫"义正相合，故其以"兀"为名，"夫"为字，当为史官，其以"册"为官氏，为其宗族之始祖。

六　羊册徽识

宋人王俅《啸堂集古录》著录一件作册羽鼎，时代属商代晚期。铭云：

庚午，王令（命）寝农省北田（甸）四品，才（在）二月，乍（作）册羽史（事），易（锡）囊贝，用乍（作）父乙隆。羊册。（《集成》2710)

此器旧名寝农鼎，但寝为内宰之官，与铭末附缀之"羊册"无关，故器主当为作册羽，其事奉寝农受王命省察北土之甸服，受赏作器。

《说文·羽部》："羽，鸟长毛也。象形。"段玉裁《注》："长毛，别于毛之细缛者。引申为五音之羽。《晋书·乐志》云：'羽，舒也。阳气将复，万物孳育而舒生。'《汉志》：'羽，宇也。物聚臧宇覆之。'"《礼记·曲礼下》："羊曰柔毛。"《独断》卷上："羊曰柔毛之属也。"与"羽"义相反。《释名·释姿容》："羊，阳也。"与"羽"义又相合。故无论相反相合，"羽"为名，"羊"为字，名、字之义相应是可以肯定的。故"羊册"

以册为官氏，以"羊"为字，其为宗族始祖而创制之徽识。

七　来册徽识

清人陈承裘旧藏商代晚期作册般甗，著录于《捃古录金文》卷二之二，现藏中国国家博物馆。铭云：

王宜尸（夷）方无敄。咸，王商（赏）乍（作）册般贝，用乍（作）父己障。来册。（《集成》944）

相关之器还有般觥和来鼎。铭云：

王令（命）般兄（贶）米于𩵋，万甬，甬用宾父己。来。　般觥（《集成》9299）
来父己。　来鼎（《集成》1619）

器主般为父己作器，其官作册，故铭末缀以"册"为官氏，或省而不录，盖时非史官。《说文·舟部》："般，辟也。象舟之旋，从舟从殳，殳，令舟旋者也。"知"般"义即般辟周旋。《易·明夷》："夷于左股。"陆德明《释文》："王肃作般，云：旋也。"或读北潘反。《尔雅·释言》："般，还也。"邢昺《疏》："般，还反也。"《汉书·贾谊传》："般纷纷其离此邮兮。"师古《注》引孟康曰："般，反也。"其义皆与"来"字相应。《易·杂卦》："而升不来也。"韩康伯《注》："来，还也。"《左传·文公七年》："其谁来之。"杜预《集解》："来，犹归也。"《战国策·秦策二》："使者未来。"高诱《注》："来，犹还也。"《诗·小雅·采薇》："我行不来。"郑玄《笺》："来，犹反也。"是般、来为名、字，义正相合。

除此之外，有些单独使用的史官徽识虽因缺少器主之名而不便分析，但其作为史官徽识的性质是明确的。如《集成》6502之觯，铭云："作母甲障彝。杠册。""杠册"作为史官徽识或可释为"木工册"，唯因器主之名缺失，不易判断。

综合以上诸例的研究，可见商周族氏铭文的复杂性，除国名、族名、氏名之外，还有一类以官、氏、字合璧之徽识，这类徽识由宗族之始祖创制，并为子孙所袭用，成为世官的标志。就史官徽识而言，其已形成制度是毋庸置疑的。

2018年7月22日据旧札写讫于尚朴堂

注　释

[1]冯时：《"燕翿"考》，《青铜器与金文（第二辑）》，上海古籍出版社，2018 年。

[2]裘锡圭：《史墙盘铭解释》，《文物》1978 年第 3 期。

[3]唐兰：《略论西周微史家族窖藏铜器群的重要意义——陕西扶风新出墙盘铭文解释》，《文物》1978 年第 3 期。

[4]冯时：《殷代史氏考——前掌大遗址出土青铜器铭文研究》，《古文字与古史新论》，台湾书房出版有限公司，2007 年。

[5]曹淑琴：《臣辰诸器及其相关问题》，《考古学报》1995 年第 1 期；周亚：《关于耇及臣辰耇诸器的检讨》，《青铜器与金文（第一辑）》，上海古籍出版社，2017 年。

[6]陈梦家：《西周铜器断代》，中华书局，2004 年，第 42 页。

[7]冯时：《致事传家与燕私礼——叔趯父器铭文所见西周制度》，《华夏考古》2018 年第 1 期。

[8]赵平安：《从失字的解读谈到商代的佚侯》，《中国社会科学院历史研究所学刊（第一集）》，社会科学文献出版社，2001 年。

[9]冯时：《陶寺圭表及相关问题研究》，《考古学集刊（第 19 集）》，科学出版社，2013 年。

[10]郭沫若：《两周金文辞大系图录考释》第六册，科学出版社，1957 年。

[11]冯时：《周初二伯考——兼论周代伯老制度》，《中原文化研究》2018 年第 2 期。

[12]冯时：《董鼎铭文与召公养老》，《考古》2017 年第 1 期。

[13]山西省考古研究所、临汾市文物局、翼城县文物旅游局联合考古队、山西大学北方考古研究中心：《山西翼城大河口西周墓地 1017 号墓发掘》，《考古学报》2018 年第 1 期。

[14]陈梦家：《美帝国主义劫掠的我国殷周铜器集录》，科学出版社，1961 年，A77。

[15]唐兰：《西周青铜器铭文分代史征》，中华书局，1986 年，第 136 页。

[16]唐兰：《西周青铜器铭文分代史征》，中华书局，1986 年，第 278 页。

[17]冯时：《董鼎铭文与召公养老》，《考古》2017 年第 1 期。

[18]郭沫若：《两周金文辞大系图录考释》第六册，科学出版社，1957 年。

[19]唐兰：《西周青铜器铭文分代史征》，中华书局，1986 年，第 206—207 页。

[20]陈梦家：《西周铜器断代》，中华书局，2004 年，第 38 页。

[21]冯时：《周初二伯考——兼论周代伯老制度》，《中原文化研究》2018 年第 2 期。

[22]郭沫若：《两周金文辞大系图录考释》第六册，科学出版社，1957 年。

[23]裘锡圭：《谈曾侯乙墓钟铭中的几个字》，《古文字论集》，中华书局，1992 年。

试论 子鼎的国别

涂白奎（河南大学历史文化学院）　黄锦前（兰州大学历史文化学院）

近年，湖北随州叶家山出土了大批有铭西周青铜器，有关材料正陆续公布。该批材料中，有一件出土于 M2 的 子鼎因有较长铭文而引起学界的关注。就目前所见，有凡国栋在《随州叶家山新出" 子鼎"铭文简释》[1]及发表于《文物》2011 年第 11 期的《湖北随州叶家山西周墓地笔谈》二文，对该鼎铭做了初步的考释。我们在拜读之后，对铭文中的" "字及相关问题有一些不成熟的看法，现草成小文以就正于方家。

为便于讨论，现录器铭于下：

丁巳，王大佑。戊午， 子蔑历，敝白牡一；己未，王赏多邦伯， 子丽，赏毌卤、贝二朋。用作文母乙尊彝。

该字在铭文中出现两次，为国名用字，凡文未释，但是在文中提及宋华强以两周金文"办"字（'梁'字声旁）与此字形近，"疑是'办'字"的意见。不过此"办"字当作何读，具体的字义或词义是什么，宋、凡二位都没有给出明确的说法。在《笔谈》中，李学勤读作"斗"，王占奎释为"戊（越）"，李天虹以为或即"未"字，但都属揣度之辞而未作进一步讨论。

我们在对该铭进行辨识后，同意宋华强对该字的隶定，并根据与该字相关的金文及楚简文字的用法，倾向于将其读作"荆"。

"办"字见于《说文》，许慎以为"创"之正篆，释义云"伤也"。后世字书中又有"㓹"字，音、义同"办"。但是，在两周金文中它们都被读作"荆"，且多被用作荆楚之"荆"。

"荆"字在两周金文中，大别之，有两种写法。一种即作"办"形；一种写作办（或刀）、井声，或再添加羡符。现列举相关材料如下：

（1）䧹叔簋[2]：䧹叔从王员征楚 （荆），在成周。　西周早期
此铭之"荆"，与我们要讨论的鼎铭该字同形。

（2）壴簋[13]：壴从王伐 （荆），孚。　西周早期
此铭之"荆"，与我们要讨论的鼎铭该字虽有小别，但为一字应无疑问。

字又或增"井"以为声符，金文中有以下数例：

（3）过伯簋[4]：过伯从王伐反🔲（荆），俘金。　西周早期

（4）狱驭簋[5]：狱驭从王南征，伐楚🔲（荆），有得。　西周早期

（5）逨盘[6]：雩朕皇高祖惠中盠父，调和于政、有成于猷。用会昭王、穆王，盗政四方，嗣伐楚🔲（荆）。　西周晚期

（6）子犯编钟[7]：诸楚🔲（荆）不听命于王所，子犯及晋公率西之六师搏伐楚🔲（荆），孔休大功……大攻楚🔲（荆），丧厥师，灭厥属。　春秋中期

又楚器荆历钟[8]铭曰：

（7）唯🔲（荆）历屈夷，晋人救戎于楚境。　春秋晚期后段

此铭"荆"字在已声化的基础上又增羡符"田"，而且该形体在以后的楚简中被固定下来。如包山楚简第 246 号简"与祷荆王"及新蔡简乙四 96"荆王就祷"之"荆"字就分别写作少和🔲（𦥑）[9]；其他如"荆夷之月"之"荆"多写作🔲；更有上博二《容成氏》第 26 号简"荆州"之"荆"亦如此作（🔲）[10]。

由以上的辞例及字形演变的线索可知，我们把𨚕子鼎的"𨚕子"读作"荆子"，应无问题。

那么，这个"荆子"是何许人呢？我们认为应即"楚子"。

"楚"亦称"荆"，又或称"荆楚""楚荆"，其得名之故，在于其族居之地多生荆木。《说文》："荆，楚木也。"又曰："楚，丛木，一名荆也。"《春秋》僖公元年："楚人伐郑。"杜预注："荆始改号曰楚。"孔颖达《正义》："荆、楚一木二名，故以为国号亦得二名。"近年新见清华简《楚居》篇恰好又有可印证的文字，简文云楚先祖穴酓妻妣列"生侸叔、丽季。丽不纵行，溃自胁出，妣列宾于天，巫咸该其胁以楚，抵今曰楚人"[11]，即穴酓之子季丽出生时未得顺产，由母胁间以出，其母以此亡。巫医以楚木捆扎其胁而葬，因此族人乃以楚为族名。此说与旧说或小有出入，但也进一步证实，该族得名确与荆木相关。

关于楚族得名之由来，历来众说纷纭，莫衷一是。概言之，主要有荆为州而楚为国说，先荆后楚说，"荆"为周人贬称而"楚"为楚国自号说，以"荆"代楚而避秦讳说，荆、楚同义说等各种意见[12]。《楚居》和荆子鼎铭文的记载，为平息汉晋以来有关该问题的争论提供了新的契机。过去，俞樾曾指出："盖荆楚之名犹殷商也，合言之曰荆楚，而分言之则或为荆、或为楚，犹合言之曰殷商，分言则或为殷，或为商也。"[13]现在看来，其说较为允当。

又，旧说或以称"荆"为敌忾之辞。《春秋谷梁传》庄十年于"秋九月，荆败蔡师于莘"句下注云："荆者，楚也。何为谓之荆？狄之也。"由古至今，学者就此常有论争，而未必能得其实。以实际而言，"荆""楚"虽一，而作为称谓语言却有质文之别。"荆"乃俗语，"楚"为文言。"荆"，其枝长而柔，可用于编织筐筥，乡人皆呼曰"荆条"。又后世所谓"负荆请罪""荆钗"类，则如平常语，人莫不晓其意。文言则不然，

《诗·汉广》之"翘翘错薪，言刈其楚"，《诗·扬之水》之"不流束楚"，如无疏解，则知其为何物者鲜。楚人始名其族，文明尚未发达，当以鄙言俚语为称，故称"荆"。至于周原甲骨所见"楚子""楚伯"则非自名。由两周金文来看，从西周晚期楚公家钟[14]、楚公家戈[15]、楚公逆镈[16]、楚公逆编钟[17]等器铭自称"楚公"，由此至战国时期，青铜器铭虽皆自称"楚"而不见称"荆"者，皆因重文饰之故。又楚人每引本族历法，则曰"荆历"，知称"荆"者，必源远流长，且为族人共识。

鼎出自曾侯墓，年代最起码不晚于该墓，亦当在西周初。鼎铭自言"荆子"，则知楚国初始实从乡人俗语自称"荆"。而年代在其前后的周原甲骨，H11：83片云"今秋楚子来"[18]；H11：14云"楚伯乞今秋来，厄于王其则"[19]。王宇信根据对周原甲骨所见"王"字字形的型式分析，将H11：14片的年代定在成王时[20]，可作参考。荆子鼎铭自称"荆子"，其年代显然不会在成王之后。从鼎铭记时风格及祭祀用"白牡"，又云"王赏多邦伯"类字眼处还可见殷人遗风。因此，荆子鼎的年代，应定在由殷入周后不久。

荆子鼎的发现对研究楚国早期历史、地理皆有重大意义，本文只是就其国别、称谓及年代问题提出一点较为粗浅的看法，希望能够得到学界的批评。

注　释

[1]凡国栋：《随州叶家山新出"⿰子鼎"铭文简释》，罗运环主编、中国先秦史学会等编：《楚简楚文化与先秦历史文化国际学术研讨会论文集》，湖北教育出版社，2013年，第12—16页。

[2]中国社会科学院考古研究所：《殷周金文集成》，中华书局，1984年—1994年（以下简称"集成"）7.3950、3951。

[3]集成6.3732。

[4]集成7.3907。

[5]集成7.3976。

[6]陕西省考古研究所、宝鸡市考古工作队、眉县文化馆：《陕西眉县杨家村西周青铜器窖藏发掘简报》，《文物》2003年第6期，第32—33页，图四〇。

[7]张光远：《故宫新藏春秋晋文公称霸"子犯和钟"初释》，《故宫文物月刊》1995年4月（总145期），第4—31页；又《子犯和钟的排次与补释》，《故宫文物月刊》1995年9月（总150期），第118—123页；又《春秋中期晋国子犯和钟的新证、测音与校释》，《故宫文物月刊》2000年5月（总206期），第48—67页，第49页图1—3。

[8]集成1.38。

[9]湖北省荆沙铁路考古队：《包山楚简》，文物出版社，1991年，图版一〇八；河南省文物考古研究所：《新蔡葛陵楚墓》，大象出版社，2003年，图版七七。

[10]马承源主编：《上海博物馆藏战国楚竹书（二）》，上海古籍出版社，2002年，图版第118页。

［11］李学勤主编：《清华大学藏战国竹简（壹）》，中西书局，2010 年，第 118 页图版、第 181 页释文。释文参考李学勤：《论清华简〈楚居〉中的古史传说》，《中国史研究》2011 年第 1 期；复旦大学出土文献与古文字研究中心研究生读书会（蒋文执笔）：《清华简〈楚居〉研读札记》，复旦大学出土文献与古文字研究中心网站，2011 年 1 月 5 日，http://www.gwz.fudan.edu.cn/Web/Show/1353。

［12］参见段渝：《荆楚国名问题》，《江汉论坛》1984 年第 8 期；王光镐：《荆楚名实综议》，张正明主编：《楚史论丛（初集）》，湖北人民出版社，1984 年，第 20—35 页；又王光镐：《楚文化源流新证》，武汉大学出版社，1988 年，第 85—87 页；何光岳：《楚源流史》，湖南人民出版社，1988 年，第 171—178 页；罗运环：《楚国八百年》，武汉大学出版社，1992 年，第 62—64 页；张正明：《楚史》，湖北教育出版社，1995 年，第 31 页；牛世山：《西周时期的荆与楚》，北京大学中国考古学研究中心、北京大学震旦古代文明研究中心编：《古代文明（第 5 卷）》，文物出版社，2006 年，第 285—289、298—299 页；尹弘兵：《楚国都城与核心区探索》，湖北人民出版社，2009 年，第 196—202 页；又尹弘兵：《荆楚关系问题新探》，《江汉论坛》2010 年第 3 期；刘玉堂、尹弘兵：《楚蛮与早期楚文化》，《湖北大学学报（哲学社会科学版）》2010 年第 1 期；陈民镇：《清华简〈楚居〉集释》，复旦大学出土文献与古文字研究中心网站，2011 年 9 月 23 日，http://www.gwz.fudan.edu.cn/Web/Show/1663。

［13］（清）俞樾：《宾萌集（六卷）》，清光绪二十五年刻《春在堂全书》本，卷三"释荆楚"。

［14］集成 1.42-45；罗西章：《陕西周原新出土的青铜器》，《考古》1999 年第 4 期，图版三：5，第 20 页图六；北京大学考古文博学院、北京大学古代文明研究中心：《吉金铸国史：周原出土西周青铜器精粹》，文物出版社，2002 年，第 307—309 页；曹玮主编：《周原出土青铜器》，巴蜀书社，2005 年，第 2040 页。

［15］集成 17.11064。

［16］集成 1.106。

［17］参见山西省考古研究所、北京大学考古系：《天马——曲村遗址北赵晋侯墓地第四次发掘》，《文物》1994 年第 8 期，彩色插页二，第 6 页图六、第 7 页图八：3；黄锡全、于炳文：《山西晋侯墓地所出楚公逆钟铭文初释》，《考古》1995 年第 2 期，第 178 页；高崇文、安田喜宪主编：《长江流域青铜文化研究》，科学出版社，2002 年，第 57 页；上海博物馆编：《晋国奇珍——山西晋侯墓群出土文物精品展》，上海人民美术出版社，2002 年，第 154 页。

［18］曹玮：《周原甲骨文》，世界图书出版公司北京公司，2002 年，第 63 页。

［19］曹玮：《周原甲骨文》，世界图书出版公司北京公司，2002 年，第 14 页。

［20］王宇信：《西周甲骨探论》，中国社会科学出版社，1984 年，第 222、240 页；又《中国甲骨学》，上海人民出版社，2009 年，第 480 页。

西汉陵邑相关问题初探

焦南峰（陕西省考古研究院）

"园邑之兴，始自强秦。"[1]汉承秦制，西汉早中期皇帝、太上皇，因故独葬的皇太后、皇后均设置陵邑"供奉陵园"，晚期的汉成帝亦曾修建昌陵邑。

西汉陵邑的研究很早就引起学者们的关注，杨宽、马正林、葛剑雄、陈益民、喻曦、李令福、梁安和、邢义田、鹤间和幸、冈田功等先后撰文，根据历史文献对陵邑的起源、功能、管理以及人口等问题进行了考证和分析[2]；何双全、王子今、孙家洲、郑威、孙兆华则利用简牍资料对陵里的数量和名称、机构官职的设置及居民生活状况等展开了较深入的探讨[3]。石兴邦、刘庆柱、李毓芳等在考古调查资料的基础上对陵邑的渊源、位置、用途、管理、沿革以及居民的社会生活等方面展开了较深入的研究[4]。近年来刘卫鹏、岳起、杨武站、王东等根据新的考古调查、勘探资料撰写、发表了新的研究成果，对茂陵邑的位置、形制特征、西汉陵邑的营建、功能及其变化等提出新的、卓有见地的观点和认识[5]。

作为与岳起、刘卫鹏、杨武站、王东等学者一起从事西汉帝陵调查、勘探工作的同事，现就西汉帝陵陵邑相关问题讨论如下：

一　西汉陵邑的考古发现

西汉先后设置帝陵陵邑八座，截至目前的考古发现梳理如下[6]。

1. 长陵邑

长陵邑位于长陵陵园的正北，其南墙亦为陵园的北墙。陵邑呈长方形，南北长2170.5米，东西宽约1359.2米，面积2.95平方千米。陵邑南、西、北为夯土垣墙，西、北两墙外有壕沟，唯东侧地势陡降，未见垣墙和壕沟。由于村庄占用，勘探困难，仅发现门址3处，北1、南2。从探明出的断断续续的四横八纵道路可知其内有纵横交错的道路系统。发现有夯土建筑基址、陶窑、水井、灰坑等类型的遗迹，采集有各类建筑材料及陶器等[7]（图一）。

2. 安陵邑

安陵邑南与安陵陵园紧密相连，其南墙中段亦为安陵陵园的北墙。陵邑平面呈不规则东西向长方形，北部宽，南部东侧内收。东西长1603米，南北宽860.8（西）至707（东）米，

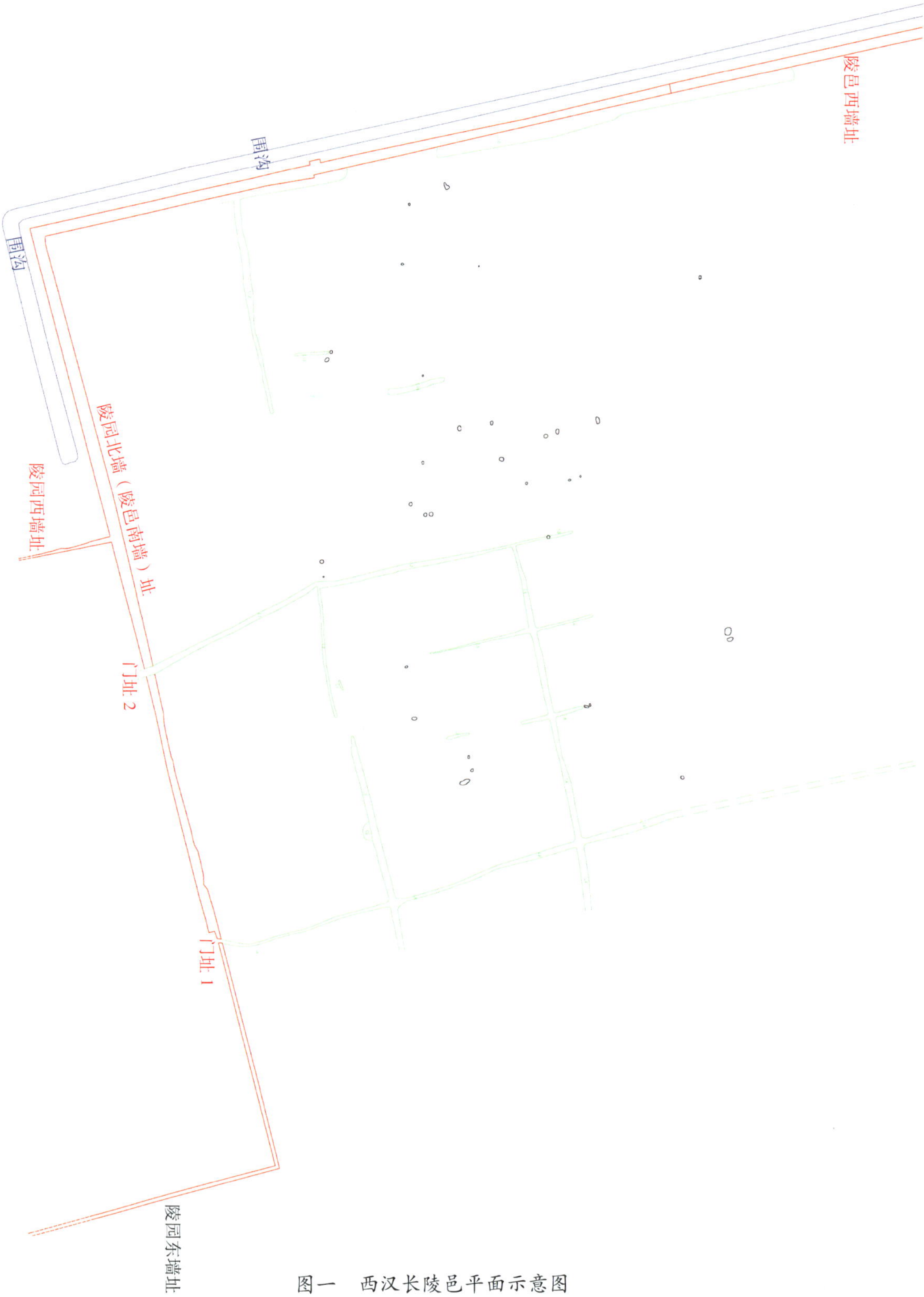

图一　西汉长陵邑平面示意图

雨沟

陵邑西墙址

陵邑北墙址

雨沟

夯土基址1

陵邑北墙址

北门址

夯土基址3

夯土基址4

夯土基址2

雨沟

图 例			
——	城　墙	G ——	冲积沟
——	夯　土	Y ——	窑　址
L ——	踩踏面	H ——	灰　坑
——	砖瓦堆积	J ——	井　址

0   50   100米

面积约1.38平方千米。陵邑四侧有夯土垣墙,西、北、东三面外有壕沟。因村民占用和破坏,勘探仅发现门址2处,东1、北1。勘探发现道路二横五纵。发现有夯土基址、水井、陶窑、瓦片堆积、灰坑等类型的遗迹,采集有各类建筑材料及陶器残片等[8](图二)。

3. 霸陵邑

刘庆柱、李毓芳先生根据历史文献分析认为:"霸陵邑在霸陵以北10里,灞河东岸的田王村一带。"霸陵的陵墓、陵园、外藏坑、陪葬墓、手工业作坊等田野考古工作正在展开,陵邑目前还没有发现。

4. 阳陵邑

勘探和发掘证实:阳陵邑遗址地处"泾渭之会"的泾渭三角洲上,位于阳陵陵园、阳陵东区陪葬墓园东部略偏北。残存的南半部探明其平面略呈东西向长方形,东西长近3000米,南北宽约1135米。陵邑内残存东西道路六条,南北向道路15条,以及由上述道路垂直交错,形成的方形或长方形的"里"五排四十多个。发现了大量的房屋、陶窑、水井、输水管道、灰坑等建筑遗址、遗迹,出土遗物有铜、铁、陶、石器等生活用品,筒瓦、板瓦、瓦当、铺地砖等建筑材料以及封泥近600枚。其中发掘出土"阳陵泾乡""阳陵泾置"等文字瓦当,"阳陵令印""阳陵丞印""南乡""渭乡"等封泥弥足珍贵(图三)。发掘结果还表明,靠近北部泾河北岸的建筑规模较大且内涵丰富,应为官署区;南部的建筑规模较小且遗存简单,或为民居区[9](图四)。

5. 茂陵邑

茂陵邑位于茂陵陵区的东北部,南邻东司马门道,西与茂陵陵园东墙间隔370.5至380.5米。茂陵邑平面为东西向长方形,长1813.8至1844.5、宽1534至1542.7米。茂陵邑周围未发现围墙遗迹,四周以壕沟为界。壕沟宽2.1至5、深2.5至3.2米,截面为"U"形。茂陵邑内道路纵横交错,主干道为"五横九纵",将整个陵邑划分为约三十个矩形区间(里),其中位于中间的东西向道路L2和南北向的道路L4较宽,应是陵邑的两条中轴线。陵邑南部局部的详细钻探发现,里坊内以东西向夯墙为主,辅以南北向夯墙,形成多个独立的建筑空间,周围散落有大量的建筑材料,似为居民住宅;其东南钻探发现多座陶窑遗址,疑为与制陶有关的手工业作坊区[10](图五)。

6. 平陵邑

平陵邑紧邻于平陵陵园的东北角域。勘探发现,平陵邑平面大致呈不规则的南北向长方形,南侧中部向南略凸出,西北角则有局部阙如。南北4523米,东西宽1774至2798米,面积约12.1平方千米。陵邑外围有夯土垣墙圈合,垣墙之外有壕沟。陵邑四侧均设置城门,南、北、西分别应设三门,东侧或为五门,现发现10座门址或其线索。陵邑内发现五条南北向主道路、八条东西向主道路、环城路以及由主道路分隔出的二十六个街区(里)。街区多有夯土围墙,自成一体,较为规范的街区有21座,呈正方形,边长约600米,东西成排,南北成列,间距在50至60米左右。在对东南部个别街区详细勘探时发现,其内

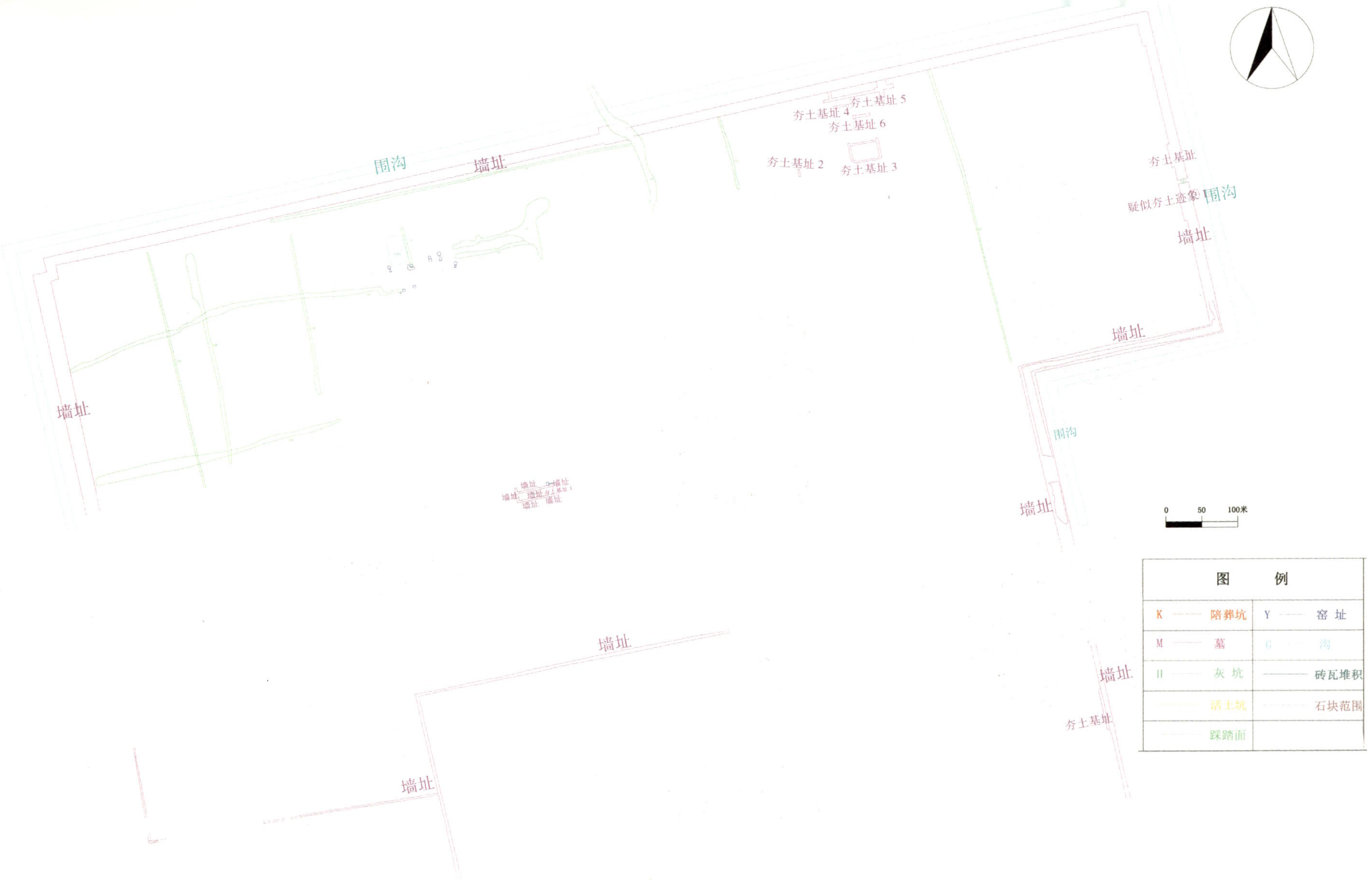

图二　西汉安陵邑平面示意图

图三

1. "阳陵泾乡"瓦当 2. "阳陵泾置"瓦当 3. "阳陵令印"封泥 4. "阳陵丞印"封泥 5. "南乡"封泥
6. "渭乡"封泥 7. "都乡"封泥 8. "泾乡"封泥

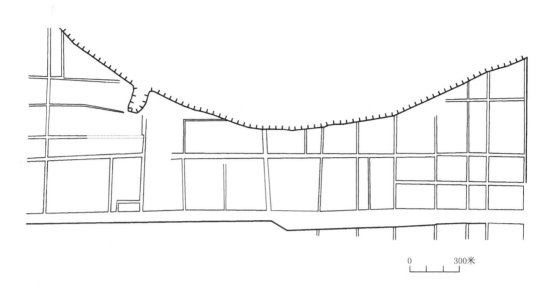

图四　西汉阳陵邑平面示意图

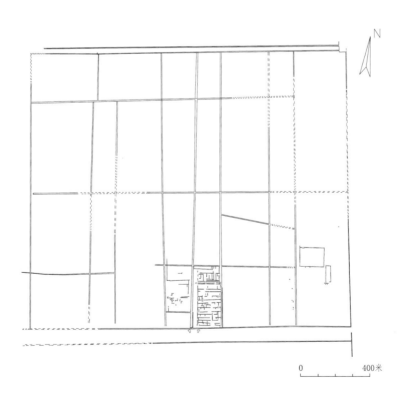

图五　西汉茂陵邑平面示意图

部多分布有座北向南、形制规模相似的房址，面阔 14 至 17 米，进深约 15 至 17 米，或 2 座一组，或 3 座一组，排列整齐。出土遗物以筒瓦、板瓦、瓦当、方砖、空心砖等建筑材料为主，也有部分陶制生活用品[11]（图六）。

7. 杜陵邑

1982 年到 1985 年，社科院考古所调查发现：杜陵邑遗址位于汉宣帝杜陵的西北侧，在今三兆村北、缪家寨南，西起曲江化工厂，东到杜陵北部陪葬墓以西区域内。陵邑垣墙地表无存，经勘探后发现北墙墙基位于穆家寨村南约 200 米处，长约 2250 米；西墙在三兆火葬场（已经搬迁）西约 270 米处，现存长约 490 米；东墙在穿过杜陵南北直线以西约 100 米处，现存长约度 500 米，东、西墙的北端分别与北墙相接，陵邑西南角发现一条东西向的夯土墙基，长约 130 米，宽约 3 米，西端与陵邑西墙南北对直[12]。

2011 至 2013 年陕西省考古研究院、中国社会科学院考古研究所、西安市文物保护考古研究院联合对杜陵进行的大遗址考古调查和勘探，发现"杜陵邑规模较大。陵邑范围大致西至公田四路、曲江文化运动公园东侧南北一线，南至春临五路、东至三兆村之西、北至缪家寨、宁安路东西一线之南侧，东西 3、南北 3.2 千米，在此范围内现已发现 4 处规模较大的建筑遗址，应是官署或高官贵族的宅第，还发现陶窑遗址，陵邑中应有制陶作坊。"较为重要的遗存还有"围沟"和"围墙"[13]。

8. 昌陵邑

刘庆柱、李毓芳等先生认为昌陵邑"其大体位置应该在昌陵的东北一带。"[14]由于昌陵进一步的考古工作未能展开，目前尚无准确可靠的考古资料。

二 西汉陵邑的位置与选址

根据上述最新的考古资料我们可知西汉陵邑位置分布有三种情况：A. 汉高祖长陵邑和汉惠帝安陵邑均位于陵园的正北，且与陵园紧密相连，之间的垣墙共用。长陵邑位于陵园的北部，"它的南墙与陵园北墙重合。"[15]安陵邑南与安陵陵园紧密相连，其南墙中段亦为安陵陵园的北墙[16]。B. 阳陵邑、茂陵邑、平陵邑位于陵园的东北部。"阳陵邑位于汉阳陵东端的泾渭三角洲上"[17]，"位于东区陪葬墓园东部略偏北"[18]。茂陵邑位于茂陵陵区的东北部，南邻东司马（门）道，西与茂陵陵园东墙间隔 370.5 至 380.5 米[19]。"平陵邑位于平陵陵园的东北部，今李都村、北上召、富阳村、庞村均位于陵邑范围内。"[20]此外，汉成帝昌陵邑"其大体位置应该在昌陵的东北一带。"[21]C. 杜陵邑位于陵园的西北部。"杜陵邑在杜陵西北五里，位于今三兆村西北，缪家寨村以南。""位于今三兆村北、缪家寨南，西起曲江化工厂，东到杜陵北部陪葬墓以西区域内。"[22]"陵邑位于陵区的西北"[23]。

综上所述：西汉早期的陵邑除霸陵邑位置不能确认外，长陵邑、安陵邑均位于陵园

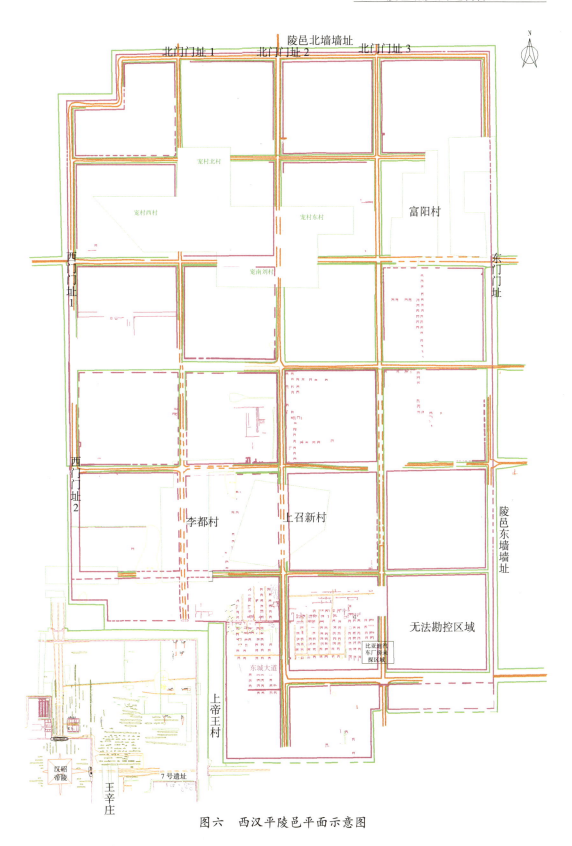

图六　西汉平陵邑平面示意图

的正北，与陵园南北紧邻，之间的夯土垣墙共用，与陪葬墓区距离较远。西汉中期的阳陵邑、茂陵邑、平陵邑、杜陵邑均位于帝陵陵园的东北或西北方，间距370余米到3000余米不等；或与帝陵、陪葬墓区分离，自成一体，例如阳陵邑；或与陵园、陪葬墓区相连，浑然一体，例如茂陵邑、平陵邑和杜陵邑。

从上述陵邑的位置及其变化可知：

1.西汉陵邑的位置大体上是有一定规制的，即陵邑大多应设在陵园距都城长安较远的东北一侧。"酷似甲第建于皇宫之北或京城之东"[24]，反映了"陵墓若都邑""西汉帝陵陵园系模仿都城长安而筑"，[25]西汉帝陵"模仿现实中的西汉帝国的建设理念"[26]。这样的设置既有利于保护、拱卫陵园，又有利于西汉帝陵的宏观布局。同事杨武站、王东的研究认为，阳陵邑、茂陵邑的营建早于阳陵陵园、茂陵陵园[27]。营建较早的陵邑没有占用营建较晚的陵园的用地，应该可以证明其位置选择的严肃性。

2.西汉帝陵在帝陵陵位确定之后，其陵区的各个组成部分的位置选择是有先后之序的。正如《后汉书·礼仪志下》引《汉旧仪》曰："天子即位明年，将作大匠营陵地，用地七顷，方中用地一顷。深十三丈，堂坛高三丈，坟高十二丈。武帝坟高二十丈，明中高一丈七尺，四周二丈，内梓棺柏黄肠题凑，以次百官藏毕。其设四通羡门，容大车六马，皆藏之内方，外陟车石。外方立，先闭剑户，户设夜龙、莫邪剑、伏弩，设伏火。已营陵，余地为西园后陵，余地为婕妤以下，次赐亲属功臣。"[28]也就是说，汉代陵墓位置选择的基本顺序是：帝陵陵园优先，其次为皇后陵园，再次为婕妤以下的夫人们的祔葬墓，最后为亲属功臣的陪葬墓地。

上述引文中没有涉及陵邑用地的选择，估计有三种可能：一为陵邑不是帝陵的组成部分，帝陵规划时没有考虑陵邑；二是上述记载主要针对的是东汉帝陵，而东汉帝陵不置陵邑，故未言之；三是陵邑虽然是帝陵规划的内容之一，但不是帝陵的真正组成部分，而是营建、侍奉、管理帝陵的人的生活区，与帝陵陵园、皇后陵园、祔葬墓、陪葬墓地相比重要性次之，因而未曾提及。

3.西汉陵邑位置的选择规制，根据地形、地貌的局限可以进行适度调整。汉阳陵地处咸阳原东端，原面不足以陵园和陵邑南北布局，陪葬墓区北侧也无法设置，只好退而求其次，利用秦弋阳县旧址，将陵邑安置在地势较低的泾渭三角洲靠近泾河的北侧。茂陵和平陵地处咸阳原西端，是西汉帝陵中距离长安城最远的两座帝陵，其原面广阔足以容陵园和陵邑南北布局，但出于交通与水源便利的需求，茂陵邑、平陵邑的位置确定在茂陵、平陵东司马门道的北侧，与陪葬墓区连为一体。

三 西汉陵邑的形制与特征

根据现有考古调查勘探资料就西汉陵邑形制列表如下[29]：

名称	平面形制	城墙	护城壕沟	城门	陵邑内道路	备注
长陵邑	南北向长方形	夯土城墙，东侧无墙	西侧、北侧有壕沟	3座，南2、北1	四横八纵（不全）	内部破坏严重
安陵邑	东西向长方形（不规则）	夯土城墙	东、西、北三侧有壕沟	2座，北1东1	二横五纵（不全）	内部破坏严重
霸陵邑	不明	不明	不明	不明	不明	位置未确认
阳陵邑	东西向长方形（复原为矩形）	南侧发现夯土垣墙	南墙外有围沟	不明	四横十五纵（不全）	破坏严重，残存南半部
茂陵邑	东西向长方形	未发现	四侧均有围沟	未探明	五横九纵	破坏严重
平陵邑	南北向长方形，平面不规则	夯土垣墙	四侧均有壕沟	门址10，东2、西2、南3、北3	八横五纵	勘探后破坏严重
杜陵邑	东西向长方形	夯土垣墙残段	未探明	未探明	未探明	破坏严重
昌陵邑	不明	不明	不明	不明	不明	破坏严重

从上表统计资料可以得出西汉陵邑形制特征如下：

1.西汉陵邑的平面形制原则上是矩形，如长陵邑、阳陵邑、茂陵邑等；有南北向长方形，如长陵邑、平陵邑等；有东西向长方形，如安陵邑和茂陵邑；有的在矩形平面基础上显示出灵活变化，如安陵邑的东南角内收，平陵邑的东南一隅外凸等等。

2.西汉陵邑外围多有夯土垣墙，墙外设置有护城壕沟，已经基本探明长陵邑、安陵邑、阳陵邑、平陵邑、杜陵邑均如是。个别陵邑出于地形或有阙如，如长陵邑东侧地势较低，加之面向汉长安城，故东墙可能有意未筑；茂陵邑四周设置壕沟而无夯土墙垣的动因则有待于进一步探索。

3.出于交通的需求，西汉陵邑均建筑多座城门。平陵邑为其典型代表，发东南西北四侧均建筑城门。早期的长陵邑、安陵邑大概是由于安全防护和交通的原因，西墙未见筑建城门。

4.西汉陵邑内建有完备规整的道路系统。探明的茂陵邑道路五横八纵，平陵邑八横五纵；未探完整的长陵邑已经发现残缺的四条东西向道路，八条南北向道路；残损过半的阳陵邑也勘探确认有东西向道路六条，南北向道路十五条。根据已知诸陵道路网的分布状况，似乎可以将其分为两个阶段：早期有长陵邑、安陵邑和阳陵邑，其道路间距较小且不一致，如阳陵邑道路间距最小的为65米，最大的267米，多数在120至180米之间[30]；

由其交错形成的矩形平面空间也规模明显不同，似乎显示出其建筑布局的随机性，建筑工期的紧迫性，抑或是建筑规划的原始性。晚期的代表是茂陵邑和平陵邑，特别是平陵邑：其道路间距大致相同，约 600 米；道路宽窄相近，在 50 至 60 米之间；由其间隔的二十六个街区（里）多呈正方形，东西成排，南北成列，较为规范[31]，反映出其具有制度化趋势。

5. 茂陵邑、平陵邑已经有了明确的东西、南北两条中轴线，阳陵邑似乎也有东西、南北两条轴线的存在，长陵邑似乎有一条南北向轴线。这些轴线将陵邑划分为若干大的区块，使陵邑显得规整，且功能区的布局更加便利合理。

四 西汉陵邑的布局与管理

根据前表所列举的形制内涵及相关考古、历史文献资料，我们大致可以对西汉陵邑的布局和管理总结出概念性认识如下。

1. 西汉陵邑的平面原则上是矩形。

2. 西汉陵邑布局已经有了明确的分区概念。茂陵邑、平陵邑具有明确的东西、南北两条中轴线，阳陵邑似乎也有东西、南北两条轴线的存在，长陵邑似乎有一条南北向轴线。这些轴线将陵邑划分为两个或四个大的区块。这些区块根据考古发掘和勘探资料分析或具有不同功能。如阳陵邑的北半部，"建筑规模较大且内涵丰富，"出土"阳陵泾乡""阳陵泾置"等文字瓦当及"阳陵令印""阳陵丞印""南乡""渭乡"等封泥，应为官署区。阳陵邑的"南部建筑规模较小且遗存简单，或为居民区。"[32]茂陵邑的"里坊内以东西向夯墙为主，辅以南北向夯墙，形成多个独立的建筑空间，周围散落有大量的建筑材料，似为居民住宅"。茂陵邑"其东南钻探发现多座陶窑遗址，疑为与制陶有关的手工业作坊区。"[33]

3. 西汉中期以后的陵邑具有较为成熟的陵里制度。在东西、南北分区的基础上，西汉陵邑利用纵横交错的"井"字形道路系统将陵邑区划为数十个矩形区间，这些区间或"街区多有夯土围墙，自成一体，较为规范的街区有 21 座，呈正方形，边长约 600 米，东西成排，南北成列，间距在 50 至 60 米左右。"[34]或"内以东西向夯墙为主，辅以南北向夯墙，形成多个独立的建筑空间，周围散落有大量的建筑材料，似为居民住宅。"[35]应该就是所谓的"里"。"五横九纵""八横五纵"的道路使茂陵邑、平陵邑内分别形成了二十六和三十个"里"；六横十五纵道路使我们得知残损的阳陵邑至少也有"里"；目前所知的长陵邑和安陵邑残存的"四横八纵"和"二横五纵"道路也证明其"里"的存在。西汉陵邑中发现并确认的"里"，应该是目前为止，中国古代城市建设史上最早的"里"[36]。

4. 西汉陵邑具有完备的管理机构和体系。《汉书·百官公卿表》："县令、长，皆秦官，掌治其县。万户以上为令，秩千石至六百石。减万户为长，秩五百石至三百石。皆有丞、尉，秩四百石至二百石，是为长吏。百石以下有斗食、佐史之秩，是为少吏。大率十里一亭，亭有长。十亭一乡，乡有三老、有秩、啬夫、游徼。"[37]西汉陵邑的管理似乎有别于一般的县。其行政长官多不称"长"而称"令"，其"秩长陵令二千石。"远远高于一般县令的"秩千石至六百石"[38]。曾在陵邑任"令"的有：义纵、何并为长陵令，董贤为霸陵令，段颖为阳陵令，严延年、朱博为平陵令，魏相、萧育、尹公、"贤""熹""阁"和"亲"为茂陵令等。"令"属下有"丞""左尉""右尉""狱丞"等，如汉代封泥中有"长陵丞印""安陵丞印""霸陵丞印""阳陵丞印""南陵丞印"等，出土文献中的长陵丞、安陵左尉、南陵右尉、平陵狱丞等，肩水金关汉简中的"茂陵丞""茂陵左尉""茂陵狱丞"等等[39]。

陵邑之下应为"乡"，"乡有三老、有秩、啬夫、游徼。"

阳陵邑发掘出土的"阳陵泾乡"文字瓦当和"都乡""南乡""渭乡"[40]封泥证实了阳陵邑至少有"泾乡""都乡""南乡""渭乡"四个乡。"西汉初中期各县最重都乡、都亭制度，都乡为各乡之首，都亭为各亭之首。"[41]阳陵邑的"都乡"应该位于阳陵邑北部偏西发现较多建筑遗址，出土大量封泥的官署区。"泾乡""渭乡""南乡"顾名思义，"泾乡"北接泾河，"渭乡"南邻渭河，"南乡"在南接近渭河的一侧。也就是说，阳陵邑四个乡的划分，大概是以陵邑的中轴线为界的，北半部靠近泾河的两个乡，西侧的为"都乡"，东侧的为"泾乡"；南半部靠近渭河的两个乡，一为"渭乡"，一为"南乡"。茂陵邑、平陵邑等西汉陵邑乡的划分有可能参照了类似标准。

"乡"下有"里"，"里有司"[42]。

秦汉时期"里"的管理者有"里典""里正""里长""里师""里吏""里长老""里父老""里祭酒""里祭尊""里魁"以及"里监门"等多种称谓[43]。如前所述，茂陵邑应该有"里"三十个、平陵邑有"里"二十六个、阳陵邑残存"里"四十二个。历史文献中记载有安陵高里、寿陵里，茂陵显武里、陵里、承欢里，平陵长瞿里、奉明善居里等；肩水金关汉简中有茂陵当利里、息众里、寿成上里、信德里、嘉平里、孔嘉里、精期里、常贺里、始乐里、万延里、修礼里、昌德里、敬老里、道德里和界戍里等十五个里的记载[44]。

"里"下有"亭"，"亭有长"[45]。

历史文献中有霸陵屈亭、郎官亭、平陵肥牛亭等的相关记载[46]。

结　语

1.通过对西汉陵邑位置选择的探索，再次证实西汉帝陵的"营建经过认真地规划设计，修陵工程是按照一定的规划设计蓝图施工的。"[47]包括陵邑在内的西汉帝陵的选址、规划和设计具有坚守理念、遵循规制、先主后次和因地制宜、便利优先等诸多特点和优点。

2.西汉陵邑呈现出平面矩形、中轴线、夯土城墙、护城壕沟、城门、道路系统等形制特点，具备了中国古代北方地区城市的基本形制要素，是西汉中小城市的典型代表。

3.西汉陵邑"井"字形道路系统的出现与制度化,促使西汉陵邑相应出现了规划布局"制里割宅"[48]的新方法。这种规划布局的新方法则催生了中国古代城市最早的"里坊"的诞生。

4.西汉陵邑的形制特点及其规划布局的新方法,使整个陵邑布局合理、交通便利、功能分明。"这种布局规整的陵邑,说明西汉中小城市布局已经非常成熟,至少从布局这一层面来看,要比西汉长安城更加规整。"西汉陵邑"具有后世都城布局的基本元素——官署区(都城则表现为宫殿区)与居民区的分离、东西向干道和南北向中轴线的出现、由南北向和东西向大道间隔成的条块状里坊等。"与其说以西汉陵邑"为代表的西汉中小城市是魏晋隋唐时期都城布局的源头"[49],不如确切地说:西汉陵邑,特别是西汉中期的平陵邑、茂陵邑,其中轴线的确立,"井"字形道路系统的设置,功能区的划分,"里坊"的出现,对隋大兴城、唐长安城建筑规划及平面布局具有重大影响。

谨以此文沉痛悼念尊敬的宿白先生!

感谢先生长期以来的关注、教诲与鞭策。

辛丑清明前夜于长安白鹿原

注　释

[1] 范晔:《后汉书·东平宪王苍传》,中华书局,1965年,第1438页。

[2] 杨宽:《中国古代陵寝制度史》,上海古籍出版社, 1985年;杨宽:《西汉长安布局结构的探讨》,《文博》1984年创刊号,第19—24页;马正林:《咸阳原与西汉诸陵》,《人文杂志》1987年第2期,第81—84页;杨宽:《西汉长安布局结构的再探讨》,《考古》1989年第4期,第348—356页;陈益民:《秦汉陵邑考》,《中国社会经济史研究》1996年第1期,第77—78页;曾晓丽、郭风平、赵常兴:《西汉陵邑设置刍议》,《西北农林科技大学学报(社会科学版)》2005年第3期,第120—123页;汤其领、陆德富:《关于西汉陵县制度研究的几个问题》,《徐州师范大学学报(哲学社会科学版)》2006年第6期,第67—71页;喻曦:《西汉陵邑人物的地域分布初探》,《中国历史地理论丛》2011年第2期,第67—76页;喻曦、李令福:《西汉长陵邑的设置及其影响》,《陕西师范大学学报(哲学社会科学版)》2012年第2期,第86—91页;葛剑雄:《西汉的人口地理》,商务印书馆,2014年;田红:《西汉陵县地区社会治安问题研究》,《天水师范学院学报》2016年第6期,第64—69页;梁安和:《西汉时期五陵原陵邑居民生活状况简析》,《秦汉研究》,2018年,第89—100页。

[3] 王子今:《汉代长安乡里考》,《人文杂志》1992年第6期,第83—86页;王子今:《论元康四年"诏复家"事兼及西汉中期长安及诸陵邑人口构成》,《中日学者论中国古代城市社会》,三秦出版社,2007年,第68—94页;王子今:《元康四年"诏复家"事涉及的阳陵邑居民》,《汉阳陵与汉文化研究》第2辑,三秦出版社,2012年,第

209—215 页；王子今：《秦汉基层社会单元"里"的结构与功能》，《古代庶民社会》，"中央研究院"，2013 年，第 85—102 页；孙兆华：《〈肩水金关汉简（贰）〉所见里名及相关问题》，《鲁东大学学报（哲学社会科学版）》2014 年第 2 期，第 72—80 页；王子今：《汉简"诸陵县"史料钩沉》，《简牍学研究》（第五辑），2014 年，第 141—155 页；郑威：《简牍文献所见汉代的县级政区"邑"》，《简帛》2015 年第 2 期，第 217—241 页；孙家洲：《〈肩水金关汉简〉所见汉武帝"茂陵邑"探微》，《中国人民大学学报》2018 年第 3 期，第 36—42 页。

[4] 石兴邦、马建熙、孙德润：《长陵建制及其有关问题——汉刘邦长陵勘察记存》，《考古与文物》1984 年第 2 期，第 32—45 页；刘庆柱、李疏芳先生：《西汉诸陵调查与研究》，《文物资料丛刊》1982 年第 6 期，第 1—16 页；刘庆柱、李毓芳：《西汉十一陵》，陕西人民出版社，1987 年。下引社会科学院考古研究所、刘庆柱、李毓芳先生的成果均同，不赘。

[5] 刘卫鹏、岳起：《茂陵邑的探索》，《考古与文物》2008 年第 1 期，第 81—84 页；杨武站、王东：《西汉陵邑营建相关问题研究》，《文博》2014 年第 6 期，第 39—43 页；杨武站：《论西汉陵邑的功能》，《考古与文物》2017 年第 3 期，第 88—93 页。

[6] 西汉帝陵先后设置陵邑十二座，本文讨论仅涉及其中真正的帝陵陵邑，即：汉高祖长陵邑、汉惠帝安陵邑、汉文帝霸陵邑、汉景帝阳陵邑、汉武帝茂陵邑、汉昭帝平陵邑、汉宣帝杜陵邑以及汉成帝半途而废的昌陵邑。

[7] 陕西省考古研究院、咸阳市文物考古研究所：《汉高祖长陵考古调查、勘探简报》，待刊。

[8] 陕西省考古研究院、咸阳市文物考古研究所：《汉惠帝安陵考古调查、勘探简报》，待刊。

[9] 汉阳陵博物苑：《汉阳陵博物苑》，文物出版社，2006 年。汉阳陵博物苑（现改名为汉阳陵博物馆）发表的资料未经系统整理，根据陕西省考古研究院汉阳陵考古队整理资料改写。

[10] 陕西省考古研究院、咸阳市文物考古研究所、茂陵博物馆：《汉武帝茂陵考古调查、探简报》，《考古与文物》2011 年第 2 期，第 2—13 页。

[11] 陕西省考古研究院、咸阳市文物考古研究所：《汉昭帝平陵考古调查、勘探简报》，待刊。

[12] 中国社会科学院考古研究所杜陵工作队：《1982—1983 年西汉杜陵的考古工作收获》，《考古》1984 年第 10 期，第 887—894 页；中国社会科学院考古研究所杜陵工作队：《1984—1985 年西汉宣帝杜陵的考古工作收获》，《考古》1991 年第 12 期，第 1071—1083 页；刘庆柱、李毓芳：《西汉十一陵》，陕西人民出版社，1987 年；中国社会科学院考古研究所：《汉杜陵陵园遗址》，科学出版社，1993 年。

[13] 陕西省考古研究院、中国社会科学院考古研究所、西安市文物保护考古研究院：《汉宣帝杜陵考古调查勘探简报》，《考古与文物》2021 年第 1 期，第 40—52 页。

[14] 刘庆柱、李毓芳：《西汉十一陵》，陕西人民出版社，1987 年。

[15] 石兴邦、马建熙、孙德润：《长陵建制及其有关问题汉刘邦长陵勘察记存》，《考古与文物》1984 年第 2 期，第 32—45 页。

[16] 陕西省考古研究所：《西汉安陵调查简报》，《考古与文物》2002 年第 4 期，第 3—8 页；孙铁山：《关于西汉安陵的新发现》，《考古与文物》2002 年第 4 期，第 45—46 页；

咸阳市文物考古研究所：《西汉帝陵钻探调查报告》，文物出版社，2010 年。

［17］陕西省考古研究所阳陵考古队：《汉景帝阳陵考古新发现》，《文博》1999 年第 6 期，第 3—11 页；焦南峰：《试论西汉帝陵的建设理念》，《考古》2007 年第 11 期，第 85 页。

［18］汉阳陵博物苑：《汉阳陵博物苑》，文物出版社，2006 年，第 92 页。

［19］陕西省考古研究院、咸阳市文物考古研究所、茂陵博物馆：《汉武帝茂陵考古调查、勘探简报》，《考古与文物》2011 年第 2 期，第 9 页。

［20］咸阳市文物考古研究所：《西汉帝陵钻探调查报告》，文物出版社，2010 年；陕西省考古研究院、咸阳市文物考古研究所：《汉昭帝平陵考古调查勘探简报》，待刊。

［21］刘庆柱、李毓芳：《西汉十一陵》，陕西人民出版社，1987 年；刘卫鹏、张淑娟：《延陵与昌陵》，《咸阳师范学院学报》2008 年第 1 期，第 38—42 页。

［22］中国社会科学院考古研究所杜陵工作队：《1982—1983 年西汉杜陵的考古工作收获》，《考古》1984 年第 10 期，第 887—894 页；中国社会科学院考古研究所杜陵工作队：《1984—1985 年西汉宣帝杜陵的考古工作收获》，《考古》1991 年第 12 期，第 1071—1083 页；刘庆柱、李毓芳：《西汉十一陵》，陕西人民出版社，1987 年。

［23］陕西省考古研究院、中国社会科学院考古研究所、西安市文物保护考古研究院：《汉宣帝杜陵考古调查勘探简报》，《考古与文物》2021 年第 1 期，第 48 页。

［24］刘庆柱、李毓芳：《西汉十一陵》，陕西人民出版社，1987 年，第 224 页。

［25］刘庆柱、李毓芳：《关于西汉帝陵形制诸问题探讨》，《考古与文物》1985 年第 5 期，第 103 页。

［26］焦南峰：《试论西汉帝陵的建设理念》，《考古》2007 年第 11 期，第 83 页。

［27］杨武站、王东：《西汉陵邑营建相关问题研究》，《文博》2014 年第 6 期，第 40 页。

［28］范晔：《后汉书·礼仪志下》，中华书局，1965 年，第 3144 页。

［29］资料分别见：中国社会科学院考古研究所杜陵工作队：《1982—1983 年西汉杜陵的考古工作收获》，《考古》1984 年第 10 期，第 887—894 页；刘庆柱、李毓芳：《西汉十一陵》，陕西人民出版社，1987 年；中国社会科学院考古研究所杜陵工作队：《1984—1985 年西汉宣帝杜陵的考古工作收获》，《考古》1991 年第 12 期，第 1071—1083 页；中国社会科学院考古研究所：《汉杜陵陵园遗址》，科学出版社，1993 年；汉阳陵博物苑：《汉阳陵博物苑》，文物出版社，2006 年；陕西省考古研究院、咸阳市文物考古研究所、茂陵博物馆：《汉武帝茂陵考古调查、勘探简报》，《考古与文物》2011 年第 2 期，第 2—13 页；陕西省考古研究院、中国社会科学院考古研究所、西安市文物保护考古研究院：《汉宣帝杜陵考古调查勘探简报》，《考古与文物》2021 年第 1 期，第 40—52 页；陕西省考古研究院、咸阳市文物考古研究所：《汉高祖长陵考古调查、勘探简报》，待刊；陕西省考古研究院、咸阳市文物考古研究所：《汉惠帝安陵考古调查、勘探简报》，待刊；陕西省考古研究院、咸阳市文物考古研究所：《汉昭帝平陵考古调查、勘探简报》，待刊。下同。

［30］陕西省考古研究院：《汉景帝阳陵考古调查、勘探简报》，待刊。

［31］陕西省考古研究院、咸阳市文物考古研究所：《汉昭帝平陵考古调查、勘探简报》，待刊。

［32］汉阳陵博物苑：《汉阳陵博物苑》，文物出版社，2006 年，第 92 页。

［33］陕西省考古研究院、咸阳市文物考古研究所、茂陵博物馆：《汉武帝茂陵考古调查、探简报》，《考古与文物》2011年第2期，第9页。

［34］陕西省考古研究院、咸阳市文物考古研究所西汉帝陵联合考古队平陵调查、勘探资料。

［35］陕西省考古研究院、咸阳市文物考古研究所、茂陵博物馆：《汉武帝茂陵考古调查、探简报》，《考古与文物》2011年第2期，第9页。

［36］从目前的田野考古资料来看，至少东汉以前的城邑中未见"里坊"类发现。

［37］班固：《汉书·百官公卿表》，中华书局，1962年，第742页。

［38］刘庆柱、李毓芳：《西汉十一陵》，陕西人民出版社，1987年，第232页。

［39］王子今：《秦汉基层社会单元"里"的结构与功能》，《古代庶民社会》，"中央研究院"，2013年，第85—102页；孙家洲：《〈肩水金关汉简〉所见汉武帝"茂陵邑"探微》，《中国人民大学学报》2018年第3期，第36—42页；杨武站、王东：《西汉陵邑营建相关问题研究》，《文博》2014年第6期，第39—43页；杨武站：《论西汉陵邑的功能》，《考古与文物》2017年第3期，第88—93页。

［40］汉阳陵博物苑：《汉阳陵博物苑》，文物出版社，2006年；杨武站、王东：《西汉陵邑营建相关问题研究》，《文博》2014年第6期，第39—43页；杨武站：《论西汉陵邑的功能》，《考古与文物》2017年第3期，第88—93页。

［41］陈直：《汉书新证》，中华书局，2008年，第136页。

［42］杜正胜：《编户齐民：传统政治与社会结构之形成》，联经出版事业公司，1992年，第105页。

［43］王子今：《秦汉基层社会单元"里"的结构与功能》，《古代庶民社会》，"中央研究院"，2013年，第85—102页。

［44］王子今：《秦汉基层社会单元"里"的结构与功能》，《古代庶民社会》，"中央研究院"，2013年，第85—102页；杨武站、王东：《西汉陵邑营建相关问题研究》，《文博》2014年第6期，第39—43页；杨武站：《论西汉陵邑的功能》，《考古与文物》2017年第3期，第88—93页；杨武站：《汉阳陵出土封泥考》，《考古与文物》2011年第4期，第59—66页；孙家洲：《〈肩水金关汉简〉所见汉武帝"茂陵邑"探微》，《中国人民大学学报》2018年第3期，第36—42页。

［45］班固：《汉书·百官公卿表》，中华书局，1962年，第742页。

［46］王子今：《秦汉基层社会单元"里"的结构与功能》，《古代庶民社会》，"中央研究院"，2013年，第85—102页；杨武站、王东：《西汉陵邑营建相关问题研究》，《文博》2014年第6期，第39—43页；杨武站：《论西汉陵邑的功能》，《考古与文物》2017年第3期，第88—93页。

［47］李岗：《浅议汉阳陵的营建规划》，《考古与文物》2006年第6期，第29页；焦南峰：《漢陽陵の建築計画》，《世界の历史空間を読む》，2006年。

［48］班固：《汉书·晁错传》，中华书局，1962年，第2289页。

［49］冉万里：《略论阳陵邑遗址调查和钻探的意义——中国魏晋隋唐时期都城布局形式的源头》，《西北大学学报（哲学社会科学版）》第43卷第1期（2013年1月），第134页。

汉晋北朝石室祭祀传统的流变

李梅田（中国人民大学历史学院）

石室祭祀是中古时期的一种特殊墓祭方式，在历史文献和考古遗存中都有一定呈现，但皆语焉不详或材料残缺，以致我们对石室的形制与功能、石室祭祀流变过程的认识还相当模糊。由于石室祭祀涉及中古丧葬礼俗的变迁、文化的传承与革新，以及石质葬具的使用等重要话题，我们有必要对历史文献和考古遗存中的石室祭祀材料作一些梳理，希望对中古丧葬礼俗的研究有所补益。

一　两汉：从陵庙到石室

秦和西汉时期形成了地面陵园和地下墓室两个完整的丧葬空间体系，其中地面设施是因墓地祭祀活动的兴起而出现的，以封土为中心，形成了由各类祭祀性、标记性、纪念性设施构成的陵园。陵园内与墓祭有关的重要建筑有寝殿、便殿、陵庙三种类型，各有功能和祭祀方式的差异。

寝殿是供奉"衣冠几杖象生之具"的墓地建筑，象征帝王生前的正殿，有"寝"之意[1]；便殿是寝殿的附属建筑，是休息闲享之处。寝殿与便殿的关系是寝殿为正、便殿为副，二者有明确的主次之分。颜师古注曰："凡言便殿、便室、便座者，皆非正大之处，所以就便安也。园者，于陵上作之，既有正寝以像平生正殿，又立便殿为休息闲享之处耳。说者不晓其意，乃解云便殿、便室皆是正名，斯大惑矣"[2]。便殿也是祭祀场所，只是在祭祀的时间上与寝殿有区别，有"日祭于寝，月祭于庙，时祭于便殿"[3]的区别。寝殿是日祭之所，每日四次上食供奉，象征如生时一样的日常奉养；便殿是时祭之所，应是在寝殿旁附属性的别殿里进行的小规模供奉。寝殿和便殿都有模拟"寝"之意，所以建筑形制同于生人的居室。而作为月祭之所的庙则不同，它是祭祀神主的建筑，建筑形制应当不同于一般的居室，而有一般礼制性建筑的格局。张闻捷认为西汉的陵庙受阴阳五行思想影响，呈方形、四向五室的建筑格局[4]。

在皇帝陵园设置藏神主的陵庙是从西汉初开始的，每个帝陵旁皆立有陵庙[5]，这是都城里的宗庙之外的又一处祭祀性设施。陵庙的祭法也应取法于宗庙，以神主作为祭祀的对象。神主是木头做成的牌位，代替死者的肖像接受祭祀[6]。《后汉书·光武帝纪》李贤注曰："神主，以木为之，方尺二寸，穿中央，达四方。天子主长尺二寸，诸侯主长一尺。虞主用桑，练主用栗。卫宏《旧汉仪》曰：'已葬，收主，为木函，藏庙太室中西壁坎中，去地六尺一寸，祭则立主于坎下'"[7]。神主是代替虞祭阶段"尸"的物品，是灵魂的有形化，是作为祭祀空间的视觉中心而存在的。神主祭祀是常设性的，木质的神主在不同的祭祀阶段要进行更换，虞祭用桑木，练祭用栗木。虞祭在一年之内举行三次，一年之后再举行练祭，又称小详祭，此时需以栗木代替。西汉诸帝皆有陵庙，如武帝的陵庙叫龙渊，在茂陵之东；宣帝的陵庙叫乐游，在杜陵西北；景帝的陵庙叫德阳宫，阳陵陵园内的罗经石遗址可能就是陵庙的中心[8]。西汉的陵庙祭祀是制度化了的，设有专门的管理机构，在太常下设有"寝、庙令（各一人）"[9]。

西汉后期，墓祭制度衰落，取消了陵庙。汉元帝听从贡禹、韦玄成等的建议，先后废除了郡国庙及寝殿、陵庙[10]，等于基本取消了墓地的所有祭祀性设施，神主回到都城里的宗庙进行祭祀。东汉建立后，光武帝建武二年（公元 26 年）在洛阳"起高庙，建社稷于洛阳"，适逢赤眉军焚掠关中，西汉宫室和陵园皆遭到破坏，刘秀遣大司徒邓禹将高祖以下十一帝的神主，统一收纳入高庙[11]，在都城的宗庙进行集中庙祭。《后汉书》注引《汉礼制度》："光武都洛阳，乃合高祖以下至平帝为一庙，藏十一帝主于其中"[12]。这是汉代祭祀制度的一次重大转变。

东汉虽然实行都城集中庙祭制度，但墓祭的传统并没有废弃，可能采取了墓祭与庙祭同时进行的方式[13]。也就是说，在宗庙集中祭祀列祖列宗的同时，也还兼顾着对先帝陵墓的单独墓祭[14]。到明帝时，墓祭活动上升为一项具有浓厚政治色彩的大型礼仪活动，变成由皇帝亲自主持、众多皇室成员和官员参加的会陵仪式。明帝于永平元年（58 年）仿照元日在宫殿正殿举行的朝会仪式，首创对光武帝原陵的上陵礼，《后汉书·明帝纪》"帝率公卿已下朝于原陵，如元会仪"[15]。《后汉书·礼仪志》详记了仪式的过程：

"西都旧有上陵。东都之仪，百官、四姓亲家妇女、公主、诸王大夫、外国朝者侍子、郡国计吏会陵。昼漏上水，大鸿胪设九宾，随立寝殿前。钟鸣，谒者治礼引客，群臣就位如仪。乘舆自东厢下，太常导出，西向拜，旋升阼阶，拜神座。退坐东厢，西向。侍中、尚书、陛者皆神坐后。公卿群臣谒神坐，太官上食，太常乐奏食举，（舞）《文始》、《五行》之舞。乐阕，群臣受赐食毕，郡国上计吏以次前，当神轩占其郡（国）谷价，民所疾苦，欲神知其动静。孝子事亲尽礼，敬爱之心也。周遍如礼。最后亲陵，遣计吏，赐之带佩。八月饮酎，上陵，礼亦如之"[16]。

上陵礼是在寝殿举行的，仪式由太常主持，除了皇帝带领公卿群臣拜神座、上食、乐舞、受赐食外，还有一个郡国计吏"上计"的环节，即由各郡国的官员汇报年度治理工作，这本是元旦在正殿举行的朝贺典礼的一个环节，贯穿于东汉朝的始终[17]，被照搬到上陵礼中也有向先帝灵魂汇报的意味，即"欲神知其动静"。在寝殿举行的上陵礼和在宫殿举行的朝会礼，仪式内容是大同小异的，不同的是，墓地寝殿的仪式结束后，皇帝还要"亲陵"，即离开寝殿，亲自到陵前拜谒，"其亲陵所宫人随鼓漏理被枕，具盥水，陈严具"[18]，做出服侍先帝日常盥洗的举动，以表孝心。由于藏神主的陵庙在西汉后期已经取消，皇帝"亲陵"的地点很可能是东汉新创设的石殿，是一种取代西汉陵庙的石结构殿堂。

《后汉书·礼仪志》引《古今注》，记东汉诸帝陵园设施，光武帝原陵有墙垣、司马门、寝殿、钟虡等设施，不见石殿，但从明帝显节陵开始，取消了墙垣，增加了石殿等设施，"明帝显节陵，山方三百步，高八丈。无周垣，为行马，四出司马门。石殿、钟虡在行马内。寝殿、园省在东。园寺吏舍在殿北"[19]。此后的章帝敬陵、和帝顺陵、安帝恭陵、顺帝宪陵，皆有大致相同的陵园设施。殇帝康陵和顺帝宪陵以后的诸陵，如冲帝怀陵、质帝静陵、桓帝宣陵、灵帝文陵，皆不见石殿。

从明帝至顺帝的陵园空间里，石殿显然是寝殿之外最主要的祭祀性建筑，它可能是替代陵庙的较简略的设施[20]。东汉陵园有一个整体的简化趋势，不仅取消了较复杂的陵庙，而且取消了夯土的墙垣，改为竹木围绕的"行马"。石殿也是一种简化了的祭祀性建筑，但石构坚固，可以永久存于陵园，这是长期的谒陵仪式所需的。目前虽然没有发现石殿的实物，但考古勘探的大汉冢（推测为光武帝原陵）和朱仓大冢（推测为顺帝宪陵）的陵园内，发现了二处夯土台基，严辉等认为可能与石殿有关[21]。梁云、王璐认为大汉冢和朱仓大冢封土东侧的房形夯土台基可能就是石殿遗迹[22]。这些可能的石殿遗迹都位于比寝殿更接近封土的地方，是符合寝殿仪式结束后的"亲陵"地点的。

顺帝宪陵以后虽然不设石殿了，但对先帝的上陵礼仍然存在，直到汉末。建宁五年（172年），司徒掾蔡邕参加了灵帝主持的原陵祭礼后，对上陵礼提出了质疑，但最终还是表达了对明帝上陵礼的理解，"闻古不墓祭。朝廷有上陵之礼，始谓可损。今见其仪，察其本意，乃知孝明皇帝至孝恻隐，不可易旧"[23]。

受皇帝上陵礼的影响，墓祭之俗在汉代流行于社会各阶层，东汉中晚期的民间墓地出现了大量石结构祠堂，这应是石殿祭祀制度的民间表现。杨宽认为石殿是从地方上的石结构祠堂发展而来[24]，但目前发现的民间石祠大多属于东汉中晚期，从流行的年代上看，更可能是对帝陵石殿祭祀的仿效，是一种自上而下流行的墓祭习俗。

在东汉民间流行石祠之前，墓地也有祭祀性建筑——祠堂，从西汉到东汉，帝陵以下的墓园都有建立祠堂的传统。西汉权臣霍光去世后，被赐以黄肠题凑等殊礼，并在墓地建祠堂，宣帝"发三河卒穿复土，起冢祠堂，置园邑三百家，长丞奉守如旧法"[25]。元康四年（公元前62年）昭宣朝权臣张安世去世后，也被宣帝在杜陵以东赐予茔地，建造祠堂，"赐茔杜东，将作穿复土，起冢祠堂"[26]。张安世的家族墓园已在西安南郊凤栖原上发现，西距离杜陵约6千米，在兆沟围绕的墓园东部，发现有祠堂基址[27]。东汉清河王刘庆临终时，上书求建祠堂，与生母宋贵人"母子并食"，即共享祠堂，"欲乞骸骨于贵人冢傍下棺而已。朝廷大恩，犹当应有祠室，庶母子并食，魂灵有所依庇，死复何恨"[28]。这些身份较高者的墓地祠堂采用何种材质、何种形制，现在并不清楚，或许是与当时的陵庙相似的土木建筑。东汉中晚期受帝陵石殿祭祀的影响，也可能采取了形制更简略，但更坚固耐用的石祠。

考古发现的东汉中晚期石祠堂多采取房屋结构，壁面布满画像，祠主（墓主）都是具有一定社会地位和经济实力的社会中下层人士。这类石祠在山东地区发现最多，如孝堂山石祠、武梁祠、朱鲔石室等，都是规模较大的石祠，内部空间较大，可能是接近于石殿的一种建筑。除了这些大型石祠，还有一类被称作"庙堂""食堂"的小型祠堂，是社会地位和经济实力一般者的选择。小祠堂空间狭小，不可容人，但与大型石祠一样，都是墓地的常设性祭祀建筑。如蒋英矩先生复原的嘉祥宋山4个小祠堂，都是单开间平顶，间宽1.2米，高0.69米，进深0.64至0.68米，三壁布满画像[29]，显然只是陈设神主和献祭饮食的空间，仪式主要在祠外举行的。微山县两城镇发现的永和四年（139年）小祠堂，由三块画像石搭成，宽104、高67厘米，北壁题记为"二弟文山叔山悲哀治此食堂，到六年正月廿五日毕成。自念悲痛，不受天佑少终……何时复会，慎勿相忘，传后世子孙令知之"[30]。东阿芗他君祠堂是桓帝永兴二年（154年）兄弟二人为父母所立的祠堂，祠内石柱上题记"堂虽小，经日甚久，取石南山，更逾二年，迨今成已……价钱二万五千……财立小堂，示有子道"[31]。邹城汉安元年（142年）的文通祠堂有铭文"唯愿有石显阙，以奉四时，供祭魂神……作成石庙堂，以俟魂神往来休息，孝之然也。所以置食堂……谒家痛切，治此食堂……此中人马皆食太仓"[32]。2019年在安徽淮北红山发现的2座画像石祠，其中一件保存相当完整（C1），是一座前室后龛、凸字形结构的祠堂，宽1.62米，进深1.52米，前室部分由盖顶石、左右抱鼓形壁石和基石组成，高0.78米，基石上刻有一只耳杯；后龛由左右侧壁、后壁以及两块基石搭成，高0.5米。在前室和后龛的壁面刻有画像11幅，构成以龛的正壁楼阁人物为中心的祭祀图[33]。这些小祠堂都是孝子倾其所有为父母所立，主要为献祭饮食，故称"食堂"，造价是远不如武梁祠等大型祠堂的，但同样具有祭祀安魂的作用。

值得注意的是，东汉除了墓地的石室祭祀，还出现了石碑、石柱、石像生等神道石刻，还流行以石材建造墓室，如帝陵和诸侯王陵以"黄肠石"代替了西汉的黄肠题凑，还以石椁为葬具，在石祠流行的民间也以画像石材建造墓室。对石材的偏好也是东汉形成的一个影响深远的丧葬传统。

综之，两汉时期墓祭盛行，但西汉的墓祭场所在陵庙，东汉在石殿。石殿是陵庙的简化形式，是随着上陵礼而出现的永久性墓地祭祀建筑。受帝陵石殿祭祀的影响，东汉中晚期开始，有些地区的民间开始流行石祠祭祀。石室祭祀是东汉丧葬礼俗的一个突出现象，由于石室的坚固耐久，它将成为后世的一个重要复古对象。

二　魏晋：石室祭祀的衰亡

东汉的石室祭祀传统在魏晋时期走向衰亡，这与魏晋的葬制改革有关。魏晋实行薄葬，首创薄葬的是曹操父子，曹操对自己的寿陵规制提出了具体的要求，大致包括取消封土等地面设施、不藏金银珠宝等内容。但实际上曹操去世时，仍依汉礼在墓地建有寝殿等设施。曹丕即位后追加尊号，又在墓道口建造石室以藏金玺，"及受禅，刻金玺，追加尊号，不敢开埏，乃为石室，藏玺埏首，以示陵中无金银诸物也"[34]。曹丕追尊曹操为太祖武皇帝时所作的金玺，是藏在一座石室里的，由于金玺入藏时没有打开墓道，所以这座位于"埏首"的石室建在墓道口的地面。上尊号、藏金玺是一种向先帝灵魂致敬的行为，因此这座石室在性质上与东汉的石殿相似，属于祭祀性的建筑，只不过可能非常简略了，可以勉强看成东汉石室祭祀传统的最后残留。

曹丕当政后，实行了更加严格的薄葬制度，先是令有司拆毁了曹操高陵的寝殿，"（黄初三年，222年）古不墓祭，皆设于庙。高陵上殿皆毁坏，车马还厩，衣服藏府，以从先帝俭德之志。……自后园邑寝殿遂绝"[35]。此处只说毁坏了藏衣冠、车马的寝殿，位于墓道口的石室是否也被毁，不得而知。根据考古发掘情况，这次毁陵事件可能是真实发生过的，在高陵陵园内存在明显的毁陵迹象，垣墙和相关建筑都只剩基槽和柱础部分，且基槽和柱础表面都比较平整，这表明曹丕在黄初三年"高陵上殿屋皆毁坏"的事实是存在的[36]。

曹丕的薄葬制度包括对地面祭祀性设施和标记性设施的革除，这是十分彻底的葬制改革。考古发现的可能属曹魏勋贵墓的洛阳涧西"正始八年"（247年）墓[37]，以及孟津太和二年（228年）曹休墓[38]、洛阳西朱村魏明帝曹睿的高平陵[39]等，都不见封土遗存和其他地面建筑遗存，表明曹魏时期的薄葬制度是得到了严格执行的。

晋承魏制，西晋诸帝也实行薄葬，"宣帝豫自于首阳山为土藏，不坟不树，作《顾命终制》，敛以时服，不设明器。景、文皆谨奉成命，无所加焉。景帝崩，丧事制度又依宣帝故事。武帝泰始四年，文明王皇后崩，将合葬，开崇阳陵，使太尉司马望奉祭，进皇帝密玺绶于便房神坐。魏氏金玺，此又俭矣"[40]。西晋的薄葬在曹魏基础上更进了一步，将砖室墓改为成本更低的土藏（即土洞墓室），又将皇帝金玺改为蜡作的假章（即假蜜章[41]），改藏在便房。便房不在地面，而是在地下墓室的祭祀空间，这说明石室祭祀的传统完全消失了。取消了地面的一切祭祀性设施后，当然也就没有了谒陵制度，"及（晋）宣帝，遗诏：'子弟群官皆不得谒陵'，于是景、文遵旨。及武帝，犹再谒崇阳陵，一谒峻平陵，然遂不敢谒高原陵，及惠帝复止也"[42]。西晋帝陵的这些做法已经考古工作基本证实，被认为是西晋帝陵区的首阳山峻阳陵墓地和枕头山墓地，地面都没有发现任何封树和祭祀性设施。

当西晋陵园的地面设施被革除后，一部分设施转入了地下的墓室，如墓碑转入地下成为了墓志，原来在地面的石室可能也已另一种形式进入地下，那就是在墓道里搭建的帷幔。贺循记西晋的下葬礼仪："至墓之位，男子西向，妇人东向。先施幔屋于埏道北，南向。枢车既至，当坐而住。遂下衣几及奠祭。哭毕枢进，即圹中神位。既窆，乃下器圹中。荐棺以席，缘以绀缯。植婆于墙，左右挟棺，如在道仪"[43]。这座位于埏道北的"幔屋"，应是搭建在墓道尾端（近墓室）的帷幕式房屋，是下葬时临时停枢和祭祀的场所，可以看成是以前地面石室的替代。

魏晋薄葬制度始于最高统治者，贵族、士人皆以为范，如魏明帝之母姊以曹丕的首阳陵为范，不起祠堂[44]。也有将地面设施向地下转移的情况，如东汉民间流行的地面祠堂可能也转入了地下，成为祠堂形制的石椁，仍保留了地面祠堂的形制，这种转变与墓碑向墓志的转变具有相同的逻辑。如1997年在北京石景山八角村发掘的西晋墓，是一座前堂后室墓，前堂内置有一座宽136、高115、进深70厘米的石椁，内壁绘墓主像[45]。这座石椁的形制类似于东汉地面的小祠堂，是为墓内祭祀而设，与地面祠堂具有相同的功能。石祠与墓碑转入地下的做法，被后世的墓葬所继承，如北朝隋唐墓室常见的石椁、石墓志等，都可看成这个魏晋传统的延续。

魏晋时期石室祭祀传统的消失，反映了墓地祭祀制度的衰亡，其中固然有经济凋敝、防止被盗等方面的因素，但更重要的原因可能是对丧葬的态度发生了变化。魏晋时期，随着儒学的衰落和玄学的盛行，不再把丧葬礼仪作为维护儒家伦理的手段，而主张回归慎终追远、返璞归真的丧葬本义。与汉代墓地是一个热闹的社会活动场所不同，魏晋丧葬的社会意义大为减弱，丧葬仪式的规模也大为缩减，变成了一种更私人化的行为。从这点来说，丧葬确实回归了它的本义。

三 北魏：石室祭祀的复古与创新

东汉兴起的石室祭祀传统，经过魏晋的中断之后，又被平城时期的北魏恢复。拓跋鲜卑在公元5世纪定都平城期间，是其各项礼仪制度中原化的时期，丧葬礼制也有一个渐进式的中原化转型，具体表现在墓葬遗存中的鲜卑旧俗逐渐减少，而中原传统礼俗逐渐占据主导地位。但是，平城丧葬的"中原化"是一个很模糊的说法，因为中原地区的汉与魏晋在丧葬礼制上大不相同，存在所谓"汉制""晋制"的极大差异。当北魏定都平城，陵寝制度草创之时，距离东汉灭亡已有近二个世纪，距离西晋灭亡也有近百年，平城丧葬的中原化到底是"汉化"，还是"晋化"？石室祭祀传统可能是一个重要的线索。

文成帝文明皇后冯氏的方山永固陵是平城等级最高的墓葬，墓地建造了完善的标记性和祭祀性设施。现在地面还有高大的覆斗形封土，显然是沿袭了秦和西汉的封土之制，而不是东汉洛阳的圆形封土做法，更没有继承魏晋的不树不封传统。但陵园内的其他设施似乎多采用东汉陵园制度，出现了石殿等祭祀性建筑，也有类似于园省、吏舍之类的附属设施。

方山陵园是一座由陵墓、陵庙和佛寺为主体的庞大陵园，这三大设施自北向南分布：

北部中心是冯太后永固陵，再往北是规模略小的孝文帝万年堂；南部是陵庙，是以永固石室为中心的一组祭祀性设施；最南缘是思远佛寺。

《水经注·灅水》对方山陵园的建造记录最详：

> 羊水又东注于如浑水，乱流迳方山南，岭上有文明太皇太后陵，陵之东北有高祖陵，二陵之南有永固堂，堂之四周隅，雉列榭、阶、栏、槛，及扉、户、梁、壁、椽、瓦，悉文石也。檐前四柱，采洛阳之八风谷黑石为之，雕镂隐起，以金银间云矩，有若锦焉。堂之内外，四侧结两石跌，张青石屏风，以文石为缘，并隐起忠孝之容，题刻贞顺之名。庙前镌石为碑兽，碑石至佳，左右列柏，四周迷禽暗日。院外西侧，有思远灵图，图之西有斋堂，南门表二石阙，阙下斩山，累结御路，下望灵泉宫池，皎若圆镜矣……[46]

根据《魏书》的《文明皇后传》和《高祖纪》，方山陵园工程首先建造的是以思远佛寺为中心的礼制性建筑，包括太和三年（479 年）建的思远佛寺、文石室、灵泉殿等。二年后才开始陵园建设，从太和五年（481 年）起开始建造寿陵、永固石室、石碑、鉴玄殿等[47]。陵园建设可能持续八年之久，直到冯太后去世前不久才完全竣工[48]。可见，方山陵园是先有佛寺，再建陵园。

建成后的陵园设施以北部的寿陵、南部的永固石室和思远佛寺为主体，永固石室是供奉冯氏神主的陵庙，"起永固石室，将终为清庙焉"[49]。这是一座全石结构的陵庙，以石为基，以洛阳黑石为柱，上有各种雕镂装饰，四隅的榭、阶、栏、槛，及扉、户、梁、壁、椽、瓦，皆为文石建造，堂的内外又有石屏风、石跌、石碑、石兽等。所采用的"洛阳八风谷黑石""文石"皆是来自中原的名贵石材[50]，其中文石（纹石）是一种有自然纹理的花斑石，如竹叶状灰岩。在平城遗址和墓葬中多见玄武岩或砂岩的石雕，但文石少见，文石可能仅用作高等级建筑的构件，目前在方山陵园南部的建筑基址内尚存大量石构件，其中可能就有文石、黑石等名贵石材，在邺城遗址的宫殿区也发现了精美的文石残件。这座全石结构的陵庙是方山陵园的祭祀中心，应是取法于东汉陵园的石殿。虽然石室祭祀传统在东汉以后一度中断，但在北魏礼制中原化的趋势下，石殿制度重新回到了帝陵陵园。

东汉的石殿祭祀传统之所以能被近二百年后的北魏继承，是由于石殿的坚固耐久使得北魏人有本可依，加上北魏制度草创时期，倾力以中原制度为范，自然有可能对依然清晰可见的洛阳东汉帝陵设施进行仿效。北魏在平城营建之初，模拟中原制度进行城市建设，不但模拟邺城、长安、洛阳之制进行城市规划[51]，还建造了很多中原式的宫室和礼制、陵寝建筑。冯太后当政的太和年间是平城大兴土木的时期，以王遇、蒋少游、李冲等为首的将作大匠们，广营宫室、明堂、寺庙、陵寝，他们的设计大多以洛阳为本。宦官王遇深得冯太后宠信，是方山永固陵的主要设计建筑者，"（王）遇性巧，强于部分。北都方山灵泉道俗居宇及文明太后陵庙，洛京东郊马射坛殿，修广文昭太后墓园，太极殿及东西两堂、内外诸门制度,皆遇监作"[52]。蒋少游和李冲也以魏晋洛阳遗址为设计蓝本,"后于平城将营太庙、太极殿,遣(蒋)少游乘传诣洛,量准魏晋基址"[53],"(李)冲机敏有巧思,北京明堂、圆丘、太庙,及洛都初基,安处郊兆,新起堂寝,皆资于冲"[54]。

王遇、蒋少游、李冲等的建造活动从平城延续到洛阳,他们的建造活动主要依据的可能还不是文本,而是洛阳的前代建筑遗迹。由于魏晋陵寝无地面建筑,他们在洛阳所见的前代陵寝应当是东汉帝陵遗迹。东汉帝陵的石殿到北魏时期是还存在于地面的,孝文帝迁洛后还曾下诏保护前代帝陵,尤其对东汉光武及明、章帝陵进行祭祀,"(太和二十年五月)初营方泽于河阴。遣使以太牢祭汉光武及明、章三帝陵,又诏汉、魏、晋诸帝陵,各禁方百步不得樵苏践藉"[55]。孝文帝之所以能祭祀东汉三陵,正是由于东汉帝陵尚存高大的封土和石殿之类易于保存的陵园建筑,其中石殿必是最醒目的建筑,自然就成为了王遇建造永固石室的设计来源。冯氏去世后至迁洛前,孝文帝共十一次拜谒永固陵,直到迁洛次年才将冯氏神主移至太和庙[56],这种谒陵也有效仿东汉明帝上陵礼之意,不过可能不如东汉那么复杂,主要是示哀敬,但也是具有政治意义的大事。

方山永固陵也在东汉陵园制度的基础上有所创新,最重要的表现是将佛寺与陵庙共处陵园。佛寺入陵园,也有东汉帝陵建置的影子,汉明帝曾在显节陵上作佛像[57],当时佛教初入华,未必代表了明帝的佛教信仰,但冯太后将方山上最早建造的思远佛寺纳入陵园的统一规划,显然反映了冯太后以及北魏皇室的佛教信仰,算得上是方山陵园的一项重要创新,当然另一方面也反映了拓跋氏在制度草创时期,远祖东汉制度而不能尽得其法,反而能够自由创设的社会环境。

除了方山陵园对东汉陵寝制度的复古和创新,平城中下层人士墓中流行的房形石椁,可能也是源自于东汉的地面石祠。房形石椁模拟房屋形制,有的有廊柱、出檐、屋顶、斗拱等结构,有的在石板上彩绘梁柱、斗拱等结构。一般置于墓室正中,占据墓室大部分空间,椁前一般陈设着一套祭祀物品,椁内陈列棺床和棺。这种房形石椁兼具藏形与安魂的作用,本身就相当于墓,同时也承担了祠堂的功能,如北魏解兴石堂(太安四年,458年)上有铭文"造石堂一区之神枢(祠),故祭之"等语。这类石椁可以称为"祠堂",具有与地面石祠同样的祭祀功能,都是孝子为安抚父母亡灵而作的设施,这点与东汉石祠堂并无不同,只是由地面转入了地下。目前发现最早纪年的北朝房形石椁是北魏尉迟定州石椁(太安三年,457年),有刻铭但没有画像。石堂置于弧方形、穹窿顶的砖室墓内,由56块素面石板搭建而成,占据墓室大部分空间,椁内有一具素面石棺床,墓道内发现排列整齐的动物头骨,是墓内祭祀的遗存[58]。

这类房形石椁从北魏平城时期开始出现,有学者认为平城时期以石椁为葬具的做法,与太平真君四年(443年)在嘎仙洞的石室祭祖有关,可能是源自鲜卑固有的石室祭祀传统[59]。这可能值得商榷。从石椁的形制与功能看,它与东汉地面的石祠堂有着明显的继承关系。关于房形石椁的形制渊源,巫鸿认为是四川流行的汉代房形石棺,也受到西汉崖墓石室、汉代墓地小祠堂、北朝木构"棺亭"的影响[60]。虽然四川发现的个别石棺将棺盖做成模拟房屋屋顶的形状，也有学者称其为"房形石棺"[61]，但与北朝房形石椁的形制差别较大，它只是一个狭小的藏尸空间，而房形石椁较为宽敞，不仅可以藏尸，还是祭祀安魂的设施，因此其源头不应是汉代的石棺。郑岩认为北朝还能在地面见到的东汉祠堂——如郦道元在《水经注》对一些汉代祠堂的记载——可能会对北朝人设计这种葬具产生影响[62]。这个解释是合理的，从外形看，这些房形椁与东汉中晚期的墓地祠堂更加接近，从功能上看，墓地祠堂是祭祀安魂之所，二者的共性是显然的。

北魏平城中下层墓葬对东汉石祠的复古，与帝陵陵园对东汉石殿的复古，具有相同的逻辑，既符合丧葬礼俗汉化的大趋势，也能获得直接的形式设计范本。目前发现的北魏平城时期房形椁大多是石质的，但很可能使用更普遍的是房形木椁，在大同北魏墓中确实也发现了房形木椁的遗存，虽大部分已朽烂，但可看出整体形状与石椁相似，一般内置木棺或棺床，其作用与房形石椁是一样的，也可看成石室祭祀传统的一种变体，是一种成本较低廉的做法。

四　结语

石室是墓祭习俗的产物，属于陵园祭祀性设施的一部分，源自于东汉帝陵的石殿祭祀和民间的石祠祭祀传统；魏晋时期由于丧葬模式的简化，石祠祭祀一度中断；北魏定都平城时期，在丧葬礼制中原化的背景下，东汉的石室祭祀传统得到复古，残存于地面的东汉帝陵石殿和民间石祠，成为了方山陵园的永固石室和民间的房形石椁的形式来源。北魏在复古东汉石室祭祀传统的基础上也有创新，如将永固石室与佛寺共处陵园、将东汉石祠转入地下成为兼具藏形和安魂功能的石椁。此外，大量使用石材是平城丧葬的一个突出现象，固然与当时云冈石窟等大型工程的开凿、各地石工的聚集有关，但可能也是对偏好石材的东汉丧葬传统的恢复。通过这些复古与创新，北魏平城时期实际上产生了一种以石质葬具为特色的新的丧葬传统，影响及于北魏迁洛以后至隋唐时期。汉晋北朝时期石室祭祀传统的流变问题，是汉唐之间丧葬礼俗变迁的一个具体表现，有助于我们理解北魏丧葬礼俗的中原化问题，从石室祭祀传统来看，北魏的中原化主要是对东汉制度的部分恢复，而不是魏晋制度。

注　释

[1]《后汉书·祭祀志下》："庙以藏主，以四时祭。寝有衣冠几杖象生之具，以荐新物。秦始出寝，起于墓侧，汉因而弗改，故陵上称寝殿，起居衣服象生人之具，古寝之意也"。中华书局，1965年，第3199—3200页。

[2]《汉书》卷六《武帝纪》"高园便殿火"注。中华书局，1962年，第159页。

[3]《汉书》卷七十三《韦贤传附玄成传》："又园中各有寝、便殿，日祭于寝，月祭于庙，时祭于便殿。寝，日四上食；庙，岁二十五祠；便殿，岁四祠。又月一游衣冠"。第3116页。

[4] 张闻捷：《西汉陵庙与陵寝建制考——兼论海昏侯墓墓园中的祠堂与寝》，《故宫博物院院刊》2019年第4期，第24—26页。

[5]《汉书》卷七十三《韦贤传附玄成传》："而京师自高祖下至宣帝，与太上皇、悼皇考各自居陵旁立庙，并为百七十六"。第3115页。

[6] 黄晖撰《论衡校释》第二十五卷《解除篇》："礼，入宗庙，无所主意，斩尺二寸之木，名之曰主，主心事之，不为人像"。中华书局，1990年，第1045页。

[7]《后汉书》卷一《光武帝纪上》，第28页。

[8] 杨宽：《中国古代陵寝制度史研究》，上海古籍出版社，1985年，第18—19页。

[9] 刘庆柱辑注：《关中记辑注》，三秦出版社，2006年，119页。

[10]《汉书》卷七十三《韦贤传附玄成传》，第3116—3117页。

[11]《后汉书》卷一《光武帝纪》，第27—28页。

[12]《后汉书》卷一《光武帝纪》，第27页。

[13] 姜波：《汉唐都城礼制建筑研究》，文物出版社，2003年，第91页。

[14]《后汉书·祭祀志下》："建武以来，关西诸陵以转久远，但四时特牲祠；帝每幸长安谒诸陵，乃太牢祠。自洛阳诸陵至灵帝，皆以晦望二十四气伏腊及四时祠"。第3200页。

[15]《后汉书》卷二《孝明帝纪》，第99页。

[16]《后汉书·礼仪志上》，第3103页。

[17] 侯旭东详述了两汉郡国上计制度的变迁，认为东汉上计制度的强化，是光武帝强化皇权、削弱三公职权的一部分。参侯旭东：《丞相、皇帝与郡国计吏：两汉上计制度变迁探微》，《中国史研究》2014年第4期，第99—120页。

[18]《后汉书·祭祀志下》，第3200页。

[19]《后汉书·礼仪志下》，第3149页。

[20] 张闻捷：《西汉陵庙与陵寝建制考——兼论海昏侯墓墓园中的祠堂与寝》，《故宫博物院院刊》2019年第4期，第26—31页。

[21] 严辉、张鸿亮、卢青峰：《洛阳孟津朱仓东汉帝陵陵园遗址相关问题的思考》，《文物》2011年第9期，第71页。

[22] 梁云、王璐：《论东汉帝陵形制的渊源》，《考古》2019年第1期，第112—114页。

[23]《后汉书·礼仪志上》注引《谢承书》，第3103页。

[24] 杨宽：《中国古代陵寝制度史研究》，上海古籍出版社，1985年，第132页。

[25]《汉书》卷六十八《霍光传》，第2948页。

[26]《汉书》卷五十九《张汤传附安世传》，第2653页。

[27] 陕西省考古研究院：《西安凤栖塬西汉墓地田野考古发掘收获》，《考古与文物》2009年第5期，第111—112页。

[28]《后汉书》卷五十五《章帝八王传》，第1803页。

[29] 蒋英矩：《汉代的小祠堂——嘉祥宋山汉画像石的建筑复原》，《考古》1983年第8期，

第 741—751 页。

［30］张从军：《两城小祠堂画像》，《走向世界》2002 年第 6 期，第 66—67 页。

［31］芗他君石祠堂石柱藏于故宫博物院，录文参罗福颐：《芗他君石祠堂题字解释》，《故宫博物院院刊》1960 年第 2 期，第 178—180 页；另参孙贯文：《芗他君石祠堂考释》，北京大学考古文博学院、北京大学中国考古学研究中心编：《考古学研究（第十辑）》，科学出版社，1992 年，第 503—513 页。

［32］胡新立：《邹城新发现汉安元年文通祠堂题记及图像释读》，《文物》2017 年第 1 期，第 77 页。

［33］淮北市文物局：《安徽省淮北市发现汉代画像石祠》，《东南文化》2019 年第 6 期，第 19—25 页。

［34］《晋书》卷二十《礼志中》，中华书局，1974 年，第 632 页。

［35］《晋书》卷二十《礼志中》，中华书局，1974 年，第 634 页。

［36］河南省文物考古研究院等：《安阳高陵陵园遗址 2016—2017 年度考古发掘简报》，《华夏考古》2018 年第 1 期，第 48—49 页。

［37］李宗道等：《洛阳 16 工区曹魏墓清理》，《考古通讯》1958 年第 7 期，第 51—53 页；洛阳市文物工作队：《洛阳曹魏正始八年墓》，《考古》1989 年第 4 期，第 314—318 页。

［38］洛阳市第二文物工作队：《洛阳孟津大汉冢曹魏贵族墓》，《文物》2011 年第 9 期，第 32—47 页。

［39］洛阳市文物考古研究院：《河南洛阳市西朱村曹魏墓葬》，《考古》1987 年第 7 期，第 71—82 页。

［40］《晋书》卷二十《礼志中》，中华书局，1974 年，第 633 页。

［41］《晋书》卷二十《礼志中》校勘记，认为"密"当作"蜜"，指以蜡作的假蜜章。此当也是西晋薄葬的一个表现。中华书局，1974 年，第 646 页。

［42］《晋书》卷二十《礼志中》，中华书局，1974 年，第 634 页。

［43］（唐）杜佑撰，王文锦点校：《通典》卷八十六《礼四十六》，中华书局，1988 年，第 2346 页。

［44］《三国志》卷五《魏书·后妃传》："（文德郭皇后）及孟武母卒，欲厚葬，起祠堂，太后止之曰：'自丧乱以来，坟墓无不发掘，皆由厚葬也；首阳陵可以为法'。青龙三年春，后崩于许昌，以终制营陵，三月庚寅，葬首阳陵西"。中华书局，1959 年，第 166 页。

［45］石景山区文物管理所：《北京市石景山区八角村魏晋墓》，《文物》2001 年第 4 期，第 54—55 页。

［46］（北魏）郦道元著，陈桥驿校正：《水经注校正》卷十二《㶟水》，中华书局，2007 年，第 312 页。

［47］《魏书》卷七《高祖纪》："（太和三年六月辛未）起文石室、灵泉殿于方山。……（秋八月乙亥）幸方山，起思远佛寺。……（太和五年夏四月乙亥）行幸方山。建永固石室于山上，立碑于石室之庭，又铭太皇太后终制于金册，又起鉴玄殿"。中华书局，1974 年，第 146—147、150 页；《魏书》卷十三《文成文明皇后传》："（承明元年）

太后与高祖游于方山，顾瞻川阜，有终焉之志……高祖乃诏有司营建寿陵于方山，又起永固石室，将终于清庙焉。太和五年起作，八年而成，刊石立碑，颂太后功德。……太后立文宣王庙于长安，又立思燕佛图于龙城，皆刊石立碑"。第328—329页；思远佛寺考古队将陵园建设工程分为二期：一期始于太和三年，以思远佛寺为主要工程；二期是陵园建设。参大同市博物馆：《大同北魏方山思远佛寺遗址发掘报告》，《文物》2007年第4期，第23—24页。

［48］《魏书》卷十三《文成文明皇后传》记寿陵、永固石室等工程"太和五年起作，八年而成"，一般理解为太和五年至八年期间完成（张庆捷认为专指永固石室的建设），实际上"八年而成"并非指太和八年竣工，而是历时八年，即冯太后去世前不久的太和十三年（489年）前后才完工。张庆捷推测陵园竣工时间为太和十四年，是比较符合"八年而成"的工程周期的。参张庆捷：《北魏永固陵的调查与探讨》，洛阳市第二文物工作队编：《洛阳汉魏陵墓研究论文集》，文物出版社，2009年，第129—130页。

［49］《魏书》卷十三《文成文明皇后传》，第329页。

［50］王飞峰认为永固陵所用文石来源于后赵时期邺城的"文石屋"及宫殿建材，而邺城文石的来源是当时的谷城县、今山东平阴县西南的东阿镇。此外，河南永城也是文石产地。参王飞峰：《关于永固陵的几个问题》，《中国国家博物馆馆刊》2012年第11期，第20—22页。

［51］《魏书》卷二十三《莫含传附莫题传》："太祖欲广宫室，规度平城四方数十里，将模邺、洛、长安之制，运材数百万根。以题机巧，徵令监之。召入，与论兴造之宜"。第604页。

［52］《魏书》卷九十四《王遇传》，第2024页。

［53］《魏书》卷九十一《蒋少游传》，第1971页。

［54］《魏书》卷五十三《李冲传》，第1187页。

［55］《魏书》卷七《高祖纪下》，第179页。

［56］孝文帝在冯氏去世后，于太和十四至十八年间（490—494年）共11次谒陵，迁洛次年将冯氏神主迁于太和庙。参大同市博物馆：《大同北魏方山思远佛寺遗址发掘报告》，《文物》2007年第4期，第24页。

［57］（梁）僧佑编撰，刘立夫、胡勇译注：《弘明集·牟子理惑论》："预修造寿陵，陵曰显节，亦于其上作佛图像"。中华书局，2011年，第5页。

［58］大同市考古研究所：《山西大同阳高北魏尉迟定州墓发掘简报》，《文物》2011年第12期，第4—12页；殷宪、刘俊喜：《北魏尉迟定州墓石椁封门石铭文》，《文物》2011年第12期，第47—51页。

［59］大村西崖：《支那美术史雕塑篇》，佛书刊行会图像部，1917年，第183页；石松日奈子著，筱原典生译：《北魏佛教造像史研究》，文物出版社，2012年，第6页。

［60］巫鸿：《"华化"与"复古"——房形椁的启示》，巫鸿著、郑岩、王睿译：《礼仪中的美术——巫鸿中国古代美术史文编》，三联书店，2005年，第667—669页。

［61］罗二虎：《汉代画像石棺》，巴蜀书社，2002年，第224页。

［62］郑岩：《青州北齐画像石与入华粟特人美术——虞弘墓等考古新发现的启示》，巫鸿主编：《汉唐之间文化艺术的互动与交融》，文物出版社，2001年，第82—83页。

北魏乙弗莫瑰父子墓砖铭跋

张庆捷（山西大学云冈学研究院）

　　2016 年春季，大同北朝艺术博物馆收购数十块乙弗莫瑰父子的墓砖铭，质地乃北魏普通青砖，黑灰色，四边平整，砖分大中小三种：一种长 26.8、宽 13、厚 4 厘米；一种长 26.5、宽 13.5、厚 4 厘米；最后一种长 25、宽 13、厚 4 厘米。

　　三种砖背面平整，素面，正面中部均为长方形低槽，边槽长约 20、宽约 5.2、深约 0.2 厘米，槽内有模印阳文，魏书体，文字多寡、铭文排列有所区别，可分三种，第一种内容是："侍中、征东大将军、启（开）府仪同三司、驸马都尉、羽真、西平王乙弗莫瑰砖。"（图一）第二种内容是："侍中、征东大将军、启（开）府仪同三司、驸马都尉、羽真、西平王乙弗莫瑰砖。代大太安四年四月二十一日，岁在戊戌造。"（图二）第三种内容是："大代太□□年四月二十一日，岁在戊戌造，侍中、征东大将军、启（开）府仪同三司、驸马都尉、羽真、西平王乙弗莫瑰砖。"（图三）

　　以上墓砖铭内容，"开"字均写作"石或"，右半部无口下一横，当为"启"，司马金龙妻钦文姬辰墓铭就有先例，写法也相同。另外，"砖"字写为"専"。第二块墓砖铭中"代大"二字有误，二字顺序应颠倒，实际是"大代"。全句应是"大

图一　第一种乙弗莫瑰砖

图二　第二种乙弗莫瑰砖

图三　第三种乙弗莫瑰砖

代太安四年四月二十一日，岁在戊戌造"。第三种墓砖铭首句"大代太"后面两字残损，依照第二块墓砖铭文字和残留笔画，可知残损文字应是"安四"。全句应当是"大代太安四年四月二十一日，岁在戊戌造，侍中、征东大将军、启（开）府仪同三司、驸马都尉、羽真、西平王乙弗莫瑰砖。"据介绍，这批砖出于朔州市应县的北魏墓，为前几年修铁路时所出。

该处还发现乙弗莫瑰子乙弗乾归墓砖铭，质地大小与乙弗莫瑰的基本相同，长约29厘米，宽约15厘米，厚约5.2厘米。制作精良，文字稍多，阴文，魏书体。共收藏两块，文字排列不同，可分两种，第一种共三处文字，分别见于一块砖的正反面和上部侧面。正面为"大代太和九年，岁在乙丑，正月己巳朔，二日庚午，使持节东大将军、秦州刺史、驸马都尉、羽真、西平王乙弗乾"。反面为"归元息𣩔（武）席尭（妻）阳平长公主阿若〔益得〕铭记。"此砖上部侧面有一字"征"。应该是正面"东大将军"前脱一"征"字，发现后，又补刻于上部砖侧面（图四）。

将这些文字合起来，全文应是"大代太和九年，岁在乙

图四　第一种乙弗乾归墓砖铭及拓片

丑，正月己巳朔，二日庚午，使持节、征东大将军、秦州刺史、驸马都尉、羽真、西平王乙弗乾归元息甙（武）席奎（妻）阳平长公主阿若〔益得〕铭记"。该铭中"奎"字，在第二块墓砖铭中，可辨认出是"妻"字。

第二种砖铭见于另一块砖的正反面，该砖上半部断裂，魏书体，阴文，正面是"大代太和九年，岁在乙丑，正月己巳朔，二日庚，使持节、征东大将军、秦州刺史、驸马都尉、羽真、西平"，反面是"王乙弗乾归元息甙（武）席妻阳平长公主阿若益〔得〕铭记"（图五），两砖内容对比，第二块墓砖铭，在"庚"后缺一"午"字，显然是漏刻。另外，该砖因破裂，没有做砖铭拓片。

尽管存在残损，殊为遗憾，然而乙弗莫瑰和乙弗乾归父子墓砖铭的发现，仍有诸多价值。与史书互勘，探幽索微，不仅能弥补史书记载的不足，而且能通过一个家族的兴衰沉浮从家庭侧面反映当时的民族融合过程。

《北史》与《魏书》都有《乙瑰传》，《北史》记载比《魏书》简略，两相参校，脉络更为清晰。以两传与墓砖铭比较，其世系与官职爵位大多一致，可知乙瑰即砖铭记载的乙弗莫瑰。

对照两传与墓砖铭得知，乙弗莫瑰墓砖铭记载的是其原先姓名，乙瑰是太和二十年后孝文帝改姓后的姓名。乙弗也写作一弗，一弗之姓，也见于北朝石刻，如北魏文成帝《南

图五　第二种乙弗乾归墓砖铭

巡碑》中存在两个一弗，其一是《南巡碑》碑阴第一列有"侍中特[进]车骑大将军□太子太保尚书太原王一弗步□□"，对照史传碑文所载官爵、年代等，知道碑文中的太原王一弗步□□，就是《魏书》记载的乙浑[1]。其二是《南巡碑》碑阴第一列靠后还有"江乘男一弗阿伏真"。另外，《龙门二十品》中有《一弗为张元祖造像记》，其记"太和廿年，步辇郎张元祖不幸丧亡，妻一弗为造像一区，愿令亡夫直生佛国。"关于乙弗即一弗，早年姚薇元先生已做过考释，无需赘述[2]。

乙弗莫瑰及其子孙在《魏书》《北史》有传，《魏书·乙瑰传》记载：

乙瑰，代人也。其先世统部落。世祖时，瑰父匹知慕国威化，遣瑰入贡，世祖因留之。瑰便弓马，善射，手格猛兽，膂力过人。数从征伐，甚见信待。尚上谷公主，世祖之女也。除镇南将军、驸马都尉，赐爵西平公。从驾南征，除使持节、都督前锋诸军事。每战，身先士卒，勇冠三军。后除侍中、征东将军、仪同三司、定州刺史，进爵为王。又为西道都将。和平中薨，时年二十九。赠太尉公，谥曰恭。

子乾归，袭爵。年十二，为侍御中散。及长，身长八尺，有气干，颇习书疏，尤好兵法。复尚恭宗女安乐公主，除驸马都尉、侍中。显祖初，除征西将军、秦州刺史，有惠政。高祖初即位，为征西道都将，又为中道都将。延兴五年卒，时年三十一。赠左光禄大夫、开府仪同，谥曰康。

子海，字怀仁。少历侍御史散、散骑侍郎，卒时年四十一。赠散骑常侍、卫将军、济州刺史，谥曰孝。

子瑷，字雅珍。尚淮阳公主，高祖之女也，除驸马都尉，汝南王友，固辞不拜。历济南太守。时为逆贼刘桃攻郡，瑷逾城获免。后都督李叔仁讨桃平之，瑷乃还郡。后除司农少卿，银青、金紫、左、右光禄大夫，中军将军，西兖州刺史。天平元年，举兵应樊子鹄，与行台左丞宋显战，败死，时年四十六。

瑷弟谐，字遵和。武定中，司马。

谐弟琛，字仲珍。解褐司空参军事。稍迁东平、济阴二郡太守，散骑常侍。卒时年四十九。[3]

《北史·乙瑰传》也载：

乙瑰，代人也。其先世统部落。太武时，瑰父匹知遣瑰入贡，帝留之。瑰善骑射，手格猛兽。尚太武女上谷公主，除驸马都尉，赐爵西平公。从驾南征，都督前锋诸军事，勇冠三军。后进爵为王，又为西道都将。薨，年二十九，赠太尉公，谥曰恭。

子乾归袭爵。乾归有气干，颇习书疏，尤好兵法。尚景穆女安乐公主，除驸马都尉、侍中。献文初，为秦州刺史，有惠政。孝文即位，为中道都将。卒，谥曰康。

子海，字怀仁，位散骑侍郎。卒，谥曰孝。

海子瑗，字雅珍，尚孝文女淮阳公主，除驸马都尉，累迁西兖州刺史。天平元年，举兵应樊子鹄，战败死。[4]

由《魏书》《北史》记载看，墓砖铭与史文有出入。《魏书》记载，乙弗莫瑰最后职务是"侍中、征东将军、仪同三司、定州刺史，进爵为王。又为西道都将。"但是墓砖铭记载的临终职务是"侍中、征东大将军、启（开）府仪同三司、驸马都尉、羽真、西平王"。不同之处是《魏书》多出定州刺史和西道都将，墓砖铭不见。而墓砖铭中所见的"羽真"在《魏书》不见。另外，《魏书》记载的"征东将军、仪同三司"，在墓砖铭是"征东大将军、启（开）府仪同三司"。两相比较，乙弗莫瑰身为西平王，相应军职应当是"征东大将军、启（开）府仪同三司"，按太和《前职员令》，官居一品。针对此处异同，应该说，墓砖铭记载更为可信，《魏书》可能是失载或漏载。北魏封王者，大都任将军号，有的可以开府，只有少数除外[5]。《魏书》记载其卒年是"和平中薨"，墓砖铭是"代大（大代）太安四年四月二十一日岁在戊戌造"，记载不同，太安（455至459年）早于和平（460至465年），因此可知，早在太安四年，已经开始营造坟墓。太安四年（458年），他约二十六岁，已经开始准备后事，很有可能，他此时身患重疾或身负重伤。

上谷公主，"世祖之女也"，初嫁乙弗莫瑰，见《北史》《魏书》的《乙瑰传》。该公主也见于《魏书·宿石传》，其传云："年十三，袭爵，擢为中散。从驾至江，拜宣威将军。兴光中，迁侍御史，拜中垒将军，进爵蔡阳子，典宜官曹。迁内行令。从幸苑内，游猎，石于高宗前走马，道峻，马倒殒绝，久之乃苏。由是御马得制。高宗嘉之，赐绵一百斤，帛五十匹，骏马一匹，改爵义阳子。尝从猎，高宗亲欲射虎。石叩马而谏，引高宗至高原上。后虎腾跃杀人。诏曰：'石为忠臣，輗马切谏，免虎之害。后有犯罪，宥而勿坐。'赐骏马一匹。尚上谷公主，拜驸马都尉。天安初，迁散骑常侍，吏部尚书，进爵太山公，为北中道都大将。延兴元年卒。追赠太原王，谥曰康。葬礼依庐鲁元故事。"《北史·宿石传》也记载他"尚上谷公主，拜驸马都尉"[6]，没有记载逝世时间。由《魏书·宿石传》记载时间看，宿石逝世于延兴元年，据《魏书·乙瑰传》记载，乙弗莫瑰逝世于和平年间。延兴比和平晚十余年，因此推知，上谷公主是初嫁乙弗莫瑰，乙弗莫瑰逝世后，又嫁给宿石。

对比乙弗乾归墓砖铭与《魏书·乙弗乾归传》有关记载，也有出入，如《魏书》记载，乙弗乾归是"复尚恭宗女安乐公主，除驸马都尉、侍中。显祖初，除征西将军、秦州刺史，有惠政。高祖初即位，为征西道都将，又为中道都将。延兴五年卒，时年三十一。赠左光禄大夫、开府仪同，谥曰康。"墓砖铭记载的却是"大代太和九年，岁在乙丑，正月己巳朔，二日庚午，使持节、东征大将军、秦州刺史、驸马都尉、羽真、西平王乙弗乾归利息□□□妻阳平长公主阿花益〔得〕铭记。"

不同之处具体有三，一是《魏书》记载乙弗乾归"复尚恭宗女安乐公主"，而墓砖铭记载的是"阳平长公主"；二是《魏书》记载乙弗乾归曾任职"征西将军、秦州刺史、征西道都将，又为中道都将"，而墓砖铭记载是"使持节、东征大将军、秦州刺史、羽真、西平王"；三是《魏书》记载他卒于"延兴五年卒"，墓砖铭记载是太和九年正月。

第一个问题，究竟是"安乐公主"还是"阳平长公主"，安乐公主见于史载，而"阳平长公主"不见于史载。史载有阳平公主，《北史·宇文测传》：宇文测"仕魏，位司徒右长史，尚宣武女阳平公主，拜驸马都尉……测性仁恕，好施与。在洛阳之日，曾被窃盗，所失物即其妻阳平公主之衣服也。州县禽盗，并物俱获。测恐此盗坐之以死，不认焉，遂遇赦免。"[7]《周书·宇文测传》也记此事。《北史》《周书》所记阳平公主是宣武帝之女，乙弗乾归墓铭所见"阳平长公主"乃"恭宗女"，两个阳平公主相差数十年，并非一人。《魏书》《北史》遗漏公主非此一例，另如建康长公主，见于延兴四年（474年）《建康长公主大洹渠庆乌墓铭》，史书却不载。因此推测，阳平长公主也属于史书漏记。毫无疑问，墓砖铭记载更为可靠，安葬乙弗乾归时，阳平长公主还在世，名号是大事，刻砖铭者不可能把"安乐公主"错记为"阳平长公主"，错讹个别字有可能，但错讹整个封号不可能，除非是安乐公主和阳平长公主是同一个人，其先称安乐公主，后改封阳平长公主。

第二个问题，是《魏书》记载的征西将军、征西道都将，又为中道都将。还是墓砖铭记载的使持节、东征大将军、羽真、西平王，两种记载有些出入。秦州即今甘肃天水市，位于平城之西，按《魏书》记载，征西将军、秦州刺史、征西道都将，均是西面职务。其父曾任西道都将，他续任西道都将，这种例子北魏不少。至于最后任中道都将，乃调动职务，合乎情理。但在墓砖铭上，是使持节、征东大将军、秦州刺史、羽真、西平王。其中，秦州刺史见于《魏书》本传，其余《魏书》本传所见征西将军、征西道都将，又为中道都将等，均不见于墓砖铭。而墓砖铭所见的羽真、西平王，又不见于《魏书》本传。王爵是继承其父的，羽真也是，其他职务，估计是家人省掉。在官号上，其家人不应该搞错，将征西将军混为征东大将军，因此推析，有可能是乙弗乾归既担任过征西将军、征西道都将与中道都将，也任过征东大将军。

西道都将为北魏平城时期高官，记载寥寥，如《魏书·薛胤传》："十七年，高祖南讨，诏赵郡王干、司空穆亮为西道都将"[8]。《魏书·宇文福传》："十七年，车驾南讨，假冠军将军、后军将军。时仍迁洛，敕福检行牧马之所。福规石济以西、河内以东，拒黄河南北千里为牧地。事寻施行，今之马场是也。及从代移杂畜于牧所，福善于将养，并无损耗，高祖嘉之。寻补司卫监。从驾豫州，加冠军将军、西道都将、假节、征虏将军。领精骑一千，专殿驾后。未几，转骁骑将军，仍领太仆、典牧令。"[9]除《乙瑰传》记载外，《魏书》仅有两条记载。至于中道都将，《魏书》《北史》均未记载，据西道都将推测，应是和西道都将相等的官职，区别在于管辖范围不同。

羽真一职，具有北魏前期游牧民族特色，也是比较神秘的一个官职。除了这次发现的乙弗莫瑰父子任职"羽真"外，数年前，太原市发现了东魏元象二年斛律金父亲斛律那瑰的墓碑《使持节（都）督定瀛沧三州诸军事定州刺史司空公之碑》，其中也有"六世祖器玮……除卫大将军、羽真、尚书公"[10]的记载，与《北史·斛律金传》记载的："朔州敕勒部人也。高祖倍侯利，魏道武时内附，位大羽真，赐爵孟都公"[11]的情况比较吻合。《斛律那瑰墓碑》中的"六世祖"，怀疑即是《北史》记载的"高祖倍侯利"。遗憾的是，迄今为止，尚无人对该职的内涵做出令人信服的解释。北魏前《职员令》不见记载，孝文帝《吊比干碑》碑阴从官中也无此职，说明那时已经退出历史舞台。对于该职，笔者做过专门探索，也是浅尝则止，难以深入[12]。本次发现乙弗莫瑰父子墓砖铭，俱有"羽真"一职，为探讨"羽真"增添了新资料，但是仍然如故，难以揭示"羽真"内涵。乙弗莫瑰父子均任"羽真"，透露出羽真如同爵位和将军号，也可传袭。再次回顾现已发现的有关"羽真"的记载，感觉到基本由两类人组成，一部分是外来投靠者，占多数；一部分是拓跋宗室，占少数。《魏书》《北史》不载该职，似乎表明该职体现的游牧民族色彩，后世无人通晓，难以解释。

　　墓砖铭中提到的征东大将军、侍中、啓（开）府仪同三司、驸马都尉、秦州刺史等职务，在《魏书》《北史》屡见不鲜，恕不赘述。西平王之爵位，北魏时多人被封，如鲜卑秃发乌孤、慕璝、慕利延、源贺等，无需多谈。

　　第三个问题，乙弗乾归逝世时间，《魏书》记载他"延兴五年（475年）卒"，墓砖铭记载阳平长公主铭记于太和九年（485年）正月，前后相差10年，该作何解释？愚以为，这有两种可能，一是《魏书》记载有误，墓砖铭记载可信。二是如果《魏书》无误，那乙弗乾归可能是逝世于延兴五年，直到太和九年才正式下葬，期间10年，当是停柩待葬。

　　乙弗莫瑰父子墓砖铭和史书记载还有一处不相同，即乙弗莫瑰父子墓砖铭皆没有记载死后赠官和谥号，但是史书均有记载，如记载乙弗莫瑰赠官和谥号是"赠太尉公，谥曰恭。"记载乙弗乾归赠官和谥号是"赠左光禄大夫、开府仪同，谥曰康。"赠官和谥号是死者的荣耀，都是丧家请求赐给的，不可能不出现在墓砖铭上，之所以在墓砖铭中没有出现，只能是另一种情况，即当时并没有给予赠官和谥号，史书中记载的赠官和谥号，很可能是后世才追赠和赐给的。在北魏初期，这种情况并不乏见，如张衮，"后世祖追录旧勋，遣大鸿胪即墓策赠太保，谥曰文康公。"[13]类似给予赠官和谥号"追录旧勋"或"追录功臣"之事，在太武帝、文成帝或孝文帝时期都曾存在。

　　值得注意的是，与乙弗莫瑰父子同时，北魏还有一个重臣乙浑，即和平二年随从文成帝南巡的"侍中特[进]车骑大将军□太子太保尚书太原王一弗步□□"。据《魏书》记载，此人略晚于乙弗莫瑰，献文帝时，官至太尉、丞相，职务比乙弗莫瑰还高。乙弗乾归与乙浑是同宗一姓，可能不是同支，关系比较疏远，乙浑得势，主宰朝政，"位居诸王上，事无大小，皆决于浑"[14]。乙弗乾归并未投靠附从，因此未受乙浑牵连。后乙浑因意图谋反，天安元年（466年），被冯太后诛杀，而乙弗乾归仍然升官晋爵，仕途亨通显达。

　　乙弗莫瑰一脉在西魏时有人很出名，名望之高，甚至超过乙弗莫瑰，即西魏文帝的皇后，史称文皇后。《北史·后妃传》记载："文帝文皇后乙弗氏，河南洛阳人也。其先世为吐谷浑渠帅，居青海，号青海王。凉州平，后之高祖莫瑰拥部落入附，拜定州刺史，封西平公。自莫瑰后，三世尚公主，女乃多为王妃，甚见贵重。父瑷，仪同三司、兖州刺史。母淮阳长公主，孝文之第四女也。"[15]

另外，山西艺术博物馆藏太原出土唐代《乙弗玉墓志》（图六），记载其先祖乙弗海、乙弗瑷、乙弗子文和父亲乙弗遗恩诸人及主要官爵："夫人讳玉，字润，河南洛阳人也。高祖海，魏驸马都尉、散骑常侍、左光禄大夫、西平孝公。曾祖瑷，魏驸马都尉、司空公、西平忠公。祖子文，魏秦豫二州刺史、直阁将军、定陶公；父遗恩，随（隋）唐州刺史、东宫右庶子、定陶公。"[16]

通过以上《北史·后妃传》和唐代《乙弗玉墓志》记载，可以清楚梳理出乙弗莫瑰一脉的世系。首先知道，其先"世为吐谷浑渠帅，居青海，号青海王"，搞清了乙弗莫瑰一家的来源，是出自吐谷浑乙弗氏。追根溯源，应与《北史》记载的"乙弗勿敌国"有关。据史载，晋义熙年间，乙弗勿敌国被北凉王沮渠蒙逊降伏，两年后，迫于西秦威压，乙弗乌地延率户十万转降西秦。后来，乙弗部分裂为二，乌地延之子他子率5000户东移西秦西平郡，另一部由提孤率领脱离西秦控制，游牧于环湖山区。后相继被吐谷浑降伏，乙弗氏首领遂成为吐谷浑渠帅，乙弗莫瑰家族，属于此部。其父为乙弗匹知，为吐谷浑渠帅。北魏太武帝经略西北时，"瑰父匹知慕国威化，遣瑰入贡"，开启了乙弗莫瑰及其后代在北朝的历史。根据这些记载，基本搞清乙弗莫瑰入魏的具体时间，当是在太武帝用兵西北，打通西域的太延年间。

其次，可知乙弗莫瑰之父是乙弗匹知，其子是乙弗乾归，乙弗乾归之子是乙海，乙海之子为乙弗瑷，即北周文帝文皇后的父亲，乙弗玉父亲的姑奶，乙弗瑷之子乙弗子文，

图六　唐乙弗玉墓志

即乙弗玉的祖父。乙弗瑷还有一子，是乙弗绘，《北史·外戚传》记载："乙弗绘，河南洛阳人，文帝皇后之兄也。文帝即位，位开府仪同三司、侍中、中书监、魏昌县公。又为吏部尚书。"乙弗子文之子是乙弗遗恩，即乙弗玉的父亲。从乙弗匹知至乙弗玉，已是八代。八代人官职时高时低，高至朝廷要职，低至州郡刺史。尽管有下降趋势，还是能反映出，这是一个显赫的家族，八代人之间，四世有人尚公主，一人为皇后，可谓传家有道。

北朝四方民族汇聚，姓氏重复者不在少数，需要考察是否同宗，同宗还需要考察是否同支。如乙弗朗，《北史》记载："乙弗朗，字通照，其先东部人也。世为部落大人，与魏徙代，后因家上乐焉。朗少有侠气，在乡里以善骑射称。孝庄末，北边扰乱，避地居并、肆间。尔朱荣见而重之，甚相接待，以功封连勺子。后隶贺拔岳，从尔朱天光西讨，为岳左厢都督。孝武帝之御齐神武，授朗阁内大都督。及帝西入，诏朗为军司，先驱靖路。至长安，封长安县公。卒于岐州刺史。"[17] 史书明载，吐谷浑出自东部鲜卑，由乙弗朗"其先东部人也。世为部落大人"的记载分析，乙弗氏分为两支，一支随吐谷浑迁徙西北，即青海吐谷浑乙弗氏；一支仍然留在东部，后来依附了拓跋部，乙弗朗就是没有迁徙的乙弗氏成员，高丽王乙弗利，高宗时太原王乙浑，有可能属于这一支。两支虽处两地，实际是同宗。

当时还有不是出于这两支的乙弗姓氏者，如出土的北周《乙弗绍墓志》，观其内容，不属于乙弗家族。他的乙弗姓氏乃是北周所赐，"本姓华氏，其先宋微子之裔……十六年赐姓乙弗氏。"此人也曾出使突厥。北周还有赵贵，也是被赐姓乙弗，《北史·赵贵传》："后拜柱国大将军，赐姓乙弗氏。"[18] 另有《唐故都水使者杨公夫人乙弗氏墓志铭》，也是改姓，并非乙弗氏家族后裔。

北朝还有姓乙弗者，不知其所宗支，如乙弗丑，《北齐书·薛孤延传》载"薛孤延，代人也。少骁果，有武力。韩楼之反，延随众属焉。后与王怀等密计讨楼，为楼尉帅乙弗丑所觉，力战破丑，遂相率归。"[19] 又如乙弗凤，《北史·宇文护传》："时司会李植、军司马孙恒等密要宫伯乙弗凤、张光洛、贺拔提、元进等为腹心，说帝，言护不守臣节，宜图之。"[20] 此事也载于《周书·孝闵帝纪》，"帝性刚果，见晋公护执政，深忌之。司会李植、军司马孙恒以先朝佐命，入侍左右，亦疾护之专，乃与宫伯乙弗凤、贺拔提等潜谋，请帝诛护。帝然之。"[21] 还有乙弗库根，《北史·贺拔允传》载："正光末，沃野人破六韩拔陵反，怀朔镇将杨钧闻度拔名，召补统军，配以一旅。其贼伪署王卫可环徒党尤盛，既攻没武川，又陷怀朔，度拔父子并为贼所虏。度拔乃与周德皇帝合谋，率州里豪杰珍、念贤、乙弗库根、尉迟檀等，招义勇，袭杀可环。朝廷嘉之。"[22] 还有乙弗亚，《北史·尉迟迥传》载："周文以为然，谓曰：'伐蜀之事，一以委汝。'于是令迥督开府元珍、乙弗亚、侯吕陵始、叱奴兴、綦连雄、宇文升等六军甲士取晋寿，开平林旧道。"[23] 以上乙弗氏，资料稀少，不知所出，只能附录于此，待新资料发现。

注　释

［1］张庆捷、李彪：《山西灵丘北魏文成帝〈南巡碑〉》，《文物》1997 年第 12 期，第
　　　70—80 页。

［2］姚薇元：《北朝胡姓考》"乙弗条"，中华书局，2007 年，第 162 页。

［3］《魏书》卷四十四《乙瑰传》，中华书局，1974 年，第 991—992 页。

［4］《北史》卷二十五《乙瑰传》，中华书局，1974 年，第 911—912 页。

［5］张鹤全、侯瑞：《略论北魏前期诸王所领将军号的迁转与传袭》，《古代文明》2012 年
　　　第 6 卷第 1 期，第 56—62、113 页。

［6］《北史》卷二十五《宿石传》，中华书局，1974 年，第 918 页。

［7］《北史》卷五十七《宇文测传》，中华书局，1974 年，第 2070—2071 页。

［8］《魏书》卷四十二《薛辩传附初古拔子胤传》，中华书局，1974 年，第 943 页。

［9］《魏书》卷四十四《宇文福传》，中华书局，1974 年，第 1000 页。

［10］资料待刊。

［11］《北史》卷五十四《斛律金传》，中华书局，1974 年，第 1965 页。

［12］张庆捷等：《北魏文成帝〈南巡碑〉所见拓跋职官初探》，《中国史研究》1999 年第 2 期，
　　　第 57—69 页。

［13］《魏书》卷二十四《张衮传》，中华书局，1974 年，第 614 页。

［14］《魏书》卷六《显祖纪》，中华书局，1974 年，第 126 页。

［15］《北史》卷十三《后妃传上》，中华书局，1974 年，第 506 页。

［16］张建华、刘国华编著：《山西省艺术博物馆馆藏墓志集萃》，山西经济出版社，2016 年，
　　　第 25 页。

［17］《北史》卷四十九《乙弗朗传》，中华书局，1974 年，第 1810 页。

［18］《北史》卷五十九《赵贵传》，中华书局，1974 年，第 2104 页。

［19］《北齐书》卷十九《薛孤延传》，中华书局，1972 年，第 255 页。

［20］《北史》卷五十七《宇文护传》，中华书局，1974 年，第 2060 页。

［21］《周书》卷三《孝闵帝纪》，中华书局，1971 年，第 49 页。

［22］《北史》卷四十九《贺拔允传》，中华书局，1974 年，第 1795 页。

［23］《北史》卷六十二《尉迟迥传》，中华书局，1974 年，第 2210 页。

北魏洛阳城平面复原图再探[*]

陈建军（洛阳市汉魏故城遗址管理处）

李德方（洛阳市文物考古研究院）

北魏洛阳城的规划建设上承魏晋，下启隋唐，以其规模宏大、形制规整、布局合理、功能完备、管理有序成为中国城市发展史上的一座里程碑，是中国封建社会城市规划建设与管理的典范，对后代都城规划设计影响达千年之久。该城自唐初彻底废弃，曾经繁华似锦的煌煌帝京现已是一马平川，万顷良田。多年来，学者们在浩瀚的文献史料及考古资料中寻找北魏洛阳城的线索，分析研究城市的空间格局，绘制了不少北魏洛阳城平面复原图，各有千秋（图一、二、三），其中，傅熹年先生研究成果颇为详尽，学者们多有引用。但如仔细研究，似有若干不妥之处值得探讨。笔者根据文献史料中有关北魏洛阳城的记载及考古学资料，就傅熹年先生绘制的《北魏洛阳城平面复原图》（图四，以下简称《复原图》）提出一些看法，进而尝试绘制新的北魏洛阳城平面复原图。

一 《复原图》存在的主要问题

汉魏洛阳城总面积约 100 平方千米，自唐初废弃，以遗址状态保存至今已近 1400 年，地面上除内城垣及若干高台建筑外，城市遗迹已难以寻觅，文献史料及考古学资料有限且理解各异，特别是对城市格局影响重大的里坊区资料稀缺，绘制城市平面复原图难度颇大，失误难免。傅熹年先生绘制的《复原图》发表在由其主编的《中国古代建筑史（第二卷）》[1]及专著《傅熹年建筑史论文选》[2]，笔者认为主要存在以下几个问题。

问题一：原文虽说明《复原图》是示意图，但附注了线段式比例尺，说明《复原图》是依比例绘制的。据《魏书》记载，北魏洛阳城里坊"各周一千二百步。"[3]《洛阳伽蓝记》（以下简称《伽蓝记》）曰："方三百步为一里。"[4]两说吻合，可见北魏洛阳城里坊平面形态大致为边长 300 步的正方形。但《复原图》绘制的里坊形态却呈东西向的长方形，显然与文献记载不符。

---

[*] 本文系郑州中华之源与嵩山文明研究会资助课题阶段性成果，课题编号：Q2020 − 11。

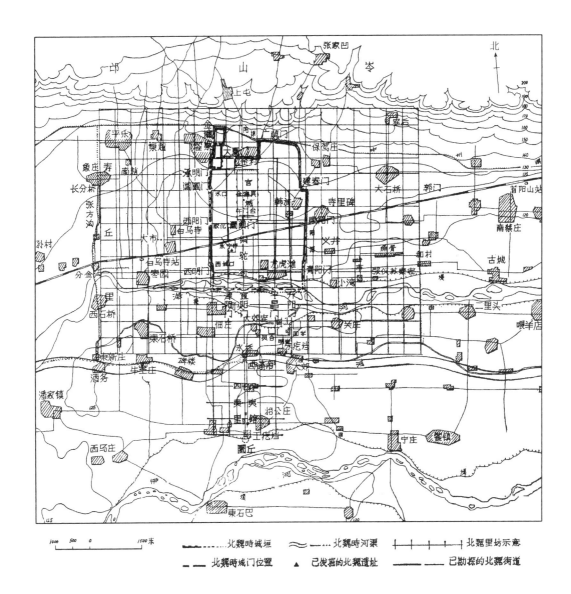

图一　宿白先生绘制的北魏洛阳城平面复原图
（选自宿白著《魏晋南北朝唐宋考古文稿辑丛》）

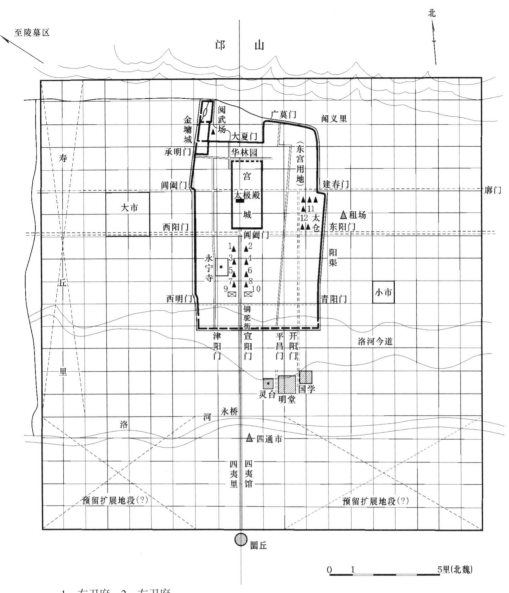

1　右卫府　2　左卫府
3　太卫府　4　司徒府
5　将作曹　6　国子学
7　九级府　8　宗正寺
9　太　社　10　太　庙
11　籍田署　典农署　句盾署　司农寺
12　太仓署　导官署

图二　贺业钜先生绘制的北魏洛城规划概貌图

（选自贺业钜著《中国古代城市规划图》）

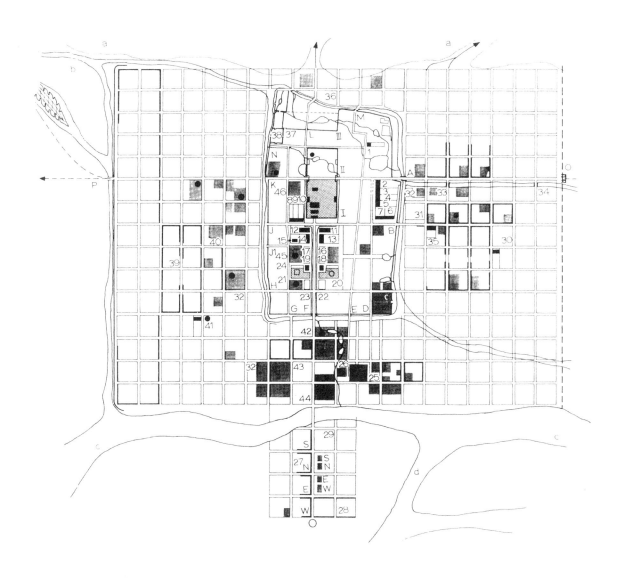

图三 [德]阿尔弗雷德·申茨绘制的北魏洛阳城平面图

（选自[德]阿尔弗雷德·申茨著《幻方——中国古代的城市》）

1. 津阳门	15. 左卫府	29. 永宁寺	42. 洛阳小市	56. 归正里
2. 宣阳门	16. 司徒府	30. 御史台	43. 东汉灵台址	57. 阅武场
3. 平昌门	17. 国子府	31. 武　库	44. 东汉辟雍址	58. 寿丘里
4. 开阳门	18. 宗正寺	32. 金墉城	45. 东汉太学址	59. 阳渠水
5. 青阳门	19. 景乐寺	33. 洛阳小城	46. 四通市	60. 穀水
6. 东阳门	20. 太　庙	34. 华林园	47. 白象坊	61. 东石格
7. 建春门	21. 护军府	35. 曹魏景阳山	48. 狮子坊	62. 七里桥
8. 广莫门	22. 右卫府	36. 听讼观	49. 金陵馆	63. 长分桥
9. 大夏门	23. 太尉府	37. 乐宫预留地	50. 燕然馆	64. 伊水
10. 承明门	24. 将作曹	38. 司空府	51. 扶桑馆	65. 洛河
11. 阊阖门	25. 九级府	39. 太　仓	52. 崦嵫馆	66. 东汉明堂址
12. 西阳门	26. 太　社	40. 太仓署	53. 慕义里	67. 圜丘
13. 西明门	27. 胡统寺	导官署	54. 慕化里	
14. 宫　城	28. 昭玄曹	41. 洛阳大市	55. 归德里	

图四　傅熹年先生绘制的北魏洛阳城平面复原图

（选自傅熹年主编《中国古代建筑史》第二卷）

问题二：《伽蓝记》曰："出西阳门外四里御道南，有洛阳大市，周回八里。"[5]《复原图》上显示只有三里[6]；白马寺，"寺在西阳门外三里御道南。"[7]《复原图》上未标识白马寺，根据《伽蓝记》的记载，北魏洛阳白马寺即位于东汉白马寺原址，西邻洛阳大市东侧的通商里，依《复原图》所示，白马寺只能在西邻通商里的里坊内，距西阳门仅二里。

问题三：《伽蓝记》："自延酤里以西，张方沟以东，南临洛水，北达邙山，其间东西二里，南北十五里，并名为寿丘里，皇宗所居也。"[8]《复原图》显示，寿丘里南北只有十三个里坊。

问题四：《伽蓝记》："宣阳门外四里。至洛水上作浮桥，所谓永桥也。"[9]"景明寺，宣武皇帝所立也，……在宣阳门外一里御道东。……其寺东西南北方五百步。……秦太上公二寺在景明寺南一里，……时人号双女寺，并门邻洛水。"[10]这些表述说明内城南垣至洛水之间有4行里坊。根据东汉灵台高台建筑遗存位置，在卫星图上量取灵台至内城南垣（推测）的距离约1300米，与西晋陆机《洛阳记》"灵台在洛阳南，去城三里"的记载[11]吻合，当位于南临洛水的第四行里坊北端，与《伽蓝记》基本吻合，应是内城南4行里坊的旁证之一。《复原图》显示，内城南只有3行里坊。

问题五：《伽蓝记》："永桥以南，圜丘以北，伊、洛之间，夹御道有四夷馆。道东有四馆。一名金陵，二名燕然，三名扶桑，四名崦嵫。道西有四里：一曰归正，二曰归德，三曰慕化，四曰慕义。"[12]《复原图》虽亦绘制了四夷馆、四夷里，但规模较小，仅有其他里坊的四分之一。《伽蓝记》曰："乐中国土风，因而宅者，不可胜数。是以附化之民，万有余家。"四夷里中的归正里"民间号为'吴人坊'……里三千余家，自立巷市。"[13]故四夷馆、四夷里的规模至少不会小于洛河北城区的其他里坊。此外，永桥南至北魏圜丘之间的距离约2000米，依《复原图》所绘四夷馆、四夷里夹御道南北依次排列，再加上四夷馆北的白象坊，若每个里坊按方三百步计，已超出2000米。

问题六：《伽蓝记》："在西阳门内御道北所谓延年里，刘腾宅东有太仆寺，寺东有乘黄署，署东有武库署，即魏相国司马文王府库，东至阊阖宫门是也。"[14]刘腾宅"一里之间，廊庑充溢"，即延年里的空间均为刘腾宅所占，其东依次为太仆寺、乘黄署和武库署。《复原图》却把东邻宫城的武库署放置到延年里内。

问题七：《伽蓝记》："大统寺，在景明寺西，即所谓利民里。"[15]景明寺"在宣阳门外御道东"，那么，利民里应位于宣阳门外御道西。《复原图》未标示景明寺，却把利民里放置到御道东。

二 产生问题的原因分析

问题一、二实际是一个问题的两种表现形式，即：里坊行列多少的问题。《复原图》

囿于《伽蓝记》"（洛阳城）东西二十里，南北十五里，合有二百二十里"[16]的记叙，东西向只能绘制二十列里坊。具体数量究竟几何？这需要从城市地理学的角度，根据城郭框定的空间容量和里坊的空间规模推算里坊行列数量，在外郭城城垣至内城垣距离已确定的情况下，里坊空间规模决定里坊行、列的数量和平面几何形状及城市的空间格局。因此，解决问题一、二，归根结底是确定里坊空间规模的大小问题。根据考古勘查结果，北魏洛阳城外郭城西垣距内城西垣最大距离为4250米（北段），最小距离为3500米[17]（南段，因城垣折转，里坊减少一列）；外郭城东垣与内城东垣基本平行，间距3500米。依《复原图》绘制的一行7个里坊计，以间距3500米为例，若除去坊间路（15×6米计）、环城路（10米计）、内城垣外的阳渠及渠边路（60米计）等，平均每个里坊的东西长约为477米，而内城西垣阊阖门至西阳门的实测距离只有820米，若修建2个里坊，南北宽只能有400米左右，如此，便使里坊的平面形态只能呈东西向的长方形，同时，造成里坊东西行列减少，问题一、二便由此产生。

问题三产生的原因与洛河故道有关。中国社科院考古研究所洛阳站汉魏队于20世纪90年代勘查了洛河水道，绘制了洛河故道略图，认为该故道即为汉魏时期的洛水河道，《复原图》可能以此为据绘制而成。笔者认为，考古勘查的洛河故道未必就是北魏时期的洛水河道：其一，《伽蓝记》是东魏抚军府司马杨衒之于北魏分裂十余年后撰著，属当时人记当时事，具有较高的可信度，特别是城市规模的记载应该不会有很大的误差。其二，古洛河是伊洛盆地最大的河流，水量丰沛，曾是盆地连接黄河漕运的主要航道，且洛阳境内流域地势平缓，起伏不大，历史上古洛河就曾多次改道。但在汉魏洛阳城废弃之前，特别是尊为京都时，朝廷不会对流经城南、作为漕运主航道的洛河放任自流，历史文献中就有不少历朝整治及利用洛水解决洛阳城供水和漕运问题的记载。隋代洛阳城西迁，整治洛河的重点随之西移。隋炀帝开凿大运河之通济渠利用了洛阳故城南垣外的护城河，而此段护城河是堰洛通漕之洛水。唐宋之后，洛阳的政治、经济地位一落千丈，通济渠失修，但逢大汛，洛水暴涨，堰水坝迫使洛水北上，涌入通济渠，冲毁河堤，改道东泻。因此，考古勘查确认的洛河故道应当是北魏之后洛河改道的遗迹。

问题四产生的原因可能与《伽蓝记》记载的"（洛阳城）南北十五里"有关。《复原图》中内城南城垣至外郭北城垣就已绘制了十二行里坊，故内城南垣之南就只能安置三行。梳理汉魏洛阳城的城建史，北魏之前的魏晋洛阳城"东西六里十一步，南北九里一百步"[18]，俗称"九六城"，实测结果与之基本吻合。北魏修筑的外郭城北垣距内城北垣最近距离实测为850米，可容纳二个里坊，两项合计十一里。显然，《复原图》多出一行里坊，多在何处？根据汉魏洛阳城的实测数据，金墉城南北1048米，紧邻金墉城的内城西垣承明门距阊阖门650米[19]，两项合计1698米，可容纳4个里坊。《复原图》却绘制了5个。

问题五产生的原因可能是傅先生对远离城区的四夷馆、四夷里只简单地进行标识处理。

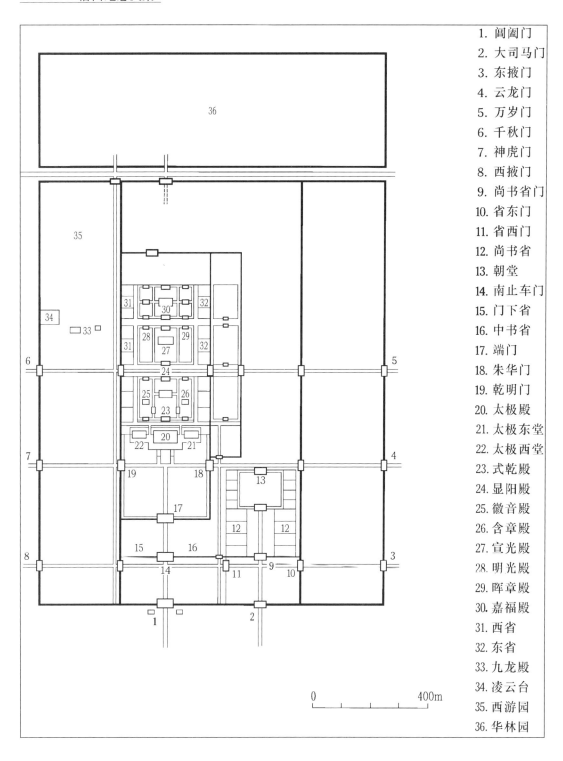

1. 阊阖门
2. 大司马门
3. 东掖门
4. 云龙门
5. 万岁门
6. 千秋门
7. 神虎门
8. 西掖门
9. 尚书省门
10. 省东门
11. 省西门
12. 尚书省
13. 朝堂
14. 南止车门
15. 门下省
16. 中书省
17. 端门
18. 朱华门
19. 乾明门
20. 太极殿
21. 太极东堂
22. 太极西堂
23. 式乾殿
24. 显阳殿
25. 徽音殿
26. 含章殿
27. 宣光殿
28. 明光殿
29. 晖章殿
30. 嘉福殿
31. 西省
32. 东省
33. 九龙殿
34. 凌云台
35. 西游园
36. 华林园

图五　北魏洛阳宫城平面复原示意图
（选自傅熹年主编《中国古代建筑史》第二卷）

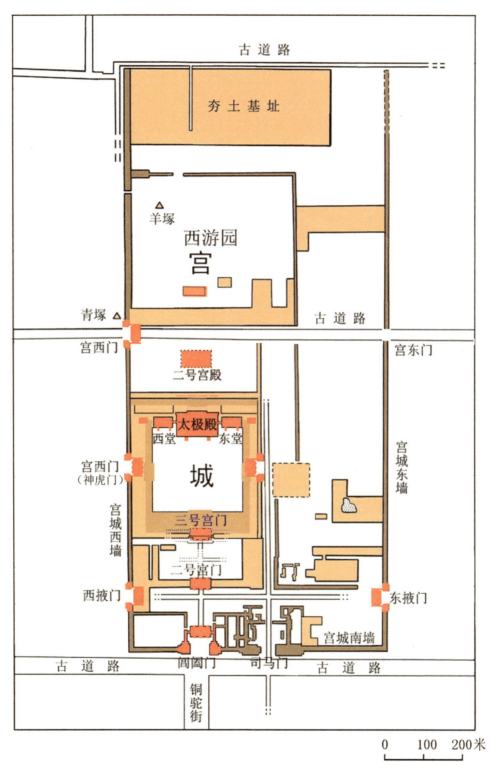

图六　北魏洛阳宫城勘察平面复原图

（中国社会科学院考古研究所制图）

　　问题六产生的原因或许与傅熹年先生绘制的北魏洛阳城宫城图有关。傅先生是著名建筑历史学家，多年从事研究中国古代城市和宫殿、坛庙等大型建筑群的规划与布局，对汉魏洛阳城遗址的研究全面细致，曾根据文献记载绘制出比较详尽的《北魏洛阳宫城平面复原示意图》（图五），该图显示宫城东西宽约 1215 米，并认为 20 世纪 80 年代中国社科院考古研究所汉魏工作队对宫城的考古勘查结果（图六），宫城东西宽 660 米，南北长 1398 米）"与文献记载多有牴牾"[20]。2011 年，洛阳工作队对宫墙西南角进行了考古发掘，证实了当年的考古勘查结论（图七）。傅先生绘制的宫城图西界范围过大，三个官署的空间被挤占，武库署就只能绘制到延年里内。

　　问题七涉及的景明寺应是《伽蓝记》记载规模最大的皇家寺院，不知何故，《复原图》标示了占地半个里坊的皇家寺院永宁寺，却未标示占地近 3 个里坊、地位仅次于永宁寺的

图七　北魏洛阳宫城西南角考古发掘图

a.位置图（根据中国社会科学院考古研究所汉魏队制图绘制）　b.发掘平面图（中国社会科学院考古研究所制图）

景明寺，是否考虑到景明寺是在里坊区修筑之后毁坊而建？将利民里标示到御道东，可能是取《河南志》关于利民里的记载。《河南志》曰："宣阳门外一里，御道东曰利民里。"[21]

三 绘制北魏洛阳城平面复原图的再思考

北魏洛阳城的空间格局是以内城垣、外郭城垣、宫城、路网、城门及里坊区为基本框架，其中，除里坊规模尚不清晰外，其他元素的地理位置经考古勘查已基本确定，将里坊置于城垣与路网分割的区块内，若各区块的地理空间能够基本与空间规模为"方三百步"的里坊洽合，再将能够定位的宫城、水系、里坊、寺院、重要建筑等进行注记标识，则一幅新的北魏洛阳城平面复原图就基本告成。

根据以上思路，针对《复原图》存在的不足，笔者以《伽蓝记》《水经注》《魏书》等历史文献为基本依据，梳理有限的考古学资料以及对汉魏洛阳城的实地测量数据，在傅熹年先生等前贤研究成果的基础上，从城市地理学的角度，根据城郭框定的地理空间容量与里坊的空间规模，推测北魏洛阳城里坊的行列数量，探讨北魏洛阳城的平面格局，进而绘制出新的平面复原图，弥补《复原图》的不足，以期逼近北魏洛阳城平面格局的历史原貌。

如前所述，北魏洛阳城里坊平面形态大致为边长300步的正方形，因历朝尺度的波动，其空间规模则需要认真探究。唐代之前，一步六尺，但尺的长度历朝略有不同。特别是魏晋之后，五胡乱华，北方少数民族轮番入主中原，各自为政，使度量衡制度极为混乱，仅北魏王朝的测长工具就先后使用了三种尺度：前尺25.572厘米，中尺27.9741厘米，后尺29.5911厘米[22]。若以北魏前尺计，则里坊空间规模为约460米见方（接近前文推算的《复原图》中里坊东西边长），内城阊阖门至西阳门820米的空间无法容纳2个里坊；西阳门至西明门约1350米，亦无法容纳3个。显然，以北魏前尺计尚不可行，更遑论中尺、后尺。那么，北魏时期是否还有其他规格的尺度？答案是肯定的。北魏迁都洛阳后，孝文帝全方位厉行汉化，针对度量衡制度混乱现象，"诏改长尺大斗，依（周礼）制度班之天下。"[23]据《魏书》记载，太和十九年（495年），孝文帝在听取公孙崇、刘芳、元匡等大臣有关律尺规格的争议后，"高祖诏，以一黍之广，用成分体，九十黍之长，以定铜尺。有司奏从前诏，而芳尺同高祖所制，故遂典修金石。迄武定末，未有谙律者。"[24]刘芳尺与西汉王莽尺及西晋荀勖律尺规格相同，长度均为23.1厘米[25]。

律尺主要用于调校乐器音律，也是制定测长工具的依据。三国时期，"天下大乱，乐工散亡，器法湮灭。魏武始获杜夔，使定音律。"[26]即以律尺定音。自西汉鸿儒刘歆创制音律与度量衡相互参校的理论与方法以来，历代宗之为圭臬，律尺便成为调校乐器音律和制定测长工具的依据。杜夔制定的律尺长度为24.188厘米[27]，是官民日常用尺及调校乐器的尺度。西晋时期，"武帝泰始九年，中书监荀勖校古乐，八音不和，始知后汉至魏，尺长于古四分有余。"[28]便重新制定了律尺，长度恢复至秦汉时期的23.1厘米，但民间已习惯使用魏尺，官民日常用尺与律尺呈双水分流之势，各自发展，律尺已很少用于民间长度单位的计量。时至北魏，尽管孝文帝制定了律尺，规范了度量衡，行颁天下，促进了经济发展。但好景不长，孝文帝之后，政令松弛，官民日常用尺仍不断增长，东魏后尺更是长达 30.05 厘米。

具体到北魏洛阳城里坊规模的推测，在使用北魏时期各种官民日常用尺均不可行的情况下，笔者认为，北魏洛阳城里坊是依据律尺 23.1 厘米的尺度修筑的：其一，古时"营邑立城，制里割宅"，里坊是纳入城邑的设计规划基本要素之一，甚至能够左右城郭的地理位置，而古代都城的地理空间是由城郭框定的，城市的空间格局则是以城垣、宫城、道路体系为基本框架，里坊置于道路分割的区块内，其空间规模便决定了最初都城规划时道路与城门的空间位置，反之，道路分割的区块容量直接影响到里坊的空间规模。汉魏洛阳城内城的空间格局形成于秦汉之际，魏晋沿用。北魏洛阳城重修于汉魏洛阳城故基之上，除西城垣汉代雍门（魏晋西明门）北移约 500 米，与东阳门相对外，原有的城门、道路未做变动，依据秦汉尺度（23.1 厘米）形成的空间格局并未改变，因此，重修里坊区只能使用律尺规格。其二，律尺乃御制，由孝文帝诏令班之天下，使用律尺行之有据。且里坊区建于宣武帝景明二年（501 年），距孝文帝定制律尺仅 6 年，宣武帝继位后"宽以摄下"，权贵们又逐渐恢复使用长尺大斗重秤，巧取豪夺，使度量衡制度再度陷入混乱，引发永平年间（508 至 512 年）有关古律尺度的再次争论，而里坊区修筑时间当恰好在律尺实行期间。其三，西周时期的洛阳城（时称"成周"）就已修筑了里坊，至魏晋时期，除城内的里坊区外，城外周边也有不少里坊。如北魏内城建春门外的建阳里即为西晋时的白社里；晖文里是西晋时的马道里，直接沿用魏晋里坊名称已知的就有永安里、永年里、宜年里等 11 个之多[29]。北魏王朝以中华文化正统承传者自居，都城规划既托古循旧又有所发展和创新。因此，在增筑的外郭城垣内，里坊建设因循原有里坊旧观，整体规划修建"门巷修整，闾阖填列"的棋盘式里坊区，进一步规范、完善里坊制度，并改变了"前朝后市"的规制，将市场分置到东、西郭城内，完成了"城邑"向"城市"的转变。

基于上述缘由，北魏洛阳城里坊规模应以律尺的尺度计算推测，即：每尺 23.1 厘米，300 步则约为 $0.231 \times 6 \times 300 = 416$ 米。这样，不改变洛阳城原有的空间格局就能够构成相对规范的棋盘式里坊区。需要指出的是：汉魏洛阳城的内城垣和外郭城垣均呈不甚规范、有折转的直线，内城垣城门至外郭城的三条横道并不平行，与城垣和道路相邻的里坊就有可能大于或小于方 300 步，甚至呈不规则矩形或多边形；位于内城的部分里坊受原有路网、水系的限制也可能无法"方三百步"。

根据以上推论，仍以两城垣间距 3500 米计，若以一行 8 个里坊计，应有 7 条坊间路，路宽权计 15 米，加上外郭环城路宽 10 米，护城河宽 60 米，则 $3500 - (15 \times 7) - 10 - 60 = 3325 \div 416 = 8$，东西一行恰好可容纳 8 个里坊，《复原图》存在的问题一、二便迎刃而解。

《伽蓝记》："（城东）崇义里东有七里桥，以石为之……七里桥东一里，郭门开三道，时人号为三门。"[30]也说明内城东城垣至外郭东城垣一行确有 8 个里坊。许多学者在论及北魏洛阳城里坊总数时，都引用了《伽蓝记》中"七里桥"的记载，以证城东一行 7 个里坊，却不知为何漠视了后一句"七里桥东一里，郭门开三道。"孟凡人先生在《北魏洛阳外郭城城形制初探》一文中注意到了这个问题，论证了"七里桥"当即《水经注·谷水》中所述横跨七里涧的"旅人桥"[31]，但推论却与考古勘查结果相悖。该文以《伽蓝记》记述"崇义里东有七里桥"及《水经注》援引"《朱超石与兄书》云：（七里）桥去洛阳宫六七里。"为依据，认为"七里桥的'七里'是指对洛阳宫的距离而言。洛阳宫依考古勘察实测图观察约为三里，这样，七里桥距内城东城墙的距离为四里。"从而得出的结论"大致情况是：崇义里距建春门约三里，七里桥近四里，郭门约为五里。"[32]孟凡人先生的推论有一定的道理，但若深究却不尽然。其一，《伽蓝记》所言"崇义里东有七里桥"未必确指七里桥紧邻崇义里，若是概说，那么理解为七里桥位于崇义里之东数里亦可。对此，清代乾隆年间施诚修编的《河南府志·卷六十四》对"七里桥"作了按语："今偃师西有石桥镇，去古洛阳建春门可六、七里，乃七里桥之石桥，非绥民里之石桥也。"[33]其二，《朱超石与兄书》所言"洛阳宫"并非确指洛阳宫城，"洛阳宫"乃曹魏洛阳宫城名号，但曹魏之前洛阳城就已有"洛阳宫"之代称，或许因洛阳久为帝都，城内宫城密布，文人在书文叙事时常以"洛阳宫"指代洛阳城。如《东观汉记》曰："光武中元元年，上幸长安，祠长陵，还洛阳宫。"[34]汉代乐府诗《清调曲·豫章山》："身在洛阳宫，根在豫章山。"[35]隋代江总《秋日登广州城南楼诗》："徒怀建邺水，复想洛阳宫。"[36]因此，《朱超石与兄书》中的"洛阳宫"应是指代洛阳城，而非确指洛阳宫城。其三，七里桥又名旅人桥无疑，七里桥因横跨七里涧而名。"七里涧"是以距离命名的地名，按常理，其起始点的参照物应当是城墙或城门。其四，对外郭城东城垣的考古勘查显示，内城东垣距外郭东垣约 3500 米，孟先生的推论与之相去甚远。七里桥建于西晋[37]，若以魏晋尺度 24.2 公分计，8 里则：$0.242 \times 6 \times 300 \times 8 = 3484.8$ 米，与实测结果基本相同。

另据考古勘查，洛阳大市在西明门外大街与西阳门外大街之间，距内城西垣 1700 至 2600 米的范围内[38]，表明洛阳大市与内城西垣之间可容纳 4 个里坊。外郭西垣南段距内城西垣 3500 米，可容纳 8 个里坊，外郭城西垣由中部向西几经折转至东距内城西垣 4250 米处（即长分桥，又名张方桥）后向北偏东延伸，与外郭北垣相连，又增加了南北一列 7 个里坊，故寿丘里南北十五个里坊只有一列，这就是《伽蓝记》所言寿丘里"东西二里，南北十五里"。在这里，考古勘查结果与《伽蓝记》关于长分桥位置的记载有出入。《伽蓝记》曰："出（内城）阊阖门外七里，有长分桥。中朝时以谷水浚急，注于城下，多坏民家。立石桥以限之，长则分流入洛，故名曰长分桥。或云晋河间王在长安遣张方征长沙王，营军于此，因名为张方桥。"[39]张方桥应是《伽蓝记》在记述寿丘里时提及的外郭城外张方沟（原名长分沟）上的一座桥梁，又称"张夫人桥"，东邻外郭西垣，此处是外郭西垣与内城西垣间距最大处。孟凡人先生根据出土墓志记载的"张夫人桥"与墓主入葬地的位置关系，推测张夫人桥的位置，认为"《洛阳伽蓝记》所述'出阊阖门城外七里长分桥'的'七'里有误，这段距离似以'九里'为宜。"[40]《北魏洛阳外郭城和水道的勘察》说："张方沟即为修长外郭城的西界，考古勘察得知，此沟即为北魏修建外郭城西城垣所利用的护城河。西郭城墙距离内城西垣，短者3500米，相距最长处为4250米。"[41]此结论证实了孟凡人先生对外郭城西城垣及张方桥位置的推测，换言之：张方桥位于外郭西垣之外，与内城阊阖门之间东、西一行九个里坊，《伽蓝记》所言"七里"应是"九里"之笔误。那么，以内城阊阖门至张方桥御道为界，道南有8列里坊，道北有9列里坊。

如此调整虽解决了《复原图》问题一、二，但随之产生了一个新问题：《伽蓝记》所言"京师东西二十里，南北十五里"的"里"是"阊里"还是"道里"？从《伽蓝记》以寺院、里坊为经，人物、传说、物产为纬的叙事体例来看，应当是指"阊里"，学者范祥雍、杨勇亦持此议。但如果是阊里，调整后的复原图东西可达22.5列里坊，与《伽蓝记》的记载有出入。笔者推测，北魏洛阳城平面形状呈不规则距形，杨衒之对其整体形状可能采用了整十的约数来表述。如果此处杨衒之以"道里"记述，依北魏中尺计，则恰为"二十里"许。周祖谟先生认为"衒之所谓东西二十里，盖东至七里桥，西至张方桥也。七里桥及张方桥均去城阙七里，合城内六里计之，适为二十里。"[42]笔者已论证了"张方桥去城阙七里"乃"九里"之误，依周祖谟先生的观点，将使洛阳城的里坊减少37个之多，显然，此乃《伽蓝记》的笔误所致。

以上推论证明，外郭城内的地理空间，东西向能够与"方三百步"（周尺）的里坊洽合，南北方向涉及内城城门及道路的地理位置，是否亦能洽合？梳理文献及考古勘查资料，内城南北9里，城南至洛水永桥4里，内城北垣距外郭北垣850米，可容纳2个里坊，三段合计15里，与《伽蓝记》的记载洽合；内城西垣阊阖门、西阳门、西明门的间距分别为820米、1380米，与"方三百步"的里坊基本契合，可见，前文有关北魏洛阳城里坊空间规模的推论是基本成立的。

厘清《复原图》存在的问题及原因，论证了里坊规模，笔者尝试以汉魏洛阳故城遗址的卫星图为底图，将地面尚存的内城垣、金墉城、永宁寺塔基、东汉灵台等遗址以及已完成保护展示的宫城阊阖门、宫城垣西南角、铜驼大街、西阳门内大街等遗址作为基本控制点（线），在《复原图》的基础上，综合历史文献及考古学资料，重新绘制了北魏洛阳城平面复原图（图八），结果显示，除与城垣、非规整道路相邻及内城的里坊外，多数里坊可"方三百步"，与文献记载基本吻合。

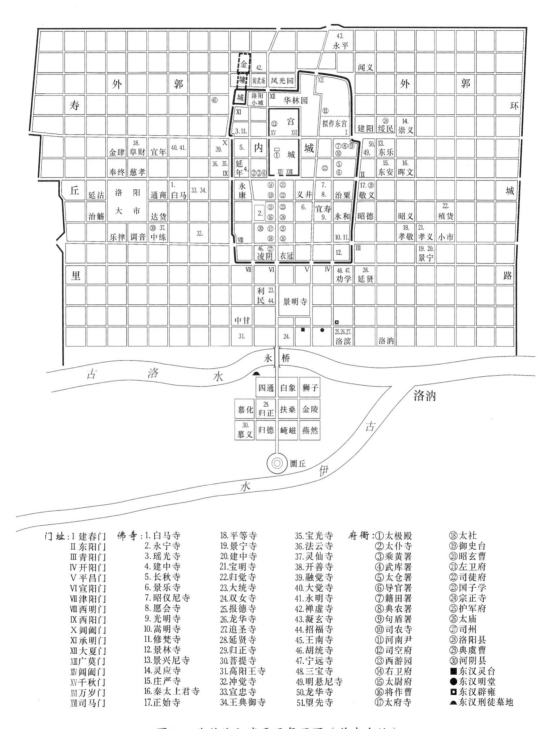

图八　北魏洛阳城平面复原图（作者自绘）

门址：I 建春门　佛寺：1.白马寺　　18.平等寺　　35.宝光寺　府衙：①太极殿　　⑱太社
　　　II 东阳门　　　2.永宁寺　　19.景宁寺　　36.法云寺　　　②太仆寺　　⑲御史台
　　　III 青阳门　　　3.瑶光寺　　20.建中寺　　37.灵仙寺　　　③乘黄署　　⑳昭玄曹
　　　IV 开阳门　　　4.建中寺　　21.宝明寺　　38.开善寺　　　④武库署　　㉑左卫府
　　　V 平昌门　　　5.长秋寺　　22.归觉寺　　39.融觉寺　　　⑤太仓署　　㉒司徒府
　　　VI 宣阳门　　　6.景乐寺　　23.大统寺　　40.大觉寺　　　⑥导官署　　㉓国子学
　　　VII 津阳门　　　7.昭仪尼寺　24.双女寺　　41.永明寺　　　⑦籍田署　　㉔宗正寺
　　　VIII 西明门　　　8.愿会寺　　25.报德寺　　42.禅虚寺　　　⑧典农署　　㉕护军府
　　　IX 西阳门　　　9.光明寺　　26.龙华寺　　43.凝玄寺　　　⑨句盾署　　㉖太庙
　　　X 阊阖门　　　10.嵩明寺　　27.追圣寺　　44.招福寺　　　⑩司农寺　　㉗司州
　　　XI 承明门　　　11.修梵寺　　28.延贤寺　　45.王南寺　　　⑪河南尹　　㉘洛阳县
　　　XII 大夏门　　　12.景林寺　　29.归正寺　　46.胡统寺　　　⑫司空府　　㉙典虞曹
　　　XIII 广莫门　　　13.景兴尼寺　30.菩提寺　　47.宁远寺　　　⑬西游园　　㉚河阴县
　　　XIV 阊阖门　　　14.灵应寺　　31.高阳王寺　48.劝学里　　　⑭右卫府
　　　XV 千秋门　　　15.庄严寺　　32.冲觉寺　　49.明悬尼寺　　⑮太尉府　　■ 东汉灵台
　　　XVI 万岁门　　　16.秦太上君寺 33.宣忠寺　　50.龙华寺　　　⑯将作曹　　● 东汉明堂
　　　XVII 司马门　　　17.正始寺　　34.王典御寺　51.望先寺　　　⑰太府寺　　□ 东汉辟雍
　　　　　　　　　　　　　　　　　　　　　　　　　　　　　　　　　　　　▲ 东汉刑徒墓地

四 图中需要说明的问题

1. 金墉城甲乙二城以虚线显示的缘由

金墉城位于内城的东北隅，始建于曹魏时期，西晋至唐初一直沿用。20 世纪 60 年代，考古工作者对金墉城进行了考古勘查，推测金墉城是由甲、乙、丙三个小城由北向南构成，其中，丙城位于内城东北角内。学者们据此绘制的魏晋洛阳城平面图以实线显示金墉甲乙丙三城（图九）。90 年代，中国社科院考古研究所汉魏队对金墉城进行了抢救性考古发掘，发现金墉城并非同一时期修筑，其中，甲乙二城的夯筑年代不早于北魏时期，丙城则发现有东周至魏晋时期的夯土遗迹，城内"布满了较大型的夯土建筑台基，夯土质量极好，

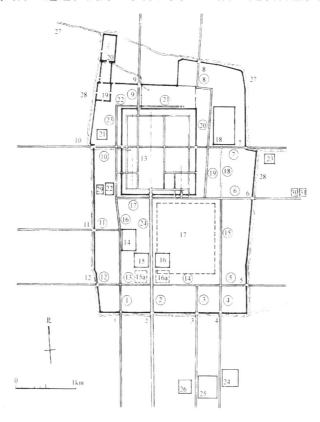

1. 津阳门	7. 建春门	13. 宫 城	17. 东汉南宫址	22. 武库	27. 榖水
2. 宣阳门	8. 广莫门	14. 曹爽宅	18. 东宫	23. 马市	28. 阳渠水
3. 平昌门	9. 大夏门	15. 太社	19. 洛阳小城	24. 东汉辟雍址	29. 司马昭宅
4. 开阳门	10. 阊阖门	15a. 西晋新太社	20. 金墉城（西宫）	25. 东汉明堂址	30. 刘禅宅
5. 青阳门	11. 西阳门	16. 太庙	21. 金市	26. 东当灵台址	31. 孙皓宅
6. 东阳门	12. 广阳门	16a. 西晋新太庙			

①～㉔城内干道，二十四街

图九 魏晋洛阳城平面复原图

（选自傅熹年主编《中国古代建筑史（第二卷）》）

保存较厚，也比较规整"[43]，属离宫性质的小城，具备北魏孝文帝、北周宣帝临时驻跸及幽禁皇室成员的条件，当为魏晋时期修筑的金墉城。甲乙二城何时修筑？史无记载。考古发掘资料显示，甲乙二城城垣打破或叠压着北魏时期的路土、灰坑和地层堆积，夯土中包含大量北魏遗物，表明甲乙二城的修筑时间应在北魏至唐初。具体是哪个朝代增扩了甲乙二城，需要根据文献资料分析推测。

北魏决计迁都洛阳，阻力重重，为尽快达成迁都目的，孝文帝采纳韩显宗"洛都宜速成"的建议，洛阳城的重修工作快马加鞭，城墙多年的淤土不加清理便直接夯筑修补（图一○），里坊区尚未修建便将都城迁至洛阳，其间修葺了金墉丙城，似无时间也无必要增筑甲乙二城。永熙三年（534年）北魏分裂，东、西魏及后来的北齐北周鏖战于邙山，金墉城作为洛阳县治所，是双方争夺的要点，曾数度易主，期间有加固丙城或增扩甲乙二城的可能。北周平齐，统一北方，于大象元年（579年）立洛阳为东京，"起洛阳宫，常役四万人，以迄于晏驾。并移相州六府于洛阳，称东京六府。"[44]但一年后便罢东京之制，宫作尚未成毕，是否增扩金墉城存有疑问。隋大业元年（605年），洛阳城易地而建，洛阳县治便弃金墉迁入隋东都洛阳城毓材坊。隋大业十四年（618年），李密率瓦岗军围攻东都洛阳，于邙山屯兵三十万，"密于是修金墉故城居之"[45]，甲乙二城极有可能是李密所筑，时至今日，当地村民仍称汉魏故城为"李密城"。唐贞观元年（627年）重修因战争被毁的隋东都洛阳城，洛阳县治临时回迁金墉城。贞观二年，河南县亦徙治金墉城，说明此时金墉甲、乙、丙三城毗连的格局已经形成。贞观六年，洛阳、河南二县徙治东都洛阳城毓德坊，至此，汉魏洛阳城彻底废弃。从以上分析推测，甲乙二城的营筑时间应在北魏分裂之后，其占用的空间应当是北魏时期的里坊区。

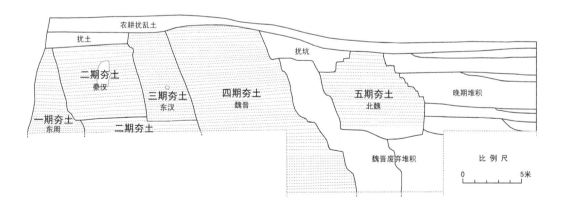

图一○ 北魏洛阳城内城东城垣北段断面图
（中国社会科学院考古研究所制图）

《复原图》认为金墉甲城既"洛阳小城"，在其绘制的《魏晋洛阳平面复原图》中又认为金墉丙城是"洛阳小城"，均有误。关于洛阳小城，《伽蓝记》曰："（金墉城）东有洛阳小城，永嘉中所筑。"[46]《水经注》的记载更为明确："谷水迳洛阳小城北，因阿旧城，凭结金墉，故向城也。永嘉之乱，结以为垒，号'洛阳垒'，故《洛阳记》曰：'陵云台西有金市，金市北对洛阳垒者也。'"[47]因北魏时期金墉甲乙二城尚未修筑，这里所言"凭结金墉"是指金墉丙城，洛阳小城位于承明门内御道北，大夏门内御道西，西与金墉丙城毗连。魏晋时期的金市则位于承明门内御道之南、延年里之北，与洛阳小城隔路相望。北魏时期，谷水作为洛阳城的护城河，原河道流经金墉丙城与洛阳小城北城垣外，北魏之后修筑金墉甲乙二城，谷水改道北延流经金墉甲城北。《水经注》的作者郦道元被害于北魏孝昌三年（527年），所记谷水河道是金墉甲乙二城修筑之前的流径，如不了解金墉甲乙丙三城的修筑时代，就有可能会被"谷水迳洛阳小城北"误导。

2. 图中景明寺南2个小坊的成因

据《伽蓝记》记载，景明寺是宣武帝于景明年间（500年正月至504年正月）修建的皇家寺院，位于内城南垣宣阳门、平城门外御道之间，占地"方五百步"，总面积近3个里坊，规模宏大。正光年间（520年7月至525年7月），胡太后又在景明寺修建了规模仅次于永宁寺的七级佛塔。而里坊区是根据孝文帝御制的城建规划由宣武帝于景明二年修筑完成，景明寺修建的时间应晚于里坊区，也有可能是胡太后修建佛塔时增扩了景明寺，因属皇家寺院，毁坊立寺建塔并非难事，原里坊的剩余空间形成2个小里坊，这就是《伽蓝记》所言"（宣阳门外御道）东有秦太上公二寺，在景明寺南一里……并门邻洛水。"[48]与《伽蓝记》记载"宣阳门外四里"至洛水浮桥吻合。北魏迁都洛阳之初，针对故都平城寺院泛滥成灾，夺占民居的痼疾，孝文帝在《都城制》有明确规定，"城内唯拟一永宁寺地，郭内唯拟尼寺一所，余悉城郭之外。"[49]宣武帝继位后，于景明初重审了禁令，"仰修先志，爰发明旨，城内不造立浮图、僧尼寺舍，亦欲绝其杀觊。"[50]并遵循先帝制定的都城建设规划，推进都城建设，先行修建了里坊区，但时隔不久便率先毁坊立寺，且对擅自立寺之举多有宽宥，致使立寺活动难以遏制，三十余年内洛阳城寺院数量猛增至1367座，极大地耗费了北魏王朝的人力、物力和财力。

3. 建阳里、绥民里南道路加宽的原因

限于图幅，本图未绘入洛阳城水系。据《水经注》记载，谷水引至洛阳城，其主流作为护城河环绕内城垣，流经东城垣时，"谷水又东，屈南，迳建春门石桥下……其水依柱，又自乐里道屈而东，出阳渠。"[51]经勘探，"此渠道自建春门外护城河枝分而出，沿建春门外大道北侧东去，与大道相距15米，此段渠道较宽，一般有90米，最宽处或达100米。此处地势较低，约即《水经注·谷水》所谓洛阳沟之所在……在距建春门约800米处，渠道南屈，穿过建春门外大道向东偏南方向延伸，穿路处，渠道宽度为30米。"[52]《伽蓝记》："明悬尼寺在建春门外石桥南……寺东有中朝时常满仓，高祖令为租场，天下贡赋所聚蓄也。"[53]《水经注》引《洛阳地记》曰："大城东有太仓，仓下运船常有千计，即是处也。（谷水）又北入洛阳沟。"[54]东汉时期的太仓、武库则位于建春门内御道北。故建阳里、绥民里南侧谷水河段当为漕运码头，水面较宽，图中显示加宽的部分并非道路，实为谷水河道。

上述《水经注》引文中提及的"乐里"应是北魏洛阳城的里坊名。两汉时期的《肩水金关汉简》中记载有东汉洛阳城的"东乐里"（汉简编号73EJT28:95，释文：雒阳士卿东乐里）。里坊制度发展到北魏时期，单字名称几乎绝迹，但文献中里坊名称在书文记录时有简称现象，如居延汉简上记载的西汉长安城棘里，陈直先生认为："《三辅黄图》记长安城中间里，有黄棘里，本简则简称为棘里。居延汉简中所记长安里名，两字者大率简称为一字。"[55]汉魏洛阳城的里坊在历史文献中也有简称现象，位于内城外东北角的上商里[56]，最早出现于居延汉简中，《东观汉记校注·卷十四》："赐（鲍永）洛阳上商里宅"[57]。《后汉书·列传第十九》："帝大喜，赐永洛阳商里宅。"[58]商里，即上商里的省称。"上商里"名号一直沿用到北魏都洛初，由高祖更名为"闻义里"[59]。故东汉洛阳城的"东乐里"之名可能沿用到北魏，《水经注》记载的"乐里"疑似"东乐里"的省称。"乐里道"应是指东乐里内的十字街。十字街是里坊内的主要街道，《长安志》："每坊（里）皆开四门，有十字街四出趋门"[60]。北魏洛阳城"里开四门"[61]，里坊内已有十字街，但当时并未以"十字街"称之。正史记载十字街称谓最早出现在唐初李延寿撰著的《北史》："刘家在（北齐邺都）七帝坊十字街南。"[62]谷水"又自乐里道屈而东"处距建春门约800米，与考古勘查的谷水南屈点洽合。

傅熹年先生《复原图》中的里坊均绘制了十字街，本图限于图幅，将能够定位的里坊、官署、寺院、重要建筑标识后，图面局部已然拥挤不堪，加之有的里坊因权贵宅第、寺院等规模庞大，逾制占地，挤占了十字街的空间，甚至一宅（寺）一里，如"延年里刘腾宅……一里之间，廊庑充溢。"[63]"融觉寺……佛殿僧房充溢一里。"[64]显然，这样的里坊内并无十字街。为使图面整洁，易于辨识，本图省却了十字街的标识。

4. 洛阳大市东南的中练里与河阴县

图中洛阳大市东南侧之中练里是根据《伽蓝记》："（大）市（东）[65]南有皇女台，台西有河阳县，台东有侍中侯刚宅"[66]和北魏侍中侯刚墓志："薨于洛阳中练里"[67]的记载标注。需要格外关注的是皇女台西的河阳县治。根据"水北为阳，山南为阳"[68]的地名命名原则，河阳县应在黄河以北，不应出现在黄河以南的洛阳城中。《伽蓝记》的记载是否有误呢？查阅范祥雍、周祖谟、周振甫、尚荣、杨勇、徐高阮等学者注释或释译的《伽蓝记》，均未对河阳县提出异议。梳理《魏书·地形志》《元和郡县图志·卷第五》《太平寰宇记·卷五十二》《读史方舆纪要》《北齐地理志·卷二下》等文献的记载：河阳县为汉武帝置，故治位于今河南孟州市西南，西临黄河，即古盟津之地，因位于黄河之北而名，新莽改称河亭县，东汉、魏、晋、北魏均称河阳县，北魏时期属怀州河内郡。

太宗泰常八年（422年），北魏占据原南朝宋治下的洛阳，于河阳作河桥；东魏时新筑中潬（河中渚）、南城（富平津）二城，合三城于孟津渡口置河阳关，为扼守洛阳的重要关口；北齐废河阳入温、轵二县，隋开皇十六年（596年）复置。其间，并无县治迁入洛阳的记载。

北魏时期，洛阳、河阴二县曾并称"京师"，河阳县会不会是河阴县之误呢？检阅传世文献记载：

《魏书·地形志》："河阴晋置，太宗并洛阳，正始二年（505年）复属河南"[69]；

《魏延昌地形志》："河阴，汉曰平阴，曹魏文帝改名，晋因之，太宗并洛阳，正始二年复。"[70]

《括地志》："河阴县城本汉平阴县，在洛州洛阳县东北五十里。《十三州志》云在平津大河之南也。平阴故城在洛州洛阳县东北五十"[71]；

《太平寰宇记》："平阴故城，汉为县，废城在今县北五十里是。按此城东有平川，城北枕黄河，西抵邙山北趾。曹魏文帝改平阴为河阴。后魏移县治于洛城西皇女台侧。开皇三年（583年）又移县于寿安县东北二十五里严明城是也。大业元年（605年）废，并入洛阳。"[72]

《魏书·孝庄纪》记载：武泰元年四月（528年），"帝与兄弟夜北渡河，丁酉，会（尔朱）荣于河阳"[73]，谋僭帝位；

《魏书·卷八十》："及元颢内逼，（朱）瑞启劝北幸，乃从驾于河阳，除侍中、征南将军、兼吏部尚书，改封北海郡开国公，增邑一千户。庄帝还洛，加卫将军、左光禄大夫，又改封乐陵郡开国公，仍侍中。"[74]

《伽蓝记·卷一》：元颢占据洛阳，"七月，帝至河阳，与颢隔河相望。"[75]

这里所说的"河阳"应是河阳县治的省称，这表明河阳县治并不在洛阳城内。

从出土文献看，《伽蓝记》记载位于洛阳大市西侧和北侧的延沽里、奉终里，在北魏墓志的记载中明确归属河阴县：

《斛斯谦墓志》："君讳谦，字延义。……永平四年（511年）岁次辛卯夏五月丙申朔廿七日壬戌，卒于河阴奉终里。"[76]

《石育暨妻戴氏墓志》："君讳育，字伯生，……永熙二年（533年）三月七日，薨于河阴延沽里。"[77]

《伽蓝记》记述皇女台东侧的侯刚宅位于洛阳中练里，《杨乾墓志》亦记为"洛阳中练里"，但在北魏奠真、张孃墓志中则记为"河阴中练里"：

《侯刚墓志》："君讳刚，字乾之。……以魏孝昌二年（513年）岁次鹑火三月庚子朔十一日戌寝疾，薨于洛阳中练里。"[78]

《杨乾墓志》："公讳乾，字天念。……卒于洛阳中练里第。孝昌二年岁次丙午十月丁卯朔十九日乙酉，窆于旦甫中源乡仁信里。"[79]

《张嬢墓志》："嬢姓张，字丰姬。……君子嘉其善意，舍为河阴右部民，适赵氏为妻……以正光三年（523 年）岁次壬寅十二月戊申朔十九日丙寅终于中练里。"[80]

《奚真墓志》："君讳真，字景琳，河阴中练里人也。……大魏正光四年（524 年）岁在癸卯十一月癸未朔廿七日己酉，葬于京西瀍泉之源。"[81]

以上墓主均卒于洛阳、河阴二县分置（505 年）之后，但卒地中练里却分属洛阳、河阴。具体位置不详的熙宁里、修仁里亦如此。

《元延明墓志》："公讳延明，字延明。……高祖孝文皇帝从父昆弟，河南洛阳熙宁里，……以梁中大通二年（530 年）三月二十日，薨于建康。"[82]

《于纂墓志》："君讳纂，字万年，河南郡河阴县景泰乡熙宁里人。……孝昌三年（514 年）岁次丁未二月甲午朔四日丁酉，卒于洛阳城永康里宅。"[83]

《赵晫墓志》："君讳晫，字虎生……以正光五年四月十八日，春秋五十有一，遘疾卒於洛阳之修人（仁）里。"[84]

《山晖墓志》："君讳晖，字乌子，河阴修仁里人也。……粤延昌四年三月甲辰朔十八日辛酉，迁窆于北邙山恒州使君墓之东。"[85]

至此，综合上述文献材料分析，笔者认为：魏晋时期的河阴县原属河南郡所辖，北魏太宗泰常八年（422 年），魏将于栗䃅攻占洛阳，魏太宗撤河阴县并入洛阳县。宣武正始二年（505 年）洛阳里坊区建成后的第四年，河阴县复置，县治位于大市东南、皇女台西侧，洛阳、河阴二县并称京师，其县界大致就在白马寺南北一线。原属洛阳县的延沽里、奉终里、中练里、熙宁里、修仁里等部分里坊因划入河阴县界而归属河阴县。但人们在日常生活中并未明确区分，以致在墓志中出现混称现象。故《伽蓝记》所言位于洛阳大市东南的"河阳县"当为河阴县之误。

5. 中央官署方位序列的调整

北魏王朝的部分中央官署对称分置于宫城阊阖门前的洛阳城中轴线——铜驼大街两侧，《伽蓝记》依次记述了这些官署的位置序列。《伽蓝记·卷一》："阊阖门前御道东，有左卫府。府南有司徒府。司徒府南有国子学堂，内有孔丘像，颜渊问仁、子路问政在侧。国子南有宗正寺，寺南有太庙，庙南有护军府，府南有衣冠里。御道西有右卫府，府南有太尉府，府南有将作曹，曹南有九级府，府南有太社，社南有凌阴里，即四朝时藏冰处也。"[86]

以阊阖门前东西大街向南至西明门内大街实测距离约 1350 米计，可容纳三个里坊。若每个里坊内均衡地配置 2 个官署，依现行《伽蓝记》记述构成的平面布局见图一一、一二。图中，太社、太庙的位置与《水经注》的记载有出入。《水经注·谷水》曰："谷水又南径西明门，故广阳门也。门左枝渠东派入城，径太社前，又东径太庙南，又东于青阳门右下注阳渠。"[87]按《水经注》的记述，谷水自西明门入城，沿西明门大街向东至青阳门出，注入阳渠，那么太社、太庙应南邻西明内大街。但如按《伽蓝记》记述还原中

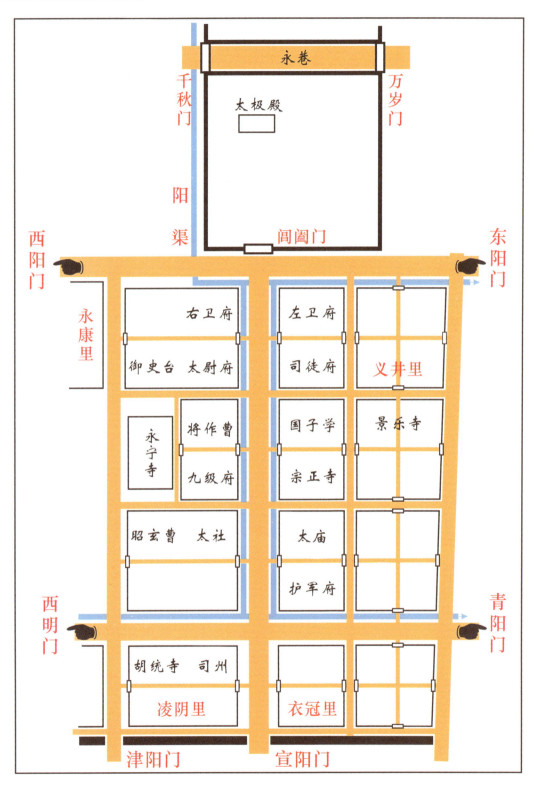

图一一 《洛阳伽蓝记》记述中央官署序列示意图之一

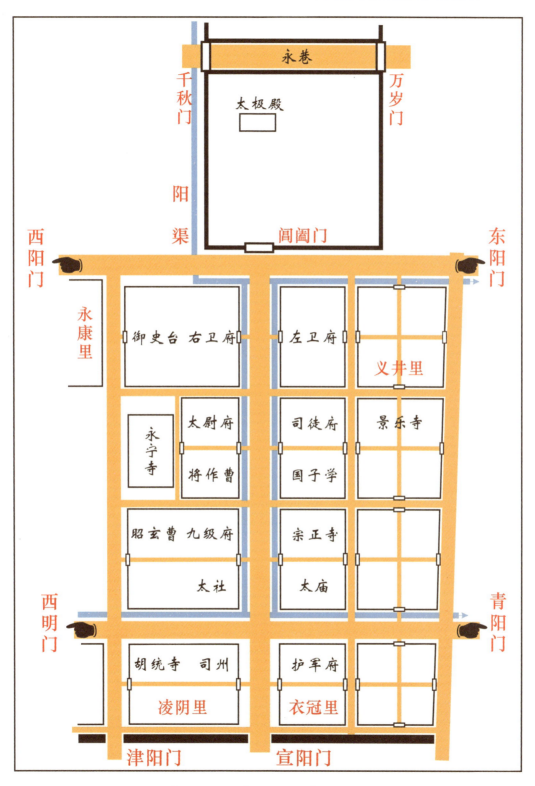

图一二 《洛阳伽蓝记》记述中央官署序列示意图之二

央官署的排序，将太社、太庙放置到西明门内大街的北侧，太庙南的护军府就被挤到衣冠里内，这又与《伽蓝记》"（护军）府南有衣冠里"的记载不符。若将太庙与护军府的位置相互置换，再置太社于南邻西明门内大街，与相隔铜驼街的太庙骈列，则恰合《水经注》的记述，又符合《周礼·考工记》有关"左祖右社"[88]的都城营建规制（图一三）。

《伽蓝记》记述铜驼大街西侧的中央官署较东侧少1个。根据中国古代建筑群中轴对称，骈列均衡的传统礼制，铜驼大街西侧的中央官署应与东侧对称均衡布局。若非因辗转传抄过程中的脱文造成缺失，则《伽蓝记》中应有记载。《伽蓝记·卷一》："城内永宁寺，熙平元年，灵太后胡氏所立也。在宫前闾阖门南一里御道西。其寺东有太尉府，西对永康里，南界昭玄曹，北邻御史台。"[89]其中，永宁寺北侧的"御史台"可能就是铜驼大街西侧的中央官署之一，位于右卫府之南，永宁寺北偏东，这与《伽蓝记》"北邻御史台，……御道西有右卫府，府南有太尉府"的记述略有出入。但考虑到《伽蓝记》是以记录洛阳伽蓝为主线，故首先介绍了永宁寺的四邻，记述官署序列时可能就不再重述"御史台"；同时，永宁寺的西邻"永康里"位于西阳门内御道南侧[90]，相对于永宁寺应是西偏北。若依《伽蓝记》所言，太尉府北邻右卫府，相对于永宁寺应是东偏北，也不在永宁寺正东。若将太尉府置于御史台之南，则太尉府正对永宁寺。故《伽蓝记》记述永宁寺四邻的位置并非精准方位。因此，"御史台"位于"右卫府"之南，"太尉府"又位于"御史台"之南，与《伽蓝记》的记述并不冲突。

综上所述，《伽蓝记》对中央官署的排序可能追记有误，或是辑录传抄时的笔误。经过上述调整，中央官署的序列可能更接近历史原貌。

6. 白马里、洛滨里、洛汭里、望先寺的定位

《伽蓝记》记载的里坊、佛寺大多可在图上定位，墓志记载的里坊定位比较困难，其中，白马里、洛滨里、洛汭里可根据地理特征基本定位，望先寺的定位尚需考古发掘印证。

白马里 出自隋代《郭达暨妻侯氏墓志》："仁寿二年（602年）十月十二日，终于故洛阳城西白马里。"[91]隋大业元年（605年）营建东都洛阳之前，原洛阳城为洛阳县治所在，里坊建制并无重大变化，里坊名号犹存。如《隋石艾县尉故张开墓志铭》："君讳开，字正通，河南洛阳人也。……以大业四年闰三月二日，终于东京集贤里舍。夫人赵氏，南阳著姓，历代冠缨。……以仁寿元年五月十六日春秋五十有二，终于洛阳故城永康里舍，粤以大业四年岁在戊辰八月辛丑朔二日壬寅，合葬于邙山之阳。"[92]永康里，《伽蓝记》有载，位于洛阳内城西阳门内御道南。郭达妻卒于"大业七年七月七日"，此时的洛阳县治已迁到隋东都洛阳城，志文便将汉魏洛阳城称为"故洛阳城"，因此，白马里当为北魏洛阳城白马寺所在的一个里坊，里因寺名，或寺因里名，如同西晋时期，"东牛寺"所在的"东牛里"，北魏时期，"景宁寺"所在的"景宁里"。

洛滨里 出自《魏故征虏将军河州刺史临泽定侯郜使君墓志》："君讳乾，司州河南洛阳洛滨里人也。"[93]滨，《汉语大字典》曰："滨，水边，近水的地方。"[94]洛滨

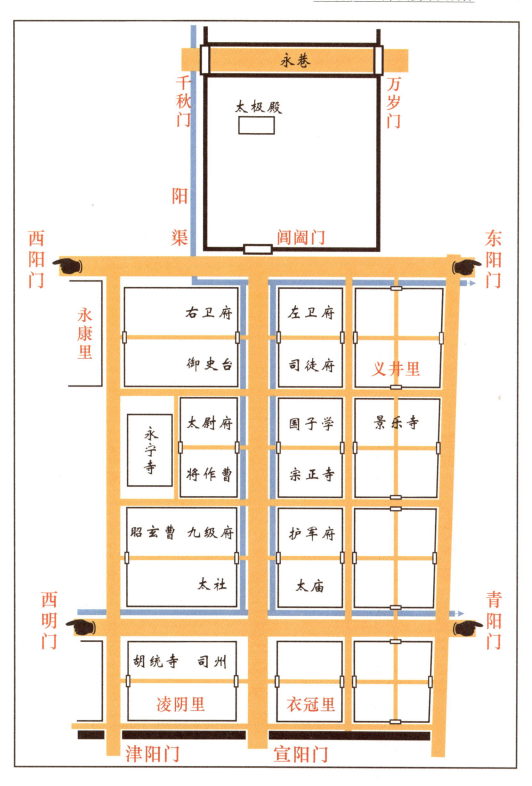

图一三　《洛阳伽蓝记》记述中央官署序列推想图

里是以地理特征命名的里坊，顾名思义，洛滨里应临近洛水。洛水流迳洛阳城南，东西蜿蜒20余里，洛滨里的确切位置应在何处？《魏书·释老志》："于恒农荆山造珉玉丈六像一。三年冬，迎置于洛滨之报德寺，世宗躬观致敬。"[95]报德寺，《伽蓝记》有载："报德寺，高祖孝文皇帝所立也，为冯太后追福，在开阳门外三里。"[96]南临洛水，西与明堂隔路相望。若将《魏书》所言之"洛滨"理解为"洛滨里"的省称，则洛滨里似可定位于报德寺所在的里坊。但作为地理概念，临近洛水南、北两岸的狭长区域均可称之谓"洛滨"，隋唐洛阳城的洛滨里就位于洛水南里坊区的西北角。《魏书》亦有数处有关"洛滨"的记载："忽有河内太守田怗家奴告省门亭长云：'今且为令王借车牛一乘，终日于洛滨游观。'""帝出临洛滨，（裴）粲起于御前再拜曰：'今年还节美，圣驾出游，臣幸参陪从，豫奉燕乐，不胜忻戴，敢上寿酒。'"[97]等等，这些有关"洛滨"的记载当作洛水沿岸解，故洛滨里方位的推论证据尚不够充分，姑且存疑。

洛汭里 出自《魏故平南将军使持节豫州刺史蘭陵郡开国公裴君墓志》："君讳谭，河东闻喜人也。……春秋卅有三，正光五年九月十九日薨于洛阳县洛汭里。"[98]洛汭里是以地理特征命名的里坊，其方位应临近洛汭。洛汭，指洛水与伊水汇流处，《汉语大字典》："汭，水相入也。两条河会合处；水的北面。《书·禹贡》：'弱水既西，泾属渭汭。'孔传：'水北曰汭。'"[99]西周初，周公于洛邑营造东都成周城，"太保乃以庶殷攻位于洛汭"[100]，成周之下都，即后来的汉魏洛阳城。今洛水与伊水均已改道，洛汭的地理位置已远离汉魏洛阳城遗址东去，位于偃师岳滩村东一千米处，那么，古洛汭位于何处？《水经注·洛水》曰："（洛水）又东过洛阳县南，伊水从西来注之。"[101]《水经注·伊水》云："伊水又东北至洛阳县南，迳圜丘东，大魏郊天之所，准汉魏故事建之。……伊水又东北流，注于洛水。"[102]显然，古洛汭位于洛阳县治南，北魏洛阳县治则位于建春门外一里的绥民里内，南距洛汭10里余。根据洛汭、洛滨里的地理位置及地名群理论，推测洛汭里当位于洛汭北，西与洛滨里相邻或相距一里，南邻洛水。

望先寺 位于内城西垣阊阖门内御道北，《伽蓝记》无载，出自《水经注·谷水》："历故石桥东入城，迳望先寺，中有碑，碑侧法子丹碑，作龙矩势，于今作则佳，方古犹劣。"[103]与《伽蓝记》记载的瑶光寺在同一里坊。清代杨守敬著《水经注疏》认为："（瑶光寺）准以地望，与《注》所叙之（望先）寺恰合，望先与瑶光形相近，其为瑶光之误无疑，今订。"[104]便将"迳望先寺"改为"迳瑶光寺"。笔者认为，《伽蓝记》并非洛阳城佛寺全录，只是记叙了一些有影响的重要佛寺，杨衒之在《伽蓝记·序》中亦说洛阳城"寺数众多，不可遍写，今之所录，止大伽蓝；其中小者，取其祥异，世谛俗事，因而出之"[105]，若只是地望相同、字形相近便予修订未免失之草率，且字形是否十分相近尚需认真辨析，南北朝时期的纸质书迹今难得一见，碑刻遗存可窥一斑。《水经注》则是以记叙自然地理和人文地理为要，仅汉魏碑刻就辑录了近400方之多。也许正是因为望先寺内有碑，使得该寺有幸被载入《水经注》。清代黄叔敬撰《中州金石考·卷六》

曰："望先寺碑，法子丹书。"[106]此说疑似出自《水经注》。那么，瑶光寺内是否有碑？《伽蓝记》详叙了瑶光寺内的建筑、园林与事件，未及碑刻。《历代碑刻丛书》中，唯宋代赵金诚著《金石录·卷二·目录二》记载："第三百三十六 后魏瑶光寺碑 永平三年八月"[107]，但跋文中却不见瑶光寺碑的详述。晚于《金石录》的宋代郑樵著《通志·金石略》云："后魏瑶光寺碑。永平三年。未详。"[108]显然是辑录于《金石录》，孤例不证。因此，杨守敬的订正论据似乎并不十分充分，现存最早的《水经注》（宋刻残本）的记载是"望先寺"。当代著名郦学专家陈桥驿著《水经注校证》仍作"望先寺"。

7. 里坊平面形态的方正规则

所谓方正规则是指在中国传统文化主导下，城池、建筑群、建筑平面布局基本呈方正规则形态。北魏洛阳城是在历朝洛阳城的旧址上重修而成，始建之初的洛阳（成周）城东城垣方位不正，北端偏东，东周敬王迁都成周城时扩建城池，可能因时间紧迫，或出于纠偏及增强城门防御能力的双重考虑，未拆旧筑新，只是在东城垣北端向西回转近200米后再向北延展，使东城垣形成偏东有折转的不规划直线，城池的平面形态并不方正。北魏重修洛阳城，维持旧观，亦未作调整，且修筑的外郭东垣与内城东垣基本平行，使外郭城中部的空间形态呈平行四边形，对郭内里坊的平面形态产生影响。《复原图》循城垣框定的地理空间形态绘制里坊，使这块区域的里坊平面形态均呈平行四边形，这似乎有违古代都城地理空间方正严整的布局思想。笔者认为，自西汉"罢黜百家，独尊儒术"后，儒家学说成为中国传统文化的正统和主流思想，在都城规划建设中占主导地位，促使都城的空间格局逐渐趋向《周礼》之《考工记》描绘的都城理想蓝图。儒家经典《周礼》中的各官卷首均以"惟王建国，辨方正位"[109]开篇，衍及都城规划建设则强调城池、建筑群、建筑的平面布局中正有序、均衡对称，以树立不正不威的等级观念和秩序意识，通过"道以成器，而器以载道"，影响乃至规范人的行为。里坊制度脱胎于井田制，其平面形态以"方正"为基本原则，横平竖直，不偏不斜，以避免"经界不正，井块不均，谷禄不平"[110]。因此，北魏以《考工记》为蓝本重修洛阳城，修筑里坊应当遵循方正规则，除与城垣相邻的里垣被迫随方位不正的城垣偏斜外，大多里坊应保持方正，如同隋唐洛阳城与北城垣相邻的里坊。笔者愚见，有待将来的考古勘查印证。

8. 里坊数量

北魏洛阳城里坊数量因文献记载不同，学者们理解各异，诸说并存，至今意见尚未统一。《魏书》记载的2个数据略有出入，分别为"（广阳王元）嘉表请于京四面筑坊三百二十"[111]和"九月丁酉，发畿内夫五万人筑京师三百二十三坊，四旬而罢"[112]，成书晚于《魏书》的《北史》记为"三百二十坊"[113]《资治通览》《读史方舆纪要》则将元嘉表请筑坊的数量记为"三百二十三坊"[114]。如《魏书》记载无误，似可理解为前者是元嘉表请修筑的里坊数量，后者则有可能是实际筑坊数量。《伽蓝记》记载的数量为"二百二十里"，得到了不少学者的认同，其缘由可能与《伽蓝记》所言"东西二十里""庙社宫室府曹以外"有关，且市场占用的空间亦未计入里坊数量。但《水经注》曰："（阳）渠水又枝分，夹路南出，迳太尉、司徒两坊间，谓之铜驼街。"[115]说明府曹不仅在里坊内，而且里坊名称亦以相应府曹名之。范祥雍先生作注《伽蓝记》则"疑为三百二十之误"[116]，杨勇先生取范先生之说，在其作《洛阳伽蓝记校笺》中将"二百二十里"订正为"三百二十里"[117]。有学者根据《隋书·卷二十七》中有关邺都里坊的记载[118]，认为邺南城"上则宪章前代，下则模写洛京"，其里坊总数 323 个，与洛阳里坊总数相同，应非偶合巧合。笔者认为，目前学术界对北魏洛阳城里坊的研究多限于通过对文献的解读去推测里坊数量，很少探讨里坊空间规模对城市空间格局产生的重大影响以及对里坊数量的决定作用，致使两种观点相持不下。何炳棣先生从城市地理学角度，探讨了北魏洛阳城的空间容量，也注意到孝文帝依周制改革并颁行新的度量衡制度，认为"宣武初叶规划首都城郭坊里，想当用新尺"，但他计算里坊空间规模的尺度却是以北魏后尺（29.5911 厘米）为据，结果，即使不计"庙社宫室府曹"占用的空间，"《魏书》所说三百二十三坊的净总面积即已稍稍超过《伽蓝记》所说的洛阳城郭全部的面积。"故"北魏洛阳城郭全区坊里总数应从《伽蓝记》之说，是二百二十，《魏书》似有传抄之误"[119]。如果依周尺计算里坊的空间规模，《伽蓝记》所言洛河以北"东西二十里，南北十五里"，即使内城里坊不计，总数亦超出二百二十里，《伽蓝记》笔误之说可能性极大。本图绘制的里坊数量初始状态为三百二十三个（洛河以北），如果将洛阳大市占用的四个里坊合计为一，则恰好为三百二十，与《魏书》记载相吻合。只是毁坊修建景明寺后，减少了一个里坊，《伽蓝记》为何仍记为三百二十里呢？笔者推测，杨衒之于东魏武定五年（547 年）"因行役，重览洛阳"，所撰《伽蓝记》记录的应是北魏洛阳城里坊的最终状态，但具体数量不可能一一细查。杨衒之曾任职专掌国家藏书与编校工作的秘书监，完全有可能从元嘉的表章中得知里坊总数。

大夏门外御道东西两侧的风光园、阅武场应无居户，有无坊墙尚不清楚，现计入里坊数量似有凑数之嫌，是否确实还有待于将来考古发掘求证。洛河南的四夷里、四夷馆等里坊不在三百二十里之列，是因四夷里、四夷馆依中国古代不令外国人入城居住的传统，为安置南朝叛臣、异邦质子、使节和客商而修建。北魏洛阳城以洛河之天然屏障为南郭，洛河之南已属城外，古洛河南岸东汉刑徒墓地（今偃师市佃庄镇西大郊村西南）发现的北魏砖刻墓志[120]说明此处仍是洛阳城外平民的丧葬地。但洛阳是北魏都洛时期丝绸之路的东方起点，四夷里、四夷馆与洛河北城区的关联密切是毋庸置疑的，可视为洛阳城的特区。《伽蓝记》将冯王寺、闲居寺、照乐寺等郭外的佛寺在篇尾单列简记，摒洛阳城 1367 座佛寺之外，而将四夷里内的归正寺、菩提寺归入正文中城南寺院详叙，说明杨衒之已将洛河南的里坊区视为城区。因此，洛河南的里坊应不止四夷里、四夷馆、四通市及白象、狮子二坊，只是此处远离市区，即使规划了里坊区，也因北魏迁都洛阳后国祚较短，居户尚少，故传世文献无载，出土墓志似见端倪。北魏张徹墓志："正光六年（525 年）

二月甲申葬于张曲之里，洛水之阴。"[121]墓志出土时地不详，墓志拓片售卖人称墓志出自洛河南偃师境内，洛阳故城对应的洛河南部大部区域归属偃师，推测似应在北魏洛阳城南的洛水之南。北魏元彦墓志："以熙平元年（516 年）岁次丙申九月乙丑朔廿四日戊子薨谢中畿伊洛之第。"[122]。洛阳境内有伊、洛、瀍、涧四水，汉魏洛阳城便位于古洛河、伊河汇流处——洛汭之西北。文人常以"伊洛"指代洛阳而成为洛阳别名。如：北魏宁懋墓志记载："至太和十七年，高祖孝（文）迁都中京，定鼎伊洛，营构台殿"[123]；唐杜甫诗《北征》："伊洛指掌收，西京不足拔。"[124]从元彦志文来看，"君讳彦，字景略，河南洛阳都乡光睦里人也……王剋莅西蕃，民钦教遵风。"元彦应宅光睦里，但考虑到伊洛夹河滩内有四夷里、四夷馆等里坊，元彦官拜幽州（今陕西咸阳北）刺史，行使镇抚西蕃之职，别宅于四夷里周边亦无不可。故"伊洛"亦可指向"伊洛里"。贺业钜先生从城市规划的角度绘制《北魏洛城规划概貌图》，认为洛河南四夷里、四夷馆东西两侧应是"预留扩展地段"。宿白先生曾推测："北魏洛阳城的南北长度，说不定还有和东西同长二十里的延展拟议。"[125]

本图是笔者根据现有文献及考古学资料加以分析研究绘制而成，因学识所及、理解有差、资料有限，加之当时地形地貌影响等原因疏漏难免，平面格局亦趋向理想化，有待根据新的考古学资料正误补缺，欢迎各位方家吐槽拍砖，提出批评及修改意见。宿白、傅熹年等前贤在考古学资料匮乏的情况下对北魏洛阳城遗址的研究成果为后人的探索提供了极其宝贵的研学资料，特此表示敬意。

注　释

［1］傅熹年主编：《中国古代建筑史（第二卷）》，中国建筑工业出版社，2001 年。

［2］傅熹年著：《傅熹年建筑史论文选》，百花文艺出版社，2009 年，第 182 页。

［3］魏收：《魏书》（简体字本），中华书局，2010 年，第 288 页。

［4］周祖谟：《洛阳伽蓝记校释》，中华书局，2013 年，第 212 页。

［5］周祖谟：《洛阳伽蓝记校释》，中华书局，2013 年，第 140 页。

［6］《洛阳伽蓝记》中指示方位的"里"应是"里外"，而非"里内"，如：紧邻建春门外的建阳里方位"建春门外御道北，所谓建阳里也。"东安里方位，"在东阳门外一里御道北，所谓东安里也。"

［7］周祖谟：《洛阳伽蓝记校释》，中华书局，2013 年，第 134 页。

［8］周祖谟：《洛阳伽蓝记校释》，中华书局，2013 年，第 147 页。

［9］周祖谟：《洛阳伽蓝记校释》，中华书局，2013 年，第 112 页。

［10］周祖谟：《洛阳伽蓝记校释》，中华书局，2013 年，第 97—103 页。

［11］（晋）陆机著、刘运好校注整理：《陆士衡文集校注》，凤凰出版社，2007 年，第 1293 页。

［12］周祖谟：《洛阳伽蓝记校释》，中华书局，2013 年，第 114—115 页。

［13］周祖谟：《洛阳伽蓝记校释》，中华书局，2013 年，第 89 页。

［14］周祖谟：《洛阳伽蓝记校释》，中华书局，2013 年，第 33 页。

［15］周祖谟：《洛阳伽蓝记校释》，中华书局，2013 年，第 102 页。

［16］周祖谟：《洛阳伽蓝记校释》，中华书局，2013 年，第 212 页。

［17］中国社会科学院考古研究所洛阳汉魏故城工作队撰：《北魏洛阳外郭城和水道的勘查》：
　　　"西郭城墙距离内城西垣，短者 3500 米，相距最长处为 4250 米。"

［18］皇甫谧：《帝王世纪》，齐鲁书社，2010 年，第 50 页。

［19］中国科学院考古研究所洛阳工作队《汉魏洛阳城初步勘查》：金墉城"三座小城连在一起，
　　　平面略呈'目'字，南北长约 1048 米。""Ⅴ号城门（承明门）南距Ⅳ号城门（阊阖门）
　　　约 650 米。"

［20］傅熹年主编：《中国古代建筑史（第二卷）》，中国建筑工业出版社，2001 年，第 112 页。

［21］徐松、高敏校点：《河南志》，中华书局，1994 年，第 90 页。

［22］《中国科学技术史·度量衡卷》，科学出版社，2001 年，第 284 页。

［23］魏收：《魏书》（简体字本），中华书局，2010 年，第 120 页。

［24］魏收：《魏书》（简体字本），中华书局，2010 年，第 1778 页。

［25］《中国科学技术史·度量衡卷》，科学出版社，2001 年，第 205、277 页。

［26］魏征：《隋书》（简体字本），中华书局，2000 年，第 259—260 页。

［27］《中国科学技术史·度量衡卷》，科学出版社，2001 年，第 269 页。

［28］房玄龄：《晋书》（简体字本），中华书局，2000 年，第 316 页。

［29］参见拙文《北魏洛阳城里坊新考》。

［30］周祖谟：《洛阳伽蓝记校释》，中华书局，2013 年，第 67 页。

［31］陈桥驿：《水经注校证》，中华书局，2013 年，第 386 页。

［32］杜金鹏、钱国祥：《汉魏洛阳故城遗址研究》，科学出版社，2007 年，第 86 页。

［33］施诚修、童钰等：《河南府志·卷六十四》，乾隆四十四年（1779 年）刻本，116 卷 24 册，
　　　影印本。

［34］刘珍：《东观汉记》，中华书局，2008 年，第 13 页。

［35］逯钦立：《先秦汉魏晋南北朝诗》，中华书局，1983 年，第 264 页。

［36］逯钦立：《先秦汉魏晋南北朝诗》，中华书局，1983 年，第 2579 页。

［37］房玄龄：《晋书》（简体字本）："（泰始十年）冬十一月，立城东七里涧石桥。"
　　　中华书局，1999 年，第 42 页。

［38］杜金鹏、钱国祥主编：《汉魏洛阳城遗址研究》前言，科学出版社，2007 年，第 xix 页。

［39］周祖谟：《洛阳伽蓝记校释》，中华书局，2013 年，第 162 页。

［40］杜金鹏、钱国祥：《汉魏洛阳城遗址研究》，科学出版社，2007 年，第 87 页。

［41］杜金鹏、钱国祥：《汉魏洛阳城遗址研究》，科学出版社，2007 年，第 628 页。

［42］周祖谟：《洛阳伽蓝记校释》，中华书局，2013 年，第 203 页。

［43］杜金鹏、钱国祥：《汉魏洛阳城遗址研究》，科学出版社，2007 年，第 668 页。

［44］令狐德棻：《周书》（简体字本），中华书局，2000 年，第 81 页。

［45］魏征：《隋书》（简体字本），中华书局，2000 年，第 1097 页。

［46］周祖谟：《洛阳伽蓝记校释》，中华书局，2013 年，第 40 页。

［47］陈桥驿：《水经注校证》，中华书局，2013 年，第 376 页。

［48］周祖谟：《洛阳伽蓝记校释》，中华书局，2013 年，第 103 页。

［49］魏收：《魏书》（简体字本），中华书局，2010 年，第 2023 页。

［50］魏收：《魏书》（简体字本），中华书局，2010 年，第 2023 页。

［51］陈桥驿：《水经注校证》，中华书局，2013 年，第 379 页。

［52］段鹏琦：《汉魏洛阳故城》，文物出版社，2009 年，第 166 页。

［53］周祖谟：《洛阳伽蓝记校释》，中华书局，2013 年，第 55 页。

［54］陈桥驿：《水经注校证》，中华书局，2013 年，第 386 页。

［55］陈直：《居延汉简研究》，天津古籍出版社，1986 年，第 423 页。

［56］"建昭二年八月……，雒阳上商里范义，壬午实买所乘车马，更乘骓牡马白。"陈直：《居延汉简研究》，天津古籍出版社，1986 年，第 242 页。

［57］刘珍：《东观汉记》，中华书局，2008 年，第 566 页。

［58］范晔著、李贤等注：《后汉书》（简体字本），中华书局，1999 年，第 684 页。

［59］杨衒之：《洛阳伽蓝记》："洛阳城东北有上商里，殷之顽民所居处也。高祖名闻义里。"

［60］宋敏求著、辛德勇、郎杰点校：《长安志·长安志图》，陕西出版传媒集团、三秦出版社，2013 年，第 256 页。

［61］周祖谟：《洛阳伽蓝记校释》，中华书局，2013 年，第 212 页。

［62］李延寿：《北史》（简体本），中华书局，1999 年，第 1063 页。

［63］周祖谟：《洛阳伽蓝记校释》，中华书局，2013 年，第 33 页。

［64］周祖谟：《洛阳伽蓝记校释》，中华书局，2013 年，第 155 页。

［65］《洛阳伽蓝记》吴琯本、汉魏本、真意堂本在"市"下有"东"字，绿君亭本注云："一多一东字。"周祖谟、范祥雍、尚荣等学者皆从"市南"。杨勇先生认为："东字如本脱，今依王、真意本增，按下文有'西北'语，当与此'东南'对文，更者下文有'市东、市南、市西、市北'等，其文理清晰可知也。"现与洛阳大市东南角相邻的里坊内陇海铁路南确有一高近 10 米的土台，疑似"皇女台"，该土台与东北方向的另一土台隔铁路相望。近代佛教人士将此二土台附会为传说中"佛道斗法"之焚经台，并在此处勒石立碑。据《金修释迦作舍利塔记》载：大定十五年（1175 年）重修齐云塔时，曾立"左右焚经台两所"，说明焚经台当在齐云塔附近。陇海铁路两侧的土台远距东北向的齐云塔近 1000 米之遥，故笔者从杨勇说。

［66］周祖谟：《洛阳伽蓝记校释》，中华书局，2013 年，第 140 页。

［67］韩理洲等：《全北魏东魏西魏文补遗》，陕西出版集团，三秦出版社，2010 年，第 34 页。

［68］承载：《春秋谷梁传译注》，上海古籍出版社，2004 年，第 295 页。

［69］魏收：《魏书》（简体字本），中华书局，2010 年，第 1714 页。

［70］安介生：《魏延昌地形志》（存稿辑校），齐鲁书社，2011 年，第 69 页。

［71］李泰等：《括地志辑校》，中华书局，1980 年，第 169 页。

［72］乐史著、王文楚等点校：《太平寰宇记撰》，中华书局，2007 年，第 53 页。

［73］魏收：《魏书》（简体字本），中华书局，2010 年，第 171 页。

［74］魏收：《魏书》（简体字本），中华书局，2010 年，第 105 页。

[75] 周祖谟：《洛阳伽蓝记校释》，中华书局，2013 年，第 24 页。

[76] 李永强、余扶危：《洛阳出土少数民族墓志汇编》，河南美术出版社，2011 年，第 322 页。

[77] 韩理洲等：《全北魏东魏西魏文补遗》，陕西出版集团、三秦出版社，2010 年，第 341 页。

[78] 韩理洲等：《全北魏东魏西魏文补遗》，陕西出版集团、三秦出版社，2010 年，第 34 页。

[79] 韩理洲等：《全北魏东魏西魏文补遗》，陕西出版集团、三秦出版社，2010 年，第 236 页。

[80] 赵君平、赵文成：《河洛墓刻拾零：上》，北京图书馆出版社，2007 年，第 28 页。

[81] 韩理洲等：《全北魏东魏西魏文补遗》，陕西出版集团、三秦出版社，2010 年，第 190 页。

[82] 韩理洲等：《全北魏东魏西魏文补遗》，陕西出版集团、三秦出版社，2010 年，第 318 页。

[83] 韩理洲等：《全北魏东魏西魏文补遗》，陕西出版集团、三秦出版社，2010 年，第 251 页。

[84] 赵君平、赵文成著：《秦晋豫新出墓志搜佚续编》，国家图书馆出版社，2015 年，第 58 页。

[85] 韩理洲等：《全北魏东魏西魏文补遗》，陕西出版集团、三秦出版社，2010 年，第 141 页。

[86] 周祖谟：《洛阳伽蓝记校释》，中华书局，2013 年，第 2 页。

[87] 陈桥驿：《水经注校证》，中华书局，2013 年，第 383 页。

[88] 郑玄注、贾公彦疏、赵伯雄整理、王文锦审定：《周礼注疏》，北京大学出版社，1999 年，第 1149 页。

[89] 周祖谟：《洛阳伽蓝记校释》，中华书局，2013 年，第 2 页。

[90] 周祖谟：《洛阳伽蓝记校释》，中华书局，2013 年，第 33 页。

[91] 韩理洲：《全隋文补遗》，三秦出版社，2004 年，第 269 页。

[92] 赵君平、赵文成：《秦晋豫新出土墓志搜佚》，国家图书馆出版社，2011 年，第 110 页。

[93] 韩理洲等：《全北魏东魏西魏文补遗》，陕西出版集团、三秦出版社，2010 年，第 116 页。

[94] 李格非：《汉语大字典》，四川辞书出版社、湖北辞书出版社，1996 年，第 820 页。

[95] 魏收：《魏书》（简体字本），中华书局，2010 年，第 2053 页。

[96] 周祖谟：《洛阳伽蓝记校释》，中华书局，2013 年，第 106 页。

[97] 魏收：《魏书》（简体字本），中华书局，2010 年，第 1064、1129 页。

[98] 赵君平、赵文成：《河洛墓刻拾零：（上）》，北京图书馆出版社，2007 年，第 30 页。

[99] 李格非：《汉语大字典》，四川辞书出版社、湖北辞书出版社，1996 年，第 729 页。

[100] 孔安国：《尚书正义》，孔颖达正义、黄怀信整理，上海世纪出版有限公司、上海古籍出版社，2007 年，第 574 页。

[101] 陈桥驿：《水经注校证》，中华书局，2013 年，第 353 页。

[102] 陈桥驿：《水经注校证》，中华书局，2013 年，第 362 页。

[103] 陈桥驿：《水经注校证》，中华书局，2013 年，第 380 页。

[104] 郦道元著、杨守敬、熊会贞疏、殷熙仲点校，陈桥驿校证：《水经注疏》，江苏古籍出版社，1989 年，第 1406 页。

[105] 周祖谟：《洛阳伽蓝记校释》，中华书局，2013 年，第 25 页。

[106] 中国东方文化研究会历史文化分会：《历代碑志丛书·中州金石考 8 卷》，江苏古籍出版社 1998 年，第 14—101 页。

[107] 赵明诚著、刘晓东、崔燕南点校：《金石录》，齐鲁书社，2009 年，第 14 页。

[108] 郑樵著、王树民点校：《通志二十略》，中华书局，1995 年，第 858 页。

［109］李学勤：《十三经注疏·周礼注疏》，北京大学出版社，1999 年，第 1、223、432、742、887 页。

［110］焦循著、沈文倬点校：《孟子正义》，中华书局，1987 年，第 348 页。

［111］魏收：《魏书》（简体字本），中华书局，2010 年，第 288 页。

［112］魏收：《魏书》（简体字本），中华书局，2010 年，第 131 页。

［113］李延寿：《北史》（简体字本），中华书局，2000 年，第 96 页："九月丁酉，发畿内夫五万五千人筑京师三百二十坊，四旬罢。"

［114］司马光：《资治通鉴》，中华书局，1956 年，第 4498 页："景明二年，司州牧广阳王元嘉请筑洛阳三百二十三坊，各方三百步。"顾祖禹、贺次君点校：《读史方舆纪要》，中华书局，2005 年，第 2222 页："九月，魏司州牧广阳王元嘉请筑洛阳三百二十三坊，各方三百步。"

［115］陈桥驿：《水经注校证》，中华书局，2013 年，第 381 页。

［116］范祥雍：《洛阳伽蓝记校注》，中华书局，1978 年，第 351 页。

［117］杨勇：《洛阳伽蓝记校笺》，中华书局，2006 年，第 244 页。

［118］魏征：《隋书》（简体字本），中华书局，2001 年，第 516 页："邺又领右部、南部、西部三尉，又领十二行经途尉。凡一百三十五里，里置正。临漳又领左部、东部二尉，左部管九行经途尉。凡一百一十四里，里置正。成安又领后部、北部二尉，后部管十一行经途尉，七十四里，里置正。"

［119］何炳棣：《北魏洛阳城郭规划》，范毅军、何汉威整理《何炳棣思想制度史论》（论文集），联经出版事业股份有限公司，2013 年，第 399—434 页。

［120］赵振华：《洛阳古代铭刻文献研究》载古洛河南岸东汉刑徒墓地（今偃师市佃庄镇西大郊村南）发现的北魏砖刻墓志，正面："无任□□□髡钳吴金，永初□年（东汉安帝年号，107 至 113 年）十二月十九日物故，死于此下。"背面："河阴县人刘荣先妻马罗英，神龟二年（519 年）七月五日。"

［121］王连龙：《新见北朝墓志集释》，中国书籍出版社，2013 年，第 44 页。

［122］韩理洲等：《全北魏东魏西魏文补遗》陕西出版集团、三秦出版社，2010 年，第 134 页。

［123］韩理洲等：《全北魏东魏西魏文补遗》，陕西出版集团、三秦出版社，2010 年，第 259 页。

［124］中华书局编辑部：《全唐诗》（增订本），中华书局，1999 年，第 2278 页。

［125］宿白：《魏晋南北朝唐宋考古文稿辑丛》，文物出版社，2011 年，第 27 页。

唐代长安城的空地和墙

齐东方（北京大学考古文博学院）

"空地"指的是没有建筑之地，但不是无用之地。在讨论古代城市之前，可以观察一下现代城市。不难发现，一座城市的空地意味深长。例如北京天安门广场，是许多重大庆典、事件发生之地，走过无数历史人物，留下大量故事，是历史记忆、传承的重要场地。还有现代城市的住宅小区、别墅等，推销广告，宣传住房的档次高，会渲染绿地面积大，建筑密度小，可见空地比住房建筑更吸引人的眼球。

古代城市的空地，恰恰是考古发掘没有或极少涉及的地方。但空地，是人们群体活动的场所，重要性未必亚于宫殿衙署、寺观祠庙、店铺作坊、住宅等，被称之为空地的区域，在当时具有行政、宗教、文教等多种功能，只有在那里，才曾有过更多的人头攒动、熙熙攘攘、事件爆发、故事产生。

对空地的研究的难度在于，在有形的范围内，却极少遗迹、遗物，在考古发掘操作中被忽略似乎可以理解，但在城市研究中不能忘却。在各种建筑和空地共同组合成的城市中，展示着城市的性质、功能。空地的改变，也曲折地反映出国家历史、社会文化的面貌和变迁。

空地，即便没有留下任何遗迹和遗物，却承载了更多的历史。

一　空地不空——中外古城的差异

本文所谓空地，指城市中无人居住的区域，包括广场、街道、园林等，也包括寺庙、居民区内无建筑的部分。空地并非无形，它由其他有形遗迹框定出一定的范围，在考古中，通常用尺寸面积得到确认，乃是城市布局的构成成分之一。空地可以进行人际交流、传播知识信息、活跃城市生活，它的位置、外部形态、大小、环境等，会涉及历史事件发生的规模和结果。这一更能体现城市文化的空间，当年的轰轰烈烈，随着事件的结束，如今空空荡荡。

城市考古研究的中心是人，是人们在城市中生活的状态。城市结构与人们的活动互为依托，可以肯定的是，在鲜活的城市生活中，空地与人的关系有时更加密切。对城市社会历史很多问题的探讨，都离不开空地。

可以比较一下中外古城的区别。如果不拘泥于时代的对应，一个绝好的标本是意大利的庞贝。庞培是以瞬间的毁灭为代价，完整地保留了当时的城市面貌，人们到实地参观，仿佛走进梦中，穿越时空回到公元 1 世纪的古罗马帝国，会看到面包房、剧场、酒吧、妓院等。面包房的烤炉旁的面包，上面还印着面包商的名字。酒吧的墙壁上写有"店主，你要为你的鬼把戏付出代价，你卖给我们水喝，却把好酒留下。"还有"没有任何东西可以永恒""无疑，我心爱的人曾在此与她的情人幽会""代人打扫房屋""政治候选人的美德"等等。有形的建筑中留有人们纵情享乐和悲伤情感的印记，庞贝人奔放的个性和整座城市欢愉的风情得到展现。

更醒目的城市特征是，庞贝的圆形大剧场、竞技场、浴池等很多、很大。据研究，有的剧场可容纳 5000 人，竞技场能容纳 20000 观众，公共澡堂一次可接纳 1000 人同时洗澡。可以想象，庞贝城的居民，会在某一个时刻几乎倾城而出，聚集在一起参加某个活动。这与中国古代城市完全不同，汉代长安、洛阳，城市内的主体是宫殿，百姓居住的地方不多。隋唐长安、洛阳扩大了居民区，但它们建成的速度极快，规划精心而又粗放，规划者先划定出很多标准的地块网格，分别是帝王和官府的宫城、皇城，再就是居民居住的里坊和几个市场。显而易见，中西古代城市的宏观比较中，中国古代城市没有更多的空地，即公共活动空间很少也很小，刻意规划的公共活动空间几乎没有。

这种生存环境的不同，直接影响着建筑传统，以至细部装修装饰。这种差别，也蕴育出不同的文化面貌。无论怎样的社会性质，城市与乡村的根本区别，就是城市提供了人们聚集交流的机会。那么长安的人们怎样在从事公共活动？城市生活是什么样的状态呢？

二 宫殿、寺观——实用功能的扩展

突显权力尊严的宫殿，是体量最大、雄伟壮丽的城中建筑，是帝王处理朝政和居住的地方，在考古中倍受重视。夏商周时期，宫殿融君主居住、聚会、祭祀多功能为一体。后来祭祀移出或单独划分区域，宫殿专用于君主居住和朝会办公。汉代长安和洛阳，宫殿占据了城中大部分区域，隋唐长安洛阳的宫殿集中在宫城，唐代扩展的大明宫建成后，重要的宫殿移入其中。唐代举行大典、朝会的含元殿，是进行国家政治礼仪活动的场所，大明宫中的麟德殿，带有一定的公共活动场所的性质，用于皇帝宴饮群臣、观看乐舞表演、会见外国来使乃至设道场等。

建于唐高宗麟德年间的麟德殿，毁于唐僖宗光启年间（886 年），使用和存在了约220 年之久，举行各种活动的记载较多，仅引用几条与人数规模有关的记录：

《旧唐书·高宗纪上》："上元元年（674 年）九月辛亥，百僚具新服，上宴之于麟德殿。"[1]

《旧唐书·吐蕃上》：吐蕃万余人进攻悉州，被都督陈大慈击败，长安二年（702 年）

"吐蕃遣使论弥萨等入朝请求和，则天宴之于麟德殿，奏百戏于殿庭。"[2]

《旧唐书·德宗纪下》："贞元四年（788 年）……宴群臣于麟德殿。设九部乐，内出舞马，上赋诗一章，群臣属和。"[3]

《旧唐书·宪宗纪下》："元和十四年（819 年）八月丁亥，宴田弘正与大将、判官二百人于麟德殿，赐物有差。"[4]

奏百戏、设九部乐，舞马表演的活动，需要很大的场地。据考古发掘实测，麟德殿殿基长 130 余米，宽近 80 米，由三殿（前殿、中殿、后殿）、两楼（结邻楼、郁仪楼）、二亭（东亭、西亭）组成，是当时形体组合最复杂的建筑，但显然只靠殿内空间，不大可能容纳得下那些大型活动，特别是舞马表演。还有一条记录，《册府元龟》卷一一〇载：大历三年 (768 年)，唐代宗"宴剑南、陈、郑神策将士三千五百人于三殿"[5]，仅将士就有 3500 人的盛宴，应该是利用了殿前、廊下的空地。

如果说麟德殿及殿前、廊下可作为长安的公共活动之地，那也仅限于国家一级的政治活动。普通百姓的活动在哪里呢？寺观是重要的地方。

寺观本是信仰膜拜之地，但通常除了宗教性的殿塔楼阁，还有其他建筑、园林、甚至戏台等。人们可以在寺观赏壁画、看塑像、读书、住宿，成为事实上的公共场所。

平时膜拜和各种定期的神主诞辰、圣像开光、坛醮斋戒、水陆道场等活动，会聚集民众。道佛为争取信徒，也主动开坛讲座，招徕民众，还增加了歌舞、戏剧等娱乐内容，以媚众的方式吸引善男信女、凡夫俗子前来。聚集三教九流的庙会也逐渐生成。长安城施行宵禁制度，庙观顺应了人们交流和生活的需要，开始了多元化功能，甚至成为相当一部分人心中的娱乐场。

一个特别现象是，男女自由恋爱常常发生在这些主张戒色的地方，在寺庙中发生的自由恋爱，几乎在古代小说中成了俗套。如唐代元稹编撰的传奇小说《莺莺传》，主人公张生与崔莺莺由于都是暂住在寺庙中，相遇相知，产生爱慕，故事发生在山西蒲州"普救寺"[6]，长安城里也应是一样。人们在寺院为自己祈福，当男女相遇，提供了相互接触的机会，于是自由恋爱发生在最不该发生的寺院里。

寺院可以借宿。杜光庭《神仙感遇传》记载"进士王璘，大中己卯（859 年）岁，游边回京师……遂入丰邑坊，诣景云观，僦一独院，月租五百文。"[7]每月 500 文的租金相当低廉，当时长安城官府雇佣一名幕士，月薪为 3.5 贯，平均每天 110 文。大中年间，一斗米约几十钱，一匹绢约 900 文[8]，可见寺院是物廉价美的租居方式。租借寺观居住的现象很多，以至于唐政府不止一次发布诏令禁止。代宗《禁断公私借寺观居止诏》："如闻州县公私，多借寺观居止，因兹亵黩。切宜禁断，务令清肃。"[9]德宗《修葺寺观诏》："自今州府寺观，不得宿客居住。"[10]文宗《禁天下寺观停客制》："如闻天下寺观，多被军士及官吏、诸客居止，狎而黩之，曾不畏忌。缁黄屏窜，堂居毁撤，寝处于象设之门，庖厨于廊庑之下。自今已后，切宜禁断。"[11]各类角色的人借宿寺庙，造成佛门圣地的杂乱，亲昵而不庄重的事情时有发生，政府不得不采取禁令，当然事实上无法执行落实。

市民生活观看戏剧演出要在寺观。原本寺观会搭建"法坛"举行法会，庙会期间会在这里演戏，后来专门出现了戏台戏场。

《南部新书》载："长安戏场，多集于慈恩，小者在青龙，其次荐福、永寿。"[12]这是有名气的看戏的固定场所。青龙寺坐落在乐游原上，这个地势高峻、风景幽雅之处，戏场的规模虽然较小，却可以"座密千官盛，场开百戏容"[13]，或许有些夸张，却是一个热闹之处。看表演是一种公共活动，在长安多发生在寺观。

三　街道"空地"——借助道路之便

长安城略呈长方形，外郭城内有东西 14 条大街，南北 11 条大街。全城中心的南北大街叫朱雀大街，是城市的中轴线和主干道。东西向的街道中，最重要的是皇城南面的横街，即直通春明门（东墙中门）、金光门（西墙中门）的大街，根据考古实测，宽达 120 米。而朱雀大街宽为 150 米。

可以想象，这两条比目前北京可以举行大阅兵的长安街还宽的街道，在唐代可以举办各种活动。而这两条主干道交叉的路口，恰在皇城朱雀门前，自然形成了一个广场，这块 150 米 × 120 米的交会点是空地，面积约达 1.8 公顷，具有开放于市民的作用，在唐代也的确发生过很多事情。

《太平广记》卷二六〇"黎干"条记载，唐代的代宗朝因干旱，京兆尹黎干在朱雀门街举行大规模祈雨活动[14]。这里有时还作为刑场使用，天宝十三载"北庭都护程千里生擒阿布思献于楼下，斩之于朱雀街"[15]。唐代行刑杀人都是在闹市，是为了起威慑作用，用刑于皇城外是一罕见的例子，这与献俘礼有关，朱雀大街可容纳人数众多，在此公开行刑可告知天下，向民众展现帝国的威仪。

在朱雀大街上，还上演过壮观的公众活动。段安节《乐府杂录》记载了"康昆仑拜师"的千古佳话，讲的是贞元年间长安的一场弹琵琶比赛，比赛的地点就在朱雀大街。双方在大街两边搭建彩楼，东市请到了祖籍中亚康国的琵琶师康昆仑，他用娴熟的手法，将音乐的灵动演绎得淋漓尽致。而西市请来的是一位妙龄女郎，她的演奏更让观众如痴如醉，而这女郎其实是男扮女装的僧人段善本。比赛后康昆仑拜段善本为师，过若干年后，康昆仑成就显著，号称第一琵琶高手[16]。这样的比赛当然吸引了众多的看客。

说起比赛，还有更加盛大的场面。大约在 8 世纪后期，每年长安城的东、西市的凶肆，要在朱雀大街竞赛。竞赛的内容，是丧葬用品和哀歌演唱。以往的互争胜负中，东肆以送葬的车舆、器物的奇丽取胜，而唱哀歌不敌西肆。有一年，东肆得知西肆有一位唱哀歌的高手，私下用重金挖来。结果东肆大获全胜。中国古代"事死如生"，丧葬活动极为重要，东西两凶肆，是同行的社会集团，比赛也是交流和联欢，华丽的葬具和哀歌，成为当时技术与艺术的大比拼。这一大规模的长安盛会，民众聚集观看，出现了"士女大和会，聚至数万"，"四方之士，尽赴趋焉，巷无居人"的盛况。事见唐传奇小说《李娃传》[17]，故事重在写"人"写"事"时，无意透露了空地的作用。

朱雀门街也被称为御街，天门街，是皇权的象征，每年皇帝都要沿此街去城南郊外的寰丘举行祭天仪式。如果外国使团来朝，也要从此经过。那种浩浩荡荡的车马队伍必然引来万众瞩目，在没有特别规划出公共活动空间的长安，宽阔的大街和交叉路口成了难得的空地，被人们充分利用，把原本以交通为目的的街道，赋予了进行官方和民间社会活动的功能。

四 墙内空间——并非完全私密

《说文解字》说："墙，垣蔽也。"段注："人之有墙，以蔽恶也，故曰垣蔽"[18]。《释名》："墙，障也"[19]。这是墙原本的功能，遮蔽就是要区分内外，分明界限。

中国古代，城市大多是由墙框定了边界和内部格局。唐长安有郭城墙、宫城墙、皇城墙、里坊墙、宅第的院墙，甚至院内还有照墙等，重重环套的隔墙，划分了不同的功能区域。

通过墙的围合，界定出了皇室的、贵族的、市民的领域。领域之间，难以逾越。《长安志》记载："自两汉以后，至于晋、齐、梁、陈，并有人家在宫阙之间，隋文帝以为不便于事，于是皇城之内，唯列府寺，不使杂人居止。公私有辨，风俗齐肃，实隋文新意也。"[20]说的很明确，当初规划的新意，就是用墙分隔政治空间和居住空间。

城市由一道道墙组成了一个个封闭系统，体现了对城市的控制管理。按照这一设计观念，墙不仅起防御作用，还有政治象征意义，因此不同墙的宽度和高度也有了等级划分，由防御障蔽的基本功能，逐渐向划分政治、礼制的象征转变。

隋唐里坊制度下的城市，在管控人间秩序的同时，却限制了人们的交流。在坊墙、院墙的重重隔离中，人们怎样交流呢？前面说过的《莺莺传》，故事的细节就是在隔墙赋诗、隔墙窥见中来传递爱慕之心。而后来元代王实甫的杂剧《西厢记》，"跳粉墙"竟成为男女出轨的代名词。直到明代白话小说《王娇鸾百年长恨》中，娇鸾在后花园打秋千，被周延章隔墙窥见，彼此倾心[21]。墙禁锢着墙内的人，墙外却是自由的天地，正如《牡丹亭》里，杜丽娘唱出了："良辰美景奈何天，赏心乐事谁家院。"[22]可见墙能隔绝人群，但不能禁止沟通，通过墙可以探讨古代人们的精神状态、心理状态和文化传统。

人建造了墙，墙也改造着人。墙在投入使用之后，性质逐渐改变，它既是有形的遮蔽，也是无形的隔阂。当人们习惯了墙对自身的管控，自然会相应出现心理的防范意识，影响着人的心理空间，成为人们交流和信任的障碍。

长安的民宅自成院落，当然由墙来界定。民宅常见的是四合院，依据地位、实力和人口，有独院的、前后二院的，甚至更大的。敦煌壁画中绘有唐代的院落，西安中堡村唐墓、铜川唐墓、山西长冶唐墓出土了模型明器。按照对唐墓形制和随葬品研究，中堡村唐墓的墓主大约是低级官员，墓中的两进三彩院落模型，大约就是长安普通官员的居住状况[23]。民宅的布局不一定都很规整，房屋的组合会有些随意，如扬州曾发掘了一些小型民居的基址。其中一房屋基址东西长 11.8 米，南北宽 8.3 米，面阔三间，进深两间，当心间宽 4.6 米，两侧次间为 3.6 米[24]。

普通百姓的独院有多大？《唐六典》记载，授给园宅地按"良口三人已下给一亩，三口加一亩；贱口五人给一亩，五口加一亩"[25]。唐代的 1 亩约合 522 平方米，因此 3 口之家按规定可占有建房用地 522 平方米。法令又补充说："若京城及州、县郭下园宅，不在此例。"这就是说，城市中的居民不受这种规定限制。城内官僚贵族较多，他们住宅的需求也特殊，稍有身份的人家还普遍畜养奴婢，政府在分配宅基地时也考虑到了这一点。

贵族官员的私家园宅宽敞，也是聚会之所。姚合《同诸公会太府韩卿宅》云："六街鼓绝尘埃息，四座筵开语笑同"[26]。六街是长安郭城通南北、东西城门的六条主要干道，每到黄昏时刻，鼓声响起后，坊门关闭，白天街上车水马龙卷起的尘埃渐渐落下，而在里坊内的大户宅院，人们聚集在一起开始了举杯碰盏的热闹。《唐汾阳王夫人王氏碑记》上记："每令节嘉赏，长筵高会，青紫照庭，佩环盈室，薰灼人代，莫之与京。"[27]是说郭子仪家每年佳节举行盛大宴会，高官显爵、贵妇佳丽云集，热闹非凡。贵族家宴，园宅中如果没有空地很难容纳宾客聚集。文献还记载高官贵族私宅有赏园林、看牡丹等活动，都透露出有些私宅围墙之内，也有一定规模的公众活动。

高官贵族的园宅状况，有些寺院可以作为参考，因为有些贵族会舍宅为寺，这样的记载唐代不少。如西明寺，先后为杨素宅、万春公主宅、恭王李泰宅，之后才立为寺庙。根据对西明寺最东面建筑基址的发掘，该组院落是以庭院为单位的三进纵列式院落[28]。贵族豪宅变为寺院后，基本布局不会改变，只会做一些改造，再加建一些如塔楼类的佛教专有建筑，而原来的山池园林也会基本以原样保存。

五　人口密度与空间

考古实测，长安城南北长 8652 米，东西宽 9721 米，面积约 84 万平方米。如此规模宏大的长安城，人口数量、密度和人员分布如何？显示着城市的面貌。大多数学者采用杜佑《通典》卷一七三《州郡三》所载唐京兆府有"户三十三万四千六百七十，口九十二万三十一人"数据[29]。并有学者据此计算，长安人口密度约为平均每平方公里 11071 人。但这个数据似乎很夸张。参照我们熟悉的现代城市，据北京市统计局、国家统计局北京调查总队发布的调查报告，2014 年北京市常住人口百 2151.6 万人，密度为 1311 人 / 平方公里[30]。北京东城、西城、海淀、朝阳、丰台五区面积 1284 平方公里，五区人口约 1211.3 万人，人口密度为 9433 人 / 平方公里[31]。现代化的北京市区人口密度竟然低于 1300 多年前的长安，令人难以置信。

　　西安市直到 20 世纪 90 年代，城区面积仍不如唐代的长安。如今的西安大体与隋唐长安相仿。根据 2017 年《西安年鉴》，截止到 2016 年年底，西安市的常住人口数量为 883.21 万人，西安市区（10 区）常驻人口 714.41 万，人口密度为 1628 人 / 平方公里[32]。这些统计也许和唐代长安城面积不太一样，但可以参考。如果唐代长安平均每平方公里人口密度约为 11071 人，而现代西安市区人口密度 1628 人 / 平方公里，也是个令人难以置信的数字。

　　可以肯定的是，唐代长安人口的密度不可能很大。在这平面大约近 10 公里见方的大都市，居民区"坊里"是由外郭城中的东西向十四条大街、南北向十一条大街交叉分割而成，共五组大小不同的里坊。宫城两侧的里坊大体东西宽 955 米，南北长 588 米；皇城两侧的里坊大致东西宽 955 米，南北长 808 米；朱雀门街东西两侧第一列各 9 坊东西宽 514 米，南北长 477 米；第二列各 9 坊东西宽 661 米，南北长 477 米，三至五列里坊东西宽 955 米，南北长 477 米。一"坊"之地比同时期的一座欧洲城市还大。

　　坊内的人口数量如何呢？古今中外的城市，城中的人口分布都不会均匀，不同区域的人口密度相差很大。唐初，达官贵人多居住于皇城南面的坊中。唐后期，以朱雀门街为界，街东官僚区和街西平民区。一般来说，以平民为主的里坊人口应该较多。有关这一点，文献提供了某些线索。

　　西市周围的里坊人口相对密集，西市北邻的醴泉坊，又紧挨皇城前的主干大街，人口应该密集。李峤《代公主让起新宅表》中提到："且坊为要冲，地当贵里，亩赁二三十贯，居人四五百家。"[33]《旧唐书·五行志》又载，开元八年（720 年）六月，关中暴雨成灾，致使"京城兴道坊一夜陷为池，一坊五百余家俱失"[34]。兴道坊北邻皇城前大街，西邻朱雀大街，也是人口密集区域。醴泉坊的面积东西宽 955 米，南北长 808 米，兴道坊面积东西宽 514 米，南北长 477 米，恰好是长安最大的坊和最小的坊。如果人口五百余家，以五口之家计算，这样的坊内约有 2000—2500 人左右居住，考虑到大户人家还有奴婢等，人口或更多一些。

　　坊的面积是固定不变的，有的坊有大型寺院、官府、高级贵族的宅院，要占据坊内大部分区域，汾阳王郭子仪，家"在亲仁坊，居其里四分之一"，又载其"家人三千，相出入者不知其居"[35]。郭子仪有八子、七女、数十诸孙与妻姜若干，也就百十口人，这里所说的"家人"，还包括他家中的奴婢部曲[36]。

　　东都洛阳也可以看出这种情况。《太平御览》卷一八〇引韦述《两京记》云："东京宜人坊，其半本隋齐王暕宅。炀帝爱子，初欲尽坊为宅，帝问宇文恺曰：'里名为何？'恺曰：'里名宜人。'帝曰：'既号宜人，奈何无人，可以半为王宅。'"[37] 这个坊一半是王宅，人口不会很多。到了唐代，据《唐两京城坊考》卷五载"宜人坊，半坊太常寺药园，西南隅荷泽寺"[38]。有官府药园又有寺院，人口也不可能很多。如此看来，无论是西京长安还是东都洛阳,很多坊内应有大量的空地。

白居易晚年在洛阳的私宅,是难得的做过部分发掘的遗迹。白居易五十三岁罢杭州刺史,在洛阳买下了散骑常侍杨凭在履道里的宅院,占地 17 亩,合 8874 平方米。那是一处幽静之地,满足了他寄情于山水的雅兴,园宅的空间宽广。白居易的《池上篇·并序》对自己宅院有描述,说:"十亩之宅,五亩之园,有水一池,有竹千竿……有堂有亭,有桥有船,有书有酒,有歌有弦……"[39]。在整个园宅中,北部是住宅区,前后两进院落,中厅东西两端通过回廊与东西厢房相连。东西厢房往北,各连一段回廊,北边遗迹被破坏,推测与上房相连。中厅南,另发现一处建筑遗迹,当为门房。住宅仅是占总面积的三分之一,南边有水池等遗迹,是其南园[40]。

在这样大的宅院,白居易可以在院子里支起青毡篷、建酒坊,接待亲朋好友,过着"绿蚁新醅酒,红泥小火炉。晚来天欲雪,能饮一杯无"的惬意日子。

其实,长安洛阳,城中都有农田,也属于空地。隋文帝始建大兴城,规划了宫城、皇城和居民、官吏的住宅区三大部分。但并非建好了城池,居民马上到位。"自兴善寺以南四坊,东西尽郭,率无第宅。虽时有居者,烟火不接,耕垦种植,阡陌相连。"[41]说明直到唐朝,郭城南部的 4 排街坊,人口稀少,坊内空闲地上,有人种菜,有人种粮,还有果园等。自隋朝圈起大兴城后直到城毁,都没有与农业耕种彻底诀别。

唐长安有一个离奇的记载,《旧唐书·五行志》载:大历"四年(769 年)九月己卯,虎入京城长寿坊元载私庙,将军周皓格杀之"[42]。这件事记在《五行志》中,大约是朝野上下对元载不满,说他的家庙出现虎是天意。长安城以朱雀大街为界,街东为万年县,街西为长安县。长寿坊与西市仅隔一坊之地,北临延平门之延兴门的主干大街。长安县廨位于长寿坊"西南隅",重要官府所在的坊竟然闹虎,想必当时是沸沸扬扬的新闻,史家记载这件事未必离谱。结合隋唐文献常记载有獐鹿进入长安城中,甚至闯到皇宫附近,如果不是空旷有荒地,猛虎和鹿类种群不会出现。

唐人还记载了一个可怕的故事,说升道坊"尽是墟墓,绝无人住"。科举考生张庚住在了这里,夜晚竟有 30 多位美女鬼魂在院中"小台藤架"下宴饮作乐[43]。故事属玄怪,却透露长安很多院落宽大而空旷。《太平广记》卷三四四还记载一个以占卜为生的人叫寇埙,在永乐里西南买了一凶宅,"有堂屋三间……东西厢共五间,地约三亩,榆楮数百株"[44]。3 亩地合 1566 平方米[45],这个宅院在长安不能算大,如果考古调查也属空地,却反映了城市生活中的民居状态。

长安城中有农田,洛阳也是如此。史书记载,后唐长兴二年(931 年)六月八日,左右军巡使奏:"诸厢界内,多有人户侵占官街及坊曲内田地,盖造舍屋,又不经官中判押凭据……如是临街堪盖店处田地,每一间破明间七椽……其未曾有盖造处,宜令御史台、两街使、河南府依已前街坊田地,分劈画出大街及逐坊界分,各立坊门,兼挂名额。先定街巷阔狭尺丈后,其坊内空闲,及见种田苗……"[46]可知洛阳城中坊曲内、街道两侧也有田地。

隋唐长安、洛阳虽是最大的都市，但城中有些地方基本没有城乡的区别。

六　结语

人建造了城市，城市也塑造着人。以往讲述长安洛阳，一般都会介绍如何繁华热闹，却忽视了事情发生的地点。以往考古发掘不到的空地，也在城市研究中被忽视。

城市的设计、建造、管制，给人类生活、思想观念带来微妙而不可忽视的影响。中国闭合式的城市中，不会发生在西方城市中斗兽场、广场、澡堂、剧院等的民众聚集。政治军事高于一切的隋唐城市，在严格管控下，没有或很少专用于公共活动的空间，因此不会有更多民间组织、民间聚众活动，有些大事件的发生，也非城市生活的常态。隋唐长安呈现出"百千家似围棋局，十二街如种菜畦"的面貌，这一设计理念，也作为"理想城市"的模板，推广到地方城市中[47]。各级地方城市也由不同数量的里坊组成，这是隋唐城市的特点。在这"千城一面"的范式中，蕴育了中国特有的文化。

城市的功能特征之一，就是提供人际交流、文化产生、文化储存和传播的机会，它需要也必须有公众生活的空间，隋唐长安洛阳的这种空间，在宫殿前、寺庙内、街中心、市场里、里坊中。这在考古发掘中是空地，而在当时却展示着城市生活中鲜活的事情，因此空地对探讨、解读中国文化无疑显得格外重要。

注　释

[1]《旧唐书》卷五《高宗本纪》，中华书局，1975年，第99页。

[2]《旧唐书》卷一九六《吐蕃列传》，中华书局，1975年，第5226页。

[3]《旧唐书》卷一三《德宗本纪》，中华书局，1975年，第364页。

[4]《旧唐书》卷一五《宪宗本纪》，中华书局，1975年，第469页。

[5]《册府元龟》卷一一〇《帝王部·宴享二》，中华书局，1960年，第1312页。

[6]（唐）元稹：《莺莺传》，李剑国辑校：《唐五代传奇集》第二册卷一〇，中华书局，2015年，第724—730页。

[7]（唐）杜光庭撰：《神仙感遇传》卷四，罗争鸣辑校：《杜光庭记传十种辑校》，中华书局，2013年，第482页。

[8]《太平广记》卷四九九"王铎"条引《闻奇录》，"京国米价，每斗四十"，中华书局，1961年，第4091—4092页；《唐会要》卷四〇《定臧估》记：大中六年，绢以每匹九百文结计。（宋）王溥：《唐会要》，中华书局，1955年，第728页。

[9]《全唐文》卷四六，中华书局，1983年，第508页。

[10]《全唐文》卷五二，中华书局，1983年，第564页。

[11]《全唐文》卷四一〇，中华书局，1983年，第4204页。

［12］（宋）钱易：《南部新书·戊》，中华书局，2002 年，第 67 页。

［13］苏颋：《奉和恩赐乐游园宴应制》，《全唐诗》卷七四，中华书局，1999 年，第 807 页。

［14］《太平广记》卷二六〇"黎干"条引《卢氏杂说》，中华书局，1961 年，第 2032 页。

［15］《旧唐书》卷九《玄宗本纪》，中华书局，1975，第 228 页。

［16］（唐）段安节撰、亓娟莉校注：《乐府杂录校注》，上海古籍出版社，2015 年，第 79 页。

［17］（唐）白行简：《李娃传》，李剑国辑校：《唐五代传奇集》第二编卷一五，第 901—902 页。

［18］（清）段玉裁：《说文解字注》，上海古籍出版社，1988 年，第 231 页。

［19］（汉）刘熙撰、（清）毕沅疏证、（清）王先谦补：《释名疏证补》卷五《释宫》，中华书局，2008 年，第 186 页。

［20］（宋）宋敏求：《长安志》卷七"唐皇城"，辛德勇、郎洁点校：《长安志·长安志图》，三秦出版社，2013 年，第 248 页。

［21］（明）冯梦龙编：《警世通言》卷三四，人民文学出版社，1956 年，第 492—511 页。

［22］（明）汤显祖：《牡丹亭》第十出《惊梦》，钱南扬校点：《汤显祖戏剧集》，上海古籍出版社，1978 年，第 268 页。

［23］陕西省文管会：《西安西郊中堡村唐墓清理简报》，《考古》1960 年第 3 期，第 38 页，图版伍。

［24］中国社会科学院考古研究所等：《江苏扬州市文化宫唐代建筑基址发掘简报》，《文物》1994 年第 5 期，第 413 页。

［25］《唐六典》卷三"尚书户部"，中华书局，2005 年，第 74—75 页。

［26］姚合：《同诸公会太府韩卿宅》，《全唐诗》卷五〇〇，，中华书局，1999 年，第 5688 页。

［27］《汾阳王妻霍国夫人王氏神道碑》，《全唐文》卷三三一，中华书局，1999 年，第 3360 页。

［28］中国社会科学院考古研究所西安唐城工作队：《唐长安西明寺遗址发掘简报》，《考古》1990 年第 1 期，第 45—55 页；安家瑶：《唐长安西明寺遗址的考古发掘》，荣新江主编：《唐研究》第六卷，北京大学出版社，2000 年，第 337—352 页。

［29］（唐）杜佑：《通典》卷一七三《州郡三》，中华书局，2016 年，第 4496 页。

［30］北京市统计局、国家统计局北京调查总队：《北京市 2014 年国民经济和社会发展统计公报》，《北京市人民政府公报》2015 年第 10 期，第 24 页。

［31］段柄仁主编：《北京年鉴（2015）》，北京年鉴社，2015 年，第 563 页。

［32］曹永辉主编：《西安年鉴（2017）》，世界图书出版西安有限公司，2017 年，第 32 页。

［33］李峤：《代公主让起新宅表》，《全唐文》卷二四五，中华书局，1983 年，第 2477 页。

［34］《旧唐书》卷三七《五行志》，中华书局，1975 年，第 1357 页。

［35］《旧唐书》卷一二〇《郭子仪传》，中华书局，1975 年，第 3467 页。

［36］《旧唐书》卷一二〇《郭子仪传》，中华书局，1975，第 3467—3474 页。《封氏闻见记》中说："中书令郭子仪勋伐盖代，所居宅内，诸院往来乘车马、僮客于大门出入，各不相识，词人梁锽尝赋诗曰：'堂高凭上望，宅广乘车行'"；（唐）封演撰、赵贞信校注：《封氏闻见记校注》卷五"第宅"条，中华书局，2005 年，第 45 页。

［37］《太平御览》卷一八〇《居处部八》"宅"条，中华书局，1960 年，第 878 页。

［38］（清）徐松撰、张穆校补：《唐两京城坊考》卷五，中华书局，1985 年，第 147 页。

［39］（唐）白居易：《池上篇·并序》，谢思炜校注：《白居易诗集校注》卷三七，中华书局，2015 年，第 2845—2847 页。

［40］中国社会科学院考古研究所：《洛阳唐东都履道坊白居易故居发掘简报》，《文物》1994 年第 8 期，第 692—701 页。

［41］（唐）白居易：《问刘十九》，谢思炜校注：《白居易诗集校注》卷一七，中华书局，2015 年，第 1358 页。

［42］（宋）宋敏求：《长安志》卷七"唐京城"，辛德勇、郎洁点校：《长安志·长安志图》，第 260 页。

［43］《旧唐书》卷三七《五行志》，第 1370 页。

［44］（唐）李复言撰、程毅中：《续玄怪录》卷三《张庚》，中华书局，2006 年，第 174—176 页。

［45］《太平广记》卷三四四"寇鄘"条引《乾膜子》，中华书局，1961 年，第 2725 页。

［46］唐代一亩约合 522 平米，参见华林甫《唐亩考》，《农业考古》1991 年第 3 期，第 152—154、156 页。

［47］（宋）王溥：《五代会要》卷二六《街巷》，上海古籍出版社，1978 年，第 411—413 页。

［48］宿白：《隋唐城址类型初探（提纲）》，《魏晋南北朝唐宋考古文稿辑丛》，三联书店，2020 年，第 82—89 页。

考古材料的主观与客观：我读《白沙宋墓》

罗　丰（西北大学文化遗产学院）

宿白先生的《白沙宋墓》是一部再三出版的经典名著，这样的称呼对一部考古学著作来说，即使过去了将近七十年但一点不为过，如果从它的写作时间算起。它最初由文物出版社出版于 1957 年（图一），而最近一版则是由三联书店于 2018 年推出[1]。这是宿白先生（以下敬称从略）的第一部著作，写作这部著作时他年仅 32 岁。《白沙宋墓》一经出版，即引起学术界的广泛关注，它的问世也奠定了宿白在中国考古界的地位。这部非凡著作为他赢得广泛的学术声誉。

作为一部特征非常明显的考古学著作，它在问世之初就面对着一些不同的看法。我们还不能说这些看法就是某种偏见的结果或者说一定和某种政治环境有关联。宿白在书中提示的是一种方法，在具体研究某些问题时难免有些失误，这类错误为以后学者纠正或补充。而这样的方法示范只能令后来者仰首相观，并没有获得有效的传承。这种引经据典的论述，显然是从属考古学的需要，也是它具有广泛影响力的所在。现在我们要追随着宿白近 70 年前的思考足迹来讨论这部著作，显然有点力不从心，仅阅读耐心一项就面临着考验。

白沙宋墓的发掘用现代术语来说，是一项配合基本建设的发掘。1951 年，河南要修白沙水库，文化部文物管理局组织考古工作者在农村库区墓葬进行考古发掘。水库范围内有战国、汉、唐、宋等时代的墓葬[2]，宿白主持发掘了白沙宋墓。发掘工作从 1951 年 12 月 18 日开始至 1952 年 1 月 18 日结束，前后仅用一个月时间。发掘之初即引起大家的关注，远在长沙发掘考古学家安志敏在其日记中记载了这一发现[3]。白沙宋墓是一个由三座墓葬构成的墓葬群，墓葬是仿木建筑结构的壁画墓。仿木建筑结构的墓葬大约形成在唐代中晚期，五代

图一　《白沙宋墓》封面

和宋初已经有相当的完善[4]。北宋中晚期的白沙宋墓，尤其是其中的一号墓室富丽堂皇，仿木建筑结构非常复杂。宿白为墓葬从墓门开始，至甬道、前室、过道、后室各个复杂仿木结构一一对应，指出其完整建筑术语（图二）。经实测得知墓葬建筑虽然繁复，但重"仿木"，其细节并不与宋《营造法式》"大木作"相吻合。莫宗江帮他绘制许多建筑结构的测图，一些古建筑术语也是和来自营造学社的建筑学家商量的结果，因此，专业而准确。后来的仿木建筑结构宋金墓的记录，术语基本上没有超过这一范围。

自仿木建筑结构开始，从墓葬形制到壁画中所呈现的各类制度、文物，宿白都给予长篇注释，广征博引、抽丝剥茧般的论述，引人入胜。他翻阅了宋金时期几乎所有与墓葬有关的著作，参考范围非常广泛，有考古报告、研究论著、正史、笔记小说、佛教文献、风水地理、传世绘画和敦煌文书等。宋代墓葬有一个向世俗化转折的倾向，大量与民众实际生活有关的内容被表现在墓葬之中。北宋也是文化空前发达的时代，各种类型有关社会生活的内容记录在各类文献之中。这样，两者墓葬遗迹与文献结合起来变为可能，宿白敏锐地认识到这种情况，进而对考古所得做出卓越阐释。每个学者都有自己特别感兴趣的问题，宿白的着眼点从建筑本身开始，白沙宋墓给他提供了一个相当有力的案例。他自己对于这些仿木建筑进行了非常专业的诠释，这些知识得益于宿白对营造学社既往著作的熟稔。

在整个墓葬相关内容的考据中，宿白都使用了长长的证据指出其关键所在，几乎所有的长篇注释都可以当作一篇短文来阅读（图三）。例如注释[230]家具出现到室内陈设条，长达3000多字[5]。考虑到这些内容的连续性，他的注释工作是全书统一连续的编号。这样一些以前并没有讨论充分的问题，会在以后的注释中接着连续讨论。例如注释[51]的砖砌桌椅在注释[241]中又进一步讨论[6]；注释[42]条"骨朵"条在注释[244]条接着考证[7]；注重注释之间的相互联系，如注释[93]在解释的同时又将其名称内容制成两页大表[8]。当然，我们还可以在此基础上进一步举例来证明这部卓越的著作在注释方面的优长。事实上，后来学术界讨论的一些议题都是以宿白《白沙宋墓》为基础，考古学界耳熟能详的术语都来自这部著作，如所谓的"妇人启门图"等。有些内容在当时看来虽然有些牵强，但却是天才的提示。例如只根据三座墓葬的排列形式，就提出赵姓"贯鱼葬"的方式，显然在材料上是很少的。他却指出这种排列方式是可以在宋代的地理著作中找到很好的例子[9]。《地理新书》这部现在考古界耳熟能详的风水著作，是宿白在考古研究中首先使用的，在现代所谓的科学研究中采用风水地理著作，在当年考验的并不只是作者的学问。他的学术思想是通过丰富的注释来传达的。

宿白在书中称，文中的大部分插图和附注，原来是在整理记录以前所收集到的有关参考资料（图四、五），本来不进入正文，后来考虑到这些材料虽然零碎，但毕竟可以帮助说明许多问题，因此他才陆续逐条清理并核对来源插入正文[10]。

宿白在后记中也特别指出了关于报告插图、注释编写的几项原则：

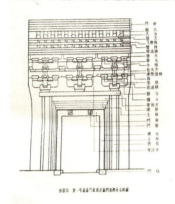

图二　《白沙宋墓》内页

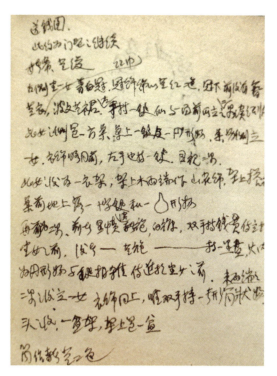

图三　白沙宋墓记录本

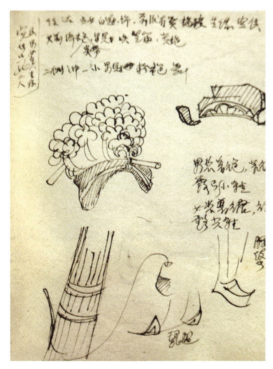

图四　白沙宋墓线图之一

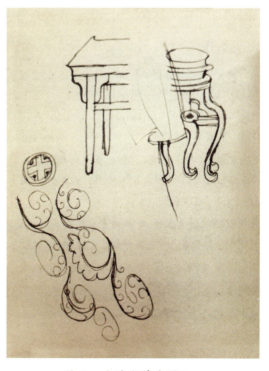

图五　白沙宋墓线图之二

注文中的引书（包括单行的论文）只在第一次引用时注明作者与所用版本，以后从略。至于图版书籍和一部分近代所印的图书因为少有异本流传，所以第一次引用时，版本一项亦从略。

注文引论文只于第一次引用时，附注刊物名和期数。以后从略，但书作者姓名，以别于前项。必要时，附注第一次引用之注号，一便寻检。

古画标题多相同或相似，而古画本身又时有原本、摹本等问题，因此注文引用传世古画，每次皆注明时代、作者，以免混淆。

插图未注明绘制人者皆著者速写。因为不是仔细的摹绘，所以皆在插图目次和相应注文中注明所据或原物所藏，读者如拟进一步研究时，请检原书或原物。[11]

这些原则是构成他著作规范的基础，像这样非常注重严格学术规范的著作在当时稀见，并不只限于考古学著作。虽然宿白在北京大学接受了严格的学术训练（图六），但他的考古学知识却是自学的，学习的对象以日本考古学著作为主。宿白精通日文，从学生时代起他就关注日本学术界尤其是考古学界对于中国大陆的考古研究工作。1947 年 1 月 11 日、18 日，当时的《大公报》分两期整版连续刊登宿白长文《八年来日人在华北诸省所作考古工作记略》[12]，文中历数日本人在中国河北、山东、山西、察哈尔、绥远及河南诸省二十六地的考古活动。可以毫不夸张的说，对日本人在华考古了解至这样全面的程度，鲜有出其右者。这篇文章对理解宿白如何踏上考古学之路具有标志性的作用，他的阅读范围基本上涵盖了几乎所有的日文史学、考古学刊物。学术刊物是他一生关注追踪的重点（图七），当然他的注意力并不仅限于此。仅依宿白藏书而言，藏书中他最看重的部分是 20 世纪初至 1949 年以前中国人文学界最重要的著作，其中包括了大部分日本人在中国所作的考古的著作[13]。虽然他的藏书并不代表所读过的所有书，至少也是自己比较看重或者觉得有用才会收藏。

在宿白写作《白沙宋墓》的年代，当时关于中国考古学，尤其是历史时期并没有适合的参考著作，仅有《中国营造学社汇刊》之类上的零星文章。1952 年京都大学田村实造、小林行雄的《庆陵》出版[14]。这部辽代庆陵的壁画墓发掘报告，除去精细的描述外，一些重要的名词都有较长的注释，并且在注释中附有插图。类似的著作体例，大约对宿白有所启发，原来本不放入书中的一些材料被写入注释之中。当然相较《庆陵》的注释，《白沙宋墓》显然更胜一筹。宿白《白沙宋墓》实际上替后来的墓葬研究建立了一套完整的术语体系，影响并不局限于宋代墓葬。

宿白认为墓葬报告应该客观表述发掘者所见，自己的研究部分则是所谓的主观意见，因此这部分内容要放在注释中，这是他的基本立场。他所预设的读者对象里显然是考古学者，而非历史学家。选取的解释对象并不是做一般性的讨论，而是以许多考古学者并不具备的知识作为切入点，这一点尤为重要。注释术语时他利用文献、古画等制作了插图，以图像辅助说明。多年前，笔者曾向先生请教过，《白沙宋墓》中墓葬中的遗物图与研究比较图放置在一起，会不会形成对原图的干扰？他很明确地说：原稿中的比较图是放在注释之中，并没有和正文在一起。当时编辑并不认同他的这种做法，这些插图才插入正文当中，但也有个别注释中使用了插图。

宿白著作言辞谨慎，观察细致入微，却环环相扣，运用迂回的方式表达复杂的学术问题。避免采用直截了当的方式来阐释繁复内容，跨过详尽论证环节直抵结论。给看似明确的概念留些可以讨论的空间，这是他一贯的写作策略。行文时用非常简洁明了的语言叙述墓葬发掘过程。因为受到考古报告应该进行客观描述的影响约束，一切关于研究的内容则被认为是主观的反应。后者内容退居次要位置，被有意的隐藏起来，以求达到客观和主观分离的目标。宿白认为这是一个优秀考古学家的职责，尽力使他们的描述对象与研究论述之间建立一条泾渭分明的鸿沟，二者形成一种紧张对立的状态。而在《白沙宋墓》中恰恰是这部分隐身让位于客观正文的主观部分，构成本书的鲜明特色，使后来者每每提及。宿白用审慎的方式来注释在当年并不明确的名物、规章制度。作为深谙中国文化要义的考古学家，对遗迹、遗物的认识，真正植根于其身后深厚的历史体系之中，从大的方面来说是开拓了一个新的学术领域。

当然，类似的著述方法从一定程度上来说，有繁琐之嫌。《白沙宋墓》出版之初，饶慧元在《考古通讯》介绍本书时就有此类批评[15]。尽管人们有所疑问，但是否此书如评者所言其作用几近于《辞海》《辞源》一类性质，答案显然是否定的。正如后来评论者所提出的那样，这一切注释都是宿白先生精心研究的结果，而并非简单的照搬解释名词。尽管这种论述形式已经获得了很大的成功，并为学术界奉为圭臬。不过这种形式上特点明显的著述方式，后来却鲜有考古学著作仿效，并未获得有效的继承。这样的结果大概可以从两个方面理解：

第一，此后的考古学家尤其是历史时期考古学家，并没有这样深厚的功力和文献能力。宿白谙熟文献，称得上是一位卓越的历史文献学家，但他却有着考古优先的考虑。

第二，即使有这样的能力，如果冒然采取这样的形式，难免有东施效颦之嫌。

因此，只有徐苹芳宣称他在《东汉洛阳城南郊的刑徒墓地》[16]采用了这种注释方法[17]。徐氏的重点也是将许多名物制度放置在一个比较宽大的环境中来考虑，以显示旨趣所在。

虽然《白沙宋墓》中蕴含着极大的深意，在领略书中胜意的同时，我们也深深认识到，宿白在以后的日子里，并没有对其著作结构做解释，也没有以此为基础来更深入地讨论相关问题。显然他觉得中国历史时期考古学有许多重要问题值得探究，并不仅仅止于此，尤其是宋代墓葬。

若依宿白所持有的考古学理念而言，《白沙宋墓》无疑是一部理想的墓葬考古报告。在此前后的若干历史时期考古报告都由当时的考古学大家来编写，著名的有曾昭燏主编

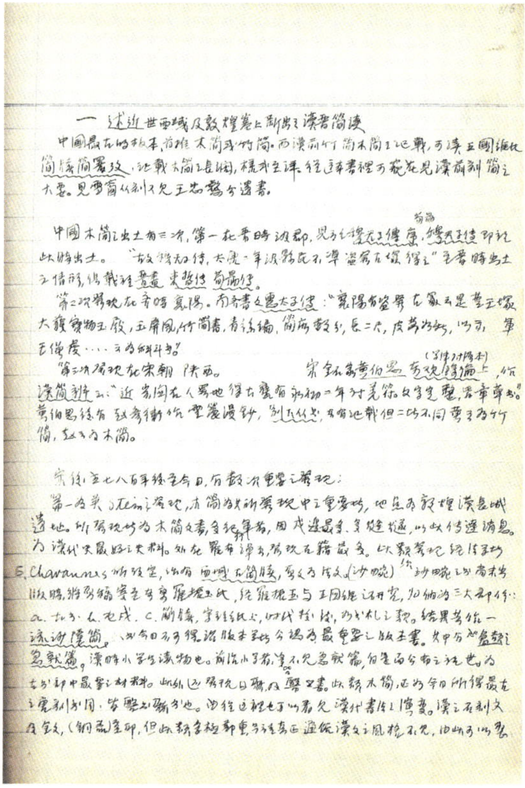

图六　宿白先生学生期间的听课笔记

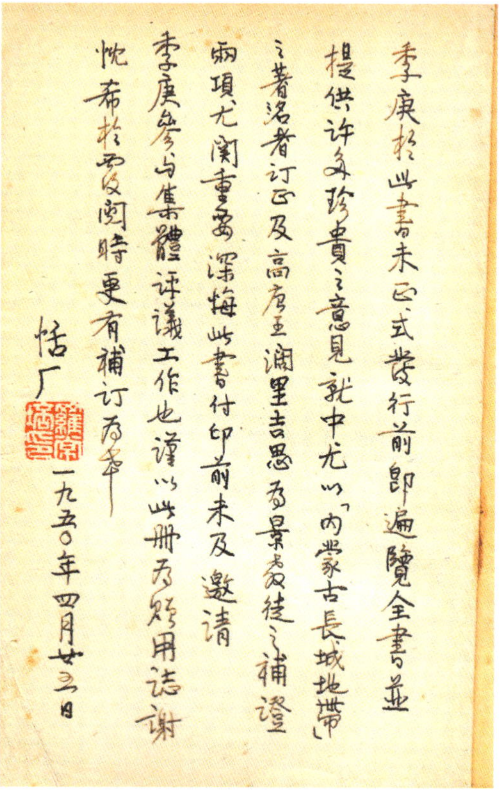

图七　罗常培《语言与文化》

图八　《前蜀王建墓发掘报告》

《沂南古画像石墓发掘报告》[18]、《南唐二陵发掘报告》[19]，以及 1949 年以前发掘稍后出版的冯汉骥《前蜀王建墓发掘报告》（图八）[20]。编者都有留学西方的背景，他们的报告体例并无划一规定。根据徐苹芳的理解：宿白考古报告中严格区分报告主体正文和编写者研究的界限。首先，要保证报告总体正文的客观全面和科学性，不能把带有主编者主观倾向的各种考古和文献资料混入报告主体正文，要把原始材料和引用材料加以区别。其次，编者的研究论述部分，也应适当主次分明，正文阐述的主要论点，注释中说明史料的出处和要解释的问题，是把史料的出处和问题解释混合编排做注的方式[21]。徐苹芳的说法其实是有些针对性的，大约针对前几本报告，他代表了大多数考古学家对于考古报告编写的意见。

考古报告的编写实际上是一个可以讨论的话题，宿白、徐苹芳等主张将报告与研究部分严格区隔，以求达到主观与客观分离的目标。这些原则本身没有问题，可是在长期的考古实践中，这些原则却被简单地理解为考古学家对于发掘现象、发掘品只有描述的权利，没有进一步阐释的义务。其实这中间的误会大于理解，因为纯客观的描述并不能有效地构成考古学研究的主体，受主、客观束缚的考古学家经常摆荡在纯粹的描述和诠释材料之间。如果考古学仅仅是为整理考古资料或像"病历"这样的目的撰写考古报告，那么考古材料真正的解释者是谁？这个问题并没有获得有效的解决。长此以往，考古学便陷入难以克服的困境之中。事实上将客观与主观两个实体截然分开，在实际操作中仅仅是一种企图，人为割裂了主客体之间的有机联系，显然是做不到并且没有必要。这些冲突和矛盾之处恰恰反映我们在利用思想资源上的含混，我们并不能简单地认为对考古学材料的阐释或许会阻碍了考古学的进步。傅斯年晚年曾在《社会科学论丛》发刊词中称，主观客观之说无绝对的是，或绝对的非。自然科学家在研究过程中总以为是客观的见解，其实他中间的 Anthropomorprhism 是不少的[22]。自然科学家的研究尚不能排除所谓主观因素的影响，这样的提醒既使过去了许多年仍然具有很强的现实意义。

实际上，著名的考古学报告基本上都反映了发掘者的主观看法与研究，从《城子崖》[23]、安阳殷墟发掘报告[24]，到夏鼐主编《辉县发掘报告》[25]，这些赢得国际声誉的考古学著作都是这样的结果，《白沙宋墓》也不例外。虽然宿白在具体论述中引用了书籍驳杂，为考古学者所稀见，但对于考古学的贡献，并不止于对这些文献的征引，而是从考古本身出发来讨论相关问题。这样的学术格局显示出他既有传统学问基础，又是在严格现代学术意义下来阐发这些论述。虽然宿白有自觉的主、客观倾向，但在不自觉中却扮演了考古材料优秀诠释者的形象，为后人所津津乐道。考古材料多元化解释的增加，反倒意味着考古学学科的逐渐成熟，复杂而多样的考古现象，也许会反映在解释行为的多样化上。如此说来，这类解释会越来越多，可以逐渐发展成一种趋势。

考古学作为一门相对独立的学科，虽置身于大的历史类别之中，但却有着更为精细的自身学科特征。考古的行为本身并不存在一个事先预定的客观事物本体，而是一个有主观行为积极主导的所谓科学活动。用文化——历史考古学创始人、马克思主义考古学家柴尔德的话来说：

> 从存留的考古残迹中提取任何种类的历史精华，提取和分类看似冗长乏味的步骤，却与同样单调乏味的发掘和保存一样都是最为基本的。[26]

这些都是考古学家的必要手段，虽然有这样那样的困难，但考古学家并不止步于发掘材料本身。正如陈淳所指出的那样，柴尔德始终强调考古材料阐释的重要性，呼吁考古学家应该努力根据材料从经济、技术和社会各个层面来重建历史。考古学的价值在于考古遗存能从多大程度上解决历史问题以及了解其制造者和使用者的行为和思想[27]。对于考古材料的有效阐释，是考古学家本身的职责，并非一种不可企及的目标。史前考古具有相对独立的标准，在揭示人类行为方面共通的地方很多，有相对成熟的经验。而历史时期考古则由不同地区的不同文化所构成。这样复杂的局面，恰好给我们建立所谓"中国特色的学术话语体系"提供广阔良好的论述空间，对于形成中国历史文明的完整叙述有所帮助。从这样的角度看待宿白的研究，《白沙宋墓》无疑提供了优秀的范例。

注　释

［1］宿白：《白沙宋墓》，文物出版社，1957年；文物出版社，2002年新一版；生活·读书·新知三联书店，2018年版。

［2］陈公柔：《河南禹县白沙的战国墓葬》，《考古学报》1954年第七册，第87—101页；陈公柔：《白沙唐墓简报》，《考古通讯》1955年创刊号，第22—27页；宿白：《从许昌到白沙》，《文物参考资料》1956年第4期，第66—72页。

［3］参见安志敏《安志敏日记》第一册，社会科学文献出版社，2020年，第155页。

［4］参见邓菲：《中原北方地区宋金墓葬艺术研究》，文物出版社，2019年，第38页。

［5］宿白：《白沙宋墓》，文物出版社，1957年，第97页。

［6］宿白：《白沙宋墓》，文物出版社，1957年，第33、100页。

［7］宿白：《白沙宋墓》，文物出版社，1957年，第32、100页。

［8］宿白：《白沙宋墓》，文物出版社，1957年，第41—43页。

［9］宿白：《白沙宋墓》，文物出版社，1957年，第81—83页。

［10］宿白：《白沙宋墓》，文物出版社，1957年，第1页。

［11］宿白：《白沙宋墓》，文物出版社，1957年，第102页。

［12］宿白：《八年来日人在华北诸省所作考古工作记略》，《大公报》1947年1月11日；宿白：《八年来日人在华北诸省所作考古工作记略（续）》，《大公报》1947年1月18日。

［13］参见李志荣整理《宿白藏书捐赠目录》。

［14］田村實造、小林行雄：《慶陵》，座右宝刊行会，1952年。

［15］饶慧元：《宿白著："白沙宋墓"》，《考古通讯》1958年第1期，第99—100页。

［16］中国科学院考古研究所洛阳工作队：《东汉洛阳城南郊的刑徒墓地》，《考古》1972年第4期，第2—19页。后收入徐苹芳《中国历史考古论集》，上海古籍出版社，2012年，第132—158页。

［17］徐苹芳：《重读〈白沙宋墓〉》，《文物》2000年第8期，第94页。

［18］曾昭燏：《沂南古画像石墓发掘报告》，文化部文物管理局，1956年。

［19］南京博物院编著：《南唐二陵发掘报告》，文物出版社，1957年。

［20］冯汉骥：《前蜀王建墓发掘报告》，文物出版社，1964年。

［21］徐苹芳：《重读〈白沙宋墓〉》，《文物》2000年第8期，第93页。

［22］欧阳哲生主编：《傅斯年全集》，湖南教育出版社，2003年，第368页。

［23］傅斯年：《城子崖——山东历城县龙山镇之黑陶文化遗址》，"中央研究院"历史语言研究所，1934年。

［24］石璋如等：《小屯》，"中央研究院"历史语言研究所，1970年。

［25］中国科学院考古研究所：《辉县发掘报告》，科学出版社，1956年。

［26］柴尔德著、方辉等译：《历史的重建——考古材料的阐释》，上海三联书店，2008年，第124页。

［27］柴尔德：《历史的重建——考古材料的阐释》后记，第233页。

从近年考古出土资料谈元青花生产与相关问题

——以落马桥窑址出土的元青花为中心

江建新（景德镇市陶瓷考古研究所）

一　前言

20 世纪 80 年代初，景德镇市考古工作者曾对落马桥窑址进行过抢救性发掘，出土了大量元代遗物，有青白瓷、卵白釉瓷、釉里红瓷、青花瓷以及红绿彩瓷等，其中青花瓷的品类最富，除常见的碗、盘、高足杯外，还有劝盘、耳杯、匜、盖盒、鸟食罐、双系小罐、大口罐、铺首罐、双耳瓶、长颈瓶、梅瓶、玉壶春瓶等。所见青花纹饰有栀子、菊花、牡丹、梅花、灵芝、葡萄、蕉叶、龙、鹿、孔雀、鱼藻、人物故事等。还出土有青花书八思巴文钵，有在高足杯残足上书"头青""黄""吴""戴采"青料照子，书"辛巳"二字的瓷片。据研究，所谓"头青"，即头等（上等）青料之意，由此可见元代的上等青料是怎样的呈色，可知景德镇用钴料彩饰瓷器在元代始称"青花"。根据用青料书写"辛巳"二字的残片，可知落马桥窑址出土元青花生产年代可推断为至正元年（1341 年），所以该地层中的青花器均为至正前期之物。由于出土元青花瓷以小件为多，且瓷胎略粗，与湖田窑南北两岸出土的青花大盘、罐风格不同，如果说湖田大件元青花主要是为西亚或东南亚诸国宫殿烧造的瓷器，即所谓伊朗型青花瓷，那么落马桥青花瓷则是满足国内各阶层及东南亚一带普遍需要的商品瓷，即所谓菲律宾型青花瓷，这是当时根据这批元青花资料得出的初步结论[1]。

2012 至 2013 年落马桥窑址考古发掘出土的元青花瓷，从出土地层看，年代似比上次略早，数量和品类更为丰富，更为重要的是，此次出土的元青花除包含有上次出土的相同的青花瓷之外，还出土一大批器型硕大的元青花瓷残片，这对我们全面认识落马桥元青花的烧造情况意义重大。以下拟结合落马桥以往出土的元青花瓷，综合相关资料对落马桥元青花烧造情况做一探讨。

二　落马桥出土的元青花

根据落马桥窑址 2012 至 2013 年发掘出土的元青花的主要特征来看，可根据以往的分类，分为"菲律宾型"和"伊朗型"二大类，以下分为二组介绍。

第一组青花瓷

1.青花莲瓣纹碗：标本 12JHT16F12:137,口径20.8厘米，足径6.3厘米。敞口，深腹，圈足，足墙外撇，圈足底宽平，足底心凸起。白胎细腻，胎体较薄。外壁近口处青花绘一圈钱纹，其下饰仰莲瓣。内壁口沿下绘钱文一圈，其下模印菊瓣纹（图一、二）。

图一　青花莲瓣纹碗：
标本 12JHT16F12：137

图二　青花莲瓣纹碗：标本
12JHT16F12：137

2.青花梅月纹靶盏：标本 12JHT14D2:1,口径 11.9 厘米，高 9.4 厘米。撇口，弧壁，靶足外撇。外壁青花绘折枝梅纹（图三）。

3.青花龙纹靶盏：标本 14JHT13H2:300,口径 12 厘米，足径 4.8 厘米，高 9.5 厘米。侈口，弧腹较浅。喇叭形足，足中间出节，足端出一小高台。白胎细腻，胎体较薄。白釉光亮泛青，内底青花绘八瓣花一朵，外壁绘赶珠三爪龙纹，青花发色浓艳（图四）。

图三　青花梅月纹靶盏：标本
12JHT14D2：1

图四　青花龙纹靶盏：标本
14JHT13H2：300

图五 青花栀子花纹小罐：标本　　　　　图六 青花莲池纹匜：标本
13JHT17F12：225　　　　　　　　　　12JHT16F12：228

4.青花栀子花纹小罐：标本 13JHT17F12:225，口径 5 厘米，高 7.8 厘米。鼓腹，平底，盖做成荷叶形。腹部青花绘缠枝栀子纹，底部绘莲瓣纹，盖顶绘荷叶茎纹，青花发色偏灰（图五）。

5.青花莲池纹匜：标本 12JHT16F12:228，口径 13.6 厘米，底径 8.2 厘米，高 4.5 厘米。敞口，深弧腹，平底，一侧为宽槽型短流，口沿处刮釉一周为芒口。白胎细腻，胎体较薄。釉微泛青，施釉及底。内壁青花绘缠枝花卉一周，内底心绘莲池纹，外壁绘变形莲瓣纹（图六）。

6.青花六棱形镂空器座：标本 12JHF12:239，口径 7.5 厘米，足径 8 厘米，高 8.5 厘米。折沿，束颈，鼓腹，下腹斜直，花瓣状足外撇。器座为镂空形，顶部有一大圆孔，腹部有六个花瓣形镂空。白胎细腻，胎体较厚。釉泛青，略失光。顶部青花描边，颈部绘卷草纹，镂空处青花描边，足部青花绘卷云纹，青花发色偏灰（图七）。

7.青花缠枝菊纹爵残片：标本 12JHT13H2:516，残高 8.6 厘米。口沿绘缠枝菊纹，腹部绘蕉叶纹，形制规整（图八）。

第二组青花瓷

图七 青花六棱形镂空器座：标本　　　图八 青花缠枝菊纹爵残片：标本
12JHF12：239　　　　　　　　　　12JHT13H2：516

图九　青花莲池纹大碗：
标本 T13H2：375

1.青花莲池纹大碗：标本 T13H2:375，口径 29.8 厘米，底径 10 厘米，高 12.5 厘米。侈口，深弧腹，圈足，足底心微凸。白胎细腻，胎体较厚，白釉光亮闪青。该器外壁上部青花绘缠枝花卉纹一周，下部绘变形莲瓣纹，内壁口沿绘卷草纹，内底部绘三组"一束莲"纹，此类纹饰为元青花最常见（图九）。

2.青花十字杵纹碗残片：标本 13JHT1 ④ b:1，足径 7.4 厘米，残高 2.8 厘米。碗心青花绘十字杵纹，纹饰彩绘精细。白胎细腻，胎体较厚，白釉光亮闪青，青花发色浓艳（图一〇）。

3.青花龙纹碗残片：标本 12JHF12:136，残宽 5.8 厘米，残高 3 厘米。腹部残片。白胎细腻，胎体较厚。外壁青花绘带状缠枝花绘一周，内壁绘龙纹，龙为五爪（图一一）。标本 12JHT3: ④ b:303，足径 8.8 厘米，残高 2.8 厘米。底部残片。白胎细腻，胎体较厚，釉色光亮泛青，青花发色浓艳，碗底青花绘海水地白龙纹，龙为五爪（图一二）。

4.青花麒麟纹折沿盘：标本 13JHF3 ⑤ :24，口径 37 厘米，足径 21.6 厘米，高 7.2 厘米。折沿，曲腹，圈足，圆唇，宽折沿上翘，腹较曲，圈足较矮，挖足浅，足外壁斜削。白胎细腻，胎体厚。白釉微青，光亮，布细碎开片。外壁青花腹部绘缠枝莲纹一周，内壁折沿处绘织锦纹，腹部绘缠枝莲纹，内底绘芭蕉竹石麒麟纹（图一三）。

5.青花鱼藻纹梅瓶残片：标本 12JHT15 ④ a:1，残高 12 厘米，宽 14 厘米。肩部绘变形莲瓣一周，莲瓣内饰杂宝，其下绘缠枝牡丹一周，梅瓶中部绘鱼藻纹，纹饰彩画精细，青花色彩浓艳（图一四）。标本 12JHT16 ④ 4a:48，残长 6.5 厘米。为梅瓶腹部残片。绘青花鳜鱼，色彩艳浓，可能为上述梅瓶一部分（图一五）。

图一〇 青花十字杵纹碗残片：
标本 13JHT1④b：1

图一一 青花龙纹碗残片：
标本 12JHF12：136

图一二 青花龙纹碗残片：
标本 12JHT3④b：303

图一三 青花麒麟纹折沿盘：
标本 13JHF3⑤2：4

图一五 青花鱼藻纹梅瓶残片：
标本 12JHT16④a：48

图一四 青花鱼藻纹梅瓶残片：
标本 12JHT15④a：1

6.青花人物纹梅瓶残片：标本 12JHT15 ④ a:25，残高 12 厘米。肩腹部残片。肩部绘变形莲瓣一周，莲瓣内饰杂宝，其下绘缠枝牡丹一周，腹部绘有松枝纹，似为人物故事题材纹（图一六）。标本 12JHT15 ④ a:26，残长 24.6 厘米，残高 13.5 厘米。腹部残片，丰肩，腹瘦长。白胎细腻，胎体较厚，露胎处呈浅黄色，内壁不施釉，内壁可见明显接痕。肩部绘缠枝莲纹，腹部绘一手执鞭状人物。青花发色浓艳（图一七）。标本 12JHT15 ④ a:27，残长 24.2 厘米。腹部残片。胎白细腻，胎体较厚，内壁不施釉，有接痕。腹部纹饰可见树木、山石、草丛、鸟笼，为人物故事背景纹饰（图一八）。标本 12JHT15 ④ a:42，残宽 15 厘米。腹部残片。胎白细腻，胎体较厚，内壁不施釉。肩部绘缠枝牡丹纹，腹部纹饰见有松枝、云气、人物头部（图一九）。标本 12JHT16 ④ a:49，残高 6.5 厘米。腹部残片。胎白细腻，胎体较厚，内壁不施釉。腹部绘有人物头部（图二〇）。标本 12JHT16 ④ a:50，残宽 6.5 厘米。腹部残片。胎白细腻，胎体较厚，内壁不施釉。腹部绘有胡人头部（图二一）。

图一六　青花人物纹梅瓶残片：
标本 12JHT15 ④ a：25

图一七　青花人物梅瓶残片：
标本 12JHT15 ④ a：26

图一八　青花人物梅瓶残片：
标本 12JHT15 ④ a：27

图一九　青花人物纹梅瓶残片：
标本 12JHT15 ④ a：42

图二○　青花人物纹梅瓶残片：
　　标本 12JHT16 ④ a：49

图二一　青花人物纹梅瓶残片：
　　标本 12JHT16 ④ a：50。

　　7.青花云龙纹梅瓶残片：标本 12JHT16F12:3，残高 30.8 厘米。腹部残片。胎白细腻，胎体较厚，内壁不施釉。肩部绘变形莲瓣一周，莲瓣内饰杂宝，腹部绘三爪云龙纹（图二二）。标本 12JHT16 ④ a:7，残高 21.5 厘米。腹部残片。胎白细腻，胎体较厚，内壁不施釉。肩部绘变形莲瓣一周，莲瓣内饰杂宝，腹部绘三爪云龙纹。内壁可见明显接痕（图二三）。标本 12JHF12:209，残高 7.8 厘米。底部残片。胎白细腻，胎体较厚。底部绘变形莲瓣纹（图二四）。标本 12JHF12:210，残高 12 厘米。底部残片。胎白细腻，胎体较厚。底部绘海水纹（图二五）。

图二二　青花云龙纹梅瓶残片：
　　标本 12JHT16F12:3

图二三　青花云龙纹梅瓶残片：
　　标本 12JHT16 ④ a:7

图二四　青花云龙纹梅瓶残片：　　　　　　图二五　青花云龙纹梅瓶残片：
　　　标本 12JHF12：209　　　　　　　　　　　标本 12JHF12：210

　　8.青花"关"字铭大罐残片：标本 13JHT16④a:46，残高 15 厘米。腹部残片。从旗子上青花书"关"字看，所绘当为关云长旗，为三国故事题材。青花发色浓艳（图二六）。

　　9.青花鱼藻纹大罐残片：标本 1，13JHT16F12:193，残宽 32.3 厘米。腹部残片。所见青花绘有荷叶、莲花、水草、慈姑、鱼纹，其青花渲染的荷叶色彩浓艳，较为罕见（图二七）。标本 2，12JHT16F 12:203，残高 18.5 厘米。腹部残片。所见青花绘有荷叶、慈姑、鲢鱼纹，青花色彩浓艳（图二八）。标本 3，13JHT15④a:32，残高 19 厘米。腹部残片。所见青花绘有荷叶、莲花、水草、慈姑、鱼纹，底部绘卷草、莲瓣纹，青花色彩浓艳（图二九）。

　　10.青花荷叶形罐盖：标本 12JHT15④a:29，直径 25 厘米，高 6 厘米。口沿多曲而上翘，拱形顶，顶部平，中心微下凹，有钮，子口较高，口部宽平。盖面青花装饰，可分为荷叶

图二六　青花"关"字铭大罐残片：　　　　　图二七　青花鱼藻纹大罐残片：
　　　标本 13JHT16④a:46　　　　　　　　　　　标本 13JHT16F12:193

图二八　青花鱼藻纹大罐残片：　　　　图二九　青花鱼藻纹大罐残片：
　　标本 12JHT16F 12∶203　　　　　　　标本 13JHT15 ④ a∶32

脉络纹和莲池纹，其中荷叶脉络纹比例超过 80%。白胎细腻，胎体较厚。白釉光润泛青，有少量开片，沿内施釉不均，有流釉痕迹。盖面青花绘荷叶脉络纹，青花发色浓艳（图三〇）。

　　11.青花龙纹方形扁壶瓷片：标本 12JHT16F12∶7，残高 24.3 厘米。该器形制仿自 14 世纪伊斯兰金属器，较为罕见，在元代窑址中出土极少（图三一）。

　　12.青花莲瓣纹器盖：标本 12JHT16F12∶227，口径 17 厘米，高 3.4 厘米。盖中心部青花绘莲瓣纹（八大码）一周，莲瓣内绘一朵莲，口沿饰织锦纹一周。直口，拱形顶，顶部出台。白胎细腻，胎体较薄。白釉微青，内壁施釉，口沿处刮釉规整。青花发色浓艳。口沿处粘有窑汗（图三二）。

　　13.青花竹石纹盒瓷盒残片：标本 12JHT16F12∶40，残高 6.3 厘米。外壁委角形，上为涩胎子口。壁绘竹枝、湖石纹，纹饰精细（图三三）。

　　14.青花缠枝莲纹盒残片：标本 12JHT16F12∶1，残高 4.8 厘米。外壁委角形，上为涩

图三〇　青花荷叶形罐盖：标本　　　　图三一　青花龙纹方形扁壶瓷片：
　　12JHT15 ④ a∶29　　　　　　　　　　标本 12JHT16F12∶7

图三二　青花莲瓣纹器盖：
标本 12JHT16F12：227

图三三　青花竹石纹盒瓷盒残片：
标本 12JHT16F12：40

图三四　青花缠枝莲纹盒残片：
标本 12JHT16F12：1

胎子口，壁绘缠枝莲纹，纹饰精细（图三四）。

　　以上第一组青花瓷，器型较小，青花发色偏灰，与过去出土的所谓"菲律宾型"一致。第二组青花瓷器型规整，有的形制硕大，纹饰特异，青花发色浓艳，应属所谓"伊朗型"青花瓷。此次出土的元青花以第二组青花瓷最为重要，因为过去发掘出土的青花瓷与第一组青花瓷相同。以前一直以为，落马桥窑址烧造的元青花是以"菲律宾型"青花瓷为主，其性质远没有湖田窑出土的元青花重要，而从此次出土的第二组青花瓷来看，落马桥烧造的元青花与湖田窑烧造的"伊朗型"元青花瓷同样重要，尤其是其中的青花五爪龙纹碗、麒麟纹大盘、人物纹梅瓶、花卉纹大罐、龙纹扁壶等标本非常罕见，值得深入研究。

三　"御土""御土窑"与元青花

　　以上两组元青花瓷中，第一组不仅在落马桥以前有出土，在景德镇其他元代窑址亦很常见。第二组青花瓷在景德镇其他元代窑址则非常罕见，其中许多标本可与现今收藏在伊朗和土尔其的元青花相印证，属元青花中的精品，它似乎非一般普通民窑制品，那么它究竟是怎样一种性质的产品呢？

　　近年来许多学者从不同角度就这类元青花的性质展开过讨论，我以为，在讨论这类青花瓷性质时，对产生这类青花瓷的工艺技术背景做一考察很有必要。我们知道在这类器型硕大的青花瓷出现以前，景德镇地区还没有烧造过这种大型的器皿，宋代的大盘直径最大的约 20 厘米，瓶罐类最高约 30 厘米，这是因为宋代制瓷原料采用单一瓷石制胎，其氧化铝含量在 18% 左右，难于烧造出形制硕大的器物（易变形），所以宋代也就不见有这类大器。元代以后情况则不同了，许多大盘直径都超过 30—40 厘米，有的竟达 50 厘米，且盘的底部也较厚，瓶罐高度也超过 35 厘米，这说明当时的制瓷工艺发生了很大变化，其变化的原因与元代采用高岭土制瓷有关。

高岭土是一种含氧化铝（Al_2O_3）很高的黏土（一般在 40% 左右），过去普遍认为景德镇地区元代开始引进高岭土制瓷，即所谓"二元配方"法制瓷[2]。但是，最近我们对落马桥出土的宋末和元初青白瓷胎釉做了检测分析，发现宋末和元代青白瓷瓷胎氧化铝含量达 20% 以上，与景德镇周边瓷石原料氧化铝含量不超过 18% 比较来看，落马桥用于制青白瓷的胎土原料中就应该有高岭土的成分，也就是说宋末元初这里已开始使用"二元配方"了[3]。

高岭土加入到瓷土中制胎（即"二元配方"）可提高瓷胎的烧造温度，减少瓷器在烧造过程中的变形，器型硕大的瓷器需要掺入这种高氧化铝黏土制胎，才能保证在高温烧造过程中不变形，这种高岭土应该就是文献中所指的"御土"，如：元孔齐《静斋至正直记》卷二记："饶州御土，其色白如粉垩，每岁差官监造器皿以贡，谓之御土窑。烧罢即封，土不敢私也。或有贡余土作盘、盂、碗、碟、壶、注、杯、盏之类。白而莹，色可爱，底色未著油药处，犹如白粉，甚雅。"[4] 同书卷四记："在家时，表兄沈子成自余干州归，携至旧御土窑器径尺肉碟二个，云是三十年前所造者，其质与色绝类定器之中等者，博古者往往不能辨。"[5] 明曹昭《格古要论·古窑器论》记："御土窑者，体薄而润最好。有素折腰，样毛口者体虽薄（一作厚）色白且润尤佳，其价低于定器。"[6]

上揭文献中"饶州御土，其色白如粉垩"的"御土"，显然是指高岭土。所谓"御土窑""其质与色绝类定器之中者"，显然是指采用这种高岭土烧制的瓷器。"御土窑者，体薄而润最好……色白且润尤佳，其价低于定器"，从文意看，显然是指由"御土窑"烧制的可与"定器"相比的卵白瓷。

孔齐《静斋至正直记》成书年代大致在元顺帝至正二十五年（1365 年），若按所言"云是三十年前所造者"，当是 1335 年元顺帝至顺癸酉年，也就是说早在 1335 年的元代中期"旧御土窑器"即卵白瓷或枢府铭器已出现了。此次落马桥元代中期地层出土卵白釉堆塑龙纹碗（图三五）、印五爪龙纹劝盘（图三六）、枢府铭碗、刻五爪龙纹大盘等，当都是御土

图三五　卵白釉堆塑龙纹碗

图三六　印五爪龙纹劝盘

图三七　刻五爪龙纹大盘：
标本 13JHT21 ④: 32

窑烧制的"其质与色绝类定器"产品。尤其是其中刻五爪龙纹大盘标本 13JHT21 ④ :32（图三七），其形制硕大，胎白而厚，与元青花大盘形制相似，当为御土窑中的"类定器"之精品。

我们知道，元青花瓷是以天然钴料为着色剂，钴料是一种含 CoO、MnO_2 和 Fe_2O_3 的复合物，青花所显的蓝色不光是纯氧化钴的着色效果，而是钴、铁、锰综合元素的结晶，钴中铁、锰、铜比例以及包含的硅、铅、钾、钠、钙、镁比例不同，都会对青花色调产生影响，青花瓷的烧造温度需要在 1300℃ 左右，掺入高岭土后才可达到这样的温度，所以说落马桥优质"御土"的使用，为元青花的烧造成功提供了工艺条件，元青花显然是"御土窑"产品之一。

四　"烧罢即封"和"有命则供，否则止"

元人孔齐《静斋至正直记》记"烧罢即封，土不敢私也"，明万历二十五年《江西大志·陶书》记"宋以奉御董造，元泰定本路总管监陶，皆有命则供，否则止"[7]，联系两则文献记载可知：所谓"烧罢即封，土不敢私也"，就是"饶州御土"，为朝廷所垄断，是专门烧造皇家御用器皿的专用土，一旦烧造任务完成，御土便要封存，私下不许使用，朝廷有命令（或任务），再行烧造，否则停烧。

高岭土（御土）和瓷土是单独使用的两种类型的制瓷原料，制坯前是分别储存的，因高岭土不易采得，比瓷土贵重，所以由官方垄断，列为"御土"。由此可知，朝廷对御土的使用及管理，是非常严格的。所谓"烧罢即封"显然不是指封存"御土窑"，而是封存"御土"，那么，我们就容易理解下文"或有贡余土作盘、盂、碗、碟、壶、注、杯、盏之类""每岁遣官造器皿以贡"，很显然，所言"御土窑"的产品与"贡余土"的产品是在同一窑场里生产的，在受朝廷指定烧制"御土"贡器之后，也可烧造盘、盂、碗、碟、壶、注、杯、盏之类的产品。其"御土窑"既同时符合朝廷"有命则供，否则止"的贡御制度，又适应了民窑窑场自身属性的实际状况，也就是说，烧造御土窑时就取用储存在作坊里的"御土"，平时就封存起来。这样我们就理解了上引文献的含义，以及为什么落马桥窑址既烧造了大量普通民窑略为粗糙的制品（第一组青花瓷），也同时烧造了部分"御土窑"的精品（第二组青花瓷）。

从对上引文献"烧罢即封，土不敢私也""有命则贡，否则止"的解读，可知"御土窑"烧造活动不是长年累月都有，而是当朝廷"有命"的情况下才产生，生产完之后"御土"也要封存，不得私用。由此可见，"御土窑"的窑场似乎不像明、清御厂那样有专门独立的厂址，因为如果有专有厂址，就用不着烧造完贡瓷之后，便要封存御土，怕别人私用了。

五　浮梁磁局与"御土窑"及落马桥窑场

元世祖忽必烈于灭宋前一年，至元十五年（1278 年）在距京城数千里之遥的景德镇设置"浮梁磁局"。浮梁磁局，其冠名取之于浮梁县地名，元代景德镇隶属浮梁县。但是浮梁磁局当时却并不由浮梁县管辖，而是由中央政府工部或将作院管辖。磁局虽然于至元十五年便成立了，但将作院则于至元三十年始置。至元十五年以前，即将作院成立之前，参照《元史》工部条记载的职能，可能其时的磁局由工部管辖[8]。

《元史·百官四·将作院》："浮梁磁局，秩正九品。至元十五年立。掌烧造磁器，并漆造马尾棕藤笠帽等事。大使、副大使各一员。"[9] 其时的将作院下属有府、司、所、局、院、库等机构，其中局有 21 所，而以地域冠名的除上都金银器盒局之外，便是浮梁磁局了。而这些局属的官员官阶品秩，似乎又以浮梁磁局最低。

元廷在千里之外的景德镇设置这样一个品秩级别不是很高的机构，似乎有某种特别的原因。陶瓷学界一般认为磁局的设置与元代"国俗尚白"有关[10]。笔者根据新近发现的一些资料，似乎可看出还有更为直接的原因。

20 世纪 80 年代，湖田窑曾出土卵白釉印"玉"字铭小足盘[11]（图三八）。1999 年，江西省文物考古研究所在湖田窑刘家坞堆积发现三件内壁印"玉"字铭卵白釉高足杯及一大批卵白釉瓷器。据介绍，该杯内底印栀子花和八吉祥纹，内壁印五爪、四爪龙纹，发现者根据地层和器物特征判定为元早期遗物，印证相关文献认为是元朝"玉宸院"在景德镇定烧的专用祭

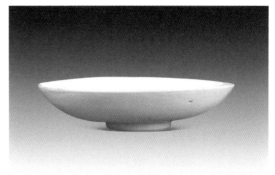

图三八　湖田窑出土印"玉"字铭卵白釉小足盘

器[12]。笔者认为其推论是有根据的。此次在落马桥元代早期地层也发现有印"玉"字的卵白釉瓷，可与湖田窑遗物相印证。

《元史·百官一·礼部》："仪凤司，秩正四品。掌乐工、供奉、祭飨之事。至元八年，立玉宸院，置乐长一员，乐副一员，乐判一员。二十年改置仪凤司，隶宣徽院……大德十一年，改升玉宸乐院……至大四年，复为仪凤司。"[13]

根据该条文献，得知其印"玉"字铭的高足杯，烧造上限在至元八年（1271年），下限不晚于至大四年（1311年），因至大四年之后玉宸院改为仪凤司。而根据"玉"字铭器及同时出土的一大批卵白釉高足杯来看，其釉色白中泛青，器足细长，均有元代早期特征。因此我认为该类器物可能是至元八年成立的"玉宸院"在至元十五年浮梁磁局成立之初定烧的祭器。《元史》卷七二《祭祀一》"郊祀上"条载"元兴朔漠，代有拜天之礼。衣冠尚质，祭器尚纯，帝后亲之，宗戚助祭……世祖中统二年（1261年），亲征北方。夏四月已亥，躬祀天于旧桓州之西北。"[14]又载："至元十二年十二月，以受尊号，遣使豫告天地，下太常检讨唐、宋、金旧仪，于国阳丽正门东南七里建祭台，设昊天上帝、皇地祇位二，行一献礼。自后国有大典礼，皆即南郊告谢焉。"[15]又载器物之等，其目有八："三曰笾豆登俎……匏爵一，有坫，沙池一，青瓷盘一。"[16]

据上引文献可知，元初世祖中统始便十分重视祭祀之礼，亲自参与祭祀活动；祭礼用器尚"纯"，那么质地纯白的祭器肯定是元廷追求的；元廷有祭器用青瓷的记录，说明瓷器是元代祭祀中使用的器物之一。因此，根据以上实物和文献推断，浮梁磁局的设置很可能与当时元廷需要质"纯"的祭器有关，那么湖田窑、落马桥烧造的"玉"字铭器，很可能就是磁局烧造的第一批制品。

这些带"玉"字铭的卵白瓷与印"枢府"铭的器物胎釉形制相同，大多出土于同一地层，应属同一类型的产品。成书于明洪武二十年的《格古要论》记："御土窑者，体薄而润最好，有素折腰样，毛口者，体虽薄（一作厚），色白且润尤佳，其价低于定器，元朝烧小足印花者内有枢府字者高，新烧大足素者欠润。"[17]曹昭说的这种瓷器就是元代卵白釉瓷，后被人们称为"枢府窑"，与"御土窑者"应是同一产品。所以，无论是湖田窑出土的带"玉"字铭卵白瓷，还是落马桥出土的这种相同类型的卵白瓷，应该都是浮梁磁局烧造的早期产品，亦即"御土窑"器。

在确定了落马桥使用了"御土"，并烧造了"御土窑"器之后，落马桥窑场与浮梁磁局的关系就容易理解了。

我们先从考察浮梁磁局工匠入手。首先来看磁局的工匠人数，参照《元史》卷八五《百官一》工部所属"大都染局，大使秩从九品，管人匠六十有二户"的记载[18]，以及《元史》卷八二《选举二》"凡匠官，至元九年，工部验各管户数，二千户之上至一百户之上，随路管匠官品级……凡一百户之下管匠官资品，受上司劄付者，依已拟充院长。已受宣牌充局使者，比附一百户之上局使资品递降，量作正九资品"的记载[19]，可见，其时浮梁磁局的工匠百户不等。有学者根据《元典章》的有关记载，认为元至元二十四年左右浮梁磁局拥有匠户 500 至 1000 户 [20]。

如果以上推论合理，磁局长年起码就有百余户工匠从事瓷器的制造，那么他们在什么场所制瓷呢？一个要容纳数百窑户的作坊可不是小地方，据载明御窑厂长年也只有三百余名工匠 [21]，元代磁局在初创时期要有一个这样大规模的窑场不是一个简单的事。根据制瓷工艺过程推知，从原料、成型、装饰到烧造，这一基本工艺过程，同时需要好几个作坊配合才能进行生产，元代初期在景德镇设置浮梁磁局，马上建起一个能集中容纳这么多工匠的独立官窑作坊是难以想象的。到目前为止，景德镇地区还没有发现这样大规模的元代遗存。因此，元代在景德镇设置浮梁磁局之初，是不可能有这样大规模独立官窑作坊的，很可能是利用了当时较好的民窑作坊，将这些工匠分散在这些作坊中进行官窑制作。

落马桥窑址在元代很可能就是承担浮梁磁局烧造任务的窑场之一，我们似可从此次发掘出土的元代遗物中获得一些证据。此次元代地层出土有：标本 12JHT13H2:517 蓝釉金彩玉壶春残片，卵白釉刻五爪龙纹大盘，青花五爪龙纹碗，青花墨书和青花书八思巴文碗等（图三九）。标本 14JHT13H2：517 墨书八思巴文碗（图四〇）与 20 世纪 80 年代出土的青花书"宅端午置"碗（图四一）上的八思巴文相同，印证同一地层出土的汉字墨书"汪宅"铭器，可知青花八思巴文字也可能是姓氏。检《元代八思巴文百家姓》，"㘝"通朱、祝、诸、竺汉字 [22]。元世祖忽必烈即位后，令藏传佛教高僧八思巴创制了蒙古新字，八思巴文有音无意，类似

图三九　蓝釉金彩玉壶春残片：
标本 12JHT13H2：517

图四〇　墨书八思巴文：
标本 14JHT13H2：517

图四一　青花书"宅端午置"

图四二 墨书"汪宅"铭卵白釉底足

图四三 "局用"铭明初官窑残器

音标，无四声区别。至元六年（1269 年），忽必烈将蒙古新字作为官方的法定文字颁行天下，"自今以往，凡有玺书颁降者，并用蒙古新字，仍各以其国字副之"[23]，上述标本应该是工匠使用的遗物，其中书写汉字"汪宅"（图四二），应是汉人使用的，书写八思巴文的应该是蒙古人或其他外来匠户使用的，很有可能是蒙古人或阿拉伯工匠使用的器物。这说明落马桥窑场绝非普通民窑作坊，在这个作坊里云集了来自四面八方的官匠。根据以上推测，是否可推定落马桥窑场就是一个制作"御土窑"的窑场呢？或进而推定它就是一个由浮梁磁局管辖的窑场呢？从上述金彩、五爪龙纹等标本看，参照《元史》中禁止民间使用双角五爪龙纹以及《元典章》中禁止民间使用描金、贴金器物的命令，可知这些遗物当是官用器物，说明落马桥是一个生产宫廷用瓷的窑场，这些遗物应该就是"御土窑"之产品。

2003 年明御厂北麓发掘中，发现了大量元代青花、青白釉、卵白釉残片，这些标本的器型与纹饰均有官窑特征，同时发现有一刻"局用"铭的明初官窑残器[24]（图四三）。考"局用"一词似延用了元代的习语，如《元秘书监志·秘书库》："著作局用，条床六个，条卓一十个"[25]，可见明初御窑厂还沿袭了元代磁局的称谓。由此推断，明御窑厂的前身性质与落马桥窑址一样，当是浮梁磁局管理的窑场之一。

落马桥既烧造了上述官窑性质的瓷器，同时又烧造大量的较为粗糙的青花、白釉瓷等，可见该窑场当时是官、民窑器同时烧造的场所，由此可窥测当时浮梁磁局的一些情况：上述湖田窑、御窑厂北麓、落马桥等窑址出土了所谓"御土窑"遗物，可见元代的官窑器与民窑器均出自同一窑场，当时还没有相对独立的官窑场。将"御土""御土窑""浮梁瓷局"联系起来观察，浮梁磁局是在民窑场烧造官用瓷器的。

六 落马桥出土元青花的烧造年代与性质

关于落马桥出土元代青花瓷的烧造年代，根据此次考古发掘的地层资料可作初步判断。从出土资料看，其地层从南宋末至清末民初可分为六个阶段，以下根据元青花的出土情况着重介绍宋末至明初三个阶段出土资料。第一阶段为宋末元初，主要以青白瓷为主，另有少量白瓷；器型以碗盘为主，另有少量鸟食罐、香炉、骰子、盒盖、盏托、小雕塑等。器物特点是釉色比较莹润，胎体较薄，大多刻花或模印图纹，碗多平底，多为芒口，器物圈足内有鸡心足现象，露胎处显火石红。第二阶段为元代中晚期，前段以青白瓷和卵白瓷为主，后段出土一定数量青花瓷，以及少量蓝釉和极少量釉里红瓷，器型丰富，制作精细。青白瓷和卵白瓷特点是胎白坚致而较厚重，施釉略厚，不透明，多模印图案，图案多为云龙纹、卷草纹、花卉等。圈足或饼足，圈足足壁较厚，足外撇，足心有小乳突。青花瓷器特点是大器者胎体厚重，小件轻薄，色白致密，露胎处现火石红，透明釉白中闪青，青花颜色浓艳鲜亮，色浓处有黑褐色斑点，纹饰层次多，部分属"至正型"青花瓷。器型有盘、碗、高足杯、瓶、罐、炉，还有执壶、扁执壶、匜、砚滴、笔山等[26]。从地层出土资料看，南宋至元早期地层没有发现青花瓷，青花瓷出土于元代中后期地层。

关于元青花的具体烧造年代可根据此次出土以及相关资料作进一步推断，从出土元青花的地层关系看，文化层第⑦、第⑥层没有青花瓷，第⑤、第④层出土有青花瓷，第⑤层出土的青花瓷，叠压在有须弥座天井的房址12JHT16F12之上，该房址与湖田窑出土95B•F45元代房址遗迹相同[27]，房址下叠压着卵白釉瓷与芒口印花碗、靶盏，而这类器物与新安海底沉船中的器物一致（图四四、四五），因新安沉船出水有墨书"至治三年六月一日"木简，沉船中亦不见有青花出土[28]，故推知此次落马桥出土的元青花的烧造年代上限不会早于至治三年（公元1323年）的沉船器物年代。

关于落马桥出土的元青花瓷性质，根据产品特征看，其胎釉和纹饰有精有粗，大致可按上述介绍的元青花分成两大类。第一类青花瓷，纹饰较为简单，胎釉略粗，青花发色偏灰，器型略小，产量较大，国内及东南亚与菲律宾多有出土，属"菲律宾型"青花瓷，应为普通民窑产品。第二类青花瓷，器型规整、硕大，有的造型特异，有的仿伊斯兰金属器造型，其纹饰彩绘精细，有的绘五爪龙、海马、火珠、十字杵、杂宝、八大码纹等特殊纹样，青花发色浓艳，属"至正型"青花瓷，应为浮梁磁局烧造的官窑制品。在前面讨论了御土与御土窑、浮梁磁局与落马桥窑场的关系之后，我们对这类元青花瓷性质就有了进一步了解。

七　结语

此次发掘出土的第一组青花瓷与过去出土的元青花瓷相同，属"菲律宾"型青花瓷。而第二组青花瓷非常罕见，尤其是其中的青花五爪龙纹碗、麒麟纹大盘、人物纹梅瓶、花卉纹大罐、龙纹扁壶等标本，与湖田窑烧造的"至正型"元青花瓷相同，是此次出土青花瓷中的重要遗物。由于落马桥窑址优质"御土"的使用，为元青花的烧造提供了工艺条件，元青花显然属"御土窑"产品之一。根据出土资料对相关文献的解读，可知"御

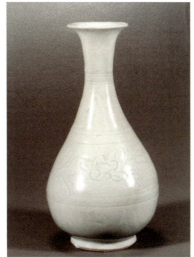

图四四　新安沉船出土元代瓷器

图四五 落马桥出土元代瓷器

土窑"烧造活动不是长年累月都有，而是当朝廷"有命"的情况下才生产，生产完之后"御土"要封存，不得私用，"御土窑"的窑场似乎不像明、清御厂那样有专门独立的厂址，落马桥当属于这种性质的窑场。

落马桥既烧造了官窑性质的瓷器，同时又烧造了大量略为粗糙的青花、卵白釉瓷，可见该窑场当时是官、民窑器同时烧造的场所，从"御土""御土窑""浮梁瓷局"联系起来观察，可见当时的磁局可能是在民窑督造官用器的。

关于元青花的具体烧造年代根据此次发掘以及相关资料推断，落马桥出土的元青花的烧造年代上限不会早于至治三年（1323 年）的沉船器物年代。第二组青花瓷与湖田窑、明御窑厂北麓出土的"至正型"青花瓷相同，应属浮梁磁局烧造的官窑制品。

注　释

［1］刘新园：《景德镇瓷窑遗址的调查与中国陶瓷史上的几个问题》，《景德镇出土陶瓷》，香港大学冯平山博物馆，1992 年。

［2］刘新园、白焜：《高岭土史考——兼论瓷石、高岭与景德镇 10 至 19 世纪的制瓷业》，《中国陶瓷》1982 年第 7 期。

［3］翁彦俊、崔剑峰、江建新：《景德镇落马桥出土南宋和元代青白瓷胎釉分析》，《冰肌玉骨——景德镇历代白瓷》，广东人民出版社，2015 年。

［4］（元）孔齐：《静斋至正直记》，上海古籍出版社，2012 年，第 100 页。

［5］（元）孔齐：《静斋至正直记》，上海古籍出版社，2012 年，第 100 页。

［6］（明）曹昭：《格古要论》卷七《古窑器论》，明洪武二十五年刊本，第 2425 页。

［7］（明）王宗沐：《江西省大志》卷七《陶书·建置》，日本内阁文库本，第 3 页。

［8］江建新：《元青花与浮梁磁局及窑场》，《中国国家博物馆馆刊》2013 年第 6 期，第 76—86 页。

［9］《元史》卷八八《百官四》，中华书局，第 2227 页。

［10］刘新园：《元代窑事小考（一）——兼致约翰艾惕思爵士》，《景德镇陶瓷学院学报》1981 年第 1 期，第 67—69 页。

［11］《景德镇出土陶瓷》，香港大学冯平山博物馆，1992 年，图版 131。

［12］肖发标、徐长青、李放：《湖田刘家坞"枢府窑"清理报告》，《南方文物》2001 年第 2 期，第 6—14 页；肖发标：《湖田窑发现元代"玉"字款卵白瓷高足杯》，《南方文物》2001 年第 2 期，第 73—76 页。

［13］《元史》卷八五《百官一》，中华书局，第 2138 页。

［14］《元史》卷七二《祭祀一》，第 1781 页。

［15］《元史》卷七二《祭祀一》，第 1781 页。

［16］《元史》卷七二《祭祀一》，第 1798 页。

［17］（明）曹昭：《格古要论》卷七《古窑器论》，明洪武二十五年刊本，第 2425 页。

［18］《元史》卷八五《百官一》，按：校勘记十四《元典章》卷七《官制职品》从七品局大使三百户下一百户上，列大都染局。中华书局，第 2146 页。

［19］《元史》卷八二《选举二》，中华书局，第2050页。

［20］李民举：《浮梁磁局与御土窑》，《南方文物》1994年第3期，第47—48页。

［21］（明）王宗沐：《江西省大志》卷七《陶书·匠役》，日本内阁文库本，第21页。

［22］照那斯图编著：《新编元代八思巴文百家姓》，文物出版社，2003年。

［23］《元史》卷二百二《释老传》，中华书局，第4518页。

［24］刘新园、权奎山、樊昌生：《发掘景德镇官窑》，《文物天地》2004年第4期，第8—19页。

［25］（元）王士点、商企翁：《元秘书监志》卷五，江苏广陵古籍刻印社，1988年，第12页。

［26］江建新、翁彦俊、江小民：《江西景德镇落马桥窑址考古发掘》，国家文物局主编：《2013中国重要考古发现》，文物出版社，2014年。

［27］江西省文物考古研究所、景德镇民窑博物馆编著：《景德镇湖田窑址1988—1999年考古发掘报告》，文物出版社，2007年，第52页。

［28］韩国文化财厅、国立海洋遗物展示馆：《新安船——The Shinan Wreck》，2006年。

明初圜丘与郊祀

黄益飞（中国社会科学院考古研究所）

国之大事，在祀与戎。郊天之祭乃祀中之尤重者，历代统治者都非常重视。历代郊祭中，明初朱元璋所制郊天之礼较为特殊。明初不仅圜丘规制历经多次调整[1]，而且郊祭祀典也多次改定。本文对明初郊天圜丘及郊祀之礼略作考论。

一 吴元年圜丘形制

据《明太祖实录》，元至正二十六年（1366年）十二月小明王韩林儿身亡，十二月己未，朱元璋即与群臣议定次年为吴元年（1367年），并"命有司营建庙、社，立宫室"。吴元年八月，"癸丑，圜丘、方丘及社稷坛成"[2]。

《明太祖实录》《国榷》[3]等皆未记何时议定修建圜丘之事。秦蕙田《五礼通考·吉礼十九·圜丘祀天》引王圻《续文献通考》云：

> 先是丙午（1366年）十二月，定议以明年丁未为吴元年，群臣建言国之所重，莫先于宗庙、社稷，即于是日命有司立圜丘于钟山之阳，以冬至祀昊天上帝。[4]

是至正二十六年已议定修建宗庙、社稷，则亦必建圜丘。

关于吴元年圜丘形制，诸书记载略有差异。今详考于下。

（一）《明太祖实录》所记圜丘形制

《明太祖实录》所记圜丘的形制如下：

> 圜丘在京城东南正阳门外，钟山之阳，仿汉制为坛二成，第一成广七丈，高八尺一寸，四出陛，正南陛九级，广九尺五寸。东、西、北陛亦九级，皆广八尺一寸。……第二成周围坛面皆广二丈五尺，高八尺一寸，正南陛九级，广一丈二尺五寸，东、南、北陛九级，皆广一丈一尺九寸五分。……壝去坛一十五丈，高八尺一寸，甃以砖，四面为灵星门，南

为门三，中门广一丈二尺五寸，左门一丈一尺五寸五分，右门九尺五寸，东西门各广九尺五寸。去墙一十五丈，四面为灵星门，南为门三，中门广一丈九尺五寸，左门一丈二尺五寸，右门一丈一尺九寸五分。东西北为门各一，各广一丈一尺九寸五分。[5]

据《明太祖实录》，吴元年所建圜丘坛位于南京正阳门外东南，圜丘为上、下两成坛，坛外为两重墙。坛体为上、下两成，上成直径7丈（合22.4米），下成通径为上成直径7丈加上纵横5丈，一共12丈（合38.4米）。上下成高皆8尺1寸（合2.592米）。上下成东、南、西、北四面皆有九级陛阶，上下成陛阶的尺寸皆是南面较其他三面宽，而且下成陛阶比上成略宽。上成南面陛阶宽9尺5寸（合3.04米），其他三面宽8尺1寸（合2.592米）。下成南陛阶宽1丈2尺5寸（合4米），其他三面宽1丈1尺9寸5分（合3.824米）。

内墙为圆形（详下）、外垣内方形。内墙直径为下成坛通径12丈加上15丈，一共27丈（合86.4米）。外垣边长为内墙直径27丈加15丈，一共42丈（合134.4米）。内墙、外垣四面皆有灵星门，南面为三门，中门最宽，东门次之，西门最窄。其他三门各一门，尺寸相同。内墙南中门宽1丈2尺5寸（合4米），东门宽1丈1尺5寸5分（合3.696米），西门宽9尺5寸（合3.04米），其他三门的宽度皆与南西门相同。外垣南中门宽1丈9尺5寸（合6.24米），南东门宽1丈2尺5寸（合4米），南西门宽1丈1尺9寸5分（合3.824米）。其他三门的宽度皆与南西门相同。

（二）《存心录》所记圜丘形制
《嘉靖祀典考·郊制》引《存心录》云：

圜丘第一层坛阔七丈，高捌尺一寸，四出陛，正南陛阔九尺五寸，九级。东面陛阔八尺一寸，九级。北面陛阔八尺一寸，九级。西面阔八尺一寸，九级。……第二层坛面周围俱阔二丈五尺，高八尺壹寸，正南陛一丈二尺五寸，九级。东面陛一丈一尺九寸五分，九级。北面陛阔一丈一尺九寸伍分，九级。……墙去坛一十五丈，高八尺一寸，用砖砌。正南灵星门三座，中门阔一丈二尺五寸，左门阔一丈一尺五寸五分，右门东面灵星门阔九尺五寸。北面门阔九尺五寸，西面门阔九尺五寸。……周围外墙去墙一十五丈。正南灵星门三座，中间阔一丈九尺五寸，门外正甬道阔一丈九尺五寸，左门阔一丈二尺五寸，门外左甬道阔一丈二尺五寸，右门阔一丈一尺九寸五分，门外右甬道阔一丈一尺九寸五分，西灵星门阔一丈一尺九寸五分，甬道阔一丈一尺九寸五分，北灵星门阔一丈一尺九寸五分，甬道阔一丈一尺九寸五分。[6]

《存心录》所记圜丘形制与《明太祖实录》相同，但是更为详明。如《存心录》谓：

"周围外墙去墉一十五丈。"《明太祖实录》仅言："去墉一十五丈，四面为灵星门。"二者对读，可知内墉之外有外垣墙，但《存心录》亦未记外垣墙高。

（三）《大明集礼》所记圜丘形制

《大明集礼》所记圜丘形制与《明太祖实录》和《存心录》有差异，《大明集礼》所记圜丘形制如下：

> 国朝为坛二成，下成阔七丈，高八尺一寸，四出陛，正南陛阔九尺五寸，九级。东、西、北陛俱阔八尺一寸。上成阔五丈，高八尺一寸。正南陛一丈二尺五寸，九级。东、西、北陛俱阔一丈一尺九寸五分，九级。坛上下甃以琉璃砖，四面作琉璃栏干。墉去坛一十五丈，高八尺一寸，甃以砖，四面有灵星门。周围外墙去墉一十五丈，四面亦有灵星门。[7]

《存心录》所记与《大明集礼》的差异，嘉靖年间礼臣已经论及。《嘉靖祀典考·郊祀》记礼臣奏议云：

> 臣等谨照《大明集礼》《存心录》《祭祀礼仪》再加考拟，三书所载亦有不能尽同者。如圜丘之制，《集礼》坛上成阔五丈。《存心录》则第一层坛面阔七尺。《集礼》二成阔七尺，《存心录》则第二层坛面周围俱阔二丈五尺，盖《集礼》之二成即《存心录》之一层，《存心录》之二层即《集礼》之一成矣。

今所见钞本《嘉靖祀典考》"七丈"多讹作"七尺"[8]，《日下旧闻考》引《嘉靖祀典考》云：

> 礼臣言：圜丘之制，《大明集礼》坛上成阔五丈，《存心录》则第一层坛阔七丈，《集礼》二成阔七丈，《存心录》则第二层坛面周围俱阔二丈五尺。盖《集礼》之二成即《存心录》之一层，《存心录》之二层即《集礼》之一成矣[9]。

《日下旧闻考》所记《嘉靖祀典》礼臣援引《存心录》所记圜丘尺寸，与《嘉靖祀典考》所引《存心录》及《明太祖实录》相同，自当不误。而且将《大明集礼》所记吴元年上下成圜丘陛阶宽度与《明太祖实录》及《嘉靖祀典考》所引《存心录》对比，亦可佐证《大明集礼》"上""下"二字互倒。另外值得注意的是，《日下旧闻考》并非照录《嘉靖祀典考》原文，而是约括其义。《钦定续文献通考》引《嘉靖祀典考》与《日下旧闻考》全同[10]，则《钦定续文献通考》所引《嘉靖祀典考》即本《日下旧闻录》。

虽然《大明集礼》所记吴元年圜丘尺寸略有讹误，但《大明集礼》绘制了吴元年圜丘的平面图、圜丘祭天神位的陈设图以及祭天之时上帝和配帝祭品陈设图，这对于我们直观认识圜丘的形制及祭祀礼仪有一定的学术价值。由《大明集礼》所绘圜丘、方丘平面图，可知吴元年圜丘内壝为圆形、外垣为方形，而方丘内壝、外垣皆谓方形。举凡坛壝外垣皆谓方形，此为通制，而圜丘、方丘内壝和坛分别筑成圆形和方形，则体现了天圆地方这一古老的盖天学说。学者据《大明集礼》绘制的吴元年圜丘平面图中内壝为圆形，自然可信。而学者或将明初圜丘内壝复原为方形[11]，则不可信据。

（四）《明史》诸书的记载

清代官方文献对吴元年圜丘的记载有不少错误，需要进行辨析。

《明史·礼志一·坛壝之制》记吴元年所建圜丘坛云：

> 明初，建圜丘于正阳门外，钟山之阳。……圜丘坛二成，上成广七丈，高八尺一寸。四出陛，各九级，正南广九尺五寸，东、西、北八尺一寸。下成周围坛面纵横皆广五丈，高视上成。陛皆九级，正南广一丈二尺五寸，东、西、北杀五寸五分。甃砖栏楯，皆以琉璃为之。壝去坛十五丈，高八尺一寸，四面灵星门，南三门，东西北各一。外垣去壝十五丈，门制同。

《明史·礼志》所记圜丘形制与《明太祖实录》及《存心录》叙述方式有所区别。关于下成坛的尺寸，《明太祖实录》谓"第二成周围坛面皆广二丈五尺"，《存心录》则云"第二层坛面周围俱阔二丈五尺"，则第二层坛面直径为5丈，通径为12丈，清楚明了。《明史·礼志》则云"下成周围坛面纵横皆广五丈"，说虽有异，而陈义相同。学者或误会《明史·礼志》记载为"下层坛面，在各个方向都外延出5丈"[12]，如此第二成坛面直径就变成10丈了，通径就是17丈，整整多出5丈，其说恐不可信据。

圜丘坛建于吴元年，《明史》则记为"明初"，这似乎不应看作是明史馆臣将吴纪年纳入明纪年的一种笼统说法，而是误记。对读《钦定续通典》的记载，可以寻见这一讹误的脉络。

《钦定续通典·郊天·明》：

> 明太祖洪武元年（1368年）始建圜丘，定宗庙、郊社礼，岁必亲祀。先是中书省臣李善长等奉敕撰进《郊祀议》，略言王者事天明，事地察，故冬至报天、夏至报地，所以顺阴阳之位也。……今当遵古制，分祀天地于南北郊。冬至祀昊天上帝于圜丘，以大明、夜明、星辰、太岁从祀。太祖从其议，建圜丘于钟山之阳，坛二成，上成广七丈，高八尺一寸，四出陛，各九级。正南广九尺五寸，东西北广八尺一寸。下成周围墙面纵横皆广五丈，高视上成，陛皆九级，一丈二尺五寸，东西北杀五寸五分。……壝去坛十五丈，高八尺一寸，

四面灵星门。……垣去壝十五丈，门制同。[13]

　　据《明太祖实录》，圜丘建于吴元年，而非洪武元年。吴元年八月圜丘建成之后，洪武元年正月初四即于圜丘举行合祭天地之大礼。洪武二年（1369年），李善长等奉敕撰进《郊祀议》，旨在阐明天地分祀之古制，即主张恢复冬至圜丘祭天、夏至方丘祭地之礼。李善长等针对洪武元年正月初四于圜丘坛合祭天地不合古礼的举动，而提出的奏议。而《钦定续通典》所记因果颠倒，以李善长等所议为因，而朱元璋从李善长等议而建圜丘坛为果，应系误记。

　　《明史·礼志》所谓"明初，建圜丘于正阳门外、钟山之阳"，与《明史·太祖本纪》吴元年八月圜丘建成的记载本就矛盾。而《钦定续通典》更误读相关记载，颠倒因果，谬误更甚。从二书记圜丘下成"周围坛面纵横皆广五丈"[14]的表述方式来看，二者当有相同的渊源。《明史》成书虽较《续通典》早，但《续通典》是否直袭《明史》，尚待进一步讨论。

　　《钦定续文献通考·郊社考·郊》云：

　　明太祖吴元年八月，圜丘成。先是丙午岁命有司营建庙社，至是告成。圜丘在京城东南正阳门外、钟山之阳，为坛二成，上成广七丈，高八尺一寸，四出陛，各九级，正南广九尺五寸，东西北广八尺一寸。下成周围坛面皆广二丈五尺，高视上成。陛皆九级，正南广一丈二尺五寸，东西北杀五寸五分。……壝去坛十五丈，高八尺一寸。……四面为棂星门。南三门，中广一丈二尺五寸，左一丈一尺一寸五分，右九尺五寸，东西北各一，皆如右门。外垣去壝十五丈，门制同。南三门，中广一丈九尺五寸，左一丈二尺五寸，右一丈一尺九寸五分。东西北门各一，亦广如右门。

　　《钦定续文献通考》关于吴元年圜丘的记录与《明太祖实录》最为相近，似本诸《明太祖实录》，故而不误。

　　（五）相关问题
　　关于吴元年圜丘还有几个问题需要做进一步讨论。
　　首先，吴元年圜丘形制。据《明太祖实录》，吴元年圜丘是根据汉代郊坛制度设计的。《后汉书·祭祀志上》："（建武）二年（26年）正月，初制郊兆于雒阳城南七里。……采元始中故事。为圆坛八陛，中又为重坛，天地位其上，皆南向，西上。"所谓"采元始中故事"，实即王莽改定的南郊合祭天地，以高帝、高后配祭之礼。然据《后汉书·祭祀志上》刘昭《注补》所引《黄图》，元始年间的上帝坛"圆八觚，径五丈，高九尺"，与建武二年所建二重之坛似还有区别。值得注意的是，吴元年圜丘不仅在形式上因袭了东汉制度，而且祭祀制度也袭用了汉代天地合祀之制（详后）。但是无论东汉圜丘、还是吴元年圜丘皆与古制不合。上古以来，圜丘皆为三成以合盖天家"三天"之说，隋唐圜丘建为四成，已稍违古制[15]。

其次，吴元年圜丘数理思想。上成七丈的设计不知是何缘故，但下成十二丈应合法天之数，这一设计被嘉靖九年改建圜丘时所袭用。上、下两成皆高8尺1寸，应取九九之数，台阶九级亦取老阳九数。上成台阶广9尺5寸，应取九五之数。第二成四面陛阶宽度1丈2尺5寸和1丈1尺9寸5分，则不知何据。

二　吴元年圜丘与明初祭祀

吴元年十二月甲子，朱元璋在新建王宫召见群臣，群臣推戴其称帝。朱元璋第一次祭告上帝，并定于第二年正月四日祭天称帝。《明太祖实录》记吴元年祭天祝辞云：

> 明年正月四日，于钟山之阳设坛、备仪，昭告帝祇，惟简在帝心，如臣可为生民主，告祭之日，帝祇来临，天朗气清。如臣不可，至日当烈风异景，使臣知之。[16]

吴元年八月郊天圜丘已经建成，因此吴元年十二月此次祭告上帝应在圜丘举行。祝词所谓"明年正月四日，于钟山之阳设坛、备仪，昭告帝祇"，也即在圜丘告天。

《明太祖实录》记洪武元年南郊祭天地之事云：

> 正月……乙亥（初四），上祀天地于南郊，即皇帝位，定有天下之号曰大明，建元洪武。上服衮冕，先期告祭，设昊天上帝位于坛之第一成，居东；皇地祇居西，皆南向。各用玉一、币一、犊一、笾、豆各十有二，簠、簋各二。设大明、夜明于坛之第二成。星辰、社稷、太岁、岳镇、海渎、山川、城隍位于壝内之东、西，各用犊一、币一、笾、豆各十，簠、簋各二。……暨行礼，天宇廓清，星纬明朗，众皆欣悦。礼成，遂即位于郊坛南。[17]

从《明太祖实录》的记载中，可以大致窥见洪武元年正月四日朱元璋即位之时，告祭天地的郊祭礼制。圜丘坛第一成昊天上帝与皇地祇东西并列，即天地、神祇同坛共祭。南向郊坛，以东为阳为尊，以西为阴为卑，因此坛的第一成昊天上帝的神位居东，皇地祇的神位居西，第二成大明之神（日）居东，夜明之神（月）居西。

其他诸神祇的神位，可类比洪武十年之后，合祭天地之神位。据《明史·礼志一·吉礼一·神位》，洪武十二年合祀天地神位为：

> 正殿三坛，上帝、皇地祇并南向，仁祖配位在东，西向。从祀十四坛，丹陛东一坛曰大明，

西一坛曰夜明。两庑坛各六：星辰二坛；次东，太岁、五岳、四海，次西，风雨雷电、五镇、四渎二坛；又次天下山川神祇二坛。

参照洪武十二年祭祀神位，可以推测洪武元年正月郊祀，内壝之内应有八坛，其中星辰为二坛，东西各一坛。壝内神位秩次应为：东侧星辰、社稷、岳镇、山川，西侧为星辰、太岁、海渎、城隍。城隍神在明代为阴间衙司，其等级体系是依照当时行政体系建立的，且下级城隍神陪祭上级城隍庙[18]。因此，洪武元年正月郊祀时，城隍应列于壝西。但由于城隍地位较低，在洪武元年之后城隍皆未列入郊祭祀典中。

需要指出的是，这种上下两成的坛制、天地与神祇同坛共祭的祭祀礼制，既不合古三成坛的坛制，也不合天神、地祇分坛而祭的祭祀制度，但却影响深远（详见下文）。

三 洪武四年改建圜丘

洪武四年（1371年）三月改建圜丘之事详载于《明太祖实录》。据《明太祖实录》，洪武四年三月：

丙午，诏改筑圜丘、方丘坛。圜丘坛二成，上成面径四丈五尺，高五尺二寸。下成周围坛面皆广一丈六尺五寸，高四尺九寸。上下二成通径七丈八尺，高一丈一寸。坛址至内壝墙南、北、东、西各九丈八尺五寸。内壝墙至外壝墙，南十三丈九尺四寸，北十一丈，东、西各十一丈七尺。内壝墙高五尺，外壝墙高三尺六寸。[19]

《明史·礼志一·坛壝之制》所记大致相同。

洪武四年所建圜丘坛较吴元年圜丘坛小，但内壝为圆、外垣为方应为定制。而且圜丘坛的内壝在外壝的中部偏北，这一设计理念还需要进一步讨论。

另外，洪武四年三月改筑圜丘坛是针对明中都圜丘坛，还是所有圜丘坛。学者一般认为，朱元璋改筑圜丘坛的旨意包含所有圜丘坛在内。学者最近提出，这一旨意仅仅是针对明中都圜丘而发。后说值得商榷。

首先，从时间上看。明中都圜丘的建造时间为洪武四年正月。据《明太祖实录》，洪武四年正月，"丙寅，建圜丘、方丘、日、月、社稷、山川坛及太庙于临濠"。《钦定续文献通考》亦云："洪武四年正月，建郊坛于中都。"可见洪武四年正月之时，圜丘坛已经建成。而据上揭《明太祖实录》和《钦定续文献通考》，改筑圜丘、方丘坛的诏命发布于洪武四年三月，且未言明针对中都圜丘坛。故而，诏命发布之后，包括中都圜丘坛在内的所有圜丘应该按此诏命重新设计、改建。

另外，从制度上看。明中都和京师皆建圜丘等郊坛，二者既然都称作圜丘，那么其规制应该完全相同，否则就会出现礼制的混乱。

四　从圜丘到洪武大祀殿

《明太祖实录》洪武十年（1377年）八月，"庚戌，诏改建圜丘于南郊。初圜丘在钟山之阳，方丘在钟山之阴。上以分祀天地揆之人情有所未安，至是欲据合祀之典，乃命即圜丘旧址为坛，而以屋覆之，名曰大祀殿"。《明史·礼志二》也有类似的记载。学者以为，朱元璋改圜丘为大祀殿的不外乎"分祀不合人情""以风雨为犹"[20]。事实上，朱元璋改圜丘坛为大祀殿的原因可能并非如此简单，这可能是一次有准备、有目的、分步骤实施的礼制改制。这要从洪武七年增加圜丘从祀神祇谈起。

（一）洪武七年圜丘改制

种种迹象表明，从洪武七年开始，朱元璋可能已经在酝酿天地合祀之事。据《明史·礼志》，洪武元年圜丘神位为："正坛第一成昊天上帝，南向。东大明，星辰次之。西夜明，太岁次之。"据《明太祖实录》，洪武二年圜丘第一成增设朱元璋之父朱世珍陪祭。洪武七年（1374年）七月，朱元璋再次对圜丘从祀诸神及其位次进行调整。据《明太祖实录》：

（七月）甲子，……议增圜丘方丘从祀，更定其仪。圜丘第一成设昊天上帝正位、仁祖淳皇帝配位如旧。第二成东设大明位，西设夜明位。内壝之内，东西各三坛，星辰二坛分设于东、西。星辰之次，东则太岁及五岳坛，西则风雨雷电及五镇坛。内壝之外，东西各二坛，东四海坛，西四渎坛。天下神祇二坛分设于海、渎之次。[21]

洪武七年圜丘祭祀神位，第一成为昊天上帝及朱元璋之父朱世珍之位，与洪武二年所定圜丘神位相同，第二成东、西仅保留了大明、夜明之位，而将太岁和星辰神位下移到圜丘坛下、内壝之内，东、西各设一座星辰坛，东侧星辰坛之南设太岁坛和五岳坛，西侧星辰坛之南设风雨雷电及五镇坛。《大明集礼》卷二所绘"圜丘陈设图"中从祀诸神神位，第一成、第二成与《明太祖实录》相合，圜丘坛下、内壝之内神位则为东为"风雨雷电"，西为"岳镇海渎"，与《明太祖实录》所记不合，不可信据。

洪武元年所定圜丘从祀诸神中大明、夜明、星辰、太岁诸神皆天神，符合以类相从的祭祀原则。洪武二年（1369年）以朱世珍配祭之礼，亦与古制相合。然洪武七年更定的圜丘从祀诸神，除了天神之外，在圜丘坛下、内壝之内东侧增设了五岳坛、西侧增设了五镇坛，在内壝之外东、西两侧分别增设了四海坛、四渎坛，诸神皆方丘从祀之神[22]。洪武七年，圜丘从祀诸神中五岳、五镇为洪武七年更定方丘第二成从祀神祇，四海、四渎在洪武二年所定方丘祀典中位列方丘坛第二成，洪武七年将二者下移到方丘坛下、内壝之内，且圜丘、方丘内壝之外皆有天下神祇坛。天下神祇坛乃因礼部尚书崔亮所请而设，《明史·崔亮传》："洪武二年，亮言：《礼运》曰：'礼行于郊，则百神受职。'今宜增天下神祇坛于圜丘之东、方泽之西。"按：崔亮位居礼部尚书，所论却殊不合古礼。《礼记·礼运》云："礼行于郊，而百神受职焉；礼行于社，而百货可极焉；礼行于祖庙，而孝慈服焉；礼行于五祀，而正法则焉。"郑玄《注》以"百神"为"列宿"，孔颖达《正义》以"百神"为"天之群神"，先儒无异说。崔氏以百神当天下群神，不合古意。朱元璋从崔亮之议，设天下神祇坛，洪武七年改定祭礼之时，在圜丘和方泽皆设天下神祇坛，殊不合古礼。

（二）大祀殿合祭天地

洪武十年八月定天地合祭之制、始建大祀殿，洪武十一年（1378年）十月大祀殿建成。对比洪武十二年（1379年）大祀殿合祭天地大典诸神祇及位次，可知洪武七年更定的圜丘祀典已经形成了事实上的天地合祀的制度。

《明太祖实录》云：

（洪武十二年正月）己卯，合祀天地于南郊大祀殿。……凡一十七坛，正殿三坛，昊天上帝、皇地祇坛俱南向，仁祖配位坛西向。丹墀之东为坛曰大明，西向。其西为坛曰夜明，东向。两庑为坛各六，星辰之坛分设于东西，星辰之次，东则太岁，次五岳，次四海；西则风云雷雨，次五镇，次四渎，天下山川神祇为坛二，分设于海、渎之次，各坛陈设仍旧仪。[23]

大祀殿十七神坛的形制，可与天坛遗留清代圜丘皇穹宇及东西配殿所存诸神祇的神坛相类比，大祀殿十七坛，正殿为昊天上帝、皇地祇、仁祖三坛。从祀者十四坛，大明、夜明各一坛，东庑六坛：星辰一坛，太岁一坛，五岳分两坛[24]，四海一坛，天下山川一坛；西庑六坛：星辰一坛，风雨雷电一坛，五镇两坛[25]，四渎一坛，天下神祇一坛。《洪武南京图志》所绘南京大祀殿图及《明会典》所绘永乐十八年北京天地坛图的神位，皆未及大祀殿内诸神神位，二者所绘皆洪武二十一年在丹墀内和内壝外修建的二十四座石台所供奉的神位。

纵观洪武元年朱元璋即位之时合祀天地的神位、洪武七年更定圜丘祀典的神位以及洪武十二年大祀殿合祭天地的神位，不难发现洪武年间圜丘祀典改定及创立大祀殿的最终目的应该是根据当时的具体情况、最大限度地恢复洪武元年朱元璋即位之时于圜丘举行天地合祀的祀典。对比洪武七年圜丘祀典神位和大祀殿坛位，可以看出除了正殿增加了皇地祇神位，将东侧最末天下神祇坛更定为天下山川坛之外，其他神位的排序全部相同。从中也不难看出洪武七年更定祀典是为进一步完成天地合祀这一终极目的所做的铺垫。

再比较大祀殿合祭神坛与洪武元年天地合祭的神位，不难发现二者的微妙联系。大祀殿正殿三神主除了仁祖配位之外，与洪武元年郊祀神位并无不同，皆昊天上帝与皇地祇并排受祭。大祀殿丹陛东西与洪武元年祀典圜丘第二成皆为大明、夜明。坛下、内壝之内东西两侧神位二者略有差别，大祀殿合祭是将洪武元年祀典中岳镇、海渎的神位略做调整，洪武元年岳、镇同坛位于东侧，海、渎同坛位于西侧，大祀殿合祭则将岳、镇分置东西，海、渎亦分置东西。大祀殿合祭之时，将洪武七年天下神祇改定为洪武元年的天下山川坛。社稷坛由于从洪武二年开始设专门坛壝进行祭祀，而从洪武三年起又增加了风雨雷电从祀圜丘，故而将社稷坛改为风雨雷电神坛。

（三）改定合祭时间

要最大限度恢复洪武元年祭天之礼，除了对合祭的神位进行调整之外，还要调整祭祀的时间。

大祀殿建成之后，朱元璋就将改定祭祀时间提上了日程。洪武十一年十月朱元璋即敕命主司祭祀礼乐的太常改定合祭时间，《明太祖实录》记其事云：

（太祖）敕太常曰：近命三公率工部役梓人于京城之南，创大祀殿，以合祀皇天、后土。冬十月告功已成。……古人祀天于南郊，盖以义起耳，故曰南郊祀天以其阳生之月，北郊祀地以其阴生之月。殊不知至阳祭之于阴月，至阴祭之以阴月，于理可疑。且扫地而祭，其来甚远。盖言祀地尚质，而不尚华。后世执古而不变，遂使天地之享反不及人之享，若使人之享亦执古而不变，则当汙尊而抔饮，茹毛而饮血，巢居而穴处焉。以今言之，世果可行乎？斯必不然也。今命太常每岁合祭天地于春首正三阳交泰之时，人事之始也。[26]

朱元璋对南郊大祭的时间提出了异议，太常寺自然根据上意改定了祭祀时间，从洪武十二年起合祭天地都在正月，与洪武元年正月初四朱元璋即位之时合祭天地的时节相同。

朱元璋所谓"至阳祭于阴月，至阴祭于阳月"，大概是说祭天在冬至，彼时天气严寒；祭地在夏至，彼时天气炎热。这是对传统祭祀时节的极大误解，甚或是为了改定祭天时节而故意曲解。事实上，郊天大祭源于中国古代的交泰思想，其本于两分两至之时天地之气的交泰，进而发展成为天地神明的交接，并在此基础上形成的四时郊天之祭[27]。上古时期郊天圜丘与祭地方丘同置一地，与汉以后分置南北郊的做法不同。郊祀本为交通天地神明，上古圜丘郊天之时，亦在泽中方丘祭地[28]。虽然天地同祀，但仍分坛而祭，与明代一坛并祭的做法不同。四时郊天以冬至郊天最为隆重，《礼记·郊特牲》："郊之祭也，迎长日之至也，大报天而主日也。"孙希旦《集解》："迎长日之至，谓冬至祭天也。冬至一阳生，而日始长，故迎而祭之。礼之盛者谓之大，祭天岁有九，而冬至之礼最盛，故谓之大报天。"所说即冬至祭天之义。

　　综上所论，不难发现洪武元年正月初四朱元璋即位之时举行的天地合祭大礼，虽然礼仪粗疏，但却是朱元璋郊祀制度改革的终极目标。朱元璋不仅军事上提出"驱除胡虏，恢复中华"的口号，而且在制度设计上也力图恢复中原旧制。只不过，朱元璋所谓的中原旧制并不局限于某一时代，"法体汉、唐，略加增减，亦参以宋朝之典"（《皇明诏令》卷二）[29]。至于祭天圜丘仿效汉制，大概是因为汉代圜丘不仅年代早，而且圜丘规制也有较为详细的记载，可资参酌。朱元璋执意恢复汉代天地合祭的郊祀制度，或者与朱元璋自身的经历密不可分。朱元璋在吴元年十二月祭天祝词中宣示，次年正月四日视天垂象而断定其是否可以做天下生民之主。既然言之凿凿正月初四天朗气清，朱元璋一定提前做了充分的观测和推算，然而天有不测风云，因此洪武元年正月初四祭天之时天朗气清、使朱元璋顺利登基的郊坛及祭祀礼仪，仍然使朱元璋终身难忘。因此朱元璋念兹在兹步步为营地最大限度地恢复了天地合祭的祀典。换句话说，明初天地合祭的礼制，固然是在效法汉制，更为重要的可能是朱元璋个人的原因。这一礼制对明代国家祭祀制度产生了深远影响。朱元璋所定大祀殿合祭天地的祀典一直沿用到嘉靖年间。明成祖建都北京，所建天地坛大祀殿形制即沿袭了南京大祀殿之制，嘉靖年间的礼制改革才彻底改变了朱元璋所定的天地合祭于大祀殿的郊祀典礼。

　　朱元璋建大祀殿合祭天地，虽不合古礼，但古礼难敌上意，因此朱元璋改建大祀殿几乎没有遇到什么阻力，这与嘉靖年间改定祀典所受种种阻挠不可同日而语。嘉靖改制，将诸种不合古礼的祀典革除，在一定程度上恢复了古礼。有关问题我们将另文讨论。

　　附记：曾经有段时间我寄居在天坛附近，几乎每天傍晚都到天坛去散步，天太黑的时候还在天坛里面迷过路。我的老师冯时教授是天文考古学家，跟老师学艺这么多年，也多次听老师说起过天坛，再加上我对先秦礼制还多少有些了解，久而久之，对天坛也有些思考。回去查了一些史料，一共写成这篇《明初圜丘与郊祀》和《嘉靖圜丘与世宗极权》两篇小文章。对于明史，我的积累不多，顶多只能算个爱好者，不少想法和提法可能都不太成熟，错误也在所难免。古人说："祭礼，与其敬不足而礼有余也，不若礼不足而敬有余也。"小文虽然粗疏，但满载了对宿先生的敬意。谨以此文纪念尊敬的宿白先生。

注　释

［1］明初圜丘始建于吴元年，洪武四年、洪武十年两次改建。

［2］《明太祖实录》，"中央研究院"历史语言研究所校勘影印，1962年。

［3］（明）谈迁：《国榷》，中华书局，1958年。

［4］（清）秦蕙田：《五礼通考》，文渊阁四库全书第135册，商务印书馆，1986年，第490页。

［5］《明太祖实录》，"中央研究院"历史语言研究所校勘影印，1962年，第354—357页。

［6］（明）《嘉靖祀典考》卷三，《傅斯年图书馆藏未刊稿钞本》史部22、23册，"中央研

究院"历史语言研究所，2015 年。

[7]（明）徐一夔等：《大明集礼》，哈佛大学哈佛燕京图书馆藏，明嘉靖刻本。

[8] 今所见北京大学图书馆、台北傅斯年图书馆所藏《嘉靖祀典考》钞本卷三《仪制三》皆作：
"《存心录》则第一层坛阔七尺，《集礼》二成阔七尺。"两本皆误"丈"为"尺"，
详见李小波：《记北京大学图书馆藏钞本〈嘉靖祀典考〉》，《文献》2018 年第 4 期，
第 51—64 页。

[9] 于敏中等：《日下旧闻考》，北京古籍出版社，1983 年，第 920 页。

[10]（清）嵇璜、曹仁虎等：《钦定续文献通考》，文渊阁四库全书影印本第 628 册，商务
印书馆，1986 年。

[11] 曹鹏：《明代都城坛庙建筑研究》，天津大学博士学位论文，2011 年，第 37 页。

[12] 王贵祥：《北京天坛》，清华大学出版社，2009 年，第 17 页。

[13]（清）嵇璜、曹仁虎等：《钦定续通典》，文渊阁四库全书影印本第 640 册，商务印书
馆，1986 年。

[14] 文渊阁本《钦定续通典》作"墙面纵横皆广五丈"，"墙"应为"坛"之误。

[15] 冯时：《文明以止：上古的天文、思想与制度》，中国社会科学出版社，2018 年。

[16]《明太祖实录》，"中央研究院"历史语言研究所校勘影印，1962 年，第 439 页。

[17]《明太祖实录》，"中央研究院"历史语言研究所校勘影印，1962 年，第 477—479 页。

[18] 张传勇：《明清城隍神的等级性及其表达》，《南开学报（哲学社会科学版）》2020
年第 3 期。

[19]《明太祖实录》，"中央研究院"历史语言研究所校勘影印，1962 年，第 1195—1196 页。

[20] 赵克生：《明朝嘉靖时期国家祭礼改制》，社会科学文献出版社，2006 年，第 85—87 页。

[21]《明太祖实录》，"中央研究院"历史语言研究所校勘影印，1962 年，第 1591 页。

[22]《明史·礼志·神位》云："方丘，洪武二年夏至，正坛第一成皇地祇，南向。第二
成东五岳、次四海、西五镇、次四渎……七年，更定之，内壝之内，东西各二坛，东
四海、西四渎，次二坛，天下山川。内壝之外，东西各设天下神祇坛一。"

[23]《明太祖实录》，"中央研究院"历史语言研究所校勘影印，1962 年，第 1969—1970 页。

[24] 东岳，又名曰岱宗。宗者，尊也，故东岳一坛，其他四岳一坛。

[25] 沂山，为五镇之首，应单独欧谈，其他四镇一坛。

[26]《明太祖实录》，"中央研究院"历史语言研究所校勘影印，1962 年，第 1957—1958 页。

[27] 冯时：《文明以止：上古的天文、思想和制度》第六章第三节，中国社会科学出版社，
2018 年。

[28] 冯时：《中国天文考古学》第七章，中国社会科学出版社，2007 年。

[29] 赵现海：《明初分封制度渊源新探》，《中国史研究》2010 年第 2 期。所引《皇明诏令》
亦转引自该文。

古代建筑屋顶寓池的源流

孙　华（北京大学考古文博学院）

中国古代建筑，最有特色的是那翼展的屋顶。著名的建筑学家梁思成总结中国建筑的特征时说，中国传统建筑有结构取法和环境思想两方面的特征，前者包括了四个要点，其中要点四即"外部轮廓之特异"这一点，又细分为"翼展之屋顶部分"等要素，伸展如翼的斜坡屋顶被视为首要的要素[1]。李允鉌先生在阐述中国传统建筑的屋顶时也说，"即使是在很早的古代，屋顶在一般人心目中的印象就足以代表整座房屋"，木结构建筑由于容易失火，基于水能克火的理念，在屋顶上搬上了水生动植物的图案，如鸱尾、悬鱼、惹草之类，"将屋顶寓意为湖海，有了'水'就能克火了"[2]。中国传统建筑的屋顶为什么会寓意为水池？寓意为水池的屋顶在视觉上有哪些表现？屋顶水池的寓意开始于何时？这种形态和寓意在历史上的演变又是怎样的？关于这些问题，目前建筑历史和建筑考古学界还关注不多，需要对其来由及其演变进行考证。

一　屋盖之池的所指和含义

上古时期[3]比较讲究的地面宫室建筑，在屋盖四周的边缘有"池"这种设施。《汉书·宣帝纪》神爵元年："金芝九茎产于涵德殿铜池中。"唐颜师古注："铜池，承溜是也，以铜为之。"涵德殿是汉武帝时兴建的建章宫中的一处大殿，其形态如何并不清楚；"承溜"或作"承霤""承落"[4]，按照后人的解释，承溜是檐下的天沟[5]。由于古人用承溜解释池，以后无论辞书还是建筑史书，都沿用这种解释。

秦汉时期宫殿屋顶的屋檐边缘有"池"，这应该来源于更早的周代。由于文献资料中没有关于周代宫室制度细节的描述，实物资料中也没有完整的周代建筑遗存保存至今，只有模型化的丧葬制度中"饰棺"棺罩可以参照。棺罩是由小的竹木作框架（高级的棺罩甚至用铜铸框架或用铜件作转角处的构件），其上覆盖或围绕纺织品表现屋顶和墙壁，至于屋脊和屋檐的装饰只是用条带状纺织品来表示，并缀以铜质或石质的小鱼之类。由于地下发现的饰棺遗迹一般保存不好，依据文献记载的饰棺和考古发现的棺罩痕迹，今人还难以据此准确复原当时饰棺棺罩的形态，更难以据此推论当时生人使用的宫室屋顶的装饰。

不过，关于周人饰棺棺罩的一些细节描述，以及距古未远的汉人的一些解释，还是为我们认识周人宫室屋盖形态和"池"状装饰的位置，提供了一些线索。

周人饰棺棺罩上的"池"，古人和今人一般都解释作屋形棺罩檐口竹编并蒙以青色纺织品的装饰，并认为它仿自生人宫室屋盖周边的设施。《礼记·檀弓上》"池视重霤"郑玄注："承霤以木为之，用行水，亦宫之饰也……今宫中有承霤，云以铜为之。"孔颖达疏："池者，柳车之池也。……生时既屋有重霤以行水，死时柳车亦象宫室，而在车覆鳖甲之下，墙帷之上，织竹为之，形如笼，衣以青布，以承鳖甲，以象重霤。方面之数，各视生时重霤。"《礼记·檀弓上》这个文句及其解释实际上存在引申和演绎的成分。先秦的文献只是将饰棺之"池"与生人宫室的"重霤"联系起来，指出要按照宫室的"重霤"形式来处理棺罩上的"池"。汉代的郑玄则将"重霤"解释为"承霤"，认为饰棺之"池"仿照宫室行水设施的木质或铜质的装饰。唐代的孔颖达则更具体认为饰棺的"池"是柳荒（鳖甲）之下、墙帷之上，也就是屋盖檐口下用竹子编制并包裹有青色布的筒子（形如"笼"），也就是"承霤"即天沟一类的象征物。到了晚近时期，"重霤""承霤"和"天沟"就被画了等号，如《扬州画舫录》卷十七："古者刻龙形于椽头，水注龙口，其下置承霤器，一名重霤，即今勾漏。其在后檐墙出水者，即古匽猪彪池之属，今谓天沟。"事实上，"重霤"原并不等于"承霤"，"承霤"也不完全等于"天沟"，将三者当作同一种建筑设施的异名并不妥当。为什么这样说呢？

首先，尽管《汉书》记载汉宫涵德殿有铜池，并且古人将铜池解释为铜制的承霤，但这种槽形屋檐天沟罕见，一般出现在前后相接的两个屋顶之间，通常屋顶不大使用檐口天沟。考古发现的周秦两汉建筑基址周围，都未见专门承接屋檐天沟管道流水的地坑或地沟，却普遍发现有防止檐口滴落雨水破坏地面的"散水"，就是一个证据。屋顶之池至迟在周代已经是宫室建筑普遍实施的装饰，成为宫室等级制度的构成因素，并被运用到象征死者住所的丧葬用具上。如果将池解释为屋盖檐下的天沟，这是中国古代建筑少见的建筑构件，难以作为一种普遍性的制度化的建筑设施。

其次是屋盖之池，古人的确将其与宫室主体建筑屋顶"重屋"的下层屋檐"重霤"联系起来。《周礼·考工记》："殷人重屋，堂修七寻，堂崇三尺，四阿重屋。"郑玄注："重屋者，王宫正堂，若大寝也。"宫室建筑群的正堂等级体量在整个建筑群中最为重要，故屋盖要做成四面坡重檐的形态即"四阿重屋"。《礼·檀弓上》"池视重霤"，古人解释"重霤"就是"重屋檐"[6]。中国中古以前的重屋实际上也是单层屋盖，只是下部一周略低于上部的批檐，给人以重檐的假象。这种假性重檐屋盖的下檐，如果其坡度小于上檐，就会形成一种被称作"反宇"的现象；而这种类似反宇的下檐如果与上檐相接，且椽子上端搭在上檐椽子之上，就会产生"飞檐"，而这种飞檐古人也称作"承落"[7]。换句话说，重霤也就是重檐，重霤就单霤来说，需要承接上檐的落水，也就相当于承霤。

其三，作为上古宫室屋盖"霤"下之"池"，可以称作"承霤"，但承霤的位置却不一定紧接檐口之下，宫室周围（尤其是宫室前面）地面承接屋檐落水的水沟也可以称作承霤。《周礼·天官·宫人》"为其井匽"郑玄注："匽猪谓霤下之池，受畜水而流之者。"[8] 这个池显然就是檐下地面承接屋檐水"霤"的水沟。《水经·洧水注》记汉弘农太守张伯雅墓园"旧引绥水南入茔域，而为池沼，沼在丑地，皆蟾蜍吐水，石隍承溜"。这个承接石雕蟾蜍吐水的石构隍濠，当然是指墓园水池下承接漫出流水的地沟，而不是建筑屋盖檐边的天沟；而这里作为沟渠的石构之"隍"，在古代也被称之为"池"，城池之池本来就是环绕城墙的隍濠[9]。

综合上面的讨论，我们可以认为，上古时期宫室建筑的"霤"本来指屋盖的檐部，宫室建筑的"池"则是宫室周边地面承接屋盖檐口落水的水沟或水沟形态的设施（如散水）[10]。由于上古讲究的宫室正堂通常采取重檐的形式，下层檐子的宽度又很窄，围绕着上层屋盖下檐，如果俯视就好像屋盖周围镶了一圈宽带状的水沟一样。方形或近方形的回字形护城濠可以称之为池，房屋周边的回字形水沟和屋顶周边的回字形下檐也可以称之为"池"。在一座"四阿重屋"的宫室建筑中，上层屋盖檐口雨水跌落在下层屋檐上，下层屋檐就好似单层屋檐宫室檐口下周边地面的阳沟（池）一样。久而久之，宫室屋盖的下层檐子也就获得了"池"的名称。"承霤"本来应是承接屋檐之水的意思，用作动词；"霤"是向下的流水，屋盖雨水向下流，自然也得称作"霤"。下层屋檐承接上层屋檐的落水，故下层屋檐也就有了"承霤"之名。屋檐被一些古人称作承霤，其原因正在于此。

明白了宫室屋盖"池"和"承霤"的来由，我们可以推断，古代"四阿重屋"一类高等级建筑的屋盖之"池"或"承霤"，早先应该并不是指屋檐檐口的天沟，而是指围绕上层屋盖的"回"字形下层屋檐和屋檐下地面的"回"字形阳沟。不过，既然"四阿重屋"的下层屋檐可以称之为"池"或"承霤"，那些等级较低的两面坡形屋顶的前后下层屋檐或仅仅是前面的下层批檐，也可称作"池"或"承霤"。久而久之，即便是单层屋檐的宫室，其屋盖下部另接的反宇飞檐部分，可能也会被赋予"池"或"承霤"的名称；那些单檐屋顶的靠近檐口的部分，如果使用不同材质的建筑材料或不同颜色的建筑材料，这个檐口的条带状部分也可以"池"或"承霤"。而当"池"或"承霤"这些设施有了象征城池或水池的消极防火意义后，在屋盖周边靠近檐口的地方用不同的材料和颜色有意做出条带状的标志，并施加鱼和水草之类水生动植物，以表现在屋顶周围有护屋的水濠，以达到以水克火的防护目的，这也就在情理之中了。

二　屋顶之池的来源与功能

上古宫室建筑重要的正堂屋盖的下檐被称作"池"，这个名称及意义自然会让人联想到古代城邑周边、城墙外侧人工挖掘的城濠之池。中国古代的城邑以象征大地的方形为最基本的平面形态，城邑周围修筑有高厚的城墙，城墙外侧挖掘有宽深的城濠，如果站在附近的山丘上俯瞰周围有城濠的方形城邑，其平面轮廓也就呈由条带围合的"回"字形方框的形态。城邑四周的城濠，有的有水，有的无水，有水者称"池"，无水者称"隍"[11]。《说文·阝部》："隍，城池也。有水曰池，无水曰隍。"墙垣与城濠共同围护着城邑内的居民，因而城池的池或隍就有保护城邑的意义，古代城邑的保护神因而被称作城隍，供奉城隍神的祠庙也就被称作城隍庙。由此可见，"池"的本义应该是围绕城郭的有水的方框状护城河，"城门失火，殃及池鱼"的池，就是护城濠的意思。护城濠为人工挖掘的水渠形态，故"池"又引申为人工的水沟[12]。

城邑周围的护城河称作池，城内某些功能区周边围墙外的濠沟，包括具有围墙作用的方形环壕，自然也可以称之为池。中国古代的城邑规划是以井田制理想的井里为基础，以"里"为基本的规划模数进行组合。井里之外本来就有濠沟围绕，由若干井里组合而成的城邑，其外也有比一个井里周边"沟洫"更宽阔的濠沟[13]。一里或数里组成的功能区（如宫殿、庙宇、府库、军营、居住区等），其周围也往往绕以厚墙或水濠。古代大型城邑的城墙和城濠往往不止一重，中心都城更有三重城墙和城濠。这些城内的呈回字形的环濠，当然也可以称之为池。考古学家在东魏北齐邺城的南郭城发现一座佛教寺院即赵彭城佛寺遗址，寺院外部以方形濠沟为边界，长宽范围大致是南北 453、东西 434.5 米[14]。其范围大致是一个里坊的大小，寺院周边以濠沟代替围墙，该濠沟如果注水，自然也可称之为池了。

城内一些方形功能区，如宫城、衙署、里坊、寺庙、府库、军营等，其周边围绕的濠沟可以称池，如果将这个范围进一步缩小，这些功能区内部的建筑群和建筑单体周围的阳沟，应该也可以称之为池。晋王嘉《拾遗记》讲述晋朝富豪糜竺为了防止他家的库房失火，在库房周围挖水沟以隔绝火源和储蓄消防用水，并在水沟内养水鸟，以强化水能克火的意义[15]。库房周围可以挖水沟以积极防火，还可以养水生动物消极防火，住宅周围当然也能够营建类似的设施以防火。防火设施可以是积极的，也就是真正可以取水灭火的设施；也可以是消极的，就是那些象征水能兑火的装饰。这种消极防火的象征观念一旦形成，以池及池的象征物（方框状的条带装饰）来预防火灾，在房屋周边甚至屋盖周边设置池的象征物，就是顺理成章的事情。在这个转变过程中，从房屋周围地面上防火和蓄水的"池"，上升到屋盖周边的"池"的象征物，是从实用防火向消极防火功能的一次重要的转变。

方形或近方形城邑的隍濠，里坊和院落之外的沟渠，大型建筑周围的阳沟，以及大型宫室屋盖周边的短檐，其形态俯视都呈方框状，好似汉字的"回"字，这种"回"字形应该就是"池"字最原本的含义。城邑和居住区外面的回字形围沟对于城内和区内人们有实际的保护作用，屋顶的周边加接的短檐之类的举措，也就是屋顶之池是否也有保护屋顶乃至于房屋之内人和财物的意义呢？答案是肯定的，这从早期屋盖檐口和屋脊容易损坏处的特殊处理方法，就可以清楚看出。古代的地面宫室建筑，在瓦件上没广泛运用的时候，屋顶都是草顶或草泥顶。草顶的屋檐和屋脊，因雨雪积累、鸟啄虫蚀等原因，比其他部位的更容易损坏。因此，至迟从公元前3千纪末期，人们就已经采取措施加强屋盖的屋檐和屋脊部分，其中一个措施就是在屋檐和屋脊处涂抹胶泥防渗，另一个措施则是在屋盖的屋檐和屋脊易损部位覆以瓦件（当然是在陶瓦发明以后）。加强地面宫室屋盖易坏的边缘，使之能够保存得更长久些，这种实际防护功能是古代建筑屋盖边缘"池"的另一来源。

美国旧金山亚洲艺术馆藏有一件齐家文化的屋形顶陶壶，屋顶为人字形两坡悬山顶，屋脊和屋面的线条都很平直，屋面除了屋脊外，两山檐和下檐口处各有一条等宽条带，条带内刻划平行的细线条，这些线条在两山檐处为横向线，下檐口处为纵向线[16]。屋顶的表现方式应该是写实的，它刻画的是干旱或半干旱地区的房屋以草拌泥覆盖屋面的现象。由于这些地区干旱少雨而多风，在草盖的屋顶上涂抹草泥，可使屋顶密不透风，符合保暖的要求却不必顾忌雨水的冲刷。也是因为多风的缘故，伸出两山墙外的屋盖部分需要特别加厚加重，以免被狂风卷起，故两山和两侧檐口处的屋面明显高出其余屋面，显然这些部位专门叠加加固材料，如编连粗木棍的褡裢式压边、以草苇为骨架的垛泥压边等。齐家文化是分布于中国西北甘青地区的红铜向青铜时代过渡阶段的文化，与之大致同时的中国中南地区樊城堆文化还没有铜器的使用，但该文化的房屋似乎也采取了加固屋盖边缘的措施。江西樟树市营盘里遗址群出土一件陶器，其器盖的提手形态作两坡人字顶的房屋造型，屋顶正脊长而前后檐短，屋面周边装饰着大致等距离的同心圆图案，除屋脊外的周边还有一道明显的线条将其与屋面其他部位分划开来，好似屋盖周边又特别装饰[17]。看来，无论是北方还是南方，史前时期就都有屋顶周边进行加固装饰的做法产生。

陕西延安市芦山峁遗址，属于史前陶寺文化早期的一处位于山峁上的大型建筑群的遗址，遗址由若干院落组成，建筑都是墙很厚、单体建筑不很大但组合却颇具规模的建筑群。在芦山峁遗址的一号院落建筑基址"地面上或倒塌堆积中"，发现了较多的瓦形陶件，按照最小个体数统计，其中板瓦形陶件近70件，筒瓦形陶件也有60件以上，二者同出[18]。由于芦山峁遗址这些瓦形陶件的出土情况较清楚，瓦件的数量、类型和形态也的确具有瓦的特征，认为芦山峁遗址的瓦形陶件已经是瓦件，应该是一个比较可信的推断。不过，芦山峁遗址出土瓦件数量尽管较多，但相较于该建筑群的主体建筑的数量和体量来说，瓦件数量还是太少，应该是覆盖在屋盖屋脊或屋檐处的加固构件。这样的情况一直延续到西周时期，陕西岐山县凤雏一号宫室建筑基址，是年代可能早到商代末期的周人的宫室建筑群，基址除了出土屋顶覆盖的菫泥外，还出土了少量瓦件。由于瓦的数量比例偏少，考古学家和建筑史家都认为，凤雏一号宫室建筑基址的屋顶主要覆盖的是草泥，只是在屋檐和屋脊部位覆盖瓦件。随着陶瓦的大量生产和普遍使用，战国秦汉以后的建筑尽管全都用瓦覆盖了宫室屋盖的全部屋面，但由于习惯的作用，人们还是习惯用不同质料、不同形式和不同色泽的瓦件来装饰屋盖的屋脊和屋檐边缘，如将悬山顶靠近两山处将瓦垅盖成横向，用灰瓦覆盖的屋顶用绿琉璃瓦剪边等，就成为中国传统建筑屋顶惯用的装饰手法。

综上所述，上古宫室屋盖之池主要有两个来源，一个来源是城邑井里周边的隍濠，一个来源是宫室屋盖边缘的设施，二者共同的形态特征都是条带状的方框，相同的功能意义都是保护其内的人或物，并且这种保护除了实际的功能外还有象征的含义。

三 宫室屋盖池数与等级

古代宫室屋顶周边进行特殊处理，如在瓦件还未普遍使用之前是用灰瓦给草顶镶边，给单层屋檐再添加一圈下檐，这些都会使得主要的宫室更加高大庄严，有别于建筑群中的其他附属宫室。久而久之，这些施加"池"的宫室建筑，就逐渐有了特别的象征意义，成为等级制社会的等级标志之一。

房屋屋盖周边设置不同质料和色泽瓦件，使得屋盖呈现带有"回"字形边框的形式，这在古代中国出现甚早，至迟在周代就已经流行在重要建筑的屋盖周边设"池"，在池内或池下装饰水生动物和植物的象征性替代品的做法，并且池的多寡和水生动植物之象征物的表现形式，已经成为当时贵族阶级等级制度的组成部分。由于文献资料中没有关于周代宫室制度细节的描述，实物资料中也没有完整的周代建筑遗存保存至今，只有模型化的丧葬制度中"饰棺"棺罩可以参照。棺罩是由小的竹木作框架（高级的棺罩甚至用铜铸框架或用铜件作转角处的构件），其上覆盖或围绕纺织品表现屋顶和墙壁，至于屋脊和屋檐的装饰只是用条带状纺织品来表示，并缀以铜质或石质的小鱼之类。仅依据文献记载的饰棺棺罩或考古发现的棺罩痕迹，今人难以据此复原当时生人使用的宫室屋顶装饰的。不过，关于周人饰棺棺罩的一些细节描述，以及距古未远的汉人的一些解释，还是为我们认识周人宫室屋顶形态和"池"状装饰的设置，提供了一些线索。

古代宫室屋盖周檐"池"的设置，从目前的考古资料来看，应该不晚于周代。周代的宫室建筑保留至今的只有建筑基址，基址以上部分只能在房屋造型的器物或器物上的图像中看到。这些房屋造型和图像都没有屋顶的细部状态，缺乏有关屋顶细节的直接信息。不过，周人死者丧葬礼仪用具中"饰棺"设施，其中的棺罩就是模仿生者所居宫室的正堂建筑，从棺罩上被称作"池"设施的记载，可以推知当时宫室屋盖上"池"的大致位置、相关设施和等级规范。《礼记·丧大记》记饰棺道："饰棺：君龙帷，三池，振容。……鱼跃拂池。……大夫画帷，二池，不振容。……鱼跃拂池。士布帷，布荒，一池，榆绞。"按照这个记载，"池"的方面数量与有无"振容"和"鱼"是与贵族等级联系在一起的：国君即卿一类高级贵族的饰棺大概是四面坡的屋盖，屋盖的前檐及左右两侧檐各设一池共三池，池中都有悬鱼和水草形的装饰；较高等级的大夫一级贵族的饰棺是两面坡的屋盖，故在前后两面的屋檐处各设一池置共两池，池中有鱼形饰，但没有水草一类装饰；士这一类低等级贵族的饰棺应该也仿效两面坡形的房屋，只在屋盖前檐处设置一池，并且池中既没有鱼也没有水草的装饰。该文献尽管没有说到王这一级饰棺的情况，但从其下三级贵族的饰棺可以推测，周王的饰棺应该是四面坡的四阿屋盖，屋盖四周的檐口处都设置有池共四池，每面的池中均有鱼和水草形的装饰。当运载棺柩的柩车从殡宫出发到墓地的时候，随着柩车的摇晃，柩车上饰棺的屋形棺罩"池"中悬挂的鱼形装饰也随之晃荡，好似鱼在有水的池上跳跃一般。

《礼记》各篇是晚周时期的作品，成书年代更晚至汉代，但《礼记·丧大记》所记饰棺制度，却得到了考古材料部分证实。年代在西周中期早段的陕西宝鸡渔国墓地茹家庄M2，其东侧棺椁之间放有4件铜鱼和8件锡鱼[19]，有可能就是饰棺屋形棺罩"池"部之鱼。到了西周中晚期之际开始，周人贵族墓葬中的棺椁之间开始大量出现成列的铜鱼和石鱼，或在棺椁间一面、两面、三面，也有位于棺上或椁外等处的。这些鱼形装饰应该就是饰棺的屋形棺罩"池"部的残留物，在死者棺木放入椁室后，饰棺之物也被整体套在棺外椁内，或被拆除放置在棺上或椁上，因而有如此的埋藏形象。由于目前发现的周人墓葬只有国君（卿）、大夫和士这三级，没有周王一级的墓葬，因而也没有发现四面四列鱼形装饰的饰棺遗迹。这些周人墓葬出土的铜鱼等饰件，日本学者饭田须贺斯早就根据文献记载指出周代死者的饰棺象征生者的宫室，古代建筑中的悬鱼与周代饰棺的铜鱼应有相同的象征意义[20]。张长寿先生也根据陕西长安张家坡西周墓地发掘资料，结合文献的记载，论述了周人饰棺中墙、柳、荒、帷、池、鱼、振容等的含义及其与墓葬等级的关系[21]。一般说来，死者制度往往滞后于生者现实制度，西周中晚期以后周人墓葬已经出现了仿效宫室的饰棺等级制度，并且这种等级制度在饰棺的屋形棺罩的屋盖之"池"和"鱼"等物上已有体现，西周时期的宫室屋盖也应该有这类设施，并且已经形成了足以影响墓葬的等级制度。

战国晚期至西汉前期是从"周制"向"汉制"的过渡时期，在礼仪制度方面具有保守性的墓葬制度，尽管保留了一些从周代以来的丧葬传统，但在墓地规划、葬具形态、从器制度、祠祀礼仪等方面也发生了许多变化，以后更基本摆脱了"周制"的影响。建筑与墓葬相比，更具有"时尚"性，"周制"等级标识在秦汉时期的建筑遗存中几乎不见，但在建筑屋檐下和室内天花处装饰水生动植物，以达到"以水克火"的目的，却与早先在屋檐处增添"池"的设施以及鱼、水草等象征物的传统一脉相承。四川重庆忠县将军村石阙已经基本雕刻完成，因某种变故未能组装竖立，而是散落在阙基前的临江坡地上，很快就掩埋在地下，故细部雕刻都保存很好，阙盖下面装饰的龟鳖、萍草之类，就是这种观念在仿木结构石阙建筑屋盖上的反映。不过，无论在汉代还是南北朝的建筑形象中，除了屋盖周围或前部屋盖的下部被做成略低的假性重檐，可能具有"池"寓意的孑遗外，我们都未见屋盖檐口有特别处理的现象，也没有见屋盖檐口上装饰鱼和水草的现象。从先秦屋盖的屋面下部"池"及其附属水生象征物的装饰，到后来南北朝时期歇山屋顶山花处的悬鱼装饰，二者之间的演变过程还不太清楚。

南北朝时期，建筑出现了歇山顶的屋顶类型，这是一种在悬山顶的屋盖周边加接一圈屋檐形成的新型屋顶。这种屋顶的两山搏风板上端相交处，已经出现了木质鱼形的装饰。

甘肃天水麦积山140窟西魏壁画的前后两进院落的住宅，正房和后室都为带鸱尾的歇山顶，屋顶山面合尖处都有鱼形的装饰[22]。悬鱼的复现，其位置从先前屋盖屋面的下部或檐口移动到了歇山顶的两山处，原先的水草是否也同时复现，目前还不得而知。不过到了北宋时期李诫撰写的《营造法式》中，就已有"凡悬鱼，施之于屋山搏风板合尖之下；悬鱼施之于搏风板之下，搏水之下"的规定，悬鱼与惹草相配，与先秦悬鱼与水草相配的情况类似，其含义也应当近似，都有以水克火的保护房屋的寓意。在传世的宋画如《滕王阁图》《黄鹤楼图》《清明上河图》中，都可以看到悬鱼和惹草的使用。在保留下来的宋代悬山顶建筑实例中，尽管位于两山搏风板下的悬鱼和惹草都很难保存，但山西平顺县龙门寺正殿山面的悬鱼和惹草据说"仍保留着宋代的一些特征"[23]。由于南北朝以后的悬鱼和惹草只施加于歇山顶的建筑，而歇山顶的建筑在建筑屋顶等级规制中是低于四阿顶而高于悬山和硬山顶的屋顶样式，先秦时期宫室制度用屋盖周边之池以及池中鱼和水草装饰来标表等级的作用，在悬鱼和惹草复现时已经不再了。

当然，在隋唐以后的大型建筑中，屋面主要覆盖灰瓦而边缘用绿琉璃剪边，或屋面主要覆盖黄色等琉璃瓦而边缘用绿琉璃等不同瓦件的做法已经行用。前者主要用于唐宋宫殿主要殿堂，后者也是金元及其以后宫殿寺庙主要殿宇才能使用的瓦件。绿琉璃的色泽本来就与水池中积水的颜色相近，用绿琉璃作为屋盖的镶边，应该蕴含了上古"池"的象征意义。中古和近古高等级建筑屋盖的绿琉璃镶边的做法，还是具有一些等级规范的遗意。

四　结论和余论

上古时期屋顶的承霤或池，原先是指四坡屋盖周围的一周短檐，以后指在屋盖在靠近屋檐处使用不同材质或色彩的材料加固檐口，如在草顶的房屋在屋檐处覆盖青灰瓦，瓦顶的房屋在屋檐处覆以青铜瓦等，使得屋顶边缘一周的颜色好似有水的城池一般。屋顶之池有保护屋顶檐口免遭风雨和鸟虫侵蚀的实际功能，也有象征城邑建筑周边水沟的心理防护作用。后来唐宋时期的宫殿等高等级建筑，屋顶普遍覆盖青灰瓦，但屋的檐口等处则用绿色琉璃瓦镶边；金元以后宫殿一类高等级建筑，屋顶普遍用黄色或黑色琉璃瓦，屋檐边缘则采用绿琉璃瓦。直至明清时期，高等级琉璃瓦的建筑，也还在黄色或褐色的屋盖边缘部位覆盖绿色琉璃瓦，也都还有用绿色屋顶边缘来寓意屋顶上有池，以达到用水克火的消极防火的用意。尽管这种用意当时主其事之人或成其事的工匠或许已经不大清楚，但作为一种屋顶装饰的建筑传统，它却是由来有自，源远流长的。

最后，我们附带说一下城池之池和屋盖之池形态和寓意的影响。如前所述，城池之池后来延伸到宫室之池，宫室之池后来又影响到饰棺之池。饰棺之池是纺织品制成的饰棺棺罩坡形顶部的边缘，这些纺织品周边由不同颜色纺织品做成（主要是与碧水颜色相近的布料），因而同样是纺织品的被子周边、地毯和坐毯周边、衣裳周边、乃至于裱画的周边不同颜色布料或其他材料的边框，后来也被称作池。晋人左思《娇女》诗"衣被皆重池，难与沉水碧"和宋人宋祁"晓日侵帘压，春寒到被池"的诗句，就提到了衣池和被池；唐人颜师古《匡谬正俗》专门解释的"池氈"和明人文震亨《长物志》提到的宋画"装池"，也提到了毡毯之池和裱画之池。这些物件边缘的不同颜色或质料的包边被称作"池"，固然没有防火的意义，但保护其内的被子、地毯、衣服、画幅免于磨损和破坏，这个意义却仍然存在。关于被池、氈池、衣池和画池，笔者将有专文探讨，这里就不赘述了。

注　释

[1]梁思成：《中国建筑史》，百花文艺出版社，1998年，第13—21页。

[2]李允鉌：《华夏艺匠》，天津大学出版社，2005年，第185、276—278页。

[3]笔者所说的上古时期，是指先秦两汉时期。魏晋以后，随着佛教的传入以及一系列社会变动，包括城市和建筑在内的文化和艺术等已经发生了很大的变化。

[4]（宋）俞琰《席上腐谈》卷上："古之承雷，以木为之，用行水，即今之承落也。"丛书集成初编本，商务印书馆，1936年，第6页。

[5]《扬州画舫录》卷第十七："古者刻龙形于椽头，水注龙口，其下置承雷器，一名重雷，即今勾漏。其在后檐墙出水者，即古匽猪彪池之属，今谓天沟。"

[6]（晋）左思《魏都赋》"上累栋而重雷"，张铣注："重雷，重屋檐也。"

[7]《文选》卷第二京都上《西京赋》："反宇业业，飞檐娲娲。"薛综注："凡屋宇皆垂下向，而好大屋飞边头瓦皆更微使反上，其形业业然。檐板承落也。"

[8]《十三经注疏》本676页。

[9]（汉）许慎《说文解字》卷十四："隍，城池也。有水曰池，无水曰隍矣。"

[10]在雨水相对较少的地区，宫室台基周边承接檐口落水之处没有水沟，而是特别夯打坚实或铺设卵石的"散水"。散水类似宫室周边承接落水的地沟，地沟可以称作池，或许散水在古代也可以称作池。

[11]《资治通鉴》卷第二百三十："天子所居必有城隍。"胡三省注："有水曰池，无水曰隍。"

[12]《周礼·地官·雍氏》："雍氏掌沟、渎、浍、池之禁。"郑氏注："池谓陂障之水道也。"

[13]《考工记匠人》说："九夫为井，井间广四尺、深四尺谓之沟；方十里为成，成间广八尺、深八尺谓之洫；方百里为同，同间广二寻、深二仞谓之浍。"

[14]中国社会科学院考古研究所、河北省文物研究所邺城考古队：《河北临漳县邺城遗址赵彭城北朝佛寺遗址的勘探与发掘》，《考古》2010年第7期，第31—42页。

[15]《太平广记》卷三一七糜竺条录晋王嘉《拾遗记》："竺赀贷如丘山，不可算记，内以方诸为具。及大珠如卵，散满于庭，故谓之宝庭，而外人不得窥。数日，忽见有青衣童子数人来曰：'糜竺家当有火厄，万不遗一。赖君能恻愍枯骨，天道不幸君德，故来禳却此火，当使君财物不尽。自今已后，亦宜自卫。'竺乃掘沟渠，周绕其库内。旬日，火从库内起，烧其珠玉，十分得一。皆是阳燧得旱烁，自能烧物也。火盛之时，见数十青衣童子来扑火，有青气如云，复火上即灭。童子又云：'多聚鹳鸟之类以禳灾，鹳能聚水巢上也。'家人乃收集鸡鹳数千头，养于池渠之中，厌火也。"

［16］《旧金山亚洲艺术馆精品选》，旧金山亚洲艺术馆暨华盛顿大学出版社，1994 年，第 99 页（Selected works /The Asian Art Museum of San Francisco，Published by The Asian Art Museum of San Francisco, in association with University of Washington Press, 1994，P.99）。

［17］江西省文物管理委员会：《江西清江营盘里遗址发掘报告》，《考古》1964 年第 4 期，第 172—181 页。

［18］陕西省考古研究院、西北大学文化遗产学院、延安市文物研究所：《陕西延安市芦山峁新石器时代遗址》，《考古》2019 年第 7 期，第 29—45 页。

［19］卢连成、胡智生：《宝鸡强国墓地》，文物出版社，1988 年，第 360 页，图二四五。

［20］（日）饭田须贺斯：《中國建築の日本建築に及ぼせる影響》，相模书房，昭和 28 年（1953 年），第 228 页。

［21］张长寿：《墙柳与荒帷——1983～1986 年沣西发掘资料之五》，《文物》1992 年第 4 期，第 49—52 页。

［22］傅熹年主编：《中国建筑史（三国、两晋、南北朝、隋唐、五代建筑）》第二卷，中国建筑工业出版社，第 141 页，图 2-5-2。

［23］傅熹年主编：《中国建筑史（三国、两晋、南北朝、隋唐、五代建筑）》第二卷，中国建筑工业出版社，第 431—433 页，图 6-390。

中国盐业考古的回顾与前瞻

李水城（北京大学考古文博学院）

中国考古学系舶来之学，至今也只有近百年的发展历史。20 世纪 50 年代至今，在考古学中陆续创建了考古年代学、环境考古、科技考古、地质考古、动植物考古、冶金考古、水下考古、航空（遥感）考古、公众考古等分支学科，这些学科的建立不仅丰富了考古学的内涵，也在很大程度上促进了中国考古学的发展。自 20 世纪 80 年代改革开放以来，我国考古界与国外的学术交往不断加强，陆续有一些考古学理论方法被介绍进来，对中国考古学的完善起到了进一步的积极作用。

盐业考古于 20 世纪初滥觞于欧洲，20 世纪 50 年代被引入日本，之后得到迅速发展。遗憾的是，在相当长的一段时间里，盐业考古在我国却是个空白，我们不仅对这个分支学科缺乏基本的了解，甚至连盐业考古都是一个陌生词汇，以至于在 1997 年出版的三卷本《中国盐业史》中竟然没有一条考古发掘资料[1]。这对于我们这个拥有丰富盐业资源和悠久制盐历史的文明古国来说，可谓莫大的缺憾。

1999 年，在国家文物局的支持下，"四川成都平原及周边古代盐业的景观考古学研究"国际合作项目得以实施，这是首次在中国开展的一次重要的盐业考古实践，其历史作用不容低估。随着长江三峡中坝遗址考古发掘的连续进行，中国的盐业考古终于步入正轨。

2000 年，中美两国学者在美国加州大学和东亚考古学第二届年会上介绍了长江上游盐业考古调查和发掘的初步成果[2]。在中坝遗址的田野工作结束以后，先后又在加州大学洛杉矶分校和德国图宾根大学举办了两次有关中国盐业考古的国际学术研讨会[3]。其目的在于，希望研究世界其他区域的盐业考古专家能够关注中国的考古新发现，并尽快建立一个尽可能广泛的国际合作群体，推进与中国进行盐业考古的比较研究。这两次会议全面展示了中国盐业考古取得的重要发现，以及世界其他国家、地区丰富的盐业考古内涵和各具特色的研究成果，可以说，这也是继 1974 年在英国柯彻斯特（Colchester）举办的具有划时代意义的盐业考古会议[4]后，有关全球范围内盐业考古学术成果最为全面的一次检阅。特别是柯彻斯特会议的记录也成为中国盐业考古起步阶段和比较研究中最为重要的参考和学习资料。至今，我们在国内已出版三部《中国盐业考古》论文集（中英双语）

[5]和《中国盐业考古和盐业文明》丛书一套五册[6]，这批研究成果得到了国内外学术界的高度关注和积极评价[7]。

有学者强调："人类文化总是从产盐的地方首先发展起来，并随着食盐的生产和运销，扩展其文化领域。而文化领域扩展的速度，殆与地理条件和社会条件是否有利于食盐运销的程度成正比。起码，在十七世纪以前，整个世界历史，都不能摆脱这三条基本规律。"[8]此言看似夸张，却不无道理。在人类社会历史早期的社会复杂化及后来的文明化进程中，盐业生产和相关的交易活动确实在扮演着特殊且重要的角色。

早在 1999 年中国盐业考古调查发掘伊始，中美盐业考古国际合作团队就决定，我们工作的目光不能仅仅局限于盐业曾这一单纯的领域，同时还要关注人类历史早期阶段的"社会复杂化"和"文明化"问题，并将这一方面的探索与"产业系统"考古联系起来，其中的一些焦点问题是：世界各地是如何开发和利用"盐"这种特殊资源的？盐是怎样发展成为商品的？制盐工艺水平与手工业组织的提高对于盐业生产的发展起到了怎样的推动作用？为何掌控盐业资源能够快速累积财富并成为威权掌控的催化剂，进而加速了"社会复杂化"进程？[9]总之，我们要将研究的视野聚焦在生态背景下的"产业系统""经济行为"以及"社会——文化发展"的相关领域。用社会人类学家杜尔干（Durkheim）的话说，此即"整体性的社会事实"。尽管它所展示的只是人类行为的一个侧面，但却蕴含了社会系统的全部。盐业考古的目的是探寻一个地区以"盐"为核心的动态生产和长期的社会发展过程，而不仅仅是针对某个时期或某个历史阶段的社会——文化发展进程。为此，有关盐业考古的研究特别需要借鉴和分享其他一些学科的技术、方法和特殊的研究视角，包括自然科学、地球科学、经济学、历史学、人类学、民俗学、营养学、宗教及科技史等，只有将这些学科加以整合，才能有助于解读接下来要将要面对的一系列盐业考古资料[10]。

可以说，"成都平原及周边地区古代盐业的景观考古学研究"奠定了中国盐业考古的第一块基石，仅就考古学界而言，其示范性效应是引发了对盐业考占的兴趣和重视，从而让更多学者开始在他们的研究领域中领会到盐的重要性和特殊性，由此产生的积极作用是对盐业考古和盐史研究的全面推动。

参加长江三峡的田野考古发掘是中美合作项目的有机组成部分。该项目组的部分成员参加了四川省文物考古研究院连续五年对忠县瞽井河谷中坝遗址进行的发掘，揭示出一大批制盐遗迹和遗物，构建了三峡地区上迄新石器时代晚期、下至 20 世纪长达 4500 年的盐业发展编年史。其中，尤以先秦时期的制盐遗迹和遗物最为丰富[11]。2006 年在德国图宾根大学举办的"四川盆地古代盐业的比较观察"国际学术会议上，瑞士著名的盐史专家傅汉斯（Hans Ulrich Vogel）教授强调：长江三峡瞽井河谷的新发现填补了四川盆地史前盐业生产的资料空白，对于全面理解四川盐业的长期发展、特别是对了解史前时期的盐业考古有着难以估量的价值[12]。

进入 21 世纪后，我们将中国盐业考古的重心转向东部的渤海湾南岸。2002 年，北京大学与山东省文物考古研究所对莱州湾和胶东半岛进行了全面的盐业考古调查，确认莱州湾沿岸分布的大量遗址属于制盐产业性质，而盔形器则是该地区特有的一种制盐器具。后续展开的考古调查和发掘相继发现一批先秦至宋元时期的制盐遗址群，每个遗址群又包含若干制盐作坊，从数十座到上百座不等，如此大规模的制盐遗址群在世界范围内也极为罕见。通过对寿光、广饶、昌邑等地制盐作坊遗址的考古发掘，首次揭露出了商代晚期、西周时期、东周时期和宋元时期的制盐作坊和大批制盐遗迹，对商代晚期以来莱州湾地区的制盐作坊布局、制盐原料、制盐器具、工艺流程等有了深入的了解，并因此荣获 2009 年的全国十大考古新发现，进而引起中外学者对这一区域盐业考古的关注。2010 年，在山东寿光举办了"黄河三角洲盐业考古"国际学术研讨会，目的是将黄河三角洲—莱州湾沿岸的盐业考古置于全球视野之下，加强对这批历史文化遗产的保护，将中国的盐业考古进一步推向深入。

近年来，中国的盐业考古持续呈现出良好的发展势头，从东南沿海到华南地区，从西北、西南到长城沿线和东北地区，各地不断有新的发现，在很多方面填补了盐业考古的空白。特别需要指出的是，继长江三峡地区发现史前时期的制盐遗址后，在东南沿海的浙江宁波大榭岛又发现了属于钱山漾文化（距今 4300 至 4000 年）制作海盐的遗址，其成熟的工艺显示，当地的制盐产业很可能是从良渚文化（距今 5300 至 4300 年）延续发展下来的。这一新的发现彰显出盐业考古正在成为中国考古学中非常富有潜力的研究领域。

有学者指出，根据现有的考古证据，自新石器时代晚期、至迟到青铜时代早期，在长江三峡、渤海湾和晋南解池等盐业资源丰饶之地就已存在制盐产业和相关的贸易活动。但是，只有当盐业生产发展到一定规模之后，才能被考古学家所观察到。这也就是说，中国早期的盐业开发和利用可前推至更早的史前时期[13]。事实也确实如此，由于早年缺乏盐业考古知识，无法辨识制盐遗迹和特殊的遗物形态。如今，通过已知的考古工作和反思，对以往的一些考古发现有了新的理解和认识，如广东珠海宝镜湾遗址出土一批新石器时代晚期的"陶棍"、珠海淇澳岛东澳湾的商周时期炉灶遗迹等，经过重新思考和比较研究，认识到这些遗迹和遗物应属制盐产业的遗留。其中也包括对香港沙丘遗址早年发现的一批南朝至唐代窑炉的再研究得出的新认识。可以说，这些都是在长江三峡盐业考古示范效应下取得的新的研究成果。根据现有的考古资料，这方面的研究还有很大的探索空间，特别是四川成都平原、四川盐源、云南滇池周边、江西清江盆地等地显露的蛛丝马迹，亟待加强考古调查研究以证实。

可以说，在短短 20 余年间，中国盐业考古的发展势头极为迅猛，一系列重要发现和研究成果不仅迅速填补了中国盐业考古的空白，创建了一个新的考古分支学科，也迅速弥补并缩短了与国外在这一研究领域的巨大差距。如果今天重新撰写一部中国盐业史，各地出土的大量实物资料将使这部著述更加的鲜活、充实、生动和富有生命力。

上述成就的取得一方面是中国考古学家不懈努力的结果，同时也与国家文物局指南针研究项目的支持以及国际合作交流的大环境密不可分。尽管中国盐业考古取得了长足的进步，但也要看到我们还存在不足。首先，重庆中坝遗址巨量的考古发掘资料尚待系统整理、研究和消化，如何完整全面地复原三峡地区悠久的盐业历史，将是考古学家下一步面临的长期而艰巨的任务。近些年来，三峡境内仍不断有新的制盐遗址和遗物被发现，暗示这个地区的盐业考古依旧大有潜力，后劲十足。希望三峡地区的盐业考古不要随着中坝遗址沉没水下而成为绝响。丰富的盐业资源和悠久的制盐历史对渝东和三峡地区的社会、政治、经济和文化发展有着极其深远的影响。早在先秦时期，巴、楚、秦在峡区你来我往的一个重要诱因就是对当地丰富盐业资源的觊觎。从20世纪末到21世纪初，三峡考古大会战积累了海量的出土资料，特别是这个地区商周时期的大量遗址都发现有制盐陶器，数量多寡不等，其中有些应与制盐有关，更多的遗址则为消费后的废弃物，这也暗示了当时的盐业交易和流通的路线。通过对这些出土资料的甄别和深入研究，将有助于揭示先秦时期三峡地区制盐产业背后的贸易、消费区域和文化交流等方面的重要信息。进入历史时期以后，三峡沿江一线陆续发展出一批以港口和码头为代表的城镇和盐运商贸通道，它们在很大程度上依托的是盐业资源及相关产业、物资交流的扶持，这种由特殊资源带动区域经济发展和城市化进程的模式，值得深入挖掘，相关的研究不仅关乎考古学，也是历史学、社会学、人类学、地理学、经济学和其他社会科学关注的课题。目前，这方面的研究已经取得了可喜的成果[14]。

其次，山东北部莱州湾地区的盐业考古也取得了一系列重要发现和研究成果，但还有大量的谜团有待破解，特别是如何通过考古遗迹了解和复原古代的海盐制作工艺，其中有两个亟待解决的问题：一是溯源。目前在莱州湾发现最早的制盐遗迹为商代晚期，此时已形成了规模庞大的制盐产业和成熟的工艺，但这一切显得非常突兀，在此之前是否存在更早的制盐活动？如果有的话，是在岳石文化阶段还是龙山时期？抑或更早的大汶口文化？海岱地区的史前文化从新石器时代晚期就表现的非常强势，并一直延续至岳石文化，这是否与莱州湾沿岸的制盐有关？如果此地的制盐业不是起源于本地，又是从哪里引进的？二是后续发展。尽管目前已调查发现大批东周时期的制盐遗址群，也曾对个别制盐遗迹做了考古发掘，但对这一时期的整体制盐工艺还不是很了解，包括制盐作坊的结构和布局，已发掘的刀把状炉灶[15]在当时是普遍式样还是特例？西周时期的亚腰葫芦状炉灶是否被继承下来？为何这个时期的盐灶形态和体量开始变小、制盐陶器却变得很大？如何将这些大型陶器摆放在炉灶内熬煮制盐？这个地区的金属熬盐器具是何时出现的？等等，都还是待解之谜。下一步还要注意寻找汉唐时期的制盐遗址，以弥补这个历史阶段的空白。

再有，如何将这个地区的盐业生产触类旁通地与商周时期的社会、政治、经济和文化联系起来？这些问题的探讨势必触及莱州湾制盐产业与商周两代王朝的关系。作为国家掌控的特殊产业，政府如何对其实施行之有效的管理、控制、组织和资源的调配？专业化生产的组织结构、产业链如何？国家是否派驻官员对其加以管控，他们的驻地在哪儿？青州苏埠屯大墓主人是否与商王派驻当地管理盐业生产的最高官员有关？当时的制盐工匠有怎样的身份？等等。希望这些谜团能在下一阶段的田野工作中逐步得以破解，这对我们的田野考古也提出了更高要求，不仅要更细致、扎实，思路要更开阔，方法要更科学。

再次，就人类生理需求和饮食习惯（包括膳食营养和食物储存）而言，可以肯定的一点是，人类学会制盐是与动植物驯化具有"同等意义"的一场革命。自新石器时代出现伊始，盐就被人类利用，并很快成为人类生活和交往的重要物品。在全球范围内，随着农业的发展，建立在粮食剩余管理基础上的新经济形式就是通过专门技术知识增加对盐的制作和利用。考古研究证明，随着史前社会的发展，对以盐、"金"（包括铜、铁、金、银）、珠宝（装饰品）为代表的特殊资源的开发、利用和贸易的掌控，对一个区域的社会复杂化和文明化进程及早期国家的形成具有非常重要的推动作用。它不仅能为那些凌驾于氏族一般成员之上的贵族精英提供大量财富，也是威权建立的重要基础。相较之金玉等特殊资源，盐不仅服务于社会上层，也是社会下层芸芸众生的生活必需品，对于一个地区的经济增长、财富积累和民心笼络更为重要，并在社会复杂化和文明化进程中扮演了更为特殊的角色，这一点恰恰是我们以往所忽略的。

迄今为止，除了盐业考古所能观察和做到的以外，亟需倡导一种以人类和环境科学为基础的多元研究方法，以便更好地观察和了解人类社会和盐这种"白金"之间的历史互动。如今，欧美等国盐业考古的研究已超越制盐陶器和制盐技术的讨论，也不再局限于对巨量制盐陶器碎片的复原，而是着眼于深入理解这类原始工业生产的整体功能，测算其与环境的相互作用，并将其整合到社会、经济、文化和象征等人类群体涉及的各个领域，充分融入考古学对自然资源、生产技术、贸易网络和社会组织的研究，关注更广泛的环境、社会、政治和经济等深层次问题。如通过对制盐遗迹、遗物形制的分析和模拟实验来估测早期盐业生产所具备的原始工业和"准工业"性质；盐在聚落形态的发展和贸易中所起的作用；建立盐业生产和分配的控制模型及相关的商业网络；将盐的制作和使用与聚落位置的选择、财富分配和人口密度等相联系；不是简单地从人体生理角度、而是将社会经济性质视为探讨新石器时代制盐产业出现的原因和基础。目前，中欧地区最早的制盐遗址已追溯到距今8000年前。距今7500年前后，欧洲的制盐业已普遍出现并逐步发展起来。为进一步追溯人类何时开始制盐，国外已有学者开始探讨前陶阶段采用植物和木材等更加原始的制盐方法[16]。

相较之上述发展趋势，中国的盐业考古可以说还处在材料积累的"初级阶段"，对此我们必须要有清醒的认识。迄今为止，中国发现的制盐遗址最早为距今4000年前，相较于欧洲晚了太多，这是说不过去的。因此，亟需在现有工作的基础上努力寻找年代更早的制盐遗址。随着中国盐业考古的发展，我们的研究视角和方法也要逐步地深化和多元化。话说回来，中国的盐业考古不是靠一两个人就能胜任的，需要造就一个群体，特别是在那些拥有盐业考古资源的省区，人才的培养亟待加强，这也是中国盐业考古能否持续良性发展的重要基础。

谨以此文追念敬爱的老师宿白先生！

注　释

[1] 郭正忠等编：《中国盐业史》，人民出版社，1997 年。

[2] 2000 年 2 月，中美合作项目组的两位负责人在美国加州大学洛杉矶分校寇岑考古研究所介绍了 1999 年成都平原及周边地区的盐业考古调查及随后在忠县中坝遗址的发掘收获。同年 7 月，在英国杜伦（Durham）大学举行的东亚考古学第二届年会上，中美合作项目组成员再次向会议代表作了介绍。

[3] 这两次会议分别为 2004 年 5 月在美国加州大学洛杉矶分校举行的"长江沿岸早期盐业生产的比较观察"学术研讨会和 2006 年 6 月在德国图宾根大学举行的"四川盆地古代盐业的比较观察"学术研讨会，与会学者分别来自中国、美国、加拿大、德国、法国、西班牙、奥地利和日本。

[4] De Brisay, K. W. and K. A. Evans (ed.), (1975), "The Study of an Ancient Industry – Report on the salt weekend held at the University of Essex 20, 21, 22 September 1974", Colchester: Colchester Archaeological Conference.

[5] 李水城、罗泰（Lothar von Falkenhausen）主编：《中国盐业考古——长江上游古代盐业与景观考古学研究（一）》，科学出版社，2006 年；李水城、罗泰（Lothar von Falkenhausen）主编：《中国盐业考古——环球视野下的比较观察（二）》，科学出版社，2010 年；李水城、罗泰（Lothar von Falkenhausen）主编：《中国盐业考古：长江上游古代盐业与中坝遗址的考古研究（三）》，科学出版社，2013 年。

[6] 这套丛书由西南交通大学出版社于 2019 年出版。共五部，分别为：李水城：《中国盐业考古》（北京大学），王子今：《秦汉盐史论稿》（中国人民大学），李小波：《长江上游古代盐业开发与城镇景观》（四川师范大学），赵逵、张小莉：《中国古代盐道》（华中科技大学），李何康：《滇藏地区的盐业与地方文明》（广西师范大学）。

[7] 王子今：《盐业考古与盐史研究的新认识》，《光明日报》2015 年 7 月 22 日。

[8] 任乃强：《华阳国志校补图注》，上海古籍出版社，1987 年，第 52 页。

[9] Bloch, Maurice R. "The Social Influence of Salt", *Scientific American* (1963), 209.1: 88-96, 98.

[10] 罗泰：《项目北京及目的》，李水城、罗泰（Lothar von Falkenhausen）主编：《中国盐业考古——长江上游古代盐业与景观考古学研究（第一集）》，科学出版社，2006 年，第 1 页。

[11] 李水城、罗泰（Lothar von Falkenhausen）主编：《中国盐业考古：长江上游古代盐业与中坝遗址的考古研究（三）》，科学出版社，2013 年；重庆市文物局、重庆市水利局：《忠县中坝》，科学出版社，2020 年。

[12] 李水城、罗泰:《导言》,李水城、罗泰(Lothar von Falkenhausen)主编:《中国盐业考古——环球视野下的比较观察(第二集)》,科学出版社,2010年,第1页。

[13] 陈伯桢:《中国早期盐的使用及其社会意义的转变》,《新史学》第十七卷第4期(2006年12月)。

[14] 李小波:《川东古代盐业开发的历史地理考察》,北京大学硕士学位论文,2000年5月;李小波:《长江上游古代盐业开发与城镇景观研究》,四川大学博士学位论文,2009年。

[15] 山东省文物考古研究所、昌邑市博物馆:《山东昌邑市盐业遗址调查简报》,《南方文物》2012年第1期。

[16] Weller, O., Dufraisse, A., and Pétrequin, P. (eds.) Sel, eau et forêt, D'hierÀ aujourd'hui. Presses universitaires de Franche-Comte, 2008.

下 编

宿白先生的精神遗产值得永远珍惜

单霁翔（故宫博物院）

"淹没盐田我深感痛心！"

宿白先生一生挚爱历史文化，晚年依然十分关心文化遗产生存状况。2009 年夏天，我收到宿白先生一封言辞恳切的来信，信中写道"近闻云南古水电站，将上马修建，并将全部淹没西藏芒康盐井盐田，为此我深感痛心！"宿白先生呼吁："鉴于芒康盐井盐田在我国西南地区历史、文化、文物、景观、自然、民族、宗教等多方面的重要性，以及巨大的潜在遗产和文物价值，特别是它作为一部现存的活的历史，在当今世界各地极为罕见。因此，无论如何都应该负责任地把这处中华民族的珍贵遗产保护下来。"

读了宿白先生的来信，我感到很惭愧，时任国家文物局局长竟然对于西藏芒康盐井盐田一无所知，对于这处文化遗产的境况，还要由已是米寿之年的宿白先生告知。于是，带着宿白先生的重托，立即踏上西藏芒康盐井盐田保护状况调查之行。西藏芒康地处澜沧江流域，两岸山体呈南北走向，区域内形成以高山深谷为主的峡谷地貌。朝阳下，站在加达吊桥、澜沧江岸、陡崖之上，遥望芒康盐田盐井，壮美的文化景观令人感到无比震撼，对千百年来各族民众在"世界屋脊"青藏高原上的辉煌文化创造充满敬意。

盐井地区在唐代属于吐蕃盐川城，历史上是茶马古道上最重要的物资交换集散地，同时也是连通川、滇、藏地区各民族的经济文化走廊。我们对这一地区盐井盐田的分布状况、结构布局、生产工艺，以及周边环境和各类文化遗存进行调查了解。芒康盐井分为上盐井和下盐井两个居民聚落，其中下盐井的居民以纳西族民众为主，而上盐井以藏族民众为主，也有少量的纳西族民众。当地一些藏族民众信奉天主教，而一些纳西族民众则信奉藏传佛教，反映出经过千百年的文化冲突与融合，盐井地区形成了包括不同民族、不同文化、不同宗教在内的丰富多彩的文化面貌。

芒康盐井盐田海拔 2300 米左右，位于澜沧江两岸，左岸属于纳西乡，右岸属于曲孜卡乡。盐田沿岸边顺山势走向而建，高低错落有致。制盐设施根据功能分为盐井、公共卤水池及晒盐作业区。盐井位于江边，用不规则的石块垒砌而成，公共卤水池位于江岸近盐井处，晒盐作业区总数有上百个，位于坡地或陡崖之上，依山势层层修建，最多处达到 10 层，由私有卤水池和晒盐田两部分组成。晒盐田均为土木结构，顺山势走向竖立联排并列木柱，木柱长短视地表高低不同而各不相同。

在国际上，奥地利"海尔施达特盐矿遗址"，拥有从 2000 多年前的古罗马时期延续至今的文化遗迹，被列入《世界遗产名录》。在我国，四川自贡的"燊海井"以其世界上最深的采盐井，于 1988 年被公布为全国重点文物保护单位。与这两处与古代盐业有关的文化遗产相比，西藏芒康盐井盐田不但是目前世界上仅存的最原始的盐业生产遗存之一，而且是连通川、滇、藏地区茶马古道上特殊地理位置的重要节点，还是世界上海拔最高、自然环境相对恶劣条件下盐业生产的杰出范例。因此，可以说芒康盐井盐田是目前世界上仅存的最原始的盐业生产的活化石，具有极高的历史文化价值。

考察期间，我们对于当地丰富的文化与自然景观，当地民族构成、宗教信仰、文化面貌所具有的多样性，以及千百年来盐井地区的历史文化变迁有了一定认识。特别是芒康盐井盐田虽然具有上千年的悠久历史，至今仍为当地藏族、纳西族民众传承沿用，是典型的活态文化遗产。而拟建中的古水水电站水库，将使芒康盐井盐田处于水库淹没区内，伴随水库的修建，这处珍贵的文化景观遗产将被全部淹没。同时，水库淹没区涉及的茶马古道，在 2000 多年前就已经形成，是我国西南与西北各族先民进行民间交往的重要通道，也将被永远淹没于水下。

在文化遗产现场，我们召开了芒康盐井盐田保护座谈会，对盐井盐田遗址和遗产环境保护提出要求。回到北京，国家文物局立即致函云南省政府和西藏自治区政府，明确要求停止水库建设方案实施，绝对不能因水库建设使芒康盐井盐田这处珍贵文化遗产遭到破坏，同时应将芒康盐井盐田列入文物保护单位。经过一番努力，得到云南和西藏方面的回复，承诺停止水库建设，对芒康盐井盐田实施整体保护，并申报全国重点文物保护单位。宿白先生的呼吁，挽救了这处具有"突出普遍价值"独一无二的文化遗产。

宿白先生与故宫博物院

宿白先生与故宫博物院渊源很深，他主持发掘的"白沙宋墓"一号墓考古出土资料，至今保留在故宫博物院的文物库房。"白沙宋墓"一号墓为主墓，出土精美的墓室壁画。1952 年在完成挖掘后，即被装箱运至北京，由故宫博物院保护管理，共有出土文物 151 箱，内装人物题材墓室彩绘砖和斗拱藻井墓室彩绘砖等。这批出土文物至今尚未全部开箱清点。近日，北京大学杭侃教授与我联系，告知北京大学举办 120 周年校庆活动，考古文博学院计划在赛克勒考古与艺术博物馆，围绕学科建设举办一个综合展览，希望其中展出故宫博物院保管的"白沙宋墓"墓室壁画彩绘砖，讲述北京大学设立考古专业之初的重大考古收获，以此缅怀宿白先生对考古学的巨大贡献。

在 20 世纪 70 年代的特殊环境下，故宫博物院曾举办"文化大革命期间出土文物展览"，宿白先生是筹展组人员之一，当时陕西、甘肃、新疆、黑龙江、河北、广西、广东等全国各地前来的筹展人员都住在武英殿，宿白先生也每天都参与展览筹备。单士元先生曾讲过，宿白先生参加筹备展览时，在故宫院内看到散落的砖瓦上面有铭文，认为具有重要价值，就写信给单士元先生，建议进行收集，加以保护。实际上，单士元先生每天在故宫博物院中巡视之际，也特别注意收集与紫禁城有关的文物资料，拾来不少"破烂"。由此可见老一辈文物工作者对文物的保护态度和务实品格。

宿白先生曾两次赴西藏调查，足迹遍及拉萨、山南、日喀则等地区大部分佛教寺院。1996年出版了《藏传佛教寺院考古》，被学术界称誉为"西藏历史考古学的奠基之作"。1992年故宫博物院首次在乾清宫东西两庑举办"清宫藏传佛教文物展""西藏文物精粹"两个展览，宿白先生作为顾问，指导挑选展品。由于全部文物都是首次面世，具有很高的学术价值，出版了《清宫藏传佛教文物》一书，这是故宫博物院首次出版藏传佛教文物图录，宿白先生审阅了全部文稿。1995年故宫博物院开始组织院内各领域专家编著故宫珍品全集六十卷，其中有藏传佛教造像、唐卡两卷，先生又应邀担任了全书的总顾问。

清朝在紫禁城内修建了众多藏传佛教佛堂，许多佛堂现在仍然较好地保存着历史旧貌，称为原状佛堂，现存有雨花阁、宝相楼、吉云楼、佛日楼、梵华楼等20多处保存比较完好，不仅古建筑完整，而且室内保留的清代匾联、供案、神佛造像、佛塔、供器、法器、唐卡、壁画等基本维持原样。宿白先生认为，中国历史时期考古就到元，但明清故宫原状佛堂的整理研究实际就是比较特殊的"地面考古""寺院考古"，先要做好勘查记录，把握建筑结构、布局的特点，确认每件文物的形制、尺寸、摆放位置等。宿白先生指明了故宫藏传佛教研究，特别是原状佛堂研究的方向方法。

紫禁城是我国古代宫城发展史上现存的唯一实例和最高典范。2002年10月，故宫整体维修保护工程正式开工，聘请宿白先生为故宫修缮工程专家咨询委员会专家。经过详细勘查设计及精心施工，2005年10月，武英殿维修保护工程顺利竣工，作为展览场所对观众开放，获得专家好评。同时，故宫博物院决定编写出版《故宫古建筑保护工程实录——武英殿》。在搜集整理大量档案资料的基础上，于2007年11月，就全书体例、架构等问题召开专家研讨会。宿白先生在听取汇报后发表了重要意见，他认为：全书文章架构方面，可以参照借鉴考古报告，将前期勘查得到的各类建筑信息如实地展示给读者，力求做到真实全面可靠。

2005年3月，我收到宿白先生和徐苹芳先生联名的来信，呼吁重编《中国陶瓷史》。信中说1982年中国硅酸盐学会曾出版过《中国陶瓷史》，时隔20多年，陶瓷考古突飞猛进，新资料层出不穷，重编《中国陶瓷史》势在必行。信中强调这是一部学术性著作，以考古学资料为基础，用考古学的方法，尽可能从手工业史的角度，阐述中国古代陶瓷手工业的发展历史。"我们力争此书在资料上齐备，在学术上有新的突破，使之成为在国际学术出版界最有影响的中国古代陶瓷史研究著作"。两位先生希望这项工作能够得到国家文物局的批准，在立项和经费申请方面，给予支持。国家文物局随即召开会议予以落实。今天，期盼这部宿白、徐苹芳和张忠培等各位先生付出心血的著作，能够早日问世。

早在20世纪50年代，宿白先生就在北京大学考古教研室，开设了中国古代瓷器课程。2005年10月，故宫博物院古陶瓷研究中心正式成立，聘请宿白先生为客座研究员。研究对象主要是故宫博物院收藏的36.7万件古陶瓷类文物、古窑址采集的6至7万片古陶瓷标本、清宫遗留下来的1万余片陶瓷标本，以及世界各地收藏的中国古代陶瓷。具体研究内容包括对不同时期、不同产地、不同类型古陶瓷制作原料、工艺、结构，以及相关性质的科学研究；对古陶瓷年代、窑口、真伪的科学研究；对古陶瓷的科学保管、修复和复制等技术的科学研究等。2015年7月在古陶瓷研究中心基础上，成立了故宫博物院陶瓷研究所。

人们说，宿白先生是为学术而生的人。他治学以严格著称，其学术研究涉及领域之广博，对材料理解之深入，治学态度之严谨，融贯能力之强大，令人叹为观止。张忠培先生赞叹他是"一个百科全书式的人物"。一方面博古通今，能将各个领域的知识融会贯通，博观而约取，厚积而薄发，具有兼收并蓄的治学理念，令人感到无限敬仰。另一方面又是那么平凡真诚，做起事来一丝不苟，讲起话来慢条斯理，没有半句废话，始终以教书育人为本，令人感到无比亲切。有人说，宿白先生很威严，感到敬畏，但是我感到的却是坦诚和专注，温文尔雅，谦谦君子之风。

近二十年来，每当节日期间，我总要去几位德高望重的学者家中拜访，表达谢意与敬意，在感谢他们指导的同时，也使自己在繁忙工作之余，得到片刻停歇，求教问题，聆听教诲，保持头脑清醒，在工作中不走或少走弯路。在我经常拜访求教的学者当中，有四位先生恰好同龄，即北京大学的宿白先生、清华大学的吴良镛先生、国家文物局的谢辰生先生、故宫博物院的耿宝昌先生，今年均是96岁高龄。记得在四位先生90岁生日的时候，分别以不同形式向他们表示了祝贺，祝他们健康长寿，也一直讲到待四位先生100岁生日的时候，大家来一起祝贺。但是，宿白先生却提前离开了我们。每当回忆起宿白先生对我的教导，就更增加了思念之情。

宿白先生所留下的精神遗产和治学理念，值得我们永远珍惜。

忆宿白先生

郭大顺（辽宁省文物考古研究院）

这几年我同师友们，一直在关心着宿白先生的身体状况，从传来的照片和视频中见先生精神爽矍，思维清晰，很欣慰，但去年在一次电视采访活动中看到先生需扶着轮椅在室内走动，又有些担心。因为面临文物博物馆和考古界迅速发展的现状，太需要有宿白先生这样主心骨的人物了。所以在宿先生的告别纪念活动后，大家仍沉浸在对宿先生治学精神和学术成就的回忆之中。我对历史时期考古无深入研究，但在工作中仍不断得到宿先生和他学术思想的指导。谈几件印象较深的事。

一　看庙重布局

宿白先生十分重视古建筑和古城址、古墓葬等考古遗迹的布局，这在先生的著作特别是其中大量的插图和讲课中时时有所体现。我保存的在学校听宿先生讲授古建筑课的课堂和实习笔记中的大量画图中，也以建筑布局图画的最多。后我又听常为宿白先生编辑文章的《文物》月刊编辑部李力同志谈过先生重视佛寺布局的事。不过，我还是在工作中对此渐有感悟的。

这还要从 20 世纪 80 年代辽宁的两项古建筑维修工程谈起。这两项工程，一是义县辽代奉国寺，一是朝阳市内北魏到辽代的北塔。

建于辽开泰九年（1020 年）的义县奉国寺大雄宝殿（图一，1、2、3），1984 年开始落架大修。这座东北地区现存最早的木构建筑物，也是国内现知体量最大的辽代单体建筑，院内保存的金元碑刻中记载原寺院规模甚大，大殿前有观音塔、周边有回廊等，现大殿前部的无量殿、山门和围墙等是清代补建的，范围大为缩小（图二）。当地政府配合这次颇具规模的维修工程，将现奉国寺庙前作了大面积动迁，这为通过考古发掘验证该寺院碑刻所记辽代奉国寺范围和大殿以外其他建筑提供了有利条件。当时文物界已在倡导地上维修与地下考古发掘相结合的作法，于是我们在奉国寺维修过程中，尽量插空作了些考古发掘工作。虽然奉国寺现庙前由于历年有人居住，且甚密集，地下扰乱很重，但仍在寺院西部和南部距地表 3 米以下的深处，找到了辽代奉国寺诸多建筑的磉墩部分[1]。

1

2

图一

1. 奉国寺大雄宝殿　2. 奉国寺大雄宝殿正面细部
3. 奉国寺大雄宝殿七尊泥塑佛像

3

图二　奉国寺现寺院航拍图

当时正好有徐苹芳先生《北宋开封大相国寺平面复原图说》一文发表[2]。徐先生遵宿白先生原意，在文中提到"配殿和回廊相结合的布置，是宋金时代寺院平面的一种新形式，在中国古代寺院平面布置发展史上，是一个转变的阶段，是从唐代的回廊到明清时期的东西两厢的过渡阶段。"不过文中引用宋金以前佛寺布局材料，多是敦煌壁画和朝鲜半岛、日本列岛的例子，中国的最早实例只有金代初年改建的大同善化寺。这使得我们从寺院布局考虑奉国寺院内外新发现的这批考古发掘材料。虽然揭露的遗迹只有山门和西侧部分，很不完整，但联系起来仍可绘出一幅辽代奉国寺平面布局复原图，正是徐先生文章中提到的"回廊与配殿相结合"的布局特点，这就为了解宋辽时期寺院布局提供了一个较早的实例。宿白先生曾评价义县奉国寺大雄宝殿在中国建筑史上的地位：这座属于高级厅堂类的 9×5 间十架椽的佛殿，因殿内设巨大佛台而采用了柱网布局前后不平衡的作法，为建筑史首见，由此导致梁架结构也相应复杂化，从而促进了建筑技术向更高的水平发展[3]。根据宿先生思路复原的奉国寺辽代寺院布局图，使这座辽西大寺的学术价值又提高了一步。

　　不过那一时段宿先生对辽宁工作更为关注的，是时代可能更早的朝阳北塔。就在奉国寺大殿维修刚有头绪时，朝阳北塔的维修工程也开始启动。朝阳北塔现外貌为辽代（图三），但不断有一些早期线索露头，如 1973 年在已暴露在外的塔基东南角，曾清理出两件具北魏特点的石雕武士像（图四）。于是在维修工程正式开始前，于 1986 年先启动了勘探工作，以利用这次维修解决塔的建筑年代问题，从而为维修方案的制定提供更多科学依据。勘探的成果，一是在塔基的地上部分和塔体下部探出唐塔与辽代的两个朝代共三个时期层层包砌的年代关系，一是找到北魏木塔的塔基以及压在其下的十六国三燕（前燕、北燕与后燕）时期的夯土台基，还于 1990 年在北塔东部约 40 米处勘探出"富贵万岁"瓦当等十六国到北魏时期文物和遗迹线索，使寻找北塔寺院的围墙等遗迹也有了一线希望[4]（图五）。在此期间，我曾建议维修工程负责人、北塔文物管理所所长董高同志找宿白先生请教，为此，董高多次到北大宿先生家拜访。据董高回来告诉我，宿先生每次都听得很专注，问得也很仔细，还对他较快掌握了一些佛教知识给予鼓励。先生在肯定北魏时期的塔基下有三燕夯土台基的考古发现，同文献记载北魏冯太后在故北燕国都城龙城所建的"思燕浮图"有关的同时，对已有露头的塔近中心的寺院布局线索更为关切。在此后勘探成果发表又不断取得成果时，先生于 1996 年在黑龙江省"渤海文化研讨会"上的讲话中提到朝阳北塔时说："平壤发掘的两个比较早的寺院，一个叫金刚寺，也是以塔为中心的布局。这种布局是魏晋南北朝时期佛寺流行的布局。辽宁朝阳发现的五世纪后期兴建的思燕浮图，是现知距离高句丽最近的一处以塔为中心的佛寺。"[5]

　　此后，我们遵照宿先生的想法，一直把继续寻找有关北魏时期朝阳北塔寺院布局遗迹列为在朝阳老城区进行考古勘探的主要目标。终于利用 2003 至 2004 年朝阳北大街改造工程将北塔周边全部动迁的机会，在确认十六国时期三燕都城龙城和宫城具体位置的同时，在北塔的东、西、北三面找到了寺院围墙墙基的线索，在北塔正北约 10 米处还发现

图三　朝阳北塔

图四　北塔塔基出土北魏武士石像

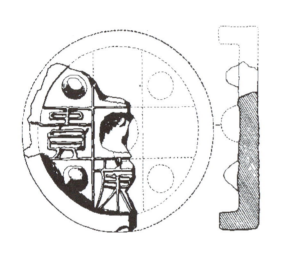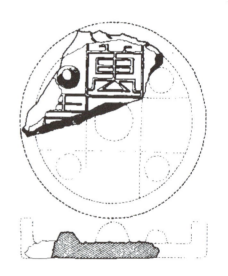

图五　北塔东部勘探出土"富贵万岁"瓦当

了夯土台基，不仅进一步证实北塔的北魏时期塔基就是"思燕浮图"遗存，而且可以基本勾划出一个塔近于中心的北塔寺院平面布局图（图六，左上）。我也将于1988年在日本进行文物考察时，参观的多处佛寺、佛寺遗址和有关资料拿出来加以整理，这里有国立奈良博物馆当时正在展出的一个东亚佛教展览资料，是从朝鲜半岛到日本列岛佛寺布局的演变序列图，有关西大学网干善教教授所赠《飞鸟发掘》新作中的有关资料[6]，从中排出的佛寺布局演变序列大致为：公元5世纪后至6世纪初（塔近中心，佛殿在北，如朝鲜平壤清岩里废寺即金刚寺）；公元6世纪中至6世纪末（塔移前，殿靠中心，如日本奈良飞鸟寺和大阪四天王寺）；公元7世纪中至7世纪后（塔与佛殿东西并立，如日本奈良川原寺和法隆寺）；公元7世纪末及以后（佛殿移中心，东西双塔如日本奈良本药师寺，到塔移寺院外，另立塔院，如日本奈良东大寺）。而时间也在公元5世纪后期但早于平壤

中国、朝鲜半岛与日本佛寺布局演变图

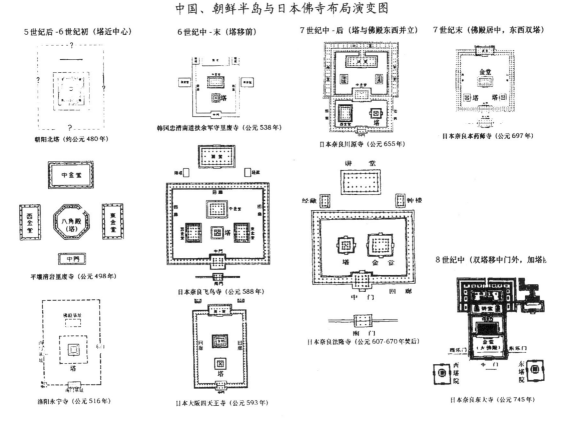

图六　东北亚塔寺布局演变图

金刚寺的朝阳北塔，正好排在第一阶段的最前面（图六）。由此进一步加深了对宿先生有关朝阳北塔在东北亚佛寺布局及文化关系重要性的理解：一是已有演变规律可寻的东北亚寺院布局和演变线路，可向前追溯到当时的辽宁西部重镇今朝阳（北魏时为营州）；二是在佛教东传过程中，以塔和佛殿地位的变化最为敏感，说明崇拜对象和礼仪的变化是佛教东传的主要内容[7]。

　　就在北塔勘探和维修期间，朝阳地区的十六国时期三燕考古也不断取得新进展，为此，我们曾几次酝酿请宿先生到朝阳考察，最终未能实现，成为至今仍感遗憾的一件事。我想，如果那时宿先生能亲赴朝阳，一定会如考察山东青州和河北宣化那样，从城市考古角度，将朝阳历史遗迹的研究和保护提升一个层次。目前，朝阳北塔已建博物馆，大家在惊叹馆内陈列的被移作北魏木塔柱础的十六国三燕宫殿巨大的覆斗式石柱础等珍贵文物（图七）时，重温宿白先生的指导和谈话，一定会对这座经历北魏、隋和唐到辽重熙年前后的"五世同堂"的古塔及其在东北亚佛教东传中的地位不断有新的体会。

图七　朝阳北塔北魏塔基移用十六国三燕宫殿覆斗式石柱础（边长 1.3 米）

二　宣化城的变迁

宣化是一座古城，也是我的家乡。过去对宣化城历史及遗存知道较多的，是明代九镇之一的宣府镇和附近的明代长城。明代以前的建城史，多只见于碑刻和文献记载。中华人民共和国成立以来特别是近二三十年来，陆续有考古发现和古建筑研究成果的积累，除了从新石器时代到战国燕赵长城和汉代墓葬以外，与建城有直接关系的唐五代到辽金元时期，也不断有新发现。

1996 年金秋之际，宿白先生应河北文物研究所之邀，对宣化城进行了两天的实地考察，一年后在《文物》月刊（1998 年 1 期）发表《宣化考古三题——宣化古建筑·宣化城沿革·下八里辽墓群》一文[8]。宿先生综合考古资料，结合文献记载，对宣化城内的古建筑和建城历史有极为详尽准确的考证。我因从小在宣化城里长大和读小学，对宣化城里的大街小巷名称及走向较为熟悉，记忆里也有不少有关宣化城的传说故事。读到宿先生对家乡历史考古的研究文章，十分振奋，文中引有民国十一年由我祖父郭维城总纂的《宣化县新志》，更觉亲切，为此我曾将宿先生这篇文章多次以复印件和扫描件向家乡、在京和海外的亲友们推荐，大家读过后都引起对家乡的深情回忆，觉得有意外收获。与宿先生见面时提到亲友们的感受并再三向宿先生表达了感激之情，宿先生也感欣慰。

宿先生对宣化城的考察研究从古建筑开始。钟楼（清远楼）和鼓楼（镇朔楼）是宣化城内最具标志性的两座古建筑，也是宿先生这次考察的重点（图八、九）。宿先生特别注意钟楼与鼓楼及鼓楼西北一侧的时恩寺（图一〇）这两楼一寺的建筑年代和地域特点，

图八　宣化清远楼（钟楼）

图九　宣化镇朔楼（鼓楼）

图一〇　宣化时恩寺

图一一　宣化师范学校院内清代砖雕五龙壁

为此对他们的建筑结构进行了细致的考察和比较分析。据宿先生考察研究，宣化钟楼和鼓楼及时恩寺大殿，所采用的大木规则，拱、枋形制有近20项建筑构件的细部，都具公元十五世纪即明代早期或更早时代特征，且不少为雁北以东地区地方作法。并举建于元代的两座寺庙，一是现宣化师范所在地的弥勒寺，一是位于宣化北街朝元观街北侧的朝玄观，还有位于花儿巷的辽代塔基等早于明代的建筑遗迹，都是本地有更早建筑传统的证据。弥勒寺虽已不存，但作为"镇城第一古刹"，很有名气，该寺院所在的宣化师范学校我近年去过两次，现还保存有记载元代弥勒寺的明清碑刻、清代的五龙壁（图一一）和庙宇。朝玄观则已无印象，不过小时去过北街几座有众多塑像的大庙，不知有没有这朝玄观。更早的辽塔塔基所在的花儿巷，也是我经常去市场和南大街经过的一条很窄而长的小巷。

　　钟楼和鼓楼的方位，似为大家所熟知，但宿先生仍将其一一列举：皆坐落在南北大街；钟楼与鼓楼分立；钟楼位置在鼓楼北；鼓楼紧邻东西两侧府、县衙署和前临商市，是依其"望敌而设之谯"的当时城市设计之规制；钟楼开四门洞通南北和东西大街为明代定制等，并与北京钟楼在鼓楼北但都偏向城北是明代京师溯元大都制，四门通衢但移位的西安钟楼，甘肃边镇张掖钟鼓楼合为一体的简化形制相比较。我的理解，这一是在表达宣化城钟楼和鼓楼及其布置，在中国明代甚至宋元古城中具有一定典型性；二是这同宣化的建城史有着直接关系。因为宣化城钟楼与鼓楼所在的南北大街作为古城最主要的干道，并不在城的中心部位，而是偏向于城的东部一侧。

所以论及宣化的建城史，宿先生在从明宣府镇上溯到元代宣德府、金代宣德州与辽归化州、五代唐雄武军-武州城并考证各时代城址范围时，将偏东一侧的南北大街作为一个重要依据，并将此格局追溯到宣化城汉唐时期所称的下洛县"在今镇城以东"（《嘉靖宣府镇志》卷十一《城堡考》），联系宣化城内外多年发现的唐五代和辽金时期墓葬等遗迹的分布和唐代州县形状和布局，得出明代镇城是由东和南向西与北两个方向展筑的历史演变趋势。又在推定辽归化州、唐五代武州的方城范围时，以主要衙署历代相沿的通例，对比明清宣化州（府）县衙署多分布的小东门大街向西直到米市街一线，适在商业繁盛地点的四牌楼处与南北竖街相交，构成宣化城内主要的十字街，也为早期古城的中心（图一二）。宿先生文中还提到金元旧土城北壁以里出金末货币窖藏地点的皇城桥东和相国庙街，又是

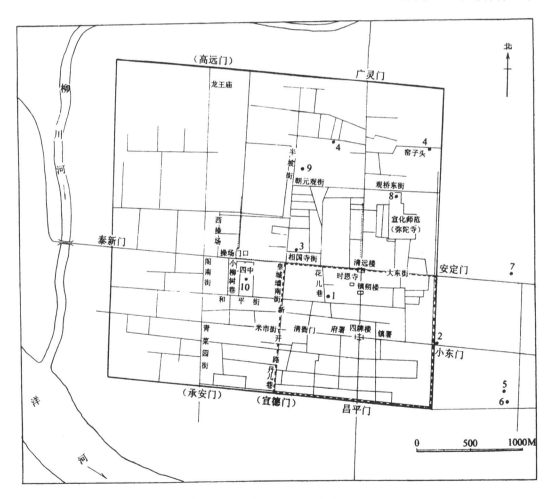

图一二　宣化城历代变迁示意图

先生推定的唐五代到辽城的北城墙界限。凑巧的是，我家旧居就在皇城桥东街，其北邻的相国庙街有童家院是我的出生地，这一带也是我上相国庙街小学（原第一高等小学校）时经常往来的路径。小时记得，由相国庙街向北和向西，民居已渐稀疏，多为大片葡萄园和菜园，当地人俗称为"西北角"，这应该就同"西北角"一带在宣化早期城墙以外并长期延续下来有关。

宿先生考证宣化古城的这篇文章，言简意赅，常读常新。与我小时的印象加以联想，更加深了对家乡的认识，一是传统的顽强保留和延续，表现在建筑的当地传统作法和古城基本格局上，即使是明代及以后，宣化城变动较大，但早期城市的基本格局未变。由此想到宣化与紧邻的北部张家口和南部的怀来、蔚县相比，在语音、日常风俗习惯等方面，都长期保存着自身的小区域特色，彼此是相通的。还有宣化城的历史地位。宿先生在文章中并未有具体评价之词，但引有唐代安禄山时在范阳以北筑雄武城，"峙兵积谷"；辽代归化州境内皇室设行宫，出身显贵的耶律制心刺归化等；金代时由于近中都，州"多皇室钜族"；元代有铁冶和银冶及染织司，又为皇族"封宣宁郡府"之地，被称为"燕代巨镇"；明初更有谷王驻守。显示宣化城作为京师西北屏障所具有的重要军事和经济地位。

宣化古城的命运同其他地区的古城一样，历经磨难，主要是近世以来城墙大部被拆。1986、1996 年钟楼与鼓楼分别被列为全国重点文物保护单位，特别是 2006 年，钟楼、鼓楼与南门（拱极楼，图一三）南北轴线上共三处古建筑和宣化城墙一起，以"宣化古城"被国务院公布为第六批全国重点文物保护单位。由于级别不断提高，繁华的南大街在历代城市改造过程中，幸免于如宣化钟楼东西街和全国各地不少古城那样被无端拓宽，更

图一三　宣化城南门（拱极楼）

为难得的是，在钟鼓楼之间的南大街两侧，至今仍有一些民国或之前的旧建筑原状保存。认识的深度决定保护的力度，以宿白先生的研究成果为学术依据，对宣化古城进行科学规划进而从整体上加以保护，是可以期待的。

三　沈阳是座坛城

"我是东北人，对东北考古有着浓厚的兴趣。"这是宿白先生 1996 年在黑龙江省举办的渤海文化研讨会讲话时的深情表达。宿先生时刻在关心着家乡的文物博物馆和考古工作的进展。20 世纪 70 年代初北票县丰下村一座夏到早商时期的夏家店下层文化遗址发掘时，宿先生听说后特意来信，说以往辽宁规模较大的考古工作较少，要以这次发掘为契机多积累系统资料。1986 年中国考古学会第六次年会期间，先生亲自到朝阳牛河梁红山文化遗址考察后来信启发我们与古史传说相联系。绥中县姜女石秦行宫遗址发现报道后，先生很快将其收入正在修订的北大历史时期考古讲义中，并于 2000 年前后亲到现场考察，对面海高台建筑址的两阶设置印象深刻。先生高度重视十六国时期"三燕"文化及其对东北亚地区的影响，强调高句丽和内地的关系"首先是和与东北接近的所谓'三燕'地区发生的联系。实际上，'三燕'的许多东西是高句丽文化的整体上重要来源。"[9]。晚年先生思念家乡的心情越盛。1998 年冬在沈阳开会期间，先生冒寒到城里走了好几个胡同，以考察了解老城在城市建设中存在的保护问题。2008 和 2013 年沈阳老城德盛门（大南门）瓮城发现后我们两次到先生家拜访请教，先生边看沈阳民国时期地图边回忆起在沈阳老城从铜行胡同家里到德盛门附近的文庙小学上学的事。近几年得知努尔哈赤所居汉王宫在《盛京宫阙图》的位置经发掘得到验证后，先生强调对满族"寝宫分离"的特点应予重视，建议对遗址作原状保护[10]。先生详细读过姜念思同志（辽宁省博物馆原馆长）的《沈阳史话》（2008 年出版）一书并多次予以称赞[11]，还为刚建立不久的沈阳市文物考古研究所题写了所训（图一四）。

这里要特别提到宿白先生对清初沈阳城规划布局的重要观点。

1985 年辽宁省博物馆文物工作队方殿春、张克举在《北方文物》发表一篇题为《沈阳故城》的研究文章[12]。据方殿春同志说，这是他毕业离校时宿白先生交给他的一项作业。原来宿先生认为，清初沈阳城的内方城外圆城（又称边城或关城）加四面各一塔寺的平面布局，应受到藏传佛教曼陀罗（坛城）的影响（图一五），建议他们根据自己

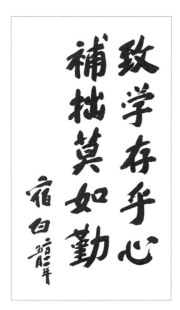

图一四　2011 年为沈阳市考古所题辞

在沈阳成长熟悉情况的条件再做些实地调查，拿出研究成果。

　　曼陀罗，为佛教密宗修法时的坛场，是藏传佛寺壁画、唐卡中常用的题材，其基本形制为内方坛，坛中心为本尊，外圆，内外圆之间布置有诸佛，四角置四塔。这种曼陀罗形制也经常用作佛寺建筑布局，称为建筑曼陀罗或立体曼陀罗，西藏寺院有典型实例。如果清初沈阳城是仿喇嘛教的曼陀罗，那城市布局就非常有自身特色，作为清初的都城和陪都，沈阳城在中国城市史上应占有一席之地，进行城市规划也应从整体上考虑。然而此前的中国都城史或中国城市史，讲到明清都城只有北京城，从未提及清初沈阳城。沈阳市制定的历次城市规划也只将方城作为一完整单元，方城以外到边城和四塔间，按方位加以分隔，未作为一个整体看待。可见，对清初沈阳城继续做些研究和宣传，在清初沈阳城仿曼陀罗进而与藏传佛教的关系上取得共识，无论对中国城市史研究还是对今后沈阳市的城市规划建设，无疑都是大事。

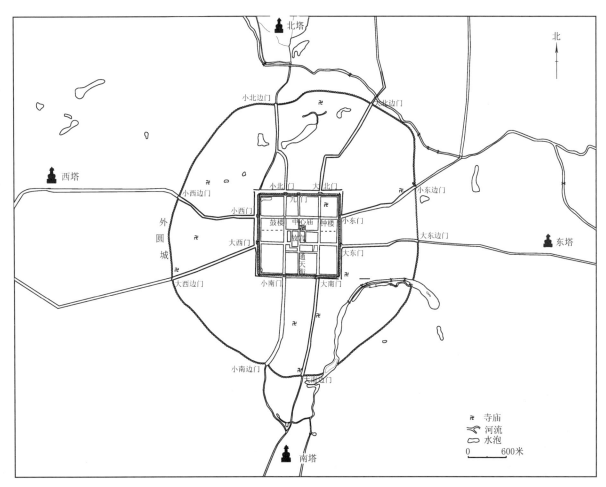

图一五　清初沈阳城（为内方外圆城外四塔寺的布局，依1931 年 6 月东北大学制辽宁省城市街全图改绘）

为此，我曾两次求教于宿白先生（图一六）。一次是 2005 年 8 月 12 日利用在北京开国家文物鉴定委员会会议又急于赶回沈阳时，冒昧给先生打电话请教，一次是 2006 年 9 月 28 日拜访先生时得到宿先生当面指教。宿先生从历史背景等多个方面谈到清初沈阳城的整体布局与藏传佛教曼陀罗的关系：清初皇室奉信喇嘛教，灭明前，西藏喇嘛就来到沈阳，当时明朝还在；那时的喇嘛教不只是黄教，还有白教等，所以并不一定与黄教的曼陀罗完全相同；沈阳城外有对称的四个喇嘛塔和佛寺是重要证据；只是缺少文字记载，可以再查查藏文资料；塔和庙都是曼陀罗的立体化，如山西应县木塔第五层为中心佛，第四层为四方佛，西藏的桑耶寺、格林寺等也是如此，只是四个塔不在四面而在四角的位置。

听了宿先生的讲述，我心中有了底。根据先生的分析和提出的建议，我们又有针对性地进行了集中思考和论证[13]。如清初沈阳城有内城、外城和四塔寺是客观存在的，长期以来未作为一个整体看待，最主要原因在于，根据文献记载，他们不是同一时间建造的。方城为明代初年建的沈阳中卫城，皇太极即位后，于后金天聪五年（1631 年，明崇祯四年）开始进行改建（图一七），外城据《盛京通志》记载是建于康熙十九年（1680 年），四塔寺则是崇德八年（1643 年，明崇祯十六年）敕建的，建成是在清入关后的顺治二年（1645 年）。前面提到的《沈阳故城》一文中对此的解释是，皇太极建沈阳城时应有一个包括外城和四塔寺在内的整体布局的规划，顺治和康熙年是依据此前的规划对四塔寺和外关城进行补建的（图一八）。此后姜念思同志在《沈阳史话》一书中专门有一节是讲清初沈阳城布局与曼陀罗关系的。他引用天聪七年档案中正白旗隐士甄应元上书皇太极时，提到"筑城垣，打关墙""无关不成城""速修关墙""包城（指砌砖包裹方城）最紧急之事，打关（指修筑外城）也最急之事"的建议，说明沈阳的外关城在皇太极改建方城时已同时建设。书中还从西藏达赖与皇太极往来的信件中，达赖称盛京为"莲花之城"，以四塔代表四方佛，视位于都城中心部位的皇宫为曼陀罗本尊的所在地，将皇太极尊为曼陀罗中心的本尊，称为"曼珠师利大皇帝"，还有四塔寺设计者为西藏善于设计建造藏传佛教建筑的高僧等，这些都为清初沈阳城包括外城和四塔寺在内是一个整体并按喇嘛教曼陀罗进行规划设计的观点，提供了更多有说服力的证据。宿先生多次对《沈阳史话》加以称赞应该与此有关。

图一六　2006 年春节前与姜念思（后）在宿先生家

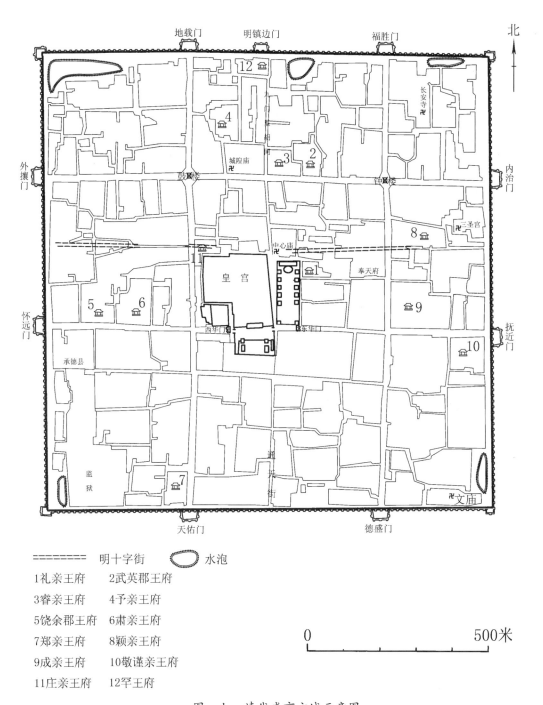

北

地载门　明镇边门　福胜门

外攘门

怀远门

天佑门　德盛门

内治门

抚近门

长安寺

三圣宫

城隍庙

鼓楼　钟楼

中心庙

皇宫

奉天府

西华门　东华门

承德县

监狱

文庙

12
4
3　2
8
1
5　6
9
10
7

========= 明十字街　⬭ 水泡

1 礼亲王府　2 武英郡王府
3 睿亲王府　4 予亲王府
5 饶余郡王府　6 肃亲王府
7 郑亲王府　8 颖亲王府
9 成亲王府　10 敬谨亲王府
11 庄亲王府　12 罕王府

0　　　　　　　　　　500米

图一七　清代盛京方城示意图

1　　　　　　　2　　　　　　　4

3

图一八
1．盛京城东塔（永光寺）旧照
2．盛京城南塔（慈宁寺）旧照
3．盛京城西塔（延寿寺）旧照
4．盛京城北塔（法轮寺）旧照

　　谈到满族开国时的建都思想，想起傅熹年先生对中国古代不利于建筑遗产保护的一段话[14]："中国古代有一个很恶劣的传统，即自公元前3世纪初开始，在改朝换代以后，大都有计划地把前朝的都城、宫殿加以破坏，甚至引水浸泡，认为这样做可以断绝前朝复辟的可能性。个别沿用前朝都城的，也要对原格局做很大的改动，表示已'革故鼎新，成为新都'。所以尽管历史上曾有很多王朝，建有很多宏大的都城和壮丽的宫殿，但除最后一个王朝——清朝的都城北京及其宫殿坛庙得以保存下来外，其余各代的都城、宫殿在亡国后都遭彻底破坏，成为废墟，只能通过考古发掘来了解其概况。"傅先生提出的中国古代都城和宫殿中被唯一完整保存下来的北京城和故宫，是明代建立的，满族入关后，一反中国古代破坏前朝都城和宫殿的"恶劣传统"，也不嫌前朝复辟可能性的忌讳，将前朝的都城和宫殿全部沿用下来。这是满族高明、自信和独特之处，也是满族对历史连续性的认识和尊重。而在关外，则保留了与明代北京城在规划布局上有所不同、既吸收汉文化也吸收蒙藏文化、表现出更多创造性从而深具满族特色的清初沈阳城。她至今仍深刻影响着生活在这一方土地上的大众，仅清初沈阳城及放射状的街道网络的基本格局，就对此后沈阳城市的发展和街道的走向，起到决定性影响。虽然经多年拆改建，沈阳城作为一个整体已被割裂，外环城道与联结内外城的放射性街道也多被取直取正。但值得庆幸的是，近些年随着沈阳市历史文化名城保护工作的进展，宿白先生的观点正在被社会各界所重视和接受。2009 年沈阳市人大科教文卫委员会起草关于《沈阳市历史文化名城保护条例》讨论稿和沈阳市城建与规划局制定新的沈阳市城市规划，都将这一观点作为沈阳城市规划的一个主要依据。正在进行的国家社科项目《盛京城考古》也在为此寻找更多证据。清初沈阳城作为中国古代都城规划史最后一例，随着沈阳这座东北地区最大城市的振兴，也会将其特有的个性逐渐展现在国人面前。这也是家乡人对宿白先生最好的告慰。

2018 年春节期间写于海南省东方市汇艺蓝海湾

注　释

［1］辽宁省文物保护中心、义县文物保管所：《义县奉国寺》，文物出版社，2011 年。

［2］徐苹芳：《北宋开封大相国寺平面复原图说》，《文物考古论集》，文物出版社，1986 年，第 357—369 页。

［3］宿白：《中国古建筑考古》，文物出版社，2009 年，第 76—79 页。

［4］朝阳市北塔考古勘察队等：《朝阳北塔 1986-1989 年考古勘察纪要》，《辽海文物学刊》1990 年第 2 期，第 15—23 页；张剑波等：《朝阳北塔的结构勘察与修建历史》，《文物》1992 年第 7 期，第 29—37、59 页；辽宁省文物考古研究所、朝阳市北塔博物馆编：《朝阳北塔——考古发掘与维修工程报告》，文物出版社，2007 年。

［5］宿白：《在"渤海文化研讨会"上的发言》，《北方文物》1997 年第 1 期，第 4—5、63 页。

［6］（日）網干善教：《飛鳥発掘——成果と展望》，駸夕堂出版株式会社，1988 年。

［7］郭大顺：《朝阳北塔在东亚佛寺布局演变序列中的地位》，《辽宁省博物馆馆刊（第 3 辑）》，2008 年，第 37—44 页。

［8］宿白：《宣化考古三题——宣化古建筑·宣化城沿革·下八里辽墓群》，《文物》1998 年第 1 期，第 45—63 页。

［9］宿白：《在"渤海文化研讨会"上的发言》，《北方文物》1997 年第 1 期，第 4—5、63 页。

［10］沈阳市文物考古研究所：《辽宁沈阳汗王宫遗址发掘简报》，《文物》2018 年第 2 期，第 39—53 页。

［11］姜念思：《沈阳史话》，沈阳出版社，2008 年。

［12］方殿春、张克举：《沈阳故城》，《北方文物》1985 年第 3 期，第 47—52 页。

［13］郭大顺：《中国古代都城规划史最后一例：清初沈阳城》，《文化学刊》2010 年第 6 期，第 4—11 页。

［14］傅熹年：《中国历史建筑遗产保护中的问题》，《中国文物报》2007 年 6 月 22 日。

宿白先生的人格魅力

安家瑶（中国社会科学院考古研究所）

2018年2月1日宿白先生离我们而去。宿白先生的严厉严谨严肃的治学态度和达到的学术巅峰无人可及。宿白先生公私分明的人格魅力更是令人折服。想起和先生相处的时刻，点点滴滴都化作幸福的回忆。

考古不是游山玩水

1979年秋，我有幸成为先生的硕士研究生。刚入学时，与79级新生听了苏秉琦先生的讲话，他说你们就像候鸟，春秋飞出去了，夏冬又飞回来了。我们都对考古实习充满喜悦和幻想。1981年初，我和同学陈英英随先生在武昌湖北省博物馆实习。当时他的助教权奎山和湖北省博物馆的全锦云正在整理武昌郊区隋唐墓，为了寻找墓中出土的瓷器的来源，宿先生带我们到湖南、江西考察窑址。我们最后一站是从九江乘轮船回武昌。陈英英央求先生给我们半天假，让我们上庐山看看。庐山不仅是近现代史上很多重要事件的发生地，而且当年《庐山恋》刚刚上演，这是刚改革开放拍的最有影响的电影。宿先生没有答应我们的要求。通过这件事，我们明白考古不是游山玩水，再也不向先生提出这类无理要求。1981年暑假，我们跟先生在敦煌莫高窟实习一个多月，名胜地月牙泉就在附近，我们也没有去游览。后来我到考古所工作，才知道夏鼐先生对本所考古工作者的要求更为严格：直接去考古工地，中途不得下车。直到八十年代，这项规定才稍稍松了一些，沿途可以下车进行业务考察。

对公款吃喝非常反感

我们跟宿先生出去考察，一般都是在单位食堂吃饭，有时就是简单地吃两个馒头。1981年夏，随先生考察炳灵寺。当时炳灵寺交通不便，早上不到6点就从兰州出发，到刘家峡后，乘小船抵达石窟。考察石窟爬上爬下，不到中午早已饥肠辘辘。当时的现场没有食堂，更没有饭馆，炳灵寺保管员给先生和我们每人下了碗白水挂面填饱肚子，我们继续工作。宿白先生对公款吃喝非常反感，有一次在湖南的小县城，地方官员为我们准备了一桌酒菜。拿现在的眼光，算不上奢侈，也就是有鱼有腊肉。因为有当地文物工作者陪同，宿先生不好拒绝，事后宿先生对我们严肃地说："这样吃喝不好，这都是民脂民膏啊！"先生的话为我们后来走向工作岗位警惕乱用公款敲了警钟。

图一　先生请我们吃螃蟹
（全锦云摄，自左至右：权奎山、陈英英、宿白、安家瑶）

宿先生反对用公款吃喝，但自己出钱请学生吃饭却十分大方。在武昌东湖实习时的一个周末，先生掏钱让我们买螃蟹，在全锦云家蒸熟，请我们吃，并一步一步教我们怎么吃螃蟹（图一）。

我工作后才知道，考古界的老先生都保持着这样的优良传统。1994 年秋，我随黄景略先生去河南检查考古工地。在南阳的一个县上，午餐准备得很丰盛。那天还没有等到菜上齐，黄先生就起身离席，我们看组长走了，也跟着出去了，让地方陪同人员很下不来台。黄先生用这种方式表达对公款大吃大喝的不满。后来传出来的故事说黄头将酒桌掀了，其实没有那么夸张。

不给他人添麻烦

宿先生一辈子对自己要求非常严格，自己能干的事情绝不麻烦他人，特别不为自己的事情麻烦单位组织。

师母在 2011 年初离世前曾卧床近十年，先生除了参加北京的重要的会议外，谢绝了其它活动，在家陪伴病妻。师母走后，先生才有精神出来走走。先生想去的地方仍然是古迹遗址。2011 年 6 月 6 日正好是端午节，宿白先生约我和他女儿宿志丕一同去考察银山塔林。银山塔林是辽金以来北方佛教圣地，位于昌平区城北 30 千米，宿先生是佛教考古的大家，但一直没有机会实地考察。出发前我问先生是否和北京市文物局打声招呼，他不同意。那天他早早准备完毕，带了水和帽子，等我开车接他。我们沿着志新路东行，到安立路北行。先生已近 90 岁高龄，多年很少出去，但他在北京生活工作 70 年，又熟读地图，路上他目不转睛地看着沿途的变化，讲着过去此地发生的故事。到了塔林售票处，志丕抢先跳下车，买了三张老人优惠票。银山塔林是国务院公布的全国重点文物保护单位，也就是文物局的地盘，如果知道宿先生来，市文物局和区文物局的领导肯定会出面迎接。先生不喜欢前呼后拥。他仔细考察了辽金元明的砖塔（图二），在下山的途中，先生对我说："你再上去把那个元代的喇嘛塔拍张照片给我，我觉得它比较早。"离开银山塔林，先生让我找家好一些的饭店吃饭。我说那可由不得我们，沿途看看哪家饭馆门前停车多，就在哪家吃吧。我们找到路旁的一家驴肉馆，屋内客人满

图二　先生考察银山塔林

座，我们在院子里找了张桌子。先生坐下，先在桌上放上二百元钱，表示他请客。最后，我们只花了八十多元，还把剩的驴肉打包带回。不麻烦单位领导，先生感到轻松自由。

寻真是先生一生的学术追求

2018 年 4 月 28 日在北京大学赛克勒考古与艺术博物馆开幕的北京大学考古教学与科研成果展的题目是《寻真》。这个题目起得太好了，考古学是寻真的科学。"上穷碧落下黄泉，动手动脚找东西"。宿先生和老一辈考古学家一生的学术追求就是寻真。

有一件事情我终生难忘。1995 至 1996 年我在西安主持发掘唐大明宫的主殿——含元殿遗址。这是联合国教科文组织及日本政府和中国政府确立的保护大明宫含元殿遗址项目的前期工作。含元殿遗址在 1959 至 1960 年曾经由中国科学院考古研究所勘察发掘过。马得志先生主持第一次发掘，取得了很大成果，基本搞清楚了殿址及两阁的形制。由于经费不足和时间紧迫，当时仅揭露了殿址和两阁，其他部分则是采用钻探和开探沟的方法大致予以考察。简报发表后，在学术界特别是古建筑学界引起了强烈反响。含元殿的复原图在各博物馆作为唐代代表建筑展出，在社会上有很大影响。

1995 至 1996 年考古发掘揭露出的龙尾道并不是像明清太和殿的御路踏跺设在殿南正中，而是设在殿堂的两侧。龙尾道起自殿前广场的平地，沿两阁内侧的坡道，经过三层大台，迂回登到殿上。

第二次考古发掘的结果推翻了第一次试掘推测的结果，龙尾道的形制变化是否能被学术界接受？我感到压力很大。1996 年春，我先请马得志先生和杨鸿勋先生到现场。马先生在发掘工地呆了一周，坐卧不宁。我向宿白先生汇报了发掘的情况，并请先生到现场。

先生非常谨慎，没有肯定也没有否定，但不同意立即去看现场。先生在思考。1996年夏天，我突然接到先生的电话，他让我到渤海上京龙泉府去看看吧！我明白先生这几个月的时间还在考虑这个问题，而且他想通了。

1996年11月，联合国教科文组织派国际专家到含元殿遗址验收考古工地，并进一步确定保护方案。宿白先生带领中方专家提前到达西安现场（图三）。有先生在，我心里踏实多了。考

图三　1996年10月30日先生带领中方专家提前到达含元殿遗址检查工地

（自左至右：张廷皓、周魁英、段鹏琦、宿白、刘云辉、安家瑶、晋宏奎、高本宪）

古现场验收进行得很顺利，但保护方案的讨论相当激烈。在西安宾馆的讨论会上，争论到夜里11点，教科文组织驻北京代表武井士魂拂袖而去。以宿先生为首的求真务实的中方方案最终得到通过。宿先生对左右龙尾道形制的肯定，就是对中间龙尾道的否定。在学术的真伪问题上，先生总是立场鲜明。

田野工作是先生的最爱

1990年7月20日至8月23日，联合国教科文组织丝绸之路沙漠路线（中国境内）的第一次考察，乘汽车从西安出发直到喀什。宿先生向中方领队徐苹芳先生提出参加新疆段的考察，那年他已经近70岁了，是国际考察队中最年长的学者。在考察途中，宿先生总是一马当先，带领着我们（图四），看得出他十分热爱田野考察。休息时，先生就随便坐在路边的石头上与我们讨论（图五）。在对柏孜克里克洞窟的考察中，一些没有开放的洞窟根本没有路，山体陡峭，全靠手足并用的攀登。我在后边抢拍下宿先生在学生们的帮助下奋力攀登的照片（图六）。先生奋力攀登的精神激励着我们前行。

2012年，在配合北京文化硅谷建设过程中，北京房山区长沟镇发现一座大型唐代墓葬。经国家文物局批准 北京市文物研究所对该墓葬进行抢救性考古发掘工作。2013年5月，我有机会先睹发掘现场，回来后向先生谈到这次发掘。先生很感兴趣，希望亲自现场考察。我说发掘还没结束，不对外，不能和上次去银山塔林一样，一定要和发掘领队程利说一下。程利当然非常欢迎宿先生到现场指导。

6月3日一早，我开车接先生和宿志丕到长沟镇，程利在长沟镇迎接我们。墓葬规模

图四　先生在丝路考察中
（前排自左至右：安家瑶、宿白、樊锦诗、郭骃）

图五　先生坐在路边的石头上
与我们讨论

很大，坐北朝南，全长 34 米，由墓道、封门、前甬道、耳室、壁龛、墓门、主室、侧室、后甬道、后室等组成。我原想先生在墓葬上面看看规模，再看看出土遗物就可以了。但先生坚持要沿墓道下到墓葬底部（图七），仔细观察了前甬道的刘济的墓志和夫人的墓志。刘济的墓志刻有十二生肖和牡丹花图案，他夫人的墓志尺寸更大，163 厘米见方，也更华丽，为

图六　在柏孜克里克的考察中，先生攀登

彩绘浮雕十二生肖描金墓志。当时发掘正在进行，墓志还没有打开。宿先生考察刘济墓时，看到残存的壁画，不禁回想当年发掘白沙宋墓的情景。他说，现在科学手段多了，但现场临摹壁画还是很有必要，可以发现很多问题。我问那时怎么能请到专业画家到现场临摹，先生说他们都挺愿意来的。先生年轻时曾在中央美院学习过素描，早上进画室前买一个热馒头，吃几口作为早饭，剩下的馒头就是很好的橡皮。先生在学画过程中的师生都成为他的朋友，当白沙宋墓需要临摹时，呼之即来。

　　刘济墓，可能是宿先生晚年最后一次考察的考古发掘现场，他久久不愿离开。先生

图七　2013 年 6 月先生考察刘济墓（自左至右：程利、宿白、刘乃涛）

对田野工作发自内心的热爱，感染着年轻的考古人。

　　宿白先生是好老师，他总是不怒自威，用高尚的人格教学生们如何做人，如何做学问。先生仙逝后，陈英英从美国打来电话嘱咐我："请你一定跟先生说，来世我们还要做先生的学生！"

深切缅怀恩师宿白先生

吴梦麟（北京石刻艺术博物馆）

2018 年 2 月 1 日清晨不到七点钟，电话铃声响了，一位友人告知恩师宿白先生已于六时零五分因病辞世，噩耗传来使我顿时浑身发麻，不能自已。因为前些天还曾有过联系，想不到今竟成永诀，实难接受这一现实，不由得往事涌上心头。以下我从与先生的接触谈谈此时的心情和往昔的记忆。

首先，1956 年 9 月我考入了北京大学历史系并于次年选择了我梦寐以求的考古专业，达到了我要终身为考古事业奋斗的夙愿。在校五年，接受了多位名教授的授课和教导。考古专业除了按时代顺序接受专业课的知识，还邀请了社会上著名教授来讲课，如民族学院林耀华、美术学院金维诺、古脊椎所杨钟健、裴文中、贾兰坡等先生的授课，扩大了学子们的视野和学识。当然最主要的知识还是来自本专业老师的教诲，从旧石器时代开始按年代分门别类上课，即从吕遵谔、李仰松、苏秉琦、俞伟超、宿白和讲石窟寺的阎文儒先生等，他们的讲课风格各异、内容丰富、讲授精彩，让学生们得到了课堂上的享受，至今仍萦绕在我的脑海中。其中阎文儒、宿白先生率领我们实习的情景令我永世不忘。那是 1960 年秋冬，当时正值国家经济困难，人们只能按定量吃饭，山西大同天气比北京更寒冷，两位先生不畏困难，冒着北国的寒风，在现场授课，先后参观了多处古建和石窟寺，如云冈、上下华严寺、应县木塔等，他们白天讲课，考核学生，晚上还同吃同住，师生之情血浓于水。当时的拍照和记忆我是永世铭刻在心中的。宿先生主要为我们讲古代建筑的历史和法式特点，将自己的知识毫无保留地传授给我们，成为我们日后工作的知识储备。田野实习是考古专业必须接受的训练，否则就不成为考古专业，我们以能够近距离聆听老师授课而感到无比荣幸。五年的专业学习为我后来在文物部门工作打下了基础，让知识指导了我的工作。本来我喜欢搞旧石器时代考古，但进入北京市文物工作队后，当时正值国务院公布第一批全国重点文物保护单位，而北京的 18 项国保又多为古代建筑，组织上安排我做国保单位的"四有"工作，当时没有不服从分配的想法，很快投入到这项工作之中，一直沉浸在田野调查和阅读文献后的享受之中。宿先生特别关注北京市和全国重要城市历史风貌和格局的保护，从理论上指导了我们的具体工作。

另外我还有多次机会与先生近距离地学习。比如"文化大革命"期间曾在故宫慈宁宫搞了一次"无产阶级文化大革命出土文物展"，我有幸被指派当讲解员。当时展出了很多震惊国内外的新文物，因为人们被禁锢多年，能搞自己的专业，分外高兴，如同沐浴到春天和煦的气息。记得王冶秋局长请了宿先生指导此展览，并要在恢复《文物》杂志时，报道这批文物。先生从北大家中来到故宫慈宁宫前的几间破旧平房中，那时故宫还未向群众开放，先生默默无闻地坚守岗位，深入研究各类出土文物，如河北满城西汉刘胜夫妇的金缕玉衣、陕西西安何家村窖藏的金银器、湖北出土的乐器石磬、新疆吐鲁番出土的唐代文书和唐代糕点等。当时搞这次展览旨在利用文物为现实服务，但毕竟文物是具有三大价值的历史遗物，诠释这些文物需要专业上有权威性的学者。其时王冶秋局长慧眼独具请出宿先生是十分恰当的，因为此任非先生莫属。我们在讲解中从先生处学到不少知识，也为此展的出台注入了最科学、最专业、最权威的论证。此后在展览的基础上搞出国文物展，要求从全国调运 2000 件珍贵而有复品者，成为当时文物界的一件大事。先生需要查阅有关材料，因我爱人徐自强也是学考古的，在北京图书馆（今国家图书馆）善本部金石组工作，先生就让我帮助查阅材料。我高兴得不得了，一是先生对我的信任，二是我也能借此学到知识。先生那种严谨的治学态度令我敬佩。先生一生勤于著述、慎于刊布的作风是人人皆知的，我也确实深刻体会到了这点。此两次展览在"文化大革命"未结束前成功地举办确实不一般，先生做出了极大贡献。

　　先生是最早将古代建筑纳入考古领域，并致力于将历史时期考古学的理论方法应用于古代建筑的调查研究，注重古建筑的断代分期、分区和类型，使古代建筑成为历史文化研究的可靠实物例证，成为不可缺少的史料，引领了中国古建筑研究的新方向。在北京，他领我们参观过孔庙国子监、雍和宫等。记得先生曾在孔庙先师门前为多个年级考古专业学生讲解其斗拱的特点，引导学生们要从多方面观察，强调不能只看到部分特点就定其为元代建筑。先生在中外文明交流领域也成绩卓著，他以渊博的学识和宏阔的视野，辨明众多的外来文物，探讨了中外文明的相互影响，成为运用考古材料研究中外文明交流的指导者。北京作为古都，地上地下都保存了丰富的文物遗存，尤其隋唐以后更应关注。记得 20 世纪 80 年代至 90 年代时他就委托徐苹芳先生找我，要考察房山十字寺。考察那天去了不少学者，如徐苹芳、于杰、天文馆伊世同等，我也有幸能够在现场听到了不少讲解的知识，提高了我对该遗址价值的认识。南京博物院已将古物南迁时的十字寺镌有叙利亚文和瓶花图案的石雕列为馆藏珍贵文物，北京的遗址也被列为国保单位，填补了北京文物的类别。先生对出土的元代文物十分关注。1998 年曾在西直门南国务院第二招待所处发现一尊元末的真武像。我向他汇报后，他极为兴奋，认为此石雕为当前最早的真武像，铭文极其重要。真武像在石刻博物馆改陈时被送入库房，我遵照先生的意见，力主说服馆领导，将这一重要石雕陈列出来。20 世纪 90 年代时石景山区发现一座魏晋墓，出土了北京地区很少见的文物，如一座四坡顶的石屋，室内三壁绘主人宴飨和牛耕的场景，主人身后有持麈尾的侍者。这与朝鲜和辽阳出土的壁画也有相近之处，再加上出土的其他器物，

图一　2012年3月，徐自强、吴梦麟向宿白先生汇报房山石经整理情况

宿先生和杨泓先生认为其为魏晋墓，是北京继西晋华芳墓后的又一重要发现。这是我亲历先生分析出土文物的又一事例，后来在打击盗窃石刻文物时也见到类似石屋，引起了我们的注意，坚决将其没收入库。

先生对学生的关怀是无微不至的。我爱人徐自强与张永强编辑出版的《敦煌莫高窟题记汇编》和我与张永强合作编辑的《房山石经题记整理与研究》已先后列入国家"十三五"古籍整理出版项目（图一）共三卷，2021年将付梓。先生不顾年老体弱，为我们用毛笔题写了书名（图二），并叮嘱编辑时要认真、仔细，不要出现失误，我们记住了先生的谆谆教导，努力完成。先生住在燕园，多年来一直对北京的皇家园林既熟悉又关注。我与圆明园年轻业务骨干陈辉共同争取到市文物局的认可，将相关研究成果命名为《三山五园的石刻文化》，也得到先生的首肯，2021年已出版，成为"三个文化带"课题的补充。

总之，近年来我争取到与先生的多次见面机会，每次向他汇报我的一些近况时，他像父亲一般指导我，我从先生处受到的恩泽一生受用无尽。愿您在天堂仍为一座永远闪烁光芒的灯塔，指引着考古学子们前进的方向。

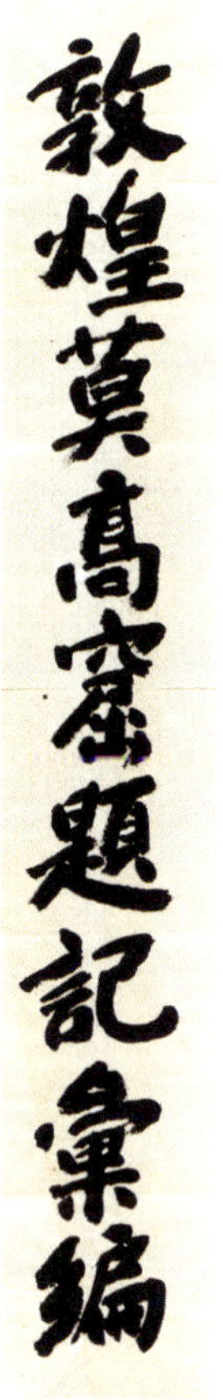

敦煌莫高窟题记彙编

房山石經題記整理與研究

图二　宿白先生为作者著作题签

怀念敬爱的宿白先生

胡戟（陕西师范大学历史文化学院）

宿白先生仙逝的噩耗传来，不胜悲痛之余，回顾六十年的师生情谊，难以释怀。

1959 年我入北大历史系时，考古和历史还同在一系为两个专业，宿白先生开的魏晋南北朝隋唐考古课我去听了，历史专业的学生去听宿先生的，大概只有我一人，从此和宿先生相熟。记得他在黑板上画出一排排漂亮的陶器，讲陶器的发展变化，使我懂得了器物排队的研究方法。先生的板书，应该叫"板画"，把一个个陶器画得非常对称整齐，非常漂亮，给我留下很深的印象。我完整的听完了这门课，但是因为还有历史专业的课，未能跟随老师和同学去参加考古实习，一直是个遗憾。

而后在历史博物馆正式开馆前，宿白先生带我们去参观，博物馆好像还有点请北大师生审查提意见的意思。那天从北大到历博，我们是坐大卡车去的。宿白先生站在卡车上的最前面，我在他身旁，在车上我们聊了一路。他问了我的一个问题是：武则天为什么把都城建到洛阳去？我回答说大概是因为粮食问题吧，过三门峡运输太困难了。宿先生比较认可。

毕业以后我们还保持着联系。"文革"归队后我 1980 年发的第一篇文章是《咸阳始建国律量斛尺》，1982 年又发了《唐代长安太平坊》，都是写文物考古的，是受教于宿白先生的成果。太平坊那篇放了 10 幅文物图。记得宿先生上课时讲唐长安城五爻时说，骑车从南往北走，就可以感觉出五爻的起伏。知道他关心长安城，所以把这篇发在《西北历史资料》上的习作寄给宿先生了，他看了以后说好。因为太平坊就在唐皇城外，当时我按街道的宽度计算过，隋唐皇城外没有修护城河的地方。后来这看法得到证实。20 世纪 80 年代初发掘含光门时，一位用洛阳铲的河南人，被请来帮助找朱雀门，他戳了几下就判断出位置，一挖果然是。我向他请教当年是不是和现在不一样，没有护城河的问题时，他拍了一下大腿说："我说怎么城墙的夯土不是本地的，是从别处运来的。"

1981 年暑假，宁可先生让我负责，和邓文宽、赵和平一起组织丝绸之路的考察。我们请宿白先生当我们考察队的顾问，正好他那时要到兰州去，便请他给我们讲讲大家还很陌生的敦煌，他欣然同意了。我的一个失误是没去机场接他，兰州机场远在 75 千米外的中川县，我们没有经费，那时也没有出租车，就想着先生自己坐机场大巴车来，我们在兰州饭店接他。不想那天飞机晚点没交通车了，他只好住在机场招待所。第二天见我时，说夜里他在招待所打开水，没有灯，把手烫伤了。有点埋怨，我也深感抱歉。但是宿先生没向我发脾气。第二天，他在兰大给我们讲课，手上裹着纱布，照片留下了这个情景。

随后我们去敦煌莫高窟，在贺世哲、孙修身两位先生分别带领下，用 3 天时间看了 86 个窟。考察后我们编了一本名为《丝路访古》的考察文集，宿白先生给我们的文章放在第一篇，题目是《两汉魏晋南北朝时期的敦煌——〈敦煌两千年〉之一》，是他给我们讲课内容的一部分。另外向达先生还开过敦煌学的专题课，我有幸得到两位老师精准的指点，1983 年参加中国敦煌吐鲁番学会成立大会后，我斗胆在西北大学开敦煌课，为此，依靠史韦湘先生的《敦煌莫高窟内容总录》等资料，编写一本《敦煌述略》用为教材，作为《西北历史研究》一期专刊刊出。敦煌文物研究所几十本几十本地要去，后来还翻印了，段文杰先生告诉我是用为讲解员的培训教材。后来中华书局又出了两版。做这点普及工作，也算向达、宿白两位先生没有白教我吧。当时编写《敦煌述略》，我特别用了向达先生讲课的目录，作为对"文革"中不幸过世的向先生的纪念。

再一件记忆深刻的事是宿白先生让我说服王予先生到北大来，给他建一个教研室，建立实验考古学。王予曾主持阿尔巴尼亚羊皮书三大著名《圣经》之一的修复，还有满城汉墓、马王堆 1 号墓、2 号墓、江陵汉墓的发掘和法门寺地宫发掘清理等多项考古工程，他是科学院考古所技术室负责人，国内有重大考古工程，经常是由他去主持。考古界一位者宿见告：1949 年以后，如果说国内培养出了一两个文物修复的考古专家，王予就是一个。宿白先生曾在北大组织一次报告会，请王予去介绍法门寺等考古工程，宿白先生亲自与会。会后宿先生希望我动员王予到北大考古系工作。王予顾虑北大是个讲究学历、外语的地方，我说你的动手能力，考古工作资历经验和对考古工作应遵循规范的认识，无人能比，但需要上升为理论。可是没能说服王予，也就没能完成宿白先生交给的任务，没能及早在北大考古系把实验考古学建立起来，总是个遗憾。但由于宿白先生的倡导，北大考古系已经在实验考古学方面做出了成绩。

宿白先生对北大考古系的建设付出毕生精力，功勋卓著。三千弟子早已是中国考古界的栋梁。我们永远怀念这位令人敬重的老师。

2018.2.5 凌晨

（原载《胡戟文存 3 古今人物卷》，三秦出版社，2019 年）

缅怀宿白先生

曹　玮（秦始皇帝陵博物院）

2012 年 6 月 20 日宿白先生在蓝旗营

2 月 1 日，我与刘绪、王占奎一行在山西临汾陶寺北东周墓地考察，一大早看到北大考古文博学院院长杭侃教授发出的消息：宿白先生于早晨 6 点 05 分逝世。噩耗传来，使人不能相信。宿先生的音容笑貌，历历在目……

1987 年，法门寺唐代地宫文物出土后，陕西省政府决定到北京请专家来，时任陕西省文物局副局长的张廷皓先生带着我一同来到北京，先后到任继愈、杨希枚、宿白等老专家家里汇报。当时宿先生还住在北京大学校园里的朗润园，我们带着法门寺出土文物的照片，到家里给宿先生汇报发掘经过，告诉每件文物出土的位置。先生看得很仔细，一边看一边问，因为我们都不是学习唐代考古的，除了出土位置和出土情况外，其他更为深入的问题都回答不上来。从先生观看照片的样子，能感觉出先生看得很兴奋。法门寺文物的出土，是 20 世纪 80 年代唐代考古的一件大事，身为唐代考古的泰斗，面对这些文物时，心情激动是难免的。1988 年，陕西省考古研究所成立三十周年开会之际，宿先生专门到法门寺仔细看了这批文物。先生一直在关心着这批文物，时隔多少年以后，有一次，我去看望先生，先生还提起了法门寺这件事。当时，韩伟先生主编的法门寺地宫发掘报告已经出版了，宿先生不太满意，认为不行，告诉我说最好重写。我壮了一下胆子，问宿先生："说这本报告不行，是哪不行呢？"先生直截了当地回答我："是把唐代地宫按窖藏写了，性质都错了！"我向先生解释了一番，不管怎么样，基本材料已经发表了；再说，现在也没有哪位学者会去重写报告了。先生听了以后也很无奈，说："那倒也是，就这样吧。"可以看出先生相当不满意。

1988 年，当时我正在北大上研究生，这一年也是陕西省考古研究所成立三十周年和半坡博物馆成立三十周年。时任所长的石兴邦先生到北大找我，要求请几位老先生参加纪念活动的国际学术讨论会，尤其是要请宿先生参加。我向宿先生谈起石所长的邀请，宿先生愉快地答应了。之后，我陪着宿先生到西安参会，也开启了我与先生的不解之缘。

11月6日，开幕式的第二天，我就陪先生参观了含光门，当时含光门遗址在修城墙的时候进行了保护，先生在遗址上仔细地观查遗址的发掘情况，又到城墙外看保护以后的情况。准备离开了，先生突然问我："西大在什么地方？"我指着西南方向说："离着很近，就在那儿。"先生望着那个方向没有说话，许久，慢慢地似乎是自言自语、又向是对我说："我要是在西大，会培养出一批人来……"作为西大的学生，先生的话让我想了很多年。

我们离开含光门往西大街方向走，先生边走边给我讲长安城的布局和结构，如数家珍一样。当走到洒金桥时，他问我为什么叫洒金桥？我回答不上来。他告诉我因为这一带在唐朝时是粮食库房，用马车运粮时常常撒在地上，因此得名洒金桥。我们边走边听先生讲，先生对长安城的熟悉程度，令我汗颜，一路受益匪浅。路过一个小书店时，看到有卖廖静文女士著的有关徐悲鸿先生的传记，先生拿起来看了一会儿，掏钱买了。我问：是不是您曾经跟徐悲鸿学过画画？先生做了肯定的回答。听过先生课的学生都知道，先生讲课时板书的速度一般学生是跟不上的，尤其是画唐代金银器上的纹饰，其熟练程度令人叫绝，没有不佩服的，这都是跟大师学习的结果。近几年文物出版社出版了先生上课时的手稿，从中可以看出先生绘画水平之高。

我们边走边说，一直走到西安著名的回民街，在那里吃了小吃。宿先生对回民街的柿子饼特别有兴趣，大加赞赏。后来有几次我从西安去北京出差看他时，都给他带上了西安的柿子饼。

第二天，我陪着先生又参观了大兴善寺、兴教寺。回来时进了南门，宿先生告诉我这地方原先有一座宝庆寺，最为著名的是七宝台造像，是武则天时期的。正巧，会议上史语所颜娟英教授提交了唐长安七宝台石刻的文章，使我补上了这方面的知识。

曾经听先生的一个学生常青跟我说过，他毕业的时候，宿先生给他选了13个单位，但没有一个在陕西。常青的家在陕西，想回来而没办法。这次宿先生来陕西，也到了彬县大佛寺。当他看到里面的大佛时，似乎有点震惊。边看边给我讲，虽然我并不都能明白，但印象非常深的是他从彬县大佛寺给我讲到了文化的传播。说到佛教，我俨然就是一个门外汉，虽然曾经发掘了法门寺唐代地宫遗址，也没增加多少知识。宿先生看了大佛以后，不断地念叨贞观二年，然后对我说：这就对了，你看看这尊造像，再联系甘肃天水的麦积山、临夏的炳灵寺、敦煌石窟、宁夏固原的须弥山、四川的乐山的造像、大足的石刻，就明白了。佛教传播不是沿路传播，而是直接传到长安，再从长安向四面扩展。看来，长安是个中心。从先生那里，我也学到了这方面的知识：古代的文化传播，是从一个文化中心，向另一个文化中心的传播，然后在此向外扩散；历史研究，不仅要注意时间发展的前后顺序和脉络，而且要注意同一时代不同层面上的关系，即点与面的关系。这是后来我在研究以及给学生讲课的时候，都特别强调的一点。看了大佛寺，可能改变了先生对长安佛教的看法，听说回北京后，宿先生与有关部门联系，将常青调至中国社会科学院考古研究所，专门做陕西石窟寺的调查和研究，都与先生的这次陕西之行不无关系。会议结束后，先生买的、加之会上发的书很多，会议安排老先生的书都由会议统一寄，当我告诉先生的时候，他很严肃地对我说："书是我自己的，为什么要用公家的钱寄书呢？"仅仅一句话，体现了先生公私分明的道德素养，这种精神为我们后学做出了榜样，即便在后来做了秦始皇帝陵博物院院长以后，我仍以先生为楷模来处理各种问题。

先生虽然上了年纪，但仍然笔耕不辍，几次约好吃完晚饭去看他的时候，每次去先生总是在灯下写着什么，这种精神令我汗颜，也钦佩不已。一次，我去看望他，聊天的过程中，先生突然问我："你是不是也带研究生了？"我说是的。又问："带了几个？"我说："七八个吧。"宿先生听了以后，冲着我严厉地说道："你就是胡闹！"我连忙解释。当时我在陕西师范大学和西北大学做兼职教授，二个学校三个年级的学生，包括博士生一共是八个人。先生说："做老师，学生研究什么，你也得跟着研究什么，不能光让学生做，你一点知识也没有。"宿先生重视学生的学习是很著名的，记得在"夏商周断代工程"开始以后，有一次曾对我说："学校要以学生的教学为主，就不要搞什么工程了。"先生的这些话我一直记在心上。被陕西师范大学聘为教授以后，一直在带着研究生和博士生的课。以学生的教学为先的理念，一直是我的根本。虽然现在有很多的文章要写，仍然以学生为先，有时是自己想好的题目，甚至是提纲都列出来了，让学生去做，并给予指导。这一点上，我受先生的影响太大了。

有一次，与先生谈到日本学者内藤虎次郎的中国史研究，无意中说成内藤湖南。先生马上就说："不要叫内藤湖南，就说内藤虎次郎。"内藤虎次郎，字内藤湖南，是日本著名学者，京都史学派的代表人物，在史学方面研究有很深的造诣。他在研究中国史方面，是第一个打破王朝界限对中国史进行分期的人，将中国史分为上古史、中世史、近世史，之间还有过渡期。但他的史学是为迎合当时日本侵华的需要，提出中国是停滞的，这种停滞不是相对地停滞，而是绝对的停滞；必须靠受过中国文化影响的外力去推动她。成为日本为侵华论据的史学基础。如果称字叫内藤湖南是一种尊称，所以先生训斥之后，我马上就改口了。

2010年，在我的提议下，秦始皇兵马俑博物馆决定开始对一、二号青铜马车进行重新照相、绘图，将最新的研究成果总汇成书。一、二号青铜马车是目前世界上保存最为完整的古代马车实物，是世界马车史上的里程碑，有"青铜之冠"的美誉。这套书将马车的各个部位分解照相、用线图标清结构，主要撰稿人党士学先生是一位研究青铜马车多年的学者，这套书是综合了包括古代文献和现代考古学研究成果的集大成者，是一部继《周礼·考工记》以来研究马车最为详细的一部考古学著作。《秦始皇帝陵出土一号青铜马车》于2012年出版了。2013年春节前我去看先生的时候，把这本书送给了他。他接过书后，仔细翻看了四五分钟，然后对我说："曹玮，你又干了一件大好事呀！"先生的赞许肯定，是对我们的工作最好的褒奖。

秦始皇帝陵博物院在向国家文物局申请团体领队资格的时候，先生在我的恳求下，跟有关人员作了沟通，以至于后来顺利地通过，先生的功劳不可磨灭。

大师驾鹤远去，白沙垂手，佛像拭泪，但先生的精神永远在我们心中。

老少倔强的碰撞

——回忆 1982 至 1998 年间的宿白先生

常　青（四川大学艺术学院）

2018 年 2 月 1 日凌晨 6 时后几个小时，我便从国内友人处得到微信信息，惊闻宿白先生逝世。当时，我的心情极为复杂，是痛心与遗憾的交织。1984 至 1987 年间，我跟随宿先生学习佛教考古，作为他当年的弟子，对他的仙逝感到痛心是自然的。但我自己认为，我是他最不喜欢的弟子，也因此从 1995 年起就再也没有去看望过先生，对于再也不可能见到他、不可能像过去那样向他面呈自己的研究成果而自然感到遗憾！

2 月 1 日以后的几天，我的微信朋友圈几乎被有关宿先生的信息刷屏了，同行和外界学者们的纪念、怀念文章铺天盖地，深感宿先生在中国考古学界的地位如日中天、无与伦比。各种纪念文章满怀崇敬的心情，将一个德高望重、十分理想化的宿先生展现在世人面前。对于这些描述，我也有同感，因为我与宿先生的望年交往有 16 年之久，对先生高尚的品德深有体会。

得闻北大文博学院征集宿门弟子的纪念文章，我就想写个与众不同的，去展现在个性方面更为全面的宿白先生。在那 16 年间，与先生最为密切与频繁的交往是在 1984 至 1987 年（图一）。这三年间，正是宿先生担任北大考古系第一任系主任之时（1983—1988 年）。那时的他，虽已年过六旬，但仍胸怀建设与发展中国考古学教育的远大志向，有时个性很像个血气方刚的年轻人，甚至有孩童般的天真，不免有些脾气与固执。那时的我，则是二十几岁的小伙

图一　1987 年 7 月作者与宿白先生合影于宿先生书房

子，年轻气盛，有时也有脾气。于是，与宿先生的师生关系就在崇敬、学艺、冲突中展开了。对仙逝的前辈只褒不贬，是中国历来的传统美德。但我觉得，金无足赤，人无完人，再美的宝玉也会有少许瑕疵。同样，宿白先生既非圣贤，是一个有血有肉有个性的知识分子，自然会有因个性的张扬而与别人的意见产生冲突的一面。因此，回忆宿先生，我不想只是歌功颂德，而是想尽力回忆一个情感饱满、个性全面的宿白先生，对他的感恩和与他的友谊、冲突均不避讳。瑕不掩瑜，我觉得这些非但不会有损先生的威名，反而会使先生在为人师表方面的品德跃然纸上，更加生动与真实。

1983 至 1999 年，我有每天晚上睡前写日记的习惯，记下一天所见要事要闻。今在大洋彼岸的美国达拉斯打开尘封已久的日记，往日的酸甜苦辣便涌上心头，宿先生当年的身姿也浮现在我的脑海之中。

一　初识与接近：1982 至 1985 年

第一次见到宿白先生是在 1982 年初春。1982 年春节前后，刚刚在北大历史系考古专业上了一个学期课的我回到西安度寒假，结识了陕西省考古研究所的韩伟先生和他的女儿韩钊。韩伟给了我两本刚刚出版的《考古与文物》1982 第 1 期，说上面有他刚刚发表的《唐长安城内发现的袖珍银熏球》一文，嘱我回北大时转送给宿先生一本。他说："宿白先生是当今隋唐考古界最厉害的专家，你要是想学隋唐考古，应该多向他请教。你也可以借给他送书的机会认识他。"我当时对外都说我想学隋唐考古，自然十分想认识宿先生了。

1982 年春节过后，我回到北大。当时还没有开学，我便来到文史楼，找到了宿先生的办公室。正好见他从那个公办室出来。这是我第一次见到他，因为把人和名还对不上，就上前问他："请问您是宿白先生吗？"他回答是。他当时身穿在冬天常穿的浅黑色呢子大衣，戴着浅黑色的帽子。我说明了来意。他笑着接过《考古与文物》与韩伟给他的信，对我说："好啊，谢谢你！"韩伟信的大意是请他指正刚刚发表的义章，还说依照他所嘱，文中用了很多线描图。他拿着信匆匆看完，然后转身把杂志给办公室里的另一位老师，嘱他把杂志交给资料室收藏，就走了。我心想，他连韩文都没有翻看一下，到底是中央级别的专家，气度就是不一样。同时，宿先生给我的第一印象就是"威严"。

在北大本科学习的前两年，我和宿先生没有交集。但在 1983 年秋季，北大考古系成立，他担任系主任，自然有时会在公众场合见到他，但我还没有和他交谈的资格和机会。直到1983 年秋季学期，他给我们班教隋唐考古，见面就多了。他讲的课条理清晰，逻辑严密，资料翔实，令我们叹为观止。他的每一节课都是精心准备的，写了详细的教案，几乎是照着教案一字一句慢慢读的。由于都是干货，我们都怕落下一句，于是每节课都会十分紧张地记笔记。他在需要解释什么时，就在黑板上写下来，同学们才会喘口气。需要用图表示时，他就在黑板上画图。他的素描功底很强，每节课都会画很多图。那时的课堂上没有多功能教学设备，这些图对我们理解课的内容帮助极大。于是，我的笔记本上就临摹了许多他画的图。在 1984 年春季学期，时任考古系讲师的马世长老师开了石窟寺考古课。我一下子来了兴趣，下决心学习石窟寺了。于是，我就经常找机会去宿先生家，希望他能认识我，记住我，因为我以后想当他的学生。

宿先生记人的模样很快，但记人的名字很慢。我去了他家很多次，他对我很热情，可每次总是说："你来了，你叫什么来着？"每次听到他这么说，我都很沮丧。但我锲而不舍地去拜访他，心想我不信你记不住我的名字。最后，他终于记住了我的名字。

由于我决心以石窟寺作为终身奋斗方向了，也就从 1984 年开始经常去拜访阎文儒先生，他是中国石窟寺考古研究的先驱。阎先生当时病休在家，他很快就记住了我。每次我去拜访他，他总是讲述他在 20 世纪 60 年代是如何踏遍中国石窟寺的，还念他当年作的诗。他毕竟年纪大了，记性不好，所以，我每次去看望他，他都会重复叙述他过去的经历，早忘了我已听过不知多少遍了。他说：在 20 世纪 50 年代，他并不懂石窟寺，只在北大教授隋唐考古。以后，宿白先生希望教隋唐，他让了出来，开始研究石窟寺，在中国佛教协会的合作与资助下，跑遍了中国重要石窟地点。同时，他也在北大教授石窟寺，陕西省博物馆前馆长王仁波先生是他在 20 世纪 60 年代的研究生。他在 70 年代末与宿先生合带马世长、晁华山为佛教考古研究生，后二人均留校任教。

1984 年秋季学期，我随马世长老师调查河西走廊的早期石窟，最后把重点放在了炳灵寺第 169 窟，作为我的毕业实习项目。那时，宿先生已经牢牢地记住了我的人和名字，也知道我决心以后学石窟，我可以感觉到他对我的决定十分高兴，也很愿意与我聊关于石窟寺的问题。我毕业实习归来，去看望他。他问了我很多关于炳灵寺第 169 窟的问题。当时，他与中央美术学院美术史系的金维诺先生、日本的东山健吾先生正在合编《中国石窟》丛书。他把金先生为《永靖炳灵寺》一册写的文章拿给我，让我仔细看看。因为我在 169 窟工作了近 20 天，全面记录与测绘了窟里的内容，十分熟悉它的内容与年代序列。我花了一天时间读完了金先生的文章，就于晚上再访宿先生家，向他说了我对金文的看法。他说："你不能只是这样对我说啊，你得给我写出来你的意见，我好回复人家。"于是，我又花了一天时间，详细地写出了对金文年代论述的一些看法。金先生的文章谈了很多关于 169 窟塑像与壁画年代和题材问题，我都有不同的看法。宿先生看完我给他写的东西，没说什么。

1989 年，宿先生等人主编的《中国石窟·永靖炳灵寺》一书由文物出版社和日本平凡社联合出版了。我特意翻看了金先生在书中发表的文章，发现和我当时看过的一模一样，观点没有任何变动。心想：宿先生当年没有把我对此文的意见拿给金先生看吧。但内情究竟如何，我不知道。事后，我见过金先生几次，也没有打听过此事。如果真如我想的那样，相信宿先生的做法肯定有他的道理。

1984 年，我参加了晁华山老师的硕士论文答辩会。答辩委员会由考古所的苏秉琦先生、北大的宿先生、阎先生等人组成，苏秉琦任主任。宿先生给晁的论文提了一个问题，阎先生当场表示不认可，拄着拐棍摇头跺脚地反对。晁华山转头看着我们笑，耸耸肩，无所适从，不知听谁的好。他在出门准备问题时，还冲我笑笑，两手一摊，表示无可奈何的样子。我看到两个老先生在斗气，心里觉得他们特别可爱，当时在场的所有人都忍不住笑了，感觉他们就像两个小孩子过家家一样，真有返老还童的感觉。宿先生在晁华山出去准备问题时，向苏先生介绍来旁听答辩的人，不点名地说我是准备在明年考石窟寺硕士研究生的在校本科生。

我是准备考宿先生的研究生了。1985年春节首次没有回家，留在北大复习考研。其间，也经常去拜访宿先生，向他请教问题。1985年春季学期，宿先生还专门给我和另外两个准备考研的同班同学在晚上上了几次复习课，以指导我们考佛教考古硕士研究生。包括我们在内，当时所有人都觉得这是在给我们开小灶，似乎铁定想要我们了。以后的结果表明，那只不过是给我们补习一些石窟寺的知识而已，与他出的考题没有半点关系。相反，上了他的复习课，只会让我们把考题想偏，如果我们想从他讲的内容来猜考题的话。他的诲人不倦和对待教学的严谨与公允，令我心服口服。

1985年春季学期，是我与宿先生关系最好的半年。那个学期，宿先生给八二级学生开了古建课，这是他第一次给学生上古建课，我非常感兴趣，事先没对宿先生说，就去旁听了。宿先生见我在旁听，显得很高兴。一天，他收了学生们的课堂作业，在下课时走到我的桌前，说："你来批改一下，给他们打分吧。"第二周上课前，我把打好分的学生作业交给宿先生。他问我："你分的 A、B、C、D 等级的标准是什么？"我说了，他点头称是。然后上课了，他没有翻看学生的作业，就直接叫了班上唯一一个得了 D 的学生，让他重新做一次上次的作业，拿给他看。我既高兴他对我的信任，同时也很尴尬面对那位被叫起来的学弟，我现在忘记他是谁了。以后，班上的测验，宿先生也让我来批改。宿先生带着同学们去实习，一次是在未名湖的水塔边上画塔上的斗栱，他在一旁先说了如何画，然后让我指导学生在现场画。我的同学开玩笑说："你是宿先生的助教。"我还随他的这个古建班去了天津蓟县独乐寺看辽代的观音阁。记得在大家登上二层参观前，他嘱大家说："要小心点，爱护文物，你们的脚下踩着的可是真正的一千年以前的建筑。"

一次古建课前，宿先生早到了，坐在教室楼前的花坛边上等待上课。我来到他的面前，向他问好。我说："学点透视原理，对学古建筑有好处吗？"他说有好处啊。我说我父亲是学美术的，懂得透视原理。他说："好啊，你让你父亲教你建筑透视吧。"

总之，那时的我，非常享受和宿先生的这种师生关系。我感觉他是很喜欢我的。受到八二级古建课的影响，征得了我班同学的意见后，我请宿先生在晚上抽空给我班同学上几堂古建课。他爽快地答应了。不想，学校给分配的教室太小了，众人很勉强地挤在里面上课。有一天晚上，我见旁边一个大教室里正在进修的中年人班上人很少，就和他们商量换教室。他们同意了。不想我们刚搬进大教室后，这些四十岁左右的中年人就反悔了，来到我们正在上课的教室前和我大声吵闹，并冲进教室，非要我们立即搬出去不可。宿先生知道事情原委后，显得不高兴。当他与同学们都回到那个小教室时，我本来等着他严厉训斥我，不想他只是沉着脸对我说："这事是班长没有做好哦，下次要注意了。"我当时是我们班的班长。

那时，我也见识过他脾气不好的时候。1983 至 1988 年，他担任考古系主任，很有一番雄心壮志。那五年也是他的脾气最倔强的时期，在某些方面难免听不进去别人的不同意见，更不会理解年轻学生对一些问题的不同看法。在 1985 年春季学期里，他与我们班同学的总体关系比较紧张，主要是一些同学毕业后想改行，他认为这是专业思想不端正的问题。他要求同学们既然学了考古，就要为国家的考古事业奋斗终生，端正专业思想，坚决抵制改行的呼声。有一位同学不想再干考古了，很想从政，就联系了北大团委或学生会，被录取了，毕业后可留在北大做专职学生干部。宿先生知道后，立即让校方取消对该同学的录用，让他回原籍考古单位工作。气得该同学到他的办公室大吵一番。我班毕业告别会在文史楼资料室举行，我请宿先生来向同学们作告别讲话。他讲话的大意是：同学们在专业上有不同的想法，是可以理解的。但我们是社会主义国家，个人意志应该服从国家需要。他当时表情严肃，没有笑容，在坐的同学也是一个个沉着脸，气氛很紧张。

还有一次是他与贾梅仙老师的争执。一天，我和几个同学正在资料室看书，宿先生进来了，不知道为什么与资料室主任贾老师争了起来。贾老师哭着说："我连病假都没有请"。宿先生说："谁不让你请病假了，有病谁不让你看了？"然后背着手说了一句"莫名其妙！"走了。留下贾老师一人在资料室哭泣。此事我班很多同学都知道了，更加对宿先生不满，说他在欺负人人尊敬喜欢的贾老师。个中的原委我们不清楚，但宿先生当时倔强的脾气可见一斑。

关于专业思想，俞伟超先生有不同看法。俞先生是秦汉考古领域的顶级专家，以前在系里讲授战国秦汉考古，十分精彩，他的讲课总是热情洋溢，带着深深的情感。俞先生还对汉代佛教艺术有独到的研究，他的两篇论文是研究中国最早佛教艺术的经典之作[1]。1982 年秋季学期，他给我们班带了此课。但从 1983 年秋季到 1985 年，他赋闲在家，系里没有给他安排工作，只参加党员开会学习，因为他与宿先生的矛盾当时已到了水火不相容的地步。据说是因为 1983 年成立考古系时的人事安排问题引起的矛盾。当时，秦汉考古课由考古所的研究员王仲殊讲授，系里负责派车接送。我听一位老师说："放着全国一流的秦汉考古专家，就在家门口不用，非要舍近求远，嗨，没有办法！" 1984 至 1987 年，我经常去俞先生家看望他。他认为：学生改行，不一定就是考古学科的损失。还是要以学生的个人兴趣为重，因为他们将来的就业、安身立命毕竟是大事。我觉得俞先生的观点更加人性化，他也因此非常受学生们的爱戴。俞先生 1985 年去了中国历史博物馆任馆长。我和俞先生最后见面是在 1999 年的华盛顿，他当时是美国国家美术馆的特约讲座嘉宾，我们一起吃了饭。他是我最敬重的两位中国考古学家之一。另一位是徐苹芳先生，此是后话。

二 求学与冲突：1985 至 1987 年

1985 年 9 月，我们的佛教考古研究生班开学了。考古系那年招了十七名硕士研究生，除了佛教考古的五名之外，还有旧石器的研究生班四名，其他各段的硕士生八名。开学之初，宿先生以系主任的名义，召集这十七名新研究生开会。他说："我看，你们这十七人就组成一个班吧，让常青担任班长。他是我们刚刚毕业的本科班的班长。"我只好勉为其难了。因为这十七人来自不同的研究方向，有着不同的课程，很难像以前我们本科班那样组织集体活动。对于这个班长，我很不称职，因为我只办了一次活动，记得是在北京的一个游览区玩了一次。我感觉大家都很忙，没有兴趣参与这种聚会，就不再办活动了。但通过这点，我觉得宿先生当时对我还是很信任的，也很喜欢我。

硕士入学的第一学期，在宿先生家拥挤的书房里，他为我们上了"汉文佛籍目录"课，详细地讲解了汉文佛教典籍对佛教考古学的用途与意义。当时用的参考书是吕澂先生的《新编汉文大藏经目录》。我深深地感到了宿先生在佛教文献与版本目录学方面的深厚功底。至今记忆犹新的是他讲的梁代僧祐（445—518 年）《出三藏记集》对研究佛教史迹的作用。这次讲课的讲义就是 2009 年由文物出版社出版的同名书的初稿，使更多的佛教考古工作者从中受益。

但接下来的突变，完全改变了我以后的人生轨迹。1985 年初冬的一天晚上，宿先生叫我和佛教考古研究生班的另外两位女生去他家。一进门，宿先生铁青着脸说："你们三个毕业以后都要去敦煌工作。怎么样？现在想想吧，如果同意，就继续留在北大读书。如果不同意，现在就退学吧。"

他这个决定，如同晴天霹雳，令我不知所措。很久以后，我才知晓事情的原委。原来，我们的同学当中有人背着他和支付我们培养费的国家文物局私下找工作了，后者很生气地向他打听情况，他就迁怒于我们所有人了。我在这个事件当中，完全成了毫不知情的牺牲品。但当时我完全摸不着头脑，不知他为何非要这样。

面对着我，他怒气冲冲地指着我的鼻子说："你是个男生，怎么就这么没出息呢？去敦煌有什么不好呢？"我说："我不想在那里呆一辈子。"他说："为什么就不能在一个地方呆一辈子呢？你看我在北大不就呆了一辈子吗？"然后，他面对着那两个女同学和颜悦色地说："怎么样？敦煌还是很不错的，毕业以后就去吧！"因为这种不同态度，我当时感到他非常不喜欢我。多年以后，我才知道他并非不喜欢我，而是他认为的恨铁不成钢吧。他从来不当着我的面表扬我。但不论怎么样，当时的他，不许我反对他的意见，只希望我听从他。

然而，我和那两个女生都不想去敦煌工作。我们问他："我们的培养费是国家文物局出的。入学前您说了，毕业分配会听取国家文物局和北大的综合意见。如果我们毕业后想回家乡工作，而国家文物局也同意，您的意见呢？"他说："如果你们家乡的文物单位要你们，而国家文物局也同意，我没有意见。"

最后的结果是，我们三个都在家乡找到了对口工作，国家文物局也同意。但是，宿先生只同意那两个女生回家乡，不同意我回西安，仍然坚持必须让我去敦煌，否则他就拒绝教我。僵持了几个月后，他不再坚持自己最初的想法，想与我达成如下妥协：他可以不再坚持让我去敦煌，但我也不能回家乡西安，必须去一个石窟单位工作，从西边的新疆克孜尔，到东边的龙门，一共十个任我挑选。宿先生因为正在与我赌气，不想直接见我讲明他的妥协，而是让时任系里党支部书记的高明老师来说服我。高老师曾任我班一年级时的班主任，与我关系非常好，这可能是他让高老师找我谈话的原因吧。

我当时和宿先生的冲突，系里尽人皆知。我喜欢系里的老师们，明显地感到大家都不希望我中途退学，都希望我能继续完成硕士课程。高老师也是这种看法。我为此拜访了病中的夏超雄老师。夏老师原在系里讲授考古学史，并担任过系党支部书记，我和他接触很多。那是我最后一次见他，他已疾病缠身，在床上坐起来与我说话。他希望我留下来，并建议我去询问李伯谦老师的意见。那次见面不久后，夏老师就过世了。我很喜欢李伯谦老师，他是我见过的最平易近人的教授。李老师建议我接受宿先生的妥协建议，去龙门工作。我只好选择了宿先生列出的十个单位中地理位置最好的洛阳龙门石窟，毕业后在那里工作了三年。

我和宿先生的那次冲突发生在 1985 年冬季到 1986 年初春。我们之间达成妥协后，就立即恢复了原有的师生关系。记得那天在他的家中书房，当我对他说愿意去龙门时，他立即面带笑容，从较远的书桌前走过来坐在我的身边，继续与我交谈。他仍然是那样对我寄予厚望地毫无保留地教我知识，对我的态度也很亲切，但仍是不当面赞扬我。记得他给我们上"云冈石窟研究"课时，我事先准备了许多问题，在课堂上向他提问。对其中的一些问题，他第一次当众说我的问题问得很好，是独立思考的表现。我当时心里很激动！

在此，我想顺便解释一个误解。从一位老先生那里，我听到了一些宿先生与阎文儒先生之间的矛盾。我一直与阎先生有接触。1987 年上半年，我去龙门工作之前，特意去看望阎先生，告诉他我将去龙门工作。他嘱我修改完善他的 15 万字《龙门石窟》手稿，并让我找出版社，以我们二人共同署名出版。在 1987 至 1990 年的龙门工作期间，我将他的手稿核对、校正、修改、补充、完善成 25 万字，并配了大量的线描图，于 1995 年以《龙门石窟研究》为名由（北京）书目文献出版社出版。惜阎先生在此书出版前逝世。之后听业内有些人士说，我与宿先生闹矛盾，是因为我接手了阎先生的手稿，才让宿先生对我动了怒。事实并非如此。首先，我与宿先生的矛盾发生在我接手阎先生的手稿之前。其次，宿先生决不至于如此小心眼，因为以后的事例证明，他当时是因别的事情迁怒于我，不是因为阎先生与我的关系太近。

1986 年秋冬，我们佛教考古研究生班在宁夏固原须弥山石窟实习。在当年刚结束暑假后，所有人在银川集中。宿先生也如期到达。他见我头发很长，就让我去理发。我于1983 年秋冬在山东长岛等地实习时，因为四个月闭关一样的生活，就剃了光头，感觉在生活上很方便，起码洗头容易多了。面对将要来临的四个月在石窟寺修行一般的生活，就对宿先生说："我要剃光头的。"他立即沉下脸说："不要，我不希望你走极端。"因为宿先生前来的缘故，宁夏文化厅的厅长一行特陪同他前往固原。当我们要离开银川南下时，他见我还没有去理发，就命令我："你必须要在今天中午到达中宁时理发，不许带着长发进入固原。"我说可以。到达中宁后，我们一起吃中午饭。他看见马世长老师吃面条十分快，就幽默地问他："你吃面条不嚼直接咽吧！"快吃完中午饭时，宿先生特意到我们的桌子前对众人说："最后一道菜是丸子，就是说明饭要吃完了。"然后他对我说："快理发去！"

我就剃了个光头回来了。回到我们中午临时休息的宾馆时，宁夏文化厅的众领导干部和同学们见我剃了光头，全都乐得哈哈大笑。我说："你们别笑，宿先生见了，肯定会说我走极端的。"众人的笑声把宿先生引出了休息室。他一见我的光头，就沉下脸摇头说："不好！不好！"然后，他坐下来，对厅长说："常青就是喜欢走极端。"又引来众人大笑。厅长对他说："常青刚才说了，您一定会说他走极端的。"然后，宿先生又面向我说："你是不是在和我赌气呢？"我连忙解释了想剃光头的真正原因，他半信半疑地不说话了。就这样，我终于光着头进入了固原（图二）。

在须弥山石窟的第一周，宿先生一直和我们在一起。他每天和我们一同考察石窟（图三），并教我们如何在现场做调查笔记，和随手绘画洞窟的平剖面图以及连续平面图。

图二　1986 年 8 月 11 日作者（后排右四光头者）与宿白先生（前排中）等合影于宁夏固原博物馆（前排右一：马世长，前排右四：宁夏自治区文化厅长，前排右五：固原博物馆馆长，后排右一：赵青兰，后排右二：陈悦新，后排右三：雷润泽，后排右五：李裕群，后排右六：蔡伟堂）

到了晚上，宿先生很喜欢当时在央视热播的日本电视连续剧《阿信》，认为此剧反映了日本人是如何在二战之后经济崛起的，每晚坚持要看。晚上和我们总结考察时，也要放在《阿信》播放之后。

一周的初步考察结束后，他召集我们所有同学和敦煌研究院前来实习的蔡伟堂，挨个看我们的调查记录，主要是看我们在现场手绘的洞窟平剖面、连续平面图，并给我们的实习打第一个分数。我记得很清楚，宿先生

图三　1986年10月宁夏固原须弥山石窟唐代大佛前
（不分前后，右起第二为宿先生，第三为作者〔光头者〕，第四为马世长）

在看别人的记录时，都是笑着用赞扬的口气说："欸，这个画得很好啊！这个真不错！"他给别人当场打的最高分是87分。我自幼学习美术，很有素描与国画功底，认为手绘洞窟平剖面图与连续平面图简直易如反掌，因此自信满满。宿先生也很有素描功底。他最后一个看我的作业。没有想到，他沉着脸指着我手绘的图说："你这画的是什么呀？怎么能这样画呢？"说得我很沮丧。但没想到的是，他当场给我的分数是92。那时，我才明白他是为了压我的自满心理。

宿先生离开须弥山石窟前，根据他一周的调查记录与心得，给全体人员做了总结。他将须弥山石窟作了分区与分期，十分清晰地道出了整个石窟群100多座洞窟的开凿次第和发展空间的走向，以及各期石窟造像样式的来源，让我佩服极了。心想，这真是大家手笔！我也看了一周洞窟，心里还是稀里糊涂的。当时在场的宁夏文物处处长雷润泽问马世长，是否可以发表宿先生的总结，因为以前从没有人这样大手笔地说明过须弥山石窟。马世长说：宿先生刚才的总结不是一篇成熟的论文，不宜发表。

还有一个小插曲。我在调查石窟时，被一所窟内正在做维修的脚手架把头碰破了，直流血。包扎之后，宿先生笑着说："你非要剃光头的。你要是还有头发，就不至于碰破了头。"

1987年春季是硕士班的最后一个学期。我还是像往常一样经常去宿先生家。有时是在傍晚，他要出来散步，我们就一同走到未名湖边道别。

这个学期有一个有趣的插曲。学期刚开始，宿先生要求我和另外两位男同学在每天晚上去系里（文史楼）的一个办公室整理去年在须弥山的实习资料两个多小时。不想第一天，我和一位同学就得到了在北京展览馆放映的一场外国电影的票。怎么办？电影票

来之不易，去看吧，万一宿先生来检查我们的工作怎么办？不去看吧，太可惜了。最后，在我的坚持下，我和这位同学决定赌一把，去看电影，心想宿先生不会在第一天晚上就来检查工作吧。记得那天上映的电影是《诺拉》，描写一位青年女性是如何以坚韧的毅力独立面对自己的生活的。

悲剧的是，宿先生那天晚上真的去检查了。发现只有一位男同学在，他很生气，就让该男同学转交给我和另一位一张字条，记得上面大致写着："常青、某某某：第一天晚上整理资料，你们就跑去看电影了。每人写一份书面检查，明天早上九点，我到资料室来取。"第二天，另一同学比较紧张，起得早，去资料室认真地写了很长的检查，先写底稿，再整齐抄写，密密麻麻足写了一页半。我则按时起床，等到了资料室时，离九点只有十分钟了。我就在一张纸上用很大的字写了半页纸的检查，大意是向他认错，保证不再犯了。果然，九点钟，宿先生的第一堂课下课时，他到资料室来取我们的检查。我等着他当面训斥我们，结果没有。他进门只问："检查呢？"拿到后说："你们真够可以的。"然后转身就走了，再也没有提过此事。不过，据有的老师笑着告诉我，当天下午，全体老师在资料室开会，宿先生当众表扬了邹衡先生的学生，然后说他自己学生的缺点时，就举了我和另一位去看电影的事。然后说："不过，他们的检查写得还不错。"看来，我那十分钟写的半页纸也算过关了。此事系里老师尽知，无不忍俊不禁。如今想起此事，很遗憾宿先生当时写的字条没有保存下来！

对这件事，我的看法与宿先生不同。我觉得，晚上加班整理资料，是我们日常学习额外的工作，且占用的是我们应该有的休息或娱乐时间。他应该给我们规定一个完成工作的期限，而不应该这样命令我们每天必须要到系里办公室去工作，不能再做别的事。但宿先生对工作认真的态度，对我要求之严格，仍令我印象深刻。所以，我也能理解他的做法。

一天，在宿先生家里，甘肃省考古研究所的水涛来了，问前次交给他的一件甘肃新发现的东罗马银盘资料的想法。宿先生经常接待来请教问题的地方学者。如果遇到他不能立即回答的，他就会让对方隔几天再来，他经过细心研究之后再告诉对方。我亲耳听到他向水涛说了自己对那件银盘的看法，以及他能找到的资料，都无私地提供出来。后来，这件银盘发表了，当然署的是别人的名字[2]。他的诲人不倦、无保留地奉献学识，令我印象极深，是我以后治学的榜样。

普遍来说，宿白先生对地方学者十分客气，待人亲切和蔼。但对一些学者的求教，他有时候会直言不讳。在我离开北大以后，一天带着一位龙门石窟的初学者去拜访他。该学者向他请教写弥勒造像的问题。他直言说："你不要写了，因为你搞不全资料的。"这些都表现出他的知识分子的直率个性。虽然会让对方下不来台，但这样学术讨论，总比拐弯抹角要好。

对自己曾经的学生，他有时候看似不客气，使大家搞不懂他是在鞭策对方，还是真的在质疑。一次，宿先生受邀参加一个关于日本文物考古的会议。会上还有很多别的专家，有一位是他在 20 世纪五六十年代的学生。看见这位学生，他当着众人的面说："你怎么也来了？你懂日本吗？"他的这位学生当时已经是公认的日本文物考古的专家，但面对宿先生，只能恭敬地笑着。

宿先生很喜欢"敦煌的女儿"樊锦诗老师。几乎每年的北大校庆，樊老师只要来，就会是校方的贵宾，也是考古系的光荣。1987 年的北大校庆，樊老师也来了，我们和她一起去宿先生家中拜访。7 月份放假之后，宿先生和樊老师约好，我们一起去云冈石窟参观。宿先生带着樊老师和我们参观讲解了很多云冈洞窟，他自己还不时地拿出小本子，看着洞窟和造像写写画画。他还特意向樊老师讲述他为什么要将莫高窟最早三窟（第 268、272、275 窟）的年代定在北魏，因为樊老师等敦煌学者认为那三窟的年代是北凉[3]。当我们一起参观大同上华严寺时，我和樊老师合影留念。

三　碰撞与遗憾：1988 至 1998 年

1988 年 5 月 4 日的北大 90 周年校庆，是我参加的诸多校庆中最热闹的一次。那时，我在龙门已经工作一年了，特意前往北京参加校庆。记得我和几位同学在北大图书馆前遇到了宿先生和几位老师，就邀请他们一起合影留念。

在龙门工作的前两年，我完成了《炳灵寺 169 窟塑像与壁画的年代》硕士论文。宿先生让我再去炳灵寺核对资料。我当时嘴上答应了，心里却不以为然，觉得上次的调查已经很详细了，不值得再去核对，去了也是白费功夫。但 1989 年又去了之后，才不得不佩服宿先生的远见。我核对出了上次调查时遗露或记录错误的几个地方，都是观察不细致造成的。从那以后，我就坚定了一个信念：研究实物资料，就是对一件物品看得再久，也不敢说自己完全把握了它的所有客观面貌。因此，我很理解众学者通过不同的学科对同一件艺术品进行不同角度的研究，也从不敢说哪个学科一定领先于别的学科，因为各有所长。

1989 年冬季，我回到北大完成了硕士论文答辩，宿先生为审阅修改我的论文付出了很多心血。10 月 21 日，我带着硕士论文的初稿到了北京，宿先生让我住在马世长老师的北大宿舍，让我两天后去他家讲论文。23 日，我去宿先生家，他对我讲了论文，说我写的体例不行，需要改改，让我第二天晚上再去他家。24 日晚上，我又去宿先生家，他改变了以前的看法，说我论文的体例不必大变了，让我根据他写的几条意见改改。之后，我用了几天的时间查资料改论文，于 10 月 30 日改完，当天晚上 7 点去宿先生家交稿。当时还有另一位同学在宿先生家。我们三人聊了会儿天，说起他让我们修改论文的事，他说："我说，你们不愿听，我就不说了。"我开玩笑地说："我们修改起码得够三次之数吧。"因为他以前说过："你们的论文怎么也得修改三次！"他就立即反驳我说："怎么，我说得不对吗？"引得我们一阵笑声。

交完稿后，我感到一阵轻松。当晚出了宿先生家，已是 8 点半了。我就约了一位同学去北大燕春园吃宵夜，饭后又去一同学的宿舍聊天，回到马老师的宿舍时已是晚 10 点半了。突然，我发现房门缝里插着一个字条，是从一个信封上撕下的一个小纸片，上面写着：

常青：稿已看完，送来你们不在，这么晚了，还到处游逛！明晨八时来我家。

宿白于九时半

我当时是既惊奇，又感动，又想笑！原来，他很快就看完了我的论文，立即就给我送来。事后得知，宿先生没有找到我，听说我在燕春园吃饭，居然还去那里找了我，但都没有遇见。我们就这样捉迷藏了。我当时觉得这个字条太珍贵了，就在旁边注了时间，收藏至今（图四）。

10 月 31 日上午 8 点，我去宿先生家，他又说了我的论文体例可以保持不变，可以依此答辩。他又指出了一些缺点，说我走之前可与他商量一个提纲。11 月 1 日晚，我去宿先生家，给他交了一个提纲，他表示同意。第二天，系里作出决定：我论文的初审意见将由马世长、齐东方写，答辩时请徐苹芳当主任。

11 月 12 日，我再次来到北京，仍然住在北大马世长老师的宿舍，准备硕士论文答辩。14 日，我去宿先生家，把最终写成的稿子交给他。第二天，他就看完了稿子，去我的住处找我，我不在，他留了条子。我看到条子，立即去他家。他说：稿子基本可以了，再作一些文字修饰，即可打印，参加答辩。

在 12 月 4 日的答辩会上，徐苹芳为答辩委员会主任，委员有宿先生、晁华山、马世长，王迅为答辩委员会秘书。宿先生在答辩时与我争论起来，他认为 169 窟和禅观没有关系，我则认为有关系。答辩完后，同学们都说我性子太直了，不应该和老先生辩论，应该顺着老先生说话。但我觉得宿先生不会计较这些的。果然如此。我的硕士论文最终顺从了宿白先生的意见，没有明确地谈论 169 窟和禅观有关。但到了 1993 年，我为 169 窟写了第二篇文章，考证其塑像与壁画的题材，论述了该窟与禅观的关系，提交给了中国社会科学院考古研究所第三研究室正在编的一本论文集。不想考古所把我的文章拿去让宿先生

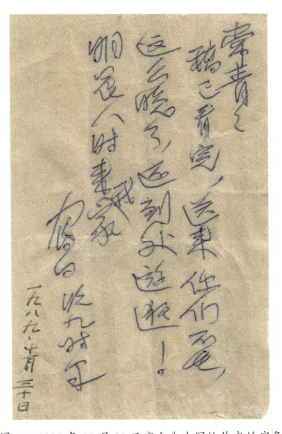

图四　1989 年 11 月 30 日宿白先生写给作者的字条

审阅。他没有提任何意见，全面认可我的写法。这才是大家风范！[4]

他对我硕士论文的发表也十分关心。刚刚答辩完不久，宿先生就叫我去他家，商谈如何修改稿子，以及在哪里发表。他让我压缩文字，精简语言。我按他的意见修改了，再把稿子交给了他。他让我自己投稿给《考古学报》，等考古所让他审稿时，他再说自己的看法。当时，考古所编的《考古学报》凡有石窟文章都要请宿先生审稿。1990 年初，北大考古系决定以书代刊出版《考古学研究（一）》，也就是系论文集的第二辑，负责人是邹衡先生。在系学术会议上，宿先生建议收录我的硕士论文，会议通过了。他便嘱执行编辑徐天进联系我。为此，他还特意在 1990 年 1 月 31 日给我写去一信，在信中，他说："请你尽快（把论文）抄、绘好，从速寄给我，由我转给他们。抄、绘时，请你再斟酌斟酌，如何表现的更清楚些（对图而言），如何再进一步精炼（对文字而言）。总之，正式发表时，希望再提高一步。"（图五）我立即照办，还告知考古所，从《考古学报》撤回文章。于是，我的硕士论文便和系里其他老师们的论文一起发表在了《考古学研究（一）》中，由文物出版社于 1992 年出版。之后，宿先生建议编委们在每一辑中都发表一篇佛教考古文章。

宿先生还曾帮助我找新工作。我去龙门后不久，宿先生就对他当年的决定后悔了，并开始帮我离开龙门，他在 1990 年 1 月 31 日给我的信中也提到了调动工作之事（图五）。我对他说想去大学当老师，西北大学和武汉大学都可以。他就给他认识的两所大学的考古专业负责人写信推荐，但他找的人当时已经卸任了，故他发出的信如石沉大海，没有了回音。最后，他把我推荐给了徐苹芳先生。徐先生是宋元考古领域的顶级专家，他研

图五 1990 年 1 月 31 日宿白先生写给作者的信

究宋元寺塔与造像的论文至今仍被佛教考古学者们奉为典型[5]。时任中国社会科学院考古研究所所长的徐先生在我答辩完硕士论文后，开始着手调我去考古所西安研究室工作，并于1990年年中完成了调动。

在1994年以前，我每次回北京，一定要去看望宿先生，并给他带些小礼物，主要是一些土特产食品。我知道他喜欢喝酒，一次看望他，带去了一些食品和一瓶西凤酒。不巧先生不在家，我便和师母聊了会儿。师母收下了食品，说医生不让先生喝酒了，让我把酒带回去。

在1994年下半年，我和宿先生的倔强再次发生了碰撞，并因此断绝了往来。那时，我想去上海博物馆工作，他不让我去。他让我去陕西省考古研究所，石兴邦先生也同意要我。一次去北京，我给他打电话，说是想去看他。他在电话中没好气地说："没什么好看的。你要是想去陕西，你来，我可以和你聊聊。你要是想去上海，你就去吧，我们以后也没有什么好聊的了。"他认为去了上海就不能再做石窟考古了，而回西安工作，还可以继续做石窟考古。

宿先生的观点是：要想作石窟研究，就得去石窟单位工作，最起码也得去有石窟地点的地方考古单位。做石窟考古的首要工作是编写石窟考古报告。早在1979年，宿先生就认为："这类工作由各石窟所在单位负责才能顺利进行。"他"更希望有计划地培养石窟寺考古工作人员，加强各石窟的业务力量，使各石窟单位，至少是若干处重点石窟，在进行石窟编年分期工作的同时，逐步地把自己的工作队伍充实起来。"[6] 在其后的二十多年时间里，作为中国石窟寺考古学领域最具权威的学者，宿先生也是这样努力去做的[7]。他让我去龙门，就是这种想法的实施。

我与他的观点不同。我觉得，石窟考古研究一直是全国考古界的一个薄弱环节，从事这个行业的学者很少。迄2000年为止，中国学者自己编写的石窟考古报告仅有几部出版，如《新疆克孜尔石窟考古报告（第一卷）》[8]、《彬县大佛寺造像艺术》[9]、《武威天梯山石窟》[10]与《敦煌莫高窟北区石窟》二卷本[11]。这几本在20世纪出版的石窟考古报告，除了涉及莫高窟者外，都不是由石窟所在地的工作人员完成的。所以，时至今日，宿白先生的愿望并没有达到。从我们的经验与教训来看，只有集中现有的人力，在北京或别的城市建立一个全国性的佛教考古科研中心，才是把基础的调查、研究工作搞上去，特别是组织人力编写石窟寺考古报告的有效方法。

总之，从那以后，我就再也没有去过宿先生家。因为我不但没有回西安工作，还从考古所辞了职，去了中国佛教文化研究所当特约研究员，从事与乐天股份有限公司合办的佛教多媒体数据库的工作。我觉得他肯定更加不喜欢我的工作，因此也不想和我聊天。

但我可能又想错了。1996至1998年，我调查了彬县大佛寺，完成了这处石窟群的考古报告和相关论文的撰写与出版。不知他从哪里知道了，好像对我的工作挺肯定的，就让敦煌研究院的彭金章先生（樊锦诗的爱人）来找我，看我在大佛寺调查的僧房窟情况，因为彭先生当时正在做的研究是关于敦煌莫高窟北区的僧房窟群[12]。

我做的彬县大佛寺工作，虽然没有和他直接联系，但这项工作实际上是在他的思想启发下做的。在我离开北大去龙门工作的1988年，宿先生利用去西安出差的机会参观了大佛寺石窟。回京之后，就于12月24日给我写了一封信，很高兴地提到了他对彬县大佛寺石窟的观感（图六）。他在信中说："这次去西安，顺访了一趟彬县大佛寺。原来这里是一处石窟群，时间主要在唐初（贞观迄武则天晚期）。我看很重要，因为唐初的重心在长安，而长安佛寺早已无存，今天想象唐初长安佛迹，只有靠保存在长安外围各地的遗存了。彬县是长安西行的

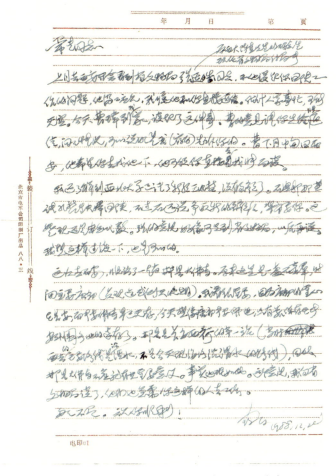

图六　1988年12月24日宿白先生写给作者的信

第一站（当初西去的主要路线是沿泾水，不是今天陇海路沿渭水的路线），因此，彬县大佛寺石窟就有其重要意义，事实也的确如此。"从那以后，宿先生的这些话就牢牢地印在了我的脑海里。我的书于1998年出版，徐苹芳先生作序，成为中国学者独立撰写的第二本石窟考古研究报告。第一本是《新疆克孜尔石窟考古报告（第一卷）》，于1997年出版。我托一个同学给宿先生带去了一本我的书。

其实，在1994年以后，我还见过他两次。一次约在1997年，我去北大图书馆善本部，找李伯谦老师的爱人张玉范老师商谈合作出版馆藏善本书介绍事宜。宿先生正巧来查书，我就坐在他的对面说了几句话。他问我："你现在是在三时学会吗？"三时学会是中国近代的一个佛教唯识法相研究的学术团体，于1927年成立于北京，1956年活动停止。三时学会旧址位于北京市西城区北长街27号。1991年，中国佛教文化研究所从广济寺迁至三时学会旧址。他问我的是这个研究所所在地在民国时期的名称。1998年5月4日，我

回北大参加了百年校庆。宿先生带着一群人在校园中走过时看见了我。从我身边经过时，他笑着边走边点头说："你来了"。我也向他笑着点点头，但没有说话。没想到这竟是我们之间的最后对话，这么简单！

尾 声

1999 年 10 月 1 日，我移民美国。在美国，我仍然对中国石窟考古兴趣浓厚，笔耕不辍，且在研究方法上一直深受宿先生的影响。我觉得，美国的任何同行学者，和宿先生比，都显出学识渊博上的巨大差距。他一直都是我最佩服的考古学家，西方任何一位考古或艺术史学家，也许在西方的名气比他大，但都不及他的功力与学识。他是当之无愧的全世界范围内的当代中国考古专家第一人，虽然我对他的少许学术观点不赞同，对他有些看问题的方法不认同，也不喜欢他当年的倔强脾气。

记得在 2005 年左右，我给国内一同学打越洋电话，她说宿先生现在的脾气好多了，待人特别慈祥，和蔼可亲。并说有很多年轻人都愿意考他的研究生。毕业时，他也不再强迫学生一定要去石窟单位工作了，因此他的很多学生都去了大学任教。我听后直叹气！因为在大学任教，一直都是我最想干的工作。

2014 年，我去福建，见到了当年一起在建窑发掘时的福建省博物馆的朋友。他们问我去北京看望过先生没有。我说："他不喜欢我，我也就不想去看他了。"那位朋友笑着说："你可能还真的不了解宿先生。他当年说不让你去他家看他，你也应该去看他，他决不会把你赶出房门的。"如今想来，这位朋友是对的。但我已经没有机会再见到先生了。

宿先生留给我更多的还是他的诲人不倦的师长风范，知无不言的学者情操，科学严谨的治学态度。在我的心目中，他是当代考古学家中当之无愧的泰斗，因为没有哪位考古学家在把握学科的广度和精度方面能与他匹敌。回忆我在 1982 至 1998 年间与宿白先生接触、交往、求学的经历，其中也有我与宿先生老少两代倔强性格的冲突，我现在的感悟是：如果时光能够倒流，我将以不同的方式和他在语言上交流，也许就会避免我们之间的一些隔阂和摩擦。但世上没有后悔药，也没有回头草可以吃。

人生的道路，都有年轻时的气盛与拼搏，中年时的谦逊与不惑，老年时的知天命与慈祥。也有得意时的自信和自负，失意时的沮丧和自卑。正是这样的不可回头的列车，谱写着人生真实而丰富的轨迹。

2020 年 6 月初稿，2021 年 5 月定稿于美国达拉斯

注　释

[1] 俞伟超：《东汉佛教图像考》，《文物》1980 年第 5 期，第 68—77 页；俞伟超、信立祥：《孔望山摩崖造像的年代考察》，《文物》1981 年第 7 期，第 8—15 页。

[2] 初师宾：《甘肃靖远新出土东罗马鎏金银盘略考》，《文物》1990 年第 5 期，第 1—9 页。

[3] 宿白：《莫高窟现存早期洞窟的年代问题》，香港中文大学《中国文化研究所学报》，第 20 卷，1989 年；樊锦诗、马世长、关友惠：《敦煌莫高窟北朝洞窟的分期》，敦煌文物研究所编：《中国石窟·敦煌莫高窟》第一卷，文物出版社、平凡社，1982 年。

[4] 拙文《炳灵寺 169 窟塑像与壁画题材考释》，中国社会科学院考古研究所《汉唐与边疆考古研究》编委会：《汉唐与边疆考古研究（第一辑）》，科学出版社，1994 年，第 111—130 页。

[5] 徐苹芳：《北宋开封大相国寺平面复原图说》，《文物与考古论集》，文物出版社，1986 年；《僧伽造像的发现和僧伽崇拜》，《文物》1996 年第 5 期，第 50—58 页；《中国舍利塔基考述》，《中国历史考古学论丛》，允晨文化出版社，1995 年，第 417—437 页。

[6] 宿白：《石窟寺考古的回顾》，《笔谈建国三十年来的文物考古工作》，《文物》1979 年第 10 期，第 9 页。

[7] 在 20 世纪 90 年代，宿白先生仍然认为，编写石窟考古报告与对整个石窟群展开系统的综合研究，"应以负责保管、研究该石窟的保管所、研究所最具条件。"参见宿白为《新疆克孜尔石窟考古报告（第一卷）》所写的序。北京大学考古学系、克孜尔千佛洞文物保管所编著：《新疆克孜尔石窟考古报告（第一卷）》，文物出版社，1997 年，第 1 页。

[8] 北京大学考古学系、克孜尔千佛洞文物保管所编著：《新疆克孜尔石窟考古报告（第一卷）》，文物出版社，1997 年。

[9] 常青著：《彬县大佛寺造像艺术》，现代出版社，1998 年。

[10] 敦煌研究院、甘肃省博物馆编著：《武威天梯山石窟》，文物出版社，2000 年。

[11] 敦煌研究院彭金章、王建军编：《敦煌莫高窟北区石窟》，文物出版社，2000、2004 年。

[12] 敦煌研究院彭金章、王建军编：《敦煌莫高窟北区石窟》，文物出版社，2000、2004 年。

一日受教，终身受益

李水城（北京大学考古文博学院）

2018 年 2 月 1 日清晨，我在外地收到宿白先生女儿宿志丕的微信："今天五点多我父亲过世。"看着手机，我简直不敢相信自己的眼睛。虽说先生已近期颐高寿，但这消息还是太突然了。接下来的几天，眼前不断浮现出先生的面容和身影，也回想起先生在治学、做人和为人的诸多往事（图一）。

宿白先生是北京大学考古系建系后的首任系主任（1983 至 1987 年）。1978 年我们考入北大时，考古专业还在历史系。1981 年春，他给我们 77、78 级开设了"魏晋南北朝隋唐考古"，这是先生的看家课，内容极为丰富。每次上课之前，他会提前在黑板上写满密密麻麻的文献，还常常穿插遗迹和遗物绘图。先生正经学过绘画，寥寥数笔，便是一幅传神的画面，这对下面做笔记的学生们可是压力山大，我们必须要在很短的时间里迅速将其临摹到笔记薄上，就算手头快的，也跟不上先生的速度。有一次，先生写满了一大黑板的文献书目，我们都叫苦不迭，说这么多的书怎么看得过来？先生则回答说，没让你们都看完啊，但至少你应该到图书馆去把这些书借出来翻翻，脑袋里有个印象，将来或许什么时候就用得上。这门课的作业也很重，期间，宿先生带我们去中国历史博物馆参观，按照他的要求将指定的典型器物一一临摹下

图一　北京大学百年校庆期间，宿白先生与作者在一起（1998 年 5 月）

来交给他批阅。期中考试时，先生要求每人根据他在课堂上讲述的内容，将隋唐五代时期的陶俑分期演变图画出来，内容包括文官、武吏、侍女、天王、力士、镇墓兽、塔式罐等。规定哪一天交作业，我必须按时收齐了送到先生家里。

那年，《文物》杂志发表了在东北大兴安岭深处的"嘎仙洞"发现"鲜卑石室"及碑铭的调查报告，这个发现涉及鲜卑族的起源和南迁等一系列重要的学术问题，先生要求每人课后就这一发现写出读书报告。他逐篇认真审阅，凡是人云亦云者均判低分；凡有不同看法、或能提出问题者则给了高分。他们那一代学者就是这样，倡导和鼓励学生要有思辨意识，发扬独立之精神、自由之思想的传统。总之，上过先生的课，可谓终生受益（图二）。

先生对学生要求严格是出了名的。不仅在校期间如此，即便是出了校门，依旧不得放松。1997 年，国家文物局在贵阳花溪举办全国考古工作汇报会。会议期间组织参观，一路去黄果树，一路去遵义，先生特意叮嘱我和他一起去遵义，看看杨粲墓。到了遗址博物馆，先生不顾年事已高，亲自下到墓内，一丝不苟的绘图做笔记，给我留下了极深的印象。会后，先生和徐苹芳、黄景略要去考察四川华蓥发掘出土的南宋资政大学士、少师丞相安丙家族墓。文物局让我陪同几位先生前往，我们一行先乘夜车赶到重庆市，再换乘四川省文物考古研究所派的一辆中巴车，当时还没有高速公路，加上车况不是太好，先生们在崎岖蜿蜒的山路上颠簸了整整一天，旅途非常劳累辛苦。傍晚才赶到华蓥县城，简单吃过晚饭后，先生连夜就要听取汇报。不料，主持发掘的领队竟然忘记带来墓地发掘的平面图，先生为此大为光火，发了脾气。我在现场只能"和稀泥"，劝先生不要生气。先生则说，正因为他是北大毕业的学生，更要严格要求。翌日到了现场，先生看到挖掘工作做的不错，才露出笑容。他钻进一个个墓室，不停地记录、临摹墓葬的建筑结构和雕刻，顺带还给我讲解这处家族墓地所在位置的风水。后来，《华蓥安丙墓》发掘报告也是在先生的指导和关注下出版的。

先生对学生要求严，对自己要求更严。严文明先生曾和我说起，1982 年，先生应露斯基金会（the

图二　77、78 级部分学生春节期间看望宿白先生
（左一为徐光冀先生）

Henry Luce Foundation）之邀赴美国讲学，他几乎把所有业余时间都花在了图书馆，硬是用蝇头小楷抄录了整整两大本善本书。严先生说他看到这个手抄本，字迹之工整，完全可以影印出版。还有一次，先生和张政烺、严文明等先生受邀一同访问台湾。会后，邀请方安排大家去参观宝岛的风景名胜，唯独先生哪儿都不去，依旧是去图书馆抄录善本书。

我留系任教后，先生多次对我说，历史系和考古系的每位教员都应该能讲通史、通论，做学问，面不能太窄，至少先秦与历史时期这两大段分别要能通。为此他率先和严文明先生在考古系开设了"考古学通论"（上、下）。遗憾的是，如今通论这门课还有，但能讲的教员却太少了。

先生对近些年来校内有些教员与所谓"收藏家"、甚至古董商打交道的现象深恶痛绝。我曾亲眼见他非常不满地告诫年轻教员，要么你在北大教书，要么出去经商，二者绝不可兼得。

先生是藏传佛教考古方面的大家，他曾于1959年和1988年两次入藏，调查期间在现场亲自步测丈量了一批被毁寺庙建筑遗迹数据，记录了大量图文资料，成为今天研究藏传佛教难得的宝贵资料。其代表作《藏传佛教寺院考古》不仅记录了藏区的寺院建筑、佛教文书，还对甘肃、青海、内蒙古及内地部分地区的藏传佛教遗迹进行了深入研究，开创了藏传佛教考古的先河。

2013年，我计划组队去西藏考察，事先想做点功课，却不知从何入手，遂去先生家里讨教。他详细给我讲了国内外藏学研究的历史和现状，包括国内该研究领域的著名学者及研究成果。期间先生问我看过《青史》没有，我听了竟误以为是《清史》。随后他到书房拿了一本《青史》让我看，并说要送给我，这让我很不好意思，怎么能拿先生的书。他则对我说，早年有关藏学方面的书很不好买，为此他特意在拉萨留了一个"眼线"，帮助他买这方面的书。不过在北京的书店碰到了这类书他也会买，这样有些书就买重了，这本《青史》就是。最后，先生语重心长地对我说，这本书可不大好读啊，要想了解藏学，必须要下功夫把它读懂（图三）。

那些年，我开始搞起副业——"盐业考古"，并取得了一些成果，先生对此给予很高的评价。其

图三　2014年在蓝旗营先生家中

实，我去西藏的目的之一就是想顺便到芒康考察盐井盐田及其保护状况。此前，这处宝贵的民族文化遗产险些遭到灭顶之灾。2009年，我开始主持国家文物局的指南针项目——"中国早期盐业文明与展示"，特意邀请陕西省考古研究院张建林副院长负责西藏芒康盐田的调查。此间他获悉，有关方面正准备在澜沧江上修建一座大型水电站，坝址选在云南省的德钦县。据说将要建成一座世界上最高的水坝，蓄水后芒康盐田将被全部淹没。得知此消息，我去向先生汇报并商量对策，先生立即给时任国家文物局局长的单霁翔写信，强调必须要加强对这处民族文化遗产的保护，并为此提出一系列重要的保护意见，要点如下：

鉴于芒康盐田在历史、文化、文物、景观、自然、民族、宗教等多方面的重要性及潜在的巨大遗产价值，特别是作为一部存活的历史，在世界上都极罕见。因此无论如何都该将其保护下来。尽管会有阻力，为此也更需要想办法，尽快制定和提出政策性的保护方案和具体措施。为此我建议：

（1）可否利用正在进行的国家级文物保护单位申报机会，将这处遗产直接列入国宝单位（以往曾有过类似案例）。

（2）在保护基础上尽快考虑将其列入世界文化遗产和自然遗产候选名录，同时列入非物质文化遗产名录。

（3）应组织和利用现有媒体进行宣传，扩大影响。

最终，这处宝贵的民族文化遗产在先生的倡议下被破格提升为第七批国宝单位，同时被列入中国申报世界文化遗产名录。

最后想就先生留下的憾事多说两句。其一是他所主持的国家社科重点研究项目"多卷本中国考古学"未能如愿完成，这是一个多人参加的集体项目，尽管最后无法完成、退项的原因非常复杂，但先生作为主编对此事一直耿耿于怀，特别的纠结。其二是先生任主编的《中国陶瓷史》一书编写至今已历时十余载，仍有不少作者尚未结稿，在此真诚希望参加此书编写的各位能以务实的态度，抓紧时间，尽快完成各自负责部分的撰写，争取此书能早日出版。我想，这才是对先生最有意义的纪念！

先生之风，山高水长；

先生之德，学界共仰；

先生之学术精神，共三光而永光！

宿白先生千古！

一杯茶水一生情

——怀念敬爱的宿白先生

田建文（山西省考古研究院）

中国考古学泰斗、北京大学资深教授宿白先生，于 2018 年 2 月 1 日 6 时 05 分在北医三院病逝，享年 96 岁。消息传来，顿感惊悚，哀我良师，驾鹤西游！

2012 年春节期间，张忠培先生让我为宿白先生九十华诞写上一篇文章，写好后才知道是要写学术性的论文，故一搁就是近六年。

现以此文，怀念敬爱的宿白先生！

2011 年冬天读大学的儿子回到家，一天晚饭前，端起我刚沏好茶水的杯子喝了个够，在我们家平时已经习惯各用各的茶杯了，这个不习惯的举动，使我又回想起近三十年前，在北京大学考古学系读书期间喝宿白先生茶水的一件小事，随后便浮想联翩，又想到毕业时他帮助我找到了对口的工作，以及受他的教诲后所取得的成绩。现在写出来，纪念宿白先生九十诞辰，并祝愿老人家永葆青春！

一

宿先生教我们 1980 级三国至宋元考古专业课外，1983 年春、夏，他还教我们班石窟寺佛教考古，上课时间是每周四下午第一、第二节课，地点是五四操场旁边新盖的七教。宿先生讲课一上来就念厚厚的备课笔记，一直念到下课，学生们头也不抬忙着记还觉得来不及。他还有个爱喝茶的习惯，由我们班的同学轮着给他提一暖瓶开水。他用着一个当时还算时髦的玻璃杯，外面还有用花花绿绿的细塑料绳编织好的罩罩着，为的是不烫手。

五月末的一天，记不清是因为午饭吃得咸了，还是天气比较热，反正是我实在渴得受不了了。好不容易熬到课间休息时间，看着宿先生早就沏好茶，壮着胆子走到讲桌前问，"宿先生，让我喝点吧？"宿先生和蔼地说，"喝吧！"没等话音落，我就喝了两大口，并不好意思地笑了笑。没想到宿先生继续说，"现在你就这么能喝水，到了我这样大的年纪，也会像我这样胖的。"我更"放肆"了，"到了你这样大的年纪，比你还胖！""呵呵！"

宿先生都笑出声来了。令在场的宁夏固原地区博物馆进修生杨明惊讶不已，因为在他眼里，学富五车的宿先生对学生向来以严厉有加、不苟言笑而著称，而我斗胆喝了宿先生杯里的茶水，还敢跟他开玩笑。不过，直到今天我还在想，杯子里是什么好茶？解渴之余散发着淡淡的香味。

以后，课间休息成了我们的聊天时间，正好学校里放映电影《毕昇》，反映了北宋毕昇发明活字印刷术的曲折遭遇，请二十多年前出版《白沙宋墓》的宿白先生担任历史顾问，导演可真是找对了人。当我问他时，他只是淡淡一笑说，"是吗？已经好几年不看电影了，只是告诉了他们一些简单的历史学常识。"联想起前年放映的电影《赵氏孤儿》，本来以为知名导演导的电影，会有些新意的，结果是难看到了使我忍无可忍的地步。说的是春秋时期的事，汉代建筑如斗拱、阙及铜薰炉，东汉以后条砖铺地面和砌墙，明、清时期的瓷酒坛、瓷碗等肆无忌惮的出现许多次，倒了明事理的观众们的胃口。

也聊到当时兴起的"排球热""足球热"，据现任甘肃省文物考古研究所所长的王辉回忆，还有一次他竟然同意我们班提前下课去看校际足球赛。宿先生说，他对这些东西不感兴趣自然也就不看了。当时我就想，不看电影、不看电视，活着还有什么意思？多少年后才明白，像他那样专心致志、孜孜不倦地搞研究的人，第一不知贪图享受，第二不知老之将至，才有了著作等身的成就，而我仅学了他的皮毛而已。

二

我是 1984 年 7 月毕业的，到太原一看被分配到山西师范大学政史系，说是准备设考古专业急需要人，想法是美好的，但在当时很不现实。这对一心想到山西省考古研究所工作的我，无疑当头一棒。到山西从事田野考古工作，是时任考古学系主任的宿先生送我回山西的目的。那时我不到二十岁，祖上都是农村人，举目无亲，只有拒不服从分配一条路。

宿先生得知这个消息后，专门给他早年的学生时任山西省考古研究所所长的王克林说了这个意思。经他这么一说，山西省考古研究所的大门始终向我敞开着，并帮我疏通关节、找熟人。一年后我如愿以偿，调到了山西省考古研究所。第二年，我又考取了张忠培先生的硕士研究生。考古，成了我的事业我的心。

三

模式，是把解决某类问题的方法总结归纳到理论高度。我所知道的模式，还是上宿先生的石窟寺佛教考古课时，才得以从考古学方面加以理解的。5 世纪至 9 世纪，中国石窟雕凿达到极盛时期，完成了以新疆克孜尔石窟为代表的龟兹模式，发展到甘肃武威天梯山石窟为代表的凉州模式，再发展到山西云冈石窟为代表的平城模式，最终在洛阳龙门完成中国化的全过程,使佛教成为中华文明的一部分(如《凉州石窟遗迹和"凉州模式"》,《考古学报》1986年4期)。这是宿先生关于石窟艺术的经典结论,虽然我对石窟艺术一知半解,但"模式"这个大概念一直影响着我。

到山西省考古研究所后,我长期在侯马从事考古工作,今天自认为对侯马晋国遗址的研究做出了可以告慰母校、老师及自己的心灵深处,这都缘于我于1993年4月在朔州举行的山西省考古学会第三次年会上提交的论文《新田模式——侯马晋国都城遗址研究》(《山西省考古学会论文集》(二),山西人民出版社,1994年)。侯马晋国遗址1952年发现以来,年年都在做考古调查与发掘工作,到1993年,共发现白店、平望、牛村、台神、马庄、呈王、北坞七座古城,这还不包括战国至汉代的凤城古城。此外还有南西庄、一公司、呈王路、牛村古城南、侯马盟誓遗址、西南张七处祭祀遗址,柳泉、上马、下平望、东高、秦村村北发现"排葬墓"等五处墓地和一些零星墓葬,以及铸铜作坊、石圭作坊、制陶作坊、骨器作坊等手工业作坊遗址,这么多遗迹,年代、性质不清楚,跟文献记载的对应也没有着落,在晋文化中的地位就不容易体现。于是我分类逐条梳理,得出了白店古城不存在、平望、牛村、台神古城为品字形宫城,马庄、呈王、北坞古城为三座卿城;以呈王路、侯马盟誓遗址为主体的祭祀群为"左祖",相对应的有"右社";柳泉墓地为公墓,上马、下平望、东高墓地为邦墓,秦村"排葬墓"为烈士陵园等;突出防御、突出手工业作坊、突出祭祀等是侯马晋国都城遗址的特色,西周及春秋早、中期的晋文化是"作为周文化一部分的晋文化",春秋晚期的周文化应视为"作为晋文化一部分的周文化",指出:"晋都新田已突破了过去方块城市的束缚,把宫城独立出来,品字形宫城结构,小城由二城构成,手工业作坊区、祭祀、墓地都有统一安排……在这一认识基础上,我们把晋都新田这些特点称为'新田模式',这一模式对它之后的战国时期列国都城产生了巨大的影响(如河南新郑郑韩古城、河北邯郸赵王城、山西夏县禹王城等)……其中尤以'赵王城'与新田相近,其宫城均品字形结构,而其余诸城至少由二城构成。这些城市大都突出了这样的特点,宫城对国君的保护和廓城对手工业作坊及王陵保护(极少数例外)。这都是受'新田模式'影响的产物,从这点考虑,可视晋都新田为中国城市发展史中的里程碑,它开创了战国一代城市形制的先河。"最后指出,"新田模式"应是晋文化的重要组成部分。

此文发表后,得到了学术界的好评,也经过近二十年间不断发现的考古资料的考验,在此基础上我又发表了《晋都新田的两个问题》《春秋晋国"虒祁宫"》《再看晋都新田》等文章,进一步充实了"新田模式"。

新田模式的提出,为新田文化的提出做了理论上的准备。2001年5月晋国新田文化学术研讨会在侯马召开,新田文化从此开始全面普及到公众中去了。2003年至今侯马市举办了六届"两会一节",其中的"两会"之一是新田文化学术研讨会,从而大力宣传、研究、弘扬了新田文化和晋文化。

在当年的山西省考古学会上,有朋友问,怎么恰如其分地叫了"新田模式"?我说,当初写作时，是按"侯马晋国都城遗址研究"写的，但作为标题分量不够，没有突出侯马晋国遗址在晋文化中的意义和作用，叫"新田文化"时机不够成熟，灵机一动想起宿先生给我们班讲授石窟寺佛教考古时，总结的龟兹模式、凉州模式、平城模式，遂以"新田模式"作为这篇论文的正标题，副标题才是"侯马晋国都城遗址研究"。

"新田模式"，是从宿先生言传身教中学来的。

2012 年 2 月 26 日初稿，2018 年 2 月 1 日修改

考古撼大地　文献理遗编

——纪念宿白先生

荣新江（北京大学中国古代史研究中心）

今天早上，考古学家宿白先生不幸离世，享年96岁。从早上看到杭侃教授发来的信息，我就无法安心做其他事情了，不时翻阅着宿白先生留下的各种著作：

《白沙宋墓》，文物出版社1957年第1版，2002年再版，三联书店2017年新版。

《中国石窟寺研究》，文物出版社1996年出版。

《藏传佛教寺院考古》，文物出版社1996年出版。

《唐宋时期的雕版印刷》，文物出版社1999年出版。

《张彦远和〈历代名画记〉》，文物出版社2008年出版。

《中国古建筑考古》，文物出版社2009年出版。

《汉文佛籍目录》，文物出版社2009年出版。

《中国佛教石窟寺遗迹——3～8世纪中国佛教考古学》，文物出版社2010年出版。

《汉唐宋元考古——中国考古学》（下），文物出版社2010年出版。

《考古发现与中西文化交流》，文物出版社2010年出版。

《魏晋南北朝唐宋考古文稿辑丛》，文物出版社2011年出版。

……

我是1978年9月入学北京大学历史系的，当时历史系有三个专业：中国史、世界史、考古学，我在中国史班。因为77级是78年2月才入学的，所以我们77和78级两个年级的所有班，加上中文系77级古典文献专业的一个班，都在一起上"中国通史"的大课，而那时的"中国通史"讲的很细，要上很长时间，所以我们和考古专业的同学也混得蛮熟。

等到考古专业的"中国考古学"上到魏晋一段时，我已经渐渐想把自己的专业放在中古史和敦煌学上了，所以宿白先生开始讲"中国考古学"魏晋以下时，我申请选修。经过宿先生的严格考察和盘问，我被允许参加他的课程，要求除了下考古工地，一切绘图、熟悉瓷片等课内外的活动都必须按时参加。这个课，上下来非常累，但也收获极大。

宿先生讲课，是慢条斯理地念事先写好的稿子，刚好是我们一般记录的书写速度，没有半句废话，哪一句都不能放过。最具挑战的是，他时而拿出一片纸，在黑板上补绘一幅图，把最近的考古材料介绍给我们。这张纸，常常是他吸烟后的烟盒纸，所以我们知道他一段时间里抽什么烟。可是他拿出烟卷盒这么一描，我们就要拼命跟着画。好在我小时候练过画画，大体上可以跟上，但一节课下来，握笔的胳膊总是酸酸的，但头脑充实了很多，获得的知识总是让人愉悦半天（图一）。

这个课的内容，从魏晋到唐宋，面面俱到，同时也有许多新的视角，并非平铺直叙。记得讲鲜卑人的考古遗迹，根据当时已经发现的材料，从大兴安岭到平城，勾勒出一条鲜卑人的迁徙路线，听来十分有启发。更有意思的是，后来不久，就在宿先生在大兴安岭画的鲜卑起源地的圈子中，发现了嘎仙洞遗址。这真是让我们这些对考古还啥也不懂的学子，感到十分过瘾。

真正和宿先生有较多的接触，是我上大学二、三年级的时候。当时北大的一些先生开始大力推动敦煌学研究，把北京图书馆新获的法国国立图书馆伯希和文书、英国图书馆斯坦因文书和北京图书馆藏敦煌文书的缩微胶卷购置回来，放在图书馆 219 房间，同时又从图书馆书库中，调集五百多种中外文敦煌学方面的图书，包括《西域文化研究》等大部头著作。我当时被指派在这个研究室里值班，有老师、学生来看书，就关照一下。如果哪

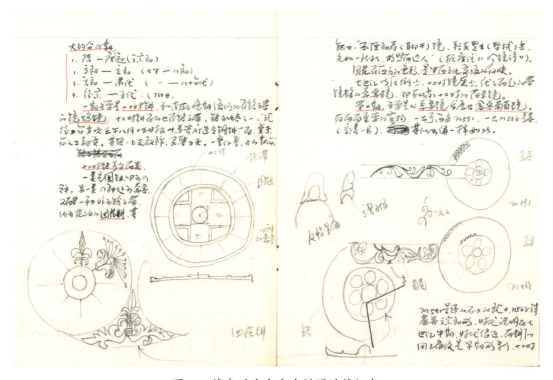

图一　笔者听宿白先生讲课的笔记本

位老师需要找缩微胶卷中哪个号的文书，我就事先把胶卷摇到那个号的位置，等老师来看。记得有一次宿先生来看 P.2551《李君莫高窟佛龛碑》，结果因为是淡朱笔抄写，胶卷上一个字都不显示，让宿先生很失望。对于我来说，这种老师们来的时候，是我问学的最佳时机。因此，前前后后，从宿先生那里获得许多敦煌学的知识。

到 1982 年 5 月，由邓广铭先生牵头，北大成立了中古史研究中心，宿先生也是中心的创办人之一，和邓先生一起商议，把敦煌吐鲁番文书研究，作为中心的四项规划之一，并且首先开展起来。宿先生和邓先生在朗润园 10 公寓住对门，我们经常在邓先生家见到宿先生，有时候也顺道去宿先生家里坐坐。这年 9 月，我开始读隋唐史专业的研究生，重点仍然是敦煌文书，所以有机会就更专业的问题向宿先生讨教。1985 年我毕业的那年，考古专业已从历史系分出去，宿先生出任首届考古系主任。虽然人员分了，但学术未断，我毕业后留在中古史中心工作，宿先生也是中心的导师之一，所以还有很多机会向他问学。

有一次我从邓先生家出来，从三楼下来见到回家的宿先生，他让我随他上楼，说是给我看一件东西，就是《日本雕刻史基础资料集成·平安时代·造像铭记篇》第 1 卷（东京，1966 年）所收京都清凉寺藏"新样文殊"版画，这是北宋时日本求法僧奝然从五台山带回去的。我当时刚刚发表《从敦煌的五台山绘画和文献看五代宋初中原与河西、于阗间的文化交往》（《文博》1987 年第 4 期），利用敦煌藏经洞保存的纸本画稿、印本文殊像，辅以敦煌《五台山赞》等文献，考证 1975 年敦煌文物研究所自莫高窟第 220 窟重层甬道底层发现的后唐同光三年（925 年）翟奉达出资彩绘的"新样文殊"像，是根据来自中原五台山的画稿，而不是如考古简报所说的画稿来自于阗。这一结论得到宿先生的肯定，并且提供给我大体同时奝然从五台山带回日本的大致相同的版画，强化了我的看法。而且，宿先生在《敦煌莫高窟密教遗迹札记》（《文物》1989 年第 9 期）一文中，说到"五代初，新样文殊即西传莫高"，将拙文作为依据。这给我莫大的鼓励，因为我这篇文章曾经投给一个所谓"核心刊物"，被退稿，后来通过考古所的一位长辈的关系，发表在陕西文管会办的《文博》上。没想到，这篇文章却得到宿先生的肯定，那被退稿的沮丧心情也就一笔勾销。

还有一事也浮现在脑海，那是我写了一篇《五代洛阳民间印刷业一瞥》的小文，发表在《文物天地》1997 年第 5 期，只有两页纸，很不显眼。没想到不久宿先生就让李崇峰来找我，想看一下我发表的图版的清晰照片。这件带有题记的《弥勒下生经》刻本残片，原是德国吐鲁番探险队所得，二战前流失，被日本学僧出口常顺在柏林买到，入藏大阪四天王寺。1978 年，京都大学藤枝晃教授应邀整理，编成《高昌残影——出口常顺藏吐鲁番出土佛典断片图录》，精印一百部，未公开发行，由出口氏分送友好和研究机关。这书当然在国内很难见到，宿先生也没有看到过。1990 至 1991 年我在日本龙谷大学访问半年，在西域文化研究会的研究室里看到这部书，用 Photocopy 方式复制了一本。因为我读过宿先生大多数有关雕版印刷的文章，发现这是一件新材料，于是做了一篇札记，考证这是五代洛阳民间书铺所印，特别有价值的是"装印"和"雕字"分属朱、王两家，表明印刷术在五代时期的进步。我把 Photocopy 的这件残片的图剪下来，交给崇峰兄，复印了一份留底。后来宿先生编印《唐宋时期的雕版印刷》，把这件图片收入其中，并转述了我的文章结论。这既是对我的鼓励，也说明宿先生在做学问时，对于任何一个纸片，对于任何一篇小小的札记，都不会放过。

此外，宿先生还叫我到他家，询问过德国 Otto Franke 发表的《凉王大且渠安周造祠碑》的清晰图版，因为这座碑铭对于他所提出的"凉州模式"的西渐，是最好的证明。原图 1907 年发表在《普鲁士皇家科学院通报》上，我用的是放在外文楼三层阁楼上东语系图书馆里陈寅恪旧藏的抽印本。宿先生还几次详细询问欧洲和日本对于摩尼教石窟壁画的研究情况，这与他推进吐鲁番摩尼教石窟的考古调查有关。每次去他家，我都要做充分的准备，回答问题，就像是被老师考试；而这也是请教问题的好机会，所以每次都不会错过。

关于宿先生的学问，考古方面，我不敢奢谈，这方面已有他的弟子们写过一些文章，其中尤以徐苹芳先生的《重读宿白〈白沙宋墓〉》、《中国石窟寺考古学的创建历程——读宿白先生〈中国石窟寺研究〉》最为经典。徐先生是最了解宿先生学问的人，在中国与哈萨克斯坦、吉尔吉斯斯坦联合申报丝绸之路世界文化遗产的过程中，我有很多机会听徐先生讲宿先生的学问，受益良多。我在历史系和中国古代史研究中心从事教学和研究，当然更偏重于文献方面，在我学习中古史、研究敦煌吐鲁番文书的过程中，对于宿先生在文献方面的功力，包括对版本、对石刻文献的熟悉，更是体会深刻，敬佩莫名。

宿先生利用文献材料推进考古学研究的最好例子，是大家熟悉的利用金皇统七年（1147年）曹衍撰《大金西京武州山重修大石窟寺碑》（简称《金碑》），重建了云冈石窟的年代体系和后期的营建历史。我读宿先生的相关文字，最大的感受是，这么一方《金碑》，原石早已毁灭，连拓本都不存在，可是元朝末年的熊自得撰《析津志》时，过录了这方碑文。《析津志》撰成未及刊印，明初编《永乐大典》时，分韵抄录《析津志》文字。到清光绪十二至十四年（1886—1888 年），缪荃孙从国子监借抄《永乐大典》天字韵所收《析津志》文字计八卷，《金碑》即在其中。后来相关部分的《永乐大典》又毁于庚子（1900 年）八国联军，只有缪荃孙抄本保存下来，经李盛铎而入藏北大图书馆，为宿先生发现其价值。仅此一失再失的文本，转抄而秘藏的文献，就已经让人看得头晕目眩，更何况发现其中所记，原本是有关山西大同云冈石窟的一篇重要的文字，而这篇文字是做了几十年云冈考古的日本学者压根也不知道的云冈石窟营建史料。这没有一定的文献功力，怎可能慧眼相识。

其实，这样的发现不止于此。对于敦煌莫高窟营建史的研究，最重要的文献是原立于 332 窟前室南侧的《李君莫高窟佛龛碑》（简称《圣历碑》）（图二），可惜在 1921 年，碑石被流窜来敦煌的白俄军人折断，上截碑石已佚，下截残碑现存敦煌研究院陈列中心。宿先生却在北大图书馆收藏的数万张拓本中，找到刘喜海、缪荃孙递藏的碑石未断时拓本，再利用法藏 P.2551 敦煌抄本，复原出原碑形式，并整理出完整的碑文。在此基础上，宿

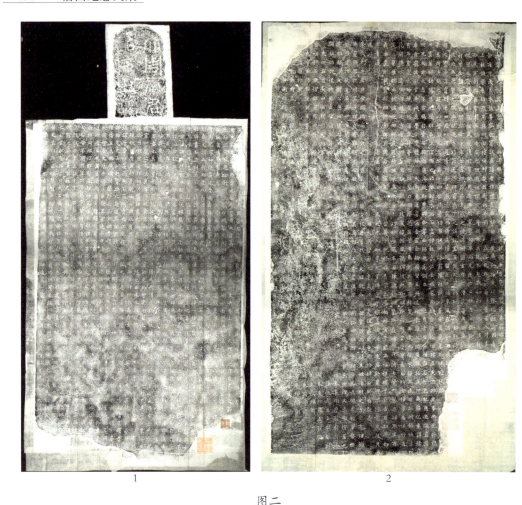

图二

1. 北大图书馆藏《李君莫高窟佛龛碑》整拓（碑阳） 2. 北大图书馆藏《李君莫高窟佛龛碑》整拓（碑阴）

先生利用碑文所记从乐僔、法良，到东阳王、建平公，在相关的系列文章中，对莫高窟早期的营建史，做出自成体系的解说。如果不是对石刻文献烂熟于心，是无法从大海里捞到这样的珍宝的。

同样的例子还有北宋吕大防主持刻制的《长安图》碑，原石金元时已毁，拓本也不见流传。清末有残石在西安出土，旋又散失，但有拓本流传。此前学界所利用的材料，是20世纪30年代日本学者前田直典据邵章所藏拓本拍摄的照片，以及1955年平冈武夫据这套照片所绘制的线描图。事实上，邵章旧藏拓本保存在北大图书馆善本部，而且北大还藏有一套散装的未曾发表过的残石拓本，其中有邵章藏本缺失的内容，还多出一块西南郊的残石。也是宿白先生在2001年发表的《现代城市中古代城址的初步考查》（《文物》2001年第1期）一文中，首次提到并利用北大收藏的这两种《长安图》拓本，推动了长安城的考古研究。现在，北大图书馆善本部金石组的胡海帆先生已经把这两组拓本整理发表在《唐研究》第21卷上，对于长安考古、历史等方面的研究，一定产生更大的影响。

在唐宋墓葬考古方面，文献材料的重要性更为重要，特别是堪舆家撰写的地理葬书，更直接有助于解剖墓葬内部结构。宿先生在发掘、整理白沙宋墓时，就利用了北宋仁宗时王洙等奉敕编撰的《地理新书》，在所著《白沙宋墓》一书中，特别说明此书在考古学上的特殊价值。我们知道，《地理新书》在金明昌年间由张谦校正刊行，但现在所藏只有国家图书馆和原中央图书馆两个清代影抄本。北大图书馆李盛铎旧藏书中，有元覆金本，这当然不会逃过宿先生的法眼。更重要的是，他不仅读过，而且将其合理运用到考古学研究当中。过去我读《白沙宋墓》，对此书印象深刻，但保存在善本书库的书，毕竟不方便阅览。台湾集文书局在1985年影印了原中央图书馆藏抄本，我立刻托友人郑阿财先生购得一部，在后来的教学、研究中起到很大的作用。如此这般，都是承蒙宿先生的学恩。

宿先生对北大图书馆宝藏的熟悉，并不仅仅限于文献、石刻，数量不多的敦煌吐鲁番文书写卷，他也非常熟悉。他在内部发行的考古学教材中，曾提到北大图书馆藏的北凉赀簿，引起朱雷先生的注意。朱雷在宿先生的帮助下，在北大图书馆得见原件，撰写了《吐鲁番出土北凉赀簿考释》（《武汉大学学报》1980年第4期），结合科学院图书馆所藏同组文书，考证其为《北凉高昌郡高昌县都乡孝敬里赀簿》，大大推进了十六国时期的田亩赋役制度的研究，也为后来吐鲁番文书的整理，提供一件标本性的文书。这件对于敦煌吐鲁番研究颇有意义的成果，也应当说是拜宿先生之赐。

翻阅宿先生的考古著作，文献材料不时跃然纸上。今天，我们拥有更好的考古工具，也有更为强大的文献数据库，但阅读才有发现，发现才有创新。宿先生一生教书育人，桃李满天下，他给我们留下的研究方法，在新的条件上，必将产生更大的效力和影响。

2018年2月1日初稿，3日改定，4日由北京大学中国古代史研究中心微信公号推送。后刊《敦煌吐鲁番研究》第18卷，上海古籍出版社，2019年，第57—62页。

宿白先生与中国佛教考古学

李崇峰（北京大学考古文博学院）

2018年2月1日清晨，宿白先生与世长辞。下午与师兄志一扶灵，车先缓行于未名湖外围，至德斋北侧短暂停留后前往八宝山。送别先生、返回燕园后，我与还在红五楼值守的同门杭侃和韦正商量，请韦正先拟出先生生平初稿，经征求校内外相关专家意见后，我们与同仁一道字斟句酌，共同完成了《宿白先生生平》："纯净的学者，矢志不渝、读书报国的爱国学者；淡泊名利、醉心学术的纯粹学人；开创学科、淹博贯通的一代宗师。永远的师者，杰出的考古学教育家，新中国考古教育体系的创建者；教龄逾七十的'北大教员'，中国文物考古界'永远的老师'；以德立身、以身立教的楷模，传道授业、为人师表的典范。至善的智者，博通古今，学贯中西，中国历史时期考古学的开创者和大成者；通透历史文化的复杂性和中国考古学的独特性，治学之道的践

宿白先生字

行者和垂范者；真正的智者，无畏的仁者，为往圣继绝学，为民族立根基。"（下文征引未注明者皆出自《宿白先生生平》）这里，仅依《宿白先生生平》，追怀往事，致以敬意，期望无僭越评论之嫌。

一 纯净的学者

宿白先生，字季庚，1922 年 8 月 3 日生于辽宁沈阳。1937 至 1940 年，在沈阳省立师范学校（奉天省立第一师范学校？）学习；1940 至 1944 年，在北京大学文学院史学系学习。1944 至 1952 年，在北京大学文科研究所求学和工作；期间，1946 年被聘为文科研究所古器物整理室助教，1947 年兼读文科研究所研究生，1948 年被聘为文科研究所古器物整理室讲师，1946 至 1952 年兼任北京大学图书馆编目员。1952 年 8 至 11 月，文化部社会文化事业管理局与中国科学院考古研究所和北京大学合办第一届考古工作人员训练班，宿先生以北大文科研究所讲师之名参与训练班工作组并讲授古建筑等课程，自此开始了答疑解惑的教书生涯。1952 年 11 月院系调整时，北京大学文科研究所古器物整理室合并于北京大学历史学系，宿先生随即转入调整后的历史学系。1956 年，宿先生被聘为北京大学副教授，兼任历史学系考古教研室副主任。1978 年 5 月，根据国务院关于确定和提升教师职称的指示，宿白先生被北京大学晋升为教授。1981 年，国家建立博士生招生制度；11 月，北京大学历史系中国古代史和考古学两个专业被国务院学位委员会批准为首批博士点，邓广铭、周一良和宿白三位教授被确定为首批博士生导师。1983 年 7 月，考古专业从历史系分离、单独成系，在北京大学第 125 次校长办公会议上，宿先生被任命为考古系主任。此外，宿先生 1979 年兼任中国社会科学院考古研究所学术委员会副主任，1982 年任美国东方学会（American Oriental Society）会员，1983 年兼任北京大学学术委员会委员，同年任文化部国家文物委员会委员，1986 年任国务院学位委员会历史学科评议组召集人。1989 年任中国考古学会副理事长，1999 年在中国考古学会第四届理事会上当选为名誉理事长。

2001 年，孙机在《中国古舆服论丛》增订本后记中写到："真正引导我走上科研道路的是宿白老师。宿老师的学问是汪洋大海：魏晋南北朝隋唐宋元考古、佛教艺术、古城市、古建筑、古民族、古器物、古版本，无一不为先生所清理贯通、冲决开拓，使之门户洞开，后学得以循径拾阶而入。先生的弟子如今已成为专门名家的不在少数，但我看无论哪一位都不过承袭了先生一枝一叶，谁也没有纵横于那么广阔的领域，没有屹立为葱茏的参天大树。"

小子不敏，有幸忝列门墙。虽然不时为宿门弟子感到自豪，但自知资质平庸，勉强承袭先生的佛教考古一枝。1995 年，我协助先生编辑《中国石窟寺研究》索引，但印制时，先生坚持把我名字列上，否则就删掉这部分，最后只好恭敬不如从命。同年，因为购置了私人电脑，斗胆请命编辑宿先生著述目录，开始先生不同意，认为既没有必要也辑录不全，待我把草目面呈先生后，他很惊讶我的收集并当即补充了《颛顼考》《少昊考》和《魏晋间人对诸葛武侯的评论》，后来这份《宿白先生学术论著目录》收入徐苹芳主编的《宿白先生八秩华诞纪念文集》。这两次机缘，使我对先生有了较多了解。宿先生常说自己只是个"北大教员"，现依《宿白先生生平》所记，仅从教学和科研两方面简述我所知晓的宿季庚先生和他的中国佛教考古学。

在北京大学求学期间，宿先生兴趣广泛，涉猎学科颇多，先后从诸多先生受教。他随孙作云（雨庵）学习中国古代神话及民俗学和楚辞等，在孙雨庵先生影响下撰写了若干相关文章；从容庚（希白）学习历史、古文字、钟鼎文、金石学、卜辞研究和书法篆刻等，对容希白先生所授诸课兴趣颇浓；参加课外艺文研究会，跟寿石工（务熹）和金禹民学习篆刻，《宿白印谱》所收先生印作 520 余方，大多是这一时期的作品；从冯承钧（子衡）学习中西交通、南海交通、中亚民族、西北史地和蒙元史，颇得冯子衡先生赏识。为了学习中外文化交流，先生曾在中法大学专门学习法语一年，后来撰写文章所征引喜龙仁（Osvald Siren）著作基本上都用法文版。1947 年，先生兼读北京大学文科研究所研究生，从向达（觉明）治中西交通和考古学。为此经太先生向觉明教授荐引，专门跟从董希文先生学习素描一年。1981 年，宿先生应邀在敦煌文物研究所（今敦煌研究院）讲授"中外文化交流考古学"，随堂所画示意图，连当时听讲的敦煌画家都说宿先生所画既准又快。2001 年 6 月 19 日，在南京栖霞山考察时，宿先生近八十高龄还与我一道在第 28 窟窟前画萧梁坐佛像。1947 年，梁思成先生在北京大学讲授"中国建筑史"，宿先生前往旁听，随之对中国古代建筑产生了兴趣。不过，20 世纪 50 年代以来先生在北京大学讲授的中国古代建筑，是"专为学考古的同学开设的"，不同于一般的中国古代建筑史。1946 年 10 月，辅仁大学校长陈垣（援庵）和北平图书馆善本部主任赵万里（斐云）分别被聘为北京大学文学院史学系名誉教授和兼任讲师，宿先生随陈援庵先生学习史源学，尤其佛籍目录，后来为我们开设《汉文佛籍目录》时，明确提出"要初步解决两个实际问题，一、如何检查汉文佛籍？二、汉文佛籍对研究佛教考古的用途。"赵斐云先生当时在北京大学开设"中国史料目录学"和"版本学"等课，期间受聘北京大学图书馆指导近代藏书家李盛铎旧藏的编目工作。1940 年，李盛铎（号木斋）氏木犀轩的藏书 9087 种售予北京大学，其中名贵的旧刊本和罕见本约占三分之一强，具版本价值的古籍很多，有一部分历代流传有自的宋、元本，但大量是明清时期刻本和抄本，包括明清以来著名学者和藏书家的抄本、校本和稿本等，此外还有相当数量的日本古刻本、古写本和朝鲜古刻本等。宿先生从赵斐云先生学习史料目录学和版本学，因当时先生兼任北京大学图书馆编目员，便"从赵斐云先生整理李氏书"。1946 年，名望甚高的汤用彤（锡予）任北京大学哲学系教授、系主任，兼任文学院院长，在北大开设"汉魏两晋南北朝佛教史"和"魏晋玄学"等课，宿先生从汤锡予学习佛教史、魏晋玄学等，与汤先生过从甚密。汤锡予先生自西南联大起兼任北大文科研究所主任，宿先生兼读北京大学文科研究所研究生时，原想做《十六国春秋》辑校，但汤先生认为没有太大意义，后来改撰《麈尾考》，不过此文由师母誊抄（据志丕师姐见告）后一直没有发表。读研究生期间，即 1948 年宿先生已被北大文科研究所聘为讲师，汤锡予对宿先生说：你现在已经是讲师了，就不要再做研究生了，故而宿先生的履历表一直都填"研究生肄业"。

由于受到诸多大家亲炙或熏陶，宿先生的学术根基极为宽厚。仅从文献来说，曾担任陈寅恪先生助手的北京大学历史学系教授王永兴先生对宿先生的文献功底赞誉颇高，曾对我说过这样的话："我和 T 先生的文献都不如宿先生。"历史系荣新江教授曾写到："宿先生利用文献资料推进考古学研究的最好例子，是大家熟悉的利用金皇统七年（1147）曹衍撰《大金西京武州山重修大石窟寺碑》（简称《金碑》），重建了云冈石窟的年代体系和后期的营建历史。"《金碑》原石早已毁灭，连拓本都不存在，文本也一失再失、转抄秘藏，没有一定的文献功力，怎可能慧眼相识，因为做了几十年云冈石窟考古的日本学者压根也不知道这份重要的云冈石窟营建史料。"对于敦煌莫高窟营建史的研究，最重要的文献是原立于 332 窟前室南侧的《李君莫高窟佛龛碑》。"可惜原碑早被折断，敦煌研究院仅保存此碑中部偏下一小块残石，已不足原碑三分之一。《中国石窟寺研究》附录三《〈李君莫高窟佛龛碑〉三种拓本与两种录文合抄》，系宿先生依据北京大学图书馆藏"刘喜海缪荃孙递藏拓本"、北京大学图书馆藏"柳风堂张氏旧藏拓本"、向达 1944 年手拓"残石拓本"和伯 2551 号唐卷录文及《西域水道记》录文完成。宿先生"在北大图书馆收藏的数万张拓本中，找到刘喜海、缪荃孙递藏的碑石未断时拓本，再利用法藏 P.2551 敦煌抄本，复原出原碑形式，并整理出完整的碑文。在此基础上，宿先生利用碑文所记从乐僔、法良，到东阳王、建平公，在相关的系列文章中，对莫高窟早期的营建史，做出自成体系的解说。如果不是对石刻文献烂熟于心，是无法从大海里捞到这样的珍宝。"

1952 年 7 月，在文化部和中国科学院的支持下，北京大学历史学系考古专业正式成立，原北京大学文科研究所古器物整理室、北京大学博物馆及燕京大学史前博物馆合并成为考古教研室文物陈列室，这是新中国成立后我国大学里设立的第一个考古专业。1952 年以后，宿先生主要承担历史考古、考古学通论及相关课程，陆续讲授过《古代建筑》《考古学通论》《中国历史考古》《中国美术史》《魏晋南北朝考古》《隋唐考古》《专题考古》《中国考古学下》《中外文化交流考古学》以及《汉文佛籍目录》《张彦远和〈历代名画记〉》等。

据北京大学档案馆所藏历史系档案，院系调整后很长一段时间，中国高等院校的历史学科没有统编教材。北京大学历史系的教材建设，到 20 世纪 50 年代末已逐步齐全，"中国考古学的新教材经过反复修改已经趋于完稿。"1960 年 7 月，宿先生编写的《中国考古学（初稿）》第五编《魏晋—宋元部分》铅印面世。2009 年 3 月 25 日，我曾在北京琉璃厂中国书店购得一册，后来拿给先生时，他说："这样的内容及写法只能是我的，别人不可能这样做。魏晋与南北朝相连，而两汉则不然。"他还说：我带去那本铅印讲义中的改动文字，应该是他写的，但已经不记得了，包括那本讲义他都不记得了。这本《魏晋——宋元考古学》讲义，应是宿先生的一部重要的学术著作，为后来编撰的各类魏晋南北朝隋唐宋元考古讲义或教材奠定了非常重要的理论基础和体例依据。1971 年冬季，为了准备考古专业恢复招生，历史学系考古教研室在 1960 年铅印《中国考古学》的基础上，重新编写适应新时代要求的考古学讲义。1974 年 2 月铅印的试用讲义《三国—宋元考古》上（中国考古学之五）系先生所写，但不包括隋唐以后部分，因此 2003 年前后再次铅印时，封面改作《魏晋南北朝考古》。实际上，宿先生 1985 年新编写的《三国两晋南北朝考古》大八开本铅印讲义曾当堂发给选课同学，我手中还保留一份。1975 年，西北大学段浩然和南京大学秦浩计划与宿先生一起编写《隋唐考古》讲义，但因各种缘故最后未果；1976 年前后，仅铅印了《隋唐考古教材：隋唐长安城和洛阳城》。又，1975 年 5、6 月，宿先生主持的考古短训班试用讲义《三国两晋南北朝考古》和《隋唐考古》，由北京大学历史系考古专业 72 级工农兵学员编写、湖北省纪南城文物考古训练班印制，这两册讲义，20 世纪七八十年代流传较广。

"先生授业逾七十载，晚年将一生讲述辑为《宿白未刊讲稿系列》六种，为后人确立了课堂讲授的典范。"其中，《中国佛教石窟寺遗迹——3 至 8 世纪中国佛教考古学》，先生并未在北京大学讲授，那是他被聘加州大学洛杉矶分校（University of California-Los Angeles）客座教授、为该校美术史系研究生授课时于 1982 年 8 至 11 月编写的，原题《三至八世纪中国佛教考古学——中国石窟寺遗迹》。2006 年 2 月 13 日，我从美国密西根大学包华石教授索取原稿并录入电脑后交给了先生，后来正式出版时才改用现名。宿先生之所以未在北京大学系统开设此课，是因为阎文儒先生从 1957 年开始就在北大讲授《石窟寺艺术》。1984 年，马世长接续这门课程并改名为《佛教考古》。

宿季庚先生开创学科、淡泊名利，是真正"醉心学术的纯粹学人"。

二　永远的师者

佛教考古学，是宗教考古学的重要组成部分，是运用考古学方法研究佛教有关遗迹和遗物的人文社会科学。

宗教在中世纪时期各个国家和各个民族的生活中曾一度占据重要地位。因此，研究中世纪的历史，必然涉及中世纪的宗教；从事中世纪的考古，也必须进行宗教考古。除佛教外，南北朝以降火祆教（Zoroastrianism）、摩尼教（Manichaeism）、景教（The Nestorianism Christianity）和伊斯兰教(Islamism)的接踵传入，既极大刺激了中西商品贸易、文化艺术往来和科学技术交流，也丰富了中古时期中国人的精神生活。中国中世纪的宗教，佛教是主流。除了历史上发生的"三武一宗"灭法事件外，其他时期佛教在中国的传播和发展，可以说是连绵不断的。从北魏开始，佛教即"助王政之禁律，益仁智之善性，排斥群邪，开演正觉。"[1] 唐代长安城分设一百余坊，每坊几乎都设寺院，负责对坊内百姓的精神束缚。故而，中国魏晋以降的南北朝、隋唐、宋元、明清时期的佛教遗迹和遗物十分丰富。有关佛教遗迹和遗物的发掘与整理，构成了中国考古学，特别是中国历史考古学的重要组成部分，是中国考古学的一个分支学科。这些遗迹和遗物，包括古代交通路线、地面佛寺和石窟寺、雕塑、绘画、器具等，是佛教发展历史的物化资料。它的特征和内涵，与外来文化在中国发展、融合和蔓延的状况及历程息息相关。通过佛教遗迹和遗物的表像特征，结合文献分析遗迹性质，进而探求其所蕴含的诸多历史信息，最后将这些历史信息经过分析、比较和研究，揭示出某种信息的演进规律和历史内涵，从而达到重建或恢复历史面貌的目的，促进东西方的彼此了解。因此在中国历史考古学中，宗教考古成为不容忽视的重要分支学科，而佛教考古则是该学科的重要组成部分。

中国的"佛教考古"学科是宿先生首倡的，它的英文对应词应为 Buddhist archaeology。佛教考古的对象，主要应包括二类、三项内容，即第一类遗迹（地面佛寺遗址和石窟寺遗迹）和第二类遗物。第一类遗迹中的地面佛寺，包括古代社会各阶层舍宅而建的"住宅型佛寺"和按照流行模式新建的"独立型佛寺"两种。前者乃帝王将相、郡县官吏及富贾大族为了宗教信仰，捐献自己名下豪宅或花园作为佛寺并加以适当改造，即文献记载的"舍园为寺"或"舍宅为寺"，如北魏城阳王徽"舍宅为寺"；后者系独立营造的地面佛寺，由于是辟地新建，少受或不受固有地物限制，在规划设计上可以充分体现佛教经、律及四众各种宗教行为的需求，因而受到了社会各阶层信徒的青睐，如北魏洛阳永宁寺。至于在河溪旁依山靠崖开凿的石窟寺，既是对地面佛寺的模仿（an imitation of buildings constructed in timber），也可视作同时期砖木结构或泥笆草庐之寺的石化形式（petrified versions of the contemporary brick-and-timber or the humbler wattle mud-and-thatch structures）。这点在印度和中国早期石窟，尤其是古龟兹石窟中反映得颇为显著。第二类遗物，含盖范围非常广泛，主要有佛教造像、经典和佛教用具。其中造像既包括地面佛寺和家庙内供养、礼忏或奉献的单体雕塑、画像和造像碑，也包括顶礼膜拜的小型金铜佛教造像；经典主要指古代写经、印经和镌刻在岩石上的石经，如响堂山石窟刻经；而佛具所包含的范围更广，除了袈裟、钵、锡杖、如意、麈尾之外，梵钟、磬、幡、香炉、华盖以及其他法具都属于佛教用具，尤其密教用具颇为复杂，如消除烦恼退治疑惑的金刚杵和为唤醒众生佛性而鸣的金刚铃等。

虽然中古时期营造的地面佛寺数量庞大，但现存 9 世纪以前或已发掘出土的古代寺院遗址却很少，现存遗迹只是早期佛寺中最重要的主体建筑物——佛塔，而各个时期佛寺独有的标识物——大型佛像则多已残毁，故其重要性远不如第二项。中国石窟寺是中国历史上遗留下来的佛教遗迹，广泛分布于新疆、中原北方、南方和青藏地区，开凿时间约始于公元 3 世纪，盛于 5 至 8 世纪，最晚的可到 16 世纪，真实地记录了中国社会历史的发展情况，提供了认识中国文化传统的一种独特的见证与担当，是中国最重要的文化遗产。因其在历史、艺术和科学方面"突出的普世价值"（Outstanding Universal Value/OUV），已有甘肃敦煌莫高窟、重庆大足石刻、河南龙门石窟、山西云冈石窟和四川乐山大佛被列入联合国世界遗产名录。2014 年哈萨克斯坦、吉尔吉斯斯坦和中国三国联合申报的世界遗产"丝绸之路：起始段和天山廊道的路网"，更包含陕西彬县大佛寺、甘肃麦积山和炳灵寺、新疆苏巴什遗址和克孜尔石窟。因此，中国佛教考古的主要内容虽然包括三项，但迄今学界关注较多的是第二项。

1998年，宿先生在《我和中国佛教考古学》中写到："佛教遗迹以建筑构造的不同，可分寺院遗迹和石窟寺遗迹；以地区和派系分，主要是汉地佛教遗迹和藏传佛教遗迹……考古学是以调查、发掘为手段，强调实践的学科，中国佛教考古学也不例外。调查、发掘，强调实践，就是以理清遗迹演变的过程为基础，然后再结合文献，进一步分析遗迹的性质和历史。对寺院遗迹是这样要求，对石窟遗迹也是这样要求。"

作为"北大教员"，宿先生倾注毕生精力于教育事业，一直重视学生的培养。1957年，宿先生指导杨泓、孙国璋和刘勋调查和测绘邯郸响堂山石窟，刘慧达女史参与了全程工作。1962年，指导段鹏琦、樊锦诗、马世长、谢德根调查和测绘敦煌莫高窟北朝石窟。1963年，指导温玉成和丁明夷调查龙门石窟小型龛像并测绘双窑石窟。从1959年开始，宿先生招收魏晋南北朝考古和隋唐考古方向的研究生，为此花费了大量心思和精力。其中，宿先生以"佛教考古"之名招收的硕士研究生共两次。第一次（1978年）录取许宛音、晁华山和马世长三位，第二次（1985年）是研究生班的李裕群、陈悦新、常青、赵青兰和李崇峰五位。1994年开始，以"合作导师"之名招收的佛教考古博士后研究人员有李裕群、李崇峰、耿剑和陈悦新。当然，宿先生以汉唐或宋元考古方向招收的研究生，有些学位论文也是做佛教考古研究，如隋唐考古方向硕士研究生薄小莹，学位论文是《敦煌莫高窟六世纪末—九世纪中叶的装饰图案》；汉唐宋元考古方向博士研究生李裕群，学位论文是《中原北方地区北朝晚期的石窟寺》。作为中国文物考古界"永远的老师"，宿先生为提升各地石窟寺保护和管理单位考古人员的业务水平，同样尽力予以帮助和指导。下面简述我所亲历的几件事情。

1989年7月，我把《敦煌莫高窟北周洞窟的分期与研究》硕士学位论文初稿寄给宿先生，先生审阅后回信并附了三张具体修改意见。信原文如下：

崇峰同志：

文章，我看了两遍，知道你下了功夫，费了不少心力，但从考古学的角度上衡量还要重新改写。一篇文章改写二三遍，是常有的事，特别是学习写论文的同志。其实，我一直到今天，每篇小文，都要三易其稿才觉得心里踏实些。

三张意见，第一张的前多半是随看随写的，后少半和第二张是看完后总起来考虑一下写出的。第三张是看了第二遍后补写的。这个顺序，请你注意，你考虑修改时，会有用处。北周洞窟数量不多，遗迹也较少，用它做一次考古学整理是较方便的。北周文献和其它实物也有限，结合整理出的结论，做点进一步的研究也是方便的。因此，我想你再费些时间，主要是多动动脑筋，会产生较好的成果的。一定要跳出美术史圈子，一定要跳出文献考据圈子，这两个一定，要努力去做。不是弃之不用，而是要让它们为考古学所用。"所用"不是混合起来，而是把它们的有用部分，融化到考古学中来。第三张意见，词句有些苛刻。不苛刻不足以表现必须克服的要求；也想让你受点刺激，好下决心好好改写。

从这篇文章看，你的确有了改行的基础了，而且基础还较深厚，但还需要锤炼。宿白 1989/8/5

从这封信可以看出宿先生对学生的爱护和培养，应该说先生的要求是严格的。这是我第一次学写考古论文。先生意在我们初学写作时，一开始就要把方法搞对，路子走正，尤其要弄清考古学论文中"手段"与"目的"之关系。这种训诫，我将终身受益。在先生的指导下，我最后完成了《敦煌莫高窟北朝晚期洞窟的分期与研究》。我常常对人说：因为我天资愚钝，可能是门人中被先生训诫最多的一位。我后来陆续写就的论文，都曾得到本师教诲，其中《佛寺壁画与天竺遗法》应是先生帮我审阅的最后一篇文稿。如今斯人已逝，余音在耳，精神永存。

1986 年 8 月 11 日至 1986 年 12 月 20 日，我们佛教考古研究生班在宿先生和马世长老师带领下到宁夏固原须弥山石窟做考古实习。先生在那里住了近十天，每天白天带领我们到洞窟考察，晚上还要检查我们的日记。因为是第一次随先生考察石窟寺，在洞窟现场所做笔记潦草，一听先生说晚上要检查笔记，想赶紧誊抄一遍，无奈还是没有按时抄完，反倒被先生批评一顿。他说：笔记是给自己看的，又不是展示，只要写清楚就可以了，没有必要浪费功夫再誊抄一遍。这次实习，为我以后学习和从事佛教考古打下了坚实基础。

1988 年 7 月，我和李裕群等完成响堂山石窟的考古调查。回京后，宿先生安排我和李裕群分别撰写响堂山石窟研究史和南响堂石窟新发现窟龛的调查简报。因为当时我已毕业离校，无法去北京大学图书馆查阅资料，先生便把他自己的借书证给我并专门给校图书馆写信，申明查阅资料原因。他说要仔细阅读 1936 年《国立北平研究院院务汇报》第 7 卷第 4 期刊发的马丰文章，即《赴磁县武安县南北响堂寺及其附近工作报告》。当时先生所说马丰文章刊载的期号几无差错，要知道他 1957 年以后再也没有阅读那篇文章，其记忆力真是惊人。

1986 年，宿先生为佛教考古研究生班讲授云冈石窟研究史及未来考古工作时，殷切期望尽早出版中国人自己撰写的云冈石窟考古报告。1988 年 7 至 9 月，国家文物局与北京大学在大同云冈石窟文物保管所联合举办"首届石窟考古专修班"，参加该班学习的有来自新疆、甘肃、陕西、宁夏、山西、河北、河南、四川、广西等石窟寺保护和管理单位近三十名学员，办班目的就是为我们自己编写中国石窟寺考古报告，尤其是云冈石窟考古报告做准备。为此，宿先生对专修班的筹办和教学安排提出了具体意见，全部课程分作中国石窟寺、印度与中亚佛教遗迹、中国佛教史和石窟寺测绘四部分，邀请马世长、丁明夷、晁华山、许宛音、业露华和王树林分别讲授相关课程，我和李裕群及邢军参与教学辅导。

宿先生专门讲授了《中国石窟寺考古》，我也受命介绍"有关中国佛教考古的西文书籍"。在宿先生主持下，马世长和丁明夷负责具体实施教学计划，每天上、下午授课，晚上宿先生常常到教室检查，督导学员复习。每门课程结束之后，都有严格的考试。最后进行了为期三周的石窟寺测绘和文字记录的实习。"通过三个月的紧张学习，学员们不仅在佛教考古的基础知识和基本技能方面有较大提高，而且基本掌握了石窟寺管理、保护、研究的操作规程和方法。"

1990 年 6 至 8 月，时任敦煌研究院副院长樊锦诗率考古小组在龟兹石窟考察，我是小组中的一员。8 月初，宿先生参与的"丝绸之路沙漠路线第一次考察团"踏查克孜尔石窟。那天先生见到我后，说：李裕群已经考回北大，你有什么打算？我马上实话实说：这次来库车前，我在敦煌莫高窟接待了印度驻华大使任嘉德（C.V. Ranganathan）。在参观洞窟的过程中，任大使获悉我做佛教考古，答应从印度政府找奖学金资助我去印度留学。而去年（1989 年）下半年，芝加哥大学斯德本（Harrie H. Vanderstappen）教授来信还是希望我去美国读博士。在这种情况下，我也不知道应该怎么办了？宿先生说：如果你还想继续从事佛教考古，那就应该去印度源头看看，因为不是每个人都有这样好的机会。芝加哥大学的情况我知道，到北京大学继续深造你也还有机会。这次先生对我的劝勉，增强了我去印度进修佛教考古的决心。因为研究佛教文化遗产的来龙去脉，尤如勘测一条河流，要想了解其全貌，不但要看中游和下游，而且必须考察上游。这样，才能对其有一总体印象。为了赴印留学，我启程前做了一些专业准备，但当时在敦煌研究院能找到的印度佛教考古和佛教艺术方面的资料相当有限。1991 年 7 月，我开始在（印度）英迪拉甘地国立艺术中心（Indira Gandhi National Centre for the Arts）进修。经过一段考察和学习，我打算在印度德里大学攻读博士学位，但做什么题目有点拿不准。为此，我专门写信给宿先生。先生回信希望我做古代天竺地面佛寺或者阿旃陀石窟研究，并随信附了一份相关考古书目。应该说，宿先生所附印度佛教考古书目的大部分我那时都有了一定了解，但在我赴印度留学之前则多不知晓。我为先生阅读范围之广敬佩得五体投地，因为宿先生并不研究印度地面佛寺和石窟寺，他怎么会看过这么多专业书籍呢？！按照先生指示，我先把有关材料找来阅读，然后在同年 11 月系统调查了印度北部地区的地面佛寺遗址，结果发现不好做深入、系统的研究，因为有些较重要的佛寺遗址没有做过正规的考古发掘，如与西藏桑耶寺关系密切的阿旃延那布尼或欧丹多补黎（Odantapuri/ Uddaṇḍapura）佛寺遗址就找不到任何考古发掘资料。至于说阿旃陀石窟，经过阅读前人论著，发现作为后学我要与欧美同行站在同一起跑线上，无法发挥我的汉文文献优势。最后，经与宿先生商量并征得印度导师同意，选择以塔庙窟为中心做中印两国石窟寺的比较研究。

1998 年，北京大学经历了百年校庆，宿先生彼时心情相当愉悦。校庆后，先生曾写过一幅字："中国佛学对外来佛典的阐述不断有创造性的发挥，形成中国独有的理论体系。中国佛教艺术同样发展出符合自己民族精神特色的各种形象，需要我们进一步清理分析和深入探讨。"（插图）实际上，宿先生在书写时并没有"分析"二字，等到赠予我时，先生觉得还应加上分析，最后以铅笔补入。这幅训条一直指导我此后的佛教考古工作，尤其是关于中印佛教艺术的比较研究。也是校庆后某一天，晚上我向先生请教完后陪他沿未名湖边小道散步，走了一圈之后，先生说：再走一圈吧。我们边走边聊，后来谈到了二陈（陈寅恪、陈垣）。先生说百年树人，不太容易再出现二陈了。我当时年轻，就说：像您这样的考古学家是断前的，能否绝后难说，但恐怕百年之内不会再有。稍停片刻，先生突然说了一句："你以后写文章、发表东西要谨慎，别忘了你是我的学生！"

　　2001 年 6 月 18 至 24 日和 12 月 22 至 25 日，我在半年内两次陪同宿先生前往南京栖霞山石窟考察。其中，6 月 18 日在北京到南京的飞机上，先生对我说：这次去南京，主要是帮助他们做栖霞山千佛崖考古报告，我们自己不写东西。他向南京市文物局等单位的同仁说：我们这次来，就是帮助大家尽快完成栖霞山千佛崖的正规记录并整理出考古报告。先生向人介绍时，说我是他的助手，这既让我受宠若惊，也使我惶恐不安。为了这部报告，我代表先生十年间赴南京栖霞山十几次，迄今没有专门写过栖霞山石窟的文章，尽管考古记录和报告中的不少内容都是我先口述、当地同行记录完成，所有千佛崖窟龛的测绘图也都经过我修改。

　　2004 年 9 月，为了实施龙门石窟擂鼓台区考古报告的组织，宿先生率领我们赴龙门石窟，按照他规划的课程全面培训"石窟寺考古报告培训班"学员。他不仅具体讲解石窟寺考古报告工作的各项程序和必须严格遵循的学术规范及原则，而且特别强调："档案工作是国家文物局对国保单位的基本要求，因为它既是本单位其他工作的基础，也是保护本单位重要文物的一种手段，它是为物质文化特别是地上遗迹残损或破坏后复原提供翔实资料，但目前还没有哪个单位能够真正完成全面系统的档案工作。石窟寺是地面上的、重要的古代文化遗迹，是中国历史考古重要遗迹的一部分，因此石窟档案和考古报告都应当按照档案的内容和考古的要求来编写。龙门石窟成为世界文化遗产后，其首要的、最基础的学术工作应当从石窟寺档案做起，然后在此基础上进行洞窟考古报告的编写。"

　　宿先生要求：我带领龙门石窟年轻的考古人员做测绘、文字、影像和墨拓记录，在此基础上整理出龙门石窟东山擂鼓台区窟龛考古报告；我们不参与报告的具体执笔，但要做现场指导、核查和后期的修改工作。2006 年 4 月 18 日，我为此再次陪同已经 84 岁高龄的先生到现场考察，宿先生对前期所做测绘和文字记录都做了具体指导。最后说：他第一次来龙门石窟是 1952 年，这可能是最后一次到龙门了。

　　"龙门石窟擂鼓台区考古报告"的负责人是宿先生，但因先生年事已高，我受命代先生在现场做实际工作，或者说是作为先生助手参与实施，尽管我深知自己并不称职。宿先生一直说佛教考古是操作性的，实习很重要。2008 年 8 月 20 日，先生再次对我说：搞石窟寺考古是操作性的，佛教考古主要是田野工作，做考古学的全面记录不是坐在家里就能完成的；石窟寺考古报告，也不是什么人都可以做的。关于龙门石窟擂鼓台区考古报告的体例，我们在仔细研读日本水野清一和长广敏雄共著《云冈石窟》考古调查报告的基础上，经与宿先生商量，最后决定按照一般考古报告的体例编写，不仿效日本学者那种正义与图版说明分开的编排方式，因为龙门石窟擂鼓台区窟龛较云冈石窟要简单得多。为此，我与文物出版社蔡敏先拟出擂鼓台区窟龛考古报告的编写大纲，经项目组成员充分讨论并由先生修改后执行。2009 年 3 月 23 日，宿先生看了擂鼓台区考古报告草稿后再次强调：《云冈石窟》的编排方法，对云冈石窟合适，对别的石窟群不一定合适。他还说：假如就是这三座洞窟，我们可以帮助龙门石窟研究人员大改，甚至我们可以代他们重写，但我们是教员，教员的成果是学生，我们要培养人才。遗憾的是，宿先生晚年倾注大量心血的《龙门石窟考古报告：东山擂鼓台区》，由于各种人为干扰先生没能亲眼目睹其最后印行面世。这是永远的遗憾！

作为杰出的考古教育家，宿季庚先生留给世人的不仅是其丰富的学术成果，更重要的是在历史考古学界，包括佛教考古领域培植的严谨学风和以身作则、昭示后学的高尚师德，他是"以德立身、以身立教的楷模，传道授业、为人师表的典范。"

三　至善的智者

作为中国历史考古学的奠基人，宿季庚先生以其深厚的考古学与文史哲功底，将本学科与其他边缘学科融会贯通、纵横驰骋，不断开拓学术研究的新领域，"是中国历史时期考古学学科体系的开创者和大成者。他以一己之力，拓展了历史时期考古的多个领域，举凡城市、墓葬、手工业、宗教遗存、古代建筑、中外交流以及版本目录等，先生均有开创或拓展之功，后学得以循径拾阶而入。"具体说来，"先生开辟城市考古新局面"，"确立墓葬考古新范式"，"将手工业遗存置于考古学体系之中"，"创立宗教考古，对佛教寺院和石窟寺倾力尤多"。"先生最早将古代建筑纳入考古学领域"，"在中外文明交流研究领域成果卓著"；"先生深谙古代文献，精通版本、目录"。"先生一生勤于著述，慎于刊布。正式出版的《白沙宋墓》《中国石窟寺研究》《藏传佛教寺院考古》《唐宋时期的雕版印刷》《魏晋南北朝唐宋考古文稿缉丛》等著作，无一不是发凡创制的鸿篇巨著。"宿先生的许多论著，都曾荣膺国内外大奖，如《中国石窟寺研究》先后获美国史密森学院和日本大都会远东艺术研究中心颁发的"岛田著作奖"（1997 年）、北京市第五届哲学社会科学优秀成果特等奖"（1998 年）和国家社会科学基金项目优秀成果一等奖（1999 年，在十一项获奖专著类中，只有宿先生此书为个人所著，其余十项皆为集体完成），《藏传佛教寺院考古》荣获北京市第六届哲学社会科学优秀成果一等奖（2000 年），《唐宋时期的雕版印刷》更于 2001 年摘取国家图书奖桂冠。

现以《中国石窟寺研究》为中心，简述宿季庚先生在佛教考古学科的卓越贡献。《中国石窟寺研究》1996 年出版后，在学术界产生了极大影响，成为国内外研究中国佛教考古和佛教艺术的必读之作。

1997 年 9 月 26 日下午，令世界艺术史界瞩目的第三届"岛田奖"颁奖仪式在美国首都华盛顿弗利尔艺术馆 (Freer Gallery of Art) 举行。该奖项，是美国史密森学院 (Smithsonian Institution) 所属弗利尔艺术馆和赛克勒艺术馆 (Arthur M. Sackler Gallery) 与日本京都大都会远东艺术研究中心 (Metropolitan Centre for Far Eastern Art Studies，Kyoto) 为纪念已故的普林斯顿大学 (Princeton University) 教授岛田修二郎于 1992 年设立的，每两年举办一次，目的是奖励那些在此间出版的用任何语言文字撰写的有关东亚艺术史研究的杰出著作。"岛田著作奖"，是国际学术界在东亚艺术史研究领域中设立的一项大奖。这是中国学者首获此奖，值得庆贺，令人欣慰！我们认为：宿白教授获此殊荣，既是国际学术界对其学术贡献所给予的极大荣誉，也是国际学术界对其创立的石窟寺考古学理论和方法的充分肯定与赞同。正如弗利尔艺术馆前任馆长、著名东方美术史学家罗覃（Thomas Lawton）博士所强调的那样："本书既使用了全新的材料，又提供了新的研究理论和方法"，"表达了作者对中国美术史宝贵而深刻的洞察"。

我国的石窟寺研究，最初是从注意和搜集石窟的题记开始的。至 20 世纪 40 年代前期，研究工作才进入到实地踏查阶段，但都偏重于艺术方面的研究，使用传统的美术史研究方法，只注意个别龛像样式的考察、画塑题材的考证、艺术风格的演变以及雕塑或绘画技法的发展。对石窟寺及其内容的考察只注意其表面，无法重视其内部联系，不能掌握较全面的资料。国外学者自 19 世纪末叶以来对中国石窟寺的研究状况，也大体如此。

作为佛教考古学的一部分，石窟寺考古学的兴起，是 20 世纪 50 年代的事情，是从调查云冈石窟窟檐遗迹开始的。宿先生当时所注意的这项工作，对中国石窟寺考古学的创立起到了决定性的作用。"1962 年他在敦煌文物研究所所做的《敦煌七讲》的学术报告，从理论上和方法上为中国石窟考古学奠定了基础"（徐苹芳语）。宿先生认为：石窟寺考古首先要探讨排年、分期和性质。因此，既要仔细考察窟龛形制、布局、分组和画塑形象的题材、组合及造型特征，又要重视各种有关的文献记载和历史背景的研究。要注意石窟寺创建与重修历史的恢复。在石窟外面要留意崖面遗迹、窟前木构和窟前地面的发掘；在石窟内部着重层次与标型。而做好这一工作的前提，首先要求做好石窟寺遗迹的全面记录（包括文字、测绘、照片和墨拓等），在此基础上进行分期排年，然后再开展进一步的研究工作。

以云冈石窟的研究为例，抗战期间，日本水野清一和长广敏雄等人利用特殊的历史背景在云冈石窟做了一系列考察，但所做工作大多偏重艺术史方面的研究。20 世纪 50 年代前半出版的水野清一、长广敏雄共著《雲岡石窟：西曆五世紀における中國北部佛教窟院の考古學的調查報告》[2] 在国际学术界颇具影响，应该代表了彼时研究云冈石窟的最高水平。虽然这部书中的"序章"还有一定的参考价值，但他们在云冈石窟的分期次第、云冈石窟的渊源、云冈石窟的历史、云冈石窟的影响、类型的对比和文献学等方面都有许多明显的不足。

1947年，宿先生从赵斐云先生整理李盛铎旧藏时，从缪荃荪抄《永乐大典·顺大府》七中，发现引自《析津志》的《大金西京武州山重修大石窟寺碑》录文。20世纪50年代初以来，宿先生又对云冈石窟进行了多次实地考察。1951年3月，宿先生完成《〈大金西京武州山重修大石窟寺碑〉校注》初稿，太先生向觉明为此特别加上副标题"新发现的大同云冈石窟寺历史材料的初步整理"，后改订发表在1956年第1期《北京大学学报·人文科学》。此碑文对云冈石窟的分期断代及相关问题的探讨具有极为重要的学术价值。1976年，为辅导北京大学学生参观云冈石窟，宿先生编写了《云冈石窟分期》，后正式发表于《考古学报》1978年第1期，名作《云冈石窟分期试论》。宿先生通过对历史上云冈石窟的寺院设置及沿革、洞窟的整体布局和分期的深入研究，进而对云冈石窟的分期、排年做了调整，由此引发了与日本长广敏雄教授的一场讨论。

1980年7月，长广敏雄先生在《東方學》第六十辑发表了《宿白氏の雲岡石窟分期論を駁す》，认为：研究中国石窟寺的方法，第一，应该从石窟构造与佛像及其他一切雕像、彩画的样式出发；第二，弄清造像题记；第三，参考可靠的历史资料、文献；第四，参照研究史。在这四项中，他反复强调：最重要的是第一项"样式论"。长广敏雄最后明确地说：议论的根本是雕刻论，即高低、深浅的立体问题，那是基于视觉和触觉的艺术。

宿先生在《北京大学学报（哲学社会科学版）》1982年第2期发表了《〈大金西京武州山重修大石窟寺碑〉的发现与研究：与日本长广敏雄教授讨论有关云冈石窟的某些问题》，认为：作为历史考古学研究对象的云冈雕刻，无论"样式论""雕刻论"如何重要，但要排比它们的年代和解释它们的变化，却有赖于第二、第三项。考虑石窟问题，总是以第二、三两项来探索、解释第一项的。而第四项即前人研究成果。前人研究成果当然要吸收，但每当新资料被发现后，必然要对以前的研究进行复查，这应是学术前进的共同道路。其实，就是仅就原有的资料，提出另外的看法，也是学术研究中经常出现的事情。

实际上，长广先生与宿先生关于云冈石窟分期之论争，是一场有关中国石窟寺研究方法的大辩论。这是云冈石窟研究史上的一段佳话。尽管这场论争似乎还没有完全结束，如日本吉村怜1990年11月在《國華》第1140号发表的《論雲岡石窟的编年：批評宿白、長廣學說》，不过长广先生后来写到："从文献学角度出发，宿白教授的推论当无误，因而分期论也是符合逻辑的。作为'宿白说'，我现在承认这种分期论。"这从另一方面证实宿先生所创立的石窟寺考古学的科学性。

宿先生认为：虽然石窟寺考古有其共有的宗教特征，但由于各区域经济状况、文化传统和生活习俗上的差异，石窟寺也同其他考古材料一样，呈现出明显的地方特征，如古龟兹地区的石窟寺，它的发生、发展既不同于葱岭以西的中亚和南亚地区，也有别于敦煌以东的内地。而龟兹佛教文化中以大型立佛为中心的大像窟，对葱岭以西和新疆以东的影响，则要比其他窟龛形式和画塑的影响更为重要。此外，宿先生对克孜尔石窟洞窟类型和洞窟组合关系的研究，是他对龟兹石窟研究的另一重要贡献。5世纪前半期凉州一带的窟龛造像，大约是自敦煌以东最早形成的重要佛教遗迹。它可能是承袭了魏晋以来洛阳及其以西的佛教传统，并结合新疆于阗和龟兹两地区的影响而出现的。而5世纪后半迄6世纪初北魏平城（今大同）开凿的武州山石窟寺（云冈石窟），虽然受到早于它的凉州的影响，但在窟龛形制、造像组合及形象特征等方面，都有自己的特点，并呈现出一系列发展趋势。这种趋势，是与北魏汉化的不断深入相关联的。而它直接的借鉴，可能是当时平城兴建的具有越来越多中原和南方因素的地面佛寺。平城，是北魏的政治、经济和文化中心。武州山石窟寺的创新，即平城模式，很快便成为北魏境内各地开窟造像所仿效的典型。北魏迁洛后，洛阳附近出现的石窟寺大都可视作武州山石窟寺工程的继续。而洛阳地区石窟寺稍后出现的一些新因素，可能源于在形象造型和装饰上更多受到南方影响的洛都地面佛寺。敦煌莫高窟虽邻近新疆，但现存的窟龛造像，更与武州山石窟寺和洛阳地区的北朝石窟接近，这大约与北魏当时逐渐强化对敦煌的控制有关。而敦煌那里保存的诸多古代遗迹，尤其是辉煌的艺术巨制，主要应转手于当时东方的某些政治、经济和文化中心。江南栖霞山和石城龛像，既表现了它们与中原更早一个阶段的联系，也反映出它们对北朝佛教龛像的影响。13世纪末叶以降，随着藏传佛教的东布，藏式龛像亦出现于内地。杭州飞来峰和吴山的遗迹，是我们了解萨迦派所奉尊像的重要实物。而莫高、榆林两处的藏传密迹，又是探索唐密和藏密及其相互关系的极为难得的形象材料。

《文物》1998年第2期刊发徐苹芳长篇书评《中国石窟寺考古学的创建历程——读宿白先生〈中国石窟寺研究〉》。徐苹芳认为：《中国石窟寺研究》，"记录了中国历史考古学的一个分支——中国石窟寺考古学的创建历程，是当代中国考古学研究中的一项丰硕学术成果，也是近年中国考古学的重要著作。""我写这篇文章便是要从阐明这部学术著作的意义上来做些评论，因为，它关系到中国历史考古学研究的目的和方法，是中国考古学上的大事。""以宿白先生为代表的中国历史考古学家所创立的中国石窟寺考古学已经建立。"

藏传佛教遗迹，历来是藏学研究中的薄弱环节。1996年出版的《藏传佛教寺院考古》，受到了国内外学界的高度评价，代表了20世纪90年代藏传佛教寺院研究的最高水平，堪称藏传佛教考古的里程碑。在开拓这个新领域的过程中，宿先生既注意掌握丰富的第一手资料，又能把中国传统的考据手段和西方近现代较先进的考古学方法结合起来，在方法论上进行了成功而有益的探索；在藏传佛教寺院制度、造像的配置与组合、古代建筑的分期、中国西藏本土同内地及其与印度和尼泊尔佛教之关系、历史上各教派之兴衰等问题上都取得了重要突破。罗炤在《文物》1998年第7期发表的《西藏历史考古学的奠基之作——读宿白先生〈藏传佛教寺院考古〉》写到："宿白先生在西藏历史考古学领域中的筚路蓝缕之功，值得钦佩和讴歌，他献身于中国考古事业的忠诚与奋勉，更让人崇教。"2000年，沈卫荣《评宿白〈藏传佛教寺院考古〉》刊发于王尧主编的《贤者新宴》，他认为："宿先生既重实地考古发现，也重文献资料，对每个古建筑遗址，都力求在文献资料中找到佐证，令地下之实物与纸上之遗文互相释证。""读宿先生之文，则不仅发现他治学之方法紧循王国维先生之轨则，可谓神理相接，一脉相承。""不但常读不厌，而且每读必有新的收获。""宿先生奉献给学界的这部《藏传佛教寺院考古》，依然是迄今为止惟一的一部全面讨论藏传佛教寺院建筑的研究著作。"

在梳理了佛教石窟寺和藏传佛教寺院遗迹的基础上，宿先生在 20 世纪 90 年代末又敏锐地把视角触及到了内地的地面佛寺遗址，对东汉迄唐佛教寺院的布局和等级制度做了系统研究。宿先生原拟撰写《汉地佛寺布局的演变》专著。其中，第一章内容就是《东汉魏晋南北朝佛寺布局初探》，第二章是《隋代佛寺布局》，后来又陆续发表了《试论唐代长安佛教寺院的等级问题》和《唐代长安以外佛教寺院的布局与等级初稿》。不过，五代以后的佛教寺院布局和等级制度因各种缘故没有最后整理完成。《魏晋南北朝唐宋考古文稿辑丛》所收上述四篇文章，应是汉地佛教寺院考古的开山之作，不仅在佛教考古研究中有着重大的学术价值，而且对中国乃至东亚地区地面佛寺遗址的考古调查与发掘也具有重要的指导意义。

从宿先生的佛教考古研究，可见其"博通古今，学贯中西"，"通透历史文化的复杂性和中国考古学的独特性，（系）治学之道的践行者和垂范者。"苏哲曾用《礼记》中"博学而不穷，笃学而不倦"来评价宿先生近七十年的学术实践，而借用陈寅恪《王静安先生遗书序》"其著作可以转移一时之风气，而示来者以轨则也"来评价宿先生的中国佛教考古学论著，应该也是恰如其分的。

注　释

[1] 《魏书·释老志》《魏书》一百一十四《释老志》，中华书局，1974 年，第 3035 页。
[2] 水野清一、長廣敏雄：《雲岡石窟：西暦五世紀における中國北部佛教窟院の考古學的調查報告（16 卷）》，京都大学人文科学研究所，1951—1956 年；《雲岡石窟續補：第十八洞實測圖：西暦五世紀における中國北部の佛教窟院》，實測、制圖水野清一、田中重雄，解說日比野丈夫，京都大学人文科学研究所，1975 年。

宿白先生与藏传佛教考古

霍　巍（四川大学考古文博学院）

宿白先生是我国著名考古学家，在他逝世一周年纪念的时候，我想写下早就想写的这些文字，来追思宿白先生二三事。

我虽然对于宿白先生早已闻名并久仰，也在好几次会议上拜见过他，但真正和他近距离接触的机会并不多。那一年中国考古学会在成都召开年会，会议结束后，时任国家文物局局长张文彬先生、考古处长宋新潮先生等一行人陪同宿先生一道参观四川大学博物馆，我以四川大学博物馆馆长的身份接待他老人家，算是第一次和宿白先生有了一段面对面的交往。那天，在川大博物馆的参观他看得很尽兴，尤其是在民俗学、民族学、道教考古、古代文房四宝这些平时搞考古的人并不是太看重的展厅里面，他看的时间最长，问的问题也最多。一开始我还是有些紧张，毕竟是和德高望重的中国考古学的泰斗级大师相处，生怕自己接待不周或是忙中出错。过了一阵子，发现老先生虽然平时给人的印象是严谨威严，不苟言笑，但真正时间长一些，才感觉他其实待人很平和，慈眉善眼，轻言细语，娓娓道来，一边观赏文物，一边提问或者发表意见，并没有想象中"大家"的架子。参观结束以后，在会客厅里落座，川大的校、院领导以及张勋燎、宋治民、马继贤几位川大的老先生和贵宾们会见座谈。更多的情节我记不得太多了，但宿白先生在这时讲的一段话，却让我至今记忆很深刻。他对大家说："我早听说川大博物馆与众不同，看来的确如此。博物馆嘛，不能只收藏和展出一些考古的东西，那只能叫考古标本室。博物馆贵在一个'博'字，要让大家看到社会生活的方方面面。比如说今天在川大博物馆里面看到的这些古纸，平时好多都收藏在宫廷里面，老百姓很难看到，最多是在明清小说里面读到过这些古纸的名字，今天算是眼见为实了……"在临别之际他还问我说："我知道川大图书馆收藏了不少的善本书，你能不能帮我找一份他们编的善本书目？"好在我平时对川大图书馆古籍部还算是熟悉，后来很快找到了两份当时还是油印本的藏书目录，一份是川大图书馆所藏的善本书目录，一份是馆里收藏的珍稀方志目录寄给了先生。这次接触和交流的时间虽然很短，但是给我留下的印象却非常深刻，让我看到了一位真正的学者所关注的问题和开阔的眼界，尤其是他对博物馆的理解，更是让我终身难以忘却，算是听先生现身说法上了一堂生动的博物馆课。可惜这次参观来得很突然，事前没有进行充分的准备，博物馆的照相机因为质量太差临时又出了问题，整个过程竟然没有留下来一张先生和其他贵宾们的照片作为纪念，让人很是遗憾和内疚。好在手头还保存有一段缺头无尾的不知道谁用家用录像机录制下来的当时的参观片断，可供时时追忆。

在那之后，由于从事西藏考古的缘故，我和宿白先生有了更多的交流，我时常将在西藏所获取的田野调查新发现向他汇报和请教，他也会将他的一些意见及时地回复给我。举例来说，他在写作《阿里地区札达县境的寺院遗迹——〈古格王国建筑遗址〉和〈古格故城〉中部分寺院的有关资料读后》一文时[1]，就曾经利用到我寄给他的由我参加编写的《阿里地区文物志》。他在此文文末的补白中写到：

此文初稿抄竟，接四川大学霍巍同志寄来西藏文管会编辑的《阿里地区文物志》（西藏人民出版社，1993年），书中第四章古建筑目下列有札达县托林寺和噶尔县札西岗寺。两寺资料可补充《古格王国建筑遗址》和《古格故城》两书，并应辑录于本文者有：1.托林寺平面布局示意图（《阿里地区文物志》P.121，图14），本文前面图6-2即据此图摹绘。2.托林寺朗巴朗则拉康平面图（《阿里地区文物志》，P.123，图42），此图较《古格王国建筑遗址》测图为详。本文前面图6-3因改摹该图。3.托林寺杜康殿平面图（《阿里地区文物志》P.124，图43），此图为《故城》附录一《札达县现存的几处古格王国时期的遗址寺院》托林寺杜康条文字记录的重要补充。[2]

利用这些新出的资料，宿白先生对原有资料中"托林寺杜康条"的文字记录作了补充和考释，也对我执笔写成的"噶尔县札西岗寺"作了更进一步的分析考证：

根据报道的情况，试作初步考虑：[一]达格章和赫米寺俱不详，但札石岗寺（霍按：即《阿里文物志》中所记的"札西岗寺"）殿堂布局确与托林寺朗巴朗则拉康中心部分的设计相似，环绕整个殿堂的礼拜道的安排，也确是早期殿堂的特征；此种殿堂在卫藏地区最迟不晚于14世纪，如考虑札石岗寺原系拉达克系统，结合"公元15世纪初叶和中叶，拉达克王札巴德和次旺朗杰曾先后两次派人测绘此殿（托林寺朗巴朗则拉康），按照其独特的模式，在拉达克兴建寺庙和佛殿的事迹，札石岗寺殿堂的时间或许较14世纪略迟。[二]殿堂内部南北各一小仓库的位置，原应是左右（南北）两佛堂；正（西）佛堂原来是否是护法殿亦有可疑。[三]殿堂外最外围的一周濠沟内的夯土防护墙以及防护墙附设的防御建置，大约出自1686年西藏噶厦修建札石岗寺时；盖1683年与拉达克议和后，西藏噶厦为了保卫西部边界所增设者。[四]早期壁画已无，但是否尚存晚期壁画竟无一字描述，实为憾事；估计如有晚期壁画也很可能是1686年以来的制作。[3]

在我读到宿白先生发表的这篇文章时，正是进入西藏高原进行田野考古调查开始不久的阶段，它如同一场及时雨，让我从中收获了不少新知，也得到了很多教诲。首先，作为一名严谨的考古学者，应当像先生一样，哪怕是文章已经是"初稿抄竟"，也要根据新出资料加以补充或者修正，绝不能在做学问上有半点懒惰懈怠之心。其次，在研究方法上，对于藏传佛教寺院如何在掌握考古学的基础资料之上加以观察、分析、比较，最后得出年代学和历史背景的认识，也受到一次耳提面命式的指导。尤其是宿白先生文中提到的第四条，是关于札西岗寺壁画的，我在调查此寺时，的确一心一意就想要寻找到早期的壁画痕迹，而完全忽略了对于晚期壁画保存情况的观察和记录，只是在调查记录中简单的写道"殿内门道朝东，南北各有一小仓库，西侧设有一依怙殿（护法神殿），但已无早期壁画遗迹"[4]。所以当先生在文中批评道："早期壁画已无，但是否尚存晚期壁画竟无一字描述，实为憾事"时，真是感到面红耳赤，十分羞愧。我也从此吸取教训，深刻认识到，考古工作最为需要的是科学精神，而不是个人兴趣，哪怕考古所获资料与自己的研究兴趣毫无关系，但也必须客观、忠实、全面地加以记录，而不能以个人好恶任加取舍。打那以后，在西藏进行田野考古调查和室内整理时，我不仅对于佛教遗存的调查和记录尽可能更为详细、全面，就是对于于我而言完全属于门外汉的西藏旧石器、细石器遗存，我也会虚心地向我的老搭档李永宪学习请教，学会观察什么叫石核、台面、什么是打击点，什么是锥疤，还跟着李永宪一笔一划地学着绘制各种石器图。后来发表在西藏文物志和考古简报上的很多石器图，有不少都是由我和永宪共同起草图、再由他最后定稿完成的。

随着在西藏工作的不断深入开展，对宿白先生在藏传佛教遗存研究领域、尤其是在佛教寺院研究领域的学术贡献，我有了更为深刻的体会，他的《藏传佛教寺院考古》这部专著，也成为指导我们在西藏开展田野调查和研究工作理论与方法上最好的范本，每次到西藏，我和我的学生们必须带上这部书随时阅读、体味。作为中国历史时期考古学的一代宗师，宿白先生的学术贡献是多方面的。在藏传佛教考古方面，他的贡献也同样是非常重要的。以我浅薄的认识来看，可举出以下几个方面：

其一，是他首创了将考古学类型学的方法具体运用到藏传佛教寺院考古当中，对西藏现存佛寺及其遗址成功地进行了分期研究，从而形成国内外学术界第一次关于西藏佛寺分期的系统性意见。虽然对于西藏佛教寺院的研究长期以来曾是国际学术界关注的一个重点领域，不少西方学者如意大利人图齐（G.Tucci）、维大利（Roberto Vitali）等人都曾进行过一些实地调查并发表有较高水平的论著，但总体而言，他们的研究主要还是一些个案，对某一座佛寺或者某一地区的佛寺进行过较为细致的观察分析，但却缺乏从宏观层面总体性的观察和总结，难以找出其中发展的脉络，探寻其发展的规律性。宿白先生经过长期的实地考察和经年摸索，从 1988 年到 1994 年，通过对西藏各地五十四处寺庙、八十九座建筑进行排比、分析，"断断续续写了六个年头"，终于总结出西藏佛教寺院的发展线索，完成了《西藏寺庙建筑分期试论》一文，在文中提出了考古学的分期意见："试将约从 7 世纪起，迄于 19 世纪的西藏寺庙殿堂大致分了五期，第五期又分了前后段"[5]。这是迄今为止所见最为详尽的西藏佛寺分期、分段，为藏传佛教寺院的考古年代学（包括断代、排年、分期、分段等）奠定了坚实的基础。这个贡献，我认为和宿白先生创立的将考古学的类型学、地层学引入到佛教石窟研究，从而形成具有中国特色的佛教石窟寺考古的理论和方法，具有同等重要的理论意义和实践价值。如同罗炤先生评价所言：这一成果"第一次严肃地对待和解决了西藏寺院的建筑分期问题，进而为一切相关领域的研究的探索，提供了年代学方面的依据和参照的标尺"，因而堪称为"西藏历史考古学的奠基之作"[6]。

其二，在具体运作方式和研究方法上，宿白先生独具慧眼，从错综复杂、早晚交错的寺院殿堂中，寻找到最具有时代变化特点的主要殿堂佛殿的平面布局，和木构建筑当中柱头托木——"替木"下曲缘线条的变化发展，作为考古学分期的主要观察点和切入点，这不能不令人深感佩服。另一方面，与宿白先生以往对石窟寺研究所采取的方法一样，他充分发挥了历史时期考古学最大的优长之处，即是有大量文献史料可资参考的特点，将各期寺院在类型学上的发展变化及其原因，都结合相关文献材料作出尽可能科学、可信的解释，置其于具体的西藏宗教、历史背景和发展逻辑之中加以考察。在《藏传佛教寺院考古》这部著作中，他几乎将现在传世并经过整理、翻译的主要藏文文献悉数加以了利用，经过"沙海沥金"式的精读和淘选，从诸多充满西藏后弘期佛教"教法史"书写特点的宗派史著当中，将笼罩着层层迷雾的神话、传说的历史信息加以剥离，最后和考古材料融为一炉、合为一体，建构起科学的学术体系。这种理论和方法上的创新，具有重要的开创性意义，对于后来包括我在内的众多研究者都起到了很好的指导、示范作用，这些理论和方法至今仍为学术界所沿用。

其三，在研究对象上，宿白先生的研究视野极为广泛，除了藏传佛教寺院之外，对于寺中所藏的文书、经卷、法器等也多有寓目，留下了许多具有很高学术价值的论著。就以收入这部著作中的《拉萨布达拉宫主要殿堂和库藏部分明代文书》为例，其写作背景先生在文中有过说明：1957年7月，他作为中央文化部西藏文物工作调查组成员第一次进藏时，曾在布达拉宫工作过五天，1988年8月，差不多时隔三十年之后，他又在布达拉宫停留了半天，仅仅在五天半左右的时间里，他便考察了布达拉宫中的颇章噶布（白宫）和宫中的库藏文物。我不知道当时在高原缺氧的环境下，先生有高原反应吗？按照我多年来的感受，进藏前三天，"高反"通常来说是难以避免的。但是，先生很可能是顶着高原上的"高反"带来的身体不适，在极其短暂的时间内完成了他所预定的考察任务，并且为后续的研究工作做好了充分准备。

宿白先生对布达拉宫收藏的元、明、清三代文书均有关注，重点对其中记录较为完备的明代文书十二件录出了原文（全书抄录）。这十二件明代文书涉及明代治理西藏的若干重大历史事件，尤其是明永乐年间明王朝颁给藏传佛教噶玛噶举派黑帽系第五世噶玛巴得银协巴（在《明实录》《明史》中作"哈立麻"）的诏书、大明皇帝致大宝法王书等文书，都有关大宝法王得银协巴（哈里麻）与明代中央的关系问题。对于文书中所记载的郑和下西洋到了"僧伽罗国古之师子国"迎佛牙、激战锡兰山等史实,宿白先生联系费信《星槎胜览》、陆容《菽园杂记》等文献再作考订,从而得出结论:"致书记永乐十一年皇帝遣侯显致所铸佛像和此书与大宝法王者,或即以其亲历锡兰之役,可备大宝法王之咨询。此大宝法王即前文所记之得银协巴。永乐四年(1406年)得银协巴来京,亦侯显奉命往征者"[7],为明代中央与西藏地方关系史研究又添新说,其学术功力的深厚和观察视野的开阔,也由此可见一斑。据西藏后弘期成书的《贤者喜宴》记载,大宝法王得协银巴应当是收到了这件致书,并由此知晓了明成祖铸造金佛像的原因,以及郑和下西洋获取佛牙的故事[8],成为明代中央通过汉藏佛教文化友好交流从宗教上施以"教化",来达成有效治理西藏地区的一个例证。

其四,宿白先生对藏传佛教考古的研究,绝不局限在西藏局部地区,而是将其置于更为广阔的国际视野之下加以考察,充分考虑到中国西藏与中亚、南亚等地区不同时代发生的文化交流与联系,从不将西藏地区与外部世界封闭隔离起来。这方面先生的代表作,可举其对拉萨大昭寺内早期遗存的研究为例。虽然文献记载大昭寺是始建于唐代吐蕃时期的一座古寺,但对其不同时期的建筑过去并没有进行系统、科学的考古学断代、编年工作。宿白先生通过对大昭寺在平、立面布局和建筑装饰方面的观察,发现其时代特征,着手对其进行了编年分期[9]。对于其中年代最早的第一阶段建筑——大昭寺中心佛殿的第一、二两层,宿白先生敏锐地观察到,它们的平面布局在西藏佛寺中仅见,也和内地佛寺不同,而与其极为类似的是印度佛寺建筑中的毗诃罗(汉译为"僧房院")。他进一步明确地提出:"和大招寺(霍按:即大昭寺,下同)中心佛殿最接近的是位于北印度巴特耶(Patna)县巴罗贡(Baragaon)村的那烂陀寺僧房遗址",并引唐代高僧玄奘《大唐西域记》、义净《大唐大慈恩寺三藏法师传》等文献加以印证,为大昭寺研究别开生面,也为大昭寺作为唐代吐蕃时期的古寺找到了充分的证据。

另外,宿白先生还注意到大昭寺内收藏的一件银壶,先后三次著文对其进行过深入、细致的研究[10]。经过与域外金银器器形、纹饰风格等多方比对之后,先生对此件被称为大昭寺内"镇馆之宝"的鎏金银壶的来源、传入西藏可能的路径以及历史文化背景等,均做出了具有远见卓识的学术推论:

(此器)多曲圆形口缘和其下作立体禽兽首状的细颈壶,为7至10世纪波斯和粟特地区流行的器物,颈上饰羊首的带柄细颈壶曾见于新疆吐鲁番回鹘时期的壁画中。西亚传统纹饰中的四瓣毯纹尤为萨珊金银器所喜用。人物形象、服饰更具中亚、西亚一带之特色。因可估计此银壶约是7—9世纪阿姆河流域南迄呼罗珊以西地区所制作。其传入拉萨,或经今新疆、青海区域,或由克什米尔、阿里一线。如是后者,颇疑来自古格的亚泽王室;传来大招的时间不早于14世纪,因为14—15世纪正是亚泽王自日乌梅至布涅梅皆向大招寺佛像作重要布施时期。[11]

许多年过去之后，虽然国内外学术界对于这件银壶的研究又有了不少新的进展，但基本的格局和眼界都未能超越当年宿白先生做出的工作，其深远的学术意义影响至久。

令我十分感动的是，当年先生此文的第一稿发表之后，便给我寄来了刊载此文的论文集，随书还附了一封先生的亲笔信（十分遗憾的是，这封如此珍贵的手札后来因为陋室几经搬迁，竟然不知所终！）信中先生明确告诉我说，文中因为排印的原因错误太多，尽管他已经尽其可能进行了修订，但也许还会存有漏改之处。他希望在将来有机会再刊时重新进行修正。在先生赠送给我的这本论文集中，他的这篇论文里面多处留下了他亲笔进行修改、增补过的红色笔迹，有的甚至是大段大段的补遗（图：留有宿白先生亲笔修改痕迹的论文）。我将这本书一直珍藏在身边，置之座右，每每看到先生那细密、秀挺的笔迹，一位一生追求卓著、追求科学与真理，严于律己、诲人不倦的学者崇高的形象，便会浮现在我眼前，警醒我自律，激励我奋进。

谨以此小文，来缅怀敬爱的宿白先生对于我国西藏考古、藏传佛教考古事业所做出的开创性的贡献，也藉此来寄托我对先生不尽的哀思！

注　释

［1］宿白：《藏传佛教寺院考古》，文物出版社，1996年，第151—182页。
［2］宿白：《藏传佛教寺院考古》，文物出版社，1996年，第175页。
［3］宿白：《藏传佛教寺院考古》，文物出版社，1996年，第177页。
［4］索朗旺堆主编：《阿里地区文物志》，西藏人民出版社，1993年，第128页。
［5］宿白：《藏传佛教寺院考古》，文物出版社，1996年，第177页。
［6］罗炤：《西藏历史考古学的奠基之作——读宿白先生〈藏传佛教寺院考古〉》，《文物》1998年第7期。
［7］宿白：《藏传佛教寺院考古》，文物出版社，1996年，第212—214页。
［8］巴卧·祖拉陈瓦著、周润年译注：《贤者喜宴·噶玛岗仓史》，青海人民出版社，2016年，第209页。
［9］见宿白《西藏拉萨地区佛寺调查记》一文。
［10］关于这件银壶的研究首见于宿白：《拉萨地区佛寺调查记》，收入王永兴编《纪念陈寅恪先生百年诞辰学术论文集》，江西教育出版社，1994年，第182—236页。因文中编辑错误甚多，后经宿白先生修订之后收入《藏传佛教寺院考古》论文集，改题为《西藏拉萨地区佛寺调查记》；其后又以《西藏发现的两件有关古代中外文化交流的文物》为题，收入《十世纪前的丝绸之路和东西文化交流》，世界文化出版社，1996年；最后又以《三记拉萨大昭寺藏鎏金银壶》为题增补了大量新的数据，收入《魏晋南北朝唐宋考古义稿辑丛》，文物出版社，2011年，第206—208页。
［11］宿白：《西藏拉萨地区佛寺调查记》，第10—11页。

宿白先生与须弥山石窟调查

罗丰（西北大学文化遗产学院）　李志荣（浙江大学艺术与考古学院）

一

第一本须弥山石窟的报告书要出版了，在我们终于松了一口气的时候，自然而然地又想起了宿白先生。

须弥山报告的整理出版，与其说是宿白先生长久的心愿，还不如说是宿白先生一个长长的心病，现在可以算得上是还了一个许下先生很久的愿，虽然先生已无法目睹。宿白先生从 1984 年起至 2000 年曾四次前往须弥山石窟考察，其中时间最长的 1986、1987 两个年度，每年在须弥山的时间都长达一月之久，须弥山也是先生石窟考古生涯中浸注心血最多的一个石窟之一。

2001 年的春天，记得是在一个灰蒙蒙的上午，笔者之一罗丰去北京大学朗润园宿府拜访宿白先生。那时我刚担任宁夏文物考古研究所所长不久，宿先生虽对我能否胜任人事关系复杂的单位工作仍表示担忧，但还是对宁夏在考古方面的几项工作提供了方向性的指导，其中也说到了须弥山石窟报告的整理编写。我顺口向宿先生表达了想法，北京大学考古系既然曾经调查过须弥山圆光寺，能否重新启动编写工作。宿先生见我随口说来，并非成熟考虑，就谈到他所担心的事：北大原来的须弥山圆光寺调查，是受宁夏文管会的委托而开展的，现在由考古所接手，有无障碍？他知道，过去两个单位之间并不和谐。我马上表态，宁夏文管会已经撤销，由我们接手并无不妥，请先生放心，宁夏方面我会协调一致。"如果这样，你可去找马世长商量，先把图找来，再核对原来的调查记录，然后再说报告编写的事情。"并叮咛说马世长身体不好，事又多，你多催着点。随后我找到拄着拐杖、拖着病身但情绪高涨的马世长先生。听我转达宿先生的想法后，马老师十分高兴，说由你们接手当然好呀，这件事终于又可以启动了！接着他委托陈悦新来具体操办。陈悦新曾经参加过 20 世纪 80 年代的须弥山调查（本报告说的第二次考古调查），在宁夏工作多年之后，当时刚入北大随马世长读博士学位。

不久，消息传来，结果令人失望，图丢了。原来北大考古系几次搬家，须弥山调查时绘制的大部分图纸不知所踪，同时遗失的还有一些文字记录。马世长听说后，几次对我说，遗失是不可能的，再找找。当然没有下文。每当宿先生问我和马世长商议的结果，我只能王顾左右而言他。有一次在北大勺园开会我向马老师建议，要不要一起去向宿先生说明情况，马老师满脸为难地说："还是由你说比较方便，宿先生也不好说你。"看来这个恶人只好由我来做了。听说图没了，宿先生非常吃惊，又详细询问了寻找过程，说那以后须弥山的报告就成问题了。接着又说了很长的一段话，简要大意是，石窟调查主要是调查者要仔细地看，一切观察的结果都要落在图上，图纸是石窟报告整理的基础，也是成果，调查记录只是图纸的补充和辅助。为了不使宿先生失望，我信心满满地向宿先生保证，会补绘缺图，重新组织力量调查。宿先生摇摇头，满脸狐疑，失望和不信任挂在脸上："那就试试看吧。"

从此以后的数年间，我们在国家文物局的支持下重启调查，却又累起累仆，困难迭起，进展缓慢。宿先生对重新调查每每用警惕的目光注视，几番反复之后不被宿先生看好的调查活动几成僵局，我也有些丧气了。

调查工作陷入僵局的原因主要有两个，一是缺少石窟专业人员主持，二是石窟测量绘图的结果大家都不满意。时间拖了很久，所谓的石窟测量调查也时断时续地进行着，仍没有拿出一张大家满意的测图，人员却换了好几拨。2010年情况终于出现了转机，这一年原浙江文物考古研究所所长曹锦炎先生受命组建浙江大学文化遗产研究院。一次会上偶遇谈及有无机会合作，我借机向他讲述须弥山调查的情况，曹所长称他们正在尝试利用数字化技术进行一些测量活动，俩人一拍即合，决定联合调查须弥山石窟。曹所长并称北京大学李志荣很快加盟浙江大学，可以请她来负责这一项目。

接着我在北京向宿先生汇报我们与浙江大学的合作意向，宿先生说由浙大方面李志荣负责须弥山调查是可以的，她虽然没有做过石窟，但完全可以胜任，只要协调好与原有宁夏方面人员关系。得到宿先生的支持，我心里稍有些底，我们的须弥山调查测绘一向不被宿先生看好认可。李志荣和浙江大学数字化团队很快来到须弥山石窟，在初步数字信息化采集工作之后，大家都觉得这样的办法虽然还在摸索之中，但无疑是可行的。在调查工作团队的组建中，我们充分考虑了既往工作的沿续性，也邀请相关专家一起工作。同年五月，我再次向宿先生报告了准备情况及调查人员的构成，宿先生表示，这样看来工作可以开展了，并明确告诉我，须弥山石窟的调查工作就由李志荣主持吧，其他人有时间就去，调查就是要有人一直盯在现场，随时解决出现的问题，并批评道你们以前那样不行。

随即我们两家签署须弥山石窟联合调查协议，并请宿白先生担任总顾问，宿先生欣然接受了我们的邀请，调查工作终于可以开始了。宿先生听了须弥山石窟初号考察的收获，非常高兴，随即我们一起商定考古组织的基本架构和设想。他看过在须弥山试验数字化技术的成果，觉得能够利用这一技术解决须弥山石窟测量问题，只简单地说，"那就抓紧干吧！"

二

宿白先生关注须弥山石窟实际是他推动中国石窟寺考古调查的一个组成部分，他用相当多的时间来思考中国佛教考古的问题，尤其是石窟寺调查的具体方法，许多重要石窟的考古调查工作都是在先生的亲自指导下进行的，也是他学术生涯中不可或缺的一环。

如果我们希望正确地评价宿白先生对中国石窟寺考古的贡献，那么将其放在20世纪中国石窟寺调查的长河中去认识的话，大约应该是一个不错的角度。在宿白先生的学术生涯中，佛教考古是他研究的重点之一，除藏传佛教考古外，他花费了很大的功夫来研究、推动中国石窟寺考古的调查、研究工作。在宿白先生进行的一系列开创性工作中，他的每一部著作几乎都标志着佛教考古学科一个新的起点，我们都可以从中学习到许多东西，如提出问题的角度、解决难题的方法和可靠而不被注意的材料信息等等。他会轻而易举地抓住问题的本质进行讨论，与长广敏雄的论战完全突显了他的这种才能。几十年后的今天，这些著作仍然是学术领域中的经典著述，《中国石窟寺研究》《藏传佛教寺院考古》乃至著名的《敦煌七讲》都是这样的著作。

云冈石窟是宿白先生研究石窟寺考古的开始，关注云冈石窟可以推及到1947年。那时他在整理北京大学图书馆所藏的善本书籍过程中，意外地发现清代金石学家缪荃孙传抄的《永乐大典》天字韵《顺天府》条中引了元人《析津志》。《析津志》中有一篇《大金西京武州山重修大石窟寺碑记》。缪荃孙所抄《金碑》虽系近录但却是孤本，因为他所抄录的这册《永乐大典》在庚子事变中已不知所踪。后来宿先生依据这篇碑文所记的云冈十寺，来研究云冈石窟中寺院的历史。他采用注释的体例，谨慎地推测了其中五个寺院的位置。后来在与日本著名考古学家长广敏雄的辩论中，详尽地论述了这篇《金碑》史料上的可靠性，以及一些刻铭、文献在研究石窟寺考古时的重要性和使用原则，特别强调石窟附近的一些寺院建筑遗迹的延续和继承性。

实际上宿白先生从1950年参加雁北文物考察团到过云冈石窟后，多次前往云冈石窟进行调查，他的多篇有关云冈石窟的论文就是实地考古调查的心得。在此基础上他提出了著名的"云冈模式"这一石窟考古上的重要概念。宿白先生从魏道武帝占据平城以后的百年历史事实出发，指出云冈石窟实际上是北魏王朝集中各地优秀人才、财富、技术的产物。云冈石窟的三个阶段都与当时崇佛思想、南北交流、宗佛思潮密不可分。迁洛以后，云冈的大型石窟营造中辍，大批中小型洞窟盛行，是皇家势力撤出后由留平、复来贵族充分利用平城旧有技艺的结果。它的式样与洛阳地区石窟联系甚密，杂染华风是必然。云冈石窟影响范围之广、延续时间之长，是其他任何石窟所不能比拟的。北魏领域内的任何石窟建造都是参考了云冈石窟新兴的营造模式或以此为典范。

敦煌莫高窟是宿白先生关注的另外一个重点。大约从20世纪60年代初开始，宿先生在敦煌文物研究所讲述著名的敦煌学七讲，学生们根据他的讲课记录，整理了《敦煌七讲》。

在这次系列讲座中宿白先生主要从中国石窟寺研究的历史出发，系统地梳理了石窟寺考古研究中的若干问题。他的这些思考虽然大都见于后来发表的若干文章当中，但其中若干关于石窟寺考古具体调查方法和需要解决的问题，现在仍然值得我们领会思考。

中国境内最早进行石窟寺考古调查的是外国探险家，斯坦因、勒柯克、伯希和等人在新疆、河西的调查报告书是学术界了解克孜尔、敦煌石窟的基础。内地佛教遗址考古调查最早在 20 世纪初年，日本学者在这方面用功最多，尤其是抗日战争期间，日本军队占据华北地区后，他们对云冈、龙门、响堂山石窟进行了大规模的调查和详尽的勘测，并且很快出版了考古报告。1936 年，长广敏雄、水野清一等调查龙门石窟，1941 年出版《河南洛阳龙门石窟之研究》；1936 年调查响堂山石窟，次年《河北磁县河南武安响堂山石窟》就出版。当然，长广、水野用力最多的是云冈石窟，调查时间几乎伴随着整个抗日战争，报告的整理时间更长，从 1952 年开始到 1956 年出版《云冈石窟：西历五世纪中国北部佛教石窟寺院的考古调查报告》，共十六卷三十二册。至于一些云冈石窟零星发掘品的整理，更是要晚至 2006 年，才由冈村秀典整理出版（冈村秀典编《雲岡石窟·遗物篇》，朋友书店，2006 年）。这部考古报告是中国石窟寺报告中最重要的一部，也是宿白先生最重视的一部，多次向我们推荐这部报告。他曾指出这部书是石窟寺考古报告编写的一个蓝本；但同时也指出，长广敏雄和水野清一在编写过程中的一些分歧，他们的意见分别表现在各自主持的报告部分。报告的日文部分主要由长广敏雄主持编写，英文部分的主持人是水野清一。水野邀请国立博物馆的原田治郎进行翻译。翻译并未按日文一一对应，并请一位美国人 Peter.C.Swann 担任校对工作。所以水野花了大量时间向译者逐一叙述云冈石窟，水野对云冈石窟的看法主要体现在英文部分。宿白先生提醒在阅读英文部分时要注意这种差异。

宿先生对这些日本石窟报告的总体评价是：南北响堂山石窟报告因为时间太短，较为粗糙一些，龙门石窟相对从容要稍好一些，但问题很多。云冈石窟报告则更好，它可以看成是 20 世纪上半叶日本学术界对我国石窟研究的一个总结。不过在宿先生眼中，日本人关于佛教考古著述中最高水平的著作，是京都大学的《居庸关》。居庸关的过街三塔除去许多雕刻造像外，过街塔洞还铭刻许多其他文字，所以当时京都大学集中许多各方面的专家共同研究。历史方面有藤枝晃、日比野大夫，图像方面有高田修，梵文、藏文方面有长尾雅人，八思巴文、西夏文方面有西田龙雄，回鹘文方面有江实，陀罗尼文方面有利惇氏、梶山雄一等。这些人都是当时不二之人选，因此报告的总体水平要超过《云冈石窟》。当然这是由于居庸关材料的特殊性决定的，一般的石窟调查，《云冈石窟》仍具有重要的参考性，包括报告书的形式。

宿先生虽然觉得日本人石窟考古研究在推进中国石窟考古研究时有着非常重要的意义，但他早在 20 世纪 60 年代就指出其中的一些缺陷。例如他们的研究偏重于题材考证，无法了解题材的发展；一些现象只有一些不大肯定的推测，而无正确阐释。即使对内容的考察，也只能注意其表面现象，而无法重视其内部关系。另外，一个致命的缺陷是掌握的材料不够全面，像天梯山、麦积山、敦煌莫高窟这些重要的材料，他们都不了解，无法进行比较研究。虽然日本学者以善于网罗文献著称，宿先生却觉得他们在参考文献方面受到一些限制，像金代《武州山重修大石窟寺碑记》这样重要的文献，在长广敏雄看来有点儿来历不明，从而不被重视。还有他们对于禅宗、密宗的理解有点儿片面。因为这些问题的研究都与道德传统、生活习惯、习俗等有密切关联，而不能仅用自身的理解去研究，他们在这方面也有困难，无法深入。

石窟寺考古是宿白先生长期思考的历史考古学问题之一，尤其是石窟寺的考古调查，这是石窟寺研究的基础。早在 20 世纪 60 年代，他在著名的《敦煌七讲》中专门用两讲的篇幅讲解了他的思考和方法。

宿白先生认为：石窟寺考古首先要探讨排年、分期和性质，然后才能进一步讨论它的社会性质。因此，注重窟室形制、布局、分组和形象各种题材组合与造像特征的调查记录是最重要的环节。考古学的基础是层位学和类型学，石窟寺的考古学记录，相当于考古学的层位学。石窟寺考古学的记录，不是一般性的调查记录，它所要达到的最高标准是在考古对象被破坏以后，可以根据调查记录，进行复原工作。这一点，对于石窟遗迹来讲，尤其重要，因为石窟的寿命不可能永久存在下去，它会一点一点的消失，最后全部损毁。阿富汗巴米扬石窟的被毁，完全突显了详尽考古调查工作的重要性。

正式的石窟考古学记录，是石窟寺的科学档案，共有六项工序，所有进行石窟调查工作的人员都应当掌握：

（一）测绘

完整的测绘图应当有：连续平、立面图，这便于我们了解被测窟在窟群中间的位置，也要注意窟外檐、栈道等遗迹平面图，要求与连续平、立面图相匹配，用不同高的线条表示高低。还应当注意已经消失的迹象，如幢幡架、燃灯架、栏杆等，当然造像等复杂遗迹更要重视，应该用方格基线剖面图，纵、横剖面都要有，最好能延至窟外，可以看出其与上下窟的关系，还要能表示出改建痕迹。各壁的立面和各壁画面的实测图，复杂的壁画要有细部原大白描图、窟顶图。窟前木构图，要分清原装和后装，注重材、契、分口、榫卯等古建筑的规格和方法。塑像实测图应包括正视、左右侧视、后视、俯视图等。衣纹、佛面、花纹及后塑部分都要有细部图。窟前遗址图。石窟解剖、轴线投影图，虽然原理简单，但实际操作起来麻烦，最好能有。

（二）尺寸登记表

这项工作应与测绘同时进行，与图相辅而行，彼此不可偏废。尤其要注意实测图中不易表现出的尺寸。

（三）照像草图和登记

照像的部位要画出草图，照片、草图都要记录。

（四）墨拓

墨拓最好由记录者制作。它的对象是石窟中的各种石刻、木刻、砖等。因墨拓的延伸关系，注重其神。

（五）文字、卡片记录

以上述各种图为单位制作单位大卡片。卡片描述必须客观准确，不作任何考证，必要时可以作附注。

（六）简单小结卡片

各种图表、卡片记录完之后，要由负责人作简单小结卡片，检查各种记录、图表之间相互交换关系，内容必须统一，不能有矛盾。小结时要有图表总目录，图表要进行统一编号。

宿白先生指出在整个石窟考古中最为重要的是造像的测量，而造像的测量不仅要注意造像的现状，还要从造像制度方面考虑问题。造像的经典都来自一定的佛教规制图样，几次大的佛教传入，主要是根据图样。虽然我们现在在《大藏经》中找不到一本造像经典，但历代工匠肯定是依照经典尺寸来造像的。一些佛经如《阿娑缚抄》《觉禅抄》《别尊杂记》和《画像要集》等密宗经典都提到过造像的尺寸、颜色、布局。他特别注意到一部名为《造像度量经》的藏文经。这部关于造像的经典最早由元人幢吉祥从梵文译成藏文，大约在明代中期出现汉译本，现在的汉译本是由精通藏文的蒙古族人工布查布在清乾隆年间译出。《造像度量经》中有一些图样，并且根据经文对佛的坐立、佛面、菩萨、佛母、天王进行比例分析。例如头与身的比例，面部各部位的比例，坐与立的比例，佛与菩萨的比例等。虽然这些比例关系并不一定完全符合诸多石窟造像尺寸，但对于我们理解造像比例关系规律、为我们研究藏传佛教的形象、仪式提供帮助，也是通过唐密图样的桥梁。

宿白先生关于石窟考古调查的思想是全面的，方法具体而详尽，即使过去五十多年，由于技术的进步，一些过于艰困的测量已经变得相对简单。但是宿白先生所要求的具体操作方法、关注问题仍具有现实指导意义，或者说我们仍然没有达到宿先生所要求的水准。

在宿白先生的晚年，他在不同的场合，依然强调这些原则，并加以发挥。当一些技术尝试性地运用到石窟调查之中，宿白先生总是给予热情的鼓励和支持。他提醒调查时要注重人员的结构，强调考古学者如何主导调查方向，而不至于成为技术的附庸。

三

整个须弥山石窟考古调查活动完全是在宿先生的指导下进行的，遇到问题及时向宿白先生请教。

大约是在 2011 年 10 月份，初查须弥山回到杭州后不久，李志荣接到宿先生电话，希望去一趟北京，一是要听 9 月在须弥山初察数字化三维建模技术，在须弥山石窟第 45 窟前壁西龛进行数字化测量实验的结果，再者是要求到北大考古系资料室借出日本人的云冈报告，好好念一遍。

2012 年 4 月须弥山石窟第三次考古调查正式开始。这次工作与此前石窟寺考古的最大区别，就是计算机数字化测量记录技术的引进和应用。因此，这次工作可以定义为是一次在数字化技术介入条件之下的石窟寺考古实践，甚至可以说是尝试。须弥山石窟考古工作从团队组织和具体环节，都是在宿白先生亲自指导之下对石窟寺考古方法论在新条件下的实践和探索。

团队的组织。地面遗迹的田野调查，除了不发掘之外，工作与田野考古无异，同样需要对遗迹的全面细致的观察，从整体到局部的测量，对观察和测量遗迹的全面的文字记录，以及对观察和测量并文字记录的遗迹的全面的摄影记录，做到尽可能全面地把遗迹信息多方位地记录下来、呈现出来。宿先生在龙门讲话中，对测图记录一项，讲述得最为详尽，可见对测图的重视。石窟寺遗址除历史地理诸环境因素外，还有窟外遗迹、窟前遗迹和窟内遗迹，极为复杂。依照宿先生的要求和徐先生的标准，需有专业的考古工作者率专业的考古测量工作者、专业的考古摄影师、专业的数字化工程师无分别地全面观察和记录。须弥山石窟团队，就是由宁夏考古所和浙江大学文化遗产研究院联合组成的一个由专业考古工作者、专业摄影师、专业测量工作者和专业数字化工作者组成的团队。

整理石窟寺研究史。宿先生教导说，梳理研究史，对考古工作而言，最重要的是为了更好地了解遗迹得以成为今天现状的来龙去脉。从某种程度上说，梳理历史文献也是这个道理。因此，一切与遗迹面貌有关的行为，不论是学术调查、研究还是加诸考古遗址上的其他行为——对石窟寺而言，当然还包括石窟寺的保护整修等等——都应当纳入研究史。本次工作，除梳理方志文献外，梳理了自须弥山石窟被发现以来历次的著录和调查，特别专门梳理了 1983 年以来大规模的须弥山整修工程。这次整修工程不仅改变了须弥山的整体面貌，顺着修整工程的"功业"逆流而上逐项"剔除"，正好可以复原整修工程前须弥山石窟的面貌。而两次大规模的调查，对须弥山石窟群进行了科学编号和分区，公布了包括题记和图版在内的资料，记录保存了 20 世纪 80 年代中期洞窟内外遗迹的实况，对认识今天的遗迹面貌、两次调查的学术贡献和整修工程中抢救保护遗迹的时代贡献，意义非凡。研究史的梳理使本次工作建立在扎实的基础之上，并保持了与前人工作的延续性。中国现存的石窟寺大都不仅经过几代学者若干次的调查研究，而且也几乎都经过 1949 年以来若干次修缮和加固保护工程，宿先生强调立足遗迹梳理研究史，当不仅仅适用于须弥山石窟。

整体布网测绘。现存的中国石窟寺，和须弥山石窟一样，均为自然历史环境独特、区划复杂、洞窟众多的石窟群，如何进行可持续的考古工作，到目前为止尚是一个令从事石窟寺考古的机构感到困难的问题。幸而目前测量技术进步使这个问题的解决成为可能。用在大遗址考古中普遍使用的带 RTK 的全站仪首先对石窟群连同其选址环境进行布网测绘，不论后续具体实施的详细考古调查从石窟群的哪个区哪个窟开始，都会归宗于窟群整体。这是现代测量技术给当前石窟寺考古工作带来的便利。须弥山石窟考古工作中，我们首先安排了整体布网测量，之后选择从须弥山石窟群的核心区段圆光寺区开始。目前须弥山子孙宫区全部和相国寺区第 51 窟及其附窟的田野工作都已经全部结束，局部的测量和整体布网测量之间实现了宏观和微观记录的统一。

石窟寺的数字化测量及测图。如前所述，石窟寺记录中首要而繁难的就是具体石窟寺洞窟内外的测量。数字化技术引入之前的传统测量，是借助工程测量三视图的方法，设立测量基点、基线，建立坐标系，然后借助各种传统的测量工具，测量遗迹在坐标中的位置，形成石窟寺的平面、立面、剖面图，理论上通过三视图，来复原石窟寺洞窟内外遗迹的三维空间和遗迹全貌。但由于石窟寺遗迹的复杂性，要做到精准测量极不容易，做到完全复原只是理想而已。数字化技术引进石窟寺考古中解决洞窟内外的测量问题，其过程与传统测量正好相反。具体的做法是，用多图像三维建模的方法，首先获得洞窟内外遗迹的三维空间模型，然后再从这个已经获得的三维模型中，根据考古记录呈现遗迹的需要，获得各种数字化的测量图——正射影像图。这样形成的正射影像图的每个点都是数字测量的结果，可以用作传统意义上测图的底图，清绘之后就成为可反映洞窟遗迹及遗迹关系的线图。令人感动的是，宿先生几乎是立刻就理解这种新技术能给石窟寺考古带来怎样的促进，只是不断督促说，线图绘制，那一定得做考古的人盯着，数字化工程师也好，清绘的人也好，不了解遗迹和遗迹关系，或理解不深，是画不出来的。我们谨遵教诲不敢放松，坚持与数字化测量同时工作，在现场完成石窟寺考古观察和记录，并不断地给数字化作业工程师讲解遗迹，让他们了解他们工作的对象以及目标。

然而以数字化测图为底清绘而成传统线图，并没有预想的容易。数字化记录的是遗迹包括质感、色彩、风化、残损等的全面信息，正射影像图因此就成了把遗迹和遗迹关系呈现得十分丰富繁复的底图，远超传统测量所得，给清绘带来了取舍难题。通过从数字测图到清绘成线图的全过程，事实上可见两种测图表达内容的差异，前者可以看作对遗迹全貌的客观记录，而线图——其功能已经不再是用以复原洞窟的空间信息——表达的更应该是考古工作者对遗迹的主观认识。数字化的底图使表现更多遗迹信息的更加细腻的线图成为可能。也正是在这样的过程中，进一步认识了数字化记录的优越性。最后我们坚持两种测图同时发表。

　　石窟寺遗迹的文字记录。无需多言，和任何考古工作一样，考古记录需在现场面对遗址遗迹不断地深入观察的基础上进行。宿先生关于这一点最多的教导就是，使劲看，看明白。看不明白也就不可能记录明白。而石窟寺遗迹包括选址营凿的工程遗迹，如果有窟前寺院营建的话，还有地面寺院的营建遗迹，进入洞窟，则有洞窟形制、布局遗迹，还有造像遗迹，还包括在开凿洞窟过程中形成的工艺遗迹，还有石窟寺存续的漫长时间里不断的重装遗迹，如同传统考古地层学所示的不同文化层叠压一样，都需要不予人为轻重分别地全面记录。对于晚期遗迹，宿先生说，那当然要记录了！须弥山石窟的记录，虽不敢说确实看明白了，但却谨遵教诲，使劲看了，认真地记录了窟外窟内的遗迹、开凿的遗迹和晚期重装的遗迹，看见了洞窟营凿的匠心，看到了手工时代的雕凿技艺对遗迹形成的影响，看见了遗迹细部中充满的生动的变化，最重要的是，常被一笔而过的"晚期重装"，对于像须弥山石窟这样在晚期有过系统性重装的石窟寺，被详尽记录。正是透过晚期重装遗迹，开凿时期洞窟遗迹特别是造像遗迹才被"暴露"。事实上，不论开凿还是重装，都是人们为实现自己的信仰理想付出努力劳作倾尽心力的结果，不论早晚都不能稍有忽视。而正是须弥山案例，我们获得了历史时期保护修缮石窟寺文物的具体知识。也是在现场的观察记录中，我们同时草绘了全部图表，和洞窟形制、布局的手绘记录，重点的开凿和重装遗迹的草图记录，特别是标注出哪些遗迹需要专门图版，哪些地方需要用线图呈现，哪些地方必须用正射影响图呈现等等，客观上使考古记录成为统领其他各专业配合的核心。

　　数字化化技术和考古工作的融合。须弥山石窟考古引入数字化技术在石窟寺考古界当然不是第一次，但把数字化技术作为石窟寺考古记录的新方法的技术环节，而不仅仅是为实现传统石窟测量目标的辅助工具，确是第一次。如何使数字化技术真正成为考古记录的新帮手，提升石窟寺遗迹记录的成果质量，因此成为一个问题。在须弥山石窟的田野工作中，我们坚持"考古的立场"，也就是数字化技术的工作目标是为记录石窟寺的遗迹服务的，这项技术应当跟着石窟寺，或者说考古记录的要求改进和升级；我们坚持"考古的在场"，就是强调数字化田野作业过程中，考古工作者必须和他们一起工作，向数字化工程师解析不同方位、类型遗迹的内容，提出需要数字化技术进行工作的明确需求；同时坚持"考古的标准"，就是数字化技术的使用过程，甚至计算过程必须符合考古学"科学客观"的要求，保证其过程的科学性，杜绝人工干预和违背科学路径的任何虚假结果，其成果要达到"一旦石窟寺毁废，可以据记录重建的程度"的标准。

　　图版拍摄。洞窟测量记录的遗迹，表达的是遗迹客观的存在，反映的是石窟营凿者、重装者的思想和用一定工艺手法实施完成所呈现的客观结果的遗留，即使有了数字化技术可以记录遗迹的形色信息了，但我们观察、记录时与遗迹的交流和遗迹给予的启发和我们从中的认知获得，却是不可测量的，比如石窟群所在的壮美山河和雕凿遗存的微妙转折！因此图版拍摄，反映的就主要是测量无法完全反映的、观察者认为需要特别强调并希望能够同时呈现和表达的遗迹整体或细部，是考古工作者主观的角度和板眼所在，不可稍微轻易。不同类型的记录用不同的方法，从事者都应当是专业的。在须弥山石窟考古工作中，我们强调根据考古要求摄影的图版由专业摄影师完成，每一帧都应当是真正的摄影作品，构图、布光和画面符合专业摄影标准。我们先后拍摄两次，其中还得到文物出版社资深编辑蔡敏的专门指点。

报告的编写。须弥山考古报告编写过程中，我们把"原真呈现"遗迹本身确定为报告的目标，并以此为准安排章节，尽量做到文字、测图、图版均成系统，彼此相辅相成。这是我们对先生教诲的理解。报告结语，以遗迹为核心总结，也是宿先生在报告写作过程中反复强调的，"不要牵涉别的石窟的事，年代问题的讨论可放在最后一卷。"

其实，没有比记录客观事实更难的事了。从两次田野工作完成到报告最终付印，前后用了差不多八年时间，固然我们学力不强怠惰懒散，而编写石窟寺考古报告之难也确实非从事者难以体会。

行文至此，不禁怀念起并不久远的须弥山石窟考古调查事前事中到报告编写的那些永不复返的不短的岁月。那时候，宿先生精神尚好，关怀心切，我们在田野工作的每一天，都要向宿先生汇报，和先生保持着热线联系，听着先生兴奋的回应和针对新情况的指导教诲。在室内工作的每一阶段，差不多一个月就带着整理的文字，不断出来的图，奉在先生面前。先生只要一听到须弥山石窟考古的新发现和新进展，总是说"好！好！"发自内心的欣喜难以名状。先生家的墙上，一直贴着一幅须弥山壮美的全景照片，那是这次工作拍摄的先生心系的须弥山。直到先生辞世，照片都未从先生家的墙上摘下来过，成为先生最后岁月的背景。

从宿白先生第一次上须弥山的1984年算起，至今已经整整过去三十五年，须弥山报告的出版能稍慰我们对宿白先生深深的怀念。

本文是宁夏文物考古研究所、浙江大学文化遗产学院等编著《须弥山石窟考古报告》一书的序言。

宿白先生与北京大学陶瓷考古学科的建立

秦大树（北京大学考古文博学院）

陶瓷考古作为中国考古学学科体系中专门考古的一个研究方向，在北京大学已经开展了三十多年的时间。从 20 世纪 80 年代至今，北京大学考古文博学院主持、参与了众多陶瓷窑址的考古调查、发掘与研究工作，培养了大批活跃在学界和田野一线的考古工作者和研究者，成为全国在陶瓷考古研究领域最具声名的研究单位之一，也在北京大学考古文博学院考古学科的教学研究体系中居于重要的地位。回顾其从专业肇始到学科成熟的成长经历，宿白先生从发起创建这一学科方向，到这一领域的方法、理念的育成，都是当之无愧的创始人和引航人。

1985 年，北京大学考古学系开始为本科生开设"宋辽金元考古"课程，由徐苹芳先生主讲。同年，宿白先生开始招收"宋辽金元考古"方向的研究生，笔者成为这一方向的第一位研究生。在学科建设的过程中，时任考古学系主任的宿白先生开始考虑作为一个独立的学科方向，应该为研究生创造开展田野考古工作的机会，以获得进行学位论文研究的实际考古资料，这是当时北大考古系形成的研究生培养的传统定式。而基于学校以教学为主的特点，宿先生认为在宋元时期城市、墓葬、手工业三大主体内容中，前两者存在一定的困难，20 世纪 80 年代宋元时期的城市考古工作基本以都城和中心城市为主要研究对象，这样的城市考古常常需要数年乃至数十年的长时间、持续性的考古调查、发掘工作，并且需要强大的发掘队伍和充裕的资金支持，这是学校的教学实习所难以承担的；而墓葬的考古，则存在着太多的无法预知性和不确定性，很难在相对确定的时间开展主动性的考古发掘。根据这种情况，他认为学校比较适合于开展宋元时期的手工业考古的研究与实践。宿先生认为，作为手工业主要组成部分的"矿、窑、作坊登上考古舞台，在宋元时期可以初步系统化"，是值得大力开展的研究方向。在研究方法上，宿先生希望在古陶瓷研究中不仅要开展考古调查与发掘，还希望大力引入科技方法，特别是可以采用"实验考古学"的方法对古陶瓷进行研究，对传统工艺进行以复烧为基础的恢复研究，这种教学和研究思路在当时还是一种全新的尝试。因此，宿先生在清华大学化工系张子高先生的推荐下，聘请原任教于清华大学化工系的杨根老师到北大考古系教授科技考古课，后调他到北京大学考古学系工作，开展对古陶瓷的科技考古和实验考古学研究。1986 年，在宿先生的帮助下，杨根老师申请到了"七五"
期间社科基金重点项目"磁州
窑、吉州窑、建窑的比较研究"。
1986 年，考古学系外聘中国历
史博物馆李知宴老师讲授古代
陶瓷课程。为落实宋元考古的
实践活动从各方面开始布局和
做准备。为了配合课题的开展，
宿先生利用全国文物工作会在
石家庄召开的机会，亲自出面
与河北省文物研究所的老所长
郑绍宗先生和邯郸地区文管所
的马忠理先生三方会谈，在做

图一　宿白先生与参加观台窑发掘的北大同学合影
（左起：陈彦堂、宿白、王献本、姜林海、秦大树）

了一番努力后，落实了对河北磁县观台磁州窑遗址进行合作发掘的计划。

　　1987 年 3 至 7 月，北京大学考古学系、河北省文物研究所、邯郸地区文保所合作对
河北磁县观台窑址进行了发掘，由本人带领三名本科生在邯郸地区文保所马忠理老师的协
助下实施发掘（图一）。发掘中清理了 9 座烧瓷窑炉，1 座釉灰窑，1 座大型石碾槽等重
要遗迹，包括一座迄今为止保存最为完好的宋代馒头窑，出土了从五代末到元代多达十余
吨的丰富多彩的遗物，还对附近的观兵台窑址进行了调查，可谓是初战告捷。

　　宿先生两次前往工地指导发掘，当时交通不便，从邯郸前往观台要用一天的时间，
宿先生沿途都会对重要遗址进行考察，两次分别考察了磁县东魏北齐王陵区和响堂山石窟
（图二）。每次都在工地停留一周到 10 天的时间，与我们同住在租住的村民的小院里（图

图二　宿白先生第一次前往工地时考察磁县
兰陵王墓（左起：秦大树、权奎山、宿白、郑绍宗）

图三　宿白先生在考古队驻地与来访的邯郸地
区文保所人员合影（前排右起：宿白、杨根，后排右起：
齐东方、秦大树、马忠理、张圆、王立军、司机师傅）

三），睡行军床，吃工地的饭，在烛光中看我们的发掘记录，两次在工地上长时间的停留，使他有充分的时间与我们一起讨论窑址发掘的基本方法和操作规范（图四），两次分别与他同行的郑绍宗先生、杨根老师、权奎山老师和齐东方老师都参与了这些讨论，共同推进了窑址考古的方法论建设。

记得宿先生在工地上认真地检查了所有的遗迹图和部分发掘记录，并仔细对照了实际的遗迹（图五）。看到我绘制的遗迹图不够详细，便要求我全部重新绘制，宿先生说，当年王仲殊先生在青海挖汉墓，夏鼐先生就要求他画出墓葬的砖缝。为此，我又用了将近一个月的时间，将10座窑炉和其他遗迹重新绘制了一遍。宿先生的这个要求看似严苛，但实际上在这里宿先生是在强调两点。

第一，一个遗迹的线图，不仅是要让人看出遗迹的轮廓和构造，而是要详细到用绘出的遗迹线图配合照片可以复建这个遗迹的要求，要有详细的平面和多个剖面，要绘出每一块窑砖和砖缝；

第二，宿先生也是在贯彻一个理念，就是陶瓷窑址的考古发掘工作开展得比较晚，尽管在磁州窑开展发掘以前，已经在其他窑址开展过几次发掘工作，但在我们之前开展的窑址考古工作多数受到当时陶瓷研究学界跳不出收藏观念的影响，存在着挖宝的思想，发掘常常不按考古工作规范。因此宿先生要求我们在窑址发掘中完整地接受当时已经相当发达、规范的新石器时代考古、夏商周考古和秦汉考古的发掘方法和规范。把窑址发掘纳入严格规范的考古发掘规程当中。

重要的是，这次发掘由于坚持了严格的田野考古规程和方法，开始摸索和建立科学的窑址发掘方法。在发掘之前，大家对窑址的地层堆积情况是否适合新石器时代和商周时代遗址的发掘方法完全无法预知。说到窑址，人们常常想到的是定窑遗址上那些完全由窑业废弃物构成的瓷片堆（窑包），发掘之前大家设想瓷窑遗址可能会有大量无土、松散

图四　宿先生在工地指导同学

图五　宿白先生在发掘中清理的最完整的宋代馒头窑（Y3）中与齐东方、秦大树合影

的窑业废弃物堆积的情况，为此严文明先生建议我们采用跳方发掘的方法，这也是我们在窑址上第一批布设的探方的方法；宿先生则嘱我，如遇到单纯的窑业堆积可以采取当时旧石器时代考古所采用的 10 厘米一层分层编号，水平下挖的方法，布置 1×1 米小探方等发掘方案。而在实际发掘中，通过实践证明了按正常规格布方，按自然层下挖的方法是完全可以适应窑址发掘的；单纯的窑业堆积尽管有时很厚，但通常是短时间内形成的，不必采取 10 厘米下挖的方法；瓷窑遗址的地层堆积实际上是可辨别的，甚至常常是易于辨别的，这些认识为此后的窑址发掘奠定了基础。重要的是证明了在新石器时代考古和夏商周考古中已经行之有效的发掘方法是完全可以应用到窑址考古工作当中的。在随后的整理研究当中，从型式划分到器物描述，宿先生也都一再强调要破除琉璃厂的影响，严格贯彻考古学方法。比如在器物描述中，从琉璃厂流传下一套古玩商对器物描述的词汇，类似收口、撇口、弧腹、卧足等等，宿先生要求我们将前段考古描述陶器的语言使用在瓷器上，采用敛口、侈口、曲腹、隐圈足等考古学界都能看得懂的描述语言。这些细致入微的要求，其实是在让我们从点滴之中建立考古学的规范和理念。

观台窑址的发掘，为北京大学的陶瓷考古确立了按严格考古学方法和规范发掘瓷窑遗址的工作方法。这个传统在此后的发掘工作中得到了继承和发展。1998 年权奎山老师发掘寺龙口越窑遗址，这是北大第二次在南方地区发掘瓷窑遗址。经过 1992 至 1994 年在江西丰城洪州窑遗址发掘的经验，权老师对发现的细长的龙窑遗址按照探方法进行发掘，指出这应该是窑址发掘的原则，破除了以往一些学者提出的发现窑炉遗迹以后就"顺坡挑"的方法。实践证明，这样的发掘方法才能获得完整的遗迹现象和充分的遗物堆积。这些方法随后在全国的窑址考古工作中得到了广泛的应用。

宿先生在随后指导的宋元考古研究生中坚持安排参加窑址考古发掘的培养模式。1990年，宋元考古方向的第二位研究生李民举参加了由社科院考古研究所和福建省考古研究所联合开展的对福建建阳水吉镇建窑遗址的考古发掘。1992 年，李民举老师带领宋元方向的研究生江静慧发掘了四川江油青莲窑遗址。1992 至 1994 年，权奎山老师先后带领本系的李梅田、贺世伟等 4 名研究生和吉林大学的进修教师彭善国等连续 3 个年度对江西丰城洪州窑遗址进行考古调查与发掘。随后的宋元考古方向研究生金英美也参加了汝州严河店窑址的发掘。从 20 世纪 80 年代开始，窑址考古在宿先生的指导下，在之后的二十年间逐渐培育成了一种具有北京大学特色的教学方式，即在研究生教学中坚持以窑址发掘和出土资料整理的实习带动研究的方式，1993 年，邓宏文成为北京大学招收的第一位陶瓷考古方向的研究生，标志着陶瓷考古作为一个学科方向已经成熟，受到了学位委员会的认可。迄今北京大学毕业的宋元考古方向和陶瓷考古方向的研究生大部分都参加过以古窑址的发掘或整理为基本内容的田野考古实习。北京大学参与的窑址发掘、整理工作自 1987 年开始相沿不断，这也使北京大学考古文博学院成为全国学术研究机构中参与发掘古窑址最多的单位之一。直到宋元考古的发展使城市研究扩展到中小型的城市，从杨晔、杭侃开始，才渐次安排对城市遗址的调查工作和复原研究。

在陶瓷考古的发展过程中以及每个学者的研究中，经常会出现的偏差就是把主要的精力放在对瓷器本身的研究当中，混同于老派的古陶瓷研究者，失去了陶瓷考古的特点。这一点是宿先生最经常警示我们的问题。陶瓷考古最大的特点就是不仅把瓷器作为一类美术品和收藏品，而是将其作为一类手工业品来考察，考古工作所要研究的是其生产的过程、方式和管理体制，工艺的发展和进步，以及陶瓷生产兴衰背后所反映的社会经济，特别是地方经济的发展状况。

宿先生在北京大学考古系20世纪50年代末期编纂的教材《中国考古学》中主笔宋元考古部分，他提出宋代考古的一个特点，就是"在大量生产手工业品的基础上，出现了手工艺品"。宿先生的这个观点是在表明，这时期手工业品生产中工艺技术的发展和对美的追求，取得了辉煌的成就，这也使此后宋代的瓷器制品进入了收藏领域，成为了一种美术品。然而，作为考古学的一个学科方向，陶瓷考古所需要做的是将这些手工艺品回归到手工业生产当中，通过窑址发掘和其他考古资料探究其社会、经济背景和工艺发展进程，进而探讨瓷器生产背后的管理体制、贸易和区域交流。是比明代以来由于收藏形成的一套记录、鉴赏和鉴定古陶瓷的学问有着更加宏阔视野和研究目标的一个正式的学科方向，纳入历史时期断代考古的研究体系当中。宿先生多次批评过我和齐东方老师，认为我们过于钻研一类器物是视野"太窄"，也曾说：我是过分关注于"瓷器那个小东西"。多年以后，我才逐渐明白，先生所说的意思并非看不起对瓷器的研究，而是不能仅仅关注器物本身，应将其纳入宋元考古的框架中，作为手工业生产体系的一项内容，更多的关注作为社会经济发展变化中的制瓷手工业以及工艺的发展和技术的交流等问题。如此一来，陶瓷考古的研究内涵就变得非常宽泛，成为可以触类旁通的社会历史研究特别是经济史研究中的一个重要元素。

作为一种自然而然的结果，随着窑址考古工作的发展、普及和积累，制瓷手工业的研究也日益成为历史时期考古的重要组成部分，对复原和研究历史时期社会生活、管理体制、经济发展、工艺进步和运输交流等方面发挥了日益重要的作业，也逐步融入到城市、墓葬和贸易交流等专门考古当中，并逐渐具有了某种研究方法和工具的功能。

几十年来，陶瓷考古在方法上也有了很大的进步，特别是科技分析方法的引入，对陶瓷产地和时代的判断发挥着日益重要的作用。在这一点上，宿先生对在研究中采纳可靠证据，特别是科技分析证据的坚持也给我留下了深刻印象。我曾经跟宿先生请教是否可以通过对遗址里出土陶瓷器的产地判别来探讨一个遗址的联络地域或曰"腹地"，当时宿先生断然否定，认为要判断器物的来源应该依据成分分析的方法，而不能仅靠观察。而这在当时只能用湿法做成分分析的技术条件下，是很难做到的。对此我当时十分不以为然，觉得依靠对不同窑口的认知和经验的积累，根据观察应该足够判断器物的产地，心想类似龙泉窑这样的瓷器我还能认不出来吗？但是，在后来的实践当中，才认识到可靠证据的获得是不容马虎的。比如在 2010 至 2013 年间，北京大学考古队在肯尼亚做出土中国瓷器的调研，当时我们把一类比较粗制的青花瓷器判定为福建漳州窑的产品，但经过手持 X 荧光仪的测定，证明这些瓷片实际是景德镇产的粗制产品。又如，在海外会看到一些外表与龙泉窑十分相似的瓷片，但近年来的考古发掘发现，在广东大浦县余里窑产生的明代中期的青瓷，几乎与龙泉窑一样。在龙泉窑盛烧时期，南方从福建、广东到广西、云南等地都比较普遍的生产仿龙泉窑的青瓷器，对其产地的判断绝非易事。这深深的警示我们，仅靠观察或曰眼学的判断不可能做到不出错。如何将经验的运用和需要一定成本的科技分析方法相结合，找到有效、经济又可靠的判断方法，是我们应该进一步面对和思考的问题。进而，我们认识到，考古方法是古陶瓷研究的重要手段，但不是唯一手段，文理交叉、渗透的特点十分突出。宿先生在推动北京大学的陶瓷考古学建设科中，从开创之始就非常注意依托考古发掘资料开展科技考古研究，北大从事科技考古的老师参与了几乎每一项考古发掘的后续深入研究工作，也取得了许多令人瞩目的成果，申请了多项研究课题，在国内外重要刊物上发表论文数十篇。科技考古课程也成为陶瓷方向研究生培养的重要课程。

北京大学考古文博学院的陶瓷考古学科在宿先生的开创和引领下，从创始、发展到成熟，风雨前行三十年。它既承载着厚重的学科传统，也夕惕若厉，不断适时调整着教学方式，日渐成为一个成熟的学科方向，在教学上建立了完整的课程体系，在实践上参与了大量的发掘和整理工作，在研究上多次承担国内外重大课题，成果丰硕。

如今，走向成熟的陶瓷考古已成长为北京大学考古学科中颇具特色和研究优势的专业方向，在全国高校中首屈一指。这一欣欣向荣的发展局面，萃聚了宿先生及其他老一辈学者长期的关注指导和精心培育，离不开众多教师呕心沥血、不辞劳苦的艰辛努力，也融汇了大批年轻学子栉风沐雨、锐意进取的学术热情。未来，我们不会固步自封，而将不断前行，建立更完善的教学体系，不负宿先生所托所愿，培养更多的陶瓷考古人才，争取更多的成果。

行走中原：宿白先生与河南考古

田凯（河南省文物局）　陈彦堂（河南省文物局）

一　白沙宋墓：宿白先生的学术起点 与中国历史时期考古学经典的诞生

1950 年，自古以来作为国家粮仓的中原大地迎来了新政权诞生后第一个基本建设的高潮。在这个建设高潮中，位于中原腹地的许昌地区禹县（今许昌市下辖禹州市），则在颖河上游临近登封县（今登封市）的白沙镇附近，规划建设一个大型水库。这个名为白沙水库的大型水利枢纽工程 1951 年开始动工，1953 年开始蓄水，设计库容 2.95 亿立方米，水域面积达 985 平方公里，集防洪灌溉功能于一体，是新中国成立后建设的第一座大型水利设施。

白沙水库的兴建成为河南乃至新中国水利建设史上具有里程碑意义的大事件。但不在政府和学术界规划中的是，白沙水库也成就了一代考古宗师宿白先生的第一个学术高峰，更是奠基了中国历史时期考古学的殿堂，成就了中国历史时期考古学发掘报告的经典。因此，白沙水库，同样是河南乃至中国考古学的里程碑。

作为中央文物事业局派出的配合白沙水库建设的考古队成员，宿白先生在白沙水库的田野考古发掘，既是其个人田野生涯的早期点睛之笔，也是新中国配合基建田野考古发掘的初始阶段（图一）。在这样一种全然不曾面对过的基本建设和考古发掘的复杂环境下，宿白先生以他过人的睿智和丰厚的学术积淀，圆满地完成了在纷乱嘈杂的建设工地进行平静笃定的田野发掘工作——包括细致清理、仔细观摩、

图一　1951 年宿白先生去禹县白沙前在许昌专署

图二　一号墓后室西南壁壁画　　　　图三　一号墓前室西北隅铺作

认真摹绘和详实记录等等每一个至纤至悉的环节——毕竟，对于当时的水库建设者，无论是水利部高管和苏联专家，还是来自周边几个县自带干粮的民工，在水库工地发现三座有彩色壁画的古墓，都是一件极具神秘色彩和吸引力的事情。而对这三座墓葬所蕴含的考古学、建筑学和艺术史的所有信息进行最大限度地读取和记录，所需要的却是安静的（最好不被外界干扰的但实际上是做不到的）环境和沉静的心（图二、三）。

原河南省文物考古研究所研究员、著名考古学家贾峨先生，生前曾对20世纪80年代入职该所的年轻北大学生深情回忆说："宿白先生在白沙水库工地发掘期间，身着一袭长袍，安静沉稳，风度翩翩，绝对是大家风范"。

贾峨先生对宿先生的倾慕不仅仅来源于他风度翩翩的外在形象。此后，因着在文物出版社编辑部工作的经历，贾先生对宿先生深厚的学术功底由衷折服，尤其是捧读《白沙宋墓》之后。于是，白沙水库和白沙宋墓，锤炼了宿白先生田野考古的基本功底，练就了宿白先生作为新中国第一代考古学家的基本素质，也随之成就了中国历史时期考古学的经典：《白沙宋墓》田野考古发掘报告。

1957年由文物出版社出版的《白沙宋墓》，是宿白先生以一己之力编写完成的白沙水库田野考古的发掘报告。这既是宿白先生本人编写的第一部田野考古发掘报告，也是中国考古学此类报告的开山之作。正是通过这部报告的编写，宿白先生确立了发掘报告是田野考古最重要、最基础型研究的看法，并将这种观念贯穿到他此后的考古实践中。在社科基金项目的评审、对各省市和诸多后学的劝勉中，都能反映出宿白先生对考古报告重要性的看重。

在《白沙宋墓》报告中，宿白先生首先把自己所具有的墓葬发掘者与考古研究者做出了明确的身份界定，并据此做出了明确的分工：前者负责将发掘成果力求不带有个人主观色彩地详实介绍描摹出来，后者则旁征博引融会古今，把蕴含其中的信息，从历史学、建筑学、考古学、美术学以及民俗学等等诸多领域进行深入挖掘和解读，从而通过三座具有地方特征的墓葬，解读北宋时期中原北方地区的社会生活。在这个过程中，宿白先生所独创的这种考古报告编写体例，既避免了报告编写者对发掘材料的认知有意无意地影响读者和研究者的判断，也把他本人集田野发掘者、报告编写者和考古资料研究者于一身所具有的宏阔学术视野和深厚学术素养发挥得淋漓尽致。这部著作所达到的高度，迄今无出其右者。以至于将近七十年过去了，尚未出现继踵者。

《白沙宋墓》的这种不可复制性，使宿白先生立足于中原腹地的考古资料成就了他作为考古学家的第一个学术高峰，也开辟了中国考古学的一个崭新领域和一种全新的研究方法。

二　汉魏洛阳：宿白先生立足河南
对魏晋南北朝考古的发凡探微

宿白先生作为新中国第一代考古学家当中为数不多的从事历史时期考古学研究的学者，对中原大地上种类齐全、数量众多的历史时期考古遗存格外关注。其中最有代表性的事例，就是他对于汉魏洛阳城的研究，以及在此基础上对于河南文物考古事业的巨大推动。

20世纪50年代，宿白先生作为指导老师带领北大考古专业的学生发掘洛阳王湾遗址。期间，利用寓居科学院考古所洛阳工作站的便利，宿白先生对洛阳汉魏故城和隋唐城进行了艰苦细致的踏查和记录。在此基础上，他所撰写的《北魏洛阳城和北邙陵墓——鲜卑遗迹辑录之三》和《隋唐长安城和洛阳城》两篇论文，不仅把洛阳两处都城遗址的平面布局和文化内涵进行了具体的阐释，而且以宏阔的学术视野，从中国古代都城制度的形成与发展的角度，深度剖析其所具有的考古价值和历史地位。宿白先生在两篇论文中所提出的主要学术观点，迄今仍为中国乃至东亚地区古代城市研究者所宗奉。由此，由洛阳拓展至中原，进而影响到全国的考古学界，极大地推动了魏晋南北朝考古发掘和研究的深度与广度，把历史时期考古学的研究内涵和研究方法提升到了一个新的高度。

宿白先生把自己实地踏查的资料、与古代文献典籍的记载、考古勘探的结果三种信息进行了深度的融会与比对，在此基础上进行了深入的思索和考据，从而生发出对洛阳汉魏故城平面布局、营建程序、相互关系等一系列认识，进而结合都城设计者和营建者自身的民族身份和文化背景，探讨形成这种布局的历史渊源。比如，北魏孝文帝自平成（今山西大同）内迁而营建洛阳，这被视为鲜卑民族的汉化的一个重要标志，也是学术界的通识。但绝大多数研究者的认知和判断也仅止于此。宿白先生通过对考古资料尤其是汉魏洛阳城营建过程的考索，开宗明义地指出："这个汉化，并不是简单地恢复或摹拟汉魏制度，而是加入了新因素后的一次发展，这一点我们从洛阳考古资料，主要是从北魏洛阳郭城的设计和洛阳北邙北魏陵墓的布局的初步探讨中，得到某些认识"。由此可见，宿先生对古代都城的研究，既着眼于其发展过程一般规律性的探索，也注重其背后民族背景、信仰与习俗等非物质文化因素对古代城市建设的内在影响，从而更为准确更加深入地理解和诠释古代城市的各类文化遗存。在这一点上，宿白先生站在了20世纪古代城市研究的学术前沿。

不惟如此，宿先生对洛阳都城遗址的研究其实有着更为宏阔的历史视野。这篇《北魏洛阳和北邙陵墓——鲜卑遗迹辑录之三》实际是此前的《东北、内蒙古地区的鲜卑遗迹——鲜卑遗迹辑录之一》和《盛乐、平成一代的拓跋鲜卑—北魏遗迹——鲜卑遗迹辑录之二》是一个完整体系，反映出宿白先生宏观把握从鲜卑民族的发源地内蒙古嘎仙洞到定都平城再到迁都洛阳这一贯穿数百年的历史脉络，把鲜卑民族文化的发展形态和过程与几个重要的都城节点的考古成果予以融会贯通，从中提炼出北魏这一具有独特民族文化和独特发展历程的王朝在中国古代历史上所具有的重要地位，进而阐释其文化内涵。

同样地，这种宽广的学术视野也被深入地应用到宿先生对洛阳古城的个案研究中。如果说前述鲜卑遗迹辑录系列是宿先生对鲜卑遗迹空间分布的研究的话，那么从《北魏洛阳城和北邙陵墓——鲜卑遗迹辑录之三》再到此后的《隋唐长安城和洛阳城》，可以视作宿白先生把洛阳古代都城遗址从北魏到隋唐这一在中国历史上具有重要意义的时间段内纵向的剖析。这种剖析集中于一地一城，年代跨度达数百年，从时间刻度去识读古城的演进，探索期间的传承和发展，然后有进行横向的比对和分析，从而把对个案的剖析拓展出标尺的意义。

比如，宿先生在深入分析了汉魏洛阳城和隋唐洛阳城的考古遗存和文献典籍之后，首先指出其文化之源："汉魏时期……出现了不少和以前不甚相同的新的制度和习俗。这些新的制度和习俗，从考古遗迹方面观察，以汉族为主的各民族和逐步南迁的鲜卑民族在相互影响、融合的过程中所形成的内容，应是其中的重要来源之一"。然后，宿先生继续分析说："这个来源，至少在形式上还影响了其后的我国封建社会盛世隋唐的某些制度和习俗。"接着，宿白先生用洛阳地区古城的具体内容，阐述其间的传承关系。他说："北魏设计的洛阳郭城显然是隋创建大兴、洛阳两城的主要根据；北魏洛阳的里坊制度，甚至为隋唐新建的许多重要的地方城市所参考。残存原始葬制的北魏洛阳北邙陵墓的布局，看来也影响了唐代陵墓。李渊（高祖）献陵、李治（高宗）乾陵，特别是李世民（太宗）昭陵突出地集中了较多的陪陵墓，大约即渊源于此。至于洛阳北魏墓葬的形制、棺椁制度、以牛车为中心的武装俑群以及陶俑和壁画中所反映的各种衣冠服饰等，都为北魏以后迄初唐所沿袭，更是一般所习知"。

由此，洛阳古代都城遗址所具有的独特意义和示范效应就得以非常具体地显现出来。在此基础上与日本奈良平城京和藤原京的比较研究，就更加凸显了洛阳所代表的中原古代文化的辐射力。

宿先生这一系列的研究成果，既反映出他对考古资料的精准把握和深入判读，更反映出他作为中国历史时期考古学的引领者所扮演的无可绍替的角色。而河南的文物考古事业，尤其是洛阳古代都城遗址的考古，从中受益匪浅，几代河南考古人，至今仍在享用这份教泽。

三 龙门石窟：宿白先生对中原佛教遗迹的研究与中国佛教考古体系的构建

宿白先生被学术界公认为是中国佛教石窟寺考古的奠基人。《中国石窟寺研究》一书，是其佛教石窟寺考古研究成果的集中体现，被誉为"忠实地记录了中国石窟寺考古学的创建历程，是一部转移一时之风气，而示来者以轨则的著作"。而作为世界文化遗产和中国著名石窟的洛阳龙门，自然也是宿白先生从事石窟寺考古研究与教学的重要阵地。

早在20世纪60年代初，宿白先生就带领北京大学考古专业的学生深入龙门石窟进行考古调查。宿先生尝试把考古学的方法运用到中国古代石窟寺的研究领域，他以龙门石窟的唐代洞窟为突破口，首次对唐代洞窟进行了调查和分期，并对双窑进行了实测。这次尝试的结果时，两位追随宿先生的学生丁明夷和温玉成分别撰写出了《龙门石窟唐代造像的分期与类型》论文和《洛阳龙门双窑》报告。这是对龙门石窟考古调查的系统总结，被学术界认为是记录最完备、型式划分最准确、编年排比最可靠的石窟考古著作，受到一致好评。宿白先生的这一次学术探索一举成功，标志着中国石窟寺考古研究从此进入全新的阶段。丁明夷和温玉成两位也据此成名，日后成为中国石窟寺考古的大家。

此后，既着眼于龙门石窟自身的研究，又考虑到整个石窟寺考古体系的构建，宿白先生对龙门石窟的关注始终未曾稍有减弱。1985年，为了编写中国文物出版社和日本平凡社合作出版的《中国石窟·龙门石窟》，宿白先生又指导马世长等北大考古系师生来到龙门，对石窟寺进行了较为全面和详尽的测绘与记录，并重点对北魏和唐代的洞窟进行了实测，最终完成《龙门皇甫公窟》报告。这一系列基础性的工作，进一步实践着宿白先生关于石窟寺考古的方法论，取得了丰硕的成果。

在《中国石窟·龙门石窟》这部巨著中，宿白先生发表了他的《洛阳地区北朝石窟的初步探索》。他通过对这一特定研究对象的分析研究，把考古学的方法论示范性地运用到河南地区中西部北朝石窟的个案研究当中，体现出中国学者在这一学科领域所取得的研究成果和方法论革新，从而提升了中国学术界在这一领域内的地位和声望。

与此同时，宿白先生还特别注重将中国学者所取得的成就与国际同行进行沟通交流。在他的深度介入和具体关心下，1985年在龙门石窟举办了"魏晋南北朝佛教史及佛教艺术学术研讨会"，1993年举办了"龙门石窟1500周年暨龙门石窟研究所成立40周年国家学术研讨会"，2004年举办了的"龙门石窟研究院建院50周年国际学术研讨会"等一

图四　宿白先生为龙门石窟研究院50周年所写的贺信

系列石窟寺考古学术会议（图四）。宿白先生的这些努力，极大地推动了对龙门石窟的研究成果以及佛教石窟寺考古学科体系的建设。龙门石窟在这个过程中则成为一个非常醒目的标本。

宿白先生的晚年最为牵挂的学术课题是龙门石窟的考古报告。2004年，已是82岁高龄的宿白先生来到龙门石窟，专门为"石窟考古报告培训班"授课（图五）。在讲话的开始，宿先生就语重心长地说："石窟是地面上的、重要的古代文化遗迹，是中国历史考古重要遗迹的部分，因此石窟档案和考古报告都应当按照档案的内容和考古报告的要求来编写。龙门石窟成为世界文化遗产后其首要的、最基础的学术工作应当从石窟档案做起，然后在此基础上进行洞窟考古报告的编写。"接着，宿先生不厌其烦，就石窟考古报告的编写中要注意的问题娓娓道来，甚至详细到一些技术性的细节，他说：

做石窟档案和考古报告是我们的本职工作，对这样的工作的要求应当更认真、更负责；但这项工作却不是短期能够完成的，就龙门石窟而言，甚至也不是一代人能够完成的；

考古要分区、分期，龙门窟龛多且复杂，分区分期工作难度较大，需要的工作时间也较长，短时完成的只能是一部分。因此一些窟龛多的单位不愿做石窟报告；

真正要做洞窟报告，就要先了解和总结以前的类似或同类的工作，这样好有明确的立足点，要后来居上。

然后，宿先生从学术史的角度，把古今中外对龙门石窟的著录和研究进行了宏观梳理和评价，并从中总结出龙门石窟考古以后的工作重点。他对既往工作的评价非常具有个人色彩，但又让人不得不折服，比如，对龙门石窟研究所快速编印出版的《龙门石窟总录》，宿先生指出："这部大图录

图五　2004年，宿白先生和温玉成（左）等在龙门石窟

问题不少，甚至不为学术界认同，但毕
竟给以后同类工作欲速则不达的重要启
示。"

　　宿白先生对于龙门石窟考古报告的
编写深思熟虑，他根据自己的经验，结
合龙门石窟的工作现状，具体提出来六
项工作内容和两项建议。每一项内容和
每一条建议，都包含着宿白先生对龙门
石窟考古报告的热切期待和对中国石窟
寺考古殷切期望。而在由宿白先生指导
完成的《龙门石窟考古报告：东山擂鼓
台区》，则是具体实践着宿白先生这一学术思想的石窟寺考古成果。这是近代以来，由中
国人自己开展的科学、系统编写大型石窟寺考古报告的一次重要探索和实践，也是龙门石
窟研究史上第一部将考古发掘的窟前遗址和洞窟遗存相结合的石窟寺考古报告。该报告的
出版是中国石窟寺考古报告的突破，对国内其他石窟考古报告的编写具有重要的借鉴意义
（图六）。

图六　2010 年宿白先生在龙门石窟擂鼓台考古报
告修订会上

　　但让人万分遗憾的是，正在该报告即将付梓的时候，宿白先生驾鹤西去，这部著作，
也成为宿白先生学术生涯的终点，乃至绝响。

　　从青壮年时期在白沙水库的身影，到洛阳古城遗址探寻的脚步，再到晚年时期投向
龙窟石窟的睿智目光，宿白先生在河南的考古轨迹，既是他本人成就学识大家的历程，也
是河南文物考古事业和文化遗产保护研究事业发展成长的过程。这两个过程的重叠，凸显
出了宿白先生作为一代宗师对于河南的非凡意义。

永远的老师

——回忆向宿白先生亲历聆教的几件往事

王绵厚（辽宁省博物馆）

读到《中国文物报》2018 年 5 月 18 日专刊《永远的老师，永远的先生》——宿白先生追思录的诸公文稿，心中久久不能平静。三个月前的 2 月 1 日，惊悉宿白先生仙逝，我因颈椎和腰椎疾病行动不便，未能亲自赴京悼念。仅从网上由北京大学考古文博学院转送花圈和挽联一副："考古泰斗，桃李满天下；燕园耆宿，笔耕在红楼。"以聊表几十年间，曾多次亲聆先生教诲的一个家乡学子的心愿。后来听亲自赴京参加宿白先生追悼会的省考古研究所长吴炎亮告知，在八宝山灵堂看到了我送的挽联，方稍慰吾心。此次重读追思会上诸公情深意切的文字，回顾半个多世纪中，亲历的与先师相关的几件小事，其音容笑貌恍如昨日、萦怀心中。

我与先生初识，是在 1964 年考入北京大学历史系考古专业后。入学初期有三件事至今印象深刻。其一是随吕遵谔和孙森先生参观周口店，归途途经卢沟桥，我因构思诗文和记录碑文，被校车丢在桥头，傍晚方独自返校，此事曾被师友传为笑谈。其二是与苏秉琦、宿白先生等带领考古新生，参加北京科学会堂的蓝田猿人发现考古发布会。其三就是第一学期上考古绘图课。我因小学和初中在农村中学，没有专职的美术老师，绘画基础差，几次被刘慧达老师要求重画。一次我向刘先生送交重绘的作业时，恰好宿白先生在场。当刘先生谈到我的情况后，宿白先生笑着对我说：绵厚，听说你是辽宁海城人。我是沈阳人，辽宁学考古的不少，在你前有郝本性、王侠，阎文儒先生也是义县人（后经宿白先生介绍认识了当时在资料室工作的阎先生，并首次经其推荐读过《东北通史》）。画不好别着急，考古绘图和美术有关又有不同，美术追求"神似"，考古绘图重在"形似"和线条功夫。宿白先生谆谆教诲的几句话，我至今铭记在心。

后来由于"文革"，我们班在校时没有听过宿白先生的专业课。30 年后的 1999 年春，我时任辽宁省博物馆馆长。当年正值辽博建馆 50 周年，在筹备 50 年馆庆文集时，我专门赴京在同班赵朝洪学兄陪同下去宿先生住所拜访先生，并请先生为辽博建馆 50 周年题字："祝贺辽宁省博物馆五十华诞——为博物馆事业的跨世纪发展而奋斗"。并详细询问了杨仁恺、孙守道、徐秉琨等老人的情况。一年后的 2000 年冬，国家文物局在沈阳召开"公元三至七世纪东北考古（高句丽渤海）学术讨论会"。我是与会代表之一。当时恰逢我承担的国家文物局边疆考古项目《高句丽古城研究》初稿刚刚完成。鉴于高句丽问题的特殊性，为征求与会专家的意见，经领导同意后，打印了十几份送审稿。记得会议期间的一个晚上，我拿着打印的几份书稿，第一个先到沈阳友谊宾馆宿白先生的房间，刚巧徐苹芳先生也在宿白先生房间里。当我向两位先生送上书稿并诚恳地请求指导后，宿白先生笑着指着旁边的徐苹芳先生说，"绵厚，你今天算找对人了。认识徐先生吧？他是多年研究城市考古的，让他给你好好看看把把关"。我与徐苹芳先生此前见过几次，但从未深谈过，此次因会议之缘与两位前辈当面请教，可谓天赐良机。谈话中我深感宿白先生对离校多年的学生情况竟如此了解。谈到高句丽古城，他说"这个问题地域性强，你这些年关注东北交通、秦汉史和高句丽考古，要注意追溯高句丽山城的文化源头"。徐先生则表现出一贯的谦诚风范，连说指导谈不上，既然宿先生说了一定拜读。回京后徐苹芳先生曾给我来一次电话，说宿先生让我转告说总的不错，就是国外材料少一些。他让我好好看一看。

这次会间向两位先生的请教，是我这部书编著过程中的重要机缘，因为在研究高句丽等东北民族时，我深悉宿白、俞伟超、佟柱臣先生等是最早从考古学研究高句丽的著名学者。此次向两位先生的请教，对我的那部书的出版，起了很大的作用。第二年（2001年）当我把书稿正式交付文物出版社后，当时的社长苏士澍先生和责任编辑肖大桂建议请徐苹芳先生作为审稿专家，与我的想法不谋而合。不久大桂电告，徐苹芳先生提出了很好的肯定意见，本书的出版不成问题。一晃近20年过去了，每想起这件事，我都忘不了两位先生的知遇、教诲之恩。特别是宿白先生指出的要关注"高句丽山城的文化源头"。所以在进入21世纪以来，我把高句丽研究关注的重点，从以20世纪70年代以来，以考古调查的早期山城和墓葬为主，进一步转向以"高句丽起源"为重点的"高句丽早期历史考古问题"。先后发表了《高句丽早期历史考古问题》"十论"。并思考追踪"长白山区系考古与民族"等这一前沿问题。所以在2011年第14次考古学年会上，在纪念宿白先生90华诞的文集中，我回顾20世纪80年代对辽东太子河流域等高句丽古城的调查，特意写了《从辽东"梁貊"故城到高句丽早期山城的考古调查与思考》。其"思考"的主要问题，就是宿白先生为我指出的"关注高句丽山城的文化源头"。我感到在辽宁从事东北边疆民族历史考古研究，最大的困惑，除了资料的缺乏外，就是远离北京，不便随时请教宿白先生等学术大师。特别是在进入21世纪第二个十年以后，却再无缘进一步请教两位先生，只能作为一个学子以自己的微薄能力，努力表达对先生教诲的一份寸心回报。

我与宿白先生的最后几次见面，是在退休以后。从2005年至2008年初，我先后应聘参与国家文物局第三次文物普查项目组和长城资源调查验收专家组工作。在京近三年间，曾三次与赵朝洪、魏正瑾学兄去宿白先生家拜访。印象最深的是2007年秋，我与魏正瑾和宿白先生的博士、北大教授李崇峰一同去宿白先生的蓝旗营新居。此次拜访主要是魏兄和崇峰先生，为编写著名的南朝名刹、中国四大佛教寺院之一的南京栖霞寺考古报告，向宿白先生请教和汇报编写情况。在先生的书城寓所，在近二个小时的时间里，听二位向先生的汇报和先生对报告编写的系统、精审的指教。我作为一个旁听者，着实上了一堂从未听过的佛教考古的"讲座"。

其后 2008 年 5 月底，当我最后一次参加完内蒙古自治区长城资源调查验收会议，从呼和浩特返京回沈阳以前，曾去宿白先生家、耿宝昌先生故宫办公室、徐苹芳先生家告别。在宿白先生家探望时。宿先生听说我马上要回沈阳，对我说，"从 2000 年开会后再没回老家。上次（2000 年）你和姜念思陪我在沈河老区转了一下，老房子全没了。我小时候的老宅，离长安寺和老城镇边门内'汗王宫'旧址都不远，长安寺上回转了一下，但'汗王宫'不知在那，你们要多关注。"言谈中，我深深感到这位髦耋老人，对家乡怀有深深"乡愁"的赤子情怀。可以告慰先生的是，在此后不久，沈阳市考古研究所即发现并确认了"汗王宫"遗址，并被评为当年全国十大考古发现。

2008 年回沈后，正赶上全国第三次文物普查全面展开。我和在沈工作的北大考古专业学兄郭大顺、辛占山、姜念思等同作为专家组成员，在工作之余，常常念起宿白先生。我虽然对美术和佛教考古所知甚少，退休后还是认真拜读了先生有关佛教考古的著作和"张彦远与历代名画记"等"考古六讲"。近年沈阳市考古研究所也曾几次赴京，想请宿白先生回家乡，都因先生的健康原因没有成行。回想已故学兄姜念思先生，几次和我谈起，他在研究辽代佛教文物遇到困惑时，最大的遗憾，就是当年没有读宿白先生的研究生。我的最大遗憾则是在先生逝世时，没能亲自赴京悼念。在这里作为曾经的宿白先生的没有真正"入门"的家乡学子，我们愿把这种遗憾化为对"永远的老师"的永恒的怀念。

忆宿白先生二三事

崔学谙（北京博物馆学会）

宿白先生走了，在鸡年岁末的严冬走了。

他的离去，是中国文博界的重大损失，更使我们失去了可敬的严师和敦厚的长者。先生何忍辞世去，学有疑难可问谁？站在北大红五楼宿先生灵堂，面对着鲜花丛中安放的宿先生遗像，我悲从中来，不禁失声。我亲身经历的向宿白先生聆教的桩桩往事涌上心头。

我是 20 世纪 90 年代以后才有更多机会接触宿白先生的，在此前，只是偶有接触。1964 年，我考入了北京大学历史系考古专业学习。当时的北大正在搞"四清"，使刚刚迈进大学校门的我感到迷漫着令人窒息的"极左"气氛，专业学习被弱化，"思想革命化"成为主课。一年半之后，"文化大革命"灾难爆发，专业学习则全面停止。在那种情况下，宿白先生的课程也受到影响。只记得第一次见宿白先生是他在考古绘图课堂上亲自视看指导绘图。余下的就是在"史无前例"的运动中对宿白先生的一些零散印象了。他们这些老先生在那种年月的处境是可想而知的。

更多地接触了解宿白先生是 1992 年我调任首都博物馆业务副馆长以后，由于工作之需请教宿先生。印象很深刻的一次是首博在白塔寺举办"万佛展"。由于佛造像展涉及许多艰深的佛教知识，而这方面自己心里没底。于是在吴梦麟老师的建议下，我们请来了宿先生审查指导。记得宿先生在展厅门口就说："对佛造像我不懂，这方面你们要找故宫的王家鹏先生，人家那是研究这方面的专家，不仅在故宫，人家还去西藏和国外去研究考察。"进展厅后，宿先生审看了已经成形的展览。每到一展柜前，都会就展柜内的佛造像谈及很多意见，从造型、年代、特征一一道来。记得在蒙古地区佛造像展柜前，宿先生说："你们这样摆放年代序列有什么根据？有发掘出土实物和文献依据吗？我就怀疑。"这一次求教印象深刻，让我领略了什么是大家。宿先生是中国石窟寺研究的专家，有专著出版，向被业界奉为圭臬。他说自己不懂佛造像，只能说明先生对学问研究之深，对学术问题绝不含糊。更多地了解先生是在首博新馆建设之时。首博新馆基本陈列"古都北京"是整个新馆展览的根基和灵魂，至关重要。基于这种考虑，我们约请了近百名专家审看展览大纲，又聘请了宿先生、徐苹芳先生（时任中国社科院考古所所长）、曹子西先生（时任北京社科院副院长、历史所所长）三位著名学者为"古都北京"展览大纲

图一 宿白先生（中）亲临首博指导新馆陈列大纲编写工作

的终审专家（图一）。由于我直接负责大纲撰写工作，所以能多次聆听宿白先生的指教。先生对陈列大纲审看极其认真、极其严格。在大纲文本上凡有疑问，或说明不严密，或错讹遗漏之处，先生都用铅笔画道标出，或简单写上几字标示。我保留着一份先生审看的文本，并有一份 2005 年 6 月 17 日在先生寓所记录的先生对大纲文本的具体意见。宿白先生去世后，我又将这两份文件找出来看了两遍，深感先生学识渊博、治学严谨，容不得半点含糊。一般专家审看文本，都是提几条原则性意见或建议。宿先生则不然，从大纲主题定位、内容中心把控、资料的真伪可靠与否、有无遗漏、文字表述是否准确，一一把关，指出存在的问题和瑕疵。如原大纲文本中说战国时期燕国"富冠海内"，先生质疑："是吗？"文本中说道家"祈福求仙"，先生指出："用词不对，因为道家不是祈福求仙。"展品中有一青瓷用具，文字介绍是"青瓷灌药器"，先生说："你们怎么能肯定就是灌药的？"文本在辽代有说明："辽的城门、宫门向东"，先生则问："根据是什么？"对于唐墓中"人肖俑"的说明文字，先生指出："唐墓人首兽身俑不是北方少数民族的，恰恰是中原的，这段说明文字不对。"大纲"辽代"部分分量不够，先生回忆说，20 世纪 60 年代搞"四清"时，顺义天竺对面有个楼台村，有几个高台子，平整土地时发现了许多瓦当，黑色的。《辽史》上记载这里有行宫。有没有可能你们去拍个照片……类似上述纠错补充之处，据笔者记录有 24 条之多！今天再看当年的审阅文本和记录，感慨良多。对我来说，这是教海，这是教材，这是治学修身的榜样。

首博新馆建成了，宏伟的建筑，精美的展览，颇受业界和市民的好评。我几次代表馆里恳请宿先生去看看新首博，想再次聆教。但几次都被先生婉拒了。他反复说自己走路有些吃力。我说馆里有轮椅，也安排了休息的地方。不管我怎么说，先生只说"太麻烦了，以后再说吧"。现在，宿先生走了，他不会给我们添"麻烦"了，但我们再想麻烦先生也不可能了。

愿敬爱的宿先生安息！

永远的大师

——忆宿白师与晚生的几桩往事

靳枫毅（北京市文物研究所）

近几年，我考虑宿白师已谢绝外出参加各种活动，习惯在自家静养，我便不敢再轻易地去打扰他。但每逢我碰到他的研究生杭侃、秦大树、韦政等先生，总会向他们打听宿白先生的近况，他们总是跟我说："先生一切都好，没有问题。"直到 2018 年 1 月 19 日，杭侃院长来我所开会，我们俩挨着，我又向他询问宿白师的近况，他依然跟我说："先生身体状况挺正常，头脑很清楚，天好时还常让他女儿推着轮椅到室外转转，晒晒太阳。"这让我很放心、很高兴。可谁能料到，杭院长跟我说完此话还不过 12 天，好好的宿白师竟突然驾鹤西去！

一颗璀璨的巨星骤然从银河上陨落了！宿白师的逝世，是中国考古学界和文博界无可弥补的重大损失。他在中国历史时期（自秦、汉、魏、晋、南北朝至隋唐五代宋元）考古学和宗教考古学理论与方法研究上，以及版本目录学等学术领域，所具备的"通儒"造诣和所达到的学术高峰，界内迄今无人可以企及，未来几十年内也难以有人超越！他留下的学术研究空白，短时期内将难以填补！

2018 年 2 月 5 日上午，来自全国各地文博考古界的数百名师生及来宾，冒着初春的严寒，齐聚北京八宝山，向敬爱的一代考古学大师、杰出的考古学教育家宿白先生告别。我与同窗葛英会、李健民、挚友北京市文物局文物处处长王有泉、北京市文物局资料中心主任祁庆国排在一起，跟随长长的队伍，在沉痛的哀乐声中含泪向静卧在鲜花丛中的宿白师遗体三鞠躬！

我初识宿白师，是在 1963 年我考入北大历史系考古专业不久的一次师生见面会上，宿白师不凡的儒雅气度给我留下了深刻的印象。1966 年我们班正待上隋唐考古课时，突然刮起了"文革"风暴，使我们失去了听宿白师授课的机会。

后来我被分配到辽宁省朝阳县，不久被调入朝阳地区博物馆考古室工作，发掘了一批隋唐辽金时期墓葬，因缺乏参考书，碰到的很多问题说不清楚。

1974 年 10 月下旬某日下午，我冒昧地来到北大未明湖后身的宿白师寓所，向先生请教了闷在我心里两三年的朝阳隋唐墓的几个问题。先生那天很忙，正在赶写一篇稿子，但他丝毫没有不耐烦。他首先请我坐下，并给我沏上一杯茶，一边听我说，一边仔细地看着我带来的照片，然后认真地解答了我提出的所有问题（共五个问题），还给我开出六本书目，并注明其中三本在科图，另三本在考古所图书室，可去查阅。先生最后还勉励我：朝阳自古以来就是东北唯一的一座军事重镇，大凌河历来是中原和北京通向东北的最重要的通道，朝阳汉代为柳城郡治所，前燕慕容皝看中那里是福德之地，遂建都于此，称龙城，唐代为营州治所，征伐高丽时将营州做为转运粮草和调兵遣将的大本营，朝阳唐墓多，历代文物多，不是偶然的。在朝阳地区搞考古，有得天独厚的优越条件，希望我好好干，做出成绩来。我向先生告辞时，先生还特意送我到大门口说："以后有什么问题可随时来，要是人不能来，可写信来！"离开宿先生后，我看了一下手表，已四点半。我第一次与宿先生接触、交谈，竟不知不觉耽误了老师整整两个小时，心中甚感自责与不安！翌日，我便去了科图和考古所图书室，果然查阅到宿先生给我开出的那六本书！

　　1978 年 10 月中旬某日早晨八点，我刚进考古所图书室，就看见宿白师正在专心地看书，我很惊讶，他并未抬头看进来的人是谁，我赶紧到先生跟前问好，打个招呼。宿白师一看是我，微笑着示意让我在他旁边的椅子上坐下。他说今天是来参加考古所学术委员会会议的，特意早到一会儿，顺便借两本书。然后问我，来报到几天了？读东北考古研究生，都开了哪几门课？然后叮嘱我：一定要学会带着问题去读书，这样收效才会大；要把基础尽量打宽些，打厚些，这方面要向佟先生学习；如能抽出点时间，抓紧把在朝阳那几年调查和发掘的材料整理出来，写几篇文章发表最好；东北考古目前存在的问题较多，要关注新发现、新材料，从中筛选有价值的课题，多下点功夫，进行深入研究，力求有所突破。宿白师的叮嘱，成为我后来三年学习生涯的指南。

　　1981 年 6 月 30 日上午，宿白师又来考古所参加所学术委员会会议，讨论通过考古所1978 ～ 1981 届硕士研究生学位授予资格及毕业论文答辩结果。科研处通知我们六名研究生都到夏鼐所长办公室前面等候，过一会儿将与考古所十位学术委员会委员（夏鼐、苏秉琦、宿白、张政烺、佟柱臣、王仲殊、安志敏、石兴邦、张长寿、仇士华）照毕业合影。我见宿白师从会议室走出来，即赶紧上前给他鞠了一躬，并向他问好，宿白师很高兴，对我说："三年寒窗，不容易，你的论文写得不错，可以毕业了！往后不论安排到哪个队工作，都要好好干，干出点成绩来！"合影时，夏鼐所长位于前排正中，其左侧第一人即为宿白师，右侧第一人为苏秉琦师，可见宿白师在夏鼐所长心目中多重要，其学术地位何其高！我一直把这张合影照片挂在家里客厅的正中墙壁上，为的是我能经常见到这些大师，永远地记住他们！

　　2001 年 10 月 31 日上午，我邀请宿白师来圆明园长春园含经堂遗址参观，并指导我们的发掘与对外展示工作。宿白师很高兴地看了含经堂遗址全貌和出土器物展览，然后又走到含经堂北门外的得胜概遗址，向正在发掘和绘图的技工提问并作指导（图一）。最后在陈列室又认真为我们题辞："圆明园遗址具有重要的历史价值，希望做好规划，切实做

图一　2001年11月作者（左三）邀请宿白先生（左四）来长春园含经堂遗址视察、指导工作，在发掘现场与工作人员亲切交谈

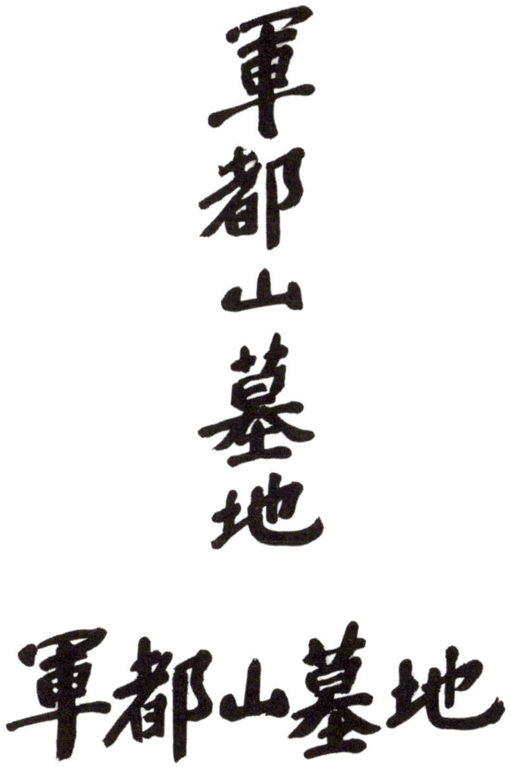

图二　宿白先生给军都山墓地发掘报告一书题签（竖、横两种版式）

好保护工作。"

2002年正月初三上午，我去给宿白师拜年。我顺便冒昧地向宿白师提出一个请求："我想请您为我已经编撰完成的《军都山墓地》发掘报告题写书名，可以吗？"宿白师听后马上就点头说："可以。你给我写个字条，省得我记错或写错了。"又问我："书稿全都写完了？"我答："早就写完了，已经定稿。"宿白师说："那好，过了年你就来取吧。"过了春节没几天，黄秀纯先生在所里碰到我，告诉我说："你请宿白先生题的字，宿先生已经写好了，他让我转交给你，你就不用再跑去取了。宿先生特别给你写了横、竖两种版式，这样好便于你和出版社选择。你说宿先生对你多够意思！考虑得多周到！"我打开一看，宿白师确实在宣纸上非常认真地写了横、竖两种版式"军都山墓地"（图二），笔力遒劲，雍容大度，一派大家风范。两式我都喜欢，文物出版社的编辑最终选择了竖式，书印出来之后效果很好。大师的题签，为这部报告增添了很多光彩。

2002年5月3日下午，我在两位同事的协助之下，抬着一个大花篮，双手捧着一大盒生日蛋糕，上面写着："恭贺宿白师八十华诞"，去宿白师在蓝旗营的寓所，送上了我们的一份真诚的祝福。

2010 年 12 月 31 日，《军都山墓地》发掘报告（玉皇庙）、（葫芦沟与西梁垅）全六册出齐，我从文物出版社立即取出一套，请同事王继红开车，直奔蓝旗营宿白师寓所，将这套封面上印着宿白师题签的报告书，在第一时间首先呈献给敬爱的宿白师，以表达学生的衷心感谢！

宿白师桃李满天下，学生、弟子数以千计，我只是其中极为普通的一员。尽管我与宿白师没在一个单位，接触、交往的机会很少，而且都是很平凡的小事，但这一桩桩普通的平凡的小事，却让我这个小字辈倍感亲切和温暖，让我真切地感受到一位大师对一个晚生的无私关怀、爱护、期望与信任之情。学生谨以此文向尊敬的宿白师再次表示真诚感谢和崇高敬意！宿白师是我心中永远的大师！大师风范永垂千古！

2018 年 3 月 1 日于云深斋

回忆跟随恩师宿白先生进修的日子

王维坤（西北大学中国文化研究中心）

一　我的一条从西大通向北大的考古进修之路

1974 年 10 月 4 日是一个极为普通的日子，可对我来说却极不寻常。就是在这一天，我以"工农兵学员"的身份从生我养我的那块黄土地——陕西省临渭区步入西北大学历史系考古专业的学术殿堂，开始了我漫长的求学之路。不过，在绝对服从组织分配的年代里，不是我选择了考古学专业，而是党组织上分配让我学习考古学的。说实在话，在当时那种情况下，我连所谓的考古学、遗迹与遗物等考古名词都不能很好的诠释，正是在这样的一张白纸上，我才在朦胧中开始了我对考古学的系统学习与摸索。那会儿物质资料相当匮乏，学习生活也显得极为单调，两个星期自带板凳花上五分钱能够在学校西操场上看一场露天电影也算是一种学习放松和精神享受。这样一来，其实留给自己的自由支配时间反倒是蛮多的，所以每天除了上课之外，课外活动的时间也基本上变成了自学时间，即三点一线，也就是说每天的学习与生活只局限于往返宿舍、教室、图书馆之间。所以在这种情况下，我暗自下了决心，并以唐韩愈《古今贤文·劝学篇》中的"书山有路勤为径，学海无涯苦作舟"这句话作为我人生的座右铭以及自我学习、生活、研究的最大动力，于是，像苏轼那样"发奋识遍天下字，立志读尽人间书。"现在看来，功夫的确不负有心人，经过一年半坚持不懈的努力学习和政治上高标准的严格要求自己，我不仅先后做了班上的生活委员、学习委员、团支部委员，还在班上第一个光荣地加入了中国共产党，成为一名预备党员，这也为我尔后的毕业分配奠定了良好的基础，因此毕业分配我就如愿以偿地留校任教了。

毋庸讳言，三年的大学基础学习时间还是偏短一点，尽管我本人尽了最大的努力，但是仍有许多知识并没有完全掌握，当然外语学习就不消说了。由于 1976 年系上挑选我、赵化成、韩新宁三位去参加《首届周原考古亦工亦农培训班》学习，我的日语学习也就半途而废了。因此，对于当时的我来说，专业知识面窄、基础较差便成为了困扰我尔后从事教学与科研工作的最大障碍与难题。在这种情况下，我当时对学习知识的渴望就更加迫切了。就在这时，我便向组织上提出了去北京大学历史系考古专业进修的申请，师从考古泰斗宿白先生进修学习《三国两晋南北朝考古》和《隋唐考古》等课程，我的这一梦寐以求的愿望很快就付诸实现了，从而与恩师宿先生结下了不解之缘。

二　回忆我在恩师宿先生身边进修学习的几件往事

回忆我在北大跟随恩师宿先生进修学习时的几桩往事，虽然已经过去了四十多年，但当年的峥嵘岁月至今仍深深地铭刻在我的脑海里，成为我人生一种无法抹去的历史记忆与幸福回忆。例如，在我国实行计划经济的 20 世纪 70 年代末期，如果一个人申请想去兄弟院校进修学习，对方同意接受的话，此事就迎刃而解了。不仅办理手续简单，而且接受单位还要为进修生无偿地提供宿舍，并免收进修费、房费、水电费在内所有学杂费。所以，我在北大长达两年（1977 年 9 月至 1979 年 8 月）的进修学习中，北京大学历史系没有收过我任何费用，就连辛辛苦苦指导我学习的宿先生也是分文不取，义务地为我制定了两年的全面系统进修学习计划、亲自指导我的考古专业课和自学课程的学习以及培养我的独立分析问题、解决问题的综合能力，从而为我奠定了扎实牢固的专业基础、文献功底以及综合研究问题的能力。

（一）宿先生是如何教我学会用王国维的"两重证据法"来研究历史与考古问题

记得我是 1977 年 9 月初新学年伊始从西安乘坐火车去北京大学历史系报到的，然后在系办公室给宿先生打了个电话，问问先生何时方便我去拜访他，先生随声回答说道："那就明天下午三点半吧！"第二天下午我如期应约去校内宿先生家——朗润园登门拜访，并带了点家乡土特产——玉米糁，怀着十分敬慕而又忐忑不安的心情去拜访先生，一进门，我便向先生做了个自我介绍："宿先生好！我是西北大学王维坤，今年考古班毕业留校任教，系上各位领导和考古教研室刘士莪主任一致同意推选我跟随您进修《魏晋南北朝考古课》和《隋唐考古课》等课程，学成之后立即返校，继续努力为母校做好自己的教学工作和田野发掘工作。借此机会，我还要向您转达我校历史系各位领导和教研室刘士莪主任对您的亲切问候。"说实在话，心怀敬畏之心的我第一次站在泰斗级的宿先生面前讲话，不免还有点紧张。随后，宿先生接着语重心长地对我说："好的，我都听明白了！首先，对你这次能够来我这里进修学习表示欢迎！不过，在西北大学搞考古，在天时、地利、人和方面都占有得天独厚的优势条件，研究隋唐长安城、帝王陵墓以及唐代金银器应为重中之重。我希望你一定要抓住这一难得的机遇，把专业基础知识的根基打好！特别值得一提的是，在有了大量文献记载的魏晋南北朝至隋唐时期，研究历史与考古问题就应该充分利用王国维的'两重证据法'来加以综合研究不可。为此，我今天给你制定了一套课堂学习与课外学习相结合的学习方法、步骤与整体计划。主要分为'课堂教学'和'单兵训练'两大步去走！"

1. 重视课堂教学学习，认真做好课堂笔记

新学年伊始，宿先生便安排我随北大78级考古班同学一起听课，首先要求我要重视课堂教学学习，认真做好课堂笔记。例如，宿先生在讲授《魏晋南北朝考古课程》和《隋唐考古课程》时，就专门各设一章专讲"文献史料"，即"与魏晋南北朝考古有关的文献史料"和"与隋唐考古有关的文献史料"。魏晋南北朝时期的"文献史料"，主要介绍以下四类：（一）当时文献；（二）"正史"和"正史"中的志；（三）有关的重要类书和辑佚书；（四）近代著作。大体来说，总共介绍了40多本重要的参考书；隋唐时期的"文献史料"与前者相比，则大相径庭，被大大扩充为十二类：第一类、封建史书类：（一）纪传体，（二）编年体，（三）会要体；第二类、法律和法制类：（一）官制（《隋书·百官志》是记载五个时代的官制，亦称"五代史志"），（二）法令，分为律、令、格、式四种；第三类，地理游记类：（一）地理部分，分为全国和地方两种……

讲到这里，宿先生强调指出：关于"文献史料"这个问题今天就讲到这里，下次接着继续再讲。

2. 充分利用课外之暇，进行"单兵"训练

曾记得那天在宿先生家上课，他一开口便开门见山地说："我想充分利用你的课外之暇，对你进行所谓的'单兵'训练。（宿先生边说边笑）也就是说，利用两年的进修机会，我安排你首先要精读下列这几部书，即《三国志》《魏书》《旧唐书》《新唐书》以及《资治通鉴》等文献史料，若经济条件允许的话，最好能够把这些书籍买上，便于你今后做好读书笔记，同时还规定你每星期四晚上7点到9点来我家汇报你一周来的所学所思。"就这样，宿先生一口气给我讲了两个多小时。这时令我万万意想不到的是，宿先生和蔼地对我说："今天晚上我们一块去海淀食堂吃饭，喝点扎啤酒吧！"我记得宿先生还劝我多喝了一杯。即将结束时，我去结账时还被宿先生拦了回来。时至今天，业已四十多年过去了，但当时的感人情景至今仍历历在目，记忆犹新！正是在宿先生分文不取、高尚风范的感召和谆谆教诲下，我那时虽然仅有45元的工资，但是坚持两年不懈的节衣缩食，最后总算将《二十四史》之中的有关魏晋南北朝和隋唐时期的文献史料基本上都买齐了，而且还精读了数遍，就是这样一步一步地打下了较为扎实的文献功底，并为我尔后四十多年来利用王国维先生所倡导的"两重证据法"进行综合研究铺平了学术道路，可以毫不夸张地说，宿先生对我两年孜孜不倦地教诲和教书育人的精神风范使我终身受益。如果没有宿先生昔日的殷切教诲与无私帮助，我完全不可能取得今天这样高度的学术成就。所以我一向认为："学生在校学习期间，先生的作用是不可低估的，特别是在进修生、研究生和博士生的深造阶段，指导教授的作用就显得尤为重要了。"

3. 课堂笔记和历博现场临摹文物图使我终生受益

在北大进修时，宿先生的课堂笔记我就记了五大本，其中包括《魏晋南北朝考古讲义》《隋唐考古讲义》《云冈石窟考古讲义》《古代建筑考古讲义》《教材与论文写作课程》。

我与北大78级考古班上宿先生的《魏晋南北朝考古》和《隋唐考古》时，宿先生要求同学们必须到位于天安门广场东侧的中国历史博物馆魏晋南北朝—隋唐考古展厅现场临摹文物图，全部绘完展厅文物的话，大约需要四五天的时间，而且每次回来的下次上课时宿先生都要检查批改作业。他一般习惯于圆珠笔或者铅笔批改。例如，在我临摹描绘的图的右下角，这次是他用铅笔批改我1977年作业的"19/12"日期字样。其实，临摹文物的过程，也是观察文物最为细致的时刻。人常说："眼过百遍不如手抄一遍。"我现在才深刻地体会到，这句话不无道理。宿先生的这种现场临摹教学法的确是技高一筹，他对学生高度负责任的精神也由此可见一斑。《西安地区未发表的隋唐墓葬内部资料》是宿先生从他的研究生、时任碑林博物馆馆长王仁波那里亲手抄录下来作为给学生上课的辅助资料的，他并叮咛我一定要将这些尚未发表的隋唐墓葬资料拿回去也抄一下，待尔后给西大同学上课时，就可以讲这些新资料。

讲到这里，宿老师的话音又一次在我的耳边回荡，不由得使我潸然泪下，这是多么高的思想境界呀！时至今日，我有时还在翻阅这几本笔记，以寻求解决疑难问题的最佳方案。其实，我在西大给78级考古班同学讲授的《魏晋南北朝考古·重要的参考书》讲义，实际上是就是在宿先生讲稿的基础上反复消化、校对、修改、增订之下写成的，本身也是对宿先生学术思想和严谨治学以及教书育人大家风范的继承与大力弘扬。我之所以第一次讲授这门专业课时就充满自信和底气十足，正是因为我的讲义也可以说就是宿先生讲义的修订版。当年凡是听过我课的本科生、旁听生以及我的硕士生和博士生，尤其是报考北大的隋唐考生的几位同学都应该是最大的受益者。我的文献功底和讲义的编写正是在宿先生的直接指导下完成的，这对于我后来的教学工作和科研能力的提高起到了至关重要的作用，并影响到了我一生的学术生涯。

（二）宿先生是如何带我步入中日古代都城的比较研究之路

记得1978年9月的一个星期四晚上，也是我第二年去宿先生家进行"单兵"训练之始，使我喜出望外的是，宿先生给我馈赠了一本他发表于《考古》1978年第6期上的新作《隋唐长安城和洛阳城》[1]，并用圆珠笔认真地勘定了好几处错误，小到一个标点符号或一个字，大到一句话做了一个合适的调整，宿先生严谨的治学精神和对学生我高度的责任心由此可见。自此之后，这本杂志也就成为我一本名副其实的"善本书"，亦是宿先生带我步入中日古代都城入门的启蒙课本，并对我尔后的治学影响终生。

毋庸讳言，宿先生的这篇论文在当时中日学术界不仅对隋唐长安城和洛阳城的全面综合研究具有划时代的意义，同时也是对日本都城如何模仿隋唐长安城和洛阳城的高度概括与总结。其最为突出的研究成果与学术贡献，主要表现在以下五个方面：

1. 隋文帝在宫城之南设立皇城的"新意"何在

众所周知，中国古代都城在宫城之南设立皇城的制度是从隋大兴城开始的，这是以前都城所从未有过的现象。隋文帝之所以要在大兴城宫城之南新设立皇城，重要意图在于"自两汉以后，至于晋、齐、梁、陈，并有人家在宫阙之间。隋文帝以为不便于民，于是在皇城之内惟列府寺，不使杂人居之，公私有便，风俗齐肃，实隋文（帝）新意也"[2]。

早在四十多年前，宿先生就一针见血地指出：这个隋文新意，既把一般居民和宫城隔得更远，又把皇帝住地的宫城和其他大小统治者的宅第严格分开，以使宫城的卫护更为加强。宫城之北为大兴苑。大兴苑东靠浐，北枕渭，西包汉长安城，"东西二十七里，南北三十三里"[3]，为皇帝游猎禁区，当然也起着宫城北面的防卫作用。大兴城郭城内，绝大部分还是居民区——坊。隋王朝为了对居民区加强控制，除每坊置里司（《新唐书·百官志》还记每坊"坊角有武候铺"，"左右金吾卫左右街使，掌分察六街徼巡"，司坊市门闭启）等极力强化街坊制度外，又使城内四隅和主要街道两侧的各坊，遍布王宅、官衙和寺观。大兴地势东南高，西北低，相差三十余米（东南隅海拔高度为 460 米，西北隅海拔高度为 405 米，相差五十五米[4]），其间陡起约四至六米的高坡共六条，即所谓"帝城东西横亘六岗"[5]。这六岗的坡头，除第二岗坡头"置宫殿"，第三岗坡头"立百司"[6]外，郭城内各坊当坡头之处，皆为官衙、王宅和寺观所据……综观全城，宫城、皇城位在北部正中。各坊内部区划整齐，外围门、墙，并置里司。主街两侧、城内四隅和城内坡岗之地遍布官衙、王宅、寺观。这种对劳动人民进行严密控制和监视的布局，反映了隋王朝残酷压迫和剥削人民的反动本质[7]。现在看来，宿先生的分析是不无道理的。

随着都城研究工作的步步深入，我发现当年宇文恺设计建造大兴城时，他遵照隋文帝的"新意"，在里坊布局的设计上似乎还是有一定的考虑。例如，皇城之南的四行纵坊，不开北门，就是一个最为明显不过的事例。这 36 个里坊，不仅面积最小，而且只开东、西二门。之所以不开北门，说起来是出于隋文帝的一种忌讳，实际上是为了像宿先生所强调的那样"极力强化街坊制度"的"防卫作用"[8]。由于这些里坊"在宫城直南，（隋文）不欲开北街，泄气以冲城阙"，因而，"每坊但开东西二门"[9]。另据《雍录》记载："每坊皆有门，自东西以出街，而坊北无门。其说曰：'北出即损断地脉，此压胜术也。'隋文帝多忌讳，故有司希意如此。"[10]所以说，我一向认为："（这些里坊）在宫城直南，（隋文）不欲开北街，泄气以冲城阙"[11]是假，醉翁之意不在酒才是实。像隋大兴城宫城直南的 36 个里坊，只开东西二门的做法，在中国都城发展史上仅见此例，无疑具有划时代的重大意义与作用[12]。完全可以设想，如若民众在不满情绪日益高涨的情况下，统治者主要担心揭竿而起，从皇城南门突破进去，然后直入宫城，隋唐王朝的命运也不就毁于旦夕了吗？

2. 隋唐京城大兴——长安城与隋唐东都洛阳城的本质区别

众所周知，公元 581 年隋灭北周。隋文帝开皇二年（582 年）六月命高颎、宇文恺等人在汉长安城东南的龙首原设计新京城。"隋文初封大兴公，及登极，县、门、园、池多取其名"，这座新京城也以大兴为名，"谓之大兴城"[13]。

据宿先生考证："大兴城规模浩大，规划整齐。面积达八四平方公里。大兴城分郭城、宫城和皇城。宫城先筑，皇城次之，最后建郭城。郭城内由若干条东西、南北向的街道划为若干坊。这些坊又东西分属大兴、长安两县。郭城外东、西、南三面为两县的郊区。郭内遍布官衙、王宅、寺院和道观，东西各置一市，还开凿了三条水渠。宫城、皇城位于郭城北部正中。再北为大兴苑。大兴郭城东西广 9721、南北长 8651.7 米，周长约 36.7 公里……郭城东、西、南三壁各开三门，其中南壁正中的郭城正门明德门为最大，有五个门道，各宽 5 米、深 18.5 米，其余各门均为三个门道。郭城内有南北向大街十一条，东西向大街十四条，其中通南面三门和东西六门的'六街'，是大兴城内的主干大街。这六条街道，除最南面通延平门和延兴门的东西大街，宽 55 米外，其余五条皆宽 100 米以上，特别是明德门内的南北大街朱雀大街宽达 150 至 155 米。其他不通城门的大街宽度在 35 至 65 米之间；顺城街宽 20 至 25 米。各街路面皆中间高、两侧低，两侧并建有宽 2.5 米左右的排水沟。这南北十一条、东西十四条的街道，除宫城皇城和两市外，把郭城分为一〇八坊。"[14]

关于隋东都洛阳城的创建和布局，宿先生根据有关的大量文献记载与两次考古新发现的第一手资料进行了颇有意义的研究，取得了一定的进展[15]，并将中国社会科学院考古研究所洛阳工作站绘制的地图原图中误写为"菇家凹"地名而改正为"茹家凹"。对此，宿先生在文末注释后谨向有关同志作了如下致谢："隋大兴唐长安城布局的复原图承刘慧达、魏存成两同志代为设计，清绘前魏同志又重校一遍，并改正若干处。隋唐洛阳城的复原图的设计，参考了考古所洛阳工作站绘制的地图。谨向有关同志致谢。"从中不仅展示了考古大家的风范，而且也彰显出一位真正的考古学者撰写考古论文的规范与原则，对后学影响极大[16]。

3. 宿先生利用隋东都相关的文献记载与考古资料相结合所进行的综合研究之论文堪称典范

隋统一后，全国经济迅速恢复，隋炀帝为了进一步控制关东和江南，即位的第二年（大业元年三月，605 年）即诏杨素、宇文恺等人营建东都。"徙豫州郭下居人以实之……徙天下富商大贾数万家于东京"，"大业二年（606 年）春正月辛酉，东京成"（《隋书·炀帝纪上》）。不到一年完成的隋东都："前直伊阙，后据邙山，左瀍右涧，洛水贯其中"（《新唐书·地理志二》）；"宫城在皇城北"（《新唐书·地理志二》）；"在都城之西北隅"（《元河南志》卷三）；"宫城有隔城四重"（《旧唐书·地理志一》）。上述文献记录，被近年考古工作逐步证实。

宫城东西壁各长约 1270 米，北壁长约 1400 米，南壁正中有南向凸出部分，长约 1710 米。城壁内外砌砖，其中夯筑部分的宽度一般在 15 至 16 米之间，西南隅厚达 20 米。曜仪、圆壁两城紧接宫城之北，为宫城北面隔城。

皇城围绕在宫城的东、西、南三面，夯筑城壁，内外砖砌。西壁保存较好，长约 1670 米。

东城直接皇城之东，东西长约 330 米，南北长约 1000 米。东城之北的含嘉仓城，东西长约 600 余米，南北长 700 余米，城内粮窖分布密集，东西成行，南北成列。

郛郭即郭城，夯筑。东壁长 7312、南壁长 7290、北壁长 6138 米，西壁纡曲，长 6776 米。南壁三门各开三个门道。正中的定鼎门门址宽 28 米，东西两门道各宽 7 米，当中门道宽约 8 米。定鼎门内大街是洛阳城的主干大路，据保存较好的路段，测得其最宽处为 121 米。南壁的西门厚载门内大街最宽处为 45 米。东壁三门，正中的建春门也是三个门道。

郭城南面五列坊和东北隅三列坊，保存遗迹较多，知东都洛阳城坊里都大致呈方形。

据探定的街道和沿用下来的归路残迹，复原出来的坊市的数字，恰与前引《唐六典》所记："凡一百三坊三市居其中"相符（三市共占四坊地，加一百〇三坊，计一百〇七坊地。此数字与由街路连接，划出的复原坊数相同）。各坊内的十字街据定鼎门东第一坊（明教坊）的普探情况，得知宽约 14 米[17]。有不少十字街的残迹也被沿用下来，其中保存较完整的，有长夏门西第一坊（归德坊）和建春门南第三坊（永通坊）的十字街的残迹。

根据以上考古工作的成果、现存残迹和文献记录，大致可复原隋东都洛阳城布局。

从隋唐洛阳城的复原图，可以看到隋洛阳和隋大兴设计显著的不同处，有以下四点。

①东都洛阳城的宫城、皇城位于都城的西北隅。这是有意区别于京城大兴的布局，准隋江都宫、榆林宫两例，可知这样的规划是下京城一等的。洛阳西北隅适占洛阳城地势最高的位置，在这处负隅高地上建宫城、皇城，显然比京城大兴的宫城、皇城更有利于防御。

②宫城除南置皇城外，北建重城，东隔东城，西面连苑。宫城、皇城本身又都内外砌砖。皇城之南并界以洛河。洛阳戒备的坚固严密，又远在京城大兴之上。

③缩小里坊面积，划一方三百步（一里）的里坊规格，这是洛阳故都（北魏洛阳城）旧制的恢复[18]，对里坊居民的控制，显然比京城大兴更加强化。

④洛阳小于大兴（《元河南志》卷一"（洛阳）罗郭城……周回五十二里"）《长安志》卷七："唐京城外郭城……周六十七里"）但比大兴却多设了一个市——三个市，并且都傍可以行船的河渠：通远市南沿洛河，北傍漕渠；丰都市通运渠；大同市通通济、通津两渠。根据洛阳市、渠的安排，可以推知洛阳的设计，比大兴更多地考虑了繁荣工商业的问题。当时都城的工商业主要针对统治阶级的中上层，洛阳更多地考虑了工商业，正表明了隋炀帝时期统治集团生活日益奢侈腐化[19]。

正因为如此，所以我一向坚持认为：宿先生这篇利用隋东都相关的文献记载与考古资料相结合所进行的综合研究之论文堪称中外考古学术界的典范之作。所以，我按照宿先生教给我的写作要领，一是要首先抓住中心思想之论点；二是要尽最大可能地寻求更多的理论根据，即文献史料，先后在《考古》和《考古学报》发表了《中国唐三彩与日本出土的唐三彩研究综述》《唐章怀太子墓壁画"客使图"辨析》《论西安北周粟特人墓和罽宾人墓的葬制与葬俗》以及《丝绸之路沿线发现的死者口中含币习俗研究》[20]等四篇有分量的学术论文，不仅极大地增强了自己的自信心，而且也在中外学术界引起了学术界同仁的关心与关注。所以说，这些成绩的取得是与宿先生的诲人不倦的精神是分不开的。由此可见，宿先生在培养学生独立分析问题、解决问题的能力，狠抓文献史料基本功的训练，功不可没，堪称为人之师的典范所在！

4. 宿先生利用文献记载对里坊的命名与区划是对隋唐长安城里坊研究的一大贡献

隋唐长安城的里坊设计是以皇城南出大街朱雀大街为中轴线，将全城分为东、西两大部分，并形成了东、西完全对称的格局。东侧南北向 5 行纵坊，东西向 13 排横坊，共计 54 坊和 1 市；西侧同样是南北向 5 行纵坊，东西向 13 排横坊，共计 54 坊和 1 市。这样一来，全城合计 108 坊（高宗龙朔以后为 110 坊，玄宗开元以后减到 109 坊）[21]。

值得一提的是，宿先生利用文献记载对里坊的命名与区划是对隋唐长安城里坊研究的一大贡献。他依据《两京新记》和《长安志》记录坊内分布的衙、宅、寺、观方位的用词，分四类情况，即第一、XX隅，第二、北（南）门之东（西），第三、西（东）门之南（北），第四、十字街东（西）之南（北），似可估计每坊内各又划为十六区[22]。

另外，宿先生还对"巷"进行了进一步考证：各区间除十字街外，还有"巷"相隔。大约在唐天宝以后，区内发展了"曲"，所以《玉泉子》记李德裕问某僧长安通常州水脉的"井在何坊、曲"，又问其亲表裴璟白敏中居止："璟曰知其某坊、某曲"。曲有"北曲""中曲""南曲"（《北里志》）、"小曲"（《太平广记》卷四八四引《异闻集》）、"短曲"（《剧谈录》卷上）等称，也有按顺序的叫法如"永昌坊入北门西迴第一曲"（《入唐求法巡礼行记》卷四），有的曲还有了俗称，如靖恭坊的毡曲（《酉阳杂俎续集》卷五）、胜业坊的古寺曲（《太平广记》卷四八七引《蒋防霍小玉传》）等[23]。

概而言之，宿先生对于隋唐长安城里坊的命名与划分无疑具有划时代的意义。他认为这些里坊首先是用"十字街"将全坊分为"四区"，每面各开一门，然后再用"井字巷"划分，形成"十六区"的格局。它们分别应该称之为"东北隅、东门之北、北门之东、十字街东之北、东门之南、东南隅、十字街东之南、南门之东、北门之西、十字街西之北、西北隅、西门之北、十字街西之南、南门之西、西门之南、西南隅"[24]。宿先生的这一论断，已被考古发掘的部分里坊新资料所证实。永宁坊的十字街道宽度为 15 米，井字巷道的宽度为 2 米有余[25]。安定坊的十字街道宽度为 20 米，井字巷道的东西街宽 6 米，南北街宽 5 米[26]。像"十六区"这样的里坊区划，在中国都城发展史上，仅见此例。然而，无独有偶的是，日本平城京的名为"十六坪"的里坊划分，显然是来自于隋唐长安城的里坊制度。因此，这样的里坊划分与区划也成为我们今天进行中日都城里坊制度对比研究的一条重要依据。

特别是 2015 年 10 月，陕西省考古研究院发掘清理了唐长安城内通义坊的核心区，其中清理出一条东西向、宽 7.65 米的主干道路，路南侧有宽约 2.1、深约 1.1 米的排水沟遗迹，路面上可以清晰看到 12 条车辙[27]。

在隋大兴城宫城、皇城直南的 36 个里坊，文献记载只开东西二门的做法，在中国都城发展史上仅见此例。因此可以说，这次通义坊发现的东西向主干道路，不仅是一次重大的考古发现，而且也为我们今天深入探讨这些里坊的东西向坊街主干大道找到了新的考古学实例。

5. 宿先生是中国学者最早全面系统对中日古代都城进行比较研究的第一人

四十多年前，宿先生撰写的《隋唐长安城和洛阳城》一文，开启了中国学者对中日古代都城研究对比研究的先河。可以毫不夸张的说，宿先生是中国学者最早全面系统对中日古代都城进行对比研究的第一人，并对一代又一代的中国年轻学者以极大的鞭策与影响。

宿先生一针见血地指出：隋唐时代正当日本巩固奴隶制的时期，日本统治集团极力吸取隋唐文化。摹拟中国制度，开始兴建都城。他们从 7 世纪后半到 8 世纪后半，陆续兴建了许多处宫和京，其中藤原[28]、难波[29]、平城[30]、长冈[31]、平安[32]五座京城。经过近年的考古工作和古文献的研究工作，都已得到了程度不同的复原，复原的成果告诉我们，仿效隋唐时代长安和洛阳的制度，是它们的共同点。还值得注意的是，它们的仿效和渤海情况极为相似，都兼取了长安、洛阳两城的设计。

日本都城的布局在日本古文献中，有"东京""西京"之称。这个东京、西京，系指都城之东半部和西半部而言。日僧永祐于 14 世纪初所撰的《帝王编年记》卷一三记："（延历）十二年癸酉（唐贞元九年，793 年）正月十五日始造平安城。东京又谓左京，唐名洛阳。西京又谓右京，唐名长安"。可知日本各都城的设计，确实是参考了长安、洛阳两城的布署，一般认为单纯摹仿长安城，看来是不妥当的[33]。

（三）不忘初心，继续沿着三位恩师森浩一、张岂之、宿先生为我勾画的中日古代文化交流路线图逐梦前行

首先，需要说明的是，我从国内开始学习日语（一年）、负笈东渡留学（二年）乃至讲学（七年），先后不仅获得了硕士和博士学位，而且还担任了数座大学的客座研究员、客座教授以及国际日本文化研究中心的首席专家，出版了包括博士论文专著在内的多部日文著作、共同研究报告以及几十篇学术论文。毋庸讳言，这些成绩都是在沿着三位恩师森浩一、张岂之、宿先生为我勾画的中日古代古代文化交流路线图逐梦前行所取得的。

谈起日语学习，首先我要感激的一位恩师就是时任西北大学校长张岂之先生。我记得那是在 1985 年春天的一天傍晚，张先生特意到后来以"半边楼"而出名的教职工宿舍二楼 429 宿舍去找我，让我负责接待一位来自于日本京都大学人文科学研究所的挚友吉川忠夫先生，陪同他参观一下乾陵、药王山、秦兵马俑博物馆以及西安周围的名胜古迹，并叮嘱我说："你要利用这个机会，好好学习日语，西北大学要培养自己高水平的外语人才。"张校长治校的远见卓识，由此可见一斑。我在陪同吉川先生参观的五十三天的日子里，从中受益匪浅。尤其使我喜出望外的是，在前一天的送别会上，吉川先生亲切地告诉我说：

"小王，我觉得你的专业基础打得很扎实，请你抓紧学好日语，以后有机会我请你去京都大学留学。"张校长和吉川先生的这两句话，成为了我学习日语的最大动力。第二天，我便上街在东大街新华书店买了一套上、中、下三册的《日本语》教材，历史系副主任游钦赐先生也为我提供了"砖块形"单放机和录音磁带。已步入34岁的我，才开始了真正意义上的日语学习。经过一年的刻苦背诵日语，再加上我校"日语教师班"的强化训练，我的日语水平提高较快，于是我踊跃参加了全国遴选日本留学生的外语水平考试，一举成功。我校当时虽然与京都大学建立了友好关系，但还没有建立人员互换交流协议。所以，1986年3月22日我便有幸去了考古重镇——日本同志社大学，圆了我负笈东渡的留学梦想[34]。

1997年11月，日本朋友书店正式出版了我的日文博士论文《中日古代都城与文物交流的研究》[35]，可以说，是我中日古代都城与文物交流的研究史上的一个标志，同时也是两位恩师森浩一、宿先生长期培养的结晶！

回顾自己所取得的一点成就，无疑与森先生和宿先生的关怀和自己对日本文化的关注不可分割。如果没有二位先生的指导，没有良好的日语基础的话，那么就不会有我的今天，也就谈不上用日文撰写专著，更谈不上从事中日文化交流的研究了。

值得一提的是，在拙作《唐长安城大明宫含元殿的发掘与龙尾道的复原——从渤海宫殿与平城京、平安京宫殿来看》一文中，我不仅请教过恩师宿先生，而且也多次咨询过安家瑶发掘队长，专家的话给了我很大的自信。我准备空暇时，将日文译成中文，以飨读者[36]。

使我意想不到的是，2017年4月4日上午我在宿先生家汇报我在北京联合大学等院校做系列讲座与聆听教诲之后的分别竟然成了诀别。

96岁高龄的恩师宿先生于2018年2月1日驾鹤西去，永远地离开了我们，但他的高尚情操和教书育人风范必将影响一代又一代的学子。他老人家孜孜不倦的治学精神永远活在我的心中！

2017年4月4日上午十点许，我特意来到蓝旗营小区登门拜访宿先生。我首先向先生汇报了此次讲座的内容概要，他听后非常感兴趣，便向我提问："隋唐长安城与日本平城京的对比研究的情况能不能说一说。"我立即回答道："宿先生，我对于这个问题是从十五个方面入手进行的比较研究，我认为日本平城京的直接模仿原型只能是唐长安城，而不可能是曹魏邺北城、北魏洛阳城以及东魏、北齐的邺南城，更不会是隋唐洛阳城。所以我始终坚持认为：唐长安城则是平城京模仿的唯一蓝本。另外，我今天送您一本我的拙作《中日文化交流的考古学研究》，上面有这个内容，请您批评指正！"[37]那么，宿先生又追问说："你对西安发现的中亚粟特人墓和罽宾人墓是如何研究的？"我说："我曾在《考古》2008年第10期发表了的观点，主要从他们的葬制与葬俗两个方面论述的，真可谓入乡随俗！"宿先生说："那好，《考古》杂志我这里有，以后翻翻就可以了。"[38]当时我见到宿先生目光炯炯，思维敏捷，吐字清晰，真为之欣慰！不过，老年人出行要多加小心，那年我给我93岁高龄的岳父大人买了一辆老人进口手推车（代步车），说穿了就是钢材硬点，坐上平稳，他爱不释手，那会儿我心想要不我让岳父大人发一张照片过来，果不其然，宿先生好像看中了，所以我回到西安，就给宿先生买了同一型号的手推车，了却了我的一点心愿。当时，我和宿先生约定，等我来年（2018年）下半年再来北京讲座时也会如期来看望他。我万万意想不到的是，这次分别竟然成了诀别[39]。

　　恩师宿老先生学术大家风范永驻，学德学恩重于泰山！

注　释

[1] 宿白：《隋唐长安城和洛阳城》，《考古》1978年第6期，第409—425、401页。

[2] （北宋）宋敏求撰：《长安志》卷七，成文出版社，1931年，叶一。《唐两京城坊考》卷一改"民"为"事"。（清）徐松撰、李健超增订：《增订唐两京城坊考（修订版）》，三秦出版社，2006年，第11页。

[3] （北宋）宋敏求撰：《长安志》卷六，成文出版社，1931年，叶五。

[4] 王维坤：《中日文化交流的考古学研究》，陕西人民出版社，2002年，第219页。

[5] （北宋）宋敏求撰：《长安志》卷七，成文出版社，1931年，叶十三。

[6] （北宋）宋敏求撰：《长安志》卷九，成文出版社，1931年，叶八。

[7] 宿白：《隋唐长安城和洛阳城》，《考古》1978年第6期，第413—414页。

[8] 宿白：《隋唐长安城和洛阳城》，《考古》1978年第6期，第409—413页。

[9] （北宋）宋敏求撰：《长安志》卷七，成文出版社，1931年，叶七。

[10] （清）徐松撰、张穆校补：《唐两京城坊考》，中华书局，1985年，第32页。

[11] （北宋）宋敏求撰：《长安志》卷七，成文出版社，1931年，叶七。

[12] 王维坤：《中日文化交流的考古学研究》，陕西人民出版社，2002年，第210页。

[13] 隋文建新都取号大兴，（隋）费长房《历代三宝记》卷一二曾详记此事，（开皇二年，公元582年）季夏诏曰："殷之五迁，恐民尽死，是则以吉凶之土，制长短之命，谋新去故，如农望秋，龙首之山，川原秀丽，卉物滋阜，宜建都邑，定鼎之基永固，无穷之业在兹，因即城曰大兴城，殿曰大兴殿，门曰大兴门，县曰大兴县，园曰大兴园，寺曰大兴善寺。"（唐）道宣《大唐内典录》卷五亦记此事，当录自《历代三宝记》。《太平御览》卷一五六引《西京记》。

[14] 宿白：《隋唐长安城和洛阳城》，《考古》1978年第6期，第409页。

[15] 中国科学院考古研究所洛阳发掘队：《隋唐东都城址的勘查和发掘》，《考古》1961年第3期，第127—135、175页；《中国科学院考古研究所1961年田野工作的主要收获》，《考古》1962年第5期，第272—274页。

[16] 中国科学院考古研究所洛阳工作队：《"隋唐东都城址的勘查和发掘"续记》，《考古》1978年第6期，第361—379页；宿白：《隋唐长安城和洛阳城》，《考古》1978年第6期，第401页。

[17] 中国科学院考古研究所洛阳发掘队：《隋唐东都城址的勘查和发掘》，《考古》1961年

第 3 期，第 127—135、175 页；《中国科学院考古研究所 1961 年田野工作的主要收获》，《考古》1962 年第 5 期，第 272—274 页。

［18］(北魏) 杨衒之撰、范祥雍校注：《洛阳伽蓝记校注》卷五："京师东西二十里，南北十五里……方三百步为一里，里开四门。"上海古籍出版社，1978 年，第 349 页。

［19］宿白：《隋唐长安城和洛阳城》，《考古》1978 年第 6 期，第 421 页。

［20］王维坤：《中国唐三彩与日本出土的唐三彩研究综述》，《考古》1992 年第 12 期，第 1122—1133 页；王维坤：《唐章怀太子墓壁画"客使图"辨析》，《考古》1996 年第 1 期，第 65—74 页；王维坤：《论西安北周粟特人墓和罽宾人墓的葬制与葬俗》，《考古》2008 年第 10 期，第 71—81 页；王维坤：《丝绸之路沿线发现的死者口中含币习俗研究》，《考古学报》2003 年第 2 期，第 219—240 页。

［21］西安市地方志馆、张永禄主编：《唐代长安词典》，陕西人民出版社，1990 年，第 63 页。

［22］《长安志》卷九："朱雀街东第五街即皇城东第三街，街东从北第一坊，尽坊之地筑入苑，十六宅。"成文出版社，1931 年，叶一。按此入苑的第一坊为什么建十六宅？据《长安志》的解释是，先为十王宅，后又增入六王故名。其实一坊之地，分划成十六小区，也正与当时各坊的规划相一致。

［23］宿白：《隋唐长安城和洛阳城》，《考古》1978 年第 6 期，第 409—410 页。

［24］宿白：《隋唐长安城和洛阳城》，《考古》1978 年第 6 期，第 409—410 页。

［25］马得志：《唐代长安与洛阳》，《考古》1982 年第 6 期，第 640—646 页。

［26］中国社会科学院考古研究所西安工作队：《唐长安城安定坊发掘记》，《考古》1984 年第 4 期，第 319—323 页。

［27］田有前、张建林：《西安唐长安城通义坊遗址》，《留住文明——陕西"十一五"期间基本建设考古重要发现（2006—2010）》，三秦出版社，2011 年，第 213—217 页。

［28］《奈良县史迹名胜天然纪念物调查报告》第 25 册《藤原宫》，1969 年。

［29］岸俊男：《难波——大和古道略考》，《小叶田淳教授退官纪念国史论集》，1970 年。

［30］奈良国立文化财研究所：《平城宫发掘调查报告》第 11 册，1962 年。

［31］京都府教育委员会：《埋藏文化财调查概报·长冈宫》，1995—1973 年。

［32］京都府教育委员会：《埋藏文化财调查概报·平安宫、京》，1964—1965 年。

［33］宿白：《隋唐长安城和洛阳城》，《考古》1978 年第 6 期，第 423 页。

［34］王维坤：《中日文化交流的考古学研究》，陕西人民出版社，2002 年。

［35］王维坤：《中日古代都城与文物交流的研究》，同志社国际主义教育委员会，1997 年，第 318 页；王维坤：《中日古代都城与文物交流的研究》，朋友书店，1997 年，第 318 页。

［36］王维坤、宇野隆夫编：《古代东亚交流的综合研究》，国际日本文化研究中心共同研究报告，2008 年。

［37］王维坤：《中日文化交流的考古学研究》，陕西人民出版社，2002 年。

［38］王维坤：《论西安北周粟特人墓和罽宾人墓的葬制与葬俗》，《考古》2008 年第 10 期，第 71—81 页。

［39］2018 年 4 月 4 日上午，我在宿先生家举行了一场悼念、追思缅怀会，以寄托我们的哀思！

宿白先生琐忆

陈彦堂（河南省文物局）

2018年2月1日刚上班，惊闻宿白先生驾鹤仙逝的噩耗，顿时泪眼朦胧，不能自已。很自然地，我想起了燕园求学期间宿先生的耳提面命，想起来步入社会后宿先生不时的谆谆教诲，更忘不了最后一次去北大探望时，坐在藤椅上无法起身的宿先生眼神里透出的无奈……

往事如烟。关于宿白先生的为学为师为人的种种，历历在目。我个人才疏学浅，无缘置喙。权且剪裁几个个人与宿先生在一起的片段，祭奠这座仰之弥高的大山。

我是1983年入学的。就是在这一年，北大考古专业从历史系独立出来，宿白先生是该系第一任系主任，因此我们班就成为北大考古系的第一届学生。入学后第一次迎新会上，宿先生对我们这些即将跨入考古门槛的初学者发表了一番严肃的讲话。但那天宿先生究竟讲了些什么我已经完全忘怀了，只记得他一身整洁严谨的灰色中山装、不苟言笑的表情以及低沉浑厚富有穿透力的嗓音，这种场景让我意识到这是一位很有威严甚至不怒自威的老师。在随后宿先生的必修课和选修课上，这种印象得到了进一步的强化。

上学期间，宿先生为我们班讲授了魏晋南北朝考古课程，并指导权奎山老师为我们讲授隋唐考古。此外，宿先生还为全系开了一门"古代建筑"的选修课。似乎是我们班共同的感觉，在所有的课程中，上宿先生的课是最累最辛苦的，因为宿先生讲课一丝不苟，他不仅一字不落地念讲义，一撇一捺地写板书，还一笔一画地画插图。只要你稍一分心走神，就会跟不上他的节奏，尤其是随着他的节奏画古建筑斗拱结构图。宿先生一般先是以正常速度在黑板上画出一个正视图，然后会很快地画出侧视图和仰视图。我们稍有迟疑，结构和对应关系就有可能出错。有时他还会兴之所至，随机叫上一个同学到讲台上，在他画出的正视图旁边补出侧视和仰视图来。因此，一节课下来，大家都累得筋疲力尽，宿先生却还是一如既往地按着他既定的节奏，不紧不慢地讲授着。这样几年训练下来，不知不觉间我对古建筑的斗拱结构基本烂熟于心，以至于后来宿先生不再给出正视图，而只是写出一铺斗拱的专有名称，比如"双抄双下昂重拱计心造九铺作"，我就能在黑板上画出三视图来，也因此宿先生对我的古建课格外满意。而这一段训练对于我日后的工作至关重要，我毕业以后发表的第一篇学术论文就是关于古代建筑的。

从我们这一届开始，系里要求撰写学年论文，我选择了古建题材的北方地区宋元时期的仿木结构墓葬作为研究对象。很幸运地，我的指导老师正是宿白先生。恰好我们班的宋元考古课程是宿先生请来的徐苹芳先生，所以宿先生又特意安排徐先生对我多加指点。因此，我求学生涯的第一篇习作，很幸运地是在两位学界泰斗手把手地教诲下完成的。宿先生当时对我的要求是，这篇文章完成之后，要基本掌握撰写学术论文的学术规范和基本规则。因此，此后我能够针对某个学术问题进行研究和撰写论文，正是在两位先生的耳提面命下打下的基础。

毕业实习的时候，我被分配到陶瓷组，赴河北磁县发掘观台磁州窑遗址。幸运再次降临，我们这次发掘的领队是宿白先生。当时正在攻读宿先生硕士研究生的秦大树具体操作发掘事宜。发掘期间，宿先生到工地去，和我们一起住在租住的一个农家小院里。因为房间有限，我就和宿先生一起住在西厢房里。白天在工地上蹲在探方里刮地层，分析遗迹现象，晚上宿先生就检查我的发掘日记，指导我绘图，有时还和我们一起拼对修复瓷器。那时农村用电很不稳定，时不时会停电。每当此时，我们就会斜靠在床上，在黑暗中海阔天空地聊天。除了讨论发掘工地的事情外，宿先生也会讲一些考古往事，也会问一些生活中的话题。黑夜里宿先生时明时暗闪烁不定的烟火，以及不疾不徐深沉浑厚的嗓音，成为我毕业实习最深刻的记忆（图一）。

宿先生给人的印象是不苟言笑，也因此被许多人误认为他很冷，甚至网上有一篇文章里说他很"霸气"。我们确实曾经看到过、领教过宿先生的冷峻、严厉甚至霸气，但也确实感受过、体会过宿先生的温情、宽厚乃至仁和。正是这一段时间的朝夕相处，使我看到了宿先生课堂之外的另一面，体会到了宿先生作为一个长者的温情和慈爱。只是，他会把这丝丝温情掩盖在他严肃的外表下。但即使是不经意的流露，也会让你感受到厚重与博大。在来磁州窑发掘之前，我穿上工作服，购买了一大批发掘用品，急匆匆地从三角地的学校商店出来，没成想迎面碰上了宿先生和师母。宿先生看到我衣冠不整并且匆忙的样子，就问我是在干什么。当我告诉他是准备出发去工地并一件件向他展示发掘用品时，宿

图一　1987 年在观台磁州窑发掘工地
左起：陈彦堂 宿先生 王献本 姜林海

先生慢慢抬起手来，轻轻为我拂去头发上和衣服上的灰尘，然后又把我的衣襟和衣领拉正。我当时不禁一怔，凝视着宿先生和师母眼睛里流露出来的慈爱，双手抱着东西一动不动：我先是为自己得到的这份关爱感到惶恐，继之是期望这一刻时光停滞，让我尽情享受平时不苟言笑的宿先生深沉厚重的温情。

工作之后，与宿先生的联系不像在学校那样频繁了，但接触反倒更深入了。刚工作的几年，我时常产生迷茫，对生活和学习不时产生困惑。宿先生从郝本性所长那里听说了我的状况之后，接连给我写了两封信，给我讲述为人之道，帮我巩固专业信心，并且为我分析在河南从事考古工作的利与弊。可以说，正是有了宿先生的开导和劝解，帮我度过了从校园步入社会后的迷茫和彷徨。此后，我的每一项重要工作，都会得到宿先生无微不至的关怀。

我曾经主持了济源轵国故城战国秦汉墓葬的发掘，这是一处在战国两汉考古中具有重要学术价值的考古发掘项目。我意识到了这个项目的学术意义，因此多次给宿先生写信或者面呈发掘成果以及我的看法。终于，在 2001 年初夏，宿先生前来河南进行为期一周的学术考察（图二、三）。期间，我陪同先生在库房内仔细观看了我发掘的济源汉墓出土文物。宿先生对济源汉墓出土的大量低温铅釉陶器非常关注，不仅向我询问出土情况，而且为我解答各种疑惑。在宿先生和徐先生的关心下，《济源轵城战国秦汉墓》被列入 2002 年的国家社科基金研究课题，这也是我学术生涯中主持的第一个国家级科研项目。

此后，我撰写了《关于汉代低温铅釉陶器研究的几个问题》。即将完成的时候，恰好赴北京汇报南水北调文物保护规划。宿先生是这个评审会的评委，所以我就趁机把文稿拿出来请先生看。第二天，宿先生把修改过的稿子交还给我，并嘱咐我既要言之有据，也要把思路放开。尤其是宿先生关于汉代低温铅釉陶器的釉色与战国两汉时期青铜器之间的关系的提示，使我茅塞顿开。就是在宿先生的精心指导下，我把这篇论文反复打磨。

图二　2001 年，宿白先生考察河南省文物考古研究所，左起贾洲杰、孙新民、安金槐、徐苹芳、宿白先生、杨泓

图三　2001 年，作者与宿先生在郑州 右一为杨育彬先生

最后经赵化成老师建议，在《古代文明》第四卷发表。

宿先生的此次河南之行，陪同者包括徐苹芳先生和杨泓先生，以及文物出版社张小舟和李力两位女士，因此可谓阵容豪华。宿先生在河南考察期间，河南省文物考古界的几代人先后前来陪同拜望，如河南省文物考古研究所的前后四任所长安金槐、郝本性、杨育彬和孙新民，河南博物院的张文军、田凯，以及宿先生培养的石窟寺考古研究的中生代代表龙门石窟的温玉成、郑州大学的贾洲杰先生等等，一时云集，蔚为大观。我则受命居中联络，安排行程和事务性的工作，因此得以有机会与前述各位学界前辈与时贤近距离相处请益。

在这个过程中，我又一次深切感受到了宿先生的严谨与深刻。在观看济源汉墓出土低温铅釉陶器的过程中，长期做佛教考古研究的温玉成先生很敏锐地注意到有一件陶俑的手势比较独特，他马上询问我该墓的相关情况。我简单介绍完毕后，温老师激动地说，这个俑的手势应该是施无畏印，这个陶俑应该是中国最早的佛教造像（出土此件陶俑的墓葬是东汉中期的）！我刹那间被温老师的情绪感染，把兴奋而且期待的目光转向宿先生。宿先生一直低头观看，听到温老师的评论后面无表情，不置可否。等我发问后，宿先生把目光转向徐苹芳先生，慢悠悠地问道"苹芳，你看呢？"徐先生很平和地一笑说，"还需要考虑。"这时宿先生才转过头来，对着温老师说："再看看资料，再考虑考虑吧，别这么快下结论"。然后宿先生很严肃地对我说："你对这批资料的整理一定要深入严谨，不要急于下结论和评价，立论一定要言之有据"。

宿先生当时的真实看法我不敢妄加揣测，不过此后不久，我在西安一个学术会议上再次与杨泓先生相遇，杨先生明确告诉我说，东汉时期，佛教还没有形成手印系统，所以济源汉墓出土的那件陶俑不可能与佛教手印有关。我听完暗想，怪不得当时宿先生让我们再考虑，不急于下结论，实际上应该是在用实例教诲，研究工作不可遽下结论。当时还在上海工作的杭侃兄曾在电话里给我说，你把这件陶俑及其先生们的意见整理一下，写出来在上博馆刊上发表吧。可惜我一直心存疑虑，未敢动笔。有趣的是，后来温玉成老师写了一篇文章，谈到这件陶俑时，又改变了看法，认为这可能与老子的形象有关。

这个时期的宿先生感觉更加宽厚，甚至有时候比一向谦恭待人的徐苹芳先生还要容忍我的出格。济源汉墓曾经出土一件彩绘神兽多枝灯，非常华美。我在撰写发掘简报时按捺不住手痒，写下了一段自认为非常有激情、非常有文采但是根本不属于简报内容的文字。可想而知，这种非简报体的想象肯定会被斧削。数年后，我在北京金台饭店出席一个会议，晚饭后陪着宿白先生和徐苹芳先生散步时，话题扯到了这个情节，才知道当年审稿并且斧削的正是徐先生。徐先生在路灯下停下脚步，严肃地看着我说："陈彦堂，你这是在写发掘简报吗"？我听完非常窘迫，抬头看看宿先生，以为他会配合徐先生教训我一番。没料到宿先生听罢，竟然呵呵一笑，未置一词，徐先生也因此作罢，没再深究下去。

但宿先生还会时不时地表现出他的认真甚至是不近人情的一面。文物出版社曾经出版了《宿白先生八秩华诞纪念文集》，收录了经宿白先生亲自审定甚至逐字修改的国内外学者数十篇学术文章，包括严文明、徐苹芳、张忠培、菅谷文则等知名学者，因此是一部非常重要的学术著作，在学术界影响很大。后来，河南省文物局的时任领导想去北京拜访宿先生，让我联络安排。我给宿先生打电话，他说要是没有具体的事情就不用来了，但经不住我的劝说，还是答应了。礼节性拜会和客套结束后，我们一行起身告辞，宿先生突然对最后一个出门的我说："你回来一下"。我不敢怠慢，随着先生回到他的书房。宿先生并不理我，径直坐在书桌前拿起笔来在一张纸上写着什么。写完后交给我说："你拿着这张纸去文物出版社找李力"。我接过来一看，是一个名单，是让李力按照宿先生开列的这个名单赠送《纪念文集》。我当时喜出望外，但很快觉出有点尴尬：我发现名单上既有来看望的人，比如孙新民所长和我；也有没来看望的，比如郑州大学的陈旭老师。而一起来的有些人，比如河南省局的领导，却不在名单中。我就不知深浅地问了一下。没想到宿先生非常坚决而且不以为然地说："那人又不做专业，送了没有任何意义。你走吧，别说了。"我于是不敢再多言。到了出版社，见到了楼宇栋先生和李力大姐。他们告诉我，老爷子对送书一事要求极严，必须按照他认可的名单，不敢擅专。

事后我想，宿先生这种貌似不近人情的做法，和他对学术问题严肃认真的态度其实是一脉相承、一以贯之的，一如前述他对学术问题的较真一样。他不认为把学术著作送给行政干部是一种礼节，也不认为算是对行政干部的尊重。相反，学术著作就应该送给有需要的人，这样才能物尽其用，避免学术资源的浪费。

宿先生以其深厚的学识素养嘉惠学林的事情不胜枚举，我个人参与的一个学术项目让我对此有了更深切的体会。2006年，河南省官方主持启动了一项规模巨大的文化工程：编纂以系统整理中原传统文化为宗旨的《中原文化大典》。这是一部类似于百科全书式的丛书，涉及人文社会科学的几十个学科，共计55册，近3000万字。宿白先生与季羡林、张岱年、任继愈、李慎明诸位先生一起，被河南官方聘请担任丛书的学术顾问。不同于社会上一些学者对学术顾问这个角色"顾而不问"甚至"不顾不问"的看法与做法，宿先生对《大典》学术方面尤其是文物考古方面的问题一丝不苟，不仅为丛书策划方和出版方无数次答疑解惑，更是对具体的学术问题提出不可胜记的指导意见。我本人因缘际会，忝列《文物卷》编委兼《漆木器》和《金银器》卷的分卷主编，免不了一而再再而三地向宿先生请教编写过程中遇到的种种问题。宿先生耳提面命，循循善诱，哪怕一些很繁琐的事项，他都不厌其烦地为我找出解决之道，甚至为此还给在漆木器方面造诣颇深的专家、原湖北省文物考古研究所所长陈振裕先生打招呼，请他给予帮助和指导。因此可以说，这部卷帙浩繁的丛书得以顺利出版并保有高质量的学术品位，实实在在浸润了宿先生的心血（图四）。

这些年来到北京出差，不敢奢望每次都蒙允去府上探望宿先生，但先后都会分别和权奎山老师、樊力同学、杭侃陈平伉俪以及徐光冀先生等联络，交流各自所知道的宿先生的情况。尤其是近年来随着先生的年事增高，不敢贸然打扰他，只好把想念之情压在心里。好在大家不时分享一下各自分别看望的讯息，倒也很是喜悦。

我最后一次看到宿先生是 2017 年的六月（图五）。已是初夏，宿先生安坐在那张已经老旧的藤椅上，穿了一件深蓝色的羊绒衫，脸上显现出少许的急躁和疲惫。我说起首届中国考古学大会给他授予的终身成就奖时，他很平淡地微微一笑。但当我给他说起 2001 年他的河南之行时，宿先生的双眼突然亮了起来，很兴奋地对我说，那时我还可以登上开封城墙呢！我说是啊，我还记得您当时画了很多现场素描呢！然后我们又说起在磁州窑发掘工地的日日夜夜，说到黑夜里斜卧床铺聊天的情景，我说我当时还和您争论发掘位置的选择呢，先生突然很孩子气地笑了起来。再然后，宿先生又沉默了，许久，他伤感地说，真快呀，十几年过去了，我现在都动不起来了！

临别，我蹲在藤椅旁，紧紧倚着宿先生的肩，心中默默祈祷，深深祝福。

图四　2008 年编写《中原文化大典》期间拜谒　图五　最后一次拜谒宿先生（2017 年初夏）
宿先生，宿先生当时受聘为《大典》学术顾问

匆匆间 30 余年静静流过，我们班同学都已经从青葱少年步入知天命之年，宿先生也从讲台从考古工地慢慢地坐在了那张沧桑的藤椅上。看着眼前先生的照片，迎接着他深邃的目光，不敢相信，他真的会离我们而去。但无论如何，那座仰之弥高的山，将会永久屹立。那双睿智的眼睛，将会永放光彩。

2018 年 2 月 1 日夜草成，2021 年 10 月 6 日改定

怀念同宿白先生在一起的美好时光

梁子明（山西省考古研究所）

我没有上大学的经历，因而都二十多岁了竟然没有听说过宿白先生，更没有见过了。1959 年我从事文物工作后，在平素工作中，同事们尤其是他的学生们，谈起宿白先生来，神秘神奇无不敬佩，这才使我很是留意这位先生。原来在中华人民共和国成立初期的 1951 年，河南省禹县白沙镇，出土了三座北宋时期的砖雕壁画墓。发掘工作是在许多老先生的指导下进行的，发掘结束后将此次编写发掘报告的重任，交给了当时年仅三十出头的宿白先生。宿白先生勤学苦干，查阅了数不清的文献及有关资料，用自己的辛苦和智慧，圆满完成了这一艰巨任务。1957 年，由宿白先生执笔完成的《白沙宋墓》刚一出版，立即在文物考古界引起轰动，这是中华人民共和国成立以来从策划到发掘、整理、编著为一体的，一本具有奠基和典范功能的考古报告，得到了老一辈考古学家的好评和赞赏，所以一上市就抢购一空。1959 年，山西省文物工作委员会侯马文物工作站也发现了金代砖雕墓群，十分精彩，尤其是戏台和戏俑，雕刻技艺绝对空前。这时候《白沙宋墓》就派上用场了，在发掘与报告的编写过程中，绝对具有指导性的重要意义。国家文物局派驻侯马文物工作站的谢元璐老先生就说："有问题去翻《白沙宋墓》，正文里解决不了的问题，就从注释里找。"使整个发掘和整理工作顺利进行，研究工作也有了依据和样板，这充分说明和体现了《白沙宋墓》的指导意义。

1970 年，组织上把我从学习班抽调出来派往北京参与出土文物展览工作。文物装箱运到北京故宫慈宁宫。临时负责人是国家文物局局长王冶秋先生，日常工作则是由国家文物局秘书陈滋德同志负责。王冶秋先生暂定为图博口副组长，从北京大学考古专业调来几名教授，宿白先生就是其中之一，这才是我与宿白先生初次见面。他身高体胖，典型东北人的体质，戴一副度数较大的眼镜，穿着不甚讲究，一看就是学者的风度。展览开展后，震撼了整个北京城，当时仅限于给有关部门发票，还没有公开售票，但前来参观的人流如潮水般，就连外国驻京使馆人员也得分批参观，这种景象被誉为"乒乓外交"之后的"文物外交"。

为使出土文物展览更为精彩，后又增添了部分文物，其中有大同出土的司马金龙墓石雕柱础、砚台、棺床拓片、彩釉骑马俑、木板漆画等。我两次从北京返回调运这些文物到北京，刚到展地，许多工作人员抢先要看，其中的木板漆画大家都不太懂，不约而同地把目光集中到宿白先生身上，因为他是一位百科全书式的考古学家。宿白先生说："今天是星期六，我要回家，查一查文献后，再准确回答你们的问题。"第二天回来才非常有底气的答复："这是列女传的故事。"这种严肃认真的学术追求，不仅触动了国内学者，也感动了许多外宾。

展览仍在继续，外国的许多汉学家和政要又提出能否将这些文物拿到世界各地展出。于是在故宫西华门内的武英殿举办了"中华人民共和国出土文物展览"，目的是为到国外巡展做准备。《文物》《考古》《考古学报》三大杂志也开始复刊。复刊工作很不容易，没有办公地点，更谈不上办公室，只有一个半人，一个是文物出版社的廖英同志，半个是宿白先生（主要是为"两个展览"出画册），只能为复刊工作半天。复刊第一期的内容主要是出土文展的情况介绍，我是个文物摄影人员，帮助做一些照片的收集、制作，顺便跑一跑印刷厂等杂务，只能算是义工而已。一个半人的编辑部，每天提着包在展览会转悠，这里谈谈，那里站站，搜寻一些有用的资料。《文物》是在 1972 年复刊的，不久组稿时发现一篇来自山西有关地震资料的一篇文章，即《略谈利用古建筑及附属物研究山西历史上两次大地震的一些问题》，特别引起宿白先生的注意，第二作者署名"临洪文"，宿白先生不认识也不知道是何人，便问来自山西的我，可我也不知道是何人。后来通过熟人了解方知是宿白先生的学生叶学明先生，他曾陪同中科院地球物理研究所的专家组，共同对山西晋南地区历史上大地震进行了详细调查，无论地貌的变化、古建筑的损伤，还是文献、县志的记载，碑文的描述和民间传说，统统记录在调查日记中。叶学明先生根据调查日记昼夜奋战著就此文。公开发表时用了个谁也不知道的"临洪文"。此文在《文物》1972年第 4 期发表以后，社会反响很大，尤其是业内反响更为强烈，随后便出现了"天文考古""水文考古""交通考古""农业考古"等研究课题，考古领域扩展了很多，服务面向多元，人们都称赞宿白先生是一位伯乐。

宿白先生率先投入到复刊工作中，满怀热情，义不容辞地按时完成了复刊工作任务，促使各项工作逐渐回到了原点，并呈现出初步繁荣的景象。

1971 年春，一个星期日的晚上，宿白先生从北大返回故宫，进神武门到西华门武英殿，必经隆宗门军机处，这是我们外省来人的住处，一排矮小的房子，乌黑一片，在那没有电视的年代，同志们都早早睡觉了，唯有我这小间灯还亮着，平时我把看过的报纸集中起来当宣纸练习写毛笔字，没有字帖，买了一本简装的《说文解字》，按部首从头到尾的抄写起来，坚持不断，每日如此。宿白先生路过，见我房子里灯还亮着，便推门而进，轻声说："还没睡啊？"我便停笔起迎。先生立在桌前，一眼就瞄准了我刚写完一遍的《说文解字》部首，用手摸了摸，随口一句："你又写了一亥？"我不知所措地笑着点头。先生发现我有些纳闷，坐在床边不慌不忙地说："我说的是辛亥革命的亥，不是害人的害，《说文解字》部首的第一个字是一，最后一个字是亥，你从头到尾又写了一遍，这不是又写了一亥吗？"

猛然间才明白先生之意，是在夸奖我，鼓励我，并非说我要害人的意思，我连忙道了声："谢谢老师！"我只是牢记了偏旁部首和规律的用法，却忽略了《说文解字》部首的核心功能，羞愧啊羞愧！先生眼光又瞄上了我写的隶书，用他那东北沈阳腔调说："行啊，小字写的也不差，人长的也很帅。"我接过话来，说："这字写的好坏能和人长的好坏扯到一起吗？"先生慢条斯理地说："字如其人嘛。"我又谦逊地说："长的跟镇墓兽似的，哪能跟帅字沾上边？"先生说："行！和你这样的好人共事绝对保险。"我问："咋讲？"先生说："辟邪呀？"我们二人的笑声差一点把邻近睡觉的同事们惊醒，先生用手捂着嘴小声说："时候不早了，告辞，明日再见。"从此以后，每见到先生，心里非常轻松亲近。在他的勉励下，我习书的信心倍增，不由自主从内心发出"好老师、好学生"的感慨。

一个人，一生不谋官位，不讲学位，不计得失，只迷学问，他是真正的圣人。

继《白沙宋墓》之后，半个世纪以来，宿白先生呕心沥血为国育人，培养和造就了一批又一批的优秀人才，他的学生很多都是博物馆馆长、图书馆馆长、考古所所长等，如今学生的学生都成为国家的栋梁。可作为老师的宿白先生"老骥伏枥志在千里"，奋斗终生，从不懈怠，一心为了中国文博事业的繁荣，将终身学业积累，著就了一部巨著《中国石窟寺研究》，1997年被美国华盛顿史密森学会弗利尔博物馆和日本京都亚洲艺术研究中心联合颁发国际学术奖"岛田奖"。按规定：此奖项每两年评选一次，每次评出一部作为奖励，而1997年山西省考古研究所与美国普林斯顿大学合作编著的《侯马陶范艺术》，与《中国石窟寺研究》票数相同。有的评委就提出重新投票，遭到了多数评委反对，理由是要绝对尊重评委的尊严，虽然打破了章程，这也是一件好事，两种著作同时获奖，不也显示出学术活动的严肃性？我参与了《侯马陶范艺术》编著工作。当接到获奖通知时，欣喜若狂，这是多么振奋人心的好消息！虽然奖金少了，但是中国的荣誉多了，这是金钱无法衡量的。

就在我们要到华盛顿参加颁奖仪式时，宿白先生因他事冲突不能前往，申请可否由夫人代行其事，美方立刻回复："当然可以。"所以宿白先生亲自给我打电话："望一路多加关照。"能与先生同享此荣真是我莫大的幸福。今天能够有机会在此表达我的心声实属难得，也是我写作此文的动力之源。

宿白先生生前给中国文物考古界留下十分丰富的遗产，后人一定会努力继承并发扬光大。安息吧，宿白先生！

2018年7月24日

追忆我考古人生重要的引路人——宿白先生

黄秀纯（北京市文物研究所）

2018年2月1日，清晨醒来，已经习惯了第一件事就是打开手机浏览一下朋友圈。惊悉，6:05分，宿白先生病逝。我不由得倒吸一口凉气。虽然我们都要往那边走，但是还是觉得先生走得太早，太急促了。我们逝去的不仅是一位长者，更是我们人生的向导。离开的不仅是一位亲人，更是我们坚强的依靠。悲痛长号，让我们祈祷，宿先生千古，一路走好，到天国的怀抱！

图一　2000年宿白先生在朗润园旧居，祁庆国摄

我和宿白先生早在1972年就认识了。那是在故宫武英殿举办"全国出土文物展览"期间，由徐苹芳先生和我单位的赵光林先生陪同，著名考古学家、北京大学考古系教授宿白先生前来参观。由赵光林先生介绍，我认识了宿先生。我当时是临时讲解员，主要接待宿先生。他们边走边聊边看展览，我在后面慢慢地跟着，时而回答一些有关北京出土文物的事宜。在谈到元大都遗址发掘时，徐先生介绍，1970年在西直门内桦皮厂清理明清北城墙垫基石中，发现一块辽张俭墓志。宿先生认为该墓志非常重要，张俭《辽史》有传，是辽代重臣，地位显赫，但《辽史》记载疏漏错误之处甚多。宿先生转过头来对我说："小黄，你可以写写张俭墓志考。"我当时没有表态，深知自己的水平，写篇《简报》还行，写考证的文章恐怕难以胜任。但是我没有放弃。从此我苦思冥想，如何完成先生留的作业。我从读《辽史》开始，记了很多卡片，写了很多读《辽史》的笔记。书山有路勤为径，学海无涯苦作舟。

真正开始动笔写《辽张俭墓志考》这篇文章，是在 1976 年 7 月 28 日唐山大地震以后。先是录文，再逐条逐字考证。文章最终发表在《考古》1980 年第 5 期。在宿先生启蒙下，我开始发表论文及考古简报，为此也经常去北大朗润园拜访宿先生。

　　宿先生非常关心北京的考古工作，哪里有重大发现，哪里就有先生的身影。20 世纪 80 年代初，我参加琉璃河西周燕国墓地发掘。宿先生在赵光林先生陪同下，考察了琉璃河遗址。1991 年 4 月初，我主持发掘龙泉务窑址。工地开工不久，宿先生和他的学生秦大树，在赵福生副所长陪同下，来工地参观并指导工作。早有耳闻宿先生治学严谨，特别是田野发掘。来之前赵福生先生一再叮嘱："把地层搞明白了，把图纸整清楚了，宿先生去肯定检查你的工地。"为此，我两三天前就把田野资料准备齐全了。先生来的那天，我非常紧张，小心翼翼地跟在他身边，并简单介绍遗址发掘情况。先生拿着图纸，一丝不苟地逐一核对地层，并一再强调说："田野问题一定要在现场解决，特别是地层，它是我们断代的依据，决不能含糊，绝不能拿到室内解决。"

图二　1983 年夏，宿白先生（左三）视察琉璃河考古工地，赵光林先生（左二）陪同。左一为作者，右一为田敬东

　　我虽然不是先生门下弟子，但是先生待我如斯。多年来先生对我的成长非常关心。1998 年北京辽金城垣博物馆举办"北京龙泉务窑出土瓷器展览"，宿先生应邀出席开幕式。休息时，宿先生问我："贵庚了？"我用北京话笑着说："您断断（猜猜的意思）。"没想到先生听懂了，说："有 40 岁？"我说："没了。"先生又说："那 35 岁？"我不敢让先生再猜了，赶快说："您说反了，我 53 岁了。"又问："带徒弟了吗？"我说："没有。"宿先生说："该带徒弟了。"后来，再次见到宿先生，先生又问我是否带徒弟之事。我说："再过两年我该退休了。"宿先生说：

图三　1991 年 5 月初宿白先生视察龙泉务窑址工地。前排左起：赵福生、宿白、黄秀纯，后排：秦大树

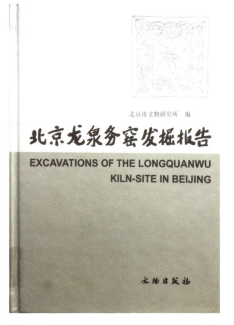

图四 《北京龙泉务窑发掘报告》书影，宿白先生题签

"为什么还没带徒弟呢？"我说："不敢带，怕误人子弟。"

2001年《北京龙泉务窑址发掘报告》即将出版之时，春节期间我再次去先生府上拜访，并拟请宿先生题写书名。先生非常高兴地答应了，并说："你先别走，我马上写，写好了你带走，省得你再跑一趟。还有靳枫毅的《军都山》一块儿写，你交给他吧。"先生说着起身就要找纸，我说："别找了，我给您备着纸呢！"于是先生移步书房，提笔书写了《北京龙泉务窑发掘报告》题签。很快，先生遒劲有力的墨宝展现在眼前。当时我的心情非常激动，在先生面前我是无名小辈，先生是考古学界泰斗，却如此平易近人，从不端架子。我不知如何是好，立即拿出事先准备好的润笔费呈给先生。先生一见，说："这是干什么！"态度非常坚决地拒绝了，并说："你要是这样，我不写了，这个（指写好的两款题签）

都别拿走。"先生的脾气我知道，只好作罢，连声道谢。先生如此关爱晚辈，使我自愧不如。他高尚的品德永远激励着我，做一个实实在在的学问人。

2001年，在徐苹芳先生鼓励下，我主持发掘北京金代皇陵，宿先生在徐苹芳先生、齐心先生陪同下来工地考察多次。此时先生已经是79岁高龄的老人了，可是上下山不用搀扶，步伐矫健。最长的一次，在工地逗留近三个小时，久久不愿离去。先生一再叮嘱我说：

图五 2002年10月徐苹芳先生（右二）与齐心先生（左一）陪同宿白先生（左二）视察金陵考古工地（右一为作者）

图六 2002年10月宿白先生（右）、徐苹芳先生参观金陵遗址后留言

图七　金陵出土神道的工作照

图八　金陵出土的神道

图九　金陵碑亭遗址

图一〇　金陵出土"睿宗文武简肃皇帝之陵"石碑
（1986年，黄秀纯吴元真锤拓）

图一一　《北京金代皇陵》发掘报告
书影（姚敏苏摄）

"搞金陵遗址非常辛苦……你把平面布局搞清楚了，就是一大贡献。"

当时在神道两旁发现有台址遗迹，我最初认定是"鹊台"。宿先生问我："依据什么定的？"我振振有词地说："依据河南北宋皇陵前边有两个对称的'鹊台'，还有东北阿城阿骨打陵前的高大建筑物也叫'鹊台'。"宿先生说："不行，这个依据不准确。不知道的地方，不要瞎起名。"我说："那您给起个名字。"先生笑眯眯地说："我不知道，也不给它瞎起名。"2002春节，我去宿先生府上拜年时，先生仍然揪住"鹊台"一词不放。我故意"抬扛"说："这处遗迹我真不知道叫什么，您这么大学问，也不给起个名。人家都叫'鹊台'，咱们也这么叫吧。"宿先生说："金代鹊台你见过吗？"我说："您都没见过，我上哪儿见呀。"先生接着说："对，咱们谁都没见过。我去年就说过，不要瞎起名。考古是一门科学，来不得半点虚假，我看就叫台址，让后人去研究吧。"我不知道用什么词汇形容宿先生治学的"犟劲"，但又非常佩服先生治学严谨认真的精神。先生严谨的学风潜移默化地教育了我，在正式发表《简报》时，我将"鹊台"改为"台址"（见《考古》2004 年第 2 期）。2003 年古建筑专家王世仁先生来金陵考察，认为这两处台址应该是碑亭遗址，并撰写了《北京房山金陵碑亭原状推测》的研究性文章（见《北京金代皇陵》，文物出版社，2006 年）。实践证明，宿先生坚持己见是无比正确的，令人钦佩。

如今先生驾鹤西游，离我们而去了。先生一路走好！您的学生永远铭记您的教诲，您的音容笑貌、高尚品质永远留在我们心中。您在九泉之下安息吧！

2018 年 2 月 7 日于先生"头七"祭奠

后　记

写这篇文章时，宿白先生的音容相貌，一直在我脑海中浮现。四十余年来我和先生亦师亦友，时而请教学问，时而聊天，先生没有把我当外人。正像靳枫毅先生所说："宿先生对你有恩。"是的，在考古生涯中我是外门汉，师傅领进门，修行在个人。我的老师宿白先生、徐苹芳先生及文研所老所长于杰先生把我带进考古大门。在他们的指导下，我完成了《北京龙泉务窑发掘报告》（2004 年 12 月荣获北京市第八届哲学社会科学优秀成果二等奖）与《北京金代皇陵》发掘报告，曾在《考古学报》《考古》《文物》《考古学集刊》《收藏家》《中国文物报》等报刊发表论文九十余篇，并有《考古人生》《考古与文物漫谈》回忆录。他们在天有灵，我可以告慰他们，您的学生没给您们丢脸。

本文最初在《阿遥茶话》微信公众号发表，后发表于《北京文博》（北京燕山出版社，2018 年）。感谢文物出版社姚敏苏编审对本文的修改加工。

学恩如海　表路明灯

——追念宿白先生

阎　焰（深圳望野博物馆）

2005 年 1 月，拙稿《天边的彩虹——中国 10—13 世纪釉上多色彩绘陶瓷研究》由上海世纪出版集团联合大象出版社正式出版。而后携新书返京亲赴东四九条呈徐苹芳先生。徐先生览阅后反复言及此研究、发现非常重要，是历史文献内不易找到的新史料；给予不少鼓励。并言这种特殊的古代城市遗存材料，应该给宿先生看看。

转眼入夏，突然一日徐先生来电问我是否在京。我告知，在。徐先生言，已经同宿先生约好，隔日上午十点，到蓝旗营家里去相见。因有会，他就不一起去了，让我到前再给宿先生家里打一个电话确认。次日一早八点半我就拨通了电话，再次确认约定。记得那天不冷不热，温度适宜，坐在车上穿过一些小街时，树叶影绰透过车窗玻璃在眼间和身上晃移，时间仿佛特别地慢，但又特别地快。从马甸到成府路，转瞬即至。我早到了十五分钟，故在小区中间的草地花丛间兜转，不好意思过早打扰。十点整，我按响门铃，走上台阶，淡黄色漆门开启。宿先生身立门内，先生的第一句问候，令我眼热，那一幕此生难忘。随后进屋，先生指沙发让我坐下，并倒了杯水放在方板凳上，然后对面落坐藤椅中。先生说徐先生已经将情况和他讲了，问我此城市遗址所出的"红绿彩"研究还有什么具体的信息。我遂将《天边的彩虹》图书翻开，几乎是逐页将里面比较重要的信息和先生一一说明。时间很快，保姆阿姨开门提菜回来，才发现转眼就近午了。简单又讲了一些城市遗址工地的情况，就起身告辞。先生言，欢迎改日再来。

隔周致电先生，得约一个下午，再次到蓝旗营拜望。遂将整体发现这类宋金城市遗址彩瓷标本的信息，更进一步向宿先生说明，尤其是有关于豫北区域的情况。先生明示，这类宋金时代的城市遗存，非常重要。国内城市考古所做工作规模远远不够，而城市尤其是核心城区改造拆迁得又特别快、范围特别大。目前华北区域的城市中心，在古代时很多也是城市中心，城摞城的现象非常普遍。这些信息一旦消失永难再见。先生认为《天边的彩虹》涉及内容很多，但是可以将华北部分尤其是豫北区域靠近宋金京畿周近的城市调查，单列出来以论文形式进行论述介绍，以便更多学界同行看到这一重要材料。先生并很愉快的题写了"中原地区宋金之际的民间彩瓷，是很值得重视的新资料"（图一）。

图一　关于宋金彩瓷 题词　　　　图二　2005 年 7 月同宿先生第一张合影

题词后，我又问，如果做论文多大篇幅为好。先生言，文章以能讲清楚，讲明白为目的，在《文物》刊发最好。并直接拟了稿名《河南中部迤北发现的早期釉上多色彩绘陶瓷》。此行还蒙允得同先生合影，这是我和宿先生的第一张照片（图二）。

而后两个月，我一直梳理这篇稿子，九月间，拿着做完的稿子再次去见宿先生，那天正好先生约了去医院检查。简单聊了几句，将稿子放下，随即离开。而后没有太久，《文物》月刊的张小舟执行主编来电。一开口，小舟姐就说，宿先生圈改过的稿子已转给杂志社，在她桌子上，但有不少图片和具体信息仍需要补充。后来反复多次和王霞编辑沟通、校对、核清；最后才发现，稿子篇幅那么大。这期间我又去过宿先生家里一次，就文稿中标本发现采集点图例的问题向先生请示，是否出图。所得回答非常肯定。话间我也提到，稿子篇幅过大，是否再次删略；宿先生没有理我。隔年文稿刊发于《文物》2006 年第 2 期。在五四大街北大红楼旧址，拿到正刊时，无比激动，这篇稿子所占篇幅达 39 页之多。在许多年之后，一次和小舟姐聊叙，小舟姐告知，最早那篇红绿彩的稿子，篇幅太大了，本是拟分两次或三次刊发的。就是宿先生讲的，文章非常重要，不建议拆开来发，才得以一次发清的。记得那次聊天之后，几日里我都睡得恍惚，无尽感念。这篇稿子也是宿先生对我学恩润泽的开始。

后拿着月刊再去见先生。宿先生翻览杂志，说图片印得好很清晰，这类城市考古调查材料值得多留心。复又聊了很多城市考古，特别是开封宋代古城的信息。我随口说到，城市遗址的堆积里，有很大数量的红黏土制作的各类花果、神怪、动物、殿宇、人物类的泥模、陶俑头类玩具发现，同时还有一些类似泥签封头样的残块。先生非常敏感地说，他的《白沙宋墓》里有关于这类泥模、陶俑头玩具的信息。并建议将这些信息收集一下做成文章。同时先生还提示，北宋汴京周边的窑器，尤具独特性，也值得将这类窑器放到宋代及以降的金代历史环境中进行系统的研究。后我专门核对细细阅读过 1957 年 9 月刊印的《白沙宋墓》，在"颍东第一三一墓""墓的装饰"一节中读到了，先生所言"抗战期间河南郑州附近曾出宋陶俑头一批"的内容。有关宋金城市陶模的课题，我在接下来的十余年一直都在留心收集整理，确实多有所获，但遗憾始终没能成文辑册，深为愧疚。倒是有关泥酒封的问题，做了材料收集和史料梳排，记得应该 2007 年初成稿，后面呈先生批阅。先生一望就指出，很可能在以前旧的早期考古发掘中有过这类器物保存现象。但因为泥封上大多戳记痕不清晰，加上墓泥覆盖，这类泥头封提取时很可能会被遗漏或当成附着泥剥去。这些现象以后要多加留心，同时也要注意城市遗址发掘时已经剥下来的泥头封印残迹的清理。在多次反复修改核校后，此稿以《酒封小考》为题，于《文物》2008 年第 6 期刊发。

　　同宿先生相见的次数越来越多。我也因单位的事有更多的时间要由京到深圳去。但是每次见先生就会将自己的功课、阅读、思考，乃至所见所闻，讲给先生听，遇到有趣的信息，先生会问得很细。同时先生的许多表述都闪烁着智慧的光芒。如"大师之后再无大师"的话题。先生说"今天确实很难再出现大师了，因为能指导求学者该去读哪一类书的人都越来越少了，怎么会有大师呢？再出大师估计要很多年之后了。经济环境好了，后来者学会读书了，那时可能就又会有大师出现了，但很难。"有关沸沸扬扬的"魏武帝陵"新闻刚发时。我得巧见先生，聊及此信息。先生说"要把所有的考古发掘基础工作做好做细，然后先确认它是目前所发现已知最高等级的曹魏墓葬即可。其他的信息判定结论，随研究再跟进。"另关于西藏佛教研究。先生说"藏文学习特别重要，但不容易学，要下苦功夫。且一定注意实地考察，原始信息的获得是研究的关键。同时要把整个高原区域的历史同中原做深度关联，吐蕃和唐、藏区和元、西藏和明清中央，这些联系起来，才能看清很多历史的核心。"有关于西藏艺术，先生特别提到他发现的大昭寺所藏胡人乐舞纹鎏金银壶的问题，并一再遗憾当时只能看到半边图像。再有关先生治印篆刻之事，先生言，年轻求学时，北大有各类兴趣社，赶巧印社，是寿石公先生做辅导，故有一个相对较长的时间细细研习过篆刻。因经济和各类情况，刻完后，取了印拓，即将篆文磨去再刻，留下来的仅仅是印拓散叶。后我将有心人在旧书肆间所获散叶编印成的《宿白印谱》拿给先生阅看，并得先生签名存念（图三）。

　　宿先生，1922 年生，辽宁省沈阳人，名白，字季庚。后有次为先生贺寿，请先生的东北乡亲书家，特意录了首拜贺诗，并恭题先生的字讳，因此印象很深。后研究唐事，阅读白居易材料时，发现一条史料，非常有趣。乐天作《襄州别驾府君事状》："公讳季庚。天宝末明经出身。"由此可知白居易父名"白季庚"。因而我问过先生，先生笑而不语。

　　2009 年初，深圳望野博物馆获广东省文化厅正式批准设立。遂第一时间将此信息面禀先生。并就博物馆整体运营、发展、研究思路给先生汇报，得到肯定。同时邀请先生

图三　《宿白印谱》及1943年宿先生照片旁 签名

图四　宿先生题字馆标

为博物馆题写匾额，先生欣然答应，用铅笔将完整馆名记在纸上，约十日后取。在取到先生题匾的那日我无比激动。暗盟心誓，此后博物馆的发展，必以学术研究，有益学林为立馆之命，以不负先生厚爱。这块匾今日高悬馆前，也算是先生对我们的督视鞭策（图四）。

望野博物馆正式开馆后，筹备的首场大展"三晋窑火"，是古陶瓷研究领域第一个涉及山西古代窑业全面梳理的展览。因无前例可循，故向故宫博物院耿宝昌先生、山西水既生先生做了咨询，两位先生都认为展览构思好，非常有必要扩大山西窑业的专题研究和展览宣传；但工作难度大，要细致做功课。两位先生都很支持，并题了展签。而后下来的具体实施中深深感到探索的压力和难度。在基本有了展览框架的学术梳理雏形后，我特别向宿先生做了当面说明和备选展览文物的介绍。先生在细致听完我的介绍后，明确提示，要对历年山西及周近区域的墓葬发掘品做比对和甄别，用墓葬材料和有限的地方窑业考古发掘调查信息做拼连；理出线条，并为日后的研究和工作留出空间。先生的提示成为我们在2012年那场展览学术构念的基础，也是当时将山西窑器同华北其他窑器进行剥离的根本原则。之后的展览非常成功，广受业界关注，近些年山西窑业考古发掘也逐步证明了先生提示和我们所做前期探索预判的科学性。宿先生所题展标也成为这个展览宝贵的纪念（图五）。

图五　"三晋窑火"展标

从 2012 年起，馆里陆续推出了《来自大唐的雪》《合而不同》《大唐之美》《唐代的白瓷》等展览。这些展览策划从筹备和构思之初起，基本都和先生汇报过，并得到先生的指导、提示和意见。其中有些展览还特别得到先生厚赐题墨（图六、图七）。这些题墨成为对我们最大的褒奖和鼓励，同时也是对我们细致功课、反复深研的督促。

2013年夏，先生生日之前，特去拜望。顺道带去我们参与重刊的甘肃张掖大佛寺金经样本。先生一看，就言及他二十年前在西北考察时去张掖专门看过此金

图六　"来自大唐的雪"展标

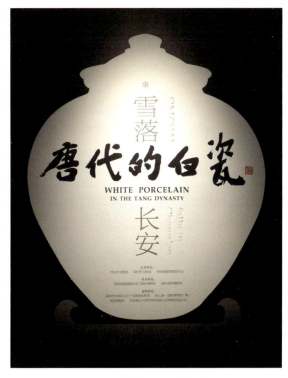

图七　"唐代的白瓷"展标

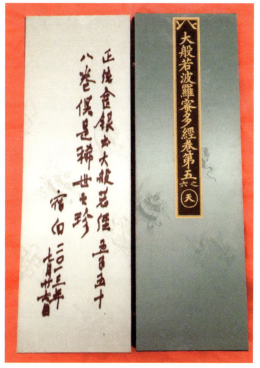

图八　正统金经重刊本题词

经原件。遂在经背绫面上书下 "正统金银书大般若经五百五十八卷俱是稀世之珍。宿白，二○一三年七月廿七日。"（图八）后核对张掖留存照片图像，原来先生 1994 年给张掖藏珍有过题词。"张掖市博物馆所藏明北藏原经柜全套保存完好。又藏正统金银书大般若经五百五十八卷俱是希世之珍。八百有余之康熙年经板亦极罕见，殊值珍重。宿白，一九九四年五月十六日。"（图九）二十年水逝，涉及张掖金银书大般若经题词一字不差，先生记忆力之惊人，叹为观止。

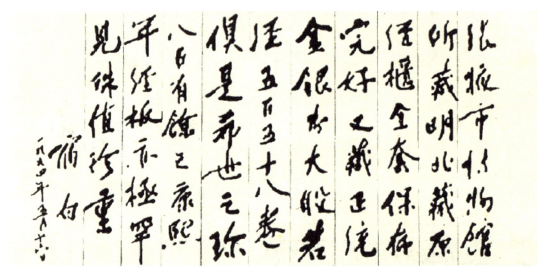

图九　给张掖博物馆题词（资料图片）

2017 年，因为馆务对外工作洽接和项目审核需求。我特别向上级主管单位申请破格职称评定，并提前将这一想法跟先生电话讲述，先生非常支持。盛夏面见先生，汇报具体工作和情况,而后宿先生在我的高级职称推荐书推荐人一栏签下"宿白 2017 年七月廿三日"（图一○）。两个月之后的 9 月 5 日，再次到蓝旗营看望先生。并呈上《游泥泥槃陁及其妻康纪姜的汉文及粟特文墓志——粟特商客在相州（邺）的遗存》稿本，这一功课稿，多年反复修改，得先生指导良多（图一一）。聊叙之余，发现先生精神气色特别好，故拍照合影（图一二）。谁知，这照片成为我最后一组同先生的合影，而推荐书则是先生最后一次为我题名。

2018 年 2 月 1 日早晨 6 点 5 分,宿白先生在北医三院病逝,享年 96 岁。所有美好，俱为追念，一切尽成记忆。2 月 5 日上午一早赶去八宝山同先生告别，也看先生最后一眼。灵堂前，先生自书联高挂:"旧学商量加邃密，新知培养转深沉。致学存乎心，补拙莫如勤。"最外侧悬挂的是先生自书，甚喜爱的藏族萨迦格言:　"山间的小溪总是吵闹，浩瀚的大海从不喧嚣。"

图一〇　宿先生推荐人签名　　图一一　宿先生 审阅《游　图一二　2017 年 9 月 5 日同宿先
泥泥槃陁及其妻康纪姜的汉　生最后一张合影
文及粟特文墓志》稿

　　十三年间拜学先生座前的点点滴滴涌上心头，泪不自禁。先生从不以我愚钝而惜言，
每问必答，有求必应；事事鼓励，时时关爱，微有小成，则不吝褒奖。先生于我，学恩如海；
此生求知，表路明灯。

记于庚子年立冬

宿白先生的遗产

李梅田（中国人民大学历史学院）

宿白先生离开我们三年多了，我们一直在传承着先生的学术遗产，他的著作总是常读常新，发人深省；他开创了多个历史时期考古研究领域，使得后学得以循径拾阶而上。先生的学术贡献自不必多言，现在和将来都将是中国考古学的一块丰碑。作为先生门下一名没什么建树的弟子，我认为先生的另一份遗产——精神遗产，同样值得我们学习、继承和传递下去。

曾经与徐怡涛兄聊到先生的学术品格，几乎不约而同地想到"纯粹"二字。纯粹，对一个学者来说，是何其难得的一个品质。不为世事纷扰所困、以求真为己任，心无旁骛地读书和写字。这真是一个学者的理想状态。在先生的一生中，要做到这一点恰恰是非常困难的，可他真正做到了，始终潜心问学，不问其他，保持着对学术的纯粹追求。先生常说："我从17岁进入北大，再也没挪过窝"。他在未名湖畔一待就是近八十年，其间国家并不平静，抗日战争、国共内战、"文化大革命"……偌大的北大常常容不下一张平静的书桌。在不平静的环境里，先生当然也不可能完全置身事外，一定也有过苦闷与彷徨，难能可贵的是，他总是能及时调整自己的心态，尽量减少外界的干扰。《宿白印谱》中保留了很多他在不同时期抒发心境的篆刻作品，其中有"铜臭满长安，英雄布衣老""臣之壮心犹不如人""天分有限"等感叹迷惘之语，也有"痛饮狂歌""打开窗户纳宇宙"的豪迈，最多见的是淡泊的心境，如"高卧谢浮名""光明如水""超然如尘"等，还有阅读的快乐，如"至乐不如读书""多读两行书，少说一句话""汉书下酒""书癖""但求目所未经书"等。先生以"不贪、少虑、知足、多闻"为生活态度，在多事的岁月里保持了内心的平静与淡泊，总能阻挡外部世界的喧嚣，始终如一地沉浸在纯粹的学术天地里，从未耽搁对未知世界的探索。

先生的淡泊宁静是中国考古学之大幸，中华人民共和国成立后，他以厚积薄发的学术能量造福于无数晚辈后学，奠定了中国历史时期考古学的基本研究范式和学术品格。《白沙宋墓》开创了考古报告的编撰体例，云冈石窟、克孜尔石窟的研究开创了佛教考古的基本理论与方法，《藏传佛教寺院考古》奠定了藏传佛教考古的基础，《唐宋时期的雕版印刷》从印刷术的角度讨论了书籍的版本流传，还有古代绘画史、佛教史籍、中西文化交流等方面的未刊讲义……，这些无不是经典之作，迄今泽惠后学。中国考古学能取得今天的成就，先生功不可没。

先生做的是纯粹学术，“言必有据，不温不火，既明确又含蓄，极其严谨”（徐苹芳先生语），虽然在特殊历史时期也曾因政治原因遭到批判，但先生的学术是经受得了时间考验的。先生对学术的严谨近乎“洁癖”，言必有据、惜字如金，绝无空话与废话，更不会做追求名利的附会之作，每一篇文字都是真诚朴实的、不含杂念的。先生曾与杭侃兄有过一段对话，针对学术界愈来愈多的诱惑，先生说：“大浪淘沙，你不要看现在，一二十年之后，谁能沉得下心，那就看这些人，一个社会一定要有人潜心做学问”。他对学术界的一些浮躁、重利现象时有批评，但在文字中从无指责，表现出长者的宽容、对学者和学术的尊重。他常常告诫后学，尺有所短、寸有所长，我们要取他人之所长、补己之所短，即便不同意他人意见，也要就事论事地讨论，意气用事万不可取。先生的这些告诫是作为学者的珍贵品质，值得我们永记铭记在心并传递下去。

先生是纯粹的学者，也是一位纯粹的教师。他向以“北大一教员”自谓，十分重视教学，以传道、授业、解惑为己任。虽然对大多课程内容已有深入的研究，但每次都要精心准备，课堂教学一丝不苟，与他的文字一样绝无半句废话，课堂上满满都是干货。我在本科阶段有幸聆听了先生的《考古学通论》（下）及《古代建筑》，虽然要跟上节奏很难，记笔记很累，但无疑是我在北大收获最大的课程。遗憾的是，《古代建筑》半途中止，那也是先生最后一次给本科生开课。2000年，先生又与徐苹芳先生共同为博士生授课，先是宿先生讲《历代名画记》，后是徐先生讲《城市考古学》，讲台上二佬并坐，娓娓道来，谈笑风生，让我们和很多慕名而来的外系师生如沐春风（图一）。先生的教学风格潜移默化地影响着已为人师的弟子们，我们也会努力在教学中尽量做到内容充实、表达严谨，

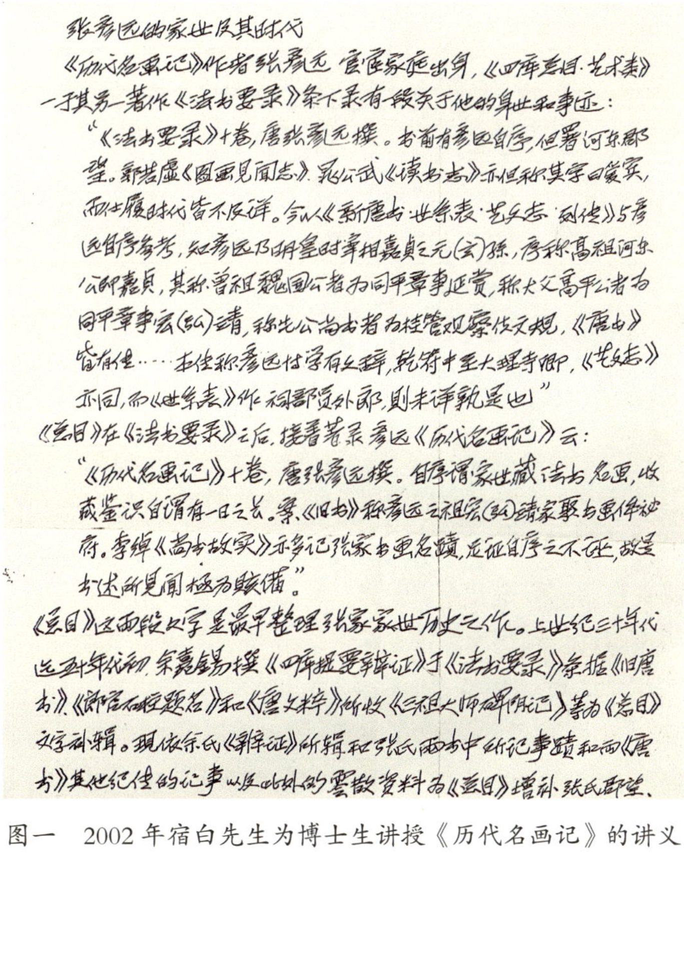
张彦远的家世及其时代
《历代名画记》作者张彦远 宦族家庭出身。《四库总目·艺术类》
于其另一著作《法书要录》条下录有一段关于他的身世和事迹：
“《法书要录》十卷，唐张彦远撰。书前有彦远自序，但署河东郡
望。郭若虚《图画见闻志》、晁公武《读书志》亦但称其字曰爱宾，
而仕履时代皆不及详。今以《新唐书·世系表·艺文志·列传》与彦
远自序参考，知彦远乃明皇时宰相嘉贞之元（玄）孙，序称高祖河东
公即嘉贞，其称曾祖魏国公者为同平章事延赏，称大父高平公者为
同平章事宏（弘）靖，称先公尚书者为桂管观察使文规，《唐书》
皆有传……本传称彦远博学有文辞，乾符中至大理寺卿，《艺文志》
亦同，而《世系表》作祠部员外郎，则未详孰是也”
《总目》在《法书要录》之后，接着著录彦远《历代名画记》云：
“《历代名画记》十卷，唐张彦远撰。自序谓家世藏法书名画，收
藏鉴识自谓有一日之长。案《旧书》称彦远之祖宏（弘）靖家聚书画侔秘
府。李绰《尚书故实》亦多记张家书画名迹，足征自序之不诬，故是
书述所见闻极为赅备”。
《总目》这两段文字是最早整理张家家世历史之作。上世纪三十年代
迄五十年代初，余嘉锡撰《四库提要辨证》于《法书要录》条据《旧唐
书》、《郎官石柱题名》和《唐文粹》所收《三祖大师碑阴记》等为《总目》
文字补辑。现依余氏《辨证》所辑和张氏两书中所记事迹和两《唐
书》其他纪传的记事以及此外的零散资料为《总目》增补张氏郡望、

图一　2002年宿白先生为博士生讲授《历代名画记》的讲义

对重点内容要有自己的研究，引述他人的研究也要明确说明。

先生在指导学生方面更是严厉有加。若从本科阶段算起，我从先生直接受业达十年半，毕业后也常常面聆教诲。这些年里，我对先生最深的印象就是严厉，这恐怕也是所有师兄弟们共同的印象，在先生面前是偷不到半点懒、耍不得半点滑的，否则会招致严厉批评。硕士阶段，我们每两周一次到他在未名湖北的朗润园寓所汇报，往往是去之前焦虑紧张、回来后顿感放松。他不但会检查我们的阅读量，还会穷追不舍地提问，我们常常倍感挫折，但事后再去一一查找未读的书、未思考的问题，才意识到先生的良苦用心，他是以这种方式引导我们读书和思考。有一年，按先生要求，我整整一个学期都在图书馆善本室阅读长广敏雄和水野清一的《云冈石窟》，临近寒假的一天，宿先生来善本室，我跟他说还差3卷没看完，但是要放假了，善本又不能外借。原以为他会让我回家过年，开学后再读。没想到他说，那你春节就别回家了吧，我跟图书馆说说，你把书借到宿舍读吧。就这样，我整个春节都在宿舍读善本。春节后当我拿着两本笔记向他汇报时，他乐呵呵地说："光读还不行，还得思考，写篇文章吧！"又从书架上拿出两本图录，嘱我写一篇作业。当时我心里是颇有怨言的，但我后来的教学与研究都从这些阅读中受益匪浅。

先生的严谨学风也让我们的写作不敢马虎，先生门下弟子里曾有一个不成文的规矩，论文发表前需经先生过目，大多数情况下是会受到严厉批评的。先生最后一次给我改文章，是他九十高龄时，冒着严重的眼疾对我的一篇乐浪墓志论文进行了逐字逐句的修改，帮我一一核对引用文献，甚至帮我抄录了整整两页的百衲本《晋书·礼志》中的葬仪文，嘱我注意文献版本之间的差异与辨析。正是先生的严厉批评和悉心指点，才让我们明白学术的严肃性，并将这种可贵的学风践行下去。

很多学界同仁认为"宿先生的成就前无古人，迄今无来者超越"，我认为此言不虚。先生独创的历史时期考古学研究范式，源自他深厚的史学和传统文献功底，在北大图书馆善本室的工作经历更使得他如虎添翼。作为晚辈后学，在这方面我们是有着先天不足的，必然无法企及。但我们也不能因此妄自菲薄，每一代学者都有着各自的使命，或许，我们的使命就是在先生学术的基础上有所创新，从新的视角、以新的方法去讨论一些新的问题。但是，不应改变的是先生留给我们

图二　宿白先生与作者（2006年）

的珍贵遗产：做纯粹的学术、做纯粹的老师。作为门下弟子，惟有将这份可贵的精神遗产传递下去，才是对先生的最好纪念（图二、图三、图四）。

图三　宿白先生的赠书签名

地下宫殿の遺宝

中国河北省定州北宋塔基出土文物展

Treasures from the Underground Palaces

— Excavated Treasures from Northern Song Pagodas, Dingzhou, Hebei Province, China

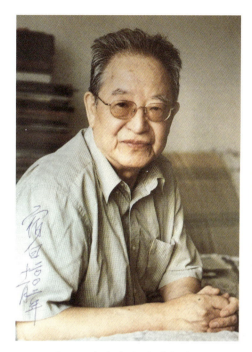

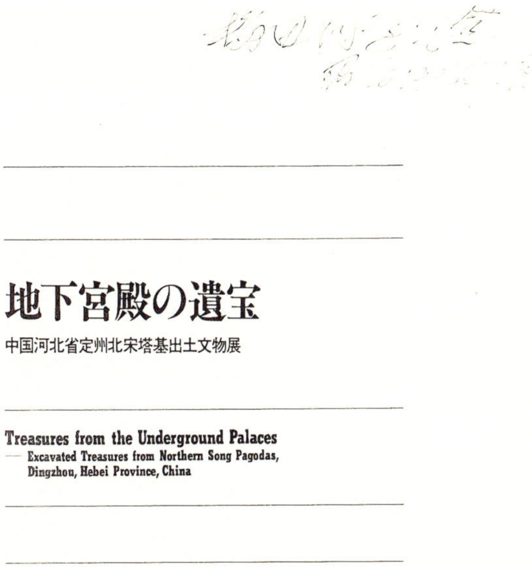

图四　宿白先生的赠书签名

考古之道，人师难求——纪念恩师宿白先生

徐怡涛（北京大学考古文博学院）

2018 年 2 月 1 日，宿白先生永远离开了我们。惊闻噩耗时，大病初愈的我正带学生在合川钓鱼城范家堰遗址开展建筑考古研究。学院通知我尽快返校，参与撰写宿先生悼词，负责评述先生在建筑考古领域的成就。从听到消息到回到北大的短短数日内，我始终沉浸在回忆之中，从初识先生，到师从先生，再到践行先生之道，我在心中反复摹绘着宿先生的形象，回想着他留给我们的不可磨灭的印记。

宿先生的悼词由学院领导和宿先生的弟子们共同商议，字斟句酌，反复推敲，几易其稿，但始终突出的是，先生是中国考古界的"师者"，宿先生生前接受采访时曾表示，他只是"北大的教书匠"，先生对于北大教师身份的看重，远远超过因其学术成就而被赋予的各种荣誉和头衔。

什么是师者，韩愈说，传道授业解惑。师者首先要善其学，达其道，更重要的是，师者要有一颗诚爱之心，诚三尺讲台明淡泊之志，爱莘莘学子树百年之学。

宿白先生去世后，北大考古系师生纷纷回忆先生的教诲，回忆课堂上的点点滴滴，感恩先生的言传身教，称其为中国考古界"永远的师者"。正如悼词中所写：先生"主持创设完整的中国考古学课程体系，新中国文物考古工作者无一不受教于先生"。

用毕生的学识，毕生的勤奋和毕生的热忱，先生造就了中国考古学的教育体系，培育了一代又一代新中国考古人，推动中国考古事业向前发展，促进了中国文化遗产的保护与传承，先生之功至大，利国利民，先生之功至细，润物成荫。

1999 年初，我报考宿先生汉唐考古方向的博士研究生，由孙华老师引荐，第一次在先生位于蓝旗营的家中拜见了先生，那次见面，实际就是入学前的面试，先生问我的学习情况，看过哪些书和文章，写过什么，实地考察过哪些古建。我至今仍清晰记得，谈到最后，先生微笑着说，"你应该能跑田野"。我想，这就是先生对我的第一印象，第一个肯定吧。2018 年底，当我主持的"中国建筑的科学认知：北大文物建筑田野记录与价值发现课程体系的创新与实践"荣获国家级高等教育教学成果二等奖时，我曾在心中默默向先生在天之灵告慰：先生，您没有认错人，学生幸不辱使命。

宿先生是中国考古界少有的特别重视古代建筑研究的学者，虽然建筑遗址是考古田

野发掘的主要对象，但由于学科壁垒阻隔，中国考古界长期缺乏对古代建筑的系统研究，也未充分认识到建筑认知对田野考古发掘的积极作用。数十年来，宿先生几乎是靠一己之力在考古界研究、传播着古代建筑知识。早在编写《白沙宋墓》时，先生即在发掘和研究中与莫宗江等建筑史学者合作，尝试将古代建筑的认知融入田野考古，使古代建筑能为考古和历史学研究服务。

在考古研究中重视古代建筑的价值，这是超越时代的学术视野。但要将建筑真正融入考古，需要经过跨学科、跨院校，乃至跨思维模式的融合创新才能实现，所以，先生愿望的实现，注定要经历漫长且艰辛的历程。

1952年院系调整之前，北京大学工学院设有建筑系，梁思成先生曾在北大讲授中国古代建筑，北大建筑系也培养出一批国内知名的古建筑专家，如故宫博物院于倬云先生、中国文化遗产研究院杜先洲先生、北京建筑大学臧尔忠先生等。院系调整后，北大的建筑学并入清华，北大从此失去了系统的建筑学教学科研体系。之后的四十年多中，宿白先生在北大考古系开设的中国古建筑课程，事实上成为老北大古代建筑研究的学脉延续。虽然学科的完整性已大不如前，但弦歌之声亦不绝如缕。1998年，北京大学与国家文物局联合办学，在北京大学考古系考古学中增设文物建筑专业方向，由此，建筑考古在北大迎来了全面发展的契机，以文物建筑专业本科教学为基础，我们尝试建立了一套融合建筑学和考古学的全新课程体系。通过本科生课程建设和人才培养，建筑考古学在北大生根发芽，至今已有9届上百名本科生毕业，他们中大部分选择在专业领域深造或就业，不少同学已经成长为文物事业的青年骨干，在科研、教学、管理和实践等方面，均取得了可圈可点的成绩。宿先生几十年坚守的冷灶，终于在新世纪见到了成效。

"考古系研究古建筑，和建筑系研究古建筑不同"，"建筑系研究古代建筑要为现代建筑设计服务，考古系研究古代建筑则是为历史研究，还原古代社会服务"，这些话先生曾反复叮嘱，正是在先生的引领下，经过多年的探索与磨合，我们将先生的学术观点提炼为"以建筑见证文明"，并奉之为北大建筑考古学立足与发展的圭臬。也正是树立了这样的学术目标，北大文物建筑专业才得以在教学和科研上，不断取得教研成果。这些成果又不断拓展着建筑考古的影响力，当前，在考古界和建筑界，已有越来越多的学者开始重视建筑与考古的关系，开始探索建筑与考古的融合。

2019年，中国考古学会正式批准成立了建筑考古专业委员会，这是中国现代考古学发展近百年后，第一次有了可供考古学家和建筑学家充分信任与自由交流的顶级学术团体。2019年，建筑考古专业委员会成立大会及第一次专业学术讨论会在北大考古文博学院召开，全国近百位学者与会，群贤毕至，红湖生辉，而唯一令我深感遗憾的是，始终坚持和推动古建筑研究的宿白先生，在考古界最重视古建筑研究的恩师宿白先生，没能看到这一天的到来。

回想1999年，我从东南大学建筑系中国建筑史方向硕士毕业，进入北大师从宿白先生学习历史时期考古，对于我建筑学背景的优势和劣势，先生有着清晰的认识，针对我的情况定制了培养计划。读博期间，宿先生和徐苹芳先生，专门给99级历史时期考古方向的三位博士研究生——韦正、李梅田和我开课，讲历史文献精读和历史时期考古的理论与方法，一次课上，两位先生聊到古代建筑研究问题，先生们一致认为，必须有懂建筑学的人来学习历史时期考古，才能把建筑考古做起来。但是当时正是国家经济建设的腾飞期，建筑学就业形势火热，即便是建筑史专业的研究生，毕业后也绝大多数从事建筑设计或房地产，极少能继续钻研建筑历史，更别提离开火热的建筑业去冷僻的考古系学习了。谈到这里，两位先生看向我，说了句，"也就是你来了"，此情此景，记忆尤深。时代的机缘，个人的选择，总有失去才有获得。先生们看似不经意间的一句话，却让我倍感身上责任之重大。我知道，在几年前，毕业于清华大学建筑系建筑史专业，曾在北大任教数年且深得宿先生欣赏的冯继仁先生离开北大赴美留学了，这事可能对先生颇有触动。但时代的潮流中，也总会有几块"顽石"不谙世事，只要是值得的事，再艰苦，也总会有人去做，只要是正确的路，再艰险，也总有人会去走，正所谓，"德不孤，必有邻"。在我之后，有越来越多建筑学背景的学子进入北大考古系学习。正是先生一步步的引领，一句句的教诲，让我逐渐走进考古学，逐步尝试如何更好地融合建筑学与考古学，如何建构建筑考古学的学科底层逻辑，以及教学科研体系。

　　宿先生留下的影响，并非仅限于学术，而更在于为师之道。1999年，宿先生已年逾古稀，但仍经常亲自到学生宿舍检查学习情况，当时博士班同学里还流传着在宿舍打牌被先生抓现行的段子。我在北大的第一篇论文，即是宿先生亲自到我宿舍给安排的作业。先生让我去考察河北涞源阁院寺文殊殿，写一篇建筑年代鉴定论文。以现在的眼光看，那篇论文虽尚显稚嫩，但基于历史时期考古学理念的建筑形制类型学研究的逻辑和方法已具雏形，是我此后二十年间所做建筑形制考古类型学研究的起点。记得先生批阅那篇作业时，对其中历史文献考证部分尤为认可，认为订正了前人研究中对历史文献的误读，这给出身建筑学缺乏系统历史学训练的我以莫大鼓励，让我见到了进入北大后的学习成效，有了继续钻研下去的信心。

　　我能学有所得，源于先生的精心筹划。为了补上我的历史学和考古学认知，入学伊始，先生就直接将我原本三年的学制改为四年，先生说，这多出来的一年时间，就要用来补历史和考古。在正常课程要求外，我还得到了宿先生为我定制的补充学习计划，除了阅读历史原典、通史、考古报告和史学方法论等著作外，先生还要求我每次阅读后都上交一篇读书报告，这些报告会在先生家里，或在博士生课上，得到点评和讨论。从如何查阅历史文献，如何使用历史文献，到什么是考古研究，什么是历史研究，再到宏观的历史观、学术观，在先生这里，我感受到异常清晰的逻辑和学科意识。在成为北大教师后，从先生那学到的方法和心得，我尽可能传递给学生们，薪火相传，在北大考古文博学院，不应该也从来不是一句空话。

在先生身上，还有令人钦佩却又很难践行的美德，那就是纯粹。先生去世后，《光明日报》记者李韵采访我，我说先生是一位纯粹的学者，这个观点经李韵发表后，获得不少师友的认可。

在学习和日常接触中，我体会宿先生的纯粹至少反映在三个方面。

在与学生关系方面，先生清净如水，他和学生之间就是纯粹的教与学的关系，他不收学生的礼物，生病也不要求学生陪护，记得有次孙华老师着急地说，看到宿先生一个人挤公交去北医三院看病，感到十分担心。古稀之年的老人，肯定有各种不便，但是先生从来不要求学生为他做私人事务，在他看来，学生就是来学习的，不应该干其他与学习无关的事。这种认识，简单至极，但真能做到的，又少之又少。

在学科认知上，先生目标明确，界限分明。先生曾说，他不研究建筑史。初听这个说法我很不理解，先生一直讲授古建筑课程，实地考察记录过许多古建筑，在蓟县独乐寺、芮城永乐宫等著名案例上，先生都有重要的学术贡献，特别是先生对藏传佛教寺院建筑的研究，其内容和方法，都是开创性的。有如此成就的考古学者，增加一个建筑史学家的头衔，是理所应当的事。但先生说，"我研究古代建筑，是为了还原历史，而建筑史的学者研究古代建筑，最终还是为建筑设计"。在学习一段时间后，我越发深刻体会并认同了先生对学科的界分，先生在学科上的纯粹境界，鞭策着北大建筑考古学走出了一条崭新的学术道路。

在学术标准上，先生纯粹得近乎严酷，有时甚至显得不近人情。曾有博士生因宿先生否定其论文而数次无法毕业，历史时期考古方向的博士生们人心惶惶，佛教考古的学生，更是全体延期一年。当时我也临近毕业，读到博士快毕业的人，很多已有家庭，如果不能如期毕业，工作、家庭和未来的生活，一切都将无处安放。在先生家里，我小心翼翼地提这些问题，当听到延期毕业的博士生会面临很多难以克服的困难时，先生说，"困难大，可以退学"，看我一时语塞，先生接着说，"学生个人的困难，不能成为我降低学术标准的理由"，先生的话，乍听不近人情，但细想又绝对正确。因为如果个人原因可以成为降低学术标准的理由，那学术就没有标准可言了。这次对话，让我受益至深，学术的纯粹，是不应以任何世俗的理由颠覆的，只有坚守这条底线，才能成为纯粹的学者。先生于平淡之间说出的话，却是振聋发聩，直指人心。

转眼间，先生离开我们已经三年多了，但我依然可以感受到先生的精神，始终未离开他为之服务一生的北大，在北大的山水之间，在燕园的草木之间，在考古文博学院师生的举手投足之间。宿白先生高贵的师德和杰出的学术造诣，是北大考古学最宝贵的财富，是北大考古文博学院得以继续引领中国考古学发展的根脉。在宿先生身上，我学到的不仅仅是学术，更是一种文化精神的传承，先生离开了我们，我们却不能离开先生，先生之道恒长，我辈须砥砺前行。

后 记

听闻宿先生病逝时，我在重庆，这篇文章写完时，我又在重庆。巧合还是冥冥之中的宿命使然？年近半百的我，已不再去努力分辨，子曰：四十不惑，五十知天命，我以自己的人生来体会，深以为然。29 岁时，我失去了慈父，几百个陪床的日夜里，我在病床边捧着《资治通鉴》，一字一句地精读，完成导师宿先生安排的课业，父亲在病床上捧着《梁思成全集》第七卷的校样，一字一句地编纂，完成导师梁先生的著作。在父亲那仅能容纳一张病床的病房里，我倚在病床边，见过几百次初升的朝阳一点点驱逐房间的灰暗，在北医三院血液科的病区里，我也见过几十位病友逐渐凋谢的生命。当时，我以为自己参悟了生死。直到 2017 年 8 月，我生命垂危住进北医三院，想起 15 年前的自己，在这里以为参透了生死，竟是多么幼稚。没有充分经历人生，没有做出一番有意义的事业，谁能真正放下对生的执着而坦然面对死亡？在病情最危重时，我在脑海里回顾了自己的人生，自我评价，所作所为对得起父亲的期望、对得起导师的教导、对得起单位的培养，也对得起学生的信任，似乎可以死而无憾了。但唯一的对不起的，是我的家人。当我为了提升文物建筑专业的教学科研质量，常年带实习生做田野工作时，孩子见不到父亲，妻子缺乏陪伴，母亲总为游子担心。一位朋友对我说：为了你的家人，你不能死。生与死，人只有到生命即将结束时，才会真正知晓，生的是否有意义，而死的能否坦荡。

我想，宿先生走的坦坦荡荡，因为，他早已纯粹如一眼见底的清泉，可做溪流，可做海洋，也可做天上自由自在的云。

宿白先生千古！

2021.3.21 日于重庆合川

从宿白师学习二三事

陈悦新（首都师范大学历史学院、北京联合大学考古研究院）

师从宿白先生学习始于我在北大念本科的时候。我于 1981 年考入北京大学历史系考古专业，一年级下学期的必修课，是由先生教授"中国考古学（下）"——"汉唐宋元考古学"，当年上课时埋头疾书的情景和手臂酸胀的感觉至今难忘。早有学长告知，上宿先生的课就是一个字——"累"。后来，先生还为我们开设"中国古建筑考古"，那门课安排在晚上，我当时参加学校艺术体操队的训练，每次上课总要晚到几分钟。记得有一次，进教室后，看到黑板上已画好五台山佛光寺大殿的线图，不一会儿，先生要求摹画在自己的笔记本上，我无意识地先画好地面柱础，然后起立柱，最后完成柱子上面的结构。先生环视过同学们的笔记本后，做了点评，解说从地面布局开始绘图是正确的。心中一阵高兴，就当自己被表扬了，因为早就知道先生从不轻易夸赞人。

毕业实习时我和另一位女生选择了敦煌莫高窟，路上的行程和在莫高窟的学习生活，先生都做了细致的考虑。我们在 8 月中旬暑期的时候就乘火车启程了，经过 40 多个小时，到兰州的时候是早晨 6 点，直接去了时任甘肃省文物考古研究所所长的岳邦湖先生家，岳所长安排我们参观博物馆和考古所库房，接着前往天水赴麦积山石窟参观。虽然沿途走马看花，但是秦安大地湾彩陶、麦积山石窟造像等已在脑海中有了印象。从兰州又经 20 多个小时到安西县（现瓜州县）柳园镇，转长途车 3 个多小时到敦煌县，然后再换公交车约半小时到达莫高窟。我们拖着行李等在大泉河东岸，时任敦煌文物研究所副所长的樊锦诗老师，从桥对面一路连走带跑迎过来，把我们接到她的家中住下，为我们四个月的实习生活提供了最好的条件。先生要求我们半个月写一次汇报，接到汇报信后先生总是即刻回复，指出应该注意的问题，在敦煌莫高窟的实习为我后来继续深造打下了扎实的基础。

1985 年毕业后，我考取石窟寺考古方向硕士研究生班，开始了随师问学的另一段人生之路。印象最深的是当时"汉文佛籍目录"课就在先生北大朗润园的家中上，我们这个研究生班共有 5 人，每周固定的时间挤在先生家中的沙发上，读吕澂先生的《佛典汎论》，这是先生为我们复印的书，1935 年商务印书馆本，竖版、繁体字，不甚清晰，读来颇为吃力，上课如坐针毡，先生要求先读，然后他再提问，我记得自己常常是结结巴巴的读不下来，遑论回答问题，至今汗颜，不知道那门课是怎么上下来的。

研究生学习期间,对我们能力培养的最重要的过程是在宁夏固原须弥山石窟测绘记录圆光寺窟群四月余。1986 年 8 月 11 日,先生和马世长师带领我们赴须弥山,先用一周时间调研全部 132 个洞窟,练习观察洞窟内容。17 日,我们正式开始测绘和记录工作,直到 12 月 20 日结束。工作接近尾声的时候,在大雪封山的情况下,我们坚持按照先生的要求,将图纸、文字的全部资料整理完成。这次的严格训练是我们此后走上学术道路的奠基石。

1987 年研究生毕业后,我供职宁夏博物馆十余年,此间先生和马世长师亦极为关心我的工作和学习。1990 年 10 月他们赴宁开会,专门指导我赴须弥山石窟考察撰写学术论文,这成为我学术发展道路上的一个重要环节(图一)。2000 年我考取北京大学佛教考古方向博士研究生,重新接续起佛教考古的集中学习与研究。但对于佛教考古的研究有所突破,则是到 2005 年重返北大进入博士后流动工作站的时候了,我在先生的指导下,对佛教造像的着衣法式进行系统全面的深入研究。

图一 1990 年 10 月 13 日,宿白先生(右二)、马世长师(右一)在须弥山指导我工作,左一为须弥山石窟文管所韩有成

因为佛像着衣专题研究之需,我赴多处石窟寺调研,先生惦记于心,趁开会之便,专门约见时任甘肃文物局副局长的杨惠福学长,请他帮忙安排;先生还亲自给时任敦煌研究院樊锦诗院长写信说明情况(图二);其他赴云冈、龙门、栖霞山石窟等的调研工作,无不在先生的关心下顺利开展。

于我而言,先生从来是一位严师。如我一般资质平平、离开学术多年、40 岁才开始重拾学术的学生,如果说在学术领域里还做出了一点儿成绩,完全得益于先生的严格要求。

锦诗同志：
陈悦新同志去莫高窟，想仔细看看北朝洞窟，请考虑能否给予一些方便。她研讨造像服饰，已发表的图片不够清楚，需要对照实物。匆匆不尽
敬礼！
宿白
2008/9/17

图二　2008 年 9 月 17 日，宿白先生写给敦煌研究院樊锦诗院长的信

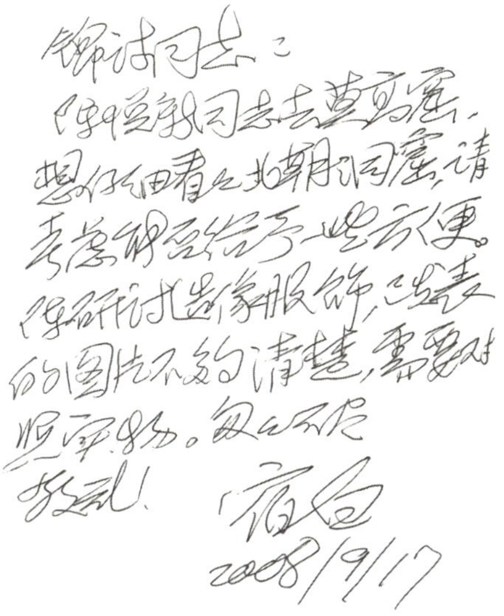

我研究工作的每一个环节：现场绘图、整理资料、考虑问题、撰写论文、修改内容等等，无一不是在为人品德与学术能力并重这样的氛围中进行的，这使我进一步具备了从事研究工作的良好功底和素质。特别是在先生悉心修改的专题研究稿件中，先生的教育之道就在那一遍遍的修改意见中，在那里将做人与问学的境界潜移默化的宣示。

关于佛教造像着衣样式的专题研究，20 世纪 40 年代已得到学界关注，尽管历时半个多世纪，然而有关佛像着衣的研究仍不够充分，一些基础性的问题还没有解决，因而有继续展开专题研究的必要。

我在石窟寺及石刻造像调研中，遵循师言，认真绘图记录，逐渐发现佛像着衣样式的逻辑演变关系。2004 至 2006 年，我曾三次跟随先生赴龙门石窟调研（图三），资料收集较为完备，就着手做龙门石窟佛像着衣的考古类型学分析，文章第一部分即是佛像着衣的概念问题，第二、三部分涉及龙门石窟佛像着衣的类型与演变。2005 年 3 月 13 日第一稿交先生，3 月 15 日先生专写一页纸，从概念、格式、表述对每个部分提出详细修改意见，并要求仔细阅读陈寅恪、陈垣、胡适、闻一多的学术文章。在 4 月 18 日的第二稿中，详细列出文章结构（图四）。

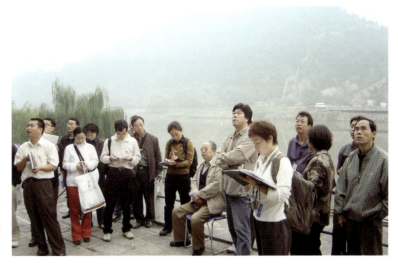

图三　2004 年 9 月 25 日宿白先生指导“石窟考古报告培训班”学员考察宾阳洞

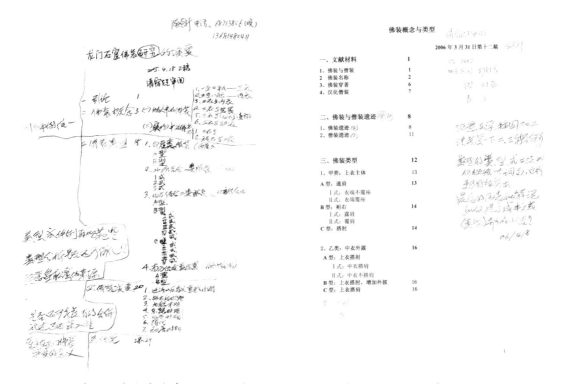

图四　2005 年 4 月宿白先生审阅论文的修改　图五 2006 年 4 月宿白先生审阅论文的修改意见
意见

　　8 月 28 日提交第四稿时，做了较大修改，将第一部分的概念内容提出专门成稿，先生在 29 日写就的意见中，强调学术史应说得更清楚。又强调说"此篇文章是打基础的，后面的文章出于此，必须慎重。"2005 年 12 月 26 日提交第八稿，2006 年 1 月 11 日去先生家取稿，此次先生未写意见，但针对具体的引文格式，做了详细修改，先生请李崇峰老师专门借来《大正藏》第 22、23 两册，将涉及这两册的每一处引文，逐个用铅笔改过，用心良苦，如此授业，为学的人如何不拿出百分之百的努力用功！ 2006 年 1 月 21 日提交第九稿，文稿内容基本确定，文图约 1 万字，先生 2 月 10 日的意见"需要全面加工一次（本文、附注），要注意统一体例（包括名词用语）、简洁文字。图版、插图也要全面考虑。"此后第十至二一稿，内容没有大的改动，但对文章的逻辑顺序、内容取舍、遣词造句、插图说明等细节内容，每项都提出了需要注意之处，如对第十四稿的意见"引用图像要交代清楚，插图可集中，但说明与交代出处不能节省。据实物绘与据已刊出的图版摹绘也都要交代清楚。"此外，先生还在文稿中对行文格式予以逐字逐句并标点符号的具体修改（图五）。

　　关于佛像着衣概念的文稿，自 2005 年 3 月至 2006 年 11 月，在一年半时间 21 稿的修改过程中，我经历了三种境界：一，第 6 稿以前每改一稿，都会想到这次应该差不多了，我所有的东西都拿出来了；二，其后第二阶段，看到了修改正是补充自己知识、提高自己能力的机会，平添信心，但急切的状态仍与前一阶段相同，往往改订后尚未通读，已给先生打电话约定提交的时间；三，第15稿后，提升了一个境界，心态平和稳定，知道先生每看一次我都会有所改进，希望稿子更能立得住些，哪怕一两个字的改动也表明了认识上的提高。2006年5月23日取第15稿时，先生说此稿基本可以刊发了，我提出再放一放，看看能否再完善。2007年，待改至第21稿时，才提交刊发。

通过佛像着衣概念文稿的历练，我的学术能力不知不觉中得到提高，学术研究"需要的是时间和酝酿"，"不能急于求成"，"读书得间，要从字缝里看出内容，所以不能快"，"学术是没有便道的！"……谆谆教导回响耳边！

佛像着衣概念解决，纲举目张。"要掌握大量材料。以地区为中心梳理。地区弄多了，就可以拢起来了。不能全面掌握材料，就很难理出系统。"在先生的指导下，此后，各处石窟寺及石刻造像的佛像着衣类型与演变的研究得以顺利展开，形成较为系统全面的研究成果，包括南方地区的栖霞山石窟、成都南朝石刻造像，山东地区的石窟寺与石刻造像，中原地区的云冈、龙门、巩县、天龙山、响堂山等石窟，西部地区的麦积山、金塔寺、莫高窟、须弥山、炳灵寺石窟及西安地区出土石刻造像等，撰写二十余篇论文，每篇文稿都经先生几稿至十几稿的修改不等（图六、七）。2014年6月，专著《5～8世纪汉地佛像着衣法式》出版。

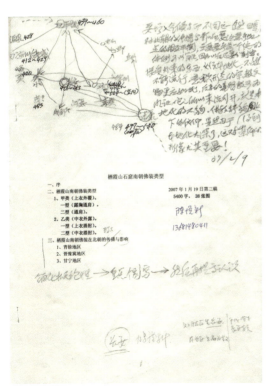

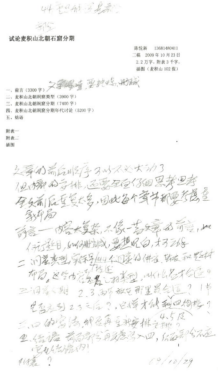

图六　2009年2月先生审阅论文的意见　　　图七　2009年10月先生审阅论文的意见

图八　2015 年 10 月 7 日在蓝旗营宿白先生家中

在这个专题的系列研究过程中，每次去先生家里取稿时，除了讲解对论文的具体意见外，先生还耳提面命（图八），讲说相关的研究方法。例如关于方志，"北方明代的方志就很少，很少早期材料，只是有些地方上的传说材料。南方方志接宋代下来，有许多现在没有的材料。咱们看方志，是要搞清当地历史，方志主要以二十四史为线索，艺文志部分可能还有一些地方石刻录文，有时对该地考古有帮助，如衙署位置等基本不变，街道也是这个问题，钟鼓楼建设等都在方志中有最早的记载。北大第一次在邯郸实习，将几部地方志的重要部分复印出来，每个学生一份，中间到各处走走也可知道有些什么地方。当时还未考虑城市布局，现在更显出地方志的重要性。"

关于史学史，"历代书存百无二三。先查《汉书·艺文志》、《隋书·经籍志》，看著录何书，期间卷数到何时少了，可说明中间丢了几卷。新旧《唐书·艺文志》，旧唐书在开元时，新唐书在北宋，两者对，新唐书多记录新书，丢了些旧唐书记录的。《宋书·艺文志》据《文献通考》作，实际到元初了。然后可不看明代的，直接看四库。"

先生也偶或谈及自己的学术经历，"我去过两次麦积山。第一次去陪文化部长，上海来的，名字想不起来了，可能是 1962 年去敦煌时路过去的，住了一晚，顶多算看了一天，坐汽车费时间，当时好像还无正式的研究所。第二次是马世长陪我去的，从固原去的，坐吉普车绕六盘山，去了就感冒，住一晚，第二天就走了。当时去主要为看 76 窟，金维诺提到'南燕主'，当时还看了早期两个洞子。以后再未去。后来我上石窟寺课，讲的莫高窟分期至隋，其中提到麦积山。虽仅去过两次，很仓促，但我注意了分期问题，因未收集材料，只凭印象。"

先生之风，山高水长。先生一生经历了中国社会翻天覆地的变革，始终以学生培养和学术研究为己任。在平实的教学与研究中，"为往圣继绝学，为民族立根基"。今天追念先生之时，将自己学术成长道路上的受教点滴，告示来者，以先生的教育之道启迪后学，追寻先生的做人与问学，致敬纯净的学者！

2018 年 2 月 11 日于银川